Kerstin Koopmann

Die Wurzeln der Mindener Stadtrechtsreformation von 1613

Ein Beitrag zur lokalen Rezeptionsgeschichte

PETER LANG

Berlin - Bruxelles - Chennai - Lausanne - New York - Oxford

Bibliografische Information der Deutschen Nationalbibliothek
Die Deutsche Nationalbibliothek verzeichnet diese Publikation in der Deutschen Nationalbibliografie; detaillierte bibliografische Daten sind im Internet über http://dnb.d-nb.de abrufbar.

Zugl.: Trier, Univ., Diss., 2023

D 385
ISSN 0344-290X
ISBN 978-3-631-91273-7 (Print)
E-ISBN 978-3-631-91277-5 (E-PDF)
E-ISBN 978-3-631-91278-2 (EPUB)
DOI 10.3726/b21451

Verlegt durch:

Peter Lang GmbH, Berlin, Deutschland

info@peterlang.com http://www.peterlang.com/

Die Drucklegung dieser Publikation wurde unterstützt von:

mindener geschichtsverein

Verein für Geschichte und Altertumskunde Westfalens
Abteilung Paderborn

Sparkasse Minden-Lübbecke

Inhalt

Inhaltsverzeichnis

Vorwort

Die vorliegende Arbeit wurde im Sommersemester 2023 vom Fachbereich Rechtswissenschaft der Universität Trier als Dissertation unter dem Titel „Die Wurzeln der Mindener Stadtrechtsreformation von 1613 - Ein Beitrag zur lokalen Rezeptionsgeschichte" angenommen.

Meinem Doktorvater Prof. Dr. Franz Dorn bin ich zu größtem Dank verpflichtet. Er hat mich für die deutsche Rechtsgeschichte begeistert und mich gemeinsam mit seiner Frau Dr. Ulrike Dorn stets darin unterstützt, meinen Weg zu gehen. Beide haben mir immer versichert, dass es möglich ist, Kinder und Dissertation zu vereinbaren und das Ergebnis gibt Ihnen Recht. Dafür danke ich von Herzen! Prof. Dr. Dorns Kenntnisse des Rechts und seiner Geschichte haben mich ein ums andere Mal tief beeindruckt und ich danke ihm für die zahlreichen Anregungen und Hinweise während der Erstellung meiner Dissertation.

Herr Prof. Dr. Thomas Rüfner teilt unermüdlich seine Faszination für das römische Recht mit seinen Studierenden und Promovierenden. Von ihm habe ich gelernt, welche beachtlichen juristischen Denkleistungen schon vor zweitausend Jahren vollbracht wurden und dass es an alle Rechtstexte, Kommentare und Urteile immer noch eine weitere kritische Frage zu stellen gibt. Ihm gilt mein tiefer Dank für die Erstellung des Zweitgutachtens im Promotionsverfahren und viele wertvolle Anmerkungen.

Der dritte Trierer Rechtshistoriker im Bunde war Herr Prof. Dr. Carsten Fischer als Vorsitzender der Prüfungskommission – auch ihm möchte ich meinen herzlichen Dank aussprechen.

Mein besonderer Dank gilt meinem Mann Christian Koopmann, meinen Eltern Barbara Specken und Bernhard Mann, sowie meinem Bruderherz Hendrik Slusarenka, ohne deren Verständnis für meinen Promotionswunsch und deren vielfältige Unterstützung diese Arbeit niemals zustande gekommen wäre.

Auf dem Weg haben mich viele Menschen begleitet, denen ich hier ebenfalls danken möchte. Zu nennen sind insbesondere Frau Christina Hartmann, Frau Rebecca Schlimbach und Frau Dr. Monika M. Schulte, Frau Angelina Burk und Frau Esty Prastyaningtias, Frau Dr. Frederieke M. Schnack, das Team vom Graduiertenzentrum der Universität Trier und mein interdisziplärer Schreibzirkel, sowie alle Mitglieder des Doktorandennetzwerkes der Historischen Kommission für Westfalen (LWL).

Ich widme diese Arbeit in unendlicher Liebe meinen wundervollen Töchtern Marie Leonora und Lara Aurelia.

Kerstin Koopmann
Petershagen-Frille, im Oktober 2023

Einleitung

„Geschichte und damit auch Rechtsgeschichte beruht auf Quellen.

Diese Quellen sprechen aber nicht von allein zu uns.

Sie antworten nur auf Fragen, die wir ihnen stellen.“

Oestmann[1]

Die Stadt Minden erließ im Jahre 1613 eine umfassende Stadtrechtsreformation. Dieser bedeutende neuzeitliche Rechtstext und seine gedruckte Kommentierung aus dem Jahre 1674 sind bisher unerschlossen. Es handelt sich um ein wissenschaftliches Desiderat auf dem Gebiet der Regionalforschung. Diese Arbeit widmet sich der Aufgabe, die Stadtrechtsreformation samt Kommentierung in ihrem Zusammenhang mit den früheren Mindener Stadtbüchern (1318, 1376, 1527) sowie den Texten der Stadtrechtsfamilie darzustellen sowie rechtshistorisch einzuordnen und einer ersten rechtshistorischen Bewertung zu unterziehen.

Dieses Vorgehen erfolgt insbesondere vor dem Hintergrund der Fragestellung, ob die Mindener Stadtrechtsreformation ein später Versuch der Bewahrung des althergebrachten heimischen Rechts ist oder das Ergebnis einer umfassenden Rezeption des römischen Rechts. Wie viel ursprünglich Mindener Recht steckt im Mindener Recht von 1613? Die zugrundegelegte Arbeitshypothese lautet hierbei, dass der Einfluss des ius commune und damit die Aufgabe eigenen anderslautenden Rechts je nach Rechtsmaterie in sehr unterschiedlichem Ausmaß nachweisbar sind.

Inhaltlich erwartet den Leser daher folgender Aufbau: Nach einem Überblick zum bisherigen Forschungsstand und Klärung einiger grundsätzlicher Begrifflichkeiten wird in komprimierter Form die historische Ausgangssituation in Minden geschildert. Diese kleine Stadtgeschichte ist notwendig, um die rechtlichen Regelungen in ihre tatsächlichen Umstände einordnen zu können. Es folgt eine Darstellung der rechtlichen Ausgangslage, d. h. der mittelalterlichen und frühneuzeitlichen Quellen zur Mindener Stadtrechtsgeschichte. Anschließend werden die Stadtrechtsreformation von 1613 und ihre Kommentierung von 1674 beschrieben. Hierzu gehören die Entstehungsgeschichte,

---

1 Oestmann, Normengeschichte, Wissenschaftsgeschichte und Praxisgeschichte. Drei Blickwinkel auf das Recht der Vergangenheit, S. 1.

die Bearbeitungsgeschichte, die Überlieferungssituation sowie ein inhaltlicher Überblick. Daran schließt sich die rechtshistorische Einordnung mit der leitenden Frage des Romanisierungsgrades an. Das methodische Vorgehen der Untersuchung wird zunächst abstrakt beschrieben und dann konkret angewandt. Die Untersuchung fußt dabei insbesondere auf der historisch-kritischen Exegese dreier Begleittexte, dem Vergleich mit älteren Rechtstexten sowie der Analyse einiger ausgewählter Passagen des materiellen Rechts der Stadtrechtsreformation.

Erstes Kapitel: Forschungsstand

„Stadtgeschichte war zu einem großen Teil
stets auch Stadtrechtsgeschichte.“
Stolleis[2]

Die mittelalterliche und frühneuzeitliche Vergangenheit der Stadt Minden wurde bisher zumeist aus allgemeingeschichtlichem, kirchengeschichtlichem oder verfassungsgeschichtlichem Blickwinkel betrachtet.[3] Es existiert zwar eine

---

2 Stolleis, Recht, Verfassung und Verwaltung in der frühneuzeitlichen Stadt, S. VIII.

3 Einen Überblick zu Minden liefern Stoob, Heinz / Ehbrecht, Wilfried / Schröder, Brigitte (Hrsg.): Bibliographie zur deutschen historischen Städteforschung, Teil 2, Köln 1996, S. 120-124. Des Weiteren sei auf die zahlreichen Publikationen des Mindener Geschichtsvereins verwiesen. Einzelpublikationen erscheinen in der Reihe „Mindener Beiträge“ (früher „Mindener Jahrbücher“). Als jährliche Publikation erscheinen die „Mitteilungen des Mindener Geschichtsvereins“ (ab Jahrgang 43, zuvor Jahrgang 1-36 als „Mindener Heimatblätter“ und Jahrgang 37-42 als „Mitteilungen des Mindener Geschichts- und Museumsvereins“), die bis Jahrgang 88 (2016) über die Digitale Sammlung der Landes- und Universitätsbibliothek Münster online zugänglich sind (https://sammlungen.ulb.uni-muenster.de). Umfangreiche Arbeiten jüngeren Datums sind folgende Dissertationen/Magisterarbeiten: Brandhorst, Dirk: Untersuchungen zur Geschichte des Hochstifts Minden im Spätmittelalter, Göttingen 1993; Schulte, Monika Maria: Macht auf Zeit. Ratsherrschaft im mittelalterlichen Minden, Warendorf 1997; Kuck, Matthias: Burg und bischöfliche Herrschaft im Stift Minden, Münster 2001; Groß, Barbara: Hexerei in Minden. Zur sozialen Logik von Hexenverdächtigungen und Hexenprozessen (1584-1684), Münster 2009; sowie Schnack, Frederieke Maria: Zwischen geistlichen Aufgaben und weltlichen Herausforderungen. Die Handlungsspielräume der Mindener Bischöfe von 1250 bis 1500, Ostfildern 2022. Als Klassiker zur Stadtgeschichte können gelten Culemann, Ernst Albrecht Friedrich: Mindische Geschichte, Abtheilung 1-5, Minden 1747/1748; sowie Schroeder, Wilhelm: Chronik des Bistums und der Stadt Minden, Minden 1886. Beide Werke sind jedoch Kinder ihrer Zeit und lassen genaue Quellennachweise zumeist vermissen. Lesenswerte Überblicke zu Minden liefern Nordsiek, Hans: Minden und seine historische Identität, Minden 2000; sowie Krieg, Martin: Geschichte des Bistums, des Fürstentums und der Stadt Minden, in: Der Minden-Ravensberger: ein Heimatbuch, hrsg. von Eduard Schoneweg, 2. Aufl., Bielefeld 1929, S. 43-65. Einen lesenswerter Überblick zu Westfalen mit vielen Passagen zu Minden bietet nun Freitag, Werner: Westfalen. Geschichte eines Landes, seiner Städte und Regionen in Mittelalter und früher Neuzeit, Münster 2023.

erste Abhandlung zur weltlichen Gerichtsbarkeit in Minden,[4] sowie ein knapper Aufsatz zu den „Mindener Rechtsbüchern“,[5] einen zusammenhängenden und erläuternden Überblick zum Mindener Stadtrecht und seinen Quellen aus rechtshistorischer Perspektive oder eine Darstellung zur Mindener Stadtrechtsreformation gibt es aber bislang nicht.[6]

Das Stadtrecht der Mindener Stadtbücher wurde über viele Jahre hinweg nur in Auszügen[7] herausgegeben oder fand gar keinen Niederschlag in entsprechenden Quellensammlungen.[8] Ein Schicksal, dass sehr viele westfälische Stadtbücher

---

4 Landau, Manfred: Die Entwicklung der weltlichen Gerichtsbarkeit in der Stadt Minden bis 1807, in: Mitteilungen des Mindener Geschichtsvereins, Jahrgang 84 (2012), S. 35-71.

5 Krieg, Martin: Mindener Rechtsbücher aus der Zeit der sächsischen Autonomie (14. – 17. Jahrhundert), in: Mindener Heimatblätter, Jahrgang 28 (1956), Nr. 8/9, S. 85-92.

6 Nordsiek, Hans: Minden und seine historische Identität, S. 8 f., führt bedauernd aus: „Bedeutungsverlust und Randlage führten in der Stadt Minden selbst in großem Maße zum „Verlust der Geschichte“ und außerhalb der Stadt vielfach zu Forschungsdefiziten […].“ Der Dornröschenschlaf der Mindener Archivalien verwundert erst recht, wenn man sich die relative Nähe zu den Universitäten Bielefeld, Osnabrück und Münster bewusst macht, die jeweils über einen eigenen geschichtswissenschaftlichen Fachbereich verfügen.

7 Lasch, Agathe: Aus alten niederdeutschen Stadtbüchern. Ein mittelniederdeutsches Lesebuch, Dortmund 1925, S. 81-90; Frensdorff, Ferdinand: Dortmunder Statuten und Urtheile. Halle a.S. 1882, S. 240-247; Prinz, Joseph (Bearb.): Westfälisches Urkundenbuch. Band 10. Die Urkunden des Bistums Minden 1301/1325, 2. Aufl., Münster 1977; Borchling, Conrad: Mittelniederdeutsche Handschriften in den Rheinlanden und in einigen anderen Sammlungen, Vierter Reisebericht, Göttingen 1913, S. 140-142.

8 Gaupp, Ernst Theodor: Deutsche Stadtrechte des Mittelalters. Mit rechtsgeschichtlichen Erläuterungen herausgegeben. Neudruck der Ausgabe Breslau 1851-52, Aalen 1966; Jellinghaus, Hermann: Die Rechtsaufzeichnungen in niederdeutscher Sprache, in: Niederdeutsches Jahrbuch, Band 18 (1892), S. 71-78; Hergemöller, Bernd-Ulrich: Quellen zur Verfassungsgeschichte der deutschen Stadt im Mittelalter, Darmstadt 2000; Oppitz, Ulrich-Dieter: Deutsche Rechtsbücher des Mittelalters, Band 1, Köln 1990, zzgl. Oppitz, Ulrich-Dieter: Ergänzungen zu „Deutsche Rechtsbücher des Mittelalters und ihre Handschriften“, in: ZRG, GA, Band 113 (1996), S. 345-361, Band 114 (1997), S. 444-453, Band 117 (2000), S. 640-651, Band 131 (2014), S. 400-417, Band 132 (2015), S. 463-478, Band 133 (2016), S. 484-487, Band 136 (2019), S. 338-367, Band 139 (2022), S. 253-263. Selbst in Westphälische Provinzial-Blätter. Verhandlungen der Westphälischen Gesellschaft für vaterländische Cultur. Band 1, herausgegeben von der historischen Section der Westphäl. Gesellschaft für vaterl. Cultur in Minden, Minden 1828/1830, ist kein Abdruck erfolgt.

teilten.[9] Eine erste Edition[10] eines Mindener Stadtbuches legte Martin KRIEG[11] vor. Grundlegend für die Beschäftigung mit dem Mindener Stadtrecht sind inzwischen zudem die Vorarbeiten von Johann Karl von SCHROEDER.[12]

Zu nennen ist hier an erster Stelle SCHROEDERs Quellenedition „Mindener Stadtrecht. 12. Jahrhundert bis 1540". Diese Edition enthält unter anderem die drei (teilweise) überlieferten Mindener Stadtbücher. Der Autor schreibt in seinen Vorbemerkungen zum 1997 erschienenen Werk: „Diese Ausgabe will die verfügbaren Quellen in greifbarer Gestalt [...] vor Augen führen und zur Beschäftigung mit dieser Materie anregen. Einer Auswertung und Einbettung in die Forschung soll damit nicht vorgegriffen werden, sie muß gesonderten Untersuchungen vorbehalten sein."[13]

Diese Ausführung ist zugleich in Teilen auch die vorweggenommene Antwort auf eine kritische Rezension von CORDES[14]. Laut CORDES lässt die Edition den Leser ein wenig ratlos zurück. Es bleibe offen, wem die Edition dienen solle, wie sie ohne sachliche Einführung und ohne Sachregister genutzt werden solle, nach welchen Kriterien die Auswahl der Quellen erfolgt sei oder wo auf Vollständigkeit gehofft werden dürfe. CORDES spricht in diesem Zusammenhang von einer „Sammlung (um das Wort Sammelsurium zu vermeiden) unklaren Zuschnitts".[15]

---

9 Vgl. hierzu: Hemann, Das Rietberger Stadtbuch, S. 259-263, demzufolge eine Bestandsaufnahme gedruckter Stadtbücher aus Westfalen ausgesprochen mager ausfällt (vgl. S. 260) und die Stadtbücher nicht in ihrer Gesamtheit gesehen und editiert wurden, sondern „vielfach als Steinbruch für verschiedenste Fragestellungen städtischer Geschichte genutzt" (S. 261) wurden.

10 Krieg, Martin (Bearb.): Das Mindener Stadtbuch 1318. Veröffentlichungen der Historischen Kommission des Provinzialinstitutes für Westfälische Landes- und Volkskunde. Mindener Geschichtsquellen. Band III, Münster 1931.

11 Geboren am 22.01.1892 in Ellrich, gestorben am 25.12.1962 in Langenhagen bei Hannover, Dr. phil., 1924-1960 Leiter des Mindener Stadtarchivs, vgl. Nordsiek, Geschichte des Archivs, S. 69-95, sowie Laag, Otto Kurt: Stadtarchivar Dr. Martin Krieg 36 Jahre treu im Dienste Mindens, in Mindener Heimatblätter, Jahrgang 35 (1963), Nr. 1/2, S. 1-7.

12 Geboren am 17.04.1923 in Dresden, gestorben am 17.07.1998 in Berlin, Dr. iur., Archivdirektor am Geheimen Staatsarchiv Preußischer Kulturbesitz Berlin (https://www.historische-kommission.lwl.org/de/uber-uns/ehemalige-mitglieder/schroeder-johann-karl-von-dr/ (Stand: 15.11.2023)). Herr von Schroeder war zuvor Leiter des Mindener Stadtarchivs (1960-1966), vgl. Nordsiek, Geschichte des Archivs, S. 96-105.

13 Schroeder, Stadtrecht, S. VII.

14 ZRG, GA, Band 119 (2002), S. 575 f.

15 ZRG, GA, Band 119 (2002), S. 575.

Der Kritik ist insofern zuzustimmen, als die Edition tatsächlich schwer zugänglich und unübersichtlich ist. Der Leser muss sich leider der Tatsache bewusst sein, dass SCHROEDER zusätzlich zu den teilweise nur bruchstückhaft überlieferten Stadtbüchern eine Urkundensammlung präsentiert, die ebenfalls nicht den Anspruch auf Vollständigkeit erhebt. SCHROEDER hat die Urkunden ausgewählt, die ihm selbst für „die Rechts- und Verfassungsgeschichte der Stadt Minden besonders bedeutsam erscheinen."[16] Wer sich eingehender mit der Mindener Rechtsgeschichte befasst, kommt daher nicht umhin, die Findbücher der Archive nach weiteren Quellen zu sichten und eine eigene Bewertung vorzunehmen.

So ist der große Verdienst der Edition darin zu sehen, dass sie überhaupt einen ersten Zugang zu den Quellen zur Mindener Stadtrechtsgeschichte ermöglicht. Die Hemmschwelle, sich mit alten Urkunden zu beschäftigen, sinkt durch eine Edition deutlich.[17] Eine Edition kann die eigentliche Tätigkeit im Archiv bei wissenschaftlichen Arbeiten nie ganz ersetzen. Aber sie öffnet die Tür zur Vergangenheit, durch die der Benutzer anschließend eintreten kann. Die Edition SCHROEDERs ist eine Fundgrube für den, der sich mit etwas Zeit und Geduld auf sie einlässt.

Johann Karl von SCHROEDER hatte weitere Editionen geplant, die er selbst in der ersten Edition wie folgt ankündigte: „Weitere Texte aus der Zeit bis um 1800, insbesondere die Kodifikation von 1613, liegen bereits im Manuskript vor, sie könnten in weiteren Bänden ebenfalls veröffentlicht werden."[18] Zu diesen Veröffentlichungen kam es durch seinen Tod am 17.07.1998 nicht mehr. Ein Großteil seiner Vorarbeiten für eine weitere Stadtrechts-Edition (Typoskripte, Notizen und Kopien) wurde von seinen Erben der Historischen Kommission des Landschaftsverbandes Westfalen Lippe übergeben und wird im Kommunalarchiv Minden verwahrt. Das zwei Archivkartons umfassende Material wurde von Archivmitarbeiterin Frau Dr. Monika M. Schulte u.a. um zwei tabellarische Übersichten mit weiteren Quellenfunden zur Stadtrechtsgeschichte ergänzt.

16 Schroeder, Stadtrecht, S. 181.

17 Beyer, S. 6: „Editionen zeigen damit neue Erkenntnismöglichkeiten auf, erschließen neue Felder und neue Zusammenhänge. Sie leisten damit immer auch Pionierarbeit, eröffnen der Forschung neue Wege, manchmal auch ganz neue Welten. Editionen senken die Hemmschwelle zur Bearbeitung von Themen, die auf den ersten Blick nicht zu bewältigen scheinen."

18 Schroeder, Stadtrecht, S. VII.

Dieses Material wurde für die vorliegende Arbeit ebenfalls gesichtet und einbezogen.[19]

Der übrige Schriftgut-Nachlass SCHROEDERs befindet sich nicht im Kommunalarchiv Minden, sondern ging an das Archiv des Vereins Herold (Verein für Heraldik, Genealogie und verwandte Wissenschaften) in Berlin. Hierbei handelt es sich um 44 Archivkartons mit Material, die bisher noch unerschlossen sind. Eine Sichtung ergab, dass sich in einem der genannten Archivkartons weiteres Material zur Stadtrechtsgeschichte befindet. Dieses Material wurde daher ebenfalls für die vorliegende Arbeit einbezogen.[20]

Wie schon in seiner ersten Edition hat SCHROEDER allerdings auch im Rahmen seiner Vorarbeiten für eine Editionsfortsetzung eine Auswahl getroffen. Diese Arbeit verzichtet ausdrücklich darauf, das Projekt SCHROEDERs, eine Stadtrechtsedition für den Zeitraum 1541-1800 vorzulegen, wieder aufzunehmen und fortzuführen.

KRIEG äußerte vor vielen Jahren die Hoffnung: „Näher auf das Mindener Stadtrecht, seine Quellen und seine Verbreitung einzugehen, sei einer besonderen Arbeit vorbehalten, deren Aufgabe es auch sein wird, das Mindener Stadtrecht zu sammeln und herauszugeben."[21] Dieser Wunsch bleibt weiterhin unerfüllt. Die Fülle an Material zur Mindener Stadtrechtsgeschichte lässt es nicht zu, das Mindener Stadtrecht in seiner Gesamtheit über einen Zeitraum mehrerer Jahrhunderte herauszugeben und in seiner Entwicklung darzustellen. Bereits EHBRECHT musste einräumen, dass man sich schon bei der umfassenden Bearbeitung des Rechtes nur einer Stadt „vor größte Schwierigkeiten" gestellt sieht.[22] Vorzugswürdig für künftige Forschung ist daher auch weiterhin die vertiefte Auseinandersetzung mit einem konkreten Rechtstext oder einem ausgewählten thematischen Bereich.

---

19 Bei Bezugnahmen auf diese Vorarbeiten wird im Folgenden die Kennzeichnung „Nachlass Schroeder, Minden" verwendet, da die Unterlagen bisher keine Signatur erhalten haben, weil sie nicht im Eigentum des Kommunalarchivs Minden stehen.

20 Bei Bezugnahmen auf diese Vorarbeiten wird im Folgenden die Kennzeichnung „Nachlass Schroeder, Berlin" verwendet.

21 Krieg, Stadtbuch von 1318, S. 26.

22 Ehbrecht, Stadtrechte und Geschichtslandschaft in Westfalen, S. 244.

Zweites Kapitel: Klärung der Begrifflichkeiten

„Nichts ragt aus dem Mittelalter so unmittelbar und so anschaulich in die Gegenwart hinein als die jenen vergangenen Tagen entstammenden Städte und Burgen.

Nichts wiederum war für diese wichtiger und prägender als das in ihnen entstandene und von ihnen geschaffene Stadtrecht."

Köbler[23]

Entscheidend für das Verständnis sowohl einer bestimmten Fragestellung als auch der dazugehörigen Hypothese und des Forschungsergebnisses ist die Darlegung der zugrunde gelegten Begriffsdefinitionen; dies gilt erst recht bei einer interdisziplinären Untersuchung. Hierbei handelt es sich nicht um erschöpfende Abhandlungen zum jeweiligen Begriff. Dazu sei auf die einschlägigen Handwerke verwiesen. Es wird vielmehr dargelegt, mit welcher Definition im Folgenden gearbeitet wird und kurz angesprochen, welche Diskussionspunkte gegebenenfalls existieren.

§ 1 Stadtrecht

Der Begriff des Stadtrechts wird in der rechtshistorischen Forschung in verschiedenem Sinne benutzt und bedarf daher einer genaueren Betrachtung. Als kürzeste Definition kann vorweggeschickt werden: Stadtrecht ist jedenfalls das besondere Recht einer Stadt.[24]

Schon der Begriff „Stadt" ist klärungsbedürftig.[25] Eine Annäherung an den Begriff kann nur mit Hilfe von Kriterienbündeln oder Idealtypen gelingen, d. h.

---

23 Köbler, Zur Entstehung des mittelalterlichen Stadtrechts, S. 177.

24 Köbler, Juristisches Wörterbuch, S. 436; Lingelbach, Reallexikon der Germanischen Altertumskunde 29, S. 472.

25 Es existiert eine Fülle von Literatur zur Stadtgeschichtsforschung und Begriffsbildungsversuchen. Den thematischen Einstieg ermöglichen Schoppmeyer, Städte in Westfalen, Einleitung, S. XV f., Isenmann, Die deutsche Stadt im Mittelalter, S. 39-58, sowie Opll, Das Werden der mittelalterlichen Stadt, Historische Zeitschrift, Band 280 (2005), S. 561-589. Zur Vertiefung sei empfohlen Johanek, Peter / Post, Franz-Joseph (Hrsg.): Vielerlei Städte. Der Stadtbegriff, Köln 2004.
Als Klassiker zum Stadtbegriff kann man bezeichnen: Weber, Max: Wirtschaft und Gesellschaft. Grundriß der verstehenden Soziologie, 5. revidierte Auflage, hrsg. von

rechtliche, siedlungsgeographische, ökonomische und kulturelle Aspekte müssen sich ergänzen.[26]

Während HAASE Minden „ohne Bedenken" für das Jahr 1180 als Stadt ausweist,[27] möchte NORDSIEK davon ausgehen, dass der Aufstieg Mindens von einer bischöflichen Kaufmannssiedlung zu einer selbstständigen Stadt jedenfalls in der zweiten Hälfte des 12. Jahrhunderts erfolgte.[28] HEMANN hält die Stadtbildung um 1180 für abgeschlossen, möchte aber von städtischer Selbstverwaltung erst um 1230 sprechen.[29] SCHOPPMEYER sieht die Stadt um 1220/30 als eigenständigen Rechtsorganismus mit Siegelführung.[30] Dies verdeutlicht, dass der rechtliche Aspekt der Stadtwerdung genauerer Betrachtung bedarf. Hierzu hat KROESCHELL konstatiert, die Rechtsgeschichte werde „entscheidend auf das Stadtrecht abheben müssen, das mehr ist als nur ein Kriterium unter anderen."[31]

Eine Stadtrechtsverleihung für Minden ist nicht überliefert. KRUPPA vermutet die Stadtrechtsverleihung und damit zusammenhängend die Ummauerung der Gesamtstadt im 12. Jahrhundert, weil zu dieser Zeit große Umbaumaßnahmen in der Mindener Domfreiheit stattfanden.[32] Sie räumt jedoch ein: „Ein genauerer Zeitpunkt für den Bau der Mauer ist genausowenig bekannt wie eine förmliche Verleihung der Stadtrechte."[33] NORDSIEK kann ebenfalls nur

---

Johannes Winckelmann, Tübingen 1980; Planitz, Hans, Die Deutsche Stadt im Mittelalter, 5. Auflage, Wiesbaden 1996; Ennen, Edith: Die europäische Stadt des Mittelalters, 4. Auflage, Göttingen 1987. Dilcher, Mittelalterliche deutsche Stadt, S. 95-107, wählt einen Charakterisierungsversuch vom Rechtlichen her mit den Merkmalen Friede, Freiheit, Recht und Verfassung.

26 Plessow, Stadt im Mittelalter, S. 133 f.

27 Haase, Die Entstehung der westfälischen Städte, S. 21. In die gleiche Richtung geht Mersiowsky, Städtisches Urkundenwesen, S. 323, der davon ausgeht, dass Minden um 1180 „sicher" Stadt war.

28 Nordsiek, Geschichte des Archivs, S. 12.

29 Hemann, Lexikon des Mittelalters VI, Sp. 632. Ähnlich Krieg, Stadtbuch 1318, S. 25, der Minden „1230 als Stadt im eigentlichen Sinne" ansehen möchte.

30 Schoppmeyer, Städte in Westfalen, S. 30.

31 Kroeschell, recht unde unrecht der sassen, S. 53.

32 Kruppa, Emanzipation vom Bischof, S. 76. Im Februar 2020 fanden in Minden am Deichhof archäologische Ausgrabungen statt, die die Vermutung nahe legen, dass Minden früher als bisher angenommen zu einer befestigten Stadt geworden ist, vgl. Bericht des Mindener Tagesblattes vom 14.02.2020.

33 Kruppa, Emanzipation vom Bischof, S. 76 mit Fn. 42.

vermuten, dass die Stadt etwa 1230 von ihrem bischöflichen Stadtherrn als selbstständig anerkannt worden ist.[34]

Die Entwicklung der sich organisierenden Bürgerschaft lässt sich aber anhand einiger Jahreszahlen und Bezeichnungen verfolgen. Die erste überlieferte Urkunde, die von den Mindener Bürgern als *cives Mindenses* spricht, stammt (spätestens) aus dem Jahr 1206.[35] Als selbstständige Rechtskörperschaft, die einen Vertragsschluss mit eigenem Siegel beglaubigen kann, ist Minden erstmals 1231 in einer Urkunde nachweisbar, in der das nachfolgende *sigillorum [...] burgensium* angekündigt wird.[36] Die Urkunde enthält zudem die Begriffe *universitas burgensium* und *burgenses.*[37] Die Altersbestimmung des verwendeten Bürgersiegels[38] ist aufgrund seiner Form (spitzoval) und seines Bildes (Bistumspatron Heiliger Petrus) umstritten.[39] Das Siegel weist jedenfalls durch die Bildwahl auf eine Abhängigkeit vom bischöflichen Stadtherrn hin, denn selbstständige Städte „hatten in der Regel Stadt-/Stadtmauernabbildungen in ihren Siegeln".[40]

In der Überlieferung folgen zwei Urkunden aus dem Jahr 1232. Die auf den 23.03.1232 datierte Urkunde enthält die Bezeichnungen *civis* und *burgenses* sowie *civium Mindensium.*[41] Die zweite Urkunde aus dem Jahre 1232 enthält kein Tagesdatum, jedoch die Begriffe *cives* und *burgensium nostrorum.*[42] Weitere

---

34 Nordsiek, Geschichte des Archivs, S. 12. Schroeder, Die älteste Verfassung der Stadt Minden, S. 19, geht davon aus, dass „wohl an dem Jahre 1230 als dem Anfangsjahre der städtischen Existenz Mindens festgehalten werden" darf. Er geht von einer ausdrücklichen Stadtrechtsverleihung durch Bischof Konrad (1209-1236) aus, vgl. S. 18.

35 WUB VI, S. 1, Nr. 1; Schroeder, Stadtrecht, S. 181, Nr. 1 (Regest); Schulte, Macht auf Zeit, S. 8 mit Fn. 1.

36 WUB VI, S. 67, Nr. 242; Schroeder, Stadtrecht, S. 182, Nr. 4 (Regest); Krieg, Geschichte, S. 55; Nordsiek, Geschichte des Archivs, S. 12; Schulte, Macht auf Zeit, S. 8 mit Fn. 2. Ausfertigung und Siegel sind jedoch nicht überliefert, vgl. Schulte, Macht auf Zeit, S. 8 mit Fn. 5.

37 WUB VI, S. 67, Nr. 242.

38 Das Siegel ist erst mit der Urkunde vom 23.03.1232 überliefert.

39 Schulte, Macht auf Zeit, S. 66-68, beruhend auf: Kahsnitz, Rainer: Das Mindener Stadtsiegel des 13. Jahrhunderts. Hinweise und Probleme, in: Zwischen Dom und Rathaus, hrsg. von Hans Nordsiek, Minden 1977, S. 147-156; sowie Kittel, Erich: Siegel des Wesergebietes, in: Lippische Mitteilungen 35, 1966, S. 169-214.

40 Schulte, Macht auf Zeit, S. 68; sowie Kruppa, Emanzipation vom Bischof, S. 77. Eine andere Deutung liefert Schoppmeyer, Die Ausformung der Landstände, S. 17.

41 WUB VI, S. 69, Nr. 250; Schroeder, Stadtrecht, S. 182, Nr. 5 (Regest); Schulte, Macht auf Zeit, S. 8 mit Fn. 3; KA Minden, Stadt Minden, A II, Nr. 1 (Ausfertigung mit Siegel).

42 WUB VI, S. 70, Nr. 256; Schroeder, Stadtrecht, S. 182, Nr. 6 (Regest); Schulte, Macht auf Zeit, S. 8 mit Fn. 4; KA Minden, Stadt Minden, A I, Nr. 1 (Ausfertigung ohne Siegel).

Hinweise auf die genaue strukturelle Verfasstheit der Bürgerschaft existieren bis zu diesem Zeitpunkt nicht, insbesondere lassen die verwendeten Begrifflichkeiten keine eindeutigen Schlüsse zu. Das angekündigte gemeinsame Siegel aus der Urkunde von 1231 bezeugt jedoch das Vorhandensein einer bürgerlichen Organisationsform. BAHNE spricht insoweit von der Existenz einer „Führungsgruppe",[43] SCHULTE geht von einem die Bürgerschaft „repräsentierenden Gremium, einem Vorläufer des Rates" aus;[44] sie macht aber auch deutlich: „Ob es aus dem Beraterkreis oder der Ministerialität des Bischofs, aus den Beisitzern des bischöflichen Wichgrafengerichts oder aus der Mindener Bürgerschaft, vielleicht aber auch aus allen angesprochenen Gruppen hervorging, ist nicht zu klären […]."[45]

In der Urkunde vom 23.03.1232 findet sich zudem die auslegungsbedürftige Bezeichnung *cum arbitris sive rectoribus*.[46] SCRIVERIUS möchte hierunter eine Eidgenossenschaft aller Bürger verstanden wissen,[47] also ein organisiertes, beschlussfassendes Gremium. HEMANN deutet die *arbitri sive rectores* als „Vertreter der Bürgerschaft".[48] BRANDHORST sieht in ihnen eher eine Vertretung aller in der Stadt lebenden Gruppen, an der die Vertreter der weltlichen Bürgerschaft neben Domkapitel und Stadtgeistlichkeit beteiligt waren.[49] SCHOPPMEYER geht ebenfalls von einer eidlichen Verbrüderung aus und identifiziert unter der Bezeichnung *cum arbitris sive rectoribus* die Schöffen des wichgräflichen Gerichtes,[50] wie auch LANDAU vermutet.[51] Solcher Deutung tritt SCHULTE entgegen; es müsse sich keineswegs um eine Vertretung der Mindener Bürger

43 Bahne, Prozess der Entstehung einer kommunalen Selbstverwaltung, S. 50.

44 Schulte, Macht auf Zeit, S. 9. Gleichfalls Kruppa, Emanzipation vom Bischof, S. 77, die „ratsähnliche Strukturen" annimmt.

45 Schulte, Macht auf Zeit, S. 358. Krieg, Stadtbuch 1318, vermutet: „Als Vorläufer des Rates ist wahrscheinlich auch in Minden ein Ausschuß von angesehenen Männern anzunehmen, die Beisitzer des Wichgrafengerichts waren, vom Bischof bei der Beratung städtischer Angelegenheiten herangezogen wurden und in den entsprechenden Urkunden als Zeugen fungieren."

46 WUB VI, S. 69, Nr. 250 (23.03.1232). Dies lässt sich in etwa übersetzen mit „Schöffen oder Leitern" oder „Urteilern oder Lenkern". Schoppmeyer, Städte in Westfalen, S. 27 übersetzt „Moderatoren und Leiter".

47 Scriverius, Die weltliche Regierung des Mindener Stiftes, S. 38 f.

48 Hemann, Lexikon des Mittelalters VI, Sp. 632.

49 Brandhorst, Untersuchungen zur Geschichte des Hochstifts Minden im Spätmittelalter, S. 20, Fn. 115.

50 Schoppmeyer, Die Ausformung der Landstände, S. 15.

51 Landau, Die Entwicklung der weltlichen Gerichtsbarkeit, S. 50.

handeln, sondern gemeint sein könnten mit der Bezeichnung *cum arbitris sive rectoribus* vielmehr bischöfliche Ratgeber.[52]

Im Zeitraum 1243-1256 findet sich dann zweimal eine Erwähnung von Mindener *consules* in kirchlichen Urkunden.[53] Zu diesem Zeitpunkt muss also der „qualitative Sprung" in der Stadtverfassung zum Ratsherrenkollegium bereits erfolgt sein.[54] 1246 schloss dann der (fälschlicherweise) als *scabini* (Schöffen) bezeichnete Rat der Stadt einen Bündnisvertrag.[55]

Die erste überlieferte alleinige Ratsurkunde der Mindener *consules* stammt aus dem Jahre 1256.[56] Es sei in diesem Zusammenhang darauf hingewiesen, dass das Erstarken der Mindener Bürgerschaft, das Mindener Ratswahlverfahren (insbesondere mit dem ersten Ratswahlstatut aus dem Jahre 1301) und weitere Aspekte der Stadtverfassung bereits umfassend von SCHULTE bearbeitet wurden.[57]

Damit kann als gesichert gelten, dass es sich bei Minden spätestens in der ersten Hälfte des 13. Jahrhunderts um eine Stadt mit sich verfestigender Stadtverfassung gehandelt hat.[58] Dies deckt sich mit der Einschätzung KRIEGs: „Als

---

52 Schulte, Macht auf Zeit, S. 9 mit Fn. 8, unter Bezugnahme auf Scriverius.

53 WUB VI, S. 114, Nr. 406 (1243-1256, „viris consulibus et universis civibus Mindensibus") und S. 118, Nr. 416 (1244, „consules Mindenses"); Kruppa, Emanzipation vom Bischof, S. 77; Schulte, Macht auf Zeit, S. 9-11.

54 Schoppmeyer, Die Ausformung der Landstände, S. 17.

55 WUB VI, S. 131 f., Nr. 458; Kruppa, Emanzipation vom Bischof, S. 77. Schulte, Macht auf Zeit, S. 10 mit Fn. 15 weist (entgegen Schroeder, Die älteste Verfassung der Stadt Minden, S. 20-22) nach, dass sich in Minden keine Schöffen-, sondern eine Ratsverfassung ausbildete und die fälschlicherweise verwendete Bezeichnung als „scabini" wohl auf die zeitgleiche Nennung von Münster und Osnabrück zurückzuführen ist, die eben ein solches Schöffenkollegium aufwiesen.Vgl. auch Nordsiek, Minden an der Weser, S. 34; Krieg, Stadtbuch von 1318, S. 28; sowie Philippi, Zur Verfassungsgeschichte der westfälischen Bischofsstädte, S. 55, Fn. 138.

56 WUB VI, S. 187, Nr. 647 (24.03.1256); Schroeder, Stadtrecht, S. 182 f., Nr. 7 (Regest), Kruppa, Emanzipation vom Bischof, S. 77; Schulte, Macht auf Zeit, S. 11 mit Fn. 28. Nach Schulte, S. 174 f., wird 1303 der erste Ratsherr erstmalig als Bürgermeister bezeichnet, erst ab 1338 gehört diese Bezeichnung aber zum regulären Bestandteil der Intitulationen von Ratsurkunden. Die von Krieg, Stadtbuch 1318, S. 42, auf das Jahr 1308 datierte Bürgermeisterurkunde ist falsch datiert und stammt vom 03.05.1368, vgl. Schulte, Macht auf Zeit, S. 423, Anm. 65.

57 Schulte, Monika Maria: Macht auf Zeit. Ratsherrschaft im mittelalterlichen Minden. Beiträge und Quellen zur Stadtgeschichte Niederdeutschlands. Band IV, Warendorf 1997.

58 Dies deckt sich mit der Einschätzung Kriegs, Stadtbuch 1318, S. 25: „Als Stadt mit Markt, Befestigung, eigenem Recht und Stadtsiegel tritt Minden unter Bischof Konrad

Stadt mit Markt, Befestigung, eigenem Recht und Stadtsiegel tritt Minden unter Bischof Konrad (1209-1236) hervor."[59] Er bezieht sich hierbei auf eine bischöfliche Urkunde vom 05.12.1256, in der der Bischof Widekind den Mindenern ihr Recht, das sie seit Bischof Konrad (und seinen Nachfolgern) haben, bestätigt.[60] Im Jahre 1261 erkannte der bischöfliche Stadtherr das Recht der Stadt Minden außerdem indirekt an, indem er es an Wunstorf verlieh;[61] und im Jahre 1283 bezieht sich der Rat erstmalig in einer Urkunde selbst auf seine Stadtrechte und deren Einhaltung.[62]

„Stadtrecht"[63] kann in verschiedenem Sinne verwendet werden (1.) als Synonym für Stadtrechtsprivilegien, d. h. vom Stadtherrn erlangte Freiheit und Begünstigung in einzelnen Rechtsbereichen durch Verleihung oder Bestätigung, (2.) als Bezeichnung für die sich entwickelnde Verfassung der städtischen Bürgerschaft, (3.) als allgemeines Unterscheidungsmerkmal zu landesherrschaftlichem oder kirchlichem Recht, sowie (4.) als Sammelbegriff für das spezifisch städtische Recht in Form einer autonomen niedergeschriebenen Rechtsordnung.[64] Stadtrecht basiert demnach entweder auf Privileg, Satzung oder Gewohnheit.[65]

(1209-1236) hervor." Krieg bezieht sich hierbei auf eine bischöfliche Urkunde vom 05.12.1256, in der der Bischof Widekind den Mindener ihr Recht („ei jus"), das sie seit Konrad (und seinen Nachfolgern) haben, bestätigt, vgl. WUB VI, S. 191, Nr. 660. Schroeder, Stadtrecht, S. 182 f., teilt diese Urkunde nicht mit.

59 Krieg, Stadtbuch 1318, S. 25.

60 Vgl. WUB VI, S. 191, Nr. 660. Schroeder, Stadtrecht, S. 182 f., teilt diese Urkunde nicht mit.

61 Schulte, Macht auf Zeit, S. 12 f.; Schroeder, Stadtrecht, S. 183, Nr. 9 (Regest); WUB VI, S. 227, Nr. 762 (Regest).

62 Schulte, Macht auf Zeit, S. 14; Schroeder, Stadtrecht, S. 185, Nr. 18 (Regest); WUB VI, S. 408 f., Nr. 1284; KA Minden, Stadt Minden, A I, Nr. 17 (Ausfertigung): „*[...] semper ad iura civilia tenerentur, que vulgo dicuntur wicbelethe rech [...]*".

63 Dilcher, HRG 4, Sp. 1863-1873.

64 Zu einer vergleichbaren Zusammenfassung kommt Wallmeier, S. 39 f. Deutsch, Vom Stadtrecht zur Stadtrechtsreformation, S. 12 f., nimmt eine deutlich verfeinernde Unterteilung vor, die ihn zu insgesamt elf Bedeutungen führt: Stadtrecht als (1) verliehene Rechtsstellung als Stadt, (2) Gesamtheit der Privilegien, (3) von der Stadt selbst gesetztes, ggf. durch den Stadtherrn bestätigtes Recht, (4) amtliches Regelwerk, (5) eine einzelne Bestimmung aus dem Recht einer Stadt, (6) Rechtsstellung des Stadtbürgers, (7) Pflichten des Stadtbürgers, (8) Herrschaftsgewalt, Rechts- und Justizhoheit in der Stadt, (9) städtische Gerichtsbarkeit, (10) Territorium, das dem Recht und der Gerichtsbarkeit einer Stadt unterliegt, sowie (11) Stadtverweisung.

65 Köbler, Wörterbuch, S. 436.

Es kam seit der Mitte des 12. Jahrhunderts zu einer Verbreitung solcher Stadtrechte, weil sich das städtische Leben durch seine wirtschaftliche, soziale und kulturelle Entwicklung immer stärker von den dörflichen und ländlichen Verhältnissen unterschied.[66] Neben das Gewohnheitsrecht[67] trat zunehmend die Rechtssetzung durch bewussten schriftlichen Rechtssetzungsakt. DILCHER spricht in diesem Zusammenhang von einer „Welle der Verschriftlichung mit qualitativen Veränderungen des Rechtsbereichs“[68].

Die Übereinkunft einer Gemeinschaft auf bestimmte Verhaltensregeln durch Satzung wird auch Willkür oder Einigung genannt.[69] Längere Kataloge stadtrechtlicher Normen enthalten neben diesen Willküren häufig die Aufzeichnung von Privilegien des Stadtherrn und vor allem Stadtrechtsauskünfte von Mutter- an Töchterstädte.[70] Ergänzend hinzu trat teilweise die Niederschrift von Gewohnheitsrecht, um dies erprobte und bewährte Recht für künftige Zeiten zu bewahren.[71]

Eine inhaltliche Bewertung der Stadtrechte muss der jeweiligen Einzeluntersuchung vorbehalten bleiben. Dabei ist zu beachten, dass Stadtrecht laut

---

66 Lingelbach, Reallexikon der Germanischen Altertumskunde 29, S. 473.

67 Seit einigen Jahren wird in Frage gestellt, ob es überhaupt Gewohnheitsrecht gab oder vielmehr nur Rechtsgewohnheiten, vgl. Kroeschell, »Rechtsgewohnheiten« - und wie es dazu kam, Rechtsgeschichte, Band 17 (2010), S. 58-61. Martin Pilch, Der Rahmen der Rechtsgewohnheiten. Kritik des Normensystemdenkens entwickelt am Rechtsbegriff der mittelalterlichen Rechtsgeschichte, Wien 2009, hat diesbezüglich eine tiefgreifende neue Auseinandersetzung über das Verständnis von Recht und Norm ausgelöst. Zur Diskussion um das Recht der Rechtsgewohnheiten auch Seinecke, Rechtspluralismus in der Rechtsgeschichte, Rechtsgeschichte – Legal History, Band 25 (2017), S. 215-228, konkret S. 223-225. Oestmann, Wege zur Rechtsgeschichte: Gerichtsbarkeit und Verfahren, S. 54, begründet den kritischen Blick auf den Terminus „Gewohnheitsrecht“ wie folgt: „Gewohnheitsrecht setzt allgemeine, abstrakt-generell formulierbare Rechtssätze voraus, die einen Gegenpol zum Gesetzesrecht bildeten. In einer Zeit ohne Gesetzgebung und Rechtswissenschaft müssen solche Annahmen wenig zeitgerecht wirken.“ Einen gelungenen aktuellen Überblick zur Thematik bietet nun: Dilcher, HRG 4, 2. Aufl., Sp. 1171-1175. Der Begriff der Rechtsgewohnheit oder eine vergleichbare Beschreibung haben sich jedoch noch nicht endgültig durchgesetzt, sodass hier die bisherige Terminologie weiterhin verwendet wird.

68 Dilcher, Oralität, S. 12.

69 Zu Willkür: Schmidt-Wiegand, HRG 5, Sp. 1439, und zu Einung: Kroeschell, HRG 1, 2. Aufl., Sp. 1307.

70 Dilcher, HRG 4, Sp. 1866; Dilcher, Oralität, S. 12 und S. 16.

71 Schmidt-Wiegand, Das geschriebene Recht, S. 19.

EHBRECHT „einem dauernden Wandel“ unterlag.[72] Grundsätzlich lässt sich aber feststellen, dass das städtische Willkürrecht „seinem Grundgedanken nach Friedens- und Ordnungsrecht ist, das zur Gewährleistung der öffentlichen Ordnung und eines gedeihlichen sozialen Zusammenlebens“ beiträgt.[73] Die Verfahren und Normen dienen sowohl der Konfliktschlichtung als auch einer wirtschaftlichen, rationalen Zukunftsplanung.[74] Die neue Qualität des schriftlich fixierten Rechts zeigt sich gerade darin, dass nun Vorgänge in den verschiedenen Zeitschichten von Vergangenheit, Gegenwart und Zukunft getrennt und damit rational beherrschbar werden.[75] Einerseits wird in den Stadtrechten ein bereits eingetretener Konflikt einer rechtlichen Lösung zugeführt (Vergangenheitsperspektive), andererseits lassen sich Folgen des eigenen Handelns im Vorfeld abschätzen (Zukunftsperspektive). Hinzu kommt die Ausformung eines rationalen Beweis- und Verfahrensrechts.[76]

In den Städten galt dem umgebenden Landrecht gegenüber Sonderrecht.[77] Das Stadtrecht unterscheidet sich dabei auch inhaltlich grundlegend von dem agrarisch-archaisch geprägten Landrecht.[78] Prägnant kann formuliert werden: Stadtrecht ist neues Recht.[79] Das Stadtrecht brachte entscheidende Beiträge zur Entwicklung der Rechtsstruktur der Neuzeit: Veränderbarkeit des Rechts, Rationalisierung und Ökonomisierung des Rechtsdenkens.[80] Es kann damit zu Recht von einer rechtsschöpferischen Leistung gesprochen werden.[81] Die

72 Ehbrecht, Stadtrechte und Geschichtslandschaft in Westfalen, S. 244.

73 Isenmann, Die deutsche Stadt im Mittelalter, S. 182 / 1. Nach Vogtherr, Die Stadt und das Recht, S. 131, baut jedes Stadtrecht auf den drei Prinzipien Wahrung des Friedens, Garantie der Freiheit und Garantie der Gleichheit der Bürger auf.

74 Dilcher, „Hell, verständig, für Gegenwart sorgend, die Zukunft bedenkend“, S. 35, der zudem die Bedeutung dieser rechtlichen Ausgestaltung für den Kaufmann und den handeltreibenden Bürger betont.

75 Dilcher, Oralität, S. 17.

76 Dilcher, Oralität, S. 18.

77 Goetz, Proseminar, S. 174; Vogtherr, Die Stadt und ihr Recht, S. 131.

78 Dilcher, Das mittelalterliche Stadtrecht als Forschungsproblem, S. 239, mit dem Ergebnis, dass es sich bei Stadtrecht eben nicht nur um fortentwickeltes Landrecht handle, wohingegen Ebel, Über die rechtsschöpferische Leistung des mittelalterlichen Bürgertums, S. 241, von einem „Seitentrieb der landrechtlichen Welt“ spricht.

79 Dilcher, Oralität, S. 16.

80 Ebel, Über die rechtsschöpferische Leistung des mittelalterlichen Bürgertums, S. 244 f. Dilcher, Oralität, S. 17 f. betont ebenfalls diese Aspekte, ohne explizit auf die Neuzeit zu verweisen.

81 Ebel, Über die rechtsschöpferische Leistung des mittelalterlichen Bürgertums, S. 258.

Ausbildung der Stadtrechte ist folglich gleichzusetzen mit einer Emanzipation aus der Naturordnung hin zu einer bewusst geschaffenen Kulturordnung, die Recht als gesetzt und veränderbar begreift.[82]

Mit DILCHER sei jedoch an dieser Stelle darauf hingewiesen, dass die Hervorhebung der neuen, mit der Schriftlichkeit verbundenen Rechtsqualität des Stadtrechts freilich nicht den Blick dafür verdecken darf, dass „Traditionen und Oralität breite Schichten auch des städtischen Rechts weiterhin bestimmen. Im Gegensatz zu einer modernen Kodifikation beanspruchen die Stadtrechte ja keineswegs, das ganze in der Stadt geltende Recht zu erfassen."[83]

Aufgrund des umfassenden Bedeutungsgehaltes des Begriffes „Stadtrecht" bietet es sich an, eine terminologische Unterteilung in „Stadtrecht im engeren Sinne" und „Stadtrecht im weiteren Sinne" vorzunehmen.[84] Die Formulierung „Stadtrecht im engeren Sinne" findet sich bereits bei EBEL, der konstatiert: „Stadtrecht i.e.S. ist gewillkürtes Recht, Willkür, Satzung, seinem ursprünglichen Begriff nach also rechtsgeschäftlicher Natur, bedingtes Selbsturteil, verbindlich nur für diejenigen, die sich selbst verwillkürt haben."[85] Eine ähnliche Zweiteilung in Stadtrecht im engeren und weiteren Sinne findet sich auch bei EHBRECHT, der als Stadtrecht im engeren Sinne das materielle Recht verstanden wissen wollte, ohne außerstädtische Gerechtsame, Freiheiten gegenüber dem Stadtherrn und Verfassungsbestimmungen.[86] Auch FRENZ hält aufgrund der „Mehrschichtigkeit der städtischen Rechtstradition" eine „Differenzierung von städtischem Privilegienrecht und städtischem Einungs- bzw. Willkürrecht" für erforderlich.[87]

Für diese Arbeit wird der Begriff des Stadtrechts im engeren Sinne verwendet. Unter dem Begriff des „Stadtrechts" in dieser Abhandlung ist demnach das von der Bürgerschaft durch ihre Organe autonom gesetzte oder anerkannte Recht zur Regelung interner Angelegenheiten zu verstehen.

Die Minden betreffenden Privilegien unterfallen nicht dem engen Stadtrechtsbegriff und werden daher im Rahmen dieser Arbeit nicht erläutert. Es wird insoweit auf die Arbeiten von BAHNE, NORDSIEK und KRUPPA[88] verwiesen.

---

82 Dilcher, Das mittelalterliche Stadtrecht als Forschungsproblem, S. 239.

83 Dilcher, Oralität, S. 18.

84 Frenz, Frieden, Rechtsbruch und Sanktion, S. 10 f.

85 Ebel, Bürgereid, S. 4 f. Diese Definition passt in das Gesamtkonzept Ebels, der in seiner Arbeit darlegt, dass der Bürgereid eigentlicher Geltungsgrund des Stadtrechts ist.

86 Ehbrecht, Stadtrechte und Geschichtslandschaft in Westfalen, S. 221.

87 Frenz, Frieden, Rechtsbruch und Sanktion, S. 10-20, konkret S. 10 f.

88 Bahne, Cornelia: Prozess der Entstehung einer kommunalen Selbstverwaltung. Vorgeführt am Beispiel der Emanzipation der Mindener Bürgerschaft gegenüber ihrem

§ 2 Stadtbuch

Mit der Ausbildung der städtischen Selbstverwaltung wurden in der Folge auch die ersten Stadtbücher angelegt.[89] Die zunehmende Verschriftlichung des Rechts durch die Entstehung von Stadtbüchern, die auch das Stadtrecht festhalten, bedeutet einen enormen Wandel: „Es ist der Umschlag von einer oralen Rechtskultur zu einer sich verschriftlichenden."[90] Dem sei die Anmerkung hinzugefügt, dass die erste Verschriftlichung des Rechts natürlich bereits früher durch das Verfassen einzelner Urkunden einsetzte, die entstanden, „als sich zunehmend das Bedürfnis bemerkbar machte, den Rechtshandlungen, die man bis dahin ausschließlich mündlich und in rechtssymbolischen Formen abgeschlossen hatte, durch schriftliche Aufzeichnung größere Dauer und Sicherheit zu verleihen."[91]

Als „Stadtbuch" („liber civitatis") bezeichnet man einen Kodex, in den alle rechtsrelevanten oder zur Verwaltung notwendigen Angelegenheiten einer Stadt verzeichnet wurden.[92] Diese weit gefasste Definition entstammt dem Internetauftritt des umfangreichen DFG-Projektes „Index Librorum Civitatum (ILC)", das es sich zur Aufgabe gemacht hat, „der Forschung ein spezialisiertes sowie institutionen- und länderübergreifendes Recherchewerkzeug zur Verfügung zu

---

geistlichen Stadtherrn (1200-1405), Magisterarbeit Freiburg 1985, sowie Nordsiek, Hans: Reichsacht und Kaiserprivileg. Minden und die deutschen Herrscher. 977 bis 1648. Veröffentlichungen des Kommunalarchivs. Band III, Minden 1998; und Kruppa, Nathalie: Emanzipation vom Bischof. Zum Verhältnis zwischen Bischof und Stadt am Beispiel Mindens, in: Bischof und Bürger. Herrschaftsbeziehungen in den Kathedralstädten des Hoch- und Spätmittelalters, hrsg. von Uwe Grieme u.a., Göttingen 2004, S. 67-87.

89 Klötzer, HRG 4, Sp. 1849.

90 Dilcher, „Hell, verständig, für Gegenwart sorgend, die Zukunft bedenkend", S. 36. Als weiterführende Literatur sei empfohlen: Bertelsmeier-Kierst, Christa: Kommunikation und Herrschaft. Zum volkssprachlichen Verschriftlichungsprozeß des Rechts im 13. Jahrhundert, Stuttgart 2008.

91 Beck/Henning, Die archivalischen Quellen, S. 9.

92 Vgl. www.stadtbuecher.de/de/about (Stand: 15.11.2023). Ausführlich-kritisch zu den Versuchen einer Begriffsdefinition Petter, Andreas: Schriftorganisation, Kulturtransfer und Überformung – drei Gesichtspunkte zur Entstehung, Funktion und Struktur städtischer Amtsbuchüberlieferung aus dem Mittelalter, in: Verwaltung und Schriftlichkeit in den Hansestädten, hrsg. von Jürgen Sarnowsky, Trier 2006, S. 17-63. Vgl. auch Sarnowsky, Mittelalterliche Stadtbücher in Preußen, S. 44: „Selbst zur Definition von „Stadtbüchern" und „städtischen Amtsbüchern" gibt es noch keinen Konsens."

stellen“ und dafür zurzeit eine umfassende Datenbank erarbeitet.[93] Projektziel ist es, bis 2028 die gesamtdeutschen Stadtbuchbestände von ihren Anfängen bis etwa 1800 zu erfassen.[94] REININGHAUS erarbeitet zudem derzeit eine umfassende Darstellung der westfälischen Stadtbücher.[95]

Das Stadtbuch wurde durch die Eintragung wichtiger Inhalte zu einem zentralen Medium. Die Aufzeichnungen dieser Stadtbücher bleiben im Bereich des Rechts jedoch lange „bruchstückhaft und wenig systematisch“, weil weiterhin Rechtsgewohnheiten und -wissen größtenteils mündlich überliefert werden.[96] Bei den Niederschriften der Stadtbücher handelt es sich keinesfalls um die vollständige und systematische Erfassung von Rechtsgebieten, sondern um die schriftliche Fixierung einzelner Rechtssätze. Erst mit der Zeit durchlaufen die Stadtbücher eine Entwicklung: von Stadtbüchern mit eintragungswürdigen Nachrichten unterschiedlichen Inhalts (sogenannte Mischbücher[97]) bis hin zu ausdifferenzierten

---

93 Dieser sehr weit gefassten Definition ist es auch geschuldet, dass das ILC für die Stadt Minden 854 (!) Stadtbücher ausweist, weil dort gemäß den Vorgaben des ILC „Stadtbücher“ aus elf Kategorien erfasst wurden: Stadtbücher mit vermischtem Inhalt, Kopiare, Register, Statuten, Willküren, Ordnungen, Rezesse, Bücher des Rates, Bürgerbücher, Erbhuldigungen, Gerichtsbücher, Zinsregister, Steuerbücher, Zollbücher, Rechnungsbücher und sonstige Stadtbücher. Einen sehr lesenswerten Beitrag zum Forschungsüberblick der Stadtbuchgeschichte und Perspektiven der Stadtbuchforschung, auch mit Bezug zum ILC, liefert Speer: Der Index Librorum Civitatum als Instrument der historischen Grundlagenforschung, in: Amtsbücher als Quellen der landesgeschichtlichen Forschung, hrsg. von Wilfried Reininghaus und Marcus Stumpf, Münster 2012, S. 107-124.

94 Schwerdtfeger u.a.: Digitale Erschließung von Stadtbüchern, S. 241. Zum derzeitigen Projektstand siehe Back, Erfassung der nordrhein-westfälischen Stadtbücher bis 1800 im Index Librorum Civitatum: „In einem Vorgängerprojekt (2011-2014) und der ersten Projektphase (2016-2019) wurden bereits die Stadtbücher der ‚neuen Bundesländer‘ und Norddeutschlands (Niedersachsens, Schleswig-Holsteins, Hamburgs, Bremens) sowie ergänzend die Stadtbücer der ehemals deutschen Gebiete im heutigen Polen (Pommern, Schlesien, Provinz Brandenburg) erfasst. Bis Januar 2022 werden nun neben den hessischen auch die mittelalterlichen und frühneuzeitlichen Stadtbücher Nordrhein-Westfalens in die Datenbank aufgenommen.“

95 Prof. Dr. Wilfried Reininghaus (ehemals Präsident des Landesarchivs NRW, außerplanmäßiger Professor für Westfälische Landesgeschichte an der Universität Bielefeld und Vorsitzender der Historischen Kommission für Westfalen) informierte hierüber beim 73. Tag der Westfälischen Landesgeschichte am 29.04.2022 in Minden.

96 Dilcher, HRG 4, Sp. 1869.

97 Beck/Henning, Die archivalischen Quellen, S. 72.

Stadtbucharten.[98]

Eine besondere Stadtbuchart ist das Statutenbuch. Als Statuten bezeichnet man das „in den Städten kraft munizipaler Autonomie geschaffene Recht."[99] Solche Rechtsquellen, die in einem beschränkten Bereich gelten, werden auch als Partikularrechte bezeichnet.[100]

An dieser Stelle ist darauf hinzuweisen, dass die Bezeichnungen „Statutenbuch", „Stadtbuch", „Rechtsbuch" und „Stadtrechtsbuch" nicht gleichbedeutend sind und daher nicht synonym verwendet werden sollten. Wie dargelegt handelt es sich bei einem Statutenbuch um eine besondere Stadtbuchart. Unter dem Oberbegriff „Stadtbuch" ist wie dargelegt ein Amtsbuch, d. h. eine amtliche Kodifizierung des städtischen Lebens zu verstehen.[101] Die Niederschrift erfolgte durch den vom Rat beauftragten Stadtschreiber in der städtischen Kanzlei. In „Rechtsbüchern" hingegen wurde Gewohnheitsrecht schriftlich festgehalten.[102] Nach der bisher gängigen Definition handelt es sich bei solchen „Rechtsbüchern" um private Aufzeichnungen einer Rechtsmaterie.[103] Das Merkmal der Privatarbeit wurde allerdings in den letzten Jahren zu Recht kritisch in den Blick genommen.[104] Als Rechtsbuch wird daher eine Rechtsniederschrift von ausgewähltem Gewohnheitsrecht verstanden, die eine Privatperson entweder aus eigenem Antrieb oder nach Auftrag angefertigt hat. Ein „Stadtrechtsbuch" wiederum ist ein Rechtsbuch, das Stadtrecht schriftlich festhält.[105]

Die Niederschrift von Rechtssätzen in den Stadtbüchern hatte stets mehrere Zielrichtungen. Eine Aufzeichnung von Gesetzen konnte u.a. die folgenden Funktionen haben: „(1.) die informative (promulgative) Funktion, die auf Bekanntmachung des geltenden Rechts bei den Rechtsunterworfenen zielt, (2). die beratende (konsultative) Funktion, bei der die Aufzeichnungen als Wissensspeicher für spätere Entscheidungen dienen, (3.) die vertragssichernde (protektive) Funktion, mit der die Mitglieder einer Rechtsgemeinschaft sich vor einseitigen Veränderungen eines Rechtszustandes schützen, (4.) die verpflichtende (obligative) Funktion, die den Grad der Verbindlichkeit der Gesetzestexte bei den Rechtsunterworfenen bewirkt, (5.) die sozialsymbolische (repräsentative)

98 Beck/Henning, Die archivalischen Quellen, S. 44.
99 Coing, Europäisches Privatrecht I, S. 105.
100 Becker, HRG 3, Sp. 1524.
101 Klötzer, HRG 4, Sp. 1850.
102 Lück, Sachsenspiegel, S. 6.
103 Munzel, HRG 4, Sp. 278.
104 Lück, Sachsenspiegel, S. 6-15; Kümper, Sachsenrecht, S. 16-48.
105 Munzel, HRG 4, Sp. 1873.

Funktion, bei der das Gesetzbuch als Zeichen für den Gerechtigkeitsanspruch einer Gemeinschaft gilt."[106]

§ 3 Rezeption

Die Bewertung des Regelungsgehaltes der Mindener Stadtrechtsreformation vor dem Hintergrund der Rezeption verlangt zunächst nach einer Begriffserklärung, was in diesem Zusammenhang überhaupt unter „Rezeption" zu verstehen ist; denn der „pauschale Begriff der Rezeption ist nicht unumstritten."[107] Die jahrzehntelangen Diskussionen um diese Terminologie und ihren Bedeutungsgehalt haben deutliche Zweifel an der verbleibenden heuristischen Kraft des Begriffes gesät.[108] Es handelt sich um ein „wissenschaftliches Hilfskonstrukt zur Beschreibung eines letztlich noch immer nicht ganz greifbaren, aber unzweifelhaft in höchstem Maße wirkmächtigen Prozesses".[109] Hierzu konstatiert OESTMANN: „Alle Einwände und alle kritischen Diskussionen um die Konzepte von Rezeption [...] können nicht überdecken, dass es die dahinter stehenden größeren Veränderungen gegeben hat, wie auch immer man sie begrifflich auf den Punkt bringen möchte."[110]

---

106 Mihm, Das Kölner Stadtrecht von 1437. Zwischen Mündlichkeit und modernem Stadtrecht, S. 236

107 Eisenhardt, Deutsche Rechtsgeschichte, S. 103, Rn. 208. Siehe auch Oestmann, Wege zur Rechtsgeschichte: Gerichtsbarkeit und Verfahren, S. 128: „Die moderne Literatur streitet darüber, inwieweit der Begriff Rezeption hilfreich ist, um angemessen zu beschreiben, in welchem Maße sich das Recht und das Rechtsdenken an der Wende zur Neuzeit verwissenschaftlichten und veränderten." Schmoeckel, Auf der Suche nach der verlorenen Ordnung, S. 262, bezeichnet den Begriff der Rezeption als „im gängigen Verständnis unglücklich." Einen umfassenden Überblick liefert: Sellert, Zur Rezeption des roemischen und kanonischen Rechts in Deutschland von den Anfaengen bis zum Beginn der fruehen Neuzeit: Ueberblick, Diskussionsstand und Ergebnisse, in: Abhandlungen -Akademie der Wissenschaften in Göttingen, Philologische Klasse, 228 (1998), S. 115-166. Siehe auch Oestmann, Die Frührezeption des gelehrten Rechts, S.123-145.

108 Kram / Michaelis, Die Reise der Enkel zu den Vätern, Rechtsgeschichte – Legal History, Band 9 (2006), S. 36-44, konkret: S. 36, bringen es auf den Punkt, indem sie ausführen, der Begriff der Rezeption werde zwar unentwegt verwendet, gleichzeitig scheine er aber beständig vor dem Lichte eines klaren theoretischen Zugriffs zurückzuweichen.

109 Kümper, Sachsenrecht, S. 267.

110 Oestmann, Die Frührezeption des gelehrten Rechts, S.133.

Als alternative Terminologien werden Begriffe wie Rechtstransplantation, Verbreitung, Rechtstransfer, Beeinflussung, Inspiration, Export oder gegenseitige Befruchtung vorgeschlagen,[111] oder auch Legal Transplant.[112] Bisher hat sich keine der Varianten durchgesetzt. Auch gibt es keinen zwingenden Grund, den gebräuchlichen Begriff der Rezeption aufzugeben,[113] wenn deutlich gemacht wird, was im konkreten Bearbeitungszusammenhang darunter verstanden wird.[114]

Der Begriff wurzelt im lateinischen Verb „recipere", das „aufnehmen"[115] bedeutet. Zunächst bezeichnet Rezeption also einen sozialen Prozess, der charakterisiert wird durch die Aufnahme und Verarbeitung fremden Kulturguts in der übernehmenden Gesellschaft.[116]

Aus rechtsgeschichtlicher Perspektive bezeichnet der Begriff der Rezeption zunächst „die umfassende Veränderung des Rechts und des Rechtsverständnisses etwa vom 12. bis zum 16. Jahrhundert"[117], was allerdings eine sehr weit

---

111 Zur Terminologie „Rezeption" und „Mischrechtsordnung" im heutigen Europäischen Privatrecht siehe die Beiträge von Gebhard Rehm und Reinhard Zimmermann im Handwörterbuch des Europäischen Privatrechts 2009 (https://hwb-eup2009.mpipriv.de). Rehm dort auch ohne Anspruch auf Vollständigkeit zu Vorschlägen für eine neue Terminologie bzgl. jüngerer Rezeptionen. Zu terminologischen Neuerungen auch Oestmann, Die Frührezeption des gelehrten Rechts, S.130 mit Fn. 31-34.

112 Duve, Von der Europäischen Rechtsgeschichte zu einer Rechtsgeschichte Europas in globalhistorischer Perspektive, in: Rechtsgeschichte, Band 20 (2012), S. 18-71, konkret: S. 53 f.

113 So Oestmann, Wege zur Rechtsgeschichte: Gerichtsbarkeit und Verfahren, S. 129, ausdrücklich unter Verweis auf den historischen Befund Conrings (Rezeption des römischen Rechts durch allmählichen Gebrauch in der Praxis statt durch hoheitlichen Befehl).

114 Stolleis, HRG 4, 2. Aufl., vorgesehen für die 32. Lieferung, bisher nur digital: www.HRGdigital.de/HRG.rezeption_oeffentlich_rechtlich (Stand: 15.11.2023), möchte aus pragmatischen Gründen und um den Kontakt zu älteren Rechtsforschungen zu erhalten, ebenfalls bei der Terminologie der Rezeption bleiben, wenn er auch einräumt, dass jüngere Formulierungsvorschläge (wechselseitige Umformung, kultureller Transfer oder adaptierte Translation) „der Komplexität der Vorgänge gewiss näher" kommen.

115 Stowasser, S. 429.

116 Giesen, HRG 4, Sp. 995. Siehe auch Ulbricht, Die Rezeption der laesio enormis in den Stadt- und Landrechten, S. 30.

117 Oestmann, Die Frührezeption des gelehrten Rechts, S.127, hält diesen Oberbegriff zu Recht für „ersichtlich ungenau".

gefasste, schlecht greif- und charakterisierbare Beschreibung ist, die die vielfältigen Vorgänge und Veränderungen nur unzureichend abbildet.

Rezeption ist nicht ein zeitlich begrenztes Phänomen nur eines Jahrhunderts, sondern „ein durchgängig in der Geschichte des Rechts zu beobachtendes Phänomen."[118] Es gab nicht die eine Rezeption, sondern Rezeption ist in den einzelnen europäischen Ländern zu unterschiedlichen Zeiten und in unterschiedlicher Intensität von statten gegangen.[119]Aufgrund der Unübersichtlichkeit und Vielgestaltigkeit des Rezeptionsvorganges ist es durchaus zutreffend, von einer „Rezeptionszersplitterung"[120] zu sprechen.

Es können jedoch in groben Zügen drei Stufen der Rezeption unterschieden werden: als Vorstufe der Rezeption das Eindringen und Fortleben des römischen Rechts im germanischen Rechtsbereich seit der Spätantike, im Anschluss daran die wissenschaftliche Wiederentdeckung und Neubearbeitung des römischen Rechts in Italien seit dem 11. Jahrhundert mit der Bearbeitung durch Glossatoren und Kommentatoren und schließlich folgte in Deutschland im späten 15. und 16. Jahrhundert die sogenannte praktische Rezeption.[121] Sie wurde häufig beschrieben als Prozess der Verwissenschaftlichung des Rechts.[122] Die Ausbreitung des an den Universitäten gelehrten römischen Rechts erfolgte dabei insbesondere über die Einstellungen römisch-rechtlich gelehrter Juristen in Gerichten und Verwaltungen.[123] Zudem bot das gelehrte römische Recht handhabbare

---

118 Schmoeckel, Auf der Suche nach der verlorenen Ordnung, S. 262.

119 Eisenhardt, Deutsche Rechtsgeschichte, S. 103, Rn. 208. Oestmann, Wege zur Rechtsgeschichte: Gerichtsbarkeit und Verfahren, S. 115, kritisiert daher auch rückblickend: „Die klassische deutsche Rechtsgeschichte hat mit ihrer Erzählung von der Rezeption des römischen Rechts das jahrhundertelange Nebeneinander verschiedener Rechtsordnungen in Europa stark vereinfacht."

120 Schultze von Lasaulx, Die Krise des Gemeinen Sachsenrechts, S. 52.

121 Giesen, HRG 4, Sp. 996 f. Des Weiteren begegnet eine Unterscheidung in Frührezeption (seit dem 13. Jh.) und Vollrezeption (seit der zweiten Hälfte des 15. Jh.), vgl. Kiefner, HRG 4, Sp. 972-984.

122 Schlinker, Enzyklopädie der Neuzeit 11, Sp. 202; Giesen, HRG 4, Sp. 995 f. Allerdings Schlosser, Neuere Europäische Rechtsgeschichte, S. 8, Rn. 20: „Gegen die These der „Verwissenschaftlichung" spricht, dass mit diesem Begriff das komplexe Geschehen unbegrenzter Wanderungen von Recht in den typischen Abläufen und Folgen für die praktische Rechtsanwendung nur verzerrt und allenfalls in Umrissen wirklichkeitsgerecht erklärt wird."

123 Eisenhardt, Deutsche Rechtsgeschichte, S. 104, Rn. 210.

Antworten auf die neuen Fragen der Zeit, die sich der Gesellschaft am Übergang vom Spätmittelalter zur frühen Neuzeit stellten.[124]

Rezeption ist in diesem Zusammenhang allerdings nicht zu verstehen als stoffliche Rechtsübernahme, sondern als praktische Anwendung von Dogmatik und Methode.[125] Hierzu führt WIEACKER aus: „Ferner legt der Wortsinn von „Rezeption" das Mißverständnis nahe, fremdes Recht könne als solches übernommen werden, ohne zugleich assimiliert und also verändert zu werden. Dem liegt die allzu einfache Meinung zugrunde, Recht sei ein gleichsam stofflicher Gegenstand, den man fassen, „weitergeben" und „aufnehmen" könne, während es in Wahrheit eine kulturelle Integration von höchst verwickelter und wandelbarer Schichtung ist: ein Gefüge vielfältiger geschichtlicher und sozialer, intellektueller und psychologischer Gruppenprozesse."[126]

OESTMANN hat in diesem Zusammenhang treffend auf zwei Denkfehler im früher vorherrschenden Rezeptionsverständnis hingewiesen. Eine Verfälschung oder Verfremdung des deutschen Rechts durch die Rezeption hält er schon deswegen für ausgeschlossen, weil das einheimische Recht nicht über Jahrhunderte hinweg statisch war.[127] Vielmehr ist „mit der angeblichen Fremdheit

---

124 Siehe hierzu beispielsweise Strauss, Law, resistance and the state, S. 60: „As the product of a highly developed and sophisticated urban society, Roman law was well suited to adoption by a late medieval European city culture near the take-off point. That is to say, it embodied legal ideas about property useful to an emerging commercial and manufacturing elite; at the same time ist uniform methods for the protection and management of possessions appealed to a growing corps of technicans engaged in these tasks."

125 Kiefner, HRG 4, Sp. 970 f.; Schlinker, Enzyklopädie der Neuzeit 11, Sp. 202. Kiefner, HRG 4, Sp. 973, macht aber auch die Einschränkung deutlich, dass es keine „stofflose Dogmatik" gab, sondern justinianisches Recht Objekt der Interpretation war, und damit zwangsläufig auch materielles Recht rezipiert wurde.

126 Wieacker, Privatrechtsgeschichte der Neuzeit, S. 128.

127 Oestmann, Wege zur Rechtsgeschichte: Gerichtsbarkeit und Verfahren, S. 116. Zur Auseinandersetzung zwischen Romanistik und Germanistik auch Schlinker, Enzyklopädie der Neuzeit 11, Sp. 212, der die Rezeption insgesamt nicht als nationales Unglück verstanden wissen möchte, sondern positiv als „schöpferischen Prozess". Hierzu auch Kümper, Sachsenrecht, S. 267-268; er schildert die Entwicklung des Verständnisses der Rezeption als nationales Unglücksereignis bis zum Blickwechsel seit Wieacker. Auch Strauss, Law, resistance and the state, S. 56 f. hält fest: „Scholars of the phenomenon [...] have always agreed on its intrinsic significance and its far-reaching impact on German political and cultural life. But opinions have differed on whether the effects should be judged good or bad."

des rezipierten Rechts Vorsicht geboten“, denn vor allem die Kirche als „Motor der Rechtsmodernisierung“ wirkte früh über gelehrte Richter und römisch-kanonische Prozessmaximen auf das Recht ein.[128] Der Kontakt zum römischen Recht ist nie gänzlich verloren gegangen. Es ist zudem schwierig, pauschal von der einen übergreifenden Rechtsrezeption zu sprechen, vollzieht sie sich doch in den unterschiedlichen Rechtsmaterien auch unterschiedlich.[129]

Aus heutiger Sichtweise lassen sich die Ergebnisse der Rezeption in der deutschen Rechtsgeschichte am ehesten als Modernisierungsprozess im Sinne einer Entwicklung des Rechts und der zugrundeliegenden wissenschaftlichen Methode charakterisieren.[130]

Die „historische Konfrontation zweier grundverschiedener Rechtsordnungen hat zu einem rechtskulturellen Dialog geführt.“[131] Dies wiederum führt dazu, dass Rezeptionsforschung stets auch die kulturellen, begriffsgeschichtlichen, translationswissenschaftlichen und sozialen Faktoren im Blick behalten muss.[132] Die Rezeption des römischen Rechts ist ein umfassender, faszinierender Vorgang, der in seiner Vielschichtigkeit bis heute zu verstehen versucht wird.

Eng verknüpft mit dem Begriff der Rezeption ist der Begriff des ius commune. Das ius commune als gemeinsames europäisches Recht wird auch als gemeines oder gelehrtes Recht bezeichnet.[133] Das ius commune ist vor dem Hintergrund

128 Oestmann, Wege zur Rechtsgeschichte: Gerichtsbarkeit und Verfahren, S. 117.

129 Aus diesem Grund finden sich in Band 4 des HRG auch separate Einträge zur privatrechtlichen Rezeption (Kiefner, Sp. 970-984), strafrechtlichen Rezeption (Kaufmann, Sp. 2019-2022), sowie öffentlichrechtlichen Rezeption (Stolleis, Sp. 984-995).

130 Der Begriff des Modernisierungsprozesses geht zurück auf Eisenhardt, Deutsche Rechtsgeschichte, S. 124, Rn. 253. Die Begriffe Moderne und Modernisierung sind allerdings Gegenstand tiefgreifender theoretischer Diskussion in der Geschichtswissenschaft. Daher sei an dieser Stelle darauf hingewiesen, dass es sich nicht um eine Stellungnahme zur Frage nach Linearität oder Evolution handelt, sondern ein Prozess der Ausdifferenzierung und des Komplexitätsgewinns beschrieben werden soll.

131 Schlosser, Neuere Europäische Rechtsgeschichte, S. 8, Rn. 21.

132 Duve, Von der Europäischen Rechtsgeschichte zu einer Rechtsgeschichte Europas in globalhistorischer Perspektive, in: Rechtsgeschichte, Band 20 (2012), S. 18-71, konkret: S. 54 f., sieht große Chancen in der Forschung zur „Cultural Translation“. Hingewiesen sei an dieser Stelle auch auf das laufende Promotionsvorhaben von Maria Ingrid Lux mit dem Arbeitstitel: „Rechtsrezeption und Resilienz. Das Kreditrecht des Ius Commune“ als Teil des Sonderforschungsbereiches 2539 „Resilienz. Gesellschaftliche Umbruchphasen im Dialog zwischen Mediävistik und Soziologie“, das die Rezeption voraussichtlich unter dem neuen Blickwinkel der Resilienz betrachtet.

133 Schlinker, Enzyklopädie der Neuzeit 11, Sp. 201 f. Die Unterscheidung zwischen gelehrtem und ungelehrtem Recht sowie zwischen gelehrten und ungelehrten Juristen

des frühneuzeitlichen Rechtspluralismus[134] definierbar über eine Abgrenzung zu den lokalen Partikularrechten; es handelt sich um das römisch-kanonische Recht (in seiner jeweiligen wissenschaftlichen Auslegung).[135] Das römische Recht war im Mittelalter mit dem kanonischen Recht zu einem System von Grundsätzen und Rechtslehren verbunden worden,[136] denn die katholische Kirche hat das römische Recht „stets und von Anfang an, wo auch immer, als ihr eigenes Recht angewendet"[137]. Beide Rechte waren eng miteinander verbunden, wie auch in dem Ausdruck des „*ius utrumque*" deutlich wird.[138]

---

ist allerdings umstritten, siehe Schlosser, Neuere Europäische Rechtsgeschichte, S. 3, Rn. 7; daher wird der Begriff des gelehrten Rechts im Folgenden nicht mehr verwendet.

134 Mit dem problematischen Begriff des Rechtspluralismus setzt sich Duve, Was ist >Multinormativität<?, in: Rechtsgeschichte – Legal History, Band 25 (2017), S. 88-101, auseinander; konkret zu den Nachteilen der Begriffsverwendung S. 91 f. Auch Seinecke, Rechtspluralismus in der Rechtsgeschichte, in: Rechtsgeschichte – Legal History, Band 25 (2017), S. 215-228, liefert eine kritische Auseinandersetzung: „Rechtspluralismus kann vieles meinen." (S. 216). Ähnlich diskussionswürdig sind jedoch auch die Begriffe der Rechts(quellen)vielfalt, Rechtsdiversität, Rechtszersplitterung und Multinormativität. Siehe beispielsweise Mohnhaupt, Formen und Konkurrenzen juristischer Normativitäten im „Ius Commune" und in der Differentienliteratur (17./18. Jh.), in: Rechtsgeschichte – Legal History, Band 25 (2017), S. 115-126, sowie Füssel, Multinormativität in der Gelehrtenkultur?, in: Rechtsgeschichte – Legal History, Band 25 (2017), S. 127-136.

135 Lepsius, HRG 2, 2. Aufl., Sp. 1333-1336. Kritisch zum Begriff der Rezeption des römisch-kanonischen Rechts Kiefner, HRG 4, Sp. 974, demzufolge man nicht von einer Rezeption sprechen sollte, denn die Kirche habe das römische Recht stets und von Anfang an, wo auch immer, als ihr eigenes Recht angewendet (*ecclesia vivit lege romana*).

136 Schlosser, Neuere Europäische Rechtsgeschichte, S. 1, Rn. 3. Ulbricht, Die Rezeption der laesio enormis in den Stadt- und Landrechten, S. 27, unterstreicht allerdings die Notwendigkeit einer „Distanzierung von der Vorstellung eines homogenen, widerspruchsfreien ius commune" und möchte es eher verstanden wissen als „lockerer Verbund divergierender Regelungskonzepte".

137 Kiefner, HRG 4, Sp. 974 unter Hinweis auf das Prinzip „*ecclesia vivit lege romana*" (Übers. d. Verf.: Die Kirche lebt nach römischem Recht.).

138 Schlinker, Enzyklopädie der Neuzeit 11, Sp. 202.

§ 4 Stadtrechtsreformation

KÜMPER zählt Stadtrechtsreformationen zu Recht zu den „markantesten Phänomenen der Rezeption“[139]. Doch was verbirgt sich hinter diesem Begriff und wie entstand er?

Als wissenschaftlicher Terminus begegnet „Stadtreformation“ bereits 1583, „Stadtrechtsreformation“ spätestens seit 1835.[140] Die Verwendung des Begriffes Reformation ist jedoch wesentlich älter und geht weit ins Mittelalter zurück.[141] Der Begriff der Reformation wurzelt im lateinischen Verb „reformare“, das „umgestalten, verwandeln, wiederherstellen“[142] bedeutet. Über Jahrhunderte spiegelt sich in der Begriffsverwendung für vielfältige Materien (von der Kirchenordnung bis zur Reichsreform) das fortwährende Streben „nach Erneuerung im geistlichen und weltlichen Bereich“.[143]

Im heute geläufigeren und engeren Sinne bezeichnet Stadtrechtsreformation eine bestimmte Rechtsquellengattung.[144] Es handelt sich bei Stadtrechtsreformationen um überarbeitende Niederschriften des Stadtrechts beginnend ab Ende des 15. Jahrhunderts bis ins 17. Jahrhundert.[145] Ihnen liegt das Bedürfnis zugrunde, für die stadtrechtlichen Regelungen eine Klärung und Vereinheitlichung herbeizuführen.[146] Ziel der Niederschriften war damit jedenfalls Rechtssicherheit.[147] Ob es zudem um eine modernisiernde Rechtsbesserung oder doch eher um eine Wiederherstellung des guten alten Rechts ging, ist umstritten,[148] und kann nur anhand der Analyse der einzelnen Quelle beantwortet werden.

Besonders bekannt sind die Stadtrechtsreformationen von Nürnberg 1479/1484, Worms 1498/1499, Frankfurt am Main 1509/1578 und Freiburg im

139 Kümper, Sachsenrecht, S. 270.

140 Deutsch, Vom Stadtrecht zur Stadtrechtsreformation, S. 35 m. w. N.

141 Schulze, HRG 4, Sp. 468.

142 Stowasser, S. 434.

143 Schulze, HRG 4, Sp. 468, wobei das Bestreben dahin ging, unumstößliche „Richtigkeitsmaßstäbe“ und „Ordnungsmuster“ (wieder) zur Geltung zu bringen.

144 Eine aktuelle Darstellung zur Terminologie der „Stadtrechtsreformationen“ ist angekündigt für die 36. Lieferung der 2. Auflage des HRG (bisher liegen 30 Lieferungen vor, Stand: 15.10.2023).

145 Zur Begriffsbildung siehe Köbler, Stadt, Stadtrecht und Stadtreformation, S. 138-140.

146 Bader / Dilcher, Deutsche Rechtsgeschichte, S. 772.

147 Breustedt, Die „späten Stadtrechtsreformationen“ im Hanseraum, S. 588. Breustedt sieht zudem die „Machtkonsolidierung der Räte als städtische Obrigkeit“ (S. 592) als ursächliche Motivation für den Erlass einer Stadtrechtsreformation.

148 Deutsch, Vom Stadtrecht zur Stadtrechtsreformation, S. 36 m. w. N.

Breisgau 1520.[149] Allerdings gab es auch zahlreiche bedeutende Städte, die keine umfangreichen Stadtrechtsreformationen erlassen haben; genannt seien hier nur Köln, Bremen, München und Augsburg.[150]

Stadtrechtsreformationen sind in letzter Zeit verstärkt in den Blick der Wissenschaft gerückt. So fand im Jahr 2019 eine interdisziplinäre Tagung der Forschungsstelle Deutsches Rechtswörterbuch in Heidelberg zu dem Thema „Stadtrechte und Stadtrechtsreformationen" statt (03.04.-05.04.2019); infolgedessen erschien 2021 ein gelungener Tagungsband.[151] Die bereits veröffentlichten Tagungsberichte[152] fassen zusammen, dass die Tagung ein sehr viel differenzierteres Bild von den Stadtrechtsreformationen geliefert hat, als es bisher vorlag.

Inwiefern die Stadtrechtsreformationen aber der Rezeption des römischen Rechts und dem Einfluss der Rechtsgelehrten Rechnung trugen, wird unterschiedlich beurteilt. SCHLOSSER verwendet in diesem Zusammenhang eine interessante Terminologie und ist der Ansicht, die „Dichte" der Romanisierung der Rechtsquellen sei unterschiedlich gewesen.[153] Vor allem in der jüngeren Wissenschaft wird die Frage gestellt, ob die Geschichte der deutschen Stadtrechtsreformationen tatsächlich eine Geschichte der Romanisierung ist, wie lange tradiert wurde.[154]

---

149 Schlosser, Neuere Europäische Rechtsgeschichte, S. 143, Rn. 27.

150 Conrad, Deutsche Rechtsgeschichte, Band 2, S. 371. Kappen, Stadtrechtsreformationen des 16. Jahrhunderts in den Niederlanden, S. 143, formuliert in seiner daraus resultierenden Schlussfolgerung zu überspitzt: „Zum Abschluß sei noch davor gewarnt, dieses Phänomen der Reformationen, sosehr diese auch bei vielen Rechtshistorikern beliebt sind, als ergiebige Informationsquellen zur Privatrechtsgeschichte der Neuzeit und zur Epoche der gemeinrechtlichen Strafrechtswissenschaft, überzubewerten. Umfangreiche Stadtrechtsreformationen hat es der Zahl nach nicht reihenweise gegeben. Köln, Bremen, München und Augsburg könnten als Beispiele dienen dafür, daß auch größere Städte – geschweige denn die vielen kleineren – sehr wohl ohne ausführliche Reformation auskommen konnten, indem sie das althergekommene Recht traditionsgemäß durch Rechtsprechung weiterbildeten und erforderlichenfalls durch Einzelgesetzgebung ergänzten."

151 Deutsch, Andreas (Hrsg.): Stadtrechte und Stadtrechtsreformationen, Heidelberg 2021.

152 Der erste Bericht stammt von Holfeld und wurde veröffentlicht in ZRG, GA, Band 137 (2020), S. 742-745; der zweite Bericht erschien online, siehe von Falkson, Katharina / Lemberg, Ingrid / Ptashnyk, Stefaniya auf https://www.hsozkult.de/conferencereport/id/fdkn-126851?title=stadtrechte-und-stadtrechtsreformationen&recno=13&q=stadtrecht&sort=newestPublished&fq=&total=59 (Stand: 15.11.2023).

153 Schlosser, Grundzüge der neueren Privatrechtsgeschichte, S. 80.

154 Vgl. Ergebnisse der Heidelberger Tagung „Stadtrechte und Stadtrechtsreformationen" (03.04.-05.04.2019).

Grundlegend für die Diskussion zum Ausmaß der Romanisierung sind die Arbeiten von WIEACKER,[155] der in den Stadtrechtsreformationen ein „Mittel zur Rezeption römischen Rechts“ sah. Er spricht diesbezüglich von einer „romanisierenden Erneuerung“[156] der Stadtrechte und teilt die Rechtsaufzeichnungen des 13. bis 17. Jahrhunderts in ältere, weithin deutschrechtliche Aufzeichnungen und jüngere, weithin romanisierte Aufzeichnungen.[157]

Bereits KROESCHELL hat darauf hingewiesen, dass das Ausmaß der Romanisierung einer genaueren Überprüfung bedarf und von Region zu Region sowie Rechtsmaterie zu Rechtsmaterie variierte.[158] Des Weiteren betont er, dass der Schwung der Reformationsbewegung in Süddeutschland zwar größer war als im Norden, es aber eine zu starke Vereinfachung wäre, im Norden einen durchgehend geringeren Einfluss des römischen Rechts anzunehmen.[159] KROESCHELL betont, dass die eigentliche Bedeutung der Reformation wohl nicht in der Übernahme romanistisch-kanonistischer Rechtssätze liegt, sondern in der „durchgreifenden Erneuerung der weltlichen Rechtspflege aus dem Geiste des gelehrten Rechts.“[160]

Etwas relativierender klingen folgerichtig die aktuellen Ausführungen von KÖBLER und ISENMANN. Laut KÖBLER sei es bei dieser Verbindung des einheimischen mit dem gelehrten Recht nicht einfach um eine Rückkehr zu

---

155 Wieacker, Privatrechtsgeschichte der Neuzeit, S. 189-203 (§ 11. Die Gesetzgebung im Zeitalter der praktischen Rezeption). Wieacker, Privatrechtsgeschichte der Neuzeit, S. 189: „Die partikulären Rechtsaufzeichnungen der Rezeptionszeit sind ebenso Folge wie Ursache der weiteren Ausbreitung der römischen Rechts; sie bekunden ebenso die Überzeugung von seiner bestehenden allgemeinen Geltung wie den Willen zu einer besonderen Anwendung in der Zukunft.“

156 Wieacker, Privatrechtsgeschichte der Neuzeit, S. 190. Ihm folgt Vogel, Zwickauer Stadtrechtsreformation, S. 2: Der Ausdruck Reformation „soll nicht besagen, daß hier ein bereits bestehendes Gesetzbuch revidiert und den neuen Bedürfnissen angepaßt wurde, sondern bezeichnete Gesetze, die das deutsche Recht, sei es nun kodifiziert oder nicht, romanisierten. Nicht Weiterentwicklung, sondern Umgestaltung war das Ziel dieser Gesetzgebung.“

157 Wieacker, Privatrechtsgeschichte der Neuzeit, S. 199.

158 Kroeschell, Deutsche Rechtsgeschichte, Band 2, S. 248. Kroeschell fordert ein, man wird „doch näher hinsehen müssen, ehe man ein endgültiges Urteil abgibt.“

159 Kroeschell, Deutsche Rechtsgeschichte, Band 2, S. 248, der in diesem Zusammenhang auf die Lübecker Ratsherren (Reformation 1586) verweist, die „bewusste und pragmatische Entscheidungen für oder gegen die Aufnahme einzelner Bestimmungen des gelehrten Rechts“ trafen.

160 Kroeschell, Deutsche Rechtsgeschichte, Band 2, S. 249.

einem früheren besseren Zustand gegangen, sondern die Erreichung eines besseren neuen Zustandes sei angestrebt worden ohne Rücksicht auf das Alter oder die Herkunft der berücksichtigten Quellen.[161] ISENMANN führt aus, dass die Stadtrechtsreformationen „das Stadtrecht systematisch gliedern, verarbeiten und dabei mehr oder weniger und partiell römisches und kanonisches Recht rezipieren.“[162] Dies kann folglich nicht dahingehend verstanden werden, dass das gemeine Recht das partikulare Recht gänzlich verdrängen sollte, sondern das alte einheimische Recht sollte mit dem römischen Recht „in Einklang“[163] gebracht werden.

GMÜR/ROTH betonen hingegen den Schwerpunkt des partikulären Rechts. So sei die infolge der häufigen Kollisionen zwischen partikulärem und gemeinem Recht aufgekommene Rechtsunsicherheit „mittels Neuformulierung des partikulären Rechts behoben und dadurch dessen Geltung gegenüber dem gemeinen Recht gesichert“ worden; wobei jedoch „nicht wenige römisch-rechtliche Sätze, allerdings regelmäßig in stark vereinfachter, populärer Fassung aufgenommen“ wurden.[164]

BREUSTEDT hält die Prämisse einer zwingenden Romanisierung des vorhandenen Rechts insgesamt für nicht haltbar.[165] Ihren Ausführungen zufolge „erneuerten die jeweiligen Räte ihre Stadtrechte regelmäßig aufgrund äußerer Einflussfaktoren, meist machtpolitischer Anlässe, in denen der Rat seine Rechtsposition als Obrigkeit, mithin als Gesetzgeber, stärken wollte. Sie verschriftlichten nicht, um römisches Recht aufzunehmen. Das machten sie dann, wenn es ihnen pragmatisch erschien oder, weil eben die Verfasser der jeweiligen Stadtrechte an der Wende zur Neuzeit mittlerweile gelehrte Juristen und damit am ius commune ausgebildet waren.“[166]

Wie in so vielen Fällen erscheint auch bei dieser Fragestellung der Versuch eines Pauschalurteils nicht ratsam, wenn auch nachvollziehbar der Wunsch besteht, Identifikationskriterien für die Rechtsquellengattung der Stadtrechtsreformationen vorlegen zu können. Sowohl der bedingende Anlass einer

161 Köbler, Stadt, Stadtrecht und Stadtreformation, S. 154.

162 Isenmann, Die deutsche Stadt im Mittelalter, S. 197/1.

163 Eisenhardt, Deutsche Rechtsgeschichte, S. 133, Rn. 272; Rabe, Lüneburger Stadtrechtsreformation, S. 1.

164 Gmür / Roth, Grundriss der deutschen Rechtsgeschichte, S. 128, Rn. 303.

165 Breustedt, Die „späten Stadtrechtsreformationen“ im Hanseraum, S. 591.

166 Breustedt, Die „späten Stadtrechtsreformationen“ im Hanseraum, S. 591 f. Breustedt sieht in den Verschriftlichungsprozessen der Stadtrechte eher die „Etablierung eines neuen Verständnisses der Rechtsetzungsbefugnis“.

Niederschrift als auch die inhaltliche Bewertung derselben erfordern zwingend eine enge Arbeit an jeder einzelnen Rechtsquelle.[167]

Diese Arbeit wird durch die Analyse der Mindener Situation ein Puzzleteil liefern. Es wird Aufgabe der Zukunft sein, die vielen gebiets- und stadtspezifischen Puzzleteile, die bereits vorliegen oder noch zu erarbeiten sind, zu einem Gesamtbild zusammenzufügen. Stadtrechtsreformationen könnten in Zukunft zunächst allgemein verstanden werden als sammelnde, systematisch-ordnende Überarbeitungen mehrerer Rechtsmaterien unter unterschiedlich stark ausgeprägter Einbeziehung des römischen Rechts und seiner Methodik.[168]

DEUTSCH hat jüngst einen übersichtlichen Kriterienkatalog entwickelt, anhand dessen die Rechtsquellengattung der Stadtrechtsreformation nun konkreter charakterisiert werden kann.[169] Er stützt sich dabei - hier sehr verkürzt dargestellt - auf neun Aspekte:

(1) Die Stadtrechtsreformation dient als Instrument städtischer Emanzipation, wobei der Auslöser der Selbstständigkeitsbemühung unterschiedlich sein konnte (Behauptung gegenüber dem Stadtherrn, Loslösung von kirchlicher Einflussnahme oder Befriedigung von Bürgerunruhen).[170]
(2) Ein weiteres Indiz kann die Drucklegung der Stadtrechtsreformation sein, wobei es sich hier nicht um ein zwingendes Merkmal handelt.[171]
(3) Der Erlass jeder Stadtrechtsreformationen ist (auch) als Reaktion auf die Rezeption zu werten, wobei es für die Einordnung eines Stadtrechts als Stadtrechtsreformation auf den Romanisierungsgrad nicht ankommt.[172]
(4) Für die Erstellung einer Stadtrechtsreformation wurden alte Rechtstexte einer Sichtung unterzogen, wobei einiges als obsolet ausgeschieden wurde,

---

167 So führte schon Kunkel, Ältere Stadtrechtsreformationen, Einleitung, S. XII, allgemein zur Beurteilung der Rezeption aus: „Ein Gesamtbild der Rezeption, das den ganzen Vorgang in seiner weiten Verzweigung klarlegt, wird nur durch geduldige Ausarbeitung möglichst vieler lokalen Quellenkreise erzielt werden können; erst wenn die einzelnen Rezeptionsvorgänge in großer Zahl übersehbar sind, können die Gesetzmäßigkeiten, die sie miteinander verknüpfen, erraten und damit die treibenden und hemmenden Kräfte deutlich herausgestellt werden." Holfeld, Tagungsbericht, ZRG, GA, Band 137 (2020), S. 742-745, konkret S. 745, betont die Notwendigkeit einer neuen Quellenbewertung anhand sozialer, politischer und religiöser Umstände.

168 Vermittelnder Definitionsansatz der Verfasserin.

169 Deutsch, Vom Stadtrecht zur Stadtrechtsreformation, S. 95-113.

170 Deutsch, Vom Stadtrecht zur Stadtrechtsreformation, S. 95 f.

171 Deutsch, Vom Stadtrecht zur Stadtrechtsreformation, S. 96-98.

172 Deutsch, Vom Stadtrecht zur Stadtrechtsreformation, S. 98-101.

und anschließend wurde das dann noch vorhandene Material inhaltlich-systematisch für die Stadtrechtsreformation verwendet.[173]

(5) Stadtrechtsreformationen sind die Vorläufer der Kodifikationen. Zwar waren die Stadtrechtsreformationen oft deutlich lückenhaft und hatten selbst auch gar nicht den Anspruch einer vollumfänglichen Regelung aller Rechtsmaterien, es lässt sich jedoch im Gegensatz zum Mittelalter klar „ein Trend zur umfassenderen Rechtssetzung ablesen."[174]

(6) Die Stadtrechtsreformationen zeichen sich durch geänderte Regelungsgegenstände aus. Behandelten die älteren Stadtrechte „primär städtische und bürgerliche Freiheiten und Pflichten", regeln die Stadtrechtsreformationen in erster Linie Zivilprozess und Zivilrecht.[175]

(7) Die Städte strebten häufig nach Legitimation der eigenen Rechtssetzung, indem sie absichernde Rechtsgutachten einholten, sich um eine Konfirmation durch den Stadtherrn bemühten oder in den entsprechenden Gesetzesvorreden andere, oft zahlreiche Legitimationsgründe aufzählten.[176] Zudem wurden die Stadtrechtsreformationen vielerorts durch den Bürgereid bekräftigt, einmalig bei Erlass oder sogar wiederkehrend jährlich.

(8) Die Ausarbeitung der Stadtrechtsreformationen erfolgte häufig durch oder jedenfalls unter Hinzuziehung gelehrter Juristen, wobei dies natürlich von den wirtschaftlichen Möglichkeiten der jeweiligen Stadt abhing.[177]

(9) Stadtrechtsreformationen zeichen sich zudem in unterschiedlichen Ausmaß durch sprachliche Modernisierung und klar gegliederte Präsentation der Inhalte aus.[178]

Die Mindener Stadtrechtsreformation kann nahezu als Paradebeispiel für diesen neuen Kriterienkatalog dienen. Es sind mehrere der genannten Aspekte erfüllt, wie sich im Laufe dieser Arbeit noch im Detail zeigen wird. Die Stadtrechtsreformation wurde von einem ausgebildeten Juristen verfasst, der alte Rechtstexte einer Sichtung unterzog, inhaltlich-systematisch verwendete und aufbereitete sowie sprachlich modernisierte, wobei er den Schwerpunkt auf das Zivil- und Zivilverfahrensrecht legte. Die Stadtrechtsreformation spiegelt zudem

---

173 Deutsch, Vom Stadtrecht zur Stadtrechtsreformation, S. 101 f.

174 Deutsch, Vom Stadtrecht zur Stadtrechtsreformation, S. 102 f.

175 Deutsch, Vom Stadtrecht zur Stadtrechtsreformation, S. 103.

176 Deutsch, Vom Stadtrecht zur Stadtrechtsreformation, S. 103-110.

177 Deutsch, Vom Stadtrecht zur Stadtrechtsreformation, S. 110 f.

178 Deutsch, Vom Stadtrecht zur Stadtrechtsreformation, S. 112 f.

Autonomie und Souveränität des Mindener Rates und seiner Bürger und kann daher als Instrument städtischer Emanzipation gewertet werden.

Die Stadtrechtsreformationen können zu Recht als ein bedeutender Schritt auf dem Weg zum heutigen Recht und zur heutigen Rechtswissenschaft verstanden werden, denn die Revisionen der Stadtrechte beförderten auf neue Art und Weise die Bedeutung des geschriebenen Rechts und einen fundamentalen Wandel der Rechtsauffassung. LANDWEHR hat dies zum Revidierten Lübecker Stadtrecht von 1586 wie folgt deutlich gemacht:„ Bis in die Mitte des 16. Jahrhunderts entspringen die Lübecker Ratsurteile dem aus Tradition und eigenem Erleben gewachsenen individuellen Rechtsbewußtsein der ehrenamtlich tätigen Ratsherren und Bürgermeister. Aus ihnen spricht der durch Lebens- und Geschäftserfahrung gestärkte Sinn für das praktisch Vernünftige und damit Richtige. Die älteren Ratsurteile sind nicht Zeugnisse einer Rechtsgelehrsamkeit, sondern Ausdruck eines überlieferten und erlebten Rechtsbewußtseins. [...] Das ändert sich mit der Revision des Stadtrechts. Nunmehr erlangt das geschriebene Recht eine neue und herausragende Bedeutung. Die einzelnen Rechtsnormen erscheinen nicht mehr als punktuelle Entscheidungen, sondern als Bausteine eines sich als geschlossen gebenden Systems. Recht wird nicht mehr im eigentlichen Sinne gesprochen, sondern Rechtsnormen werden ausgelegt. Urteile werden nicht mehr gefunden, sondern deduziert. Dabei greift man zu logisch-systematischen Überlegungen, argumentiert mit dem Schweigen des Gesetzgebers und operiert mit der Ratio einer Bestimmung. Auch wenn dies nur selten durch das urteilende Gericht selbst geschieht, so übernimmt man doch die mit derartigen Methoden von der Wissenschaft gewonnenen Ergebnisse. Bereits damit ist jedoch der entscheidende Wandel vollzogen: Aus dem vom Rechtsbewußtsein lebenden Urteilfinden ist eine rationale Subsumtion und Deduktion, aus der Rechtfindung ist eine Normanwendung geworden.“[179]

---

179 Landwehr, Rechtspraxis und Rechtswissenschaft im Lübischen Recht vom 16. bis zum 19. Jahrhundert, in: Zeitschrift des Vereins für Lübeckische Geschichte und Alterumskunde, Band 60 (1980), S. 21-65, konkret S. 54.

Drittes Kapitel: Historische Ausgangssituation

„Das Schicksal Mindens ist die Weser. Sie bestimmte seine Lage.

Sie schuf die Grundlagen seiner Existenz, schon vor vielen Jahrtausenden.“

Krieg[180]

Die folgende Darstellung der historischen Ausgangssituation in komprimierter Form, eine kleine Stadtgeschichte, ist erforderlich, um die später zu analysierenden rechtlichen Regelungen in ihre tatsächlichen Umstände einordnen zu können.[181]

Minden[182] ist eine Stadt im heutigen Ostwestfalen, an der Weser und in der Nähe der Porta Westfalica und des Wiehengebirges gelegen. Seit der Bronzezeit

---

180 Krieg, Kleine Chronik, S. 9. Oder wie Meinhardt, Die Festung Minden, S. 11, formuliert: „Minden ist durch seine Lage für die Rolle vorbestimmt gewesen, die es in über tausend Jahren seiner Stadtgeschichte gespielt hat.“

181 Wie treffend die Worte von Haase, Gegenwärtiger Stand und neue Probleme der Stadtrechtsforschung, S. 131: „Juristen und Historiker unterscheiden sich grundsätzlich in der Weise ihrer Betrachtung geschichtlicher Gegebenheiten. Dem Rechtshistoriker juristischer Herkunft geht es nicht in erster Linie um die Geschichte, sondern um das Recht. Ihm sind die Geschichtswissenschaft und auch die Rechtsgeschichte Hilfswissenschaften zum Verständnis des Rechts. Dem Historiker dagegen ist die Rechtsgeschichte eine Hilfswissenschaft zur Erhellung geschichtlicher Zusammenhänge und zur Erfassung der Ganzheit des Lebens.“

182 Eine Auswahl der zusammenfassenden Darstellungen zur Stadtgeschichte: Schoppmeyer, Städte in Westfalen, S. 22-30; Kaspar, Fred / Schulte, Monika (Bearb.): Westfälischer Städteatlas. Band VI. Nr. 3. Minden. Altenbeken 1999; Nordsiek, Hans: Minden, in: Nordrhein-Westfalen. Handbuch der Historischen Stätten Deutschlands, hrsg. von Manfred Groten u.a., 3. Aufl., Stuttgart 2006; Krieg, Martin: Minden, in: Westfälisches Städtebuch, hrsg. von Erich Keyser, Stuttgart 1954, S. 246-251. In einem aktuellen Beitrag fasst Nordsiek die Geschichte Mindens zusammen: Nordsiek, Minden an der Weser, Stadtentwicklung, Stadtautonomie und Stadtherrschaft von den Anfängen bis 1806, in: Mitteilungen des Mindener Geschichtsvereins, Jahrgang 89 (2017), S. 7-94. In sieben Bänden sehr umfassend und informativ: Bau- und Kunstdenkmäler von Westfalen. Stadt Minden, bearb. von Fred Kaspar u.a., Essen 1998-2007. Bild- und Kartenmaterial in: Westfalia Picta. Band VII. Minden-Ravensberg, Münster 2002, S. 202-271. Zum Ursprung des Namens Minden siehe Müller, Gunter: Der Name der Stadt Minden, in: Zwischen Dom und Rathaus, hrsg. von Hans Nordsiek, Minden

(2000-800 v. Chr.) verliefen entlang der Mindener Weserfurt überregionale Handelsstraßen.[183] Aus einem Handelsplatz von Kaufleuten an der schiffbaren Weser (Ufermarkt) bildete sich eine dauerhafte Siedlung.[184] Im Bereich der mittleren Weser und damit auch in Minden war der sächsische Stamm der Engern (Angrivarier) beheimatet. Nach der fränkischen Eroberung des sächsischen Mittelwesergebietes errichtete Karl der Große in Minden ein Heerlager und hielt im Jahr 798 eine Heeresversammlung ab.[185] Er bestimmte Minden anschließend um das Jahr 800 zum Bischofssitz und stattete die Kirche mit ausgedehntem Grundbesitz aus.[186] Minden entwickelte sich daraufhin schnell zu einem bedeutenden Handels- und Warenumschlagplatz im Reich, basierend auf der Lage an Weser und Weserfurt und dem Zusammentreffen wichtiger Fernhandelsstraßen.[187]

1977, S. 17-20, sowie Schroeder, Chronik des Bistums und der Stadt Minden, S. 18-24, und Spannhoff, Christof: Minden, in: Die deutschen Königspfalzen. Band 6, Teilband 3: Westfalen, hrsg. von Manfred Balzer u.a., Göttingen 2022, S. 256-287, konkret S. 256-258. Zur Gründungslegende siehe Nordsiek, Marianne: Minda oder „min unde din". Die Gründungslegende Mindens im historischen Kontext, in: Mitteilungen des Mindener Geschichtsvereins, Jahrgang 68 (1996), S. 7-30.

183 Nordsiek, Minden an der Weser, S. 7. Einen Beitrag zur Frühgeschichte leistet Ortmann, Bernhard: Vororte Westfalens seit germanischer Zeit. Paderborn, Warburg, Minden, Dortmund, Münster, Soest. Studien zur Geschichte der „gewordenen" Stadt, Paderborn 1949.

184 Nordsiek, Minden an der Weser, S. 14 f. mit lesenswerten Ausführungen zum umstrittenen Wik-Begriff und der diesbezüglichen Faktenlage für Minden. Siehe zur Thematik auch Krieg, Martin: Domburg und Kaufmannswik, in: Mindener Heimatblätter, Jahrgang 25 (1953), Nr. 6/8, S. 58-62, und Kulke, Leopold: Zur Geschichte des Mindener Marktwesens, in: Mitteilungen des Mindener Geschichtsvereins, Jahrgang 47 (1975), S. 69-129. Grundlegend zum Wik-Begriff und dem Weichbildrecht weiterhin: Kroeschell, Karl: Stadtgründung und Weichbildrecht in Westfalen, Münster 1960.

185 Nordsiek, Minden an der Weser, S. 19 f.

186 Krieg, Kleine Chronik, S. 20. Einen Einblick in die Anfänge des Bistums liefert Freise, Eckhard: Die Sachsenmission Karls des Großen und die Anfänge des Bistums Minden, in: An Weser und Wiehen. Beiträge zur Geschichte und Kultur einer Landschaft. Festschrift für Wilhelm Brepohl, Minden 1983, S. 57-100. Aktuell siehe auch Vogtherr, Thomas: Die Anfänge des Bistums Minden, in: Archiv für Diplomatik 67 (2021), S. 1-28. Spannhoff, Christof: Minden, in: Die deutschen Königspfalzen. Band 6, Teilband 3: Westfalen, hrsg. von Manfred Balzer u.a., Göttingen 2022, S. 256-287, konkret S. 263, hält den bisher angenommenen Zeitpunkt um das Jahr 800, zu dem Minden Bischofssitz geworden sein soll, allerdings aufgrund neuerer Erkenntnisse für fraglich.

187 Pahl, Obrigkeit und Ordnungspolitik, S. 13. Zur prädestinierten Lage auch Kaspar, Das komplexe Funktionsgeflecht eines mittelalterlichen Marktes, S. 192, und Kaspar, Stadtbau- und Siedlungsgeschichte, S. 168. Bei den erwähnten Fernhandelsstraßen

961 erhielt der Bischof eine Immunitätsbestätigung für das gesamte Kirchengut, 977 das Markt-, Münz- und Zollrecht sowie die Gerichtshoheit.[188] Der Bischof war nun Stadtherr seiner Bischofsstadt,[189] der bischöfliche Grundbesitz sein hoheitliches Herrschaftsgebiet.[190] Das Bistum Minden zeigte in den ersten Jahrhunderten seines Bestehens eine überaus prosperierende Entwicklung, die neben den genannten Privilegien auch in den engen Beziehungen zum Königshof und mehreren Königsbesuchen begründet lag.[191] In den folgenden Jahrhunderten jedoch schwächten aufstrebende Territorialherren und hohe Schulden den Bischof in seiner Stellung zunehmend,[192] sodass vor diesem Hintergrund

---

handelt es sich in West-Ost-Richtung um den Hellweg vor dem Santforde, in Süd-Nord-Richtung um die Frankfurter Straße, vgl. Krieg, Kleine Chronik, S. 13. Weitere Informationen zu den topographischen Gegebenheiten bei Nellner, Werner: Die natürlichen Grundlagen der Besiedlung des Mindener Landes. Mindener Beiträge zur Geschichte, Landes- und Volkskunde des ehemaligen Fürstentums Minden. Mindener Jahrbuch. Neue Folge. Heft 1, Minden 1953. Zur Bedeutung des Mindener Stapelrechtes für die Entwicklung der Stadt siehe Behr, Hans Joachim: Das Ende des Mindener Stapels, in: Zwischen Dom und Rathaus, hrsg. von Hans Nordsiek, Minden 1977, S. 233-247, sowie Behr, Hans-Joachim: Freiheit der Schiffahrt und Stapelzwang. Die Ausbildung des Stapelrechts an der Weser, in: Schiffahrt – Handel – Häfen. Beiträge zur Geschichte der Schiffahrt auf Weser und Mittellandkanal, hrsg. von Jutta Bachmann und Helmut Hartmann, Minden 1987, S. 51-73.

188 Kuck, Burg und bischöfliche Herrschaft, S. 11-18 m. w. N.; Schnack, Zwischen geistlichen Aufgaben und weltlichen Herausforderungen. Die Handlungsspielräume der Mindener Bischöfe von 1250 bis 1500, S. 85 und S. 267 f.; Stoob, Urkunden zur Geschichte des Städtewesens in Mittel- und Niederdeutschland, Band 1, S. 24 f.; Krieg, Kleine Chronik, S. 21; Nordsiek, Reichsacht und Kaiserprivileg, S. 54.

189 Nordsiek, Minden an der Weser, S. 24.

190 Krieg, Kleine Chronik, S. 21.

191 Schnack, Handlungsspielräume geistlicher Herrschaft im Mittelalter, S. 46. Zur Frage, ob in Minden auch eine Königspfalz bestanden hat siehe Balzer, Manfred: Ergebnisse und Probleme der Pfalzenforschung in Westfalen, in: Blätter für die deutsche Landesgeschichte, 120 (1984), S. 105-134; sowie nun zum aktuellen Forschungsstand: Spannhoff, Christof: Minden, in: Die deutschen Königspfalzen. Band 6, Teilband 3: Westfalen, hrsg. von Manfred Balzer u.a., Göttingen 2022, S. 256-287.

192 Hemann, Lexikon des Mittelalters VI, Sp. 632. Krieg, Kleine Chronik, S. 42, berichtet von „mancherlei äußeren und inneren Nöten." Schnack, 40 Jahre Übergang, S. 339-358, beleuchtet den Zeitraum des Investiturstreits für die Jahre 1075-1022 genauer. Schnack, Zwischen geistlichen Aufgaben und weltlichen Herausforderungen. Die Handlungsspielräume der Mindener Bischöfe von 1250 bis 1500, S. 539-550, schätzt die Bedeutung des Bistums Minden aufgrund eines Vergleiches der vom Bistum Minden gezahlten Servitien mit den Servitien anderer Bistümer als eher gering ein.

die Emanzipation der Mindener Bürger von ihrem bischöflichen Stadtherrn im 13. Jahrhundert erfolgen konnte.[193] Etwa zur gleichen Zeit wurde Minden Mitglied der Hanse.[194]

Innerstädtische Unruhen und die Reformation stellten anschließend im 15. und 16. Jahrhundert die Verfassung der Stadt Minden auf die Probe. Hervorzuheben ist hier die sogenannte Mindener Schicht in den Jahren 1405-1408, bei der es sich um einen internen Verfassungskonflikt der städtischen Führungsschichten

---

193 Nordsiek, Minden an der Weser, S. 24; siehe auch Schoppmeyer, Städte in Westfalen, S. 211 f. und S. 233 m. w. N. in Fn. 87, und Freitag, Westfalen, S. 167-172. Genauere Ausführungen zur sich ausbildenden Stadtverfassung liefert Schulte, Monika Maria: Macht auf Zeit. Ratsherrschaft im mittelalterlichen Minden. Beiträge und Quellen zur Stadtgeschichte Niederdeutschlands. Band IV, Warendorf 1997.
Lange hielt sich das Narrativ, der Mindener Bischof habe sich Anfang des 14. Jahrhunderts gar veranlasst gesehen, seine Residenz vollständig nach Petershagen zu verlegen. Nordsiek, Minden an der Weser, S. 30, hat aber darauf hingewiesen, dass der Bischof auch weiterhin in Minden Urkunden ausstellte. Schnack, Zwischen geistlichen Aufgaben und weltlichen Herausforderungen. Die Handlungsspielräume der Mindener Bischöfe von 1250 bis 1500, S. 451-456, betrachtet den Narrativ zur Residenz des Bischofs in Petershagen nun auch kritisch-relativierender. Sie sieht hierin keine absolute Flucht des Bischofs vor dem erstarkenden Bürgertum, weil weiterhin ein Großteil der bischöflichen Urkunden durch Bischof Gottfried von Waldeck (1307-1324) in Minden statt in Petershagen ausgestellt wurde, vgl. hierzu ihr entsprechender im Detail nach Ausstellungsort aufschlüssender Anhang V.
Sehr lesenswert auch zur Beziehung des Bischofs zu seiner Stadt auch Schnack, Zwischen geistlichen Aufgaben und weltlichen Herausforderungen. Die Handlungsspielräume der Mindener Bischöfe von 1250 bis 1500, S. 425-433 zur „Symbolik und Realität der Schlüsselübergabe 1377“ anlässlich des Besuchs von Kaiser Karl IV.

194 Holbach, Rudolf: „Die Stadt Minden, so die in der Hanse sein will.“ Interessen, Zusammenwirken und Probleme in der Gemeinschaft der Kaufleute und Städte im Mittelalter. Mit Anmerkungen versehene und etwas erweiterte Fassung eines Vortrages am 16.05.2009 im Mindener Museum zum Tag der Hanse. Oldenburger Online Publikationsserver der Carl von Ossietzky Universität Oldenburg, abrufbar unter: http://oops.uni-oldenburg.de/1052/1/HolbachHanseMinden.pdf., S. 1-35, hier: S. 10. Speziell für Minden sei zudem verwiesen auf: Schoppmeyer, Heinrich: Untersuchungen zur hansischen Geschichte Mindens, in: Mitteilungen des Mindener Geschichtsvereins, Jahrgang 69 (1997), S. 57-83. Als weiterführende Leseempfehlung zur Hanse seien Groth, Carsten: Hanse und Recht. Eine Forschungsgeschichte. Dissertation Freiburg 2015, Berlin 2016, des Weiteren Lokers, Jan: Die Hanse – Von der Kaufmannslust zum Städtebund, in: Die Macht der Städte. Von der Antike bis zur Gegenwart, hrsg. von Michael Gehler, Hildesheim 2011, S. 79-100, sowie Dollinger, Philippe: Die Hanse. Neu bearbeitet von Volker Henn und Nils Jörn, 6. Auflage, Stuttgart 2012, genannt.

handelte.[195] Des Weiteren seien die reformatorischen Umbrüche in den Jahren 1529-1535 genannt.[196] In der zweiten Hälfte des 16. Jahrhunderts erreicht die Stadt Minden den Höhepunkt ihrer Macht und ihres Ansehens, beruhend auf der guten wirtschaftlichen Lage der Stadt und dem hohen Maß an politischer Autonomie.[197]

Im Verlauf des Dreißigjährigen Krieges verlieh Königin Christina von Schweden der Stadt Minden zwar endgültig die volle Selbstständigkeit in kirchlichen, politischen, zivilen und gerichtlichen Angelegenheiten,[198] die Stadt hatte zuvor jedoch sehr unter Belagerung, Kriegssteuerlast und Einquartierungen zu leiden.[199] Nach dem Westfälischen Frieden wurde das Fürstbistum Minden 1648 säkularisiert und ging als Fürstentum an die brandenburgischen Hohenzollern.[200] Minden wurde 1650 zur brandenburgischen Garnison und musste 1711/1723 durch die Beseitigung der alten Stadtverfassung das Ende der inneren Unabhängigkeit hinnehmen.[201] Weite Teile des 19. Jahrhunderts erlebte Minden dann als preußische

---

195 Brandhorst, Untersuchungen zur Geschichte des Hochstifts Minden, S. 50-54; Freitag, Westfalen, S. 244. Der früher vertretenen Auffassung, es habe sich um eine Auflehnung der Bürgerschaft gegen die Ratsherrschaft gehandelt, erteilt Ehbrecht, Form und Bedeutung innerstädtischer Kämpfe, S. 115-138, zu Recht eine Absage.

196 Ehbrecht, Form und Bedeutung innerstädtischer Kämpfe, S. 138-152; Freitag, Westfalen, S. 302 f., S. 305 f.

197 Rogge, Miteinander und Gegeneinander, S. 27.

198 Krieg, Geschichte des Bistums, des Fürstentums und der Stadt Minden, S. 63; Pahl, Obrigkeit und Ordnungspolitik, S. 18; Nordsiek, Reichsacht und Kaiserprivileg, S. 83.

199 Krieg, Kleine Chronik, S. 51; Krieg, Geschichte des Bistums, des Fürstentums und der Stadt Minden, S. 63, sieht hier den „Höhepunkt im Machtstreben der Stadt erreicht, jedoch zu spät und unter Umständen, die dem an sich wichtigen Sonderrecht die praktische Verwirklichung unmöglich machten". Meinhardt, Die Festung Minden, S. 128, schreibt zu den Umständen: „Wohlhabenheit und Reichtum der stolzen deutschen Bürger- und Handelsstädte sind fast überall durch den Dreißigjährigen Krieg vernichtet worden; hier bildet Minden keine Ausnahme."

200 Nordsiek, Minden an der Weser, S. 24. Eine ausführliche Schilderung der Kriegsjahre Mindens in Bölsche, Karl Andreas Leonard: Skizzen aus Mindens Vergangenheit. Die Zeit des dreißigjährigen Krieges, Minden 1897. Den Zeitraum 1550-1650 schildert Nordsiek, Hans: Vom Fürstbistum zum Fürstentum Minden. Verfassungsrechtliche, politische und konfessionelle Veränderungen von 1550-1650, in: Westfälische Zeitschrift, Band 140 (1990), S. 251-274.

201 Krieg, Geschichte des Bistums, des Fürstentums und der Stadt Minden, S. 64 f. Meinhardt, Die Festung Minden, S. 28, fasst das Schicksal Minden zusammen: „Provinzstadt und entlegener militärischer Stützpunkt". Ausführlich zu

Stadtfestung.[202]

Eine abschließende Einschätzung sowohl der Bedeutung als auch der Größe der Stadt Minden (nicht des Bistums oder der Bischofsmacht!) im untersuchungsrelevanten Zeitraum ergibt Folgendes: Die Bevölkerungszahl der Stadt bewegte sich vom Beginn des 16. bis zur Mitte des 17. Jahrhunderts zwischen 3.500 und 5.000 Einwohnern, sodass es sich bei Übertragung heutiger Kategorien auf die Größenverhältnisse der damaligen Zeit um eine (kleine) Mittelstadt handelt.[203] Insgesamt führt NORDSIEK treffend aus, „dass Minden im Verlauf eines Jahrtausends viel von seiner ursprünglichen Bedeutung als „Oberzentrum" und von seinen früheren Funktionen – sächsischer Siedlungsgaumittelpunkt, fränkischer Königshof, Missionszentrum, Bischofssitz, Hansestadt, Landeshauptstadt, regionales Verwaltungszentrum, Verkehrsknotenpunkt, Militärstandort – verloren hat. Trotz zeitweiliger Aufwertung der Stadt durch die Etablierung preußischer Regionalbehörden und Truppeneinheiten sowie Reichsbehörden im 18. und 19. Jahrhundert hat Minden insgesamt einen deutlichen Verlust an Zentralität, vor allem in seiner jüngsten Geschichte, hinnehmen müssen. Zudem ist Minden durch die Veränderungen der politischen Landkarte Deutschlands nach dem 11. Jahrhundert aus einer zentralen Lage im Stammesherzogtum Sachsen in eine territoriale Randlage geraten".[204]

---

diesem Zeitraum: Lampmann, Th.: Die Stadt Minden in ihrem Verhältnis zum brandenburgisch-preußischen Staate 1648 bis 1723. Besonders die Regulierung des rathäuslichen Wesens unter Friedrich I. und Friedrich Wilhelm I., in: Mindener Jahrbuch. Band III (1927), S. 3-83. Freitag, Westfalen, S. 489, hält Minden dennoch für die „bedeutendste Festungsstadt Westfalens".

202 Meinhardt, Die Festung Minden, S. 9. Beachte hierzu Heine, Heinrich: Deutschland. Ein Wintermärchen, Hamburg 1844, Caput XVIII.

203 Ditt, Stadteinzugsbereich, S. 188.

204 Nordsiek, Hans: Zur Einführung: Die historische Dimension und die Identität der Stadt, in: Minden und seine historische Identität, hrsg. von Hans Nordsiek, Minden 2000, S. 8 f.

Viertes Kapitel: Rechtsprechung und Rechtsdurchsetzung

„Die zeitgenössische Sprengkraft von Gerichtsbarkeitsfragen war enorm. […] Der Umfang der Gerichtsgewalt war damit nicht nur eine rechtliche, sondern immer auch eine hochpolitische Angelegenheit."

Oestmann[205]

Die Gerichtshoheit war in allen Städten ein entscheidender Machtfaktor und hängt eng mit der Entwicklung der Stadtverfassungen zusammen. Es ging nicht nur darum, sich selbst Recht zu geben, sondern auch darum, dieses einklagbar und durchsetzbar zu machen. Es ging bei der Gerichtshoheit also um das Vorrecht, Gerichte einzurichten und dann dort über einen bestimmten Personenkreis in einer bestimmten Rechtsmaterie Recht zu sprechen. Daher verwundert es nicht, dass die Gerichtshoheit in Minden über Jahrhunderte zwischen dem Rat auf der einen und dem jeweiligen Landesherrn auf der anderen Seite umstritten war.[206]

§ 1 Entwicklung der städtischen weltlichen Gerichtsbarkeit

LANDAU hat sich bereits grundlegend mit der Entwicklung der weltlichen Gerichtsbarkeit in Minden beschäftigt.[207] Zu den über Jahrhunderte andauernden

---

205 Zur Situation im gesamten Reich Oestmann, Geistliche und weltliche Gerichte im Alten Reich, S. 11.

206 Nordsiek, Minden an der Weser, S. 73, beschreibt die Konstellation, allerdings nicht nur auf das rechtsetzende und -sprechende Verhältnis begrenzt, treffend: „Der Dualismus Stadtherr – autonome Stadt stellte sich bis zum Ende der Bischofszeit (1648) mit geringen Ausnahmen und kurzen Unterbrechungen als ein verfassungsmäßig geordnetes Nebeneinander einer herrschaftlichen Institution und einer genossenschaftlichen Korporation dar, deren beider Grundstrukturen, Entwicklungen, politische Interessen und konfessionelle Bestrebungen (Anfang des 16. Jahrhunderts) nicht kompatibel waren." Vgl. zur Situation im gesamten Reich auch Oestmann, Geistliche und weltliche Gerichte im Alten Reich, S. 11: „Die zeitgenössische Sprengkraft von Gerichtsbarkeitsfragen war enorm. […] Der Umfang der Gerichtsgewalt war damit nicht nur eine rechtliche, sondern immer auch eine hochpolitische Angelegenheit."

207 Landau, Manfred: Die Entwicklung der weltlichen Gerichtsbarkeit in der Stadt Minden bis 1807, in: Mitteilungen des Mindener Geschichtsvereins, Jahrgang 84 (2012),

Auseinandersetzungen zwischen Stadt und bischöflichem Landesherr um die weltliche Gerichtsbarkeit, zur fortwährenden Konkurrenz um Zuständigkeiten, fasst er zusammen, dass sie sich wesentlich drehten um „die Bemühungen der Stadt Minden, die Befugnisse des bischöflichen Wichgrafen in der Stadt zu beseitigen oder zumindest einzuschränken und eine eigene Gerichtsbarkeit zu etablieren."[208] Der Wichgraf fungierte ursprünglich als Verwalter der bischöflichen Villikation[209] und zugleich als weltlich-bischöflicher Richter,[210] sowohl für die Nieder- als auch für die Hochgerichtsbarkeit; er hatte zu Beginn des 13. Jahrhunderts „eine überragende Machtstellung in Minden."[211]

S. 35-71. Landau thematisiert u.a. auch die altsächsische Gerichtsbarkeit des „Ding", die fränkischen Grafengerichte, sowie die Entwicklung der weltlichen Gerichtshoheit des Bischofs. Zum frühen Mindener Gerichtswesen auch: Schmeken, Ewald: Die sächsische Gogerichtsbarkeit im Raum zwischen Rhein und Weser, Dissertation Münster 1961, insbesondere S. 121-127; Fuhrmann, Jochen: Verfassung und Verwaltung im Stift Minden des Mittelalters, Göttingen 1951; sowie Blotevogel, Heinrich: Studien zur territorialen Entwicklung des ehemaligen Fürstentums Minden und zur Entstehung seiner Ämter- und Gerichtsverfassung, Bad Oeynhausen 1939, insbesondere S. 59-67. Äußerst lesenswerte allgemeine Ausführungen bei Kroeschell, Karl: recht unde unrecht der sassen. Rechtsgeschichte Niedersachsens, Göttingen 2005.
Eine eigenständige Bearbeitung der Entwicklung der Gerichtsbarkeit im Bistum und Hochstift Minden und ihrer ausführenden Organe existiert nicht. Schnack, Zwischen geistlichen Aufgaben und weltlichen Herausforderungen. Die Handlungsspielräume der Mindener Bischöfe von 1250 bis 1500, S. 271 und S. 408, führt dies zurück auf die desolate Quellenlage, die nur eine unvollständige Rekonstruktion zulasse.

208 Landau, Die Entwicklung der weltlichen Gerichtsbarkeit, S. 51.

209 Zur Wichgrafenvillikation (und mit einer Liste der urkundlichen Erwähnungen der Mindener Wichgrafen im Zeitraum 1165-1322) siehe Meyer, Birgit: Die Wichgrafenvillikation als Begründung des Wichgrafenamtes in Minden, in: Mitteilungen des Mindener Geschichtsvereins, Jahrgang 54 (1982), S. 53-69.

210 Kruppa, Emanzipation vom Bischof, S. 79. Zum Wichgraf in Minden siehe auch Krieg, Stadtbuch 1318, S. 16-24; Lövinson, Hermann: Beiträge zur Verfassungsgeschichte der westfälischen Reichsstiftstädte, Paderborn 1889, S. 49-73 (mit einer unvollständigen Liste der Wichgrafen für 1285-1733 auf S. 58 f.); Kaspar, Stadtbau und Siedlungsgeschichte, S. 187-190; sowie Schoppmeyer, Heinrich: Die Ausformung der Landstände im Fürstbistum Minden, in: Mitteilungen des Mindener Geschichtsvereins, Jahrgang 65 (1993), S. 7-47, konkret S. 10-13.

211 Landau, Die Entwicklung der weltlichen Gerichtsbarkeit, S. 48. Von einstiger großer Herrschaft berichtet auch der Chronist Tribbe, siehe Löffler, Tribbe, S. 15: *„[...] qui habuit magnum dominium in civitate [...]"*.

Das Ringen um das Amt des Wichgrafen und seine Kompetenzen sind durch LANDAU und zahlreiche weitere Beiträge zur Genüge dargelegt worden.[212] Für diese Arbeit entscheidend ist, wann die Stadt Minden letztlich über welche Bereiche der weltlichen Gerichtsbarkeit verfügte, d. h. nach einschlägigem Recht, vor allem nach selbst gesetztem Recht, Recht sprechen und durchsetzen konnte. Die geistliche Gerichtsbarkeit sowohl des Bischofs als auch der Stadt[213] werden, ebenso wie die zu beurteilenden Rechtsregelungen, nicht näher in den Blick genommen.[214] Dies darf aber nicht darüber hinwegtäuschen, dass es auch hier Überschneidungen gab, d. h. die Trennlinie zwischen weltlicher und geistlicher Gerichtsbarkeit nicht scharf zu ziehen ist.[215]

Bei dem Blick auf die weltliche Gerichtsbarkeit ist stets zu differenzieren zwischen der Hoch- und der Niedergerichtsbarkeit sowie zwischen strafrechtlichen und bürgerlichen Klageverfahren sowie der freiwilligen Gerichtsbarkeit. Bei der Differenzierung in Hoch- und Niedergerichtsbarkeit handelt es sich um eine Zweiteilung gerichtlicher Zuständigkeit.[216] Die Hochgerichtsbarkeit als Gerichtsbarkeit ausschließlich über Kapitalverbrechen (als peinliche Gerichtsbarkeit, Blut- oder Halsgericht) zu bezeichnen, trifft den Kern der Sache nicht ganz; vielmehr gab es auch eine Hochgerichtsbarkeit über Fragen der Leibeigenschaft und Immobilienangelegenheiten.[217] In Abgrenzung dazu sind unter dem

212 Exemplarisch Scriverius, Dieter: Die Entmachtung des Mindener Wichgrafen, in: Zwischen Dom und Rathaus, hrsg. von Hans Nordsiek, Minden 1977, S. 157-167; Kruppa, Emanzipation vom Bischof, S. 79-84; Groß, Hexerei in Minden, S. 71-81.

213 Zum neuzeitlichen geistlichen Stadtgericht und seiner bestrittenen Zuständigkeit siehe Lampmann, Die Stadt Minden in ihrem Verhältnis zum brandenburgisch-preußischen Staate, S. 34 f.

214 Gleiches gilt im Übrigen für den weitgehend unerforschten Bereich der weltlichen Gerichtsbarkeit des Bischofs innerhalb der Domimmunität. Zur Domimmunität siehe Bast, Eva-Maria: Schwarze Linie, in: Mindener Geheimnisse. 50 spannende Geschichten aus der Stadt an der Weser, Überlingen 2017, S. 157-159.

215 Oestmann, Geistliche und weltliche Gerichte im Alten Reich, S. 4, mit Blick auf die mittelalterliche Gesamtsituation im Reich: „Die Zuständigkeiten weltlicher und kirchlicher Justiz waren kaum großräumig und zeitlich übergreifend abstrakt abgegrenzt. Bereits im mittelalterlichen Strafrecht gab es delicta mixti fori, die man prinzipiell vor geistlichen oder weltlichen Gerichten aburteilen konnte. Und durch Zuständigkeitsvereinbarungen konnten die Parteien zivilrechtliche Streitigkeiten wahlweise vor geistlichen oder weltlichen Gerichten anhängig machen."

216 Lück, HRG 2, 2. Aufl., Sp. 1055.

217 Lück, HRG 2, 2. Aufl., Sp. 1056 (in Abkehr zu Merzbacher, HRG 2, Sp. 172), nennt für das hohe und späte Mittelalter „Klagen um Eigen und Erbe". Siehe auch bei Krey, HRG 3, 2. Aufl., Sp. 1912: „Klagen auf Freiheit der Person und Grundeigentum".

Begriff Niedergericht die für Schuld- und Mobiliarklagen sowie leichtere Straffälle zuständigen Gerichte zu verstehen.[218]

Eine sich entwickelnde eigene Gerichtsbarkeit der Stadt Minden lässt sich erstmalig in einer Urkunde vom 24.03.1256 nachweisen.[219] In dieser Urkunde wird ein Verkauf „*coram iudicio nostre civitatis*" (vor dem Gericht unserer Stadt) bezeugt.[220] 1266 dann garantiert der Rat seinen Bürgern Rechtsschutz.[221] Dies wurde vielfach dahingehend gedeutet, dass „der Rat bürgerliche Klagesachen, namentlich Schuldsachen, ausschließlich allein richten oder schlichten will"[222], was natürlich zugleich einen Eingriff in die bischöfliche Gerichtskompetenz darstellt.[223] SCHNACK deutet die entsprechende Urkunde inhaltlich etwas abweichend: „Mit dieser Entscheidung […] stellte sich die oberste bürgerliche Ebene der Kathedralstadt dezidiert gegen den Wichgrafen als bischöflichen Richter: Zwar wurde dessen Gerichtskompetenz nicht angezweifelt oder negiert, jedoch insoweit eingeschränkt, als jeder Bürger nunmehr mit städtischem Beistand rechnen durfte – die jeweils verhandelten Fälle hatten somit fortan das Potential, abseits ihres Inhalts zum Politikum zwischen Stadt und kirchlichem Stadtherrn zu werden."[224]

---

218 Krey, HRG 3, 2. Aufl., Sp. 1909.

219 Landau, Die Entwicklung der weltlichen Gerichtsbarkeit, S. 52.

220 WUB VI, S. 187, Nr. 647 (24.03.1256); Schroeder, Stadtrecht, S. 182 f., Nr. 7 (Regest); Kruppa, Emanzipation vom Bischof, S. 77; Nordsiek, Minden an der Weser, S. 34.

221 WUB VI, S. 263, Nr. 862: „*[…] quod in quacunque causa aliquis concivium nostrorum iuri parere vult aut iusticie se pariturum potest exhibere, consules et tota universitas ipsum in iure suo fovebunt perpetuo et defendent et consilio et auxilio sibi assistent.*" Siehe auch Schroeder, Stadtrecht, S. 184, Nr. 13 (Regest); KA Minden, Stadt Minden, A I, Nr. 10 (Ausfertigung). Etwa 100 Jahre später, um 1360, lässt der Rat diesen alten Anspruch im Stadtbuch von 1318 (II, 6) im Rahmen von Aufzeichnungen alten Mindener Rechts wiederholen, vgl. Schroeder, Stadtrecht, S. 55: „*Vortmer en alt sathe heft ghewesen, dat in watte sake vse borghere will tho rechte komen, vnde siner … rath tho rechte mechtich were, dar scolde de… rath vnde de ganse menheyt bye m bliuen mit rade vnde mit helpe.*"

222 Krieg, Zur Entwicklung der Mindener Stadtgerichte, S. 1; Krieg, Stadtbuch 1318, S. 35. Eine zu weit gehende Interpretation der Urkunde liefert Schroeder, Die älteste Verfassung der Stadt Minden, S. 27: „Dies kann doch nur so verstanden werden, daß der Rat die ganze Gerichtsbarkeit für sich beansprucht […]."

223 Rogge, Miteinander und Gegeneinander, S. 28; Schulte, Macht auf Zeit, S. 14; Kruppa, Emanzipation vom Bischof, S. 77.

224 Schnack, Zwischen geistlichen Aufgaben und weltlichen Herausforderungen. Die Handlungsspielräume der Mindener Bischöfe von 1250 bis 1500, S. 389.

Mit bischöflicher Urkunde vom 01.05.1303[225] wird anschließend die „Wahrnehmung der freiwilligen Gerichtsbarkeit bei der Übertragung von Gütern der Bürger“[226] gewährt.[227] Genau diese freiwillige Gerichtsbarkeit begründet die Anlegung des Stadtbuches von 1318 zur Eintragung von Auflassungen.

In der Folgezeit kam es zwischen dem Rat der Stadt Minden und dem Bischof zu Auseinandersetzungen um die strafrechtliche Hochgerichtsbarkeit.[228] Eine im Mindener Stadtbuch von 1318 niedergeschriebene Vereinbarung aus dem 14. Jahrhundert zwischen Bischof und Stadt wollte u.a. auch diesen Punkt grundsätzlich regeln.[229] Der vom Bischof eingesetzte Wichgraf sollte das Halsgericht halten, aber nur über die vor ihm zur Anklage gebrachten Taten.[230] In Konsequenz bedeutete dies: Der Rat akzeptierte die bischöfliche Hochgerichtsbarkeit nur, sofern die Bürger nicht ein Verfahren vor dem Rat vorzogen, wozu LANDAU treffend kommentiert: „Dabei kann man wohl davon ausgehen, dass sich die Mitglieder der verschworenen Bürgerschaft eher an den Rat wenden

225 WUB X, Nr. 72, S. 23 (01.05.1303); Schroeder, Stadtrecht, S. 189 f., Nr. 30 mit Erläuterungen. Der Bedeutungsgehalt dieser Urkunde für das Wichgrafenamt wird sehr unterschiedlich interpretiert, vgl. Schulte, Macht auf Zeit, S. 28. Beispielsweise sieht Schnack, Zwischen geistlichen Aufgaben und weltlichen Herausforderungen. Die Handlungsspielräume der Mindener Bischöfe von 1250 bis 1500, S. 389 f., hierin - wohl etwas zu weit reichend - das Recht für die Bürgerschaft, das Wichgrafenamt eigenständig zu besetzen.

226 Schulte, Macht auf Zeit, S. 29; Krieg, Zur Entwicklung der Mindener Stadtgerichte, S. 1 f.; vgl. auch Kommentar bei Schroeder, Stadtrecht, S. 189 f., Nr. 30.

227 Diese könnte dem Rat schon früher einmal zugestanden haben, vgl. Kruppa, Emanzipation vom Bischof, S. 83.

228 Scriverius, Die Entmachtung des Mindener Wichgrafen, S. 163 f.; Landau, Die Entwicklung der weltlichen Gerichtsbarkeit, S. 53. Vgl. insbesondere die Beschwerde Bischof Ludwigs (zwischen 1324 und 1330) bei Schroeder, Stadtrecht, S. 195-198, Nr. 42; KA Minden, Stadt Minden, A I, Nr. 55. Interessant ist in diesem Zusammenhang aber eine andere Entwicklung (der Städte Speyer, Basel und Nürnberg), für die Frenz, Frieden, Rechtsbruch und Sanktion, S. 184, im strafrechtlichen Bereich hingegen beobachtet, dass es sich eben nicht um ein „machtpolitisches Rivalitätsverhältnis“ handeln muss, sondern stattdessen der „einmütige Wille nach Zusammenarbeit“ deutlich werden kann.

229 Stadtbuch von 1318, I, 104; vgl. Schroeder, Stadtrecht, S. 27-30.

230 Schroeder, Stadtrecht, S. 29, Nr. 12: *„[...] Vnde de mach richten alle vngherichte, dat eme tho claghe kumt, mit ordele vnde mit vorspraken, alzo en recht is; wes eme tho claghe nicht ene kumt, dar ene heft he nyn richte ouer.“* Krieg, Stadtbuch 1318, S. 21.

würden, wenn sie von einer Straftat betroffen waren."[231] Es ist auffällig, dass im Rahmen der Vereinbarung die Zuständigkeit für die Niedergerichtsbarkeit nicht angesprochen wird. Vermutlich lag diese bereits in den Händen des Rates, ebenso wie die Zuständigkeit für bürgerliche Klagen und die freiwillige Gerichtsbarkeit.[232] Eine gewisse strafrichterliche Betätigung des Rates ist auch als Kehrseite zur entsprechenden rechtssetzenden Tätigkeit des Rates anzunehmen: „Die städtischen Organe mußten, wenn sie Verordnungen erließen, auch die nötigen Mittel besitzen, sie gegebenenfalls mit Gewalt durchzusetzen."[233]

Die Zuständigkeit für die Hochgerichtsbarkeit in Minden jedoch blieb über Jahrhunderte zwischen dem Rat auf der einen und dem Landesherrn auf der anderen Seite umstritten. Weitere Höhepunkte[234] dieser fortwährenden Auseinandersetzung waren Kaisermandate aus den Jahren 1332,[235] 1377[236] und 1570,[237] der sogenannte Lübbecker Rezess (ein umfassender juristischer Vergleich) aus dem Jahre 1573,[238] samt bestätigendem Urteil durch das Reichskammergericht aus dem Jahre 1584,[239] eine bischöfliche Beschwerde über die Nichteinhaltung des Lübbecker Rezesses aus dem Jahre 1595,[240] sowie ein neuerlicher Vergleich aus dem Jahre 1618.[241] In der städtischen Stadtrechtsreformation von 1613 findet der bischöfliche Wichgraf bezeichnender Weise überhaupt keine Erwähnung, auch nicht bei den Regelungen zum Totschlag.

Zusammenfassend kann festgehalten werden, dass folgende Bereiche (auch) in städtische Hände gelangten: die weltliche Gerichtsbarkeit über bürgerliche Klagesachen im 13. Jahrhundert, die freiwillige Gerichtsbarkeit um die

---

231 Landau, Die Entwicklung der weltlichen Gerichtsbarkeit, S. 54. Ähnlich Rogge, Miteinander und Gegeneinander, S. 28.

232 Landau, Die Entwicklung der weltlichen Gerichtsbarkeit, S. 54.

233 Krieg, Stadtbuch 1318, S. 37.

234 Zum Streit um die Gerichtsbarkeit und die Kompetenzabgrenzung siehe insbesondere auch KA Minden, Stadt Minden, B 375, B 396, B 398, B 399, sowie B 406.

235 Schroeder, Stadtrecht, S. 198, Nr. 43 (16.02.1332).

236 Schroeder, Stadtrecht, S. 212 f., Nr. 70 (19.11.1377).

237 Nordsiek, Reichsacht und Kaiserprivileg, S. 71; KA Minden, Stadt Minden, A I, Nr. 676 (06.02.1570).

238 Culemann, Sammlung derer Vornehmsten Landes-Verträge, Nr. 18, S. 85-136.

239 Landau, Die Entwicklung der weltlichen Gerichtsbarkeit, S. 59.

240 Culemann, Mindische Geschichte, Abtheilung 5, S. 159 f.

241 Culemann, Sammlung derer Vornehmsten Landes-Verträge, Nr. 28, S. 175-186, zur Bekräftigung des Lübbecker Rezesses konkret S. 176 f. Zum weiteren Verlauf der Ereignisse (Schwedenzeit, Confirmation von 1650, Vergleich von 1659) sei auf die Ausführungen zur Geltungsdauer der Stadtrechtsreformation verwiesen.

Jahrhundertwende vom 13. ins 14. Jahrhundert und die strafrechtliche Niedergerichtsbarkeit spätestens im 14. Jahrhundert. Die strafrechtliche Hochgerichtsbarkeit wurde seit dem 14. Jahrhundert ebenfalls beansprucht, aber wie dargelegt vom Stadtherrn vehement bestritten.

Bemerkenswert ist in diesem Zusammenhang, dass sich anscheinend eine spezielle Art der Gerichtsbesetzung für die Fälle der Blutgerichtsbarkeit entwickelte. So ist mehrfach überliefert, dass der Wichgraf gemeinsam mit dem Rat und/oder dem Stadtrichter zu Gericht saß. Dies könnte auf den ganz alten Grundsatz von etwa 1366 zurückgehen: *„En recht ist to Minden, dat en ratman scal sitten bi deme richte.“*[242] Als der Wichgraf sich noch für alle Rechtsstreitigkeiten zuständig sah, waren stets Ratsherren an seiner Seite.[243]

Aus dem Jahre 1430[244] ist uns eine Urkunde überliefert, die bezeugt, dass die strafrechtliche Hochgerichtsbarkeit in einer Mordanklage von einem solchen gemeinsamen Gericht ausgeübt wurde; es war besetzt mit dem Wichgrafen, dem Bürgermeister und dem Rat. Der Chronist TRIBBE berichtet um 1460 an zwei Stellen über ähnliche Gerichtsbesetzungen. Einmal führt TRIBBE an, der Wichgraf richte als Hauptrichter über Verbrechen gemeinsam mit dem Rat,[245] kurz darauf teilt er mit, der Wichgraf sitze gemeinsam mit dem Richter und dem ganzen Rat.[246] Auch der Lübbecker Rezess von 1573 kennt diese Besetzung. Dem Wichgrafen wird zwar weiterhin die alleinige Hochgerichtsbarkeit zugesprochen, zugleich aber bestimmt, dass er gemeinsam mit Rat und Stadtrichter das Gericht bekleidet.[247] De facto kam es durch diese Besetzungskonstellation

---

242 Stadtbuch von 1318, II, 17; Schroeder, Stadtrecht, S. 60.

243 Lockert, Die niedersächsischen Stadtrechte, S. 126.

244 Schroeder, Stadtrecht, S. 264, Nr. 127 (14.06.1430); KA Minden, Stadt Minden, A I, Nr. 275 (Ausfertigung).

245 Löffler, Tribbe, S. 93: *„Item habet iudicare malefactores cum consulatu, et hoc vor dem Brodhus, ubi est principalis iudex.“* Krieg, Tribbe, Mindener Heimatblätter, Jahrgang 16 (1938), Nr. 5, S. 2, übersetzt: „Ferner muss er Verbrecher aburteilen zusammen mit dem Rat, und zwar vor dem Brothaus, wo er der Hauptrichter ist.“

246 Löffler, Tribbe, S. 93: *„[...] et ibi sedit wicgravius et iudex cum toto consulatu [...]“*. Krieg, Tribbe, Mindener Heimatblätter, Jahrgang 16 (1938), Nr. 5, S. 2, übersetzt: „[...] und dort sitzt der Wichgraf und der Richter mit dem ganzen Rat [...]“.

247 Culemann, Sammlung derer Vornehmsten Landes-Verträge, Nr. 18, S. 85-136, konkret S. 89: „[...] unnd also der Weichgraeffe nun hinferner allein ahn statt des Landes-Fürsten das peinliche Halß-Gerichte [...] spannhen, hegen und Recht gepieten, jedoch mit dem geschwornen Raedte und Stadt-Richter daß Gericht sitzen und bekleiden, wie von Alterß hero üblich gewesen, [...]“.

zu einer Aushöhlung der wichgräflichen Kompetenz. Zwar führt LAMPMANN zum neuzeitlichen Wichgrafen aus, er habe den Vorsitz im peinlichen Halsgericht und müsse bei Exekutionen von Leibes- und Lebensstrafen zugegen sein.[248] KRIEG bringt es aber auf den Punkt, wenn er konstatiert: „Der Anspruch des bischöflichen oder fürstlichen Wichgrafen auf die Blutgerichtsbarkeit als letzte Säule stadtherrlicher Hoheit war zu einer Formsache geworden, die sich meist nur in der Leitung oder im Beisitz der feierlich gehegten Blutgerichte äußerte."[249] Dies deckt sich mit dem Eindruck, dass bei den zahlreichen Hexenprozessen und Prozessen um schwere Verbrechen im 17. Jahrhundert von der Mitwirkung des Wichgrafen kaum noch die Rede ist; vielmehr war die Durchführung des Verfahrens Sache des Rates.[250]

§ 2 Ratsgericht, städtisches Niedergericht des Stadtrichters und Bauermeister

Es gab in der Stadt Minden drei städtische weltliche Gerichtsbarkeiten:[251] das Ratsgericht, das städtische Niedergericht des Stadtrichters und das Gericht des Bauermeisters.[252] Dank des Chronisten TRIBBE sind Aufgabenbereiche und

248 Lampmann, Die Stadt Minden in ihrem Verhältnis zum brandenburgisch-preußischen Staate, S. 36.

249 Krieg, Zur Entwicklung der Mindener Stadtgerichte, S. 24.

250 Krieg, Zur Entwicklung der Mindener Stadtgerichte, S. 2. Denselben Eindruck vermittelt die Archivalie KA Minden, Stadt Minden, B 782, die als Anerkennung der Kriminalgerichtsbefugnisse der Stadt Minden durch die landesherrliche Regierung von 19.02.1664 aus Anlass der Verurteilung von einem gewissen Philipp Linden gedeutet werden kann.

251 Hinzu kommt ein geistliches Stadtgericht, das an dieser Stelle jedoch nicht weiter thematisiert werden soll, weil kirchliche Rechtsetzung und Rechtssprechung in dieser Arbeit bewusst ausgeklammert wurde. „Statuta, Documenta et Protocolla ad Jus Ecclesiasticum Reipublicae Mindensis pertinenta (1530, 1635-1700)" befinden sich in KA Minden, Stadt Minden, B 720. Nach Lampmann, Die Stadt Minden in ihrem Verhältnis zum brandenburgisch-preußischen Staate, S. 34, stand dieses geistliche Stadtgericht „unter der Leitung des Zweiten Bürgermeisters als Direktor, dreier Ratsmitglieder als Assessoren und den fünf Stadtpredigern. Es hatte Verwaltung und Rechtsprechung in allen Konsistorial- und Kirchensachen, sowie der Hospitäler."

252 Ein weiteres Amt konnte bisher nicht geklärt werden: In einer Urkunde vom 02.01.1339 wird die Auflassung nach einem Hofverkauf bekundet vor dem Wichgrafen und dem „ghehysghe", vgl. Schroeder, Stadtrecht, S. 201, Nr. 49; KA Minden, Stadt Minden, A I, Nr. 52 (Ausfertigung). Bei wem es sich um „ghehysghe" handelt, bleibt unklar.

Verfahrensabläufe für Stadtrichter, Bauermeister und (bischöflichen) Wichgraf überliefert.[253] Auch wenn diese Überlieferung nicht als „präzise Beschreibung der komplizierten Verteilung und Abgrenzung der weltlichen Gerichtsbarkeit“ verstanden werden darf,[254] ist damit doch ein weiterer Beleg für ein Nebeneinander mehrerer weltlicher Gerichtsbarkeiten gegeben.

A. Ratsgericht

Das Ratsgericht war das höchste städtische Gericht der Stadt. Es übertrug früh einzelne Befugnisse auf den Stadtrichter und den Bauermeister.[255] Das neuzeitliche Mindener Ratsgericht war besetzt mit den zwölf Ratsmitgliedern, dem Stadtschreiber und dem Stadtsyndicus.[256] Vom Niedergericht konnte an den Rat appelliert werden, vom Rat an die Landeshoheit, d. h. an die fürstliche Kanzlei.[257]

Der „Vergleich in Puncto Jurisdistrictus“ aus dem Jahre 1659 stellte für das Ratsgericht die Zuständigkeit in allen Zivil- sowie leichteren Strafrechtsfällen fest; schwerere Vergehen sollten von Rat und brandenburgischer Regierung gemeinsam abgeurteilt werden.[258] Auch die preußischen Reglements behielten die Institution des Ratsgerichts bei, die Gerichtsbarkeit wurde allerdings durch staatliche Vorschriften straffer organisiert.“[259] Die Mindener Ratsgerichtsbarkeit endete erst mit den französischen Reformen ab 1806.[260]

---

253 Löffler, Tribbe, S. 91 ff.

254 Landau, Die Entwicklung der weltlichen Gerichtsbarkeit in Minden, S. 55.

255 Krieg, Entwicklung der Mindener Stadtgerichte, S. 24.

256 Crusius, Präliminarien, S. 23, Rn. 11: *„Illud constituitur ex duodecim a Quadraginta Viris electis Senatorij ordinis personis, Syndico, & Secretario, exceptis.“*; Landau, Die Entwicklung der weltlichen Gerichtsbarkeit in Minden, S. 63.

257 Siehe hierzu Liber IV, Tit. 2, Art. 18. Crusius, Präliminarien, S. 23, Rn. 11: *„A quorum sententiis publicatis dantur provacationes ad Senatum, gravatis vero per Sententias senatus deinde competere beneficium appellationis ad Nobilissimum Electorale Judicium Brandenburgense hujus Ducatus Mindensis, notissimum est.“*

258 Lampmann, Die Stadt Minden in ihrem Verhältnis zum brandenburgisch-preußischen Staate, S. 35. Lampmann berichtet (ohne Belege), „daß die Mindener Regierung darüber hinaus die Rechtsprechung des Rates zu beaufsichtigen sich anmaßte, auch wohl keine Bedenken trug, in den Gang schwebender Prozesse einzugreifen, zumal, wenn seitens der Parteien eine Aufforderung dazu erging.“

259 Krieg, Zur Entwicklung der Mindener Stadtgerichte, S. 3.

260 Krieg, Zur Entwicklung der Mindener Stadtgerichte, S. 4.

B. Niedergericht des Stadtrichters

Das Amt des Stadtrichters[261] lässt sich Ende des 14. Jahrhunderts in Minden erstmalig nachweisen.[262] Die Titulatur des Stadtrichters lautete *„en sworen (unde ghesat) richter der stad Minden"*, im Unterschied zum Wichgrafen als *„en sworen wichgreve van wegen mines gnedigen heren van Minden"*.[263] Aus dieser Bezeichnung lässt sich zweierlei ableiten. Zunächst wird die Stadt Minden als Zuständigkeitsbereich des Stadtrichters definiert[264]. Des Weiteren aber ist auffällig, dass beim Stadtrichter im Gegensatz zum Wichgrafen aus der Titulatur nicht hervorgeht, wer das Recht hatte, den Stadtrichter einzusetzen. Der sicherlich parteiische Domherr und Chronist TRIBBE teilt um 1460 mit, der Stadtrichter würde durch den Rat *(„per consulatum")* eingesetzt, obwohl er durch den Bischof *(„per episcopum")* eingesetzt werden müsse.[265] Der Wichgraf und der Stadtrichter hätten eine konkurrierende Gerichtsbarkeit *(„concurrentem iurisdictionem")*.[266] SCHULTE schlussfolgert aus der Titulatur, dass „der Stadtrichter schon von seinem ersten Auftreten an vom Rat eingesetzt wurde",[267] und zwar wurde das Stadtrichteramt auf Lebenszeit bekleidet.[268] Dem Niedergericht gehörten neben dem Stadtrichter im Mittelalter zudem zwei Ratsherren als Beisitzer an,[269] in der Neuzeit dann zwei gewählte

---

261 Umfassend zum (landesherrlichen oder städtischen) Stadtrichter: Drüppel, Hubert: Iudex civitatis. Zur Stellung des Richters in der hoch- und spätmittelalterlichen Stadt deutschen Rechts, Köln 1981.

262 Krieg, Stadtbuch 1318, S. 41; Schulte, Macht auf Zeit, S. 24. Krieg, Entwicklung der Mindener Stadtgerichte, S. 25, mit urkundlichen Belegen zur Entwicklung des Amtes. Die erste Erwähnung des Stadtrichters findet sich in einem Kaisermandat vom 19.11.1377, vgl. Schroeder, Stadtrecht, S. 212 f., Nr. 70.

263 Schulte, Macht auf Zeit, S. 24.

264 Schulte, Macht auf Zeit, S. 24.

265 Löffler, Tribbe, S. 94; Krieg, Tribbe, Mindener Heimatblätter, Jahrgang 16 (1938), Nr. 6, S. 2.

266 Löffler, Tribbe, S. 94; Krieg, Tribbe, Mindener Heimatblätter, Jahrgang 16 (1938), Nr. 6, S. 2.

267 Schulte, Macht auf Zeit, S. 24.

268 Zu diesem Ergebnis kommt Schulte, Macht auf Zeit, S. 25, aufgrund der langen Amtszeiten; vgl. auch die Auflistung auf S. 25 in Fn. 97.

269 Crusius, Präliminarien, S. 23, Rn. 11: *„Hoc verro Iudice Civitatis ac duobus senatoribus […]."*; Krieg, Zur Entwicklung der Mindener Stadtgerichte, S. 26. Eine andere Besetzung lässt allerdings eine Eintragung im Fischerstadt Gerechtigkeit Buch vermuten (vgl. Schroeder, Stadtrecht, S. 121, am Ende von 4v): *„Ock schall des jungste rhatman ingekoren in den gerichten under dem niggen werke sitten, de saken to hörende, und nach*

Assessoren.[270]

Für das Mittelalter ist eine klare Abgrenzung der Zuständigkeiten von Ratsgericht und stadtrichterlichem Niedergericht nicht zu erkennen.[271] Für die frühe Neuzeit findet sich die entsprechende Regelung in der Stadtrechtsreformation von 1613. Die Abgrenzung der Zuständigkeiten dieser beiden Gerichte regelt Liber IV, Tit. 1, Art. 10 anhand des Wertes des Streitgegenstandes, demzufolge Schuldsachen unter 20 Reichsthaler zur Verhandlung an das Niedergericht gehörten. Das Ratsgericht als ranghöheres Gericht konnte aber Rechtsstreitigkeiten vom Niedergericht an sich ziehen und fungierte als Appellationsinstanz.[272]

Das Amt des Stadtrichters wurde durch das Stadtreglement von 1711 einem Ratsherrn übertragen und letztlich wie auch das Ratsgericht in der Franzosenzeit ab 1806/1808 gänzlich abgeschafft.[273]

C. Bauermeister

In Minden gab es nachweislich auch einen sogenannten Bauermeister.[274] Der Name weist bereits auf einen ländlichen Ursprung hin. Allgemein definiert war ein Bauermeister (burmester) „das Oberhaupt der bäuerlichen Gemeinde [...]. Er hatte sowohl gegenüber seiner Gemeinde als auch gegenüber der Dorfhoheit bestimmte Aufgaben. Dazu gehörte vornehmlich die Abhaltung des dörflichen Gerichts (Bauerngericht) und der bäuerlichen Gemeindeversammlungen auf der Grundlage des geltenden Dorfrechts."[275] Der Bauermeister wird auch bezeichnet als

---

in thokommenden tyden gekohren werde." Bei dem neuen Werk handelt es sich um eine Gerichtsstätte des Niedergerichtes (Kaspar, Geschichte des Profanbaus in Minden, S. 569; Kaspar, Fred / Barthold, Peter: Bau- und Kunstdenkmäler von Westfalen. Band 50. Teil 4. Stadt Minden. Altstadt. Die Profanbauten. Essen 2000, Teilband 1, S. 895 f. sowie Teilband 2, S. 1310).

270 Lampmann, Die Stadt Minden in ihrem Verhältnis zum brandenburgisch-preußischen Staate, S. 34 f.

271 Krieg, Zur Entwicklung der Mindener Stadtgerichte, S. 26.

272 Liber IV, Tit. 1, Art. 11 und Liber IV, Tit. 2, Art. 18. Crusius, Präliminarien, S. 23, Rn. 11: „*A quorum sententiis publicatis dantur provacationes ad Senatum [...].*"

273 Krieg, Zur Entwicklung der Mindener Stadtgerichte, S. 26.

274 Stadtbuch von 1318, I, 115 (um 1330); Schroeder, Stadtrecht, S. 254 f., Nr. 109; Löffer, Tribbe, S. 91; Krieg, Tribbe, Mindener Heimatblätter, Jahrgang 16 (1938), Nr. 5, S. 1; Krieg, Stadtbuch 1318, S. 38-41 mit Urkundennachweisen für 1282, 1317, 1319, 1328, 1332.

275 Lück, HRG 1, 2. Aufl., Sp. 465.

Burrichter.[276]

Im Mittelalter sind mit der Stadt Minden einige umliegende Bauernschaften verschmolzen.[277] Es kann vermutet werden, dass das dort vorhandene alte Amt des Bauermeisters in die städtische Gerichtsverfassung eingegliedert wurde.[278] So wurde der Mindener Bauermeister „ein vom Rat eingesetztes, jährlich wechselndes Hilfsorgan der städtischen Rechtspflege."[279] Der Bauermeister war zuständig für die Pfändung bei Nichtzahlung einer Rente,[280] sowie für Zins- und Pachtklagen.[281]

§ 3 Gerichts- und Richtstätten

Bei der Lokalisierung von Orten in Minden, die mit der Rechtsprechung und dem Rechtsvollzug von Stadtrecht zusammenhängen, ist zwischen den Gerichts- und den Richtstätten zu differenzieren. Auf die Gerichtsstätte des geistlichen Gerichts und die Gerichtsstätte des weltlichen Gerichtes des bischöflichen Wichgrafen[282] wird an dieser Stelle nicht näher eingegangen, denn von Interesse für das Mindener Stadtrecht sind vor allem die rein städtischen Gerichte, d. h. das städtische Ratsgericht und das städtische Niedergericht.

Kurz Erwähnung finden muss jedoch das sogenannte Gogericht auf der Weserbrücke. Hierbei handelte es sich um ein Gericht über die Kirchspiele Frille,

---

276 Schütte, Wörter und Sachen aus Westfalen, S. 176. Zu Etymologie und Bedeutungsgehalt siehe Schöne, Das Soester Stadtrecht, S. 102 f.

277 Krieg, Zur Entwicklung der Mindener Stadtgerichte, S. 25.

278 Krieg, Stadtbuch 1318, S. 39, verweist in diesem Zusammenhang auf die Beschwerdeschrift Bischof Ludwigs (zwischen 1324 und 1330), derzufolge die Bürger „den richteren, de ouer houelik gut richten scal" nicht durch den Bischof bestätigen lassen, vgl. Schroeder, Stadtrecht, S. 195-198, Nr. 42, konkret S. 196. In diesem Richter vermutet Krieg den Bauermeister, vgl. S. 39, aber auch einschränkend S. 41.

279 Krieg, Zur Entwicklung der Mindener Stadtgerichte, S. 25.

280 Stadtbuch von 1318, I, 115; Schroeder, Stadtrecht, S. 33.

281 Löffler, Tribbe, S. 91; Krieg, Tribbe, Mindener Heimatblätter, Jahrgang 16 (1938), Nr. 5, S. 1; Krieg, Zur Entwicklung der Mindener Stadtgerichte, S. 25.

282 Für weitere Informationen zur Gerichtsstätte des Wichgrafen siehe Kaspar, Geschichte des Profanbaus in Minden, S. 89, und Kaspar, Stadtbau und Siedlungsgeschichte, S. 189; zur vermuteten frühen bischöflichen Gerichtsstätte im Westwerk des Mindener Domes siehe Krieg, Alte Mindener Rechtsdenkmäler. Stätten, Gebäude und Werkzeuge der Gerichtsbarkeit, in: Mindener Heimatblätter, Jahrgang 19 (1942), Nr. 1/2, S. 1-3 und Jahrgang 19 (1942), Nr. 3/4, S. 1-3, konkret Jahrgang 19 (1942), Nr. 1/2, S. 2.

Lerbeck und Dankersen,[283] zuständig wohl nur für kleine Strafsachen.[284] Dieses Gericht auf der Weserbrücke ist aber wegen der Abgrenzung der Gerichtsbezirke zwischen städtischem und landesherrlichem, d. h. bischöflichem Gerichtsbezirk relevant. KRIEG führt dazu nämlich aus: „Ein Stück der Gerichtsgrenze verlief in der Weser und quer über die Weserbrücke, auf der die Stadt Gerichtsgewalt bis zum dritten Pfeiler […] auf der Stadtseite hatte. Bis in die neuere Zeit gab es Streit wegen gegenseitiger Übergriffe."[285]

Das städtische Ratsgericht tagte zunächst vermutlich auf dem Marktplatz,[286] später dann unter der Rathauslaube.[287] Das städtische Niedergericht tagte im Laufe der Zeit an verschiedenen Orten,[288] u.a. im „Neuen Werk".[289]

Recht will aber nicht nur gegeben, sondern auch umgesetzt werden.[290] Für den strafrechtlichen Bereich bedeutete dies, dass Minden dementsprechend über Gefängnisräume im Mindener Rathaus, einen Pranger (Kaak) für die Ehrstrafen, Galgenplätze für die Todesstrafen, einen Hexenzwinger sowie einen Hexenteich (zur Wasserprobe) verfügte.[291] Zusammenfassend lassen sich in Minden für das Mittelalter und die frühe Neuzeit fünf[292] Galgenplätze ausmachen: der

283 Krieg, Alte Mindener Rechtsdenkmäler, in: Mindener Heimatblätter, Jahrgang 19 (1942), Nr. 1/2, S. 1.

284 Landau, Die Entwicklung der weltlichen Gerichtsbarkeit in Minden, S. 60 f.

285 Krieg, Martin: Das Gericht auf der Weserbrücke, in: Mindener Heimatblätter, Jahrgang 2 (1924), Nr. 7, S. 2 und Jahrgang 2 (1924), Nr. 8, S. 2-3, unter Wiedergabe eines Textes von 1608.

286 Krieg, Mindener Rechtsdenkmäler unter freiem Himmel, S. 76.

287 Krieg, Mindener Rechtsdenkmäler unter freiem Himmel, S. 77.

288 Kaspar, Geschichte des Profanbaus in Minden, S. 569.

289 Für weitere Details siehe Kaspar, Fred / Barthold, Peter: Bau- und Kunstdenkmäler von Westfalen. Band 50. Teil 4. Stadt Minden. Altstadt. Die Profanbauten. Essen 2000, Teilband 1, S. 895 f. sowie Teilband 2, S. 1310.

290 Die jüngste Zusammenstellung der Erkenntnisse zu Mindener Richtstätten auf der Grundlage der Richtstättenarchäologie stammt von Auler und Wilbertz: Auler, Jost (Hrsg.): Richstättenarchäologie. Band 3, Dormagen 2012, S. 29 f.; sowie Wilbertz, Gisela: Auf der Suche nach dem Detmolder Galgen. Ein Beitrag zum Verhältnis von Richtstätte und Abdeckereiplatz, in: Richtstättenarchäologie. Band 1, hrsg. von Jost Auler, Dormagen 2008, S. 46-68, konkret S. 64. Siehe auch: Krieg, Margrit: Vom Mindener Henker, in: Mindener Heimatblätter, Jahrgang 31 (1959), Nr. 1/2, S. 10-16.

291 Krieg, Alte Mindener Rechtsdenkmäler, in: Mindener Heimatblätter, Jahrgang 19 (1942), Nr. 3/4, S. 1-3 mit weiteren Details. Siehe auch Krieg, Mindener Rechtsdenkmäler unter freiem Himmel, S. 78.

292 Teilweise handelt es sich hierbei allerdings um reine Soldatengalgen.

Marktplatz,[293] das Galgenfeld vor dem Simeonstor,[294] auf dem Wall vor dem Hahler Tor,[295] auf einer Anhöhe vor dem Wesertor,[296] und einen bisher nicht lokalisierten Standort mit dem Namen „auf dem alten Graben".[297] Umfassend zum ausführenden Mindener Scharfrichter, auch zur Besetzung, Bestallung und zum weiteren Tätigkeitsfeld, hat bereits WILBERTZ geforscht.[298] Als Averberg im Jahre 1613 die Mindener Stadtrechtsreformation verfasste, war ein Mann namens Asmus Rathmann, Spross einer der ältesten norddeutschen Scharfrichterfamilien, mit dem Amt des Scharfrichters betraut.[299]

§ 4 Femegericht

Auch ein bis heute in der Rechtsgeschichte sehr unterschiedlich bewertetes Gericht gab es in Minden: das Femegericht.[300] Bei den Femegerichten handelt

---

293 Krieg, Mindener Rechtsdenkmäler unter freiem Himmel, S. 77; Wilbertz, „... ein ehrlich Mann und Meister...", S. 33. Auch in Wenzel Hollars Kupferstich der Stadt Minden von Norden aus dem Jahre 1657 ist ein Galgen eingezeichnet, vgl. Schmitt, Westfalia Picta. Band VII, S. 208 f.; sowie Schmitt, Michael: Historische Stadtansichten, in: Bau- und Kunstdenkmäler von Westfalen. Band 50. Teil 1. Stadt Minden. Einführungen und Darstellung der prägenden Strukturen. Teilband 1, bearb. von Fred Kaspar und Ulf-Dietrich Korn, Essen 2003, S. 690-721; konkret S. 694 f.; und Wilbertz, „... ein ehrlich Mann und Meister...", S. 82 f. zu Abb. 11 auf S. 37.

294 Krieg, Mindener Rechtsdenkmäler unter freiem Himmel, S. 77. Wilbertz, „... ein ehrlich Mann und Meister...", S. 33-36; S. 80, Text zu Abb. 1 auf S. 7. Bei der Abbildung handelt es sich um die älteste Ansicht von Minden aus dem Jahre 1539, vgl. Schmitt, Westfalia Picta. Band VII, S. 207. Des Weiteren Wilbertz, „... ein ehrlich Mann und Meister...", S. 82, Text zu Abb. 9a und 9b auf S. 34 f.; sowie S. 82, Text zu Abb. 10a und 10b auf S. 36.

295 Krieg, Mindener Rechtsdenkmäler unter freiem Himmel, S. 77; Schroeder, Chronik des Bistums und der Stadt Minden, S. 619; Wilbertz: „... ein ehrlich Mann und Meister...", S. 37.

296 Wilbertz: „... ein ehrlich Mann und Meister...", S. 37.

297 Wilbertz: „... ein ehrlich Mann und Meister...", S. 37 f.

298 Wilbertz: „... ein ehrlich Mann und Meister...". Scharfrichter in Minden in der Vormoderne, in: Mitteilungen des Mindener Geschichtsvereins, Jahrgang 86 (2014), S. 7-116, die sich u.a. mit den Beschreibungen des Chronisten Tribbe auseinandersetzt.

299 Zur Person Asmus Rathmann siehe Wilbertz: „... ein ehrlich Mann und Meister...", S. 42 f.

300 Einen Überblick zur westfälischen Feme, eingeteilt in die Kategorien „Legende und Wirklichkeit, Macht und Ohnmacht, Ruhm und Nachruhm" bietet: Fricke, Eberhard: Die westfälische Veme im Bild. Geschichte, Verbreitung und Einfluss der westfälischen Vemegerichtsbarkeit, Münster 2002. Zur rechtsgeschichtlichen Bewertung

es sich um eine im 13. Jahrhundert in Westfalen entstandene Gerichtsbarkeit, eine „eigentümliche Entwicklung".[301] Sie liegt in der besonderen westfälischen Gerichtsorganisation begründet.[302] Insgesamt existierten in Westfalen etwa 150 solcher auch als Freistühle bezeichneten Gerichte.[303] Die Femegerichte übten eine besondere Art der Kriminaljustiz aus und waren gekennzeichnet durch die Heimlichkeit des Prozesses, die Einförmigkeit der Strafe (Tod durch den Strang), einen spezifischen Deliktskatalog sowie den Anspruch, für das ganze Reich zuständig zu sein.[304] Die Femegerichte sind „schwierig zu deuten",[305] als gesichert kann aber gelten, dass die Femegerichtsbarkeit an einer konkreten Gerichtsstätte, auf dem Freistuhl, durch den Freigraf und sieben Freischöffen ausgeübt wurde.[306] Die Femegerichte waren zeitweise sehr effizient,[307] scheiterten aber letztlich im 15. Jahrhundert insbesondere an den Widerständen der

---

und Einordnung des Femegerichtes siehe Lück, HRG 1, 2. Aufl, Sp. 1540-1543. Eine lesenswerte Zusammenfassung auch bei Wurm, Johann Peter: Veme, Landfriede und westfälische Herzogswürde in der 2. Hälfte des 14. Jahrhunderts, in: Westfälische Zeitschrift, Band 141 (1991), S. 25-91. Wurm, S. 25, führt zu dem Umstand, dass das Vemegerichtsverfahren nicht schriftlich aufgezeichnet wurde, aus: „Die Literatur über die Veme ist zwar umfangreich, doch eben wegen der unsicheren Quellenlage äußerst kontrovers."

301 Lück, HRG 1, 2. Aufl., Sp. 1535 f. Fricke, Das mittelalterliche Westfalen, S. 36, bezeichnet sie als „eine der eigenartigsten Einrichtungen der roten Erde."

302 Schmidt, Einführung in die Geschichte der deutschen Strafrechtspflege, S. 84 f., verweist auf mehrere Freistühle in einer Freigrafschaft und die für jeden Freistuhl notwendige königliche Bannleihe.

303 Horstmann, Die Feme, S. 263. Freitag, Westfalen, S. 210, geht sogar von einem „flächendeckenden Netz" mit ca. 300 Freistühlen in Westfalen aus.

304 Janssen, Hömbergs Deutung von Ursprung und Entwicklung der Veme in Westfalen, S. 189.

305 Oestmann, Wege zur Rechtsgeschichte: Gerichtsbarkeit und Verfahren, S. 104.

306 Swart, Westfalens Fehmgericht im 15. Jahrhundert; Lück, HRG 1, 2. Aufl., Sp. 1537 f.

307 Schmidt, Einführung in die Geschichte der deutschen Strafrechtspflege, S. 85 f.: „Man kann sagen, daß sich in diesem Bunde der Wissenden [gemeint sind alle Freischöffen] die anständige Gesellschaft des ausgehenden Mittelalters gegen das Verbrechertum organisierte, um gegen todeswürdige Verbrechen anzugehen. Damit wurde die oft schädliche Kleinheit der obrigkeitlichen Machtbereiche, denen sich der Verbrecher leicht entziehen konnte, überwunden. Auch wurde in das Verbrechertum eine erhebliche Unsicherheit hineingetragen. Beides bedeutete für die damalige Zeit eine beträchtliche Intensivierung der Verbrechensverfolgung."

außerwestfälischen Territorien,[308] sowie dem Spannungsverhältnis zwischen harter Strafandrohung und schwacher Vollstreckungsmöglichkeit.[309]

Dem Mindener Bischof wurde 1332 durch kaiserliches Mandat[310] ein freies Herzogtum gewährt und *„ein vri ghérichte dar inne tzo sitzende under Koniges Banne nach veme Rechte“*;[311] es sollte gehalten werden an drei bestimmten und drei beliebigen Orten: *„einen to Berndessen by der Lynden, den andern to Berkerken, den dritten by Blasne und drey ander frystele“*.[312] Aus dem Jahre 1353 sind dann zwei weitere kaiserliche Urkunden überliefert, die einen Bezug zu den Mindener Freistühlen haben: Der Bedeutungsgehalt der ersten Urkunde ist hoch umstritten (Aufhebung der Privilegierung?), die zweite Urkunde gewährt dem Bischof von Minden zwei (weitere) Freistühle.[313] Viel ist über die Mindener Freistühle nicht bekannt.[314] KRIEG berichtet zu alten Gerichtsbäumen und Vemelinden im Mindener Stadtgebiet, dass vor dem Simeonstor eine Gerichtslinde den Freistuhl eines Femegerichts beschattet haben muss, dessen Stätte bis ins 18. Jahrhundert

---

308 Lück, HRG 1, 2. Aufl., Sp. 1539.

309 Oestmann, Wege zur Rechtsgeschichte: Gerichtsbarkeit und Verfahren, S. 105.

310 Dieses Mandat ist bedauerlicherweise bei Schroeder, Stadtrecht, S. 198 f. nicht wiedergegeben; auf ein Mandat vom 16.02.1332 (Nr. 43) folgt dort eine Urkunde vom 27.08.1335 (Nr. 44).

311 Wurm, Johann Peter: Veme, Landfriede und westfälische Herzogswürde in der 2. Hälfte des 14. Jahrhunderts, in: Westfälische Zeitschrift, Band 141 (1991), S. 25-91, konkret S. 35; Scriverius, Die weltliche Regierung des Mindener Stiftes, S. 120.

312 Schroeder, Chronik des Bistums und der Stadt Minden, S. 240. Marowsky: Die heilige Feme in Minden-Ravensberg, in: Mindener Heimatblätter, Jahrgang 6 (1928), Nr. 20, S. 3, benennt namentlich noch die zwei weiteren Freistühle Haler und Walven: „Im Fürstenthum, ehemaligen Hochstift, Minden gab es wenigstens fünf Femegerichte, und zwar zu Berndessen oder Berndesten bei der Linde, zu Berkerken (Bergkirchen, im Amt Hausberge)[,] zu Blasne, zu Haler und zu Walven. Zur Errichtung der drei ersteren erhielt das Hochstift bereits 1332, durch eine Urkunde von Ludwig dem Baiern, die Erlaubnis. Die anderen beiden wurden demselben 1354 von Carl IV. angewiesen.“

313 Wurm, Veme, Landfriede und westfälische Herzogswürde, S. 25-91, konkret S. 34-39.

314 Schroeder, Chronik des Bistums und der Stadt Minden, S. 347-349, berichtet noch über zwei Femegerichtsverfahren (Merschmeyer und Schinne) in der ersten Hälfte des 15. Jahrhunderts, die zwar einen direkten Bezug zu Minden haben, aber eben nicht vor einem Mindener Freistuhl stattfanden. Zur Rechtssache Schinne vgl. auch Meininghaus, August: Die Feme – Appellationsverhandlung am Dortmunder Freistuhl auf dem Königshofe im Jahre 1434, in: Beiträge zur Geschichte Dortmunds und der Grafschaft Mark, Band 39 (1931), S. 93-132.

in dem Flurnamen „Auf dem Freistuhl" fortgelebt hat.[315] Dies deckt sich mit einer Ortsangabe beim Chronisten TRIBBE:[316] *„Item apud sanctum Simeonem, ad dexteram manum est una parva platea. Dicitur, quod Beldersen fuit olim ibi situata. Et ibi dicunt, quod ibi sit una sedes secreti iudicii […].*"[317]

Als fälschlicherweise noch vermutet wurde, dass Minden zur Soester Stadtrechtsfamilie zu zählen wäre, kam man bei Rechtssachen mit Bezug zu Dortmund auf den Gedanken, es habe sich um Verfahren vor dem dortigen Freistuhl gehandelt.[318] Diese Überlegung war nicht völlig abwegig, denn der Dortmunder Freistuhl mit seinen insgesamt acht Freigerichten hatte über die Grenzen der Stadt hinaus große Bedeutung.[319]

---

315 Krieg, Mindener Rechtsdenkmäler unter freiem Himmel, S. 76 f. Vgl. auch Krieg, Alte Mindener Rechtsdenkmäler, in: Mindener Heimatblätter, Jahrgang 19 (1942), Nr. 1/2, S. 2.

316 Krieg, Mindener Rechtsdenkmäler unter freiem Himmel, S. 76 f.

317 Löffler, Tribbe, S. 24. Krieg, Tribbe, Jahrgang 14 (1936), Nr. 2, S. 2, übersetzt: „Ferner ist bei St. Simeon, zur rechten Hand, eine kleine Straße. Es heißt, dass Beldersen einst dort lag. Und sie sagen dort, daß dort ein Sitz des geheimen Gerichts sei […]." Zur Identität von Beldersen und Berndessen siehe Krieg, Alte Mindener Rechtsdenkmäler, in: Mindener Heimatblätter, Jahrgang 19 (1942), Nr. 1/2, S. 2.

318 So behauptet Schroeder, Chronik des Bistums und der Stadt Minden, S. 241, dass sich die „Bürger Mindens schon daran gewöhnt hatten, den Freistuhl in Dortmund als die oberste Instanz für ihre Prozesse anzusehen." Weiter führt Schroeder, S. 347, aus: „Welchen Einfluß das Femgericht und namentlich der Freistuhl in Dortmund im Bistum Minden erlangt hatte, wird durch verschiedene Zeugnisse bestätigt. So appellierte 1429 Heinrich Meyer, ein Mindenscher Bürger, gegen den Rat von Minden, der ihn in seinem Rechte auf die Mühle im Priggenhagen und in anderen Beziehungen gekränkt hatte, an den Rat von Dortmund." Krieg, Martin: Streit um die Priggenhagenmühle vor 500 Jahren, in: Mindener Heimatblätter, Jahrgang 7 (1929), Nr. 21, S. 1 f., klärt diesen Irrtum auf und legt dar, dass das Rechtsverhältnis zwischen Dortmund und Minden durch Schroeder nicht richtig erkannt worden war.

319 Horstmann, Die Feme, S. 264.

Fünftes Kapitel: Rechtliche Ausgangslage

„Quellen gibt es reichlich.

Der Brunnen der Vergangenheit sprudelt.“

Oestmann[320]

Stadtrechtsreformationen „fielen nicht vom Himmel“, sondern fußten auf Rechtsentwicklungen, die sich über Jahrhunderte erstreckten. Die mittelalterlichen und frühneuzeitlichen Quellen zur Mindener Stadtrechtsgeschichte sind zahlreich. Die bedeutendsten Vorläufer der Mindener Stadtrechtsreformation waren sicherlich die Mindener Stadtbücher. Bei weiterer Forschung ergänzend hinzugezogen werden können aber zudem Stadtrechtsaufzeichnungen anderer Städte, die aufgrund stadtrechtsfamiliärer Verbindungen für Minden relevant sind, sowie Mindener Satzungen, Ordnungen, Bruchrollen, Chroniken, Gerichtsakten und Einzelurkunden. Daher werden diese Quellen im Folgenden ebenfalls in gebotener Kürze dargestellt. Es ergibt sich insgesamt eine Fülle an Forschungsmaterial.[321] Dies darf aber nicht darüber hinwegtäuschen, dass es auch bei den Mindener Archivalien Überlieferungsverluste gegeben hat und die Quellenlage zur Mindener Stadt(rechts)geschichte demzufolge lückenhaft bleibt. SCHULTE konstatiert zur Überlieferungssituation, dass „das Ausmaß der vernichteten Archivalien nur geschätzt werden kann, es aber immens sein muß“.[322] Beispielsweise überstanden im 20. Jahrhundert zwar die in Minden gelagerten Archivalien den Zweiten Weltkrieg durch rechtzeitige Auslagerung,[323] die sich

320 Oestmann: Geistliche und weltliche Gerichte im Alten Reich, Zuständigkeitsstreitigkeiten und Instanzenzüge, Köln 2012, S. 14.

321 Um eine Größenordnung zu vermitteln, sei auf die Angabe bei Schulte, Macht auf Zeit, S. 5, verwiesen: im Kommunalarchiv Minden und im Staatsarchiv Münster (heute Landesarchiv NRW Abteilung Westfalen) befinden sich „mehr als 2500 Urkunden zur Geschichte der Stadt Minden zwischen 1231 und 1539“.

322 Schulte, Macht auf Zeit, S. 5. Ausführlich zu den Überlieferungsverlusten, u.a. auch durch Vernachlässigung des Archivs und Veruntreuung: Schulte, Macht auf Zeit, S. 58-62.

323 Nordsiek, Geschichte des Archivs, S. 84 f.

im Staatsarchiv Hannover befindlichen Mindener Handschriften wurden jedoch vernichtet.[324]

§ 1 Sprache, Schrift und Druck

Um einen Zugang zu den Quellen zur Mindener Stadtrechtsgeschichte finden zu können, ist es erforderlich, sich intensiv mit ihrer Sprache und Schrift auseinanderzusetzen.[325] Im Rahmen dieser Arbeit wurde daher bei allen Zitierungen aus

---

324 Schulte, Macht auf Zeit, S. 61, Fn. 277, zitiert aus einer schriftlichen Mitteilung von Dr. Brosius, Hauptstaatsarchiv Hannover, vom 13.04.1993: „In der Handschriftensammlung des Hauptstaatsarchivs wurde bis 1943 offenbar umfangreiches Material aus dem Nachlaß Mindener Historiker (Mooyer, Culemann, Schlick u.a.) verwahrt. Leider ist die gesamte Sammlung im Bombenkrieg verbrannt." Einen Eindruck vom Ausmaß des Verlustes in Hannover bietet auch Krieg, Martin: Handschriften der Mindener Chronistik im 16. und 17. Jahrhundert, in: Westfälische Zeitschrift, Band 107 (1957), S. 107-134, konkret S. 131-134, der eine (nicht vollständige) Auflistung der vernichteten Mindener Handschriften des 15. bis 18. Jahrhunderts liefert.

325 Zur Entwicklung der Rechtssprache siehe Deutsch, HRG 4, 2. Aufl., Sp. 1252-1264. Zur westfälischen Sprachgeschichte sei empfohlen: Müller, Gunter / Niebaum, Hermann: Sprachliche Gliederungen und Schichtungen Westfalens, in: Der Raum Westfalen. Fortschritte der Forschung und Schlussbilanz. Einleitung in den Schlußband VI. Erster Teil, hrsg. von Franz Petri und Alfred Hartlieb von Wallthor, Münster 1989, S. 1-92. Als Ergebnis eines zehnjährigen DFG-Projektes liegt inzwischen auch folgendes dreibändiges, umfangreiches Werk vor: Peters, Robert / Fischer, Christian / Nagel, Norbert: Atlas spätmittelalterlicher Schreibsprachen des niederdeutschen Altlandes und angrenzender Gebiete (ASnA), Berlin 2017.
Wer sich mit den Quellen zur (mittelalterlichen und frühneuzeitlichen) Mindener Stadtrechtsgeschichte beschäftigen möchte, dem sei bezüglich der sprachlichen Herausforderungen an dieser Stelle eine kleine Liste hilfreicher Literatur an die Hand gegeben:
1) Pilkmann-Pohl, Reinhard: Mittelniederdeutsch in Minden. Zur Schreibsprache Mindens im 14. und 15. Jahrhundert, in: Mitteilungen des Mindener Geschichtsvereins, Jahrgang 70 (1998), S. 107-146.
2) Schütte, Leopold: Wörter und Sachen aus Westfalen. 800 bis 1800, 2. Aufl., Duisburg 2014.
3) Kommission für Mundart- und Namenforschung des Landschaftsverbandes Westfalen-Lippe (Hrsg.): Westfälisches Wörterbuch, Neumünster 2015-2021.
4) Schiller, Karl Christian / Lübben, August: Mittelniederdeutsches Wörterbuch. Band I-VI. Neudruck der Ausgaben Bremen 1875-1881, Wiesbaden 1969.
5) Deutsches Rechtswörterbuch (DRW), bisher erschienen Band 1-14, 1914-2020.

Archivalien Wert darauf gelegt, eine buchstabengetreue Textwiedergabe (samt aller teilweise auch fehlerhaften Schreibweisen) zu liefern, d. h. im Sinne einer eher germanistischen, sprachwissenschaftlichen Herangehensweise wurde der Genauigkeit der Vorrang vor der einfachen Lesbarkeit gewährt.

Schon bei SCHMIDT-WIEGAND ist treffend allgemein zum Zusammenhang von Recht und Sprache zu lesen: „Recht ist immer an das Medium der Sprache gebunden. Selbst wenn es auch andere Möglichkeiten gibt, Recht zum Ausdruck zu bringen, z. B. durch Gebärden und Symbole, so bleibt doch die Sprache wichtigstes Ausdrucksmittel des Rechts.“[326]

Der Wechsel von der Mündlichkeit zur Schriftlichkeit im Rechtswesen ist vielfach thematisiert worden;[327] ebenso wie die durch die im 12./13. Jahrhundert expandierende Schriftlichkeit erfüllten zahlreichen Funktionen.[328] In dieses Gesamtbild reiht Minden sich ein, wie im Folgenden anhand der einzelnen Stadtbücher zu zeigen sein wird.

Als grundlegend für die Beschäftigung mit der mittelniederdeutschen Mindener Schreibsprachgeschichte kann der Beitrag von PILKMANN-POHL[329]

---

6) Grimm, Jacob / Grimm, Wolfgang: Deutsches Wörterbuch (DWB), Band 1-16, Leipzig 1854-1954.

7) Lexer, Matthias: Mittelhochdeutsches Handwörterbuch, Band 1-3, Leipzig 1872-1878.

8) Frühneuhochdeutsches Wörterbuch über www.fwb-online.de.

326 Schmidt-Wiegand, Ruth: Sprache, Recht, Rechtssprache bei Franken und Alemannen vom 6. bis zum 8. Jahrhundert, in: Leges – Gentes – Regna. Zur Rolle von germanischen Rechtsgewohnheiten und lateinischer Schrifttradition bei der Ausbildung der frühmittelalterlichen Rechtskultur, hrsg. von Gerhard Dilcher und Eva-Marie Distler, Berlin 2006, S. 141-158, hier: S. 141.

327 Grundlegend Mihm, Funktion der Schriftlichkeit, S. 13-37. Über Nutzen und Funktion von (beginnender) Schriftlichkeit im Recht, d. h. über das Phänomen des Wechsels von „Oralität zu Literalität“, berichten m. w. N. auch Wallmeier, Sprachliche Muster in der mittelniederdeutschen Rechtssprache, S. 61-66, sowie Frenz, Frieden, Rechtsbruch und Sanktion, S. 28-32.

328 Mihm, Funktion der Schriftlichkeit, S. 22 f. differenziert in direktive, judikationsregelnde, repräsentative, limitative und sozialsymbolische Funktionen.

329 Pilkmann-Pohl, Reinhard: Mittelniederdeutsch in Minden. Zur Schreibsprache Mindens im 14. und 15. Jahrhundert, in: Mitteilungen des Mindener Geschichtsvereins, Jahrgang 70 (1998), S. 107-146. Hyldgaard-Jensen zog zuvor Minden als Exemplar für westfälische Rechtstexte für seine rechtswortgeographische Untersuchung heran, vgl. Hyldgaard-Jensen, Karl: Rechtswortgeographische Studien. I. Zur Verbreitung einiger Termini der westlichen und nördlichen mittelniederdeutschen Stadtrechte vor 1350, Uppsala 1964, S. 54, 102, 113, 150, 169. Wallmeier, Nadine: Sprachliche Muster in

bezeichnet werden. Nach einer Untersuchung des mittelniederdeutschen Textkorpus Minden[330] liefert dieser eine historisch-geographische Einordnung der linguistischen Ergebnisse[331]. PILKMANN-POHL kommt dabei zu folgenden Ergebnissen:[332] Die mittelniederdeutsche Schreibsprache Mindens weist bis in die zweite Hälfte des 14. Jahrhunderts ausgewogen westfälische neben nordniederdeutschen Schreibungen auf und ist daher als Mischsprache zu werten. Die Schreibsprache richtet sich anschließend ab 1360 zusehends nach nordniederdeutschen, gelegentlich auch ostfälischen Schreibgebräuchen, sodass PILKMANN-POHL von einem sprachhistorischen „Entwestfalisierungsprozeß" spricht. PETERS bezeichnet die spätmittelalterliche Mindener Schreibsprache konsequent dann auch als nordniedersächsisch (und eben nicht west- oder ostfälisch).[333]

Als weiteres Resultat der linguistischen Betrachtung der Mindener Quellen durch PILKMANN-POHL muss erwähnt werden, dass in der schreibsprachlichen Entwicklung Mindens zwischen 1300 und 1500 Normierungstendenzen und Variantenabbau erkennbar sind. Die dargelegten Veränderungen der Schreibsprache werden zurückgeführt auf Mindens Grenzlage und zugleich verkehrsgünstige Weserlage sowie die unterschiedlichen politischen Ausrichtungen während der Hansezeit. An die Zeit der mittelniederdeutschen Sprache schließt sich dann eine Phase des Frühneuhochdeutschen an.

Die überlieferten Archivalien zur Mindener Stadtrechtsgeschichte stammen aus der Hand von Stadtschreibern, Stadtsekretären und Stadtsyndici. Stadtschreiber waren Bedienstete der Stadt, in deren Verantwortungsbereich der Entwurf und die Niederschrift von Gesetzen und Ordnungen, Stadtbüchern, städtischer Korrespondenz, Urkunden und Verträgen lagen. NORDSIEK geht davon aus, dass es in Minden zunächst geistliche „Gelegenheitsschreiber" gegeben habe und die Anstellung eines ständigen (weiterhin geistlichen) Stadtschreibers erst

---

der mittelniederdeutschen Rechtssprache. Zum Sachsenspiegel und zu Stadtrechtsaufzeichnungen des 13. bis 16. Jahrhunderts. Niederdeutsche Studien. Band 55, Köln 2013, hat einen lesenswerten Beitrag zum Mittelniederdeutschen geliefert, allerdings enthält ihr verwendeter Textkorpus keine Mindener Rechtstexte.

330 Pilkmann-Pohl, Mittelniederdeutsch in Minden, S. 110-127.

331 Pilkmann-Pohl, Mittelniederdeutsch in Minden, S. 127-133.

332 Pilkmann-Pohl, Mittelniederdeutsch in Minden, S. 131-133.

333 Peters, Atlas spätmittelalterlicher Schreibsprachen des niederdeutschen Altlandes und angrenzender Gebiete (ASnA). Band I, S. 5.

etwa zu Anfang des 14. Jahrhunderts erfolgte.[334] Im 15. Jahrhundert hatten die Schreibarbeiten an Umfang zugenommen, sodass zwei Stadtschreiber beschäftigt wurden.[335] Im 16. Jahrhundert fand dann ein Wechsel von den geistlichen Stadtschreibern hin zu hauptamtlichen Stadtsekretären statt, die die Verwaltungsleitung übernahmen.[336] Zeitgleich entwickelte sich das Amt des Stadtsyndicus; die ersten Mindener Stadtsyndici waren zugleich auch noch Mindener Stadtsekretäre.[337] Ein Stadtsyndicus war studierter Jurist und als Berater, Gutachter und Schreiber tätig.

Im 15. und 16. Jahrhundert gab es in Minden keine Buchdruckerei, sodass Druckaufträge andernorts vergeben wurden,[338] oder Schriften eben weiterhin per Hand verfasst und vervielfältigt wurden. Dies änderte sich erst in der zweiten Hälfte des 17. Jahrhunderts. SCHROEDER hat in einer ausführlichen Abhandlung dargelegt, dass die erste Mindener Buchdruckerei Ende 1665 oder spätestens Anfang 1666 entstand.[339] Die erste Mindener Buchdruckerei wurde demnach begründet von Johannes Matthaeus Heddewig, interessanterweise im Haus des Stadtsyndicus Jacob Andreas Crusius,[340] auf den im Rahmen der Behandlung der Mindener Stadtrechtsreformation noch mehrfach zurückzukommen sein wird. Bereits seit 1667 tragen alle überlieferten Mindener Drucke den Hinweis auf den Mindener Buchdrucker Johann Piler,[341] dessen Name uns ebenfalls im Folgenden erneut begegnen wird. Die

---

334 Nordsiek, Geschichte des Archivs, S. 26. Namentlich bekannt sind die Schreiber seit der zweiten Hälfte des 14. Jahrhunderts, vgl. Nordsiek, Geschichte des Archivs, S. 27-30, mit weiteren Informationen auch zu Besoldung und Arbeitsort (Schreibstube). Ebenfalls zu den Schreibstuben: Schulte, Monika Maria: Mindener Urkundenüberlieferung, in: Bau- und Kunstdenkmäler von Westfalen. Band 50. Teil 1. Stadt Minden. Einführungen und Darstellung der prägenden Strukturen. Teilband 1, bearb. von Fred Kaspar und Ulf-Dietrich Korn, Essen 2003, S. 14-45, konkret: S. 29 f.

335 Nordsiek, Geschichte des Archivs, S. 28; Schulte, Macht auf Zeit, S. 26.

336 Nordsiek, Geschichte des Archivs, S. 31-33, mit einer namentlichen Auflistung der Stadtsekretäre.

337 Nordsiek, Geschichte des Archivs, S. 34, mit einer namentlichen Auflistung der Stadtsyndici.

338 Schroeder, Mindener Buchgewerbe, S. 5 f.

339 Schroeder, Mindener Buchgewerbe, S. 21-26. Die früher vertretenen Jahreszahlen 1660 und 1542 widerlegt Schroeder überzeugend, vgl. die Argumentation bei Schroeder, Mindener Buchgewerbe, S. 21 (zu 1660) und S. 6 (zu 1542).

340 Schroeder, Mindener Buchgewerbe, S. 25; Opitz, Incunabula, S. 39: „*[…] Ioannes Pilervs […] a senatu acceptus in aedibus Syndici ciuitatis prope St. Martini aedem typographiam bene ordinauit & ornauit.*"

341 Schroeder, Mindener Buchgewerbe, S. 29.

Bedeutung der Einführung des Buchdrucks ist für die (juristische) Entwicklung in Europa jedenfalls enorm gewesen.[342]

§ 2 Frühe Mindener Statuten

Die ältesten durch den Mindener Rat selbst gesetzten Statuten sind nicht in einem der Stadtbücher, sondern als Einzelurkunden überliefert. Das erste und damit älteste überlieferte Mindener Statut stammt aus dem Jahre 1280 und betrifft ein Bauverbot.[343] Es folgen 1301 das Statut zur Ratswahl,[344] 1303 ein Statut über Eintritt und Aufenthalt im Hospital,[345] sowie 1305 eine Bauordnung.[346] Nach dem Beginn der Eintragungen in das älteste Mindener Stadtbuch im Jahre 1318 sind für das 14. Jahrhundert nur noch zwei Einzelurkunden überliefert, die Statuten enthalten. Hierbei handelt es sich um eine Aufwandsbeschränkung bei Festen aus dem Jahr 1335,[347] sowie ein Bauverbot aus dem Jahr 1340.[348]

„Alle weiteren Statuten sind nicht als Urkundenausfertigungen, sondern ausschließlich im Stadtbuch von 1318 überliefert. […] Es ist zu erwarten, daß neue Statuten, die das Stadtrecht erweiterten oder veränderten, grundsätzlich nur noch im Stadtbuch niedergeschrieben wurden, um sie im Bedarfsfall im städtischen Archiv leichter auffinden zu können. Denn in dieser Zeit verfügte die Stadt bereits über einen stattlichen Urkundenbestand, aus dem ein einzelnes Stück herauszusuchen schwieriger war, als in einem von den Urkunden auf einen Blick unterscheidbaren Amtsbuch schnell nachzuschlagen.“[349]

---

342 Kiefner, HRG 4, Sp. 981, bezeichnet die Ausbreitung juristischer Literatur, entscheidend gefördert durch den Buchdruck, als wesentlichen Indikator für den fortschreitenden Prozess der Rezeption. Kümper, Sachsenrecht, S. 274, beschreibt den Buchdruck als „große Umbruchsituation“.

343 WUB VI, S. 376, Nr. 1185 (31.05.1280); Schulte, Macht auf Zeit, S. 14.

344 WUB X, S. 1, Nr. 2a (06.01.1301); Schroeder, Stadtrecht, S. 188, Nr. 27; KA Minden, Stadt Minden A I, Nr. 22 (Ausfertigung); Schulte, Macht auf Zeit, S. 17 f. mit Fn. 60 m. w. N.

345 WUB X, S. 19 f., Nr. 63 (02.01.1303); Schroeder, Stadtrecht, S. 189, Nr. 29 (Regest); Schulte, Macht auf Zeit, S. 19 f.

346 WUB X, S. 46, Nr. 174 (08.09.1305); Schroeder, Stadtrecht, S. 190, Nr. 31 (Regest); KA Minden, Stadt Minden A I, Nr. 24 (Ausfertigung); Schulte, Macht auf Zeit, S. 20 f.

347 Schroeder, Stadtrecht, S. 199 f., Nr. 45 (24.11.1335); KA Minden, Stadt Minden A I, Nr. 46 (Ausfertigung); Schulte, Macht auf Zeit, S. 21.

348 Schroeder, Stadtrecht, S. 201, Nr. 51 (11.05.1340); KA Minden, Stadt Minden A I, Nr. 58 (Ausfertigung); Schulte, Macht auf Zeit, S. 21 f.

349 Schulte, Macht auf Zeit, S. 22.

§ 3 Mindener Stadtbücher

Es sind drei Mindener Stadtbücher in Teilen oder in Gänze überliefert. Sie werden üblicherweise bezeichnet als das Mindener Stadtbuch von 1318, das Mindener Stadtbuch von 1376 sowie das Mindener Stadtbuch von 1527.

Bei diesen Bezeichnungen muss man stets bedenken, dass es sich bei der angegebenen Jahreszahl lediglich um das erste Jahr der Eintragung in das entsprechende Stadtbuch handelt. Stadtbücher waren über viele Jahre, teilweise Jahrzehnte oder Jahrhunderte in Gebrauch, worüber die Bezeichnung „von [Jahreszahl]" nicht hinwegtäuschen sollte. CORDES schlägt diesbezüglich vor, statt dem Wort „von" das Wort „ab" zu verwenden.[350] Auch wenn dieser Vorschlag für ein Stadtbuch korrekterweise einen Entstehungszeitraum statt eines Entstehungsjahres erwarten lässt, so wird doch die gängige Formulierung „von [Jahreszahl]" beibehalten. Wer sich mit Stadtbüchern beschäftigt, weiß um ihre Entstehungsdauer.

Im Folgenden werden die drei Mindener Stadtbücher in gebotener Kürze vorgestellt, weil sie bereits umfassend bei SCHROEDER beschrieben und editiert sind.[351]

A. Mindener Stadtbuch von 1318

Das älteste überlieferte Mindener Stadtbuch ist das Mindener Stadtbuch von 1318.[352] Ob es bereits früher in Minden ein Stadtbuch gegeben hat, darüber ist nichts bekannt.[353]

---

350 Cordes, Albrecht: Rezension zu: „Mindener Stadtrecht. 12. Jahrhundert bis 1540, bearb. von Johann Karl Schroeder", in: ZRG, GA, Band 119 (2002), S. 575 f.

351 Schroeder, Stadtrecht, S. 3-116.

352 Handschriftenabteilung der Universität Gießen, Signatur Codex 1055. Eine Kopie befindet sich im KA Minden, Stadt Minden, X 10. Für eine Beschreibung und Inhaltsdarstellung siehe Seelbach, Ulrich: Katalog der deutschsprachigen mittelalterlichen Handschriften der Universitätsbibliothek Gießen, Stand: 30.08.2007, Eintrag zu „Hs 1055: Stadtbuch von Minden (1318 bis 1555)", abrufbar unter: http://geb.uni-giessen.de/geb/volltexte/2007/4997/ (Stand: 15.11.2023). Zur Provenienz, Wiederentdeckung und ersten Bewertung des Stadtbuches siehe Adrian, J. Valentino: Catalogus Codicum Manuscriptorum Bibliothecae Academicae Gissensis, Frankfurt am Main 1840, S. 325; Schroeder, Stadtrecht, S. 3 mit Fn. 1; Nordsiek, Geschichte des Archivs, S. 26, Fn. 56; Borchling, Vierter Reisebericht, S. 140-142; sowie Lasch: Das Mindener Stadtbuch von 1318, in: Westfälische Zeitschrift, Band 83 (1925), S. 176-178; und Lasch: Aus alten niederdeutschen Stadtbüchern, S. 81-90, S. 144-149.

353 Nordsiek, Geschichte des Archivs, S. 26.

Das frühe, uns nicht mehr überlieferte Mindener Stadtrecht entstand in einem Entwicklungsprozess, parallel zur Emanzipation der Mindener Bürgerschaft. Es liegt also nicht ein einmaliger Rechtssetzungsakt zugrunde.[354] Bereits deutlich vor dem Eintragungsbeginn in das älteste überlieferte Mindener Stadtbuch von 1318, vermutlich schon in der ersten Hälfte des 13. Jahrhunderts, muss sich ein fester Kern an Stadtrechten entwickelt haben, weil bereits in der zweiten Hälfte des 13. Jahrhunderts andere Städte mit Mindener Recht bewidmet wurden.[355]

I. Beschreibung

Das Stadtbuch von 1318 war zunächst gedacht als Verzeichnis von Auflassungen. Dies geht aus der ersten Eintragung (I, 1) aus dem Jahr 1318 eindeutig hervor: „*In dit boch scal men scriuen alle, de er gvd lathet vor dem rade vnde eth antphat, vppe dat de dinch nich vorgethen werden [...].*“[356] Das Stadtbuch wurde jedoch später zur Niederschrift diverser Materien verwendet und kann daher als klassisches stadtrechtliches Mischbuch gelten. Die Eintragungen in das Stadtbuch beginnen wie dargelegt im Jahr 1318 und enden im 16. Jahrhundert. Viele Eintragungen sind undatiert und lassen sich nur nach Schrift oder anderen Anhaltspunkten zeitlich ungefähr einordnen.[357]

Das Stadtbuch von 1318 besteht aus 43 Blatt Pergament. Es wurde nachträglich im Jahre 1598 vom Stadtsyndicus Johann Averberg paginiert und in zwei Teile eingeteilt, wobei sich diese Einteilung weder inhaltlich noch systematisch erklären lässt. Von Averberg stammt auch die Bezeichnung der Handschrift als „*Statuta Mindensia*“.[358] Für eine weitergehende ausführliche Beschreibung der Handschrift sei auf

---

354 Krieg, Mindener Rechtsbücher, S. 85. Als Quellen, die diese Entwicklung speisten, nennt KRIEG das sächsische Landrecht, den Sachsenspiegel und das Recht der Stadt Dortmund. Auf diese Beziehungen wird noch zurückzukommen sein, siehe auch die folgende Fußnote.

355 Krieg, Mindener Rechtsbücher, S. 85. Weitere Informationen zur Stadtrechtsfamilie finden sich im entsprechenden Kapitel, dem wird hier der Übersichtlichkeit halber nicht vorgegriffen.

356 Krieg, Mindener Rechtsbücher, S. 85, überträgt wie folgt frei ins Hochdeutsche: „In dieses Buch soll man schreiben alle, die ihr Gut (Häuser und Grundstücke) vor dem Rat als Behörde der freiwilligen Gerichtsbarkeit auflassen und die es empfangen, auf daß die Dinge nicht vergessen werden.“

357 Krieg, Stadtbuch 1318, S. 10.

358 Diese Bezeichnung ist jedoch zu eng gefasst, enthält die Handschrift doch auch zahlreiche andere Eintragungen, so schon Krieg, Stadtbuch 1318, S. 3.

KRIEG,[359] SCHROEDER[360] und SEELBACH[361] verwiesen.

Das Mindener Stadtbuch von 1318 ist uns in zwei Editionen mitgeteilt.[362] Diese stammen aus der Hand von KRIEG (1913) und SCHROEDER (1997).[363] Beide Editionen haben (1.) die durch Averberg vorgenommene Zweiteilung beibehalten, und (2.) die einzelnen Einträge im Stadtbuch durchgehend nummeriert und sich dabei danach gerichtet, wie sie schlicht aufeinanderfolgen. Es handelt sich also bei der Nummerierung nicht um eine inhaltliche Systematik, geschweige denn um eine chronologische Sortierung.

II. Inhalt

Das Stadtbuch von 1318 enthält im ersten Teil 190 Eintragungen[364], im zweiten Teil 77 Eintragungen, in summa demnach 267 Eintragungen. Von diesen

---

359 Krieg, Stadtbuch 1318, S. 4-8.

360 Schroeder, Stadtrecht, S. 3-5.

361 Seelbach, Ulrich: Katalog der deutschsprachigen mittelalterlichen Handschriften der Universitätsbibliothek Gießen, Stand: 30.08.2007, Eintrag zu „Hs 1055: Stadtbuch von Minden (1318 bis 1555)“, abrufbar unter: http://geb.uni-giessen.de/geb/volltexte/2007/4997/ (Stand: 15.11.2023).

362 Auszüge finden sich zudem bei: Lasch, Agathe: Aus alten niederdeutschen Stadtbüchern. Ein mittelniederdeutsches Lesebuch, Dortmund 1925, S. 81-90; Frensdorff, Ferdinand: Dortmunder Statuten und Urtheile. Halle a.S. 1882, S. 240-247; Prinz, Joseph (Bearb.): Westfälisches Urkundenbuch. Band 10. Die Urkunden des Bistums Minden 1301/1325, 2. Aufl., Münster 1977; Borchling, Conrad: Mittelniederdeutsche Handschriften in den Rheinlanden und in einigen anderen Sammlungen, Vierter Reisebericht, Göttingen 1913, S. 140-142; Brilling, Bernhard / Richtering, Helmut: Westfalica Judaica. Urkunden und Regesten zur Geschichte der Juden in Westfalen und Lippe. Band I: 1005-1350, Stuttgart 1967; S. 105 f., Nr. 97 (vgl. I, 83) und S. 94 f., Nr. 83 (vgl. I, 104 [9.]).

363 Krieg, Martin (Bearb.): Das Mindener Stadtbuch 1318. Veröffentlichungen der Historischen Kommission des Provinzialinstitutes für Westfälische Landes- und Volkskunde. Mindener Geschichtsquellen. Band III, Münster 1931, S. 93-135; sowie Schroeder, Johann Karl von (Bearb.): Mindener Stadtrecht. 12. Jahrhundert bis 1540. Veröffentlichungen der Historischen Kommission für Westfalen VIII. Rechtsquellen. A. Westfälische Stadtrechte. Band II, Münster 1997, S. 9-78. Die Edition durch Krieg wurde sehr positiv rezensiert von Rehme, Paul: Rezension zu „Das Mindener Stadtbuch von 1318, bearbeitet von Dr. Martin Krieg“, in ZRG, GA, Band 52 (1932), S. 418-421.

364 Wegen der zusätzlichen Eintragung I, 168a sind es nicht 189, sondern eben 190 Eintragungen.

Eintragungen sind 246 in mittelniederdeutscher Sprache und nur 21 in lateinischer Sprache[365] verfasst.

Wie treffend bezeichnet KRIEG die Anordnung dieser Eintragungen als „gewisses Durcheinander"![366] Er führt aus: „Dadurch, daß spätere Schreiber die freien Zwischenräume beschrieben haben, ohne sich um den Inhalt der vor- und nachstehenden Eintragungen zu kümmern, ist zeitlich und inhaltlich ein gewisses Durcheinander entstanden, das die Übersicht über das Stadtbuch erschwert. Von der Oberflächlichkeit der Schreiber und ihrer geringen Beherrschung des Stadtbuchinhalts zeugt auch wohl die gelegentliche Wiederholung einer schon früher gemachten Aufzeichnung."[367] Auch einen weiteren Erklärungsansatz bietet KRIEG: „Der häufige Wechsel der Schreiber, die Ungleichmäßigkeit und große Lückenhaftigkeit der Stadtbucheintragungen u.a. erklären sich [...] zweifellos mit der geringen Ausgestaltung des städtischen Kanzleiwesens im mittelalterlichen Minden."[368]

Bei dem Mindener Stadtbuch von 1318 handelt es sich um ein klassisches Mischbuch mit den unterschiedlichsten Eintragungen. Der Inhalt des Stadtbuches von 1318 lässt sich folgendermaßen grob einteilen: Auflassungen (I, 2-58, I, 62-69, I, 71-91 und I, 93-101), Bürgeraufnahmen (I, 92 und I, 112 f.), Eidesformeln (II, 1, II, 60, II, 61 und II, 63), Verpachtungen (I, 61, II, 65 und II, 68), 141 Aufzeichnungen von Rechtssätzen in Form von Rechtsweisungen und Statuten (I, 70, I, 102 f., I, 105-111, I, 115, I, 117-189, II, 2-11, II, 15-49, II, 52-57, II, 62, II, 66 f., II, 70, II, 74), sowie eintragungswürdige Verträge, Rechtsgeschäfte und sonstige Tatsachen (I, 59 f., I, 104, I, 114, I, 116, II, 12-14, II, 50 f., II, 58 f., II, 64, II, 69, II, 71-73, II, 75-77). Hervorzuheben ist aus dieser Auflistung die für die Mindener Stadtgeschichte besonders relevante Aufzeichnung über das

365 I, 84 - I, 86; I, 88 - I, 93; I, 97- I, 101; I, 113 f.; I, 116; II, 72 f.; II, 75; II, 77.

366 Beide o.g. Editionen enthalten folgerichtig eine chronologische Inhaltsübersicht, vgl. Krieg, Stadtbuch 1318, S. 61 f., sowie Schroeder, Stadtrecht, S. 6-8, um dem Bearbeiter einen Zugriff zu erleichtern.

367 Krieg, Stadtbuch 1318, S. 9. Hierbei handelt es sich um die folgenden teilweise zwar nicht wortwörtlich, jedoch thematisch-inhaltlich relativ identischen zwölf Eintragungen: I, 118 zu I, 172; I, 119 zu I, 146; I, 120 zu I, 148; I, 132 zu I, 149; I, 137 zu I, 150; I, 138 zu I, 151; I, 139 zu I, 152; I, 140 zu I, 153; I, 154 zu II, 39; I, 156 zu II, 32; II, 1 zu II, 60; II, 21 zu II, 57.

368 Krieg, Stadtbuch 1318, S. 10. Ähnlich LASCH, Aus alten niederdeutschen Stadtbüchern, S. 148: „Die kleine Kanzlei zeigt sich nicht nur im starken Schreiberwechsel, im ungeschickten Satzbau, sondern auch in der geringen Tradition bei den älteren Schreibern."

Rechtsverhältnis zwischen Bischof und Stadt aus dem 14. Jahrhundert (I, 104). Gerichtsurteile finden sich unter den Eintragungen nicht.[369]

Bei den Rechtsaufzeichnungen dominieren Eintragungen, die im weiteren Sinne einen straf- und ordnungsrechtlichen[370] Inhalt haben (28 Stück) sowie Eintragungen mit im weiteren Sinne familien- und erbrechtlichem[371] Schwerpunkt (39 Stück). Dies verwundert nicht, wenn man sich vor Augen führt, wie wichtig Friedenswahrung und Wohlstandssicherung waren.

Im Stadtbuch von 1318 finden sich auch zahlreiche Rechtsaufzeichnungen Dortmunder Herkunft. Die Existenz Dortmunder Rechtsweisungen in einem Mindener Stadtbuch erklärt sich dadurch, dass Minden Mitglied der Dortmunder Stadtrechtsfamilie war und Rechtsrat von seiner Mutterstadt Dortmund erhielt. Hierüber wird im entsprechenden Kapitel noch ausführlich berichtet. Welchen Ursprung jede einzelne Rechtsaufzeichnung hat, d. h. welche Rechtsaufzeichnungen als Dortmunder Rechtsweisungen oder als originär Mindener Recht gewertet werden müssen, ist an manchen Stellen - anders als es bisher in der Literatur den Anschein macht - nicht eindeutig bestimmbar. Allein eine aufeinanderfolgende Niederschrift kann an dieser Stelle nicht als Beleg ausreichen, ist doch die fehlende Systematik und die inhaltliche Unordnung im Stadtbuch von 1318 häufig genug thematisiert worden.

SCHROEDER weist von den 267 Eintragungen des Stadtbuches 69 Eintragungen als Dortmunder Rechtsweisungen aus,[372] nach KRIEG wären es 71,[373]

---

369 Darauf wies bereits Rehme (ZRG, GA, Band 52 (1932), S. 419) hin, wohingegen Lasch, Stadtbuch 1318, S. 177, aus ungeklärter Ursache - vielleicht einem zu weit gefassten oder nicht fachsprachlich zu interpretierendem Begriffsverständnis - behauptet, einen Großteil des Stadtbuches würden „Statuten und Urteile" einnehmen.

370 I, 104; I, 119; I, 129; I, 136; I, 140-142; I, 146; I, 153 f.; I, 156; I, 159; I, 169; I, 171; I, 177 f.; I, 183; II, 5; II, 11; II, 18; II, 22; II, 27; II, 29 f.; II, 32; II, 38 f.; II, 62. Bei den strafrechtlichen Eintragungen hervorzuheben ist die mittelalterliche „Dispositionsmaxime" in I, 142 [etwa 1360], Schroeder, Stadtrecht, S. 39, an dessen Ende es heißt: „*[...] War ouer nyn cleghere en is, dar ene is nyn rychte.*" Im interessanten Gegensatz dazu steht allerdings die leider unvollständig überlieferte Eintragung in I, 125 [ebenfalls etwa 1360], Schroeder, Stadtrecht, S. 35 f., in der es heißt: „*[...] wolde de | cleghere sine claghe nicht volghen, de ... rad is mechtich, den cleghere dartho tho holdene, dat he de sake vulende vor deme ... rade na rechte.*"

371 I, 104; I, 106-110; I, 118; I, 121; I, 128; I, 132; I, 135; I, 137; I, 139; I, 147; I, 149 f.; I, 152; I, 163 f.; I, 170; I, 172; I, 176; II, 19 f.; II, 23 f.; II, 26; II, 31; II, 33 f.; II, 36 f.; II, 41; II, 43; II, 46; II, 48 f.; II, 5; II, 70.

372 Schroeder, Stadtrecht, S. 7 (I, 117-157 sowie I, 159-180) und I, 107-111.

373 Krieg, Stadtbuch 1318, S. 61 f. (I, 107-111, I, 117-180 und II, 11).

nach SEELBACH 75 Eintragungen.[374] Zunächst hilft es hier, einen Abgleich mit den dank FRENSDORFF[375] überlieferten Dortmunder Urkunden vorzunehmen. Es finden sich folgende 20 Übereinstimmungen:[376]

Mindener Stadtbuch von 1318	**Frensdorffs Dortmunder Quellensammlung**
I, 102	IV (Urtheilsbuch), Nr. 59 (S. 123)
I, 103	IV (Urtheilsbuch), Nr. 60 (S. 123)
I, 107	IV (Urtheilsbuch), Nr. 89 (S. 130)
I, 108	IV (Urtheilsbuch), Nr. 91 (S. 131)
I, 109	IV (Urtheilsbuch), Nr. 92 (S. 131)
I, 110	IV (Urtheilsbuch), Nr. 93 (S. 131)
I, 111	IV (Urtheilsbuch), Nr. 97 (S. 131f.)
I, 130	III (Stadtbuch), Nr. 55 (S. 81)
I, 132	V (Jüngste Statutensammlung), Nr. 44, 7 (S.180) [nur sinngemäß identisch, aber gänzlich andere Formulierung]
I, 145	IV (Urtheilsbuch), Nr. 19 (S. 113)

374 Seelbach, Ulrich: Katalog der deutschsprachigen mittelalterlichen Handschriften der Universitätsbibliothek Gießen, Stand: 30.08.2007, Eintrag zu „Hs 1055: Stadtbuch von Minden (1318 bis 1555)“, abrufbar unter: http://geb.uni-giessen.de/geb/volltexte/2007/4997/ (Stand: 15.11.2023), nennt I, 102 f., I, 107-111, I, 117-180, sowie II, 52-54.

375 Frensdorff, Ferdinand: Dortmunder Statuten und Urtheile. Hansische Geschichtsquellen, Halle a.S. 1882; inzwischen auch zugänglich über die Digitale Sammlung der Landes- und Universitätsbibliothek Münster unter https://sammlungen.ulb.uni-muenster.de.

376 Die Tabelle beruht auf den Vorarbeiten durch SCHROEDER und LASCH, Stadtbuch 1318, S. 178. Es handelt sich jedoch nicht um eine reine Zusammenstellung, sondern es wurden Einträge ergänzt oder vermeintliche Funde, die sich als nicht haltbar erwiesen, ausgelassen. Borchling, S. 141, muss das Quellenmaterial aus Minden und Dortmund nicht wirklich vollständig überblickt haben, kommt er doch zu der falschen Schlussfolgerung, dass von den zahlreichen Dortmunder Rechtssätzen, die das Mindener Stadtbuch von 1318 enthält, „höchstens 4-5 bei Frensdorff“ wiederkehren.

Mindener Stadtbuch von 1318	**Frensdorffs Dortmunder Quellensammlung**
I, 159	IV (Urtheilsbuch), Nr. 155 (S. 146) [Mindener Eintrag enthält Ergänzung]
I, 163	IV (Urtheilsbuch), Nr. 143 (S. 142)
I, 164	IV (Urtheilsbuch), Nr. 159 (S. 146 f.)
I, 165	IV (Urtheilsbuch), Nr. 45 (S. 120)
I, 166	IV (Urtheilsbuch), Nr. 46 (S. 120)
I, 169	IV (Urtheilsbuch), Nr. 112 (S. 135) [Mindener Eintrag enthält Ergänzung]
I, 170	IV (Urtheilsbuch), Nr. 29 (S. 115)
I, 174	III (Stadtbuch), Nr. 94 (S. 91)
II, 11	IV (Urtheilsbuch), Nr. 68 (S. 125)
II, 52	IV (Urtheilsbuch), Nr. 70 (S. 126)

Für die Eintragungen I, 107- I, 111 ist die Dortmunder Herkunft auch deswegen unzweifelhaft, weil die ursprüngliche Schreiberhand dies selbst dazu notiert hat (*„Van Dortmunde“*) und den Mindenern eine Ansprache zuteil wird (*„Guden vrende“*, vgl. I, 107 und I, 111).

Ein weiterer Komplex beginnt bei I, 117 mit den Worten *„Dit sint de recht, de de van Dortmunde hebbet ghescreuen …“*. Die folgenden Eintragungen weisen aber nur bis zur Eintragung I, 136 dieselbe Handschrift auf. Es ließe sich für eine Dortmunder Herkunft argumentieren, dass die darauf folgenden Eintragungen die aufreihenden Einleitungsformulierungen (*„Vortmer en recht ist“* (I, 137) / *„Ouer en recht is“* (I, 138) / *„En ander recht is“* (I, 139) / …) beibehalten. Diese und ähnliche Formulierungen sind jedoch im Stadtbuch von 1318 häufig,[377] und finden sich auch an Eintragungen, die nicht der Dortmunder Feder zuzuschreiben sind.[378]

Aufgrund des Abgleichs mit den Dortmunder Quellen sind dann I, 145, I, 159 und I, 163-I, 166 als Dortmunder Rechtsweisungen identifizierbar. Am Anschluss daran als gesichert für eine Dortmunder Herkunft können gelten I, 169-I,

377 Zu gängigen Formulierungen siehe unten.
378 I, 105 und I, 106.

179, weil hierüber von gleicher Schreiberhand „Dorpmunde“ notiert wurde. Für I, 180 ergibt sich die Dortmunder Herkunft wieder aus der Anrede („*Guden frunde*“). Wiederum aufgrund des Abgleichs mit den Dortmunder Quellen sind abschließend II, 11 sowie II, 52 als Dortmunder Rechtsweisungen identifizierbar. Damit ergibt sich insgesamt eine Anzahl von 65 Dortmunder Rechtssätzen.

Die bereits thematisierte wiederholte Niederschrift von Rechtssätzen im Stadtbuch hat sich aber auch auf die Anzahl der Eintragungen Dortmunder Rechtsweisungen ausgewirkt, sodass jedenfalls vier Dortmunder Rechtsweisungen doppelt niedergeschrieben wurden.[379] Insgesamt können demnach 61 Rechtssätze gesichert als Dortmunder Rechtsweisungen gelten.

Sprachlich auffällig im Stadtbuch von 1318 sind die Aufzählungs-, Bekräftigungs- und Paarformeln. Das Stadtbuch kennt insbesondere die die einzelnen Eintragungen aufzählenden bzw. aneinanderreihenden Wörter „*Vortmer*“[380], „*Ock*“[381] und „*Item*“[382]. Als einleitende Formulierung wird häufig verwendet: „*Eyn recht is (in vser stad)*“/ „*hebbe wi vor en recht*“[383]. Bekräftigend wird vielfach am Satzende „*alze recht is/were*“[384] verwendet.

Das Stadtbuch von 1318 liefert auch einige rechtssprachliche Paarformeln. Paarformeln sind ein in der mittelalterlichen Rechtssprache verbreitetes Phänomen.[385] Es handelt sich dabei um die Verbindung zweier Worte gleicher grammatischer Kategorie (Paar-), wobei dieses Wortpaar wiederum als technisches Mittel der Rechtssprache verwendet wurde (-formel).[386] Das Mindener

379 I, 118 zu I, 172; I, 119 zu I, 146; I, 120 zu I, 148; I, 132 zu I, 149.

380 I, 3-29; I, 34 f.; I, 38-40; I, 46 f.; I, 57-69; I, 71-75; I, 77-82; I, 95, I, 103; I, 104 [7.] + [12.]; I, 105 f.; I, 109 f.; I, 119-137; I, 141-146; I, 166; II, 6-9; II, 24; II, 35; II, 37; II, 40-49; II, 62.

381 I, 176; I, 181; II, 10; II, 14; II, 22; II, 36; II, 38 f.; II, 57; II, 59; II, 61; II, 70; II, 74.

382 I, 85 f.; I, 88-91; I, 93; I, 97 f.; I, 101; I, 113; I, 147-157; I, 159-162; I, 167-172; II, 14; II, 26 f.; II, 71; II, 73; II, 77.

383 I, 102; I, 105-108; I, 111; I, 118-121; I, 124-128; I, 130-135; I, 137-153; I, 156 f.; I, 159-165; I, 168-175; I, 177-179; II, 8; II, 11; II, 17; II, 35 f.; II, 38-40; II, 45; II, 52; II, 70.

384 I, 104; I, 107; I, 119; I, 131; I, 134; I, 146; I, 160; I, 167; I, 170 f.; I, 174 f.; I, 180; II, 27 f.; II, 33 f.; II, 47; II, 54.

385 Hierauf wies zuerst Jacob Grimm, Deutsche Rechtsaltertümer. Erster Band. Nachdruck der 4. Auflage Leipzig 1899, Darmstadt 1989 hin, vgl. Dilcher, Paarformeln in der Rechtssprache des frühen Mittelalters, S. 14. Eine aktuelle Arbeit zum Thema: Thielert, Frauke: Paarformeln in mittelalterlichen Rechtstexten, Dissertation Bochum 2015, Frankfurt a.M. 2016.

386 Dilcher, Paarformeln in der Rechtssprache des frühen Mittelalters, S. 18 f.

Stadtbuch kennt beispielsweise: *„mit gulden eder mit rechte“*[387], *„in minne eder in rechte/ mit minne eder mit rechte“*[388], *„echte vnde recht“*[389] sowie *„ gevunden vnde gevillekoret“*[390]. Für all diese Begriffe gilt, dass sie in verschiedenen Schreibweisen verwendet werden. Weil es sich hier jedoch nicht um eine sprachwissenschaftliche Arbeit handelt, kann auf eine weitere Differenzierung verzichtet werden.

Der Stadtsyndicus Johann Averberg hat die Handschrift nicht nur gegliedert (s.o.), sondern muss sich auch mit ihr als Grundlage für die von ihm verfasste Stadtrechtsreformation aus dem Jahre 1613 intensiv auseinandergesetzt haben.[391] KRIEG geht so weit, davon zu sprechen, das Stadtbuch von 1318 habe „zweifellos den Grundstock“ für die Stadtrechtsreformation gebildet.[392] Einerseits kommt in dem Stadtbuch von 1318 in 25 Fällen die später von Averberg hinzugefügte Notiz „non Extractum“ vor.[393] Die Notiz liegt in unterschiedlichen Abkürzungsformen („non ex“ und „non extract“) und teilweise per Klammer auf mehrere Einträge bezogen vor. Andererseits enthält die Stadtrechtsreformation von 1613 in der Tat mehrere jedenfalls sinnbewahrende Textübernahmen aus dem Stadtbuch von 1318; hierauf wird ausführlich im Rahmen der Analyse der Stadtrechtsreformation zurückzukommen sein.

III. Verlust der Amtsbuchqualität

REHME hat der „Möglichkeit Raum geben“ wollen, dass das Stadtbuch von 1318 seit Mitte des 14. Jahrhunderts als behördliches Amtsbuch überhaupt nicht mehr benutzt wurde und die Eintragungen stattdessen von Stadtschreibern, Ratmannen oder Stadtsyndici zum eigenen Gebrauch gemacht worden sind.[394] Für diese „Möglichkeit“[395] führt er den geringen Umfang von 43 Blatt bei Eintragungen aus drei Jahrhunderten sowie die durch Averberg erfolgten Einteilungen und

---

387 I, 103; I, 111; I, 139 f.; I, 144; I, 152 f.; II, 11.

388 I, 104; II, 5.

389 II, 23 f.

390 I, 115.

391 Schroeder, Stadtrecht, S. 5.

392 Krieg, Mindener Rechtsbücher, S. 86.

393 I, 167; I, 168; I, 169; I, 171; II, 6; II, 8; II, 9; II, 10; II, 12; II, 21; II, 22; II, 25; II, 28; II, 34; II, 35; II, 39; II, 42; II, 47; II, 51; II, 53; II, 54; II, 55; II, 56; II, 57; II, 62.

394 Rehme, Rezension zu „Das Mindener Stadtbuch von 1318, bearbeitet von Dr. Martin Krieg“, in ZRG, GA, Band 52 (1932), S. 420 f.

395 Rehme „will nicht behaupten, ja nicht einmal vermuten“, vgl. S. 421.

Vermerke an. Die Formulierungen „*an dit bock*“ (I, 117), „*an vses stades bock*“ (II, 5), „*in vnssir stad bock*“ (II, 15) und „*to vser stades boc*“ (II, 74) könnten nach seiner Auslegung die Handschrift selbst meinen und sie damit als echtes Stadtbuch ausweisen oder aber sich auf ein anderes, nicht überliefertes Stadtbuch beziehen und selbst nur kopierende Abschriften sein.

Der Verlust der Amtsbuchqualität lässt sich nicht belegen, ebenso wenig gänzlich ausschließen. Entscheidend für die rechtliche Auswertung des Stadtbuches von 1318 bleibt, dass es sich nicht um rein private Notizen beliebigen Inhalts handelt, sondern um die Wiedergabe von Rechtssätzen und Rechtstatsachen, die für Minden relevant waren.

B. Mindener Stadtbuch von 1376

Das zweitälteste überlieferte Mindener Stadtbuch ist das sogenannte Mindener Stadtbuch von 1376.[396] Die erste Eintragung im Stadtbuch stammt vermutlich aus dem Jahr 1376,[397] die letzte Eintragung erfolgte im Jahr 1447; Aufzeichnungen auf einem ergänzenden Blatt stammen von 1570 bis 1573. Die Handschrift war zunächst vor allem dazu gedacht, die neu in die Stadt aufgenommenen Bürger und ihre Bürgen niederzuschreiben.[398] Derartige Eintragungen machen dann auch einen Großteil der Handschrift aus,[399] enthalten sind jedoch noch einige wenige andere Eintragungen rechtlichen Charakters: größtenteils unleserliche Aufzeichnungen erb- und familienrechtlichen Inhalts (S. 1), listenmäßige Eintragungen zu Schadensersatzleistungen (S. 2a), ein teilweise unleserlicher Eintrag zu einer Urfehde (S. 2a), listenmäßige Eintragungen zur Leistung von Brauberechtigten (S. 2b) und zu Grundzinsverpflichtungen (S. 3). Die Handschrift birgt folglich reiches Material für namens- und personenkundliche Untersuchungen; auch im Hinblick auf Geldwert und Zahlungshöhen ist sie sicherlich von Interesse. Aufgrund der Unleserlichkeit eines Großteils der

---

396 Landesarchiv NRW, Abteilung Westfalen, Münster (vormals Staatsarchiv Münster), Signatur Ms VII, 2901. Im (Online-)Findbuch W 005 ist sie gelistet als „Register der in Bürgerschaft der Stadt Minden aufgenommenen Personen“ mit dem Zeitraum „um 1380 -1573“. Eine Digitalisat ist vorhanden. Eine Beschreibung und Edition der 9 Pergamentblätter findet sich bei Schroeder, Stadtrecht, S. 79-111. Siehe auch Schroeder, Johann Karl von: Das Mindener Stadtbuch von 1376, in: Zwischen Dom und Rathaus, hrsg. von Hans Nordsiek, Minden 1977, S. 169-180.

397 Zum Datierungsproblem siehe Schulte, Macht auf Zeit, S. 30-35.

398 Schulte, Macht auf Zeit, S. 30.

399 Schulte, Macht auf Zeit, S. 31; Schroeder, Stadtrecht, S. 80.

überlieferten rechtsrelevanten Teile vor allem mit erb- und familienrechtlichem Inhalt, stellt die Handschrift jedoch bedauerlicherweise kein geeignetes Material dar, um sie mit anderen Rechtsaufzeichnungen früherer oder älterer Stadtbücher zu vergleichen.

C. Mindener Stadtbuch von 1527

Des Weiteren lässt sich die Existenz eines Mindener Stadtbuchs von 1527 nachweisen. Das Stadtbuch ist nicht in seiner Gesamtheit überliefert, sondern von diesem Stadtbuch haben sich nur einzelne Auszüge in Reichskammergerichtsakten[400] erhalten.[401] Die betreffenden zwei Akten befinden sich im Landesarchiv NRW, Abteilung Westfalen, Münster (vormals Staatsarchiv Münster).[402]

LAV NRW W, Reichskammergericht M Nr. 1176, beinhaltet die Verfahrensakten zu einem Verfahren der Stadt Minden gegen die bischöfliche Regierung

400 Zum Reichskammergericht siehe Nordsiek, Reichsacht und Kaiserprivileg, S. 39-42.

401 Schroeder, Stadtrecht, S. 113-116, scheint sie als Erster erkannt und editiert zu haben.

402 Sie tragen die Signaturen „LAV NRW W, Reichskammergericht M Nr. 1176" und „LAV NRW W, Reichskammergericht M Nr. 1186". Die erstgenannte Gerichtsakte ist digitalisert, aber nicht online einsehbar, sondern ausschließlich über den LAV-Viewer im Lesesaal des Archivs. Im (Online-)Findbuch F 001 „Reichskammergericht - Akten" sind die Verfahrensakten zur Signatur „Reichskammergericht M Nr. 1176" unter dem Jahre 1623 gelistet mit dem Hinweis: „Bgm. und Rat zu Minden, Kl. gegen 1. Joh. Steven, Amtmann zu Hausberge; 2. Fürstl. Räte zu Petershagen, Bekl. Feststellung, daß Kl. auf Grund des Lübbecker Rezesses von 1573 nicht verpflichtet seien, den auf der Wesermühle wegen Diebstahls arrestierten Soldaten Ernst Holle aus Bremen an den Amtmann in Hausberge auszuliefern. RKG 1623. Altsignatur: 3002. [Anmerkung: Hierbei handelt es sich um einen Verweis auf das Wetzlarer Generalrepertorium.] Aktenzeichen: 3651. [Anmerkung: Hierbei handelt es sich um die laufende Nummer des gedruckten Inventars.] Darin: Zeugenliste; Auszüge aus dem alten Stadtbuch (1326) und dem 1527 angelegten Stadtbuch (1560 ff.)". Die zweite Akte ist (wohl versehentlich) nicht digitalisiert und daher ausnahmsweise im Original im Lesesaal zu sichten. Die digitalisierten Akten reichen bis M 1185 und gehen ohne erklärlichen Grund für die Auslassung dann bei M 1188 weiter. Eigentlich gibt das LAV NRW W an, alle Reichskammergerichtsakten digitalisiert zu haben. Im (Online-)Findbuch F 001 „Reichskammergericht - Akten" sind die Verfahrensakten zur Signatur „Reichskammergericht M Nr. 1186" unter dem Jahre 1640 gelistet mit dem Hinweis: „Bgm. und Rat zu Minden, Bekl. gegen Meister und Alterleute des Höckeramtes zu Minden, Kl. Verletzung des Privilegs zum alleinigen Verkauf von Lebensmitteln. 1. Regierung Minden 1618. 2. RKG 1640. Altsignatur: 3014. Aktenzeichen: 3661. Darin: Vorgänge ab 1512 und Zeugenverhör".

zu Petershagen betreffend die Auslieferung eines Diebes.[403] Einer Replik[404] der Stadt Minden aus dem Jahr 1616 sind als Anlage B fünf Stadtbuchauszüge beigefügt.[405] Die fünf Auszüge stammen aus den Jahren 1535 sowie 1560-1562. Die Überschrift lautet: „*Extract des Stadtbuches oder Protocolls, in anno 1527 angefangen*".[406] Als Anlage A[407] findet sich bei dieser Replik zudem eine Abschrift aus dem Stadtbuch von 1318.[408] Es handelt sich dabei um einen Teil der Eintragung I, 61.

LAV NRW W, Reichskammergericht M Nr. 1186, beinhaltet die Verfahrensakten zu einem Verfahren des Hökeramtes zu Minden gegen die Stadt Minden betreffend das Privileg zum Lebensmittelverkauf. In einem Schriftsatz an die Regierung zu Petershagen (als Vorinstanz) wurden 1639 zwei Stadtbuchauszüge in Abschrift eingereicht.[409] Die wiedergegebenen Stadtbucheinträge stammen aus den Jahren 1545 und 1547. SCHROEDER hält es für „höchstwahrscheinlich", dass auch diese Auszüge dem Stadtbuch von 1527 entnommen wurden.[410] Einerseits kann zwar die Existenz mehrerer zeitgleicher Stadtbücher nicht ausgeschlossen werden (und ist für Minden für die zweite Hälfte des 14. Jahrhunderts durch die Stadtbücher von 1318 und 1376 auch bereits belegt), sodass die Auszüge von 1545 und 1547 auch einem anderen Stadtbuch entnommen sein könnten, andererseits aber liegen die Auszüge von 1545 und 1547 zeitlich zwischen den aus dem Stadtbuch von 1527 mitgeteilten Auszügen von 1535 sowie 1560 bis 1562, was einen Zusammenhang wahrscheinlich macht.

Inhaltlich liefern die in den Reichskammergerichtsakten mitgeteilten Auszüge Hinweise auf die Rechtssituation an der Weser, der Wesermühlen und des Hökeramtes. Die Fragmente genügen jedoch nicht für die weitere Rekonstruktion des Stadtbuches und damit als Grundlage für einen Rechtsvergleich.

---

403 Umfang: 196 Digitalisatseiten.

404 In der Replik lautet der Verweis auf die entsprechende Anlage: „So ist auch mit des Radts zu Minden Stadtbücheren und Protocolen in Archivo, cuius extractum videre licet sub litera B, zu beweisen, daß…", LAV NRW W, RKG M 1176, Blatt 84 (Digitalisatseite 93).

405 LAV NRW W, RKG M 1176, Blatt 123-126 (Digitalisatseite 131-134).

406 LAV NRW W, RKG M 1176, Blatt 123 (Digitalisatseite 131).

407 Schroeder, Stadtrecht, nennt sie auf S.113 fälschlicherweise Anlage „B", auf S. 19 Fn. 65 richtigerweise Anlage „A".

408 LAV NRW W, RKG M 1176, Blatt 121 f. (Digitalisatseite 129 f.).

409 LAV NRW W, RKG M 1176, Blatt 55 f.

410 Schroeder, Stadtrecht, S. 113.

D. Existenz weiterer Stadtbücher

Betrachtet man die Mindener Rechtsgeschichte des 14. bis 16. Jahrhunderts, so ist es interessant, trotz der bisher bekannten Stadtbücher von 1318, 1376 und 1527 dennoch kurz der Frage nachzugehen, ob es neben diesen Stadtbüchern noch weitere Stadtbücher gegeben hat. Für das 14. Jahrhundert ist im Stadtbuch von 1318 auffällig, dass die Eintragungen zu den Auflassungen im Jahre 1362 abbrechen,[411] und derartige Auflassungen auch im Stadtbuch von 1376 nicht wieder aufgenommen werden. REHME konstatiert, er „möchte für sicher halten, daß man Mitte des 14. Jahrhunderts in Minden nicht aufgehört hat, die Auflassungen amtlich zu buchen. Offenbar ist für diese damals ein neues Buch, das verschollen ist, eingerichtet worden."[412] KRIEG hat neben dem Aspekt der Auflassungseintragungen fünf weitere Argumente aufgeführt, die für die Existenz weiterer Stadtbücher sprechen.[413] Er hat die Handschrift von 1376 zwar gekannt, aber eben nicht als Stadtbuch erkannt,[414] sodass seine Argumente in der Existenz dieser Handschrift in Teilen schon eine Antwort finden. Seine Gedanken sind aber auch für die Existenz weiterer Stadtbücher interessant, sodass sie hier wiedergegeben werden.

Zunächst zieht KRIEG als Indiz ein Mandat Kaiser Karls IV. gegen die Stadt Minden vom 19.11.1377 heran. In diesem Mandat wird der Stadt Minden unter anderem vorgehalten, sie habe *„diversas constitutiones et ordinationes*

411 Krieg, Mindener Rechtsbücher, S. 88.

412 Rehme, Paul: Rezension zu „Das Mindener Stadtbuch von 1318, bearbeitet von Dr. Martin Krieg", in ZRG, GA, Band 52 (1932), S. 420.

413 Krieg, Mindener Rechtsbücher, S. 88 f.

414 Dies kann als gesichert gelten, weil er am 27.04.1938 auf einer Veranstaltung des Geschichtsvereins einen diesbezüglichen Vortrag gehalten hat, siehe Schroeder, Stadtbuch 1376, S. 169; Keber, Letzte Winterveranstaltung des Geschichtsvereins, in: Mindener Heimatblätter, Jahrgang 16 (1938), Nr. 5, S. 3 (nicht S. 4, wie Schroeder angibt). Dass Krieg das Stadtbuch nicht als solches erkannt hat, lässt sich aber möglicherweise damit erklären, dass er sich in seinem Vortrag auf eine namenkundliche Untersuchung beschränkt und er die Handschrift ausschließlich als Bürgerrolle gesehen hat; ebenso wie Schröder, August: Westfälische Bürgerrechtsquellen. Bedeutung und Nachweis veröffentlichter und unveröffentlichter Bürgeraufnahmeverzeichnisse, in: Beiträge zur westfälischen Familienforschung, Band 17 (1959), S. 1-56, konkret: S. 12 und S. 34 f. spricht ausschließlich von einem „Register der zu Bürgern in der Stadt Minden Aufgenommenen". Er datiert im Übrigen die Handschrift fälschlicherweise auf 1379.

in libris civitatis conscriptas sine approbatione".[415] Der Plural „libris civitatis" lässt das Vorhandensein von mindestens zwei Büchern vermuten, deren Existenz ja heute bereits belegt ist. SCHROEDER äußert die Vermutung, die Beschwerde sei gerade durch die „im Vorjahre erfolgte Neuanlegung eines Stadtbuches ausgelöst" worden.[416] Das zweite Indiz ergibt sich ebenfalls aus einer überlieferten Urkunde. In einer Beschwerdeschrift des Mindener Bürgers und ehemaligen Ratsherrn Heinrich Meyne beklagt sich dieser am 02.01.1429 bei der Stadt Dortmund darüber, dass seitens der Stadt Minden ein in „des rades boeck" eingetragener Rentenkaufvertrag nicht eingehalten werde.[417] Das Stadtbuch von 1318 enthält eine solche Eintragung allerdings nicht.[418] Gleiches gilt für das Stadtbuch von 1376. Drittens führt KRIEG das „Prooemium Statutorum Mindensium" an, mit dem die Mindener Stadtrechtsreformation 1613 publiziert worden ist.[419] Hierin erwähnt der Rat ausdrücklich wiederum im Plural *„Urteilbücher, praejudiciis und Rechtsprüche"*. Viertens teilt KRIEG den Gedanken mit, die im Stadtbuch von 1318 vielfach vorkommende Notiz *„non extractum"* könnte sich nicht auf die Übernahme in die Stadtrechtsreformation von 1613 beziehen (wie er sonst annimmt), sondern darauf, dass bei einem Vergleich der vorhandenen Stadtbücher ein Rechtssatz nicht aus einem älteren in ein jüngeres Stadtbuch übernommen worden ist.[420] Als fünften Hinweis zieht KRIEG zwei Passagen aus den Ratsprotokollen des Jahres 1608 heran, wonach gleich zweimal die Aufforderung notiert wurde, Auflassungen seien in das Stadtbuch einzutragen.[421] Hieraus

---

415 Abdruck des gesamten Urkundentextes in Schroeder, Stadtrecht, S. 212 f., Nr. 70; Krieg, Stadtbuch 1318, S. 10. Freie Übers. der Verf.: „diverse Konstitutionen und Verordnungen ohne Erlaubnis in Stadtbüchern eingetragen".

416 Schroeder, Stadtrecht, S. 82.

417 KA Minden, Stadt Minden, A I, Nr. 271. Schroeder, Stadtrecht, S. 264, Nr. 125, enthält leider nicht den gesamten Urkundentext, sondern nur ein knappes Regest.

418 Krieg, Stadtbuch 1318, S. 11. Die Formulierung ist vorsichtig gestaltet, weil Krieg relativierend ergänzt, dass das ganze Schreiben den aus dem Rate ausgeschlossenen Kläger und seine Behauptungen in etwas zweifelhaftem Lichte erscheinen lässt. Siehe zur Beschwerdeschrift und ihren Umständen auch: Krieg, Martin: Streit um die Priggenhagenmühle vor 500 Jahren, in: Mindener Heimatblätter, Jahrgang 7 (1929), Nr. 21, S. 1 f.

419 Krieg, Stadtbuch 1318, S. 11.

420 Krieg, Mindener Rechtsbücher, S. 88.

421 Krieg, Mindener Rechtsbücher, S. 88 f. Krieg nennt konkret den 28.01.1608 sowie den 21.10.1608.

lässt sich einerseits schließen, dass es ein (nicht überliefertes) Stadtbuch mit Auflassungsverzeichnissen gegeben haben muss; andererseits werden aber auch Versäumnisse in der Stadtkanzlei deutlich.[422] Als ergänzendes Indiz für die Existenz weiterer Stadtbücher kann noch auf die Mindener Bruchrolle aus dem Jahre 1566 verwiesen werden. Dort wird konstatiert, dass Strafen für Köperverletzungsdelikte auch *up des rades boke verzeichnet* sind.[423] Eine entsprechende Eintragung findet sich im Stadtbuch von 1527 nicht, wobei dieses leider auch nur unvollständig überliefert ist. Es bleibt also offen, ob Körperverletzungsdelikte auch im Stadtbuch von 1527 geregelt waren oder ob zwischen 1527 und 1566 ein neues Stadtbuch Gültigkeit erlangte.

Zusammenfassend kann demnach gesagt werden, dass es noch weitere Mindener Stadtbücher gegeben haben muss, die jedoch entweder gar nicht überliefert oder jedenfalls bisher nicht bekannt sind. Es bleibt auf weitere Funde zu hoffen. Insbesondere in den Mindener Gerichtsakten und den Akten des Reichskammergerichts lassen sich weitere Auszüge vermuten, wie die Auszüge zum Stadtbuch von 1527 nahe legen.

---

422 Diese Umstände führt Krieg, Mindener Rechtsbücher, S. 89, weiter aus, indem er auf eine Protokolleintragung vom 25.07.1608 hinweist, derzufolge zwei ehemalige Stadtsekretäre nachdrücklich aufgefordert werden, das amtliche Schriftgut (*„protocolla, Akten und Handlunge“*) ins Rathaus zu bringen, nachdem sie es nach dem Ende ihrer Dienstzeit wohl in ihren privaten Wohnungen belassen hatten. Es wäre möglich, dass in diesem Zusammenhang auch das ein oder andere Stadtbuch als Verlust zu verbuchen ist. Krieg führt zu dem gesamten Vorgang jedenfalls treffend aus: „Ob die Herren der energischen Aufforderung des Rates nachgekommen sind, läßt sich bezweifeln. Aus der Zeit ihrer Amtsführung im 16. Jahrhundert sind keinerlei Ratsprotokolle oder Handlungsbücher überliefert.“

423 Art. 22 der Bruchrolle 1566 (Linnemeier, Städtische Obrigkeit als ordnungsstiftende Instanz, S. 245): „*Von vorwunden offt slaen. Ist vorboden, dat nemant dem andern blodich oder baluw slaën oder vorwunden schall bei peen zehen marck unschedtlich dem gesatz eines erbaren rades, hiebeuor uthgangen und up des rades boke verzeichnet [Statt dessen später: den bruchhern zu geben, des rades wilkurlicher straffe wegen solcher schlegerey entweder es officio oder uff clag des verwundeten dieselb zu furdern, vorbeheltlich.]*“

E. Stadtrechtssatzungen

Neben den zuvor beschriebenen Stadtbüchern sind einzelne Stadtrechtssatzungen aus den Jahren 1451,[424] 1464[425] und 1522[426] überliefert,[427] die sich in erster Linie als „materienübergreifende Sammlung von Einzelverordnungen“[428] charakterisieren lassen.

Die Stadtrechtssatzung von 1451 besteht aus zehn Rechtssätzen,[429] und die Stadtrechtssatzung von 1464 enthält fünf Rechtssätze.[430] Einen deutlich größeren Umfang hat die Satzung aus dem Jahr 1522. Bisher waren vier Rechtssätze bekannt.[431] Tatsächlich enthielt die Satzung aus dem Jahr 1522 aber 37 Einträge. Dies belegt ein Fund im Kommunalarchiv Minden, eine Abschrift von Hand des Stadtschreibers H. Costede Anfang des 17. Jahrhunderts.[432]

F. Rechtsbestätigungen

Von Beginn an war für die Stadt Minden die Bestätigung ihrer Rechte durch den Bischof von großer Bedeutung. Überliefert sind nahezu formelhafte Bestätigungen vom 01.04.1483 („*by oren priuilegien, rechticheyden, zede vnde wonheyt*

---

424 KA Minden, Stadt Minden, C, Nr. 1117 vom 28.06.1451 (in niederdeutscher Abschrift des 18. Jh.), vgl. auch Schroeder, Stadtrecht, S. 269 f., Nr. 134.

425 LAV NRW W, RKG M 1186, Blatt 91 f., vom 14.08.1464 (in niederdeutscher Abschrift des 17. Jh.), siehe auch Auszug in KA Minden, Stadt Minden, B, Nr. 747, vgl. Schroeder, Stadtrecht, S. 278 f., Nr. 143.

426 NRW W, RKG M 1186, Blatt 89 f., vom 28.07.1522 (in niederdeutscher Abschrift des 17. Jh.), vgl. auch Schroeder, Stadtrecht, S. 302 f., Nr. 171, sowie KA Minden, Stadt Minden, B 368, Blatt 4-6.

427 Des Weiteren lässt sich eine Stadtrechtssatzung vom 16.04.1421 nachweisen, deren Text leider nicht überliefert ist, vgl. Schroeder, Stadtrecht, S. 263, Nr. 121.

428 Pahl, Obrigkeit und Ordnungspolitik, S. 19.

429 Vgl. Nummerierung nach Schroeder, Stadtrecht, S. 269 f., Nr. 134.

430 Vgl. Nummerierung nach Schroeder, Stadtrecht, S. 278 f., Nr. 143.

431 Vgl. Schroeder, Stadtrecht, S. 302 f., Nr. 171.

432 KA Minden, Stadt Minden, B 368, Blatt 4-6: „*Statuta Reip. Mind. Anno 1522 inventa in [...] meis H. Costede*“. Ein Heinrich Costede lässt sich 1611, 1613 und 1615 als Stadtsekretär in Minden nachweisen (Nordsiek, Geschichte des Archivs, S. 33 für die Jahre 1611 und 1615; LAV NRW W, Ms VII, 2902b (Schlick Exemplar), Blatt 3 für die Jahre 1613, 1614, 1615). Seine Abschrift des Textes von 1522 könnte dementsprechend als Vorarbeit für die Stadtrechtsreformation getätigt worden sein.

laten"),[433] vom 24.03.1501 *(„Recht und Wonheit")*,[434] vom 11.05.1509 *(„by oren Privilegien, Rechticheiden Seden vnde Wonheidt laten")*[435], vom 20.09.1513 *(„olden priuilegien, herlicheiden, gewonthenn vnd herkomen")*[436], vom 02.08.1535 *(„by oren Privilegien, Gerechtigheiden, Seden unde Gewonheiten laten")*[437], vom 25.11.1556 *(„bey Ihren Privilegien, Gerechtigkeiten, Sitten und Gewohnheiten lassen")*[438], vom 01.10.1583 *(„bey ihren Privilegien, Gerechtigkeiten, Sitten und Gewohnheiten lassen")*,[439] sowie vom 11.02.1592 *(„daß Wir Ihnen dan ihre habende Privilegia, Recht und Gerechtigkeit, wie Sie dieselbe von Unserm lieben Vorfahren auch Bischoven des Stiffts Minden löblich erlanget hergebracht, ebener massen confirmiren und bestettigen wollten")*[440]. Die Bestätigung von Rechten und Gewohnheiten darf jedoch nicht darüber hinwegtäuschen, dass die Gerichtshoheit über Jahrhunderte hinweg zwischen dem Bischof und der Stadt umstritten war, wie im weiteren Verlauf noch thematisiert wird.

§ 4 Sonstiges Quellenmaterial

A. Mindener Vorstädte

Neben den Stadtbüchern muss bei der Frage nach den Quellen zur Mindener Stadtrechtsgeschichte und damit den Vorläufern der Mindener Stadtrechtsreformation das Recht der Mindener Vorstädte eine Sonderstellung einnehmen.

---

433 KA Minden, Stadt Minden, A I, Nr. 417 (Ausfertigung); Culemann, Sammlung derer Vornehmsten Landes-Verträge, Nr. 5, S. 20-22, konkret S. 21; Schroeder, Stadtrecht, S. 284 f., Nr. 151.

434 KA Minden, Stadt Minden, A I, Nr. 433 (Ausfertigung); Culemann, Sammlung derer Vornehmsten Landes-Verträge, Nr. 6, S. 22-23, konkret S. 23; Schroeder, Stadtrecht, S. 289, Nr. 162 (Regest).

435 KA Minden, Stadt Minden, A I, Nr. 447 (Ausfertigung); Culemann, Sammlung derer Vornehmsten Landes-Verträge, Nr. 7, S. 24 f., konkret S. 24; Schroeder, Stadtrecht, S. 298, Nr. 165 (Regest).

436 KA Minden, Stadt Minden, A I, Nr. 459 (Ausfertigung); Culemann, Sammlung derer Vornehmsten Landes-Verträge, Nr. 8, S. 25 f., konkret S. 25; Schroeder, Stadtrecht, S. 298 f., Nr. 167.

437 KA Minden, Stadt Minden, A I, Nr. 534 (Ausfertigung); Culemann, Sammlung derer Vornehmsten Landes-Verträge, Nr. 10, S. 31; Schroeder, Stadtrecht, S. 317, Nr. 177 (Regest).

438 Culemann, Sammlung derer Vornehmsten Landes-Verträge, Nr. 14, S. 52.

439 Culemann, Sammlung derer Vornehmsten Landes-Verträge, Nr. 24, S. 158.

440 Culemann, Sammlung derer Vornehmsten Landes-Verträge, Nr. 25, S. 159-161, konkret: S. 159.

Es handelt sich hierbei um die Simeons- und Marienvorstädte sowie die Fischerstadt.[441]

GENGLER hat zum Verhältnis der Vorstadt zur Prinzipalstadt festgestellt: „Es beruhte nun die Verfassung der Vorstädte ursprünglich durchaus auf selbstständigen Fundamenten […]. Diese Selbstständigkeit der Verfassung verringerte sich jedoch allmälig in demselben Masse, als die Vorstadt-Gemeinden anfingen, sich den principalstädtischen anzunähern und mit denselben zu verbinden, indem daraus nothwendig eine mehr und mehr um sich greifende Abhängigkeit vom Rathsregimente der letzteren hervorgehen musste."[442] GENGLER verweist dabei auf jurisdiktionelle, güterrechtliche, gesamt-bürgerrechtliche und örtliche Kriterien.[443]

Für rechtshistorische Arbeiten von besonderer Bedeutung ist das sogenannte Fischerstadt Gerechtigkeit Buch von 1564. Es ist überliefert in einer Abschrift von 1647 mit Nachträgen bis ins Jahr 1769.[444] Es geht aber wohl auf eine noch ältere Version aus der Zeit um 1535 zurück, wie die umfangreiche älteste Satzung der Fischer nahelegt.[445] Eine ausführliche Beschreibung der Handschrift findet sich bei SCHROEDER[446] sowie bei WÄHLER.[447] SCHROEDER hat zudem eine auszugsweise Edition geliefert,[448] WÄHLER eine auszugsweise Abschrift mit Glossar.[449]

Die Handschrift enthält neben Bürgermeister-, Ratsherren- und Bürgereidlisten, auch Ratsprotokolle, eine Wrogeordnung, sowie vor allem Rechtstexte verschiedenen Charakters mit Fischereibestimmungen aus über zwei Jahrhunderten und eine durch die Stadt Minden für die Fischerstadt erlassene Wahlordnung nebst Eidesformeln. Besonders hervorzuheben ist, dass sich im Fischerstädter Stadtbuch auch Rechtssätze des Mindener Rechts befinden, die für das Fischerstädter Stadtbuch aus älteren Urkunden abgeschrieben wurden: *„Düsse nahebeschreven articul und puncte sint dorch borgemester und rhatmanne und alle de jenne vor Minden raden tho behoef des gemeinen angenommen"*.[450]

---

441 Schroeder, Chronik des Bistums und der Stadt Minden, S. 211.

442 Gengler, Deutsche Stadtrechts-Alterthümer, S. 76.

443 Gengler, Deutsche Stadtrechts-Alterthümer, S. 76-78.

444 LAV NRW W, Ms VII, 2904b; Digitalisat online einsehbar. Eine Kopie der Handschrift befindet sich im Kommunalarchiv Minden, KA Minden, X 163.

445 Schroeder, Stadtrecht, S. 118.

446 Schroeder, Stadtrecht, S. 117-120.

447 Wähler, Fischerstadt, S. 3-6.

448 Schroeder, Stadtrecht, S. 121-144.

449 Wähler, Fischerstadt, S. 109-150.

450 Schroeder, Stadtrecht, S. 121 f.

KRIEG nennt das Fischerstadt Gerechtigkeit Buch folgerichtig das „Grundgesetz für das rechtliche Eigenleben, das die Fischerstadt von Minden im Rahmen der gesamtstädtischen Verfassung geführt hat“[451] und damit einen „wichtigen Bestandteil des alten Mindener Stadtrechts.“[452]

Diese Ausführung bedarf weiterer Erklärung. Die Fischerstädter hatten im 15. Jahrhundert ein eigenes Banner und ein eigenes Siegel.[453] NORDSIEK zufolge lässt sich eine selbstverwaltende Gebietskörperschaft auch 1472 erstmalig belegen.[454] Der Chronist TRIBBE führt zudem aus, die Fischerstadt (suburbium piscatorum) habe nicht nur eine Befestigung, sondern auch *„proprium consulatum et proconsulem“* gehabt,[455] und sei in dem Mindener Stadtgremium der Vierzig mit *„proconsul und camerarius“* vertreten gewesen.[456] KRIEG hält die verwendeten Amtsbezeichnungen[457] jedoch für irreführend, denn die Vorstädte waren nicht völlig autark, sondern mindestens schon im 14. Jahrhundert in die Stadt Minden einbezogen.[458] Die Zusammengehörigkeit wird insbesondere daran deutlich, dass ein Mindener Bürger zugleich Bürger der Fischerstadt, ein Bürger der Fischerstadt zugleich Bürger Mindens war: *„Die Burgschaft zu gewinnen, was die in der Stadt gibt, das gibt sie auch uf der Fisch Stadt, und wer sie uf der Fischer Stadt bey den Herren gewinnet, der hat sie in der Stadt auch, und*

---

451 Krieg, Fischerstadt Gerechtigkeit Buch, Mindener Heimatblätter, Jahrgang 23 (1951), S. 69-71, konkret S. 69.

452 Krieg, Martin: Alte Fischerstadt, in: Mindener Heimatblätter, Jahrgang 24 (1952), Nr. 1/2, S. 1- 5, konkret S. 4.

453 Krieg, Martin: Alte Fischerstadt, in: Mindener Heimatblätter, Jahrgang 24 (1952), Nr. 1/2, S. 1- 6, konkret S. 3.

454 Nordsiek, Marianne: Brühl und Fischerstadt. Untersuchungen zur mittelalterlichen Siedlungsgeschichte der Stadt Minden, in: Vom Heerlager zur Hansestadt. Untersuchungen zur Mindener Geschichte 798-1648, hrsg. von Hans Nordsiek, Minden 1998, S. 149-184; konkret S. 169.

455 Löffler, Tribbe, S. 13; Krieg, Tribbe, Mindener Heimatblätter, Jahrgang 17 (1939), Nr. 4, S. 1.

456 Löffler, Tribbe, S. 121; Krieg, Tribbe, Mindener Heimatblätter, Jahrgang 13 (1935), Nr. 12, S. 1.Gleiches gilt für die Marien- und Simeonsvorstadt, die wohl beide aus Hofverbänden hervorgegangen sind, über deren rechtliche Ausgestaltung im Übrigen jedoch Unklarheit herrscht, vgl. Krieg, Stadtbuch 1318, S. 57 f.

457 Die Amtsbezeichnungen lassen sich am ehesten übersetzen mit „Stadtrat, Bürgermeister und Kämmerer“.

458 Krieg, Stadtbuch 1318, S. 56 m. w. N., jedenfalls nach 1383 durch die Stadtmauer.

wer sie bey den Hern in der Stadt gewinnet, der hat sie auch uf der Fischer Stadt, und mugen wohnen, wor sie wollen, nach alten Gebrauch.“[459]

Die Besonderheit der Fischerstadt liegt darin, dass sie sowohl einen eigenen fünfköpfigen Rat hatte, bezeichnet als Fischerherren oder Bollwerk,[460] als auch eine eigene Gerichtsbarkeit.[461] Beide Aspekte sind jedoch in Teilen zu relativieren. Die Fischerherren wurden gewählt auf der Grundlage einer durch die Stadt Minden 1653 erlassenen Wahlordnung.[462] Sie waren einerseits Vertreter ihrer Gemeinde in Mindens Vierzigerausschuss, einer Art Gesamtstadtvertretung, und damit Organe der Mindener Stadtverwaltung, die für die Durchführung Mindener Ratsbeschlüsse zu sorgen hatte; andererseits frei gewählte, selbst rechtssetzende Organe für ihre Fischerstadt.[463] Die Fischerstädter waren mehr als eine Innung, denn ihre „Stellung als Obrigkeit einer festen Wohngemeinschaft, einer Vorstadt, [...] gaben ihnen zweifellos eine gewisse kommunale Sonderstellung.“[464]

Bereits WÄHLER hat betont, dass die Fischerstadt mehr war als der Niederlassungsort einer Zunft, sondern ein rechtliches Eigenleben besaß.[465] Gerade die Existenz des Fischerstädter Stadtbuches macht deutlich, dass die Fischerstädter ihre Sonderstellung betonen und ihre Autonomie bewahren wollten.[466]

Ob ihre eigene Gerichtsbarkeit jedoch beschränkt war auf ihre eigenen Statuten und sich damit hauptsächlich auf Fischerei und Schiffahrt bezog,[467] muss

---

459 Auszug aus dem Fischerstadt Gerechtigkeit Buch, LAV NRW W, Ms VII 2904b, Blatt 32, „3. Die Gerechtigkeit wegen der Bürgerschaft“; vgl. Schroeder, Stadtrecht, S. 134.

460 Krieg, Martin: Alte Fischerstadt, in: Mindener Heimatblätter, Jahrgang 24 (1952), Nr. 1/2, S. 1- 6, konkret S. 5.

461 Krieg, Martin: Alte Fischerstadt, in: Mindener Heimatblätter, Jahrgang 24 (1952), Nr. 1/2, S. 1- 6, konkret S. 6. Exemplarisch sei auf die Verfahren gegen den Fischer Cordt Trüse hingewiesen, die Wähler, Fischerstadt Gerechtigkeit Buch, S. 56-62, aufbereitet hat.

462 Auszug aus dem Fischerstadt Gerechtigkeit Buch, LAV NRW W, Ms VII 2904b, Blatt 52-54, vgl. Schroeder, Stadtrecht, S. 135-138.

463 Krieg, Martin: Alte Fischerstadt, in: Mindener Heimatblätter, Jahrgang 24 (1952), Nr. 1/2, S. 1- 6, konkret S. 6.

464 Krieg, Martin: Alte Fischerstadt, in: Mindener Heimatblätter, Jahrgang 24 (1952), Nr. 1/2, S. 1- 6, konkret S. 6.

465 Wähler, Fischerstadt, S. 3.

466 Wähler, Fischerstadt, S. 4 sowie S. 82-84.

467 So Krieg, Martin: Alte Fischerstadt, in: Mindener Heimatblätter, Jahrgang 24 (1952), Nr. 1/2, S. 1- 6, konkret S. 6, anderer Ansicht ist Wähler, Fischerstadt, S. 26 („[...] unterlag ihre Gerichtsbarkeit keinerlei Beschränkungen“).

einer weiteren Untersuchung vorbehalten bleiben. Als gesichert kann gelten, dass die Fischerstädter jedenfalls versuchten, ihre Gerichtshoheit auszudehnen.[468] So ist bei den Fischereisatzungen (auch in Abgrenzung zur Mindener Gerichtsbarkeit) auffällig häufig und stets die eigene Gerichtshoheit betont. Nach der ältesten Satzung der Fischer (um 1535) sollen die Fischer klagen „*vor ohrem rade*".[469] In einer jüngeren Satzung (1564-1647) heißt es dann: „*Eß soll auch keiner nach der Stadt gehen und klagen, sondern erstlich bey den Fischerherrn klagen bey der olden Bolwerck und newen Bolwerck, konnen ihnen dan die Hern der Fischer-Stadt nicht helfen, so haben sie Macht, in der Stadt zu klagen; klaget er aber nicht erstlich bey der Fischer-Stadt, so ist er sträfflich den Hern bey der Fischer Stadt zehen Marck zu geben.*"[470] Es folgt in der Satzung von 1654 die Feststellung: „*Seindt dieser Fischer Gemein einig geworden, diese alte Ordenung wieder anzunehmen und nicht da wieder zu handeln, wer da wieder handelt, soll der H[errem] an der Fischerstadt in Straffe for fallen sein, wie folget.*"[471] Die letzten zwei Eintragungen ins Fischerstadt Gerechtigkeit Buch, die Bezug zur Gerichtshoheit haben, stammen vom Januar 1669 und schreiben fest, dass bei Strafzahlungen die Hälfte an die Fischerstadt und die Hälfte an die Stadt Minden gehen soll.[472]

Nach den vorangegangenen Ausführungen ist das Recht der Mindener Vorstädte daher zum erweiterten Gesamtbestand des Mindener Stadtrechts zu zählen, entweder direkt, weil es vom Mindener Rat für die Sondergemeinden erlassen wurde, oder indirekt, wenn es die Sondergemeinden selbst entwickelt haben, weil es dann entweder (wie bei der Fischerstadt belegt) auch für die Mindener Bürger galt oder in einer besonderen Nähebeziehung zur Prizinpalstadt steht und jedenfalls den Rechtstexten der Stadtrechtsfamilie gleichzustellen ist.

---

468 Krieg, Martin: Alte Fischerstadt, in: Mindener Heimatblätter, Jahrgang 24 (1952), Nr. 3/4, S. 21- 24, konkret S. 21.

469 Auszug aus dem Fischerstadt Gerechtigkeit Buch, LAV NRW W, Ms VII 2904b, Blatt 14, Nr. 15; vgl. Schroeder, Stadtrecht, S. 127.

470 Auszug aus dem Fischerstadt Gerechtigkeit Buch, LAV NRW W, Ms VII 2904b, Blatt 33, a.E. von 5., vgl. Schroeder, Stadtrecht, S. 134.

471 Auszug aus dem Fischerstadt Gerechtigkeit Buch, LAV NRW W, Ms VII 2904b, Blatt 40; vgl. Schroeder, Stadtrecht, S. 138.

472 Auszug aus dem Fischerstadt Gerechtigkeit Buch, LAV NRW W, Ms VII 2904b, Blatt 55 und Blatt 90; vgl. Schroeder, Stadtrecht, S. 139.

B. Relevante Stadtrechtsaufzeichnungen anderer Städte

Als Quellen für die Mindener Stadtrechtsgeschichte können des Weiteren Stadtrechtsaufzeichnungen anderer Städte dienen, wenn diese zu Minden in einer besonderen rechtlichen Beziehung standen. Die Rede ist hier von den Texten der sogenannten Stadtrechtsfamilie. Bei dieser Thematik ist jedoch immer die zeitliche Komponente im Hinterkopf zu behalten. Im ausgehenden Mittelalter und der frühen Neuzeit verloren die Oberhöfe der Stadtrechtsfamilie zunehmend an Bedeutung. Für Minden zeigt die Stadtrechtsreformation von 1613 sehr deutlich, dass alte stadtrechtsfamiliäre Bande nicht mehr relevant sind: Der alte Oberhof Dortmund findet dort nicht einmal mehr Erwähnung. Weil aber in die Mindener Stadtrechtsreformation vermittelt über die Mindener Stadtbücher Texte der Stadtrechtsfamilie eingeflossen sind, ist eine nähere Betrachtung unerlässlich.

I. Stadtrechtsfamilie

Stadtrechtsfamilien beruhen auf den drei alternativ oder kumulativ existierenden Faktoren Bewidmung, Konsultation und Rechtszug.[473] In diesen Fällen wurde das Stadtrecht einer Stadt für eine andere Stadt rechtlich relevant, d. h. durch Rechtsübertragung oder Rechtsmitteilung kam es zu einer Erweiterung der Rechtsgeltung eines Stadtrechts.[474]

Bewidmung bedeutet, dass das Stadtrecht einer Stadt (Mutterstadt) auf eine andere Stadt (Tochterstadt) übertragen wurde, entweder durch pauschalen Verweis oder durch Verleihung eines ausführlichen der Mutterstadt nachgebildeten

---

473 Dusil: Die Soester Stadtrechtsfamilie, S. 266-283, nennt die drei Kriterien: Weitergabe von Statuten, Urteilsschelte und Konsultation bei Rechtsfragen. Siehe auch Dusil, Stadtrechtsfamilien, Rechtsräume und die Verbreitung des Magdeburger Rechts, S. 63 und 65, wo dann vier Kriterien genannt werden: Rechtsverleihung, Statutentransfer, Oberhofzüge und Rechtskonsultationen.
Der Begriff des Rechtszuges ist hier nicht im Sinne eines Instanzenzuges zu verstehen, bei dem ein einmal gesprochenes Urteil in der nächsthöheren Instanz angegriffen wird. Siehe zur Urteilsschelte Oestmann, Wege zur Rechtsgeschichte: Gerichtsbarkeit und Verfahren, S. 93: „Es gab keine Rechtsmittel mit Devolutiveffekt, also keinen Instanzensprung, wie ihn das gelehrte Recht bei der Appellation ausbildete. Damit konnte es im Gerichtsverfahren nach ungelehrtem Recht jeweils nur ein Urteil geben. [...] Die Schelte richtete sich also nicht gegen eine bereits förmlich verkündete Entscheidung. [...] Vielmehr entschied der Oberhof die gescholtene Sache, gab sie dann aber an das anfragende Gericht zurück. Es wurde lediglich einmal ein rechtsverbindliches Urteil verkündet."

474 Isenmann, Die Deutsche Stadt im Mittelalter, S. 192.

Stadtrechts.[475] Auch ohne einen solchen Bewidmungsakt konnte jedoch eine rechtliche Beziehung zustande kommen, wenn eine Stadt eine andere Stadt um Rechtsmitteilung oder -auskunft bat.[476] Rechtsrat wurde zudem im Rahmen anhängiger Prozesse gesucht, bei denen dann die Mutterstadt als Oberhof[477] für ihre Tochterstadt fungierte.[478] Dies erfolgte als Urteilsschelte oder (später) als Appellation.[479]

Die ältere Wissenschaft neigte dazu, schon beim kleinsten Hinweis auf einen stadtrechtlich relevanten Rechtskontakt zwischen zwei Städten stadtrechtfamiliäre Bindungen und Abhängigkeiten anzunehmen; so entstanden große, weitreichende Stadtrechtsfamilien mit langen Listen von Tochter- und Enkelstädten.[480] Die jüngere Forschung zeigt hier ein deutlich differenziertes Bild.[481]

Selbst wenn eine Überprüfung der Rechtsbeziehung eine stadtrechtsfamiliäre Verbindung bestätigt, so ist in einem nächsten Schritt darauf hinzuweisen, dass das Recht der Mutterstadt „mehr einen Orientierungsrahmen für das Rechtsleben in der Tochterstadt als eine Identität des Stadtrechts in den beiden Städten“ bedeutete.[482] Der Rechtskreis[483] und die Rechtsmaterie einer Stadtrechtsfamilie dürfen folglich nicht statisch interpretiert werden. ISENMANN führt zu Recht

475 Kroeschell, recht unde unrecht der sassen, S. 112.

476 Kroeschell, recht unde unrecht der sassen, S. 112.

477 Krey, Die Praxis der spätmittelalterlichen Laiengerichtsbarkeit, S. 29 hat sich eingehend mit dem Begriff des spätmittelalterlichen Oberhofes beschäftigt: „Im Ergebnis kann damit letztlich ein Gericht als Oberhof angesehen werden, das anfragenden Gerichten in laufenden Prozesssachen konkrete Auskunft gab oder in der Neuzeit Sachen entschied, beziehungsweise Privatpersonen auch in abstrakter Form Auskunft erteilte und hierbei nicht kraft Vereinbarung der Parteien, kraft Gerichtsstandsprivileg oder als Schiedgericht tätig wurde.“

478 Kroeschell, recht unde unrecht der sassen, S. 112.

479 Zur Unterscheidung von Urteilsschelte und Appellation siehe auch Weitzel, Über Oberhöfe, Recht und Rechtszug, S. 4-19.

480 Deutsch, Vom Stadtrecht zur Stadtrechtsreformation, S. 25.

481 „Da haben wir alten Rechtshistoriker mit großer Kelle ganze Stadtrechtsfamilien geschöpft, und nun ergeben lokale und regionale Untersuchungen, dass dieses Bild nicht die tatsächlichen Verhältnisse widerspiegelt“, Clausdieter Schott auf der Tagung des Arbeitskreises Rechtsgeschichte, Kloster Isenburg 2013, zitiert nach Pötschke, Zum Wechsel von Stadtrechten am Vorabend der Rezeption - am Beispiel Halberstadt-Goslar, S. 277.

482 Ehbrecht, Stadtrechte und Geschichtslandschaft in Westfalen, S. 223.

483 Zur Definition des Begriffes „Rechtskreis“ siehe Deutsch, HRG 4, 2. Aufl., Sp. 1204-1206.

aus, dass die verschiedenen Stadtrechtsfamilien keine schematischen Konstruktionen, sondern von unterschiedlicher Kohärenz sind.[484] Ein starr gezeichnetes Bild würde vielfältige Zusammenhänge unzulässig vereinfachen.[485]

Schon AUBIN erläutert dazu: „Die Bewidmung mit einem Stadtrecht, geschweige denn seine gewohnheitsmäßige Übernahme, schloß nicht aus, daß es sogleich den besonderen Bedürfnissen des Ortes angepaßt wurde, noch weniger, daß es im Laufe der Zeit eine Sonderentwicklung durchlief, bei welcher auch Bestandteile anderer deutscher Rechte Aufnahme fanden, ohne daß der Ort deswegen aus der Familie seiner ursprünglichen Mutter ausscheiden musste."[486] Die Verbindungen zwischen den einzelnen Städten waren also unterschiedlich stark ausgeprägt, und es konnten zudem mehrere Mutterstädte existieren und sich Untersysteme bilden.[487] Bereits HAASE ist der Ansatz zu verdanken, die Frage nach dem Recht einer Stadt könne nicht mehr eindeutig mit dem Verweis auf das Recht einer anderen Stadt gelöst werden, sondern es müsse gefragt werden, welche Rechte das Recht einer Stadt beeinflusst haben.[488] DUSIL schlägt vor, „nach der Kommunikation im weiteren Sinne zu fragen",[489] und statt nur nach städtischen Rechtskontakten zu schauen, die Perspektive allgemein auf kulturelle Vernetzungen zu richten.[490] Rechtliche Kontakte könnten durch die Beachtung weiterer Anknüpfungspunkte wie dem Einfluss der Poltik oder ökonomischen Aspekten in einen größeren Zusammenhang eingebettet werden.[491]

Es könnte in diesem Zusammenhang ein interessanter Ansatz sein, die derzeit moderne historische Netzwerkforschung zur Erstellung sozialer Netzwerkanalysen auf die Aspekte der Stadtrechtsforschung und -verbreitung zu übertragen, um das Geflecht aus Verbindungen und Abhängigkeiten sichtbar zu machen.[492]

---

484 Isenmann, Die Deutsche Stadt im Mittelalter, S. 192.

485 Bader / Dilcher, Deutsche Rechtsgeschichte, S. 626.

486 Aubin, Die deutschen Stadtrechtslandschaften des Ostens, S. 37 f.

487 Bader / Dilcher, Deutsche Rechtsgeschichte, S. 626.

488 Haase, Gegenwärtiger Stand und neue Probleme der Stadtrechtsforschung, S. 137.

489 Siehe auch Dusil, Stadtrechtsfamilien, Rechtsräume und die Verbreitung des Magdeburger Rechts, S. 75.

490 Dusil, Stadtrechtsfamilien, Rechtsräume und die Verbreitung des Magdeburger Rechts, S. 77.

491 Siehe auch Dusil, Stadtrechtsfamilien, Rechtsräume und die Verbreitung des Magdeburger Rechts, S. 75.

492 Durchaus kritisch und daher sehr lesenswert zur Netzwerkforschung: Jahnke, Carsten: Moderne Netzwerkforschung in der regionalen Hansegeschichte: Möglichkeiten, Gefahren und Perspektiven, in: Hansegeschichte als Regionalgeschichte. Beiträge einer internationalen und interdisziplinären Winterschule in Greifswald vom 20. bis

Der Begriff der Stadtrechtsfamilie ist nicht nur inhaltlich mit einer gewissen Unschärfe behaftet, sondern der Terminus selbst ist gerade deswegen in den letzten Jahren auf Kritik gestoßen und neuen Begrifflichkeiten wurde Raum gegeben.[493] Alternativen wie Stadtrechtskreis, -filiation, -abhängigkeit oder -geschlechter fanden Verwendung.[494] Um die Vielfältigkeit der Beziehungen und die unterschiedliche Intensität der Abhängigkeiten zu erfassen, scheint die auf BADER/DILCHER zurückgehende Formulierung „stadtrechtliche Verbindungen" am ehesten geeignet.[495] Dennoch wird die altbekannte Terminologie aufgrund ihres wissenschaftlichen Bekanntheitsgrades im Folgenden weiterverwendet. Auch DUSIL kommt zu diesem Ergebnis, weil letztlich die Begriffsfunktion entscheidend ist: „Wenn bewußt bleibt, daß der hermeneutische Gehalt des Begriffs Stadtrechtsfamilie gering ist und daß der Forschungsbegriff nur zur Erfassung verschiedener Beobachtungen dient, steht der Weiterverwendung nichts im Wege."[496]

Grundlegende Arbeit zu den westfälischen Stadtrechtsfamilien leistete VON WINTERFELD,[497] für die niedersächsischen Stadtrechtsfamilien LOCKERT.[498]

---

24. Februar 2012, hrsg. von Oliver Auge, Frankfurt am Main 2014. S. 47-58. Zu den Grundlagen dieses Forschungszweiges: Düring, Marten / Eumann, Ulrich / Stark, Martin / Keyserlingk, Linda von (Hrsg.): Handbuch Historische Netzwerkforschung. Grundlagen und Anwendungen, Berlin 2016.

493 Dusil: Die Soester Stadtrechtsfamilie, klärt ausführlich den begriffsgeschichtlichen Hintergrund, S. 22-40, und setzt sich zudem mit dieser begrifflichen Problematik auseinander, S. 319-323. Ebenso Dusil, Stadtrechtsfamilien, Rechtsräume und die Verbreitung des Magdeburger Rechts, S. 73 f.; Dusil legt dar, dass alle drei Wortglieder Stadt-Recht-Familie nicht wirklich treffend sind.

494 Dusil: Die Soester Stadtrechtsfamilie, S. 322, Fn. 23 m. w. N.

495 Bader / Dilcher, Deutsche Rechtsgeschichte, S. 626 ff.

496 Dusil: Die Soester Stadtrechtsfamilie, S. 323. Siehe auch Dusil, Stadtrechtsfamilien, Rechtsräume und die Verbreitung des Magdeburger Rechts, S. 74, der ausführt, der Begriff der Stadtrechtsfamilie sei „noch immer tauglich – nicht zuletzt, weil die »Familie« eine große Spannbreite besitzt: Wie in einer echten Familie umfasst auch eine Stadtrechtsfamilie eineiige Zwillinge ebenso wie außereheliche Kinder."

497 Winterfeld, Luise von: Die stadtrechtlichen Verflechtungen in Westfalen, in: Der Raum Westfalen. Band II. Untersuchungen zu seiner Geschichte und Kultur. Erster Teil, hrsg. von Hermann Aubin und Franz Petri, Münster 1955, S. 172-254. Zur schwierigen Entstehungs- und Veröffentlichungsgeschichte des Beitrags (insbesondere Vernichtung von 711 Anmerkungen im Bombenkrieg) sowie den methodischen Kritikpunkten siehe Dusil, Die Soester Stadtrechtsfamilie, S. 48-76 und S. 318 f.

498 Lockert, Martin C.: Die niedersächsischen Stadtrechte zwischen Aller und Weser. Vorkommen und Verflechtungen. Eine Bestandsaufnahme, Frankfurt a.M. 1979. Die

II. Dortmunder Stadtrechtsfamilie

Das Gebiet des westfälischen Stadtrechts lässt sich auf die drei großen Oberhöfe Soest, Münster und Dortmund aufteilen.[499] Alle drei Oberhöfe zeichnen sich durch eine Doppelgestaltigkeit des Rechtszuges aus, d. h. es gab sowohl den Konsultationsrechtszug als auch die Urteilsschelte.[500]

Nach heutigem Forschungsstand kann nicht mehr bestritten werden, dass die Stadt Minden nicht zur Soester Stadtrechtsfamilie, sondern zur Dortmunder Stadtrechtsfamilie gehörte. Crusius hatte 1674 in seinem Kommentar zur Mindener Stadtrechtsreformation die Vermutung aufgestellt, in Minden habe Soester Recht gegolten, d. h. Minden sei der Soester Stadtrechtsfamilie zuzuordnen: „*[...]ante condita peculiaria Statuta usos fuisse jure Susatensi [...]*“.[501] Diese Ausführung haben in den folgenden zwei Jahrhunderten zahlreiche Autoren als feststehende Tatsache wieder- und damit weitergegeben.[502] Hervor stechen

---

Arbeit von Pischke, Gudrun: Die Entstehung der niedersächsischen Städte: Stadtrechtsfiliationen in Niedersachsen, Hildesheim 1984, ist wohl nur mit Einschränkungen verwertbar, siehe Eckhardt, Albrecht: Rezension zu „Die Entstehung der niedersächsischen Städte: Stadtrechtsfiliationen in Niedersachsen“ von Gudrun Pischke, in: Niedersächsisches Jahrbuch für Landesgeschichte, Band 58 (1986), S. 357-360.

499 Winterfeld, Stadtrechtliche Verflechtungen, S. 233; Ebel, Statutum und ius fori, S. 126.

500 Weitzel, Über Oberhöfe, Recht und Rechtszug, S. 125-127, sowie S. 130-135 (zum Dortmunder Oberhof), tritt hier den Behauptungen Ebels, Statutum und ius fori, S. 126-130, entgegen, es habe zunächst nur einen Konsultationsrechtszug gegeben.
Die Stadt Dortmund gab sich im Jahre 1254 ein Statut (siehe Frensdorff, Dortmunder Statuten und Urtheile, I (Lateinische Statuten), Nr. 19, S. 30 f.), demzufolge sie sich verpflichtete, jeder Stadt nördlich der Alpen eine „sententia diffinitiva“ zu erteilen, wenn sie im Wege der Urteilsschelte angerufen wird. Zur umstrittenen weiteren Interpretation dieses Statutes siehe Weitzel, Über Oberhöfe, Recht und Rechtszug, S. 130-135; Ebel, Statutum und ius fori, S. 126-130; sowie Winterfeld, Stadtrechtliche Verflechtungen, S. 197 f.

501 Ius Statutarium Reipublicae Mindensis, Caput Praeliminare, S. 25, Randnummer 1. Freie Übers. der Verf.: „vor dem Erlass eigener Statuten das Soester Recht in Gebrauch gewesen sei“.

502 Dusil, Die Soester Stadtrechtsfamilie, S. 45, Fn. 126 m. w. N. für das 18. Jahrhundert; für das 19. Jh. sind exemplarisch von Kamptz, Die Provinzial- und statutarischen Rechte, S. 408 f., Gaupp, Deutsche Stadtrechte des Mittelalters, S. XXII, sowie Stobbe, Geschichte der deutschen Rechtsquellen, S. 544 f. zu nennen. Dusil, Die Soester Stadtrechtsfamilie, S. 46, merkt zutreffend an: „Rechtshistoriker konnten die Ausbreitung von Stadtrechten und den Umfang von Stadtrechtsfamilien vollständig erst erfassen, als nicht mehr erzählende Quellen Autoritäten waren, sondern die

nur die skeptischen Anmerkungen MEIBOMs, der die Behauptung von Crusius quittiert mit: *„nullo argumento, inani conjectura, quae tam facile rejici, quam proponi potest.“*[503] Noch 1886 ist bei SCHROEDER zu lesen, das Mindener Recht sei „wahrscheinlich dem Soester nachgebildet“.[504] Dem tritt 1889 LÖVINSON mit ersten Belegen für Dortmund entgegen,[505] und auch eine Verwechslung mit dem sauerländischen Menden wird für möglich gehalten.[506]

Eine ausdrückliche Verleihung des Dortmunder Rechts an Minden ist nicht überliefert.[507] Das Stadtbuch von 1318 enthält jedoch für den Fall der Uneinigkeit des Rates in einer Rechtssache eine eindeutige Anweisung in einer Eintragung vom 19.05.1451: *„Konen se auer nicht eyn werden, [...] so scholet se dat halen laten to Dorpmunde, dar de stad ore recht pleghen to halen laten.“*[508] Auch die Stadtchronik Tribbes (um 1460) führt zum Verfahren bei Uneinigkeit des Rates aus: *„tunc mittunt pro discutione ad civitatem Tremoniam, et ipsi dant eis legem.“*[509] Minden erhielt demnach im Zweifel Rechtsrat von Dortmund.[510] Für die Rechtsbeziehung zu Dortmund können noch zahlreiche weitere Quellen angeführt werden, beispielsweise die Dortmunder Rechtsweisungen im Mindener Stadtbuch von 1318, sowie die Hinweise auf Rechtsrat aus Dortmund an Minden in der Hannoverschen Stadtrechtshandschrift.[511] Besonders deutlich ist

---

mittelalterlich-archivalische Überlieferung systematisch ausgewertet und in Urkundenbüchern zugänglich war.“

503 Meibom, Heinrich: Saxoniae inferioris imprimis historiam introductio, Helmstedt 1687, S. 87. Freie Übers. der Verf.: „ohne jedes Argument, eine wertlose Vermutung, die ich ebenso leicht verwerfe, wie er sie aufstellen kann.“

504 Schroeder, Chronik des Bistums und der Stadt Minden, S. 206.

505 Lövinson, Beiträge zur Verfassungsgeschichte der westfälischen Reichsstiftstädte, S. 50 f.

506 Reichard, Die deutschen Stadtrechte des Mittelalters, S. 30; Reinhardt, Stadtrechtsfamilien in Niedersachsen, S. 217.

507 Krieg, Stadtbuch 1318, S. 26.

508 SB 1318, II, 2; vgl. Schroeder, Stadtrecht, S. 53. Freie Übers. der Verf.: „Können sie sich aber nicht einig werden, [...] so sollen sie das (Recht) bei der Stadt Dortmund erfragen („holen lassen“), wo die Stadt ihr Recht zu holen pflegt.“

509 Löffler, Tribbe, S. 126. Siehe auch die Übersetzung bei Krieg, Tribbe, Mindener Heimatblätter, 17. Jahrgang (1939), Nr. 5, S. 2: „dann schicken sie zwecks Erörterung nach der Stadt Dortmund, und diese selbst geben ihnen das Gesetz.“

510 Ebel, Statutum und ius fori, S. 126-130, hat dargelegt, dass Dortmund eben nicht nur Appellations-, sondern auch Konsultationsinstanz war.

511 Schroeder, Stadtrecht, S. 173, Rn. 152, und S. 174, Rn. 207; sowie Grote/Broennenberg, Das hanöverische Stadtrecht, S. 482.

auch eine im Jahre 1410 im Rahmen eines innerstädtischen Verfassungskonfliktes in Minden (sogenannte Mindener Schicht) entstandene Urkunde, wonach die Dortmunder ausnahmsweise nur deshalb keine Rechtsweisung an Minden erteilen können, weil die Streitsache bereits beim Hofgericht anhängig ist.[512]

Für das Dortmunder Stadtrecht und die Dortmunder Stadtrechtsfamilie insgesamt ergibt sich allerdings eine besondere Problematik, die die weitere Forschung erschweren wird. Diese liegt erstens in den enormen Kriegsverlusten begründet.[513] Das Dortmunder Stadtarchiv verlor kriegsbedingt 70 % seines Bestandes.[514] Eine zweite Hürde stellt die bisherige Erschließung dar. Die noch erhaltenen Urkunden im Dortmunder Stadtarchiv sind bisher nur bis zum Jahre 1416 erschlossen. Unter diesen Urkunden finden sich keine Rechtsweisungen an Minden oder andere für die Mindener Stadtrechtsgeschichte rechtsrelevante Texte.[515] Es bleibt lediglich die Arbeit anhand der Überlieferungen durch FRENSDORFF[516] und RÜBEL[517]. Auch die Aufarbeitung der Dortmunder Stadtrechtsgeschichte bleibt dennoch äußerst wünschenswert,[518] liegen doch zahlreiche

---

512 KA Minden, Stadt Minden, A I, Nr. 241 (05.02.1410): „*[...] wante de vorgenompte sake hanghet vor vnses leuen genedigen heren des alle dorluchtigesten vorsten des Romeschen koninghes houes gerichte | vnde de sake an vns nicht gekomen is alz der Stades van Dorpmunde wonetheid vnde recht is So meyne wy dat vns nyn recht dar vp sta to wisene[...]*“. Siehe auch Schroeder, Stadtrecht, S. 260, Nr. 115 (Regest).

513 Schilp, Stadtführer Dortmund im Mittelalter, S. 148: „Von der damaligen Stadtarchivarin Luise von Winterfeld sehr spät vor dem Bombenangriff ins Sauerland ausgelagert, wurde das Dortmunder Stadtarchiv in den letzten beiden Kriegsjahren dort regelrecht geplündert, zum Teil einfach auch zum Heizen verwendet.“

514 Luntowski, Zur Geschichte des Stadtarchivs Dortmund, S. 69; Winterfeld, Jahresberichte 1940-1948, S. 142.

515 Auskunft per Email durch Archivmitarbeiterin Henrike Bolte vom 03.05.2018.

516 Frensdorff, Ferdinand: Dortmunder Statuten und Urtheile. Hansische Geschichtsquellen, Halle a.S. 1882; zitiert: Frensdorff, Dortmund. (Inzwischen zugänglich über die Digitale Sammlung der Landes- und Universitätsbibliothek Münster unter https://sammlungen.ulb.uni-muenster.de).

517 Rübel, Karl (Bearb.): Dortmunder Urkundenbuch. Band I und Band II. Neudruck der Ausgabe Dortmund 1881/1890, Osnabrück 1975. Auf der Grundlage Frensdorff / Rübel basieren auch die bei Schroeder, Stadtrecht, S. 218-256, wiedergegebenen Texte zur Mindener Schicht, d. h. zu dem Mindener Verfassungskonflikt zu Beginn des 15. Jahrhunderts.

518 Der Direktor des Stadtarchivs Dortmund, Dr. Stefan Mühlhofer gab am 18.11.2022 bei einem Vortrag am Institut für vergleichende Städtegeschichte in Münster bekannt, dass derzeit eine ausführliche neue Dortmunder Stadtgeschichte erarbeitet wird.

thematische Vorarbeiten insbesondere zu Stadt- und Gerichtsverfassung vor.[519] Eine dritte Einschränkung ergibt sich dadurch, dass die älteste Erwähnung Dortmunds zwar für den Zeitraum 880/890 nachweisbar ist, die alten städtischen Urkunden für den Entstehungs- und Entwicklungszeitraum der Stadt aber bei einem großen Stadtbrand 1232 vernichtet wurden.[520]

III. Tochterstädte zu Minden

Minden wiederum erteilte Rechtsrat an die Städte, die das Mindener Stadtrecht durch Bewidmung erhalten hatten oder sich in ihren Rechten an Minden orientierten. Folgende Städte sind daher auf ihre Beziehung zu Minden hin zu untersuchen bzw. es wird der derzeitige Kenntnisstand dargelegt: Hannover, Lübbecke, Petershagen, Schlüsselburg, Hausberge, Wunstorf, Repolthusen, Bad Münder, Nienburg und Hameln.[521]

---

519 Exemplarisch: Luntowski, Gustav: Kleine Geschichte des Rates der Stadt Dortmund, Dortmund 1970; Sollbach, Gerhard E.: Gerichtsorganisation und Rechtspflege in Grafschaft und Stadt Dortmund während der Mittelalters und der Frühneuzeit, in: Beiträge zur Geschichte Dortmunds und der Grafschaft Mark, Band 70 (1976), S. 203-297; Baedeker, Paul: Richter und Gericht im alten Dortmund, in: Beiträge zur Geschichte Dortmunds und der Grafschaft Mark, Band 17 (1909), S. 217-276; Fahne, Anton: Die Grafschaft und Freie Reichsstadt Dortmund. Band 3. Statutarrecht und Rechtsalterthümer der freien Reichsstadt Dortmund, Neudruck der Ausgabe Köln 1855, Aalen 1974; sowie Winterfeld, Luise von: Geschichte der Freien Reichs- und Hansestadt Dortmund, 7. Aufl., Dortmund 1981. Einen aktuellen Überblick zur Entstehungsgeschichte Dortmunds bietet: Schoppmeyer, Städte in Westfalen, S. 43-52; einen aktuellen Überblick zur mittelalterlichen Geschichte Dortmunds bietet: Meeder, Markus: Dortmund im Mittelalter. 55 Highlights aus der Stadtgeschichte. Eine reich illustrierte Zeitreise in die spannende Vergangenheit der einstigen Reichs- und Hansestadt, Erfurt 2022.

520 Winterfeld, Geschichte der Freien Reichs- und Hansestadt Dortmund, S. 10 und 35; siehe auch Stockmeier, Die Bürgersprache der Stadt Bielefeld, S. 106 f. m. w. N. in den Fußnoten. Schoppmeyer, Städte in Westfalen, S. 44, datiert die Ersterwähnung auf 881 bis 884.

521 Grundlegend bleibt die Auflistung bei Winterfeld, Stadtrechtliche Verflechtungen, S. 204.

1. Hannover

Die heutige niedersächsische Landeshauptstadt Hannover[522] gehörte zur Mindener Stadtrechtsfamilie. Es ist nicht bekannt, wann die Übernahme des Mindener Stadtrechts für Hannover erfolgte und ob dies mit einer expliziten Verleihung verbunden war.[523] Gesichert ist, dass Herzog Otto von Braunschweig der Stadt Hannover am 25.06.1241 ihre alten Rechte bestätigte, jedoch ohne Angabe der Herkunft dieser Rechte.[524] Der Urkunde zufolge sollte „*extra civitatem*" Braunschweiger Recht gelten, hingegen „*infra civitatem vero jura ab antiquo habita servabunt*".[525]

Eine explizite Bewidmung im Jahr 1263 hat KRIEG vermutet.[526] Mit dieser möglichenVerleihung durch Herzog Johann, Sohn Otto des Kindes, hat sich DIESTELKAMP intensiv beschäftigt.[527] Zwar ist eine entsprechende Bewidmungsurkunde nicht vorhanden, jedoch finden sich in den Eingangsworten zum Dritten Buch des alten Hannoverschen Statutenbuches aus dem 14. Jahrhundert (dazu siehe unten) folgende Formulierung: „*[…] Johannes […] dedit nobis ius civitatis Mindensis.*"[528] Entscheidend ist hier die Übersetzung und Interpretation des Wortes „dedit". Nach DIESTELKAMP besteht keine Notwendigkeit, das Wort mit „verleihen" zu übersetzen, sondern es kann sich vielmehr um auch eine Bestätigung bzw. Anerkennung handeln.[529] Des Weiteren führt er an, dass die

522 Einen Überblick zu Stadtentwicklung, Stadtverfassung und Stadtrecht zur Stadt Hannover bei Lockert, Die Niedersächsischen Stadtrechte, S. 133-147.

523 Kuck, Burg und bischöfliche Herrschaft, S. 52.

524 Grotefend/Fiedeler, Urkundenbuch der Stadt Hannover, Erster Theil, Nr. 11, S. 10-15; Diestelkamp, Die Städteprivilegien Herzog Ottos des Kindes, S. 129-133; Kroeschell, recht unde unrecht der sassen, S. 112.

525 Lockert, Die Niedersächsischen Stadtrechte, S. 138 f. Freie Übers. der Verf.: „innerhalb der Stadt aber werden sie das Recht bewahren, das sie seit alter Zeit hatten".

526 Krieg, Stadtbuch 1318, S. 26, sowie Krieg, Mindener Rechtsbücher, S. 85, jeweils unter Verweis auf Doebner, Richard: Die Städteprivilegien Herzog Otto des Kindes, S. 15 f. Doebner schreibt dort jedoch ebenfalls eher vermutend: „Demnach war um die Mitte des 14. Jahrh. die geltende Ansicht, dass Herzog Johann (1261-1277) Hannover das Recht der Stadt Minden verliehen habe. […] Auf eine Übertragung von Minden weist deutlich §. 2 durch Erwähnung des Bischofs und des Wikgrafen hin, doch zeigt sich sogleich in diesem Paragraphen die Eigenthümlichkeit unserer Aufzeichnung, die Mischung des verliehenen Rechtes mit localen Sätzen von Hannover […]." Auch Schoppmeyer, Städte in Westfalen, S. 248, nennt 1263 als Bewidmungsjahr.

527 Diestelkamp, Die Städteprivilegien Herzog Ottos des Kindes, S. 129-133.

528 Schroeder, Stadtrecht, S. 146.

529 Diestelkamp, Die Städteprivilegien Herzog Ottos des Kindes, S. 130.

Wahl eines Oberhofes fast immer mit älteren Zusammenhängen zu erklären ist; dies sind zwischen Minden und Hannover sowohl der lebhafte Handelsverkehr als auch die Entwicklung der Herrschaftsverhältnisse.[530] Im Ergebnis kommt DIESTELKAMP zu dem überzeugenden Ergebnis, dass das Mindener Recht wohl schon vor Otto dem Kind in Hannover gegolten hat.[531] Eine Urkunde des Mindener Rates vom 24.08.1285 liefert dann jedenfalls die Bestätigung, dass die Bürger der Stadt Hannover in Minden ihr Recht suchen und empfangen;[532] und für den 10.12.1357 ist daran anschließend eine Bestätigung alten und Mindener Rechts durch Herzog Wilhelm von Braunschweig überliefert.[533]

Minden hat als Oberhof für Hannover eine umfangreiche Rechtsprechung entwickelt,[534] und in diesem Zusammenhang die Autonomie des Rechts auch bestätigt.[535] Das älteste überlieferte Hannoversche Stadtrecht geht daher auf das

---

530 Diestelkamp, Die Städteprivilegien Herzog Ottos des Kindes, S. 131. Diestelkamp stellt hier nicht auf die Welfen ab, sondern auf die (zeitlich zugegebenermaßen kurze Periode) der Grafen von Roden-Lauenrode. Reinhardt, Stadtrechtsfamilien in Niedersachsen, S. 218, fügt dem noch dem Umstand hinzu, dass Hannover zum Bistum Minden gehörte.

531 Diestelkamp, Die Städteprivilegien Herzog Ottos des Kindes, S. 132. Lockert, Die Niedersächsischen Stadtrechte, S. 139, vermutet im Gegensatz dazu zwar eine ausdrückliche Übertragung 1263 durch Herzog Johann, verweist aber zugleich auf die entscheidende Beeinflussung der Rechtsbeziehungen durch die Grafen von Roden-Lauenrode.

532 Grotefend/Fiedeler, Urkundenbuch der Stadt Hannover, Erster Theil, Nr. 51, S. 71; Schroeder, Stadtrecht, S. 186, Nr. 20; WUB VI, S. 420, Nr. 1319; Stadtarchiv Hannover, 1.AA.1.01, Nr. 21; Stadtarchiv Hannover, 1.AA.3, B 8234 m (Abschrift im Statutenbuch, Buch 1/27): „*Recognoscimus et […] protestamur, quod cives Honouere omne ius sue civitatis ab antiquis temporibus usque in hodiernum diem a nostra civitate Mindensi requirere ac accipere consueverunt.*“ Diese Urkunde hat Kroeschell, recht unde unrecht der sassen, S. 112, wohl übersehen, wenn er ausführt: „ […] erst 1357 wird der Stadt der herkömmliche Gebrauch des mindenschen Rechtes von Herzog Wilhelm urkundlich bestätigt.“ Freie Übers. d. Verf.: „Wir erkennen an und […] bezeugen, dass die Bürger der Stadt Hannover das Recht ihrer Stadt seit alten Zeiten bis zum heutigen Tage von unserer Stadt Minden erfragt und erhalten haben.“

533 Grotefend/Fiedeler, Urkundenbuch der Stadt Hannover, Erster Theil, Nr. 369, S. 368 f.; Schroeder, Stadtrecht, S. 205, Nr. 60; Stadtarchiv Hannover, 1.AA.3, B 8234 (Statutenbuch, Buch 1/35): „*Ok so gheue we on, dat se schollet bliuen bi al oreme olden rechte vnde bi Myndenscheme rechte vnde by wonheyd, de se had hebbet bi vser overelderen vnde bi vses vader tiden, den God gnedich si.*“

534 Kroeschell, recht unde unrecht der sassen, S. 112 f.

535 StadtA Hannover, 1.AA.1.01 Nr. 608 (10.05.1425): „Der Rat zu Minden bezeugt die Geltung seines alten Rechtes gegenüber Ansprüchen des Stadtherrn“.

Mindener Stadtrecht zurück.[536] Hierbei handelt es sich um Teile des Statutenbuches.[537] Das Statutenbuch in seiner Gesamtheit ist auch unter der Bezeichnung Vetus Copiale, ältestes Copialbuch, großes Stadtbuch oder Hannoversche Stadtrechtshandschrift bekannt, wobei der tatsächliche Titel lautet: „*Aelteste stadt copial- und urkund-buch, worin copeyl privilegia, original statuta und gerichtl urkunden*".

Das Statutenbuch enthält Hannoversches Stadtrecht des 14. Jahrhunderts mit Nachträgen und wurde in den Jahren 1366-1662 erstellt. Eine ausführliche Beschreibung der Handschrift findet sich bei KRETER.[538] Die gesamte Handschrift wurde erstmals veröffentlicht durch GROTE/BROENNENBERG.[539] SCHROEDER hat in seiner Edition aus der Handschrift die Eintragungen aus den Jahren 1354 bis 1533 wiedergegeben, die Mindener Recht enthalten.[540] Hierbei hat er jedoch nicht die Eintragungsreihenfolge in der Handschrift eingehalten, sondern die Eintragungen in chronologische Reihenfolge gebracht. SCHROEDER hat zudem auf eine geplante Neuherausgabe des Statutenbuches hingewiesen;[541] diese ist jedoch bedauerlicherweise nicht erfolgt.[542]

Für die Mindener Stadtrechtsgeschichte besonders relevant ist der Liber tertius aus diesem Statutenbuch mit dem Titel: „*Jus Mindense et aliarum civitatum*".[543] Der Liber tertius enthält zum überwiegenden Teil die Rechtsanfragen und -mitteilungen zwischen Minden und Hannover, zudem einige wenige Mitteilungen aus Braunschweig, Hildesheim, Goslar, Hameln und Göttingen.[544]. Je

536 Lockert, Die Niedersächsischen Stadtrechte, S. 140.

537 Stadtarchiv Hannover, 1.AA.3 – Neue Abteilung Bücher B 8234. Das Stadtarchiv verfügt diesbezüglich über einen Kurzregestenkatalog.

538 Kreter, Stadtbücher und Register 1289-1533. Inventar der mittelalterlichen gebundenen Handschriften im Stadtarchiv Hannover. Bestand: Neue Abteilung B, in: Hannoversche Geschichtsblätter, Band 48 (1994), S. 47-168, konkret S. 89-93.

539 Grote zu Schauen, Julius Reichsfreiherr/ Broennenberg, Adolph (Hrsg.): Das hanöverische Stadtrecht, in: Vaterländisches Archiv des Historischen Vereins für Niedersachsen, Band 10 (1844), Heft 2-4, Hannover 1846, S. 117-558; der Liber tertius beginnt auf S. 355.

540 Schroeder, Stadtrecht, S. 145-177.

541 Schroeder, Stadtrecht, S. 145.

542 Folgende Auskunft per Email konnte von Archivarin Christine Peters am 19.12.2018 erlangt werden: „Meine Vermutung ist, dass Dr. Kreter, zur fraglichen Zeit Leiter des Stadtarchivs, und u.a. mit der Neuordnung des Stadtbuch- und Registerbestandes betraut, Pläne für eine Neuherausgabe hatte, die aber nicht umgesetzt wurden."

543 Vgl. S. 129-193 der Handschrift.

544 Lockert, Die Niedersächsischen Stadtrechte, S. 143.

nach Aufteilung der einzelnen Eintragungen ergibt sich eine Anzahl von etwa 90[545] bis 112 Eintragungen[546] mit Bezug zu Minden.[547] Auch im Liber secundus und im Liber quartus des Statutenbuches finden sich Rechtsbelehrungen aus Minden, allerdings in geringer Anzahl. Der Liber secundus mit dem Titel „*Statuta nostre civitatis*"[548] enthält nur eine einzige Rechtsbelehrung aus Minden.[549] Im Liber quartus mit dem Titel „*Von allen ammeten, eden, van tolle, van vordrevenen luden*"[550] finden sich elf Eintragungen mit Mindener Recht.[551]

Damit ergeben sich aus allen Büchern des Hannoverschen Statutenbuches insgesamt 124 Eintragungen Mindener Stadtrechts. Dies ist beachtlich, wie auch der Vergleich mit dem Mindener Stadtbuch von 1318 zeigt, in dem 141 Rechtssätze notiert sind. Als weitere bedeutsame Quellen für die Mindener Rechtsgeschichte aus dem Stadtarchiv Hannover[552] sind zu nennen: ein Briefkopiar mit

---

545 Lockert, Die Niedersächsischen Stadtrechte, S. 143.

546 Zählung der Verfasserin anhand der Wiedergabe bei Schroeder, Stadtrecht, S. 145-177.

547 Inwiefern es sich hierbei um Mindener Recht oder um über Minden weitergegebenes Dortmunder Recht handelt, ist bisher nicht umfassend untersucht. Hierzu Frensdorff, Die Stadtverfassung Hannovers, S. 25: „so hat es [Minden] in nicht wenigen Fällen an Hannover das Recht mitgetheilt, das es selbst erweislich in Dortmund geschöpft hatte"; mit Verweis auf sein eigenes Werk: Frensdorff, Dortmunder Statuten, in „Nachträge und Berichtigungen" nach S. 350, entsprechend S. 351, mit ersten Fundstellen; Lockert, Die Niedersächsischen Stadtrechte, S. 143, behauptet: „Über Minden ist sehr viel Dortmunder Recht in die Statutensammlung eingeflossen […]". Ein direkter Hinweis auf Dortmunder Ursprung findet sich (zitiert nach dem Kurzregestenkatalog des Archivs) in 3/85 (vgl. Schroeder, Stadrecht, S. 173 oben) und 4/44 (vgl. Schroeder, Stadrecht, S. 174 oben).

548 Vgl. S. 93-128 der Handschrift.

549 Nach dem im Stadtarchiv befindlichen Kurzregestenkatalog handelt es sich um die Eintragung: 2/46 auf Seite 105; Schroeder, Stadtrecht, S. 167 oben.

550 Vgl. S. 193-219 der Handschrift. Kreter, Stadtbücher und Register 1289-1533, S. 89, übersetzt: „Von den Ämtern, vom Zoll und von Verbannten".

551 Nach dem im Stadtarchiv befindlichen Kurzregestenkatalog handelt es sich um die Eintragungen: 4/2 (entspricht 3/122), 4/5, 4/14, 4/18, 4/19 (entspricht 4/14), 4/43, 4/44, 4/45, 4/46, 4/47, sowie 4/124. 4/120 wird in dieser Aufzählung nicht genannt, weil es sich nicht um Stadtrecht, sondern um die Eintragung eines städtischen Bündnisses handelt. Aufgrund der chronologischen Reihenfolge bei Schroeder, Stadtrecht, befinden sich die fraglichen Eintragungen in seiner Edition auf den Seiten 164, 168 f., 172, 174-176.

552 Recherche in den Beständen über www.arcinsys.niedersachsen.de. Grundlegend zu allen Stadtbüchern: Kreter, Stadtbücher und Register 1289-1533. Inventar der mittelalterlichen gebundenen Handschriften im Stadtarchiv Hannover. Bestand: Neue

Mindener Rechtsweisungen des 16. Jahrhunderts,[553] ein Kopialbuch mit einem Mindener Eintrag von 1546,[554] sowie ein Mandatsträger-Verzeichnis mit Mindener Rechtssätzen in Abschrift (1428-1534).[555]

Der Bruch mit der Mindener Rechtstradition in Hannover erfolgte im 16. Jahrhundert, als sich Hannover nach der Reformation dem Rechtsinstitut der „Stadtkündigung" (ein autonomes Wilkürrecht) zuwandte.[556]

2. *Lübbecke*

Auch die Stadt Lübbecke gehörte zur Mindener Stadtrechtsfamilie. Aus einer Urkunde vom 30. Januar 1279, ausgestellt durch den Mindener Bischof, ergibt sich zunächst die Erhebung Lübbeckes zur Feste, was meist mit einer Erhebung zur Stadt gleichgesetzt wurde:[557] *„[...] Cum iuxta villam Lubbeke antecessores nostri magnas expensas fecerint et nos in fossis iam innumerabiles fecerimus, ita comparamus opus inceptum, ut munitio fiat; libenter cupimus perficere Domino concedente. Unde nos de communi consensu nostri capituli et ministerialium nostrorum volumus omnes predictam villam intrantes et apud nos manere volentes, si servilis sunt conditionis, a tali iugo et servitute esse immunes et absolutos, quod hactenus curaverunt, et ius, quod liberi homines dignoscuntur habere, apud nos cum nostris successoribus in perpetuum volumus defensare, nostris tamen propriis hominibus et Osnabrugensis ecclesie procuratoribus exceptis et ministerialibus*

Abteilung B, in: Hannoversche Geschichtsblätter, Band 48 (1994), S. 47-168, vor allem die Bestandsliste ab S. 80.

553 Stadtarchiv Hannover, 1.AA.3, B 8069. Dazu sei der Hinweis gestattet, dass eine Reproduktion in Niedersächsisches Landesarchiv Hannover, Dep. 85 Sammlung StadtA Hannover B 8069m überliefert ist. Beschreibung bei Kreter, Stadtbücher und Register 1289-1533, S. 96. Edition bei Grote/Broennenberg, Das hanöverische Stadtrecht, S. 355-362.

554 Stadtarchiv Hannnover, 1.AA.3, B 8063 (Reinschrift des Kopialbuches B 8055). Beschreibung bei Kreter, Stadtbücher und Register 1289-1533, S. 100 f. Das Kopialbuch stammt aus dem Zeitraum 1241-1730 und die fünfzehnte Eintragung darin bezieht sich auf *„Jura statutaria in specie ius Mindense: Extract der großen Stadtkündigung 1546"*.

555 Stadtarchiv Hannover, 1.AA.3, B 8292 k. Beschreibung bei Kreter, Stadtbücher und Register 1289-1533, S. 106 f.

556 Piepenbring-Thomas, Carola: Recht in der Stadt Hannover. Dokumentierte Normdurchsetzung. Das Brücheregister des Stadtschreibers Joh. Halßbandt (1552-1566), Hannover 2010, S. 23.

557 Regest zu WUB VI, S. 362, Nr. 1145; Schroeder, Stadtrecht, S. 185, Nr. 16 (Regest).

ecclesie supradicte. [...]“[558] Das befestigte Dorf Lübbecke wurde also mit Gräben umgeben, zur Feste gemacht und die Unfreien, die nach Lübbecke ziehen, erhielten Freiheit.[559]

Vielfach ist weiter zu lesen, Lübbecke sei damit 1279 mit Mindener Stadtrecht bewidmet worden.[560] An diesem Beispiel zeigt sich einmal mehr sehr deutlich, wie unscharf der Begriff des Stadtrechts ist. Wie dargelegt kann er sich auf die Erhebung zur Stadt mit Gewährung von Privilegien ebenso beziehen wie auf das autonom durch den Rat einer Stadt selbst gesetzte Recht. Lübbecke wurde in der betreffenden Urkunde zur Feste erhoben; eine Aussage zum Stadtrecht im engeren Sinne oder zur stadtrechtsfamiliären Zugehörigkeit geht aus der Urkunde nicht hervor. HEMANN führt die Möglichkeit ins Feld, dass Lübbecke in der Folgezeit nach 1279 ein nicht überliefertes Privileg enthielt, das ausdrücklich die Verleihung Mindener Rechts enthielt.[561] Es sprechen jedenfalls mehrere starke Indizien dafür, dass Lübbecke das Mindener Recht erhielt. Für diese Vermutung spricht die zeitliche Nähe zur Rechtsverleihung an Repolthusen 1284 und zur Rechtsbestätigung an Hannover 1285 (siehe unten). Ein weiteres Indiz ergibt sich zudem aus den Stadtverfassungen: während die meisten deutschen Stadtrechte zwei Bürgermeister kennen, gibt es in Minden und Lübbecke nur einen Bürgermeister.[562]

Warum es aber so bedeutsam ist, ob Lübbecke zur Mindener Stadtrechtsfamilie gehörte, erschließt sich bei einem Blick auf den Inhalt der überlieferten Rechtstexte. Wer sich mit dem mittelalterlichen Mindener Strafrecht beschäftigt,

---

558 LAV NRW W, Ms VII, 2814, S. 15 (Abschrift aus dem 17. Jh.); WUB VI, S. 362, Nr. 1145. In einem Sammelband im Stadtarchiv Lübbecke, A 18, Blatt 3, befindet sich eine um 1700 erstellte Übersetzung der Stadtrechtsurkunde; beigelegt ist eine Transkription durch Sebastian Schröder.

559 Krumbholtz, Das rathäusliche Regiment, S. 125.

560 Hüffmann, 1200 Jahre Lübbecke, S. 19 f.; Kuck, Burg und bischöfliche Herrschaft, S. 51, sowie Nordsiek, Minden an der Weser. Stadtentwicklung, Stadtautonomie und Stadtherrschaft von den Anfängen bis 1806, in: Mitteilungen des Mindener Geschichtsvereins, Jahrgang 89 (2017), S. 7-95, konkret S. 34. Schnack, Zwischen geistlichen Aufgaben und weltlichen Herausforderungen. Die Handlungsspielräume der Mindener Bischöfe von 1250 bis 1500, S. 437 f. Krumbholtz, Das rathäusliche Regiment, S. 125, gibt etwas vorsichtiger an, Lübbecke habe sich jedenfalls bereits bis 1293 zur Stadt mit Ratsherren und Gemeinheit entwickelt. Schoppmeyer, Städte in Westfalen, S. 248, versieht das Jahr 1279 mit einem Fragezeichen.

561 Hemann, Zur Entwicklung von Lübbecke im Mittelalter, S. 72.

562 Schulte, Macht auf Zeit, S. 362.

findet nur einzelne strafrechtliche Bestimmungen im Stadtbuch von 1318 und einzelnen Ordnungen. Eine zusammenhängende Strafrechtsaufzeichnung ist nicht überliefert. Es ist davon auszugehen, dass das Mindener Strafrecht von der Constitutio Criminalis Carolina (1532) verdrängt wurde.[563] So findet sich auch in der Stadtrechtsreformation von 1613 in Liber III, Tit. 8, Art. 3 zum Totschlag eine direkte Bezugnahme auf die Anwendbarkeit der Constitutio Criminalis Carolina (*„nach Außweisung deß hochlöblichen Kaysers Caroli V. peinlicher Halsgerichts-Ordnung“).*

In Ermangelung einer überlieferten mittelalterlichen Mindener Strafrechtsaufzeichnung ist daher die sogenannte Lübbecker Stadttafel vom 23.04.1501 von großem Wert für strafrechtliche Forschungen.[564] Sie kann mit aller gebotenen Zurückhaltung als Ersatzüberlieferung herangezogen werden. Bei der Stadttafel handelt es sich um einen Strafrechtskatalog mit 18 Artikeln, der in drei Fassungen überliefert ist.[565]

---

563 Schroeder, Stadtrecht, S. 290.

564 Schroeder, Strafrecht, S. 291-297, Nr. 163.

565 Als älteste Fassung hat Schroeder, Stadtrecht, S. 290, im Stadtarchiv Lübbecke eine Abschrift des 16. Jahrhunderts aufgrund von Text- und Geldstrafenvergleichen identifiziert (Stadtarchiv Lübbecke, A 889, S. 5-22 („Copia der Stadt-Taffel“)). Es sei darauf hingewiesen, dass Schroeder, Stadtrecht, S. 289-297, ebenfalls erschienen ist als: Schroeder, Johann Karl von: Die Lübbecker Stadt-Tafel vom 23. April 1501, in: Westfalen. Hefte für Geschichte, Kunst und Volkskunde, Band 51 (1973), S. 190-196. Schroeder weist darauf hin, dass dieser Text auch in Schlichthabers Mindischen Kirchengeschichte, Vierter Theil, S. 80-91, zugrunde gelegt, allerdings fehlerhaft wiedergegeben wurde. Unter KA Minden, X 38 finden sich einige ausgewählte Ablichtungen. Diese älteste Fassung der Stadttafel ist im sogenannten Stadtbuch (oder Stadtchronik) Lübbecke enthalten. Bei dem Stadtbuch handelt es sich um ein in Leder gebundenes Manuskript aus dem 16.-19. Jahrhundert. Es umfasst 352 Blatt, wobei die Seitenzählung wohl aufgrund später eingelegter Zettel nicht direkt auf dem ersten Blatt beginnt. Im Stadtarchiv Lübbecke liegt eine Transkription des gesamten Stadtbuches vor, erstellt durch Sebastian Schröder im Jahr 2019, mit Beilegung einer Kopie des Inhaltsverzeichnisses nach Krumbholtz (1923). Des Weiteren existieren sowohl eine Abschrift des 17. Jahrhunderts (Stadtarchiv Lübbecke, A 18, Blatt 4-9), als auch des 18. Jahrhunderts (Geheimes Staatsarchiv Preußischer Kulturbesitz, II. HA GD, Abt. 17, Minden und Ravensberg, d) Städtesachen, Lübbecke, Kämmerei-Sachen, Nr. 1.). Bei allen drei Abschriften ist eine Confirmatio des Mindener Bischofs vom 24.10.1511 ebenfalls beigegeben.

3. Petershagen

Ebenfalls im weiteren Sinne zur Mindener Stadtrechtsfamilie zu zählen ist Petershagen als Tochterstadt der Stadt Lübbecke. Petershagen (früher Hokelve)[566] als Residenz der Mindener Bischöfe wurde wahrscheinlich zwischen 1362 und 1366 mit Lübbecker Stadtrecht privilegiert,[567] und war Lübbecke durch Rechtskonsultation verbunden.[568] Schlüsselburg (Slotelborch) wiederum war mit seiner Stadterhebung und Rechtsverleihung im Jahre 1400 direkt Petershagen verbunden,[569] und es ist zudem überliefert, dass Schlüsselburg auch Rechtsrat bei Petershagen einholte.[570] Des Weiteren wird Hausberge als Tochterstadt genannt.[571] Im Übrigen richten sich bischöfliche Rechtsbestätigungen aus dem 15. und 16. Jahrhundert auffällig oft nicht nur an Minden, sondern zugleich an

566 Bei rechtshistorischen Arbeiten zu Petershagen ist unbedingt das Petershäger Stadtbuch aus dem 16. Jahrhundert zu beachten; vgl. Großmann: Die Gemeindeordnung von Petershagen aus dem 16. Jahrhundert, in: Mindener Heimatblätter, Jahrgang 34 (1962), Nr. 1/3, S. 182-184.

567 Kuck, Burg und bischöfliche Herrschaft, S. 53. Schoppmeyer, Städte in Westfalen, S. 248 gibt die Jahre 1361/1366 an. Schnack, Zwischen geistlichen Aufgaben und weltlichen Herausforderungen. Die Handlungsspielräume der Mindener Bischöfe von 1250 bis 1500, S. 441 f., verweist für eine Stadterhebung auf das Fehlen urkundlicher Zeugnisse, sodass die chronikalische Überlieferung Tribbes heranzuziehen ist.

568 Löffler, Tribbe, S. 14: *„Et oppidum [Petershagen] habet proprium consulatum, et quando habet aliquod difficile ad discutiendum, tunc mittunt ad consulatum in Lubbeke.“* Krieg, Mindener Heimatblätter, 13. Jahrgang, Nr. 12, 1935, S. 1, übersetzt: „Und die Stadt hat einen eigenen Rat, und wenn sie etwas Schweres zu erörtern hat, dann schicken sie zum Rat in Lübbecke.“

569 Siehe hierzu Schnack, Zwischen geistlichen Aufgaben und weltlichen Herausforderungen. Die Handlungsspielräume der Mindener Bischöfe von 1250 bis 1500, S. 442 f. Löffler, Die Bischofschroniken des Mittelalters (Hermanns v. Lerbeck Catalogus episcoporum Mindensium und seine Ableitungen), S. 224: *„Nam anno MCCCC. fecit oppidum de insula propre Slotelborch et dedit eis libertatem […]. Et ipsi habent ius suum a Petershagen acquirere.“*

570 Löffler, Tribbe, S. 14: *„Et oppidum habet proprium consulatum et isti, quando est eis necesse, tunc a Petershagen a consulatu acquorunt ius suum.“* Krieg, Mindener Heimatblätter, 13. Jahrgang, Nr. 12, 1935, S. 2, übersetzt: „Und der Ort hat einen eigenen Rat, und jene holen dann, wenn es für sie nötig ist, von Petershagen vom Rat ihr Recht.“

571 Winterfeld, Stadtrechtliche Verflechtungen, S. 204, leider wie die gesamte Abhandlung ohne Nachweise.

Lübbecke, Petershagen und Schlüsselburg,[572] was einmal mehr die rechtlichen Zusammenhänge verdeutlicht.

4. *Weitere Töchterstädte*

Die Stadt Minden hatte noch weitere Töchterstädte sowohl im engeren Sinne durch Bewidmung mit dem Mindener Stadtrecht als auch im weiteren Sinne durch Rechtskonsultation. Im Jahre 1261 wurde Wunstorf zur Stadt nach Mindener Stadtrecht erhoben;[573] die entsprechende Urkunde schreibt ausdrücklich und ausführlich Rechtsverleihung und Rechtskonsultation fest.[574] Die Stadtgründung Repholthusen (Holzhausen bei Stolzenau) wurde 1284 mit Mindener Stadtrecht bewidmet;[575] die Stadtgründung entwickelte sich aber

---

572 01.04.1483 (KA Minden, Stadt Minden, A I, Nr. 417 (Ausfertigung); Culemann, Sammlung derer Vornehmsten Landes-Verträge, Nr. 5, S. 20-22, konkret S. 21; Schroeder, Stadtrecht, S. 284 f., Nr. 151), 11.05.1509 (KA Minden, Stadt Minden, A I, Nr. 447 (Ausfertigung); Culemann, Sammlung derer Vornehmsten Landes-Verträge, Nr. 7, S. 24 f., konkret S. 24; Schroeder, Stadtrecht, S. 298, Nr. 165 (Regest)), 02.08.1535 (KA Minden, Stadt Minden, A I, Nr. 534 (Ausfertigung); Culemann, Sammlung derer Vornehmsten Landes-Verträge, Nr. 10, S. 31; Schroeder, Stadtrecht, S. 317, Nr. 177 (Regest)), 25.11.1556 (Culemann, Sammlung derer Vornehmsten Landes-Verträge, Nr. 14, S. 52) sowie 01.10.1583 (Culemann, Sammlung derer Vornehmsten Landes-Verträge, Nr. 24, S. 158).

573 Fesche, Geschichte Wunstorfs, S. 16; Kuck, Burg und bischöfliche Herrschaft, S. 51; Schnack, Zwischen geistlichen Aufgaben und weltlichen Herausforderungen. Die Handlungsspielräume der Mindener Bischöfe von 1250 bis 1500, S. 443; Schoppmeyer, Städte in Westfalen, S. 248. Einen Überblick zu Stadtentwicklung, Stadtverfassung und Stadtrecht zur Stadt Wunstorf bei Lockert, Die Niedersächsischen Stadtrechte, S. 147-151, der sich auch kritisch damit auseinandersetzt, ob Wunstorf 1261 tatsächlich schon als Stadt bezeichnet werden kann.

574 Stadtarchiv Hannover, Stadt Wunstorf, Nr. 1 (Abschrift); Niedersächsisches Landesarchiv Hannover, Dep. 11 (Stadt Wunstorf – Urkunden), Nr. 1 (Abschrift); UB Braunschweig und Lüneburg 1, S. 36 f., Nr. 54: „ *[…] omne jus tam in majoribus quam in minoribus quod Civitas Mindensis et eam inhabitantes hactenus habuisse dinoscuntur, dedimus eisdem innovantes et Confirmantes privilegia […], salvo tamen in omnibus jure [..] videtur aliquatenus discordare, si vero aliquam dubitabilem questionem suboriri contigerit, […] ad Civitatem Mindensem recursum habebunt et quicquid ibi jus dictaverit […]*“. Siehe auch Schroeder, Stadtrecht, S. 183, Nr. 9 (Regest); WUB VI, S. 227, Nr. 762 (Regest).

575 Schroeder, Stadtrecht, S. 185 f., Nr. 19: „*[…] quod nos oppido nostro novello in Repholthusen talem libertatem gaudeant, qua cives nostri Mindenses fruuntur et hactenus fruebantur […]*“; siehe ebenfalls Subsidia 11, S. 115 f., Nr. 85; Regest in WUB VI, S. 412, Nr. 1295.

nicht.[576] Die Stadt Bad Münder (am Deister)[577] entwickelte ein weitgehend eigenständiges Recht, wurde jedoch nachweislich auch vom Mindener Recht geprägt.[578] Für Nienburg und Hameln ist die Situation ungeklärt. In Bezug auf Nienburg vermutet SCHROEDER, dass die Stadt zur Mindener Stadtrechtsfamilie zu zählen ist, bleibt Belege aber schuldig.[579] VON WINTERFELD vermutet dies zwar auch,[580] führt zu Recht letztlich aus, dass die Frage im Ergebnis offen bleiben muss.[581] In Bezug auf Hameln führt PISCHKE einige Urkunden an, die die Stadt in Verbindung mit dem Mindener Rechtskreis bringen, ohne dass sich jedoch eine klare stadtrechtsfamiliäre Verbindung nachweisen lässt.[582]

C. Thematisches Material

Weiteres themenbezogenes Quellenmaterial zur Mindener Stadtrechtsgeschichte befindet sich vor allem im Kommunalarchiv Minden[583], dem Landesarchiv

---

576 Schnack, Zwischen geistlichen Aufgaben und weltlichen Herausforderungen. Die Handlungsspielräume der Mindener Bischöfe von 1250 bis 1500, S. 439 f.; Kuck, Burg und bischöfliche Herrschaft, S. 52; Schoppmeyer, Städte in Westfalen, S. 138.

577 Einen Überblick zu Stadtentwicklung, Stadtverfassung und Stadtrecht zur Stadt Bad Münder bei Lockert, Die Niedersächsischen Stadtrechte, S. 151-154. Schroeder, Stadtrecht, S. 217, Nr. 80 spricht von „Münder, Kreis Springe"; Winterfeld, Stadtrechtliche Verflechtungen, S. 204, hingegen von „Münder, Kr. Hameln". Richtig ist folgendes: Am 01.03.1974 wurde der Landkreis Springe aufgelöst und die Stadt Bad Münder am Deister gehörte in der Folge zum Landkreis Hameln-Pyrmont.

578 Lockert, Die Niedersächsischen Stadtrechte, S. 154. Der Rat des „wycbeldes to Mvndere" bittet beispielsweise den Mindener Rat im 14. Jahrhundert um Rechtsweisung, siehe KA Minden, Stadt Minden A II, Nr. 48; Schroeder, Stadtrecht, S. 217, Nr. 80 (Regest).

579 Nachlass Schroeder, Berlin.

580 Winterfeld, Stadtrechtliche Verflechtungen, S. 204 und Karte 11 nach S. 202.

581 Winterfeld, Stadtrechtliche Verflechtungen, S. 228; Lockert, Niedersächsische Stadtrechte, S. 157 m. w. N. In den Beiträgen zur Nienburger Stadtgeschichte, herausgegeben vom Stadt- und Kreisarchivs Nienburg/Weser, finden sich keine neueren Erkenntnisse zum Thema.

582 Pischke, Die Entstehung der niedersächsischen Städte, S. 61 m. w. N. Von besonderer Relevanz ist hier eine Urkunde, die etwa auf das Jahr 1368 datiert wird, derzufolge die Stadt Hameln die Stadt Hildesheim vor dem Mindener Rat verklagt, vgl. Urkundebuch der Stadt Hameln, Teil I, S. 418 f., Urkundennummer 569. Pischke stellt hier die Frage, ob sich Hameln Hilfe bei einer übergeordneten Rechtsinstanz holte.

583 Siehe Nordsiek, Die Bestände des Kommunalarchivs Minden, S. 184-192, S. 253 zu den Beständen A und B. SCHULTE plant eine Online-Edition der Mindener Urkunden von 1231 bis 1539, siehe Schulte, Macht auf Zeit, S. 23, Fn. 88, und S. 479. Sehr

NRW Abteilung Westfalen (Münster)[584] und dem Geheimen Staatsarchiv Preußischer Kulturbesitz (Berlin)[585]; es ergibt sich zudem beispielsweise aus dem Hanserecht[586] und den Mindener Chroniken. Auf Culemanns „Mindische Geschichte“ (1747) und Schroeders „Chronik des Bistums und der Stadt Minden“ (1886) wurde bereits hingewiesen. Schroeder hat seiner Chronik eine dreiseitige Zusammenstellung älterer Chroniken und Werke zur Mindener Geschichte beigefügt

---

hilfreich sind die Bestände X im Mindener Kommunalarchiv, bei denen es sich um Abschriften und Kopien von Handschriften auswärtiger Archive, Museen und Bibliotheken handelt, die einen Bezug zur Stadtgeschichte haben. An dieser Stelle sei zudem erneut auf die umfangreiche Auflistung von 854 Mindener Archivalien im „Index Librorum Civitatum (ILC)“ hingewiesen, abrufbar unter https://www.stadtbuecher.de/de/stadtbuecher/deutschland/nordrhein-westfalen/minden/ (Stand: 15.11.2023).

584 Einen Überblick ermöglicht neben dem digitalen Findbuch unter www.archive.nrw.de auch die Arbeit von Reininghaus, Territorialarchive von Minden, Ravensberg, Tecklenburg, Lingen und Herford; zu Minden hier insbesondere S. 43-58. Zu nennen sind hier vor allem die umfangreichen Bestände zum Fürstentum Minden: Verwaltungsbehörden, Landstände und Domkapitel (Findbücher D 301u, D 302u sowie D 303 bis D 312) sowie Stifte und Klöster (15 Findbücher).

585 Das Geheime Staatsarchiv Preußischer Kulturbesitz in Berlin verfügt aufgrund der zeitweisen preußischen Zugehörigkeit Mindens ebenfalls über Archivalien von rechtshistorischem Interesse. Hierbei handelt es sich um die über jeweils ein Findbuch zu erschließenden Bestände II. HA GD, Abt. 17, Minden und Ravensberg (1302-1806, 32 lfm) und I. HA GR, Rep. 32, Fürstentum Minden (1578-1826, 40 lfm).

586 Minden war Mitglied der Hanse, wobei Mindens Rolle in der Region und der gesamten Hanse unterschiedlich bewertet wird, siehe Rohlfing, Krämer, Kaufleute, Konzerne. Handel in Minden, Hamburg 2017, S. 35; Kuster, Trond: Die Hanse in Ostwestfalen im 16. Jahrhundert, in: Mitteilungen des Mindener Geschichtsvereins, Jahrgang 85 (2013), S. 55-74; Schoppmeyer, Untersuchungen zur hansischen Geschichte Mindens, S. 74, 80. Aktuell und sehr aufschlussreich allgemein zur Frage der Hansezugehörigkeit nun Jahnke, Hansisch oder nicht-hansisch?, S. 1-22, in: „Hansisch oder nicht-hansisch. Das Beispiel der kleinen Städte und Livlands in der Hanse, hrsg. von Juhan Kreem und Jürgen Sarnowsky, Wismar 2019. Nichtsdestotrotz verdient der Umstand der Hansemitgliedschaft aus rechtshistorischer Perspektive Beachtung insbesondere dann, wenn Forschungen zum Handelsrecht durchgeführt werden. Hier sind u.a. die Hanserecesse als Quellenmaterial heranzuziehen, siehe Historische Commission bei der Königlichen Akademie der Wissenschaften (Hrsg.): Hanserecesse: die Recesse und andere Acten der Hansetage 1256 – 1430. Band VI. Nachdruck der Ausgabe Leipzig 1889, XXX 1975; sowie Höhlbaum, Konstantin (Bearb.): Hansisches Urkundenbuch, 11 Bände, Halle / Leipzig / Weimar 1876-1916.

(S. 717-719). KRIEG[587] hat letztlich unter Ergänzung der Arbeit von ENGEL[588] allein für das 16. und 17. Jahrhundert 16 (!) Handschriften Mindener Chronistik ausmachen können. Hierbei handelt es sich aber häufig um reine Bischofschroniken oder um teilweise Abschriften. Hervorzuheben sind allerdings die Chroniken von Domherr Heinrich Tribbe (um 1460)[589] und von Stadtkämmerer Heinrich Piel (1572-1579),[590] da sie auch für die rechtshistorische Forschung besonders aufschlussreich sind.

In den Archiven stehen als weiteres Material zur Mindener Stadtrechtsgeschichte insbesondere Mindener Satzungen, Ordnungen und Bruchrollen, Ratsprotokolle, Gerichtsakten und Einzelurkunden zur Verfügung und es ergibt sich damit insgesamt eine Fülle an Forschungsmaterial. Hervorzuheben sind dabei die städtischen Bruchrollen und Polizeiordnungen, weil auf diese im Rahmen der rechtshistorischen Einordnung der Mindener Stadtrechtsreformation von 1613 noch Bezug genommen wird. Grundlegend zu diesem

---

587 Krieg, Handschriften der Mindener Chronistik im 16. und 17. Jahrhundert, in: Westfälische Zeitschrift, Band 107 (1957), S. 107-134.

588 Engel, Gustav: Geistiges Leben in Minden, Ravensberg und Herford während des 17. und 18. Jahrhunderts. Teil I: Die Geschichtsschreibung, in: LII. Jahresbericht des Historischen Vereins für die Grafschaft Ravensberg zu Bielefeld, Bielefeld 1938, S. 1-158, konkret S. 16-36.

589 Staatsbibliothek zu Berlin, Preußischer Kulturbesitz, Ms. boruss. quart. 147. Eine Beschreibung findet sich bei Löffler, Klemens (Hrsg.): Die Bischofschroniken des Mittelalters (Hermann v. Lerbeck Catalogus episcoporum Mindensium und seine Ableitungen). Veröffentlichungen der Historischen Kommission für Westfalen XIII. Geschichtsquellen des Fürstentums Minden. Band I, Münster 1917, S. XXX-XLVIII. Eine Zusammenfassung findet sich bei Schulte, Macht auf Zeit, S. 36-42; eine Edition bei Löffler, Klemens (Hrsg.): Des Domherrn Heinrich Tribbe Beschreibung von Stadt und Stift Minden (um 1460). Veröffentlichungen der Historischen Kommission des Provinzialinstitutes für Westfälische Landes- und Volkskunde. Mindener Geschichtsquellen. Band II, Münster 1932; sowie eine Übersetzung bei Krieg, Martin: Des Domherrn Heinrich Tribbe Beschreibung von Stadt und Stift Minden (um 1460). Abschnittsweise aus dem mittelalterlichen Latein in Deutsche übersetzt, in: Mindener Heimatblätter, Jahrgang 13 (1935) - Jahrgang 17 (1939).

590 Landesbibliothek Hannover, Ms. XXII 1376; KA Minden, Stadt Minden, X 27 (Abschrift). Für eine Edition siehe Krieg, Martin (Hrsg.): Das Chronicon domesticum et gentile des Heinrich Piel. Veröffentlichungen der Historischen Kommission für Westfalen XIII. Geschichtsquellen des Fürstentums Minden. Band IV, Münster 1981. Lesenswert des Weiteren Schulte, Macht auf Zeit, S. 42-46; sowie Krieg, Martin: Die Mindener Chronik des Stadtkämmerers Heinrich Piel, in: Mindener Heimatblätter, Jahrgang 27 (1955), Nr. 4/5, S. 49-58.

Thema haben bereits LINNEMEIER[591] und PAHL[592] gearbeitet. Es ist festzustellen, dass sich ein für Minden spezifisches Charakteristikum erkennen lässt: Ausschließlich Aufwands- und Kleiderordnungen tragen in Minden den Titel Polizeiordnung, wohingegen alle sonstigen ordnungsbehördlichen Regelungen als „Bruchrolle" bezeichnet werden.[593] Bisher sind Mindener Bruchrollen aus folgenden Jahren bekannt: 1566,[594] 1604,[595] 1638,[596] und 1673.[597] Betrachtet man die Polizeiordnungen im Sinne von Aufwands- und Kleiderordnungen, so finden sich hierzu bisher folgende Überlieferungen: eine Aufwandsordnung aus dem Jahr 1335,[598] Passagen der Bruchrolle von 1566 (s.o.), Polizeiordnungen von 1613,[599] 1641,[600] 1647,[601] 1654,[602] 1658,[603] und

591 Linnemeier, Bernd-Wilhelm: Obrigkeitliche Mäßigkeitsverordnungen sowie Edikte zum religiös-sittlichen Leben in Stadt und Fürstentum Minden zur Zeit des Dreißigjährigen Krieges, in: Rheinisch-Westfälische Zeitschrift für Volkskunde, Band 42 (1997), S. 51-83; sowie Linnemeier, Bernd-Wilhelm: Städtische Obrigkeit als ordnungsstiftende Instanz. Die Mindener Polizeiordnungen von 1566 und 1604, in: Vom Heerlager zur Hansestadt. Untersuchungen zur Mindener Geschichte (798-1648), hrsg. von Hans Nordsiek, Minden 1998, S. 205-224 (entspricht dem Beitrag in: Mitteilungen des Mindener Geschichtsvereins, Jahrgang 69 (1997), S. 205-248).

592 Pahl, Horst Henning: Obrigkeit und Ordnungspolitik in der Stadt Minden zwischen 1550 und 1650, Magisterarbeit Bielefeld 1999.

593 Pahl, Obrigkeit und Ordnungspolitik, S. 26.

594 KA Minden, Stadt Minden B, Nr. 396, Blatt 1-8 vom 18.02.1566 und KA Minden, Stadt Minden B, Nr. 368, Blatt 10-18 vom 18.02.1566. Eine Edition bei Linnemeier, Städtische Obrigkeit als ordnungsstiftende Instanz, S. 242-248.

595 KA Minden, Stadt Minden B, Nr. 368, Blatt 19-25 vom 16.07.1604. In demselben Archivstück befindet sich auf Blatt 32-34 noch ein Entwurf (?) vom 13.09.1661.

596 KA Minden, Stadt Minden B, Nr. 268, Blatt 17-35.

597 KA Minden, Stadt Minden B, Nr. 268 (alt).

598 KA Minden, Stadt Minden A I, Nr. 46 vom 24.11.1335, vgl. auch Schroeder, Stadtrecht, S. 199 f., Nr. 45.

599 Polizeiordnung vom 04.01.1613, gedruckt bei Joachim Koch in Lemgo. Ein Digitalisat der Polizeiordnung von 1613 ist zugänglich über die Wolfenbüttel Digital Library der Herzog August Biblitohek Wolfenbüttel, abrufbar unter: http://diglib.hab.de/drucke/sg-36-1s/start.htm (Stand: 15.11.2023). Eine Kopie des Wolfenbütteler Exemplars befindet sich im Kommunalarchiv Minden unter KA Minden, Bibliothek 11.026.

600 KA Minden, Stadt Minden B, Nr. 228, Blatt 16-23 vom 08.06.1641.

601 KA Minden, Stadt Minden B, Nr. 100 (alt), ohne Datum, zur Datierung siehe aber Pahl, Obrigkeit und Ordnungspolitik, S. 39, Fn. 244.

602 KA Minden, Stadt Minden B, Nr. 756 vom 17.03.1654.

603 Polizeiordnung vom 01.07.1658, gedruckt „zu Rinteln bey Seel. Lucii nachgelassener Wittwen", siehe KA Minden, Bibliothekm L.2603 und LAV NRW W, Bibl. 15899.

1674.[604] Ein weiteres bedeutendes Feld der Stadtrechtsgeschichte des 17. Jahrhunderts stellen zudem die städtischen Gerichtsordnungen dar. SCHROEDER nennt hier zwei Halsgerichtsordnungen (um 1600 und 1643), zwei Gerichts-Prokuratoren-Ordnungen (1621 und 1636), sowie eine Prozess-Ordnung (1641).[605]

D. Sachsenspiegel

Das mittelalterliche Recht der Städte in Westfalen und Niedersachsen ist eng mit der Verbreitung und Wirkung des Sachsenspiegels[606] verbunden.[607] Bei dem Sachsenspiegel handelt es sich um eines der ältesten und bedeutsamsten mittelalterlichen deutschen Rechtsbücher; es wurde zwischen 1220 und 1235 von Eike von Repgow verfasst.[608] Der Sachsenspiegel war zwar eine reine Privatarbeit, erlangte aber aufgrund seiner Qualität und und der Niederschrift des verbreiteten Gewohnheitsrecht „gesetzesähnliche Autorität und Beachtung" weit über die Grenzen Sachsens hinaus.[609]

In Minden hat sich kein Sachsenspiegel-Exemplar erhalten. Dass in Minden auch der Sachsenspiegel Verwendung fand, lässt sich jedoch anhand von zwei Rechtsmitteilungen zweifelsfrei nachweisen. Dies ist ein überraschender Befund, denn „nur selten begegnet in mittelniederdeutschen Urkunden ein direkter Bezug auf den Sachsenspiegel",[610] wenn auch allgemein jedenfalls für

---

604 Polizeiordnung vom 28.10.1674, gedruckt bei Johan Piler in Minden. Die zeitlich nächste Polizeiordnung wurde am 23.03.1703 erlassen, vgl. Pahl, Obrigkeit und Ordnungspolitik, S. 39, Fn. 247. Siehe auch KA Minden, Stadt Minden, B 791.

605 Nachlass Schroeder, Berlin. Bedauerlicherweise gibt Schroeder keine Fundstellen/Signaturen an. Hingewiesen werden kann aber auf die ergiebigen Notizen von Schlicke in LAV NRW W, Ms VII, 2902b u.a. zum Halsgericht (Digitalisatblatt 66-68, sowie 75-77).

606 Als aktuelle Publikation (auch mit einem Überblick zur modernen Sachsenspiegelforschung) sei empfohlen: Lück, Heiner: Der Sachsenspiegel. Das berühmteste deutsche Rechtsbuch des Mittelalters, Darmstadt 2017.

607 Kroeschell, recht unde unrecht der sassen, S. 89.

608 Dorn, „Der Tote erbt den Lebenden". Eine deutschrechtliche Exegese zu Sachsenspiegel, Lehnrecht 6, S. 491 f., mit einem eingängigen Überblick.

609 Dorn, „Der Tote erbt den Lebenden". Eine deutschrechtliche Exegese zu Sachsenspiegel, Lehnrecht 6, S. 492.

610 Pilkmann-Pohl, „was nicht ghebore(n) en is dat kann nicht weder leue(n)dich werde(n)". Zur Anwendung des Sachsenspiegels in einem Mindener Rechtsstreit des 15. Jahrhunderts, in: Niederdeutsches Wort, Band 37 (1997), S. 55-64, konkret S. 55.

das 15. Jahrhundert Räte und Städte als „Benutzer und Besitzer gut bezeugt" sind.[611]

Bei der ersten Mindener Urkunde, die den Sachsenspiegel als Rechtsargument heranzieht, handelt es sich um einen Brief des Rates der Stadt Minden an den Rat der Stadt Hildesheim.[612] DOEBNER liefert hierzu Regest sowie Urkundentext und nimmt eine ungefähre Datierung auf ca. 1380 - 1400 vor. [613] Inhaltlich behandelt die Urkunde einen Rechtsstreit um Grundbesitz und zitiert aus dem Sachsenspiegel Landrecht, Drittes Buch, Artikel 82, 2.

Die zweite Mindener Urkunde, die direkt auf den Sachsenspiegel Bezug nimmt, ist auf den 09.10.1449 datiert und befindet sich im Kommunalarchiv Minden.[614] PILKMANN-POHL hat sie ediert, übersetzt und inhaltlich kommentiert.[615] Der Urkunde liegt eine erbrechtliche Streitigkeit vor dem Mindener Rat zugrunde. Die Urkunde überliefert die schriftliche Einlassung der beklagten Partei mit drei konkreten Sachsenspiegel-Bezügen und zwar auf Sachsenspiegel Landrecht, Erstes Buch, Artikel 22 (korrekt: Erstes Buch, Artikel 21, 1), Lehnrecht, Artikel 31 sowie Landrecht, Erstes Buch, Artikel 21, 2.

---

611 Hüpper, Auftraggeber, Schreiber und Besitzer von Sachsenspiegel-Handschriften, S. 75.

612 Die Urkunde befindet sich im Stadtarchiv Hildesheim und trägt die Signatur Best. 2 Nr. 124. Siehe Kroeschell, Rechtsaufzeichnung und Rechtswirklichkeit, S. 373. An dieser Stelle sei der Hinweis gestattet, dass Minden und Hildesheim nicht durch stadtrechtsfamiliäre Zusammenhänge miteinander verbunden waren. Hildesheim gehörte keiner Stadtrechtsfamilie an, vgl. Germer, Die Geschichte der Stadt Hildesheim bis 1945, S. 73.

613 Doebner, Urkundenbuch der Stadt Hildesheim. Zweiter Teil von 1347 bis 1400, S. 656 f. (auch zitiert als: UB Hildesheim II, Nr. 1193): „ [...] yn deme LXXXII cappittele des derden bukes, dat beghint:, Swe en gut deme anderen ghift unde let it eme an syne were, dar he sulven nene were an enhadde, [...]'."

614 KA Minden, A I, Nr. 323.

615 Pilkmann-Pohl, „was nicht ghebore(n) ...", S. 55-64.

Sechstes Kapitel: Mindener Stadtrechtsreformation von 1613

> „So haben Wir demnach solche unserer Vorfahren beschriebene Statuta und StadtRechte durch die unseres Mittels dazu verordnete Persohnen und Rechtsgelährten revidiren,
>
> in gewisse Ordnung und Titel disponiren und verfassen,
>
> auch bißweilen an nötigen Orten dieselbe auß der gemeinen observantz, auch denen auff unser Cämerey verhandenen Urtheilbücheren, praejudiciis, und Rechtssprüchen suppliren und vermehren,
>
> auch auß der alten Sächsischen in Hochteutsche und jetzo alhie gebräuchliche Sprache transponiren und versetzen lassen [...].“
>
> Prooemium Statutorum Mindensium (1613)

Von größtem Interesse für die Mindener Stadtrechtsgeschichte der frühen Neuzeit ist die Mindener Stadtrechtsreformation von 1613 mitsamt ihrer Kommentierung von 1674, die bisher weder in Edition oder Abschrift vorliegt noch inhaltlich ausgewertet wurde.

§ 1 Entstehungsgeschichte

Die Entstehungsgeschichte der Mindener Stadtrechtsreformation ist untrennbar mit der Person des Juristen Dr. Johann Averberg[616] verbunden.

Der Mindener Stadtsyndicus Johann Averberg hat das überlieferte Mindener Stadtrecht zusammengetragen sowie überarbeitet. Es wurde am 08.01.1613 unter der Mindener Rathauslaube öffentlich verlesen und damit in Kraft gesetzt.[617] Diese Art der rechtswirksamen Bekanntmachung war gängiges Instrument der Rechtspraxis seit dem Mittelalter.[618] In

616 Häufig anzutreffen auch in der Schreibweise „Averbergh“.

617 Dies geht einerseits aus dem Proömium hervor, worauf zurückzukommen sein wird, andererseits berichten dies übereinstimmend die alten Quellen zur Stadtgeschichte, namentlich Schroeder, Chronik des Bistums und der Stadt Minden, S. 540, sowie Culemann, Mindische Geschichte, Band 5, S. 183.

618 Zur Veröffentlichungspraxis und dem Grundsatz, dass Unwissenheit vor Strafe schützt, siehe Pahl, Obrigkeit und Ordnungspolitik, S. 65. In diesem Zusammenhang sei auch auf das grundlegende Institut des sogenannten Eddach verwiesen, das sich noch weit

Minden war ansonsten der öffentliche Anschlag die meistgenutzte Form der Bekanntmachung.[619]

Johann Averberg wurde vermutlich um 1580 geboren und starb nach 1624.[620] Die genauen Lebensdaten von Johann Averberg konnten bedauerlicherweise nicht ermittelt werden,[621] wohl aber die Daten einiger wichtiger Lebensstationen.

Averberg[622] war nach dem Ende seiner Studienzeit in Helmstedt[623] Stadtsyndikus in Minden, bevor er mecklenburgischer Hofrat und Kanzleidirektor

---

über das Mittelalter hinaus erhalten hat; hierzu Vogtherr, Die Stadt und ihr Recht, S. 137: „Am Eddach, einem typischen Ereignis im nordwestdeutschen Städteleben des Mittelalters, lässt sich dieses Neben- und Gegeneinander von Rat und Gemeinde bestens verdeutlichen. Der „Eid-Tag", das steht hinter dem mittelniederdeutschen Wort „eddach", wurde jährlich einmal begangen. Die Gemeinde versammelte sich auf dem Marktplatz oder vor dem Rathaus, jedenfalls an einem öffentlichen Ort, möglichst vollzählig. Das Stadtrecht und die Satzungen des Rates und der Gemeinde wurden verlesen und dadurch den Angehörigen der Gemeinde wieder in Erinnerung gerufen." Siehe zur Verlesung des Rechts auch Schöne, Das Soester Stadtrecht, S. 31-35. Hierzu für die Stadt Bielefeld auch Andermann, Bürgersprachen, Statuten und Brüchten im mittelalterlichen und frühneuzeitlichen Bielefeld, S. 9; sowie Stockmeier, Die Bürgersprache der Stadt Bielefeld, S. 283 f.

619 Pahl, Obrigkeit und Ordnungspolitik, S. 65 f. mit weiteren Informationen zu den Instituten der alljährlichen Verlesung und der Auslegung im Rathaus.

620 Rückschluss aus der Zusammenschau der folgenden biographischen Daten und des archivalischen Materials.

621 Aktuelle Datenbanken wie „Deutsche Biographie", „Kalliope", „MyHeritage" und „Ancestry" machen hierzu keine oder keine genaueren Angaben (Stand: 10.07.2020). Eine Leichenpredigt ist nicht überliefert, wie eine Recherche im Gesamtkatalog deutschsprachiger Leichenpredigten (GESA) ergab. Zu Averberg finden sich auch in früheren Standardwerken des 18. Jahrhunderts wie Zedlers- Universallexikon oder Jöchers Gelehrtenlexikon keine Einträge. In dem zeitlichen relevanten Mindener Bürgerbuch (1574-1608) sind - wie üblich - nur Neuerwerbungen der Bürgerschaft notiert. Auch eine Recherche in kirchlichen Quellen, insbesondere Taufbüchern, blieb ohne Erfolg. Die Recherche im Kirchenbuchportal Archion, über das auch die Bestände des Landeskirchlichen Archiv der Evangelischen Kirche von Westfalen zugänglich sind, war ergebnislos, weil dort die Taufbücher für St. Marien erst ab 1687 vorliegen, für St. Petri ab 1652, für St. Martini ab 1674 sowie für St. Simeonis ab 1682.

622 „Andere Namenschreibweise des Studenten: Auerberg", Ranieri, Biographisches Repertorium der Juristen im Alten Reich, Band A, S. 250 Nr. 1374.

623 Die Matrikel der Universität Helmstedt („Album Academiae Helmstadiensis"), Band 1 (1574-1636), weist „Johannes Auerbergius, Mindensis" im ersten Semester 1608 als Student aus (S. 196, Nr. 31) und im zweiten Semester 1608 als Promovend (S. 199, Nr. 1 (bei „Facultas iuridica")). Es ist davon auszugehen, dass Averberg zuvor an einer

wurde.[624] Er ist 1597 erstmalig als Stadtsekretär in Minden nachweisbar, seit 1608 bis 1620 zugleich als Stadtsyndicus.[625]

Averberg hat bis 1608 Rechtswissenschaften studiert, und es ist davon auszugehen, dass er bei seinem Abschluss etwa 25 Jahre alt war.[626] In das Jahr 1608 fällt dann auch seine Promotion.[627] Anlässlich dieser Promotion sind

---

anderen Universität studiert hat, weil das Rechtsstudium etwa fünf Jahre in Anspruch nahm. 1618/1619 findet sich im Übrigen in den Listen erneut ein „Joannes Averbergius, Mindensis" (S. 270, Nr. 101). Ranieri, Biographisches Repertorium der Juristen im Alten Reich, Band A, S. 250 Nr. 1374, geht davon aus, dass es sich hierbei um dieselbe Person handelt, „zum Zeitpunkt seiner zweiten Immatrikulation schon mecklenburgischer Hofrat". Nordsiek, Geschichte des Archivs, S. 33 f., hingegen listet Averberg noch bis 1620 als Mindener Syndicus. 1620 jedenfalls ist dann ein „Daniel Averberg, Mindeses [sic]" verzeichnet (S. 282, Nr. 138), vermutlich die nächste Generation.

624 https://kalliope-verbund.info/de/eac?eac.id=123062004 (Stand: 15.11.2023). Culemann, Mindische Geschichte, Band 5, S. 183, bezeichnet Averberg als „Ultramontanum, Philosophiae Magistrum, post J.u. Doctorem & Syndicum Mindensem, nachherigen Mecklenburgischen Rath und Kantzler". Gemäß Kalliope war Averberg zudem braunschweig-lüneburgischer Rat und Syndikus der Grafschaft Hoya.

625 Nordsiek, Geschichte des Archivs, S. 33 f.

626 Die meisten Studenten studierten zunächst für etwa drei Jahre die Artes liberales und anschließend für etwa fünf Jahre Rechtswissenschaften. Eine Immatrikulation war (aufgrund des zu schwörenden Eides) frühestens mit 13 Jahren möglich, meist geschah sie allerdings im Alter von etwa 16 Jahren. Die meisten Studenten waren bei ihrer Immatrikulation für das Rechtsstudium etwa 18 Jahre alt. Dank für diesen Hinweis gebührt Lotte Kosthorst, Mitarbeiterin am Repertorium Academicum Germanicum und Doktorandin zum Thema „Studentische Migration aus der Diözese Köln an die italienischen Universitäten im 15.-17. Jahrhundert".
Für eine entsprechende Studienzeit Averbergs sprechen auch zwei auf seinen Namen lautende Disputationen aus dem Jahr 1587 an der Universität Helmstedt unter Praeses Arnold von Reyger zu Inst. 4.6.20 und Inst. 3.20, siehe Ranieri, Biographisches Repertorium der Juristen im Alten Reich, Band A, S. 250 Nr. 1374 mit S. 262 Nr. 27 und Nr. 28.

627 Es handelt sich um eine Abhandlung zu Zweckverfehlungen bzw. Rückforderung wegen Nichteintritt des erwarteten Erfolges (*„De Condictione Causa Data Causa Non Secuta", „De Condictione Ob Causam Datorum"*) anhand von Buch 12, Titel 4 der Digesten sowie Buch 4, Titel 6 des Codex. Digitalisat über die Wolfenbütteler Digitale Bibliothek (WDB), *„Disputationes Quatuor"* unter http://diglib.hab.de/drucke/107-9-jur-13s/start.htm (Stand: 15.11.2023). Drucke nachweisbar in Wolfenbüttel, Herzog-August-Bibliothek mit Signatur: 107.9 Jur. (13), sowie in Helmstedt, Ehemalige Universitätsbibliothek, Signatur: II L 238 (1); Informationen laut dem Verzeichnis

Gratulationsschriften von Johannes Caselius[628] sowie eine Sammelschrift mit 20 Beiträgen[629] überliefert. Dass Averberg Minden als seine langjährige Wirkstätte im Jahre 1620 verlassen hat, kann aufgrund der überlieferten Schrift zu seinem neuen Amtsantritt als gesichert gelten.[630]

Es ist sehr wahrscheinlich, dass Johann Averberg in Minden nicht nur gewirkt hat, sondern tatsächlich einer eingesessenen Mindener Familie entstammte. Seine Promotionsschrift weist ihn ausdrücklich als „Mindanus" aus.[631] Verheiratet war Johann Averberg mit einer geborenen Wübke Gevekot,[632] auch diese wohl aus einer alteingesessenen, ratsfähigen Mindener Familie, die im späten Mittelalter zahlreiche Ratsherren und Bürgermeister stellte.[633]

Nachweislich schon im Jahre 1532 gab es einen Ratsherrn namens Johan Averberg,[634] 1540 einen Bürger und Kistenherr[635] namens Cord Auerberge.[636]

---

der im Deutschen Sprachraum erschienenen Drucke des 17. Jahrhunderts (kurz VD 17, über www.vd17.de).

628 Digitalisat über die Wolfenbütteler Digitale Bibliothek (WDB), *„Joanni Averbergio"* unter http://diglib.hab.de/drucke/j-387-4f-helmst-10s-a/start.htm (Stand: 15.11.2023). Druck nachweisbar in Wolfenbüttel, Herzog August Bibliothek mit Signatur: J 387.4° Helmst. (10a); Informationen laut VD 17.

629 Digitalisat über die Wolfenbütteler Digitale Bibliothek (WDB), *„Vota Et gratulationes"* unter http://diglib.hab.de/wdb.php?dir=drucke/j-387-4f-helmst-10s&pointer=2 (Stand: 15.11.2023). Druck nachweisbar in Wolfenbüttel, Herzog-August-Bibliothek mit Signatur: J 387.4° Helmst. (10); Informationen laut VD 17.

630 Digitalisat über die Staatsbibliothek Berlin, *„Ephodia"* unter https://digital.staatsbibliothek-berlin.de, Signatur 50 MA 48659; Informationen laut VD 17. Siehe auch KA Minden, Stadt Minden, B 810, Herzog Adolf Friedrich von Mecklenburg an den Mindener städtischen Syndikus Dr. iur. Johann Averberg wegen seiner Bestallung (Neustadt 21.06.1620).

631 Digitalisat über die Wolfenbütteler Digitale Bibliothek (WDB), *„Disputationes Quatuor"* unter http://diglib.hab.de/drucke/107-9-jur-13s/start.htm (Stand: 15.11.2023). Drucke nachweisbar in Wolfenbüttel, Herzog-August-Bibliothek mit Signatur: 107.9 Jur. (13), sowie in Helmstedt, Ehemalige Universitätsbibliothek, Signatur: II L 238 (1); Informationen laut VD 17.

632 Siehe Eintrag zu „Johann Overberg" unter www.MyHeritage.de (Stand: 10.07.2020).

633 Der Nachname findet sich bereits im Stadtbuch von 1318, vgl. II, 57 vom 10.12.1462 (Gheuekoten) und II, 69 um 1450 (Gheuekote). Beachtenswert auch die Eintragungen im Personenindex bei Schulte, Macht auf Zeit, S. 511 f.

634 Schulte, Macht auf Zeit, S. 419.

635 Ein Kistenherr ist ein Verwalter über eine städtische oder kirchliche Kiste, d. h. über eine Kasse (DRW, Band VII, Sp. 1023).

636 Schroeder, Stadtrecht, S. 332, Nr. 187 (05.04.1540).

1581 lässt sich ein Hudeherr namens Daniel Averberg nachweisen,[637] ebenso wie 1630/1631 und 1636/1637.[638] 1598, 1601 und 1602 dann gab es einen Bürgermeister namens Gerdt Averberg.[639] 1609 und 1612 lässt sich ein Hudeherr namens Bartold Averberg nachweisen.[640] 1640/1641 existiert ein Hudeherr namens Hinrich Averberg,[641] der 1642 zu den Ältesten der Hude zählt.[642] Weitere Namensverwandte lassen sich auch noch in der zweiten Hälfte des 17. Jahrhunderts in Minden nachweisen.[643]

Aufschluss über die Familienverhältnisse können zudem drei überlieferte Hochzeitsschriften geben. Die erste Hochzeitsschrift stammt aus dem Jahre 1585; dieser Schrift zufolge hat eine Gesa Averberg, Tochter des Mindener Ratsherrn Joannis Averberg („*viri Joannis Averbergii inclytae Reip. Mindensis Senatoris filiae*"), einen Georg Butner geheiratet hat.[644] Verfasst wurde die Hochzeitschrift von einem Mindener Joann Averberg („*Joanne Averbergio Mindano S.L. alumno*").

Die zweite Hochzeitsschrift stammt aus dem Jahre 1586; dieser Schrift zufolge hat ein Barthold Averberg, Sohn des Mindener Ratsherrn Cunrad Averberg, eine

637 Krieg, Margit: Vom Mindener Hudewesen, in: Mitteilungen des Mindener Geschichts- und Museumsvereins, 38. Jahrgang (1966), S. 112-134, konret S. 120.

638 Krieg, Margit: Vom Mindener Hudewesen, in: Mitteilungen des Mindener Geschichts- und Museumsvereins, 38. Jahrgang (1966), S. 112-134, konret S. 127.

639 Schroeder, Johann Karl von: 700 Jahre Mindener Bürgermeister, in: Mindener Heimatblätter, 35. Jahrgang (1963), S. 19-25, konkret S. 23.

640 Krieg, Margit: Vom Mindener Hudewesen, in: Mitteilungen des Mindener Geschichts- und Museumsvereins, 38. Jahrgang (1966), S. 112-134, konkret S. 130-132.

641 Krieg, Margit: Vom Mindener Hudewesen, in: Mitteilungen des Mindener Geschichts- und Museumsvereins, 38. Jahrgang (1966), S. 112-134, konret S. 132.

642 Krieg, Margit: Vom Mindener Hudewesen, in: Mitteilungen des Mindener Geschichts- und Museumsvereins, 38. Jahrgang (1966), S. 112-134, konret S. 133.

643 Recherchen zu den Namensvarianten „Overberg", „Averberg", „Averbergs", „Averberges" und „Averberck" unter www.MyHeritage.de (Stand: 10.07.2020) lieferten für die zweite Hälfte des 17. Jh. in Minden beispielsweise folgenden Geburten: Johann Cord (geboren 1693 als Sohn eines Johann), Anna Cathrinam (geboren 1674 oder 1687 als Tochter eines Johann) und Johan Hinrich (geboren 1679 als Sohn eines Ernst).

644 Digitalisat der Hochzeitsschrift über die Bayerische Staatsbibliothek, „*Gamelion Nvptiis Ornatissimi Juvenis*" unter https://www.digitale-sammlungen.de/de/view/bsb00038135?page=,1 (Stand: 15.11.2023). Druck nachweisbar in München, Bayerische Staatsbibliothek mit Signatur: P.o.lat. 1685 f.

Sophia Eckstein geheiratet.[645] Verfasst wurde die Hochzeitsschrift von einem Mindener Bruder „*Joanne Averbergh*".

Damit sind nun also auch mindestens zwei, eher drei unterschiedliche Personen namens Johann Averberg aus den Jahren 1585/1586 bekannt, abschließend klären lassen sich die verwandtschaftlichen Verhältnisse aber nicht. Es ist allerdings eher unwahrscheinlich, dass es sich bei einem der Genannten um den Verfasser der Stadtrechtsreformation handelt, weil dieser (wenn man seine Studienzeit als feste Größe heranzieht) zu jung war, um als Verfasser in Erscheinung zu treten.

Als gesichert kann jedoch gelten, dass eine Tochter von Stadtrechtsreformator Johann Averberg, Elisabeth Averberg, 1622 den Helmstedter Mediziner und Professor Johann Heinrich Meibom (1590-1655) geheiratet hat.[646] Dieser ist der Sohn des Helmstedter Historikers und Professors Heinrich Meibom (1555-1625),[647] mit dem Averberg über Jahrzehnte (1592-1624) einen intensiven Briefwechsel pflegte.[648]

Aus der Gesamtschau aller festgestellten Daten ergibt sich Folgendes: Johann Averberg wurde wahrscheinlich um 1580 geboren (Rückschluss aus Studienende/Promotion) und ist verstorben nach 1624 (Ende der Korrespondenz mit Heinrich Meibom (1555-1625), dem langjährigen Brieffreund und Vater des Schwiegersohnes).

---

645 Suchergebnis zur Personensuche „Averberg, Johann" über Worldcat.org, allerdings leider ohne jegliche Bibliotheks- oder Archivnachweise. Das VD 17 verzeichnet die Schrift leider nicht. Der unter Worldcat.org wiedergegebene Text lautet: „*Agaulia Musarum in felix et prosperum conjugii auspicium ornatissimi juvenis BartholdiAverbergii... Cunradi Averbergii... Mindensium Senatoris, filii, sponsi: Et... Sophiae Ecksteinae... Hermanni Eckstenii ejusdem Reip. Senatoris munus administrantis filiae, sponsae: Anni hujus 1586 16. Octobris. Consecrata a Joanne Averbergh Mindano fratre Germano*".

646 Digitalisat der Hochzeitsschrift über die Staatsbibliothek Berlin, „*Nuptiis Auspicatis*" unter https://digital.staatsbibliothek-berlin.de (Stand: 15.11.2023). Druck nachweisbar in Staatsbibliothek zu Berlin - Preußischer Kulturbesitz mit Signatur: 3a in: Bibl. Diez qu. 2417; Informationen laut VD 17. Laut Stammbaum zu „Elisabeth Marie Von Meibom (geb. Overberg)" unter www.MyHeritage.de (Stand: 10.07.2020) hatte das Paar vier Kinder: Marcus (1626-1710), Sofia (1630-1673), Heinrich (1638-1700) und Maria (1632-1683).

647 Rechercheergebnis zur Personensuche im VD 17 (Stand: 23.06.2020).

648 Niedersächsische Landesbibliothek Hannover, Ms XLII 1894 (Epistolae Averbergh), als Kopie auch unter KA Minden, Stadt Minden, X 145.

Wie bereits dargelegt ist Johann Averberg Verfasser einer Promotionsschrift und der Mindener Stadtrechtsreformation. Es sind zudem einige Druckschriften des 17. Jahrhunderts überliefert, in denen Averberg jedenfalls genannt ist; weitere eigene Verfassertätigkeit von juristischen Arbeiten konnte ihm jedoch bisher nicht nachgewiesen werden.[649]

649 Averberg tritt lediglich in Erscheinung als Verfasser einer Lobschrift: „*Acclamatio ad reuerend. V. Dn. Henningum Ludouici, Mindae ad S. Simeonem Ecclesiasten: & doctiss. Dn. Iohannem Sagittarium, ibidem scholae Martinianae conrectorem.*" (1603, Druck nachweisbar in Biblioteca Nazionale Centrale Roma mit Signatur: MISC. VAL.78.16A; Informationen laut Worldcat.org) und hat eine kurze Vorrede in dem Werk von Anton Bulläus: „*Disputationes Et Orationes Iuridico-Politicae*" verfasst (1618, Digitalisat über das SUB-Göttinger Digitaliserungszentrum, „Disputationes Et Orationes Iuridico-Politicae" unter https://gdz.sub.uni-goettingen.de/ (Stand: 15.11.2023); Druck nachweisbar in Göttingen, Niedersächsische Staats- und Universitätsbibliothek mit Signatur: 8 J VAR 9/r (1; Information laut Worldcat.org). Als Widmungsempfänger begegnet Averberg in fünf Druckschriften. Dies sind im Einzelnen (1) von Thomas Eddelerus „*Disputatio Philosophica Illustriores Quaestiones Ex Fonte Logico, Metaphysico, Ethico &c. Proponens*" (1623, siehe Digitalisat der Schlüsselseiten bei VD 17. Druck nachweisbar in Braunschweig, Stadtbibliothek mit Signatur: M 654/5 (4°) (Ministerialbibliothek)), (2) von Christoph Butner „*Doctrinae de Ecclesia Epitome*" (1616, Information laut VD 17, Digitalisierung seitens der Universitätsbibliothek Leipzig geplant; Druck nachweisbar in Leipzig, Universitätsbibliothek mit Signatur: Ges.theol.W.144:5/3.), (3) von Henricus Waltke „*Exercitationum Iustinianearum Decas XI. De Stipulationibus, Verborum Obligationibus, Et Fide-Iussoribus*" (1608, Digitalisat über die Wolfenbütteler Digitale Bibliothek (WDB) unter http://diglib.hab.de/drucke/yx-6-8f-helmst-28s/start.htm (Stand: 15.11.2023)), (4) von Rudolph Friderus „*Subsequentes Positiones De Pignoribus Et Hypothecis*" (1613, Information laut Worldcat.org, Digitalisat unter http://digitale.bibliothek.uni-halle.de/ (Stand: 15.11.2023), sowie (5) von Johann Brüning „*Subsequentes Pactorvm Scopas: populariter cursimque ex legumlatorum decretis colligatas*" (1614, Information laut VD 17, Digitalisat der Hochzeitsschrift über Herzog August Bibliothek Wolfenbüttel, „Subsequentes Pactorum" unter http://diglib.hab.de/drucke/xb-1463/start.htm (Stand: 15.11.2023). Druck nachweisbar in Wolfenbüttel, Herzog August Bibliothek mit Signatur: Xb 1463). Des Weiteren wird Averberg in dem Werk von Sigismund Julius Mynsinger: „*Sigismvndi Iulii Mynsingeri A Frundeck, Joachimi ilii, equitis saxonis, Iuvenilia, siue libri poematum. Post immaturum auctoris obitum rogatu fratris eius collecta, digesta, & in lucem edita ab Henrico Meibomio, poeta caesario et professore Iulio*" (1602) genannt (Digitalisat über www.archive.org (Stand: 15.11.2023)).

§ 2 Bearbeitungsgeschichte

Neben Averberg ist auch der Name von Dr. Jacob Andreas Kruse (oder auch Krause), der sich selbst wie üblich in jener Zeit lateinisierend Crusius nannte, untrennbar mit der Mindener Stadtrechtsreformation verbunden, weil Crusius die Stadtrechtsreformation im Jahre 1674 ausführlich kommentierte. KRIEG bezeichnet diesen Kommentar als „hervorragendes Zeugnis für die Anschauungswelt unserer Vorfahren."[650]

Eine Biographie zu Crusius samt einem Verzeichnis ausgewählter Schriften hat bereits ENGEL erstellt,[651] und zudem findet sich in JÖCHERs Gelehrtenlexikon ein umfassender Eintrag.[652] Den ausführlichsten Bericht liefert jedoch die auf Crusius gehaltene Leichenpredigt von Johann Georg Eilers mit dem Titel „*Strophiolum Jehovae Paracleticum, Oder/ das himmlische Trosttüchlein*" (1680), die insbesondere in der Rubrik „*Personalia*" umfangreiche weitere Informationen zu Leben und Wirken von Crusius enthält.[653] Diese Informationen aus der Leichenpredigt können noch ergänzt werden durch die Angaben in der ebenfalls überlieferten Hochzeitspredigt aus dem Jahre 1665.[654]

650 Krieg, Verbrechen und ihre Strafen im alten Minden, in: Der Ravensberger, Jahrgang 4 (1929), S. 69-71, konkret S. 69.

651 Engel, Gustav: Geistiges Leben in Minden, Ravensberg und Herford während des 17. und 18. Jahrhunderts. Teil I: Die Geschichtsschreibung, in: LII. Jahresbericht des Historischen Vereins für die Grafschaft Ravensberg zu Bielefeld, Bielefeld 1938, S. 1-158, konkret zu Crusius: S. 46-54. Er räumt zudem mit der falschen Annahme auf, Crusius habe 1675 eine Mindener Chronik verfasst, wie dies seit der Mindischen Kirchengeschichte von Schlichthaber gerne tradiert wurde, vgl. S. 50, Fn. 88.

652 Jöcher, Allgemeines Gelehrten-Lexicon, Erster Theil, Spalte 2235.

653 KA Minden, Stadt Minden, LP 6931 / 18. Die Leichenpredigt wurde 2014 von der Staatsbibliothek zu Berlin - Preußischer Kulturbesitz digitalisiert und ist sowohl über den VD17 (www.vd17.de) als auch direkt über die digitalisierte Sammlung der Staatsbibliothek (https://digital.staatsbibliothek-berlin.de) online einsehbar. Sie ist auch zu finden über den Gesamtkatalog Deutschsprachiger Leichenpredigten (GESA) unter http://www.personalschriften.de/datenbanken/gesa.html.

654 KA Minden, Stadt Minden, LP 6962 / 101.

Crusius[655] (* 11.11.1636[656] in Hannover, †16.08.1680 in Minden) entstammte einer ostfälischen Gelehrtenfamilie; sein Vater Christoph Crusius (1590-1653) war Jurist, braunschweig-lüneburgischer und corveyischer Rat.[657]

Crusius studierte ab 1653 in zunächst in Wittenberg, dann in Leipzig und Helmstedt Rechtswissenschaften und Theologie.[658] Es folgte seine peregrinatio academica, eine für die damalige Zeit übliche Bildungsreise. Sie führte ihn durch Deutschland, nach Holland und Frankreich. 1662[659] erwarb er in Helmstedt den juristischen Doktorgrad mit seiner Dissertation „*Tractatus de jure offerendi*“[660]. Von 1663 bis 1676 war er Stadtsyndicus in Minden. In seine Zeit als Mindener Stadtsyndicus fällt einer der Höhepunkt der Hexenverfolgung in Minden.[661]

---

655 Die folgende Kurzbiographie beruht auf den Angaben von Engel, Geistiges Leben in Minden, S. 46-54. Akademische Eckdaten auch bei Ranieri, Biographisches Repertorium der Juristen im Alten Reich, Band C, S. 197 f., Nr. 861.

656 Engel, Geistiges Leben, S. 47, nennt den 10. November. Den 11. November konstatiert Nordsiek, Geschichte des Archivs, S. 34, und dieses Datum findet sich auch bei Grossmann, Leichenpredigtsammlung, S. 42. In den Personalia zu Crusius Leichenpredigt ist zu lesen: „So ist derselbe Anno 1636. auf St. Martini Abend zu Hannover an dieses Tageslicht gekomen [...]“ Der Unsicherheit zugrunde liegt demnach wohl eine Fehlinterpretation des Ausdruckes „St. Martini Abend“. Geburtstag und damit Gedenktag für Martin Luther ist zwar der 10. November, Gedenktag für den Heiligen Martin von Tour ist hingegen der 11. November. Beide Tage werden missverständlicherweise auch Martinitag genannt. Vielleicht kam es auch zu einer Auslegung des Ausdruckes als Vorabend des Feiertages statt als Abend des Feiertages. Unrichtig jedenfalls Steffenhagen, “Crusius, Jakob Andreas” in: Allgemeine Deutsche Biographie 4 (1876), S. 632-633 [Online-Version]; https://www.deutsche-biographie.de/pnd100098002.html#adbcontent (Stand: 15.11.2023), denn Steffenhagen gibt als Geburtsdatum den 09. November an (und einen falschen Sterbeort: „* 9.11.1636 in Hannover, † ebenda 16. August 1680“).

657 Engel, Geistiges Leben, S. 47; https://www.deutsche-biographie.de/pnd104366613.html (Stand: 15.11.2023). Ein Portrait von Christoph Crusius ist online zu finden auf http://www.portraitindex.de (Stand: 15.11.2023).

658 Zu nachweisbaren Disputationes siehe Ranieri, Biographisches Repertorium der Juristen im Alten Reich, Band C, S. 197 f., Nr. 861 mit S. 281, Nr. 431 (Wittenberg, 1654), S. 282, Nr. 438 (Wittenberg, 1655), S. 284, Nr. 454 (Helmstedt, 1657), sowie S. 286, Nr. 466 (Helmstedt, 1659).

659 Abweichend zu Leichenpredigt und zu Engel siehe Ranieri, Biographisches Repertorium der Juristen im Alten Reich, Band C, S. 198, Nr. 861, der als Promotionsjahr 1659 angibt.

660 Übers. d. Verf.: Abhandlung über das Einlösungsrecht des Pfandgläubigers.

661 Groß, Hexerei in Minden, S. 351, konnte für Minden vier Verfolgungswellen ausmachen, die in den Jahren 1584, 1604-1615, 1629-1637 und 1669-1675 stattfanden.

Ab 1676 war Crusius auch kurzzeitig als Advocat tätig, bevor er 1678 vom Kurfürsten zum Hof- und Regierungsrat ernannt wurde.[662] Verheiratet war er mit Catharina Elisabeth Borries, Tochter des Mindener Bürgermeisters Heinrich Borries.

Zeitlebens war Crusius Verfasser zahlreicher Schriften, in denen sich insbesondere seine juristische Bildung zeigt.[663] Crusius hat die Stadtrechtsreformation Averbergs mit einer (sehr!) umfangreichen Kommentierung versehen und sie im Jahre 1674 unter dem Titel *„Jus Statutarium Reipublicae Mindensis“* in Minden bei Johann Piler in Druck gegeben.[664] Bei dem enthaltenen Stadtrecht handelt es sich nicht um eine Neuschöpfung durch Crusius, sondern, wie Crusius selbst in seinem Caput Praeliminare ausführt,[665] eindeutig um das Werk von Averberg, das er wiedergibt und anschließend kommentiert.

Warum dieses für die Mindener Stadtrechtsgeschichte des 17. Jahrhunderts so bedeutende Schriftgut bisher fast keine Beachtung fand, erschließt sich nicht. SCHROEDERs über 700 Seiten starke Mindener Chronik (1886) erwähnt es

---

Schroeder, Chronik des Bistums und der Stadt Minden, S. 611, *) in Fußnote, spricht von Crusius als „berüchtigtem Hexenbrenner“.

662 Engel, Geistiges Leben, S. 48; Jöcher, Allgemeines Gelehrten-Lexicon, Erster Theil, Spalte 2235.

663 Vgl. die Auflistung bei Engel, Geistiges Leben, S. 46-54, sowie die Verzeichnisse im VD17. Über bei Suchbegriff „crusius, jacob andreas“ unter www.vd17.de werden 54 Treffer angezeigt, wovon mindestens zehn explizit Crusius als Autor eines Druckwerkes ausweisen: *Disquisitio de nocte, eiusque Divisione, Commodis & Incommodis nocturnis (1652), Resolutio Historico-Philologico-Iuridica L'Axiosis, De Lege Rhodia de iactu (1956), Discursus Historico-Politico-Iuridicus (1657), De Nocte et Nocturnis Officiis (1660), De Iure Offerendi (1661), Tractatus Politico-Iuridico-Historicus (1666), Opuscula Varia Politico-Iuridico-Historica (1668), Disquisitio Theologica (1672), De Iure Proedrias (1677), Witikindus (1679).* Des Weiteren verfasste er posthum veröffentlichte Anmerkungen zur Monographie seines Vaters *„De tortura“* bzw. *„Tractatus De Indiciis Delictorum“* (1682, 1704). Hier sind im VD 17 in den jeweiligen Anmerkungen auch weitere Details zu bereits digitalisierten Schlüsselseiten, Digitalisierungsvorhaben u.ä. zugänglich.

664 Schroeder, Mindener Buchgewerbe, S. 29.

665 Ius Statutarium Reipublicae Mindensis, Caput Praeliminare, S. 31 am Ende: *„Anno hujus seculi decimo tertio, facta eorundem revisione, a Nobilissimo & Consultissimo Viro Dn. Johanne Averbergio praedecessore quondam meo […].“* (Freie Übers. der Verf.: „Im Jahre 13 dieses Jahrhunderts wurden die Stadtrechte einer Überarbeitung durch den berühmtesten und erfahrensten Mann, Dr. Johann Averberg, meinen Amtsvorgänger, unterzogen […].“) Vgl. auch Krieg, Mindener Rechtsbücher, S. 90.

in nur einem einzigen Satz in einer Fußnote.[666] CULEMANNs Mindische Geschichte (1748) verzeichnet für das Jahr 1674 das Werk überhaupt nicht.[667] Erwähnung findet es allerdings bei VON KAMPTZ bei seiner Auflistung der besonderen Rechtsquellen der Stadt Minden.[668]

Das Titelblatt von Crusius Werk lautet:

„Jus Statutarium Reipublicae Mindensis. Quatuor Libris comprehensum. Notis, praejudiciis, et observationibus singulis articulis subjectis, nec non xc. decisionibus illustratum. Praemissa sunt Capita Praeliminaria, in quibus exhibentur Reverendissimorum Dnn. Episcoporum Mindensium res bello paceve praeclare gestae, Civitatis Mindensis Antiquitas, celebritasve tum Caroli Magni tum subsequentium Romano-Germanicorum Impp. temporibus, ejusdemq jura, privilegia, juris Statutarii Origio. Fontes, authoritas, & circa interpretationem observanda. Accessit in fine Fasciculus Diplomatum quorundam & Privilegiorum Impp. Romano-Germanicorum Civitati Mindenso concessorum aliorumque monumentorum publicorum in Capit. praeliminar. laudatorum. Opera & studio Jacobi Andreae Crusii. U.J.D. & Reipublicae Mindensis Syndici. Mindae. Typis exscripsit Johannes Pilerus, Anno D. DC. LXXIV.“

Crusius gibt also an, dass er das Stadtrecht in vier Büchern zusammengefasst sowie mit Anmerkungen, Bescheiden, Beobachtungen und Entscheidungssätzen aus Urteilen versehen hat. Des Weiteren verweist er auf sein Einleitungskapitel zur Mindener Geschichte sowie auf seine Zusammenstellung von kaiserlichen Urkunden und Privilegien. Dieser Fasciculus Diplomatum enthält: das Immunitätsprivileg Kaiser Ottos I. aus dem Jahre 961 (S. 362-364), eine Bischofsliste von den Anfängen des Bistums bis zum Jahre 1655 (S. 364-370), drei Privilegienbestätigungen durch Kaiser Ferdinand II. aus dem Jahre 1627 (S. 370-390), die Bestätigung aller bisherigen Privilegien durch Kurfürst Friedrich Wilhelm von Brandenburg aus dem Jahre 1650 (S. 390 f.), eine Urkunde zur Zollfreiheit aus dem Jahre 1421 (S. 391 f.) sowie einen Vertrag zur Zollfreiheit aus dem Jahre

666 Schroeder, Chronik des Bistums und der Stadt Minden, S. 611, *) in Fußnote: „Das Jus statutarium rei publice Mindensis ist 1674 von Dr. Jakob Andreas Kruse, damaligem Syndicus von Minden, späterem Regierungsrate daselbst, und berüchtigtem Hexenbrenner veröffentlicht.“

667 Culemann, Mindische Geschichte, Band 5, S. 269 f. Es findet sich zu rechtsrelevanten Publikationen nur auf S. 270: „Der Magistrat ließ auch eine verbesserte Policey-Ordnung unterm 28. Octobr. 1674. publiciren.“

668 Kamptz, Karl Albert von: Die Provinzial- und statutarischen Rechte in der preußischen Monarchie. Zweiter Theil. Die Provinzen: Pommern und Westfalen, Berlin 1827, S. 406 und S. 408.

1581 (S. 392 f.) und schlussendlich die Mindener Ratswahlordnung aus dem Jahre 1301 (S. 393[669]-395).[670]

Auf das Titelblatt folgt zunächst ein vierseitiges lateinisches Vorwort,[671] das Crusius am 12.03.1674 verfasst hat, danach ein dreiseitiges hochdeutsches Ehrengedicht auf Crusius aus der Feder von *„Johannes Lohmeyer / Mindensis, Scholae Bilefeldiensis ProRector“*. Als nächstes liefert Crusius ein fünfzehnseitiges lateinisches Inhaltsverzeichnis, bestehend aus dem *„Index Titulorum“* und dem *„Index Decisionum illustrum Curiae Mindensis, in hoc Opere extantium“*, d. h. dem Inhaltsverzeichnis zu den einzelnen Titeln der Stadtrechtsreformation zuzüglich eines Verzeichnisses der aufgeführten Entscheidungssätze aus Urteilen.

Im Anschluss daran bringt Crusius sein ebenfalls lateinisches *„Caput Praeliminare“*, ein Kapitel mit einleitenden Bemerkungen.[672] Hier beginnt die Seitenzählung der Druckschrift. Das „Caput Praeliminare“ erstreckt sich über 31 Seiten und liefert eine Geschichte der Stadt Minden, die einen Bogen von Tacitus bis zur brandenburgischen Herrschaft schlägt. ENGEL wertet die Arbeit als einen „sehr gedrängten, aber exakten Überblick“.[673] Die ersten beiden Kapitel (S. 1-18 sowie S. 18-26) berichten über die Ursprünge der Stadt und die Gründung des Bischofssitzes sowie den Aufstieg der Stadt und die damit zusammenhängenden Rechtsmaterien. Hervorzuheben sind hier die Ausführungen zur Gerichtsverfassung und zu den Ursprüngen des Mindener Rechts. Das dritte Kapitel (S. 26[674]-31) beschäftigt sich mit der Gültigkeit der Mindener Statuten und ihrer Auslegung.

Nach dem Caput Praeliminare auf den Seiten 1-31 folgt dann im Werk von Crusius auf den Seiten 32-360[675] das neuhochdeutsche Stadtrecht mitsamt lateinischen Decisiones und lateinischer Kommentierung. Die Seiten 361-395

---

669 Die Seite 393 hat im Druck fälschlicherweise die Nummer „263“ erhalten.

670 Siehe hierzu auch die Beschreibung des Urkundenanhanges bei Nordsiek, Reichsacht und Kaiserprivileg, S. 7.

671 Eine historisch-kritische Exegese zum Vorwort erfolgt im Rahmen des Kapitels zur rechtshistorischen Einordnung.

672 Der Ausdruck Präliminarien bezeichnet Vorverhandlungen und -bemerkungen; er geht zurück auf Lateinisch *„prae limine“* für „vor der Schwelle“. Eine historisch-kritische Exegese zu den Präliminarien erfolgt ebenfalls im Rahmen des Kapitels zur rechtshistorischen Einordnung.

673 Engel, Geistiges Leben, S. 49.

674 Die Seite 26 hat fälschlicherweise die Nummerierung 62 erhalten („Zahlendreher“).

675 Die Seitenzahl 45 wurde hierbei wohl versehentlich doppelt vergeben.

enthalten eine Privilegiensammlung[676] und eine Bischofsliste (S. 364-370).[677] Die Druckschrift endet auf S. 395 mit einer Errata-Korrektur.

Die Arbeit von Crusius ist eine wissenschaftliche Bearbeitung der Stadtrechtsreformation mit der Methodik der Zeit. Sie kann möglicherweise als ein frühes Werk des Usus modernus Pandectarum gewertet werden. Als Usus modernus Pandectarum wird eine Epoche der deutschen Rechtswissenschaft etwa vom 16.-18. Jh. beschrieben, in der die „praxisbezogene, nunmehr zeitgemäße Beschäftigung mit dem römischen Recht"[678] in den Vordergrund trat. Die Bezeichnung der Epoche geht auf ein Lehrbuch aus dem Jahre 1690 von Samuel Stryk (1640-1710) zurück.[679] „Usus modernus Pandectarum" kann wörtlich übersetzt werden als zeitgemäßer Gebrauch der Pandekten,[680] d. h. eines Teils der Texte des römischen Corpus iuris civilis, bezieht sich trotz dieser Einschränkung in der Bezeichnung aber allgemein auf das gesamte gemeine römische Recht. Ziel war die „Anpassung des Ius commune an die neuen Lebensverhältnisse unter Berücksichtigung des eigenständigen (deutschen) Rechts als Ius proprium."[681] Der Usus modernus orientierte sich dabei an den Anforderungen der Praxis.[682] Die Autorität des römischen Rechts war durch quellenkritische Arbeiten erschüttert worden; das römische Recht wurde nicht mehr als ratio scripta („niedergeschriebene Vernunft") oder seine Rezeption als durch Reichsgesetz verbindlich angeordnet („Lotharische Legende") verstanden.[683] Daher bedurfte es einer Antwort auf „die Frage nach der zeitgemäßen Anwendung" der römischen Quellen.[684]

---

676 Erfasst sind die Privilegien(-bestätigungen) der Jahre 961 (Immunität), 30.08.1627 (Weserschiffahrt), 12.08.1627 (Staffelgerechtigkeit), 30.08.1627 (Gerichtsfreiheit), 12.02.1650 (Generalbestätigung), 12.05.1412 (Zollfreiheit), und 15.09.1581 (Zollfreiheit).

677 Die Seite 393 hat fälschlicherweise die Nummerierung 263 erhalten.

678 Schlosser, Grundzüge der neueren Privatrechtsgeschichte, S. 77; vgl. auch Eisenhardt, S. 118, Rn. 240.

679 Repgen, Enzyklopädie der Neuzeit 13, Sp. 1149.

680 Repgen, Enzyklopädie der Neuzeit 13, Sp. 1149.

681 Schlosser, Grundzüge der neueren Privatrechtsgeschichte, S. 77.

682 Schlosser, Neuere Europäische Rechtsgeschichte, S. 131, Rn. 1.

683 Repgen, Enzyklopädie der Neuzeit 13, Sp. 1150. Zur Lotharischen Legende siehe auch Eisenhardt, S. 119, Rn. 244, Schlosser, Neuere Europäische Rechtsgeschichte, S. 7, Rn. 18 f. und Schlinker, Enzyklopädie der Neuzeit 11, Sp. 209.

684 Repgen, Enzyklopädie der Neuzeit 13, Sp. 1150.

Der Usus modernus zeichnet sich letztlich aus durch die Merkmale der Rechtskonsolidierung und dogmatischen Durchdringung der juristischen Praxis.[685] In dieser Epoche kam es folglich verstärkt zu einer Beschäftigung mit den Partikularrechten und dem diesbezüglichen Bestreben, „eine Synthese von gemeinem und partikularem Recht zu erreichen."[686] Zutreffend wird für den Usus modernus daher auch davon gesprochen, dass es sich um den Höhepunkt der Verbindung von rezipiertem und einheimischem Recht handelte.[687] Diese Verbindung wird in der verwendeten juristischen Terminologie und Systematik besonders deutlich, denn die einheimischen Partikularrechte werden „mit der Begrifflichkeit und der Methode des rezipierten Rechts betrachtet und dargestellt".[688]

§ 3 Rechtsänderungen zwischen 1613 und 1674

Es ist davon auszugehen, dass Crusius möglichst nah an der Originalhandschrift von Averberg oder der ihm vorliegenden späteren Abschrift gearbeitet hat. Dies bestätigt einerseits ein Vergleich des Crusius-Druckes mit den überlieferten Abschriften. Andererseits lässt sich dies aus der Crusius-Kommentierung selbst schließen. Wurde ein Rechtssatz der Stadtrechtsreformation vor Erlass der Kommentierung aufgehoben, so führt Crusius den Rechtssatz dennoch auf und notiert seine Aufhebung im Kommentar.[689] Ebenso gibt er an, wenn eine strafrechtliche Rechtsfolge abgemildert wurde („*non adeo stricte observantur*").[690]

§ 4 Geltungsdauer

Es war durchaus üblich, dass sich die Städte um Konfirmation ihrer Stadtrechtsreformation bemühten.[691] Eine Bestätigung durch den bischöflichen Mindener Stadtherrn gab es nicht. Das Mindener Stadtrecht von 1613 wurde allerdings am

685 Eisenhardt, Deutsche Rechtsgeschichte, S. 118, Rn. 240.

686 Eisenhardt, Deutsche Rechtsgeschichte, S. 119, Rn. 241.

687 Schlinker, Enzyklopädie der Neuzeit 11, Sp. 209.

688 Schlinker, Enzyklopädie der Neuzeit 11, Sp. 210 mit einigen Beispielen.

689 So haben Bürgermeister und Rat der Stadt Minden am 19.02.1641 die Regelung des Liber I, Tit. 10, Art. 14 außer Kraft gesetzt, vgl. KA Minden, Stadt Minden, A I, Nr. 814. Bürgern sollte künftig gegenüber Fremden nicht mehr der Vorzug bei Schuldforderungen aus Konkurs gegeben werden. Crusius führt den Artikel dennoch auf, weist aber im Kommentar auf die Abschaffung hin, siehe Crusius, S. 139. Gleiches gilt für die Regelung in Liber I, Tit. 10, Art. 10, vgl. Crusius S. 136.

690 Ius Statutarium Reipublicae Mindensis, S. 292.

691 Deutsch, Vom Stadtrecht zur Stadtrechtsreformation, S. 106.

12.08.1627 kaiserlich bestätigt: „*[...] alle und jegliche ihre Freyheit, Gnade, Brive, Privilegien, Handvesten, Recht, Gerechtigkeiten, Altherkommen und gute Gewonheit, die sie von unsern Vorfahren am Reich, Römischen Keysern und Königen, uns oder jemand anders, redlich erworben, und lange Zeit hergebracht haben, in allen und jeglichen ihren Worten, Clausulen, Puncten, Articuln, Inhaltungen, Meinungen und Brieffungen zu gleicher Weise, als ob die alle und jede besonder in diesem unsern Keyserlichen Brieff von Wort zu Wort geschrieben wehren, Als Römischer Keyser gnediglich ernewert, confirmiret und bestettigt [...].*“[692]

Nach der kurzen Episode voller Selbstständigkeit unter den Schweden,[693] folgten dann nach dem Ende des Dreißigjährigen Krieges am 12.02.1650[694] und am 22.03.1662[695] kurfürstlich-brandenburgische Bestätigungen, bevor das Mindener Stadtrecht 1674 durch Crusius erneut veröffentlicht wurde.

1650 lautet die Zusicherung: „ [...] daß Wir unsere liebe treue Untersassen Bürgermeistere und Rath unser Stadt Minden wollen und sollen nirgend mit bedrengen, mit einiger Beschatzungen, Geld und andern, sondern sie und die Ihrige vollenkommen bey ihren Privilegien, Gerechtigkeiten, Sitten und Gewohnheiten lassen, ihnen die viel eher zu verbessern als zu vermindern, [...]“.[696]

Dies kann jedoch nicht darüber hinwegtäuschen, dass die Privilegien, die der bis 1648 weitgehend autonomen Stadt Minden in früheren Zeiten gewährt worden waren, nach der Eingliederung Mindens in das brandenburgische Fürstentum an

---

692 Durch Kaiser Ferdinand II., vgl. Wiedergabe bei Crusius, S. 379 f. Siehe zu der im Kommunalarchiv Minden vorhandenen Ausfertigung: Nordsiek, Reichsacht und Kaiserprivileg, S. 80.

693 Krieg, Geschichte des Bistums, des Fürstentums und der Stadt Minden, S. 63; Pahl, Obrigkeit und Ordnungspolitik, S. 18; Nordsiek, Reichsacht und Kaiserprivileg, S. 83.

694 Die Bestätigung aller bisheriger Privilegien durch Kurfürst Friedrich Wilhelm ist abgedruckt bei Crusius, S. 390 f. Culemann, Sammlung derer Vornehmsten Landes-Verträge, S. 251, überliefert die„Confirmation der Stadt Minden Privilegiorum“, die auch die Stadtrechtsreformation erfasst, ebenfalls. Culemann, Sammlung derer Vornehmsten Landes-Verträge, ist in der Digitalen Sammlung der Landes- und Universitätsbibliothek Münster online zugänglich über https://sammlungen.ulb.uni-muenster.de.

695 Lampmann, Die Stadt Minden in ihrem Verhältnis zum brandenburgisch-preußischen Staate, S. 55; Schroeder, Chronik des Bistums und der Stadt Minden, S. 610 f. Eine Abschrift der „Confirmatio Juris Statutarij Mindensis. Anno 1662“ findet sich auch bei Schlick in LAV NRW W, Ms VII, 2902b, sowie weiteres Material in GStA PK, I. HA, Rep. 32, Nr. 313.

696 Culemann, Sammlung derer Vornehmsten Landes-Verträge, S. 251.

Bedeutung verloren.[697] Dieser drohende Verlust war auch den Zeitgenossen überaus bewusst, wie sich in einem Memoriale der Stadt Minden an die Abgesandten der evangelischen Fürsten und Stände nach Osnabrück von 1646 entnehmen lässt. Die Stadt Minden habe *„allzeit, so weit ihre Stadt Bothmäßigkeit sich erstrecket, in Civilibus & Criminalibus causis, vermittelst zweyen, als des Nieder- und Obern-Stadt-Gerichts, Instantien, omnimodam Jurisdictionem mixtum & merum imperium, vel ipsum jus gladii zu Halß und Bauch libere exerciret, in des Stiffts Hochheit, furcas, rotas, patibula aufgerichtet, die verdammte Ubelthätere, wenn sie vom Raht nicht begnadigt worden, ad supplicium hinaus geschicket, eigene Statuta, welche auch an Bischöflichen Cantzley, Kayserlichen Cammer-Gericht und auf allen Reichs-Universitäten attendiret worden, und darnach geurtheilet wird nemine contradicente […].“*[698]

Die Mindener kämpften um ihre relative Unabhängigkeit;[699] die Realität der kurfürstlichen Herrschaft war dann aber eine andere. Die Situation verdeutlicht der „Vergleich in Puncto Jurisdistrictus“, 1659 niedergeschrieben durch den kurfürstlich-brandenburgischen Statthalter Moritz Fürst zu Nassau.[700] Dort heißt es: *„Betreffend aber die Jurisdiciton und deren Ubung in vorbeschriebenen District, so können Wir ihnen dieselbe anders nicht als über ihre Bürgere und andere Bürgerlicher Jurisdiction unterworffene Einwohnern, eintzig und allein privative und zwar dergestalt zulassen, daß sie dieselbige in causis civilibus & levioribus delictis,*

697 Nordsiek, Reichsacht und Kaiserprivileg, S. 7.

698 Meiern, Johann Gottfried von (Hrsg.): Acta Pacis Westphalicae Publica. Oder Westphälische Friedens-Handlungen und Geschichte. Teil 2. 1645-1646, Hannover 1734, S. 879.

699 Meiern, Acta Pacis, Teil 2, S. 885: *„Der Stadt Minden samt den angehörigen Suburbien und Vorstädten civilem, & criminalem Jurisdictionem, duas Instantias, Regalia, Privilegia, Statuta, Consuetudines, Immunitates, Recessus, Uniones, Pacta Convecta, Transactiones, antiquum & multis tetro Seculis consuetum homagiale Juramentum, acquisitum, pedagium, Calendarium Julianum, Jus stapulae & quaevis alia Jura, welche die Stadt Minden, von und mit verschiedenen Kayserlichen Majestäten, Chur-Fürsten, Bischoffen, Grafen, Herren und benachbarten, respective erlanget, hergebracht, besessen, gebrauchet und gehalten, oder noch ins künfftige zu gebrauchen und zu halten befugt, gleichsam durch den allgemeinen neuen Friedens-Schluß confirmiret und erneuert, immerdar frey, ungekräncket, ganz ungeändert, ungeschmählert und unangefochten zu lassen, auch was darwider in vorigen Jahren der Stadt Minden angemuthet, gehandelt, vorgenommen und de facto neuerlich eingeführet, vor irrig, nichtig und unpraejudicirlich zu halten und zu erklären.“*

700 Culemann, Sammlung derer Vornehmsten Landes-Verträge, S. 276-288. Siehe auch KA Minden, Stadt Minden, B 750, Blatt 9-18.

so mit Gelde abgestraffet werden, ohnverhindert üben und exerciren mögen und sollen […].“[701] Für Delikte, die Leibes- oder Todesstrafe nach sich ziehen, „*aber gönnen wir ihnen cumulativam jurisdictionem mit Uns*“.[702] Ebenso ist angefügt: „*Im übrigen reservieren Wir Uns hierneben ausdrücklich unsere hohe Landes-Fürstliche und territoriale Ober-Bothmäßigkeit und Jurisdiction […].*“[703]

Die de facto fortdauernde Geltung des Mindener Stadtrechts ergibt sich aber aus dem Schriftverkehr zwischen der Stadt und dem Kurfürsten. So hat die Stadt beispielsweise zur Untermauerung der Rechtslage einem Schreiben vom 30.05.1665 ein Einzelblatt beigelegt, auf dem sich ein „Extract juris Statutarij Civitatis Minden“ befindet.[704] Auch findet sich eine Privilegienbestätigung von König Friedrich I. vom 09.05.1713.[705]

Grundlegende Veränderungen erfuhren die Mindener Verfassung und ihr gesamtes Rechtswesen durch das brandenburgische Reglement von 1723.[706] LAMPMANN führt zur Gesamtsituation aus: „Im ganzen ist die Zeit von 1660 bis 1720 ein beständiges Heruntersinken von dem Standpunkt einer fast uneingeschränkten Autonomie bis zu demjenigen fast völliger Unterwerfung unter die territoriale Staatsgewalt.“[707] Nach dem brandenburgischen Reglement von 1723 sollte das alte Mindener Stadtrecht zunächst auch noch weiterhin in Geltung bleiben, gemäß § 104 des Reglements sollte jedoch eine Kommission zur Revision des Rechts zusammentreten.[708] LAMPMANN führt dazu aus: „[…] das öffentliche Wesen hatte in vielen Beziehungen gänzlich veränderte Formen angenommen, […] waren ganz neue Rechtsverhältnisse entstanden, war eine

---

701 Culemann, Sammlung derer Vornehmsten Landes-Verträge, S. 278.

702 Culemann, Sammlung derer Vornehmsten Landes-Verträge, S. 278.

703 Culemann, Sammlung derer Vornehmsten Landes-Verträge, S. 287. Nordsiek, Reichsacht und Kaiserprivileg, S. 19, betont den Aspekt, die Stadt Minden unterliege der landesfürstlichen Jurisdiktion.

704 GStA PK, I. HA, Rep. 32, Nr. 309.

705 KA Minden, Stadt Minden, B 309 (sogenanntes „Blaues Buch der Stadt Minden“), Blatt 337 f. (Original mit Siegel): „*[…] Privilegien, Gerechtigkeiten, Sitten und Gewohnheiten […] confirmiret […].*“

706 Vgl. Lampmann, Die Stadt Minden in ihrem Verhältnis zum brandenburgisch-preußischen Staate, S. 29-42 und S. 49-62. Dem Reglement von 1723 war ein Reglement von 1711 vorangegangen, das bereits weitreichende Einschnitte brachte. Zum Inhalt des Reglements siehe KA Minden, Stadt Minden, B 251 (10.06.1711).

707 Lampmann, Die Stadt Minden in ihrem Verhältnis zum brandenburgisch-preußischen Staate, S. 11.

708 GStA PK, I. HA, Rep. 32, Nr. 625.

neues Recht in Ausbildung begriffen, dessen Wirkung, nicht mehr territorial beschränkt, im ganzen Bereich des preußischen Staates über die Sonderrechte der einzelnen Territorien hinweg sich durchsetzte. Wo es zu Konflikten zwischen altem Stadtrecht und neuem Staatsrecht kam, da mußte naturgemäß das neue über das alte siegen. Mehr und mehr ergab sich daraus die Notwendigkeit, von Zeit zu Zeit das alte Recht auf Grund der neuen Verhältnisse zu revidieren. Auch das Mindener Stadtrecht enthielt zu jener Zeit „viele absoleta [sic] und abrogata, wie auch ander unnützes und auf den gegenwärtigen Zustand garnicht appliquables Wesen". Deshalb, so bestimmte das Reglement (§ 104)[709] soll eine Kommission aus der Kriegs- und Domänenkammer, der Regierung und der Magistrat zur Revision des Rechts zusammentreten. Dabei sind das „jus consuetudinis" und andere „löbliche Gewohnheiten und Rechte" zu Grunde zu legen. Alles, was außer Brauch gekommen oder durch landesherrliche Verordnung außer Kraft gesetzt oder geändert ist, soll beseitigt werden, damit endlich ein festes Recht, wonach sich jeder richten kann, eingeführt, und den vielen Prozessen, die wegen zweifelhaften Rechtes ins unabsehbare weitergeführt würden, abgeholfen werde."[710] Zu welchen Ergebnissen diese Kommission kam, muss Gegenstand weiterer Forschungsvorhaben mit preußisch-Mindener Schwerpunkt sein.[711] Als gesichert kann gelten, dass es in der Folgezeit Modifikationsbestrebungen gab.[712]

Einen großen Einschnitt erlebte die Mindener Rechtsgeschichte in Folge der Besetzung durch die französischen Truppen im Jahre 1806. Es erfolgte die Eingliederung in das Königreich Westphalen mit weitreichenden Konsequenzen für das Verfassungsrecht, das materielle Recht und das Prozessrecht. Das Königreich Westphalen wurde durch Kaiserlich-Französisches Dekret am 15.11.1807 geschaffen.[713] Nach der Neugliederung existierte ein Distrikt Minden als Bestandteil des Weser-

709 KA Minden, Stadt Minden, C 1, Blatt 123 f. (Abschrift von 1793).

710 Lampmann, Die Stadt Minden in ihrem Verhältnis zum brandenburgisch-preußischen Staate, S. 55 f.

711 Hingewiesen sei hier auch die Privilegienbestätigung Friedrich Wilhelm II vom 07.10.1786, siehe KA Minden, Stadt Minden, B 309 (sogenanntes „Blaues Buch der Stadt Minden"), Blatt 368: „*[...] Privilegien, Gerechtigkeiten, Sitten und Gewohnheiten [...] confirmiret [...].*"

712 KA Minden, Stadt Minden, C 8: „Acta wegen eines zu etablierenden Juris certi (Abweichungen des Stadtrechts)" (1733/1734) auf Grundlage von Zweifelsfällen (sogenannter casus dubio).

713 Kamptz, Geschichte des Wechsels der Gesetzgebung, S. 361.

Departements.[714]

VON KAMPTZ stellt ausdrücklich fest, dass bis zum Jahre 1807 in Minden noch die Stadtrechtsreformation gegolten hatte: „In den Städten Minden und Lübbecke hatte endlich noch Gesetzeskraft das jus statutarium Mindense, welches nebst beigefügten Commentario des Syndici und Doctor. jur. Crusius 1624 [sic] in quarto herausgekommen ist".[715] Neben der Stadtrechtsreformation galt in Minden bis zur Eingliederung in das Königreich Westphalen zudem das Allgemeine Landrecht für die Preußischen Staaten von 1794 (ALR).[716] Das ALR hatte allerdings gegenüber den Provinzialrechten nur subsidiäre Geltung,[717] was für Minden konkret einen Vorrang der Stadtrechtsreformation gegenüber dem ALR bedeutete.

Im neu geschaffenen Königreich Westphalen galt ab dem 01.01.1808 dann der französische Code civil und das entsprechende lokale Recht wurde damit außer Kraft gesetzt.[718] Des Weiteren wurde eine neue Prozessordnung erlassen und die Gerichtsverfassung modifiziert; lediglich im Bereich des materiellen Strafrechts blieben derartige gravierende Veränderungen aus.[719] In der Folgezeit lebten die Mindener mehr als sechs Jahre lang nach dem neuen französischen bzw. königlich-westphälischen Recht. Erst das Ende des Königreiches Westphalen läutete dann eine Rückkehr zum früheren Recht ein. Mit Patent vom 09.09.1814 wurden das ALR und die Preußische Gerichtsordnung in Minden wieder eingeführt.[720] Auch die Mindener Stadtrechtsreformation muss ihre Geltungskraft

---

714 Kamptz, Geschichte des Wechsels der Gesetzgebung, S. 367 mit Verweis auf die Dekrete vom 23.12.1807 und 28.04.1808.

715 Kamptz, Geschichte des Wechsels der Gesetzgebung, S. 360.

716 Kamptz, Geschichte des Wechsels der Gesetzgebung, S. 359.

717 Hellwege, Allgemeines Landrecht für die Preußischen Staaten, Abschnitt 3, Geltungsanspruch.

718 Kamptz, Geschichte des Wechsels der Gesetzgebung, S. 361.

719 Kamptz, Geschichte des Wechsels der Gesetzgebung, S. 361, 367 f.

720 Siehe Kamptz, Die Provinzial- und statutarischen Rechte in der preußischen Monarchie. Zweiter Theil. Die Provinzen: Pommern und Westfalen, S. 257: „Patent wegen der Wiedereinführung des Allgemeinen Landrechts und der Allgemeinen Gerichts-Ordnung in die, von dem Preußischen Staate getrennte gewesenen und mit demselben wieder vereinigten, Provinzen, vom 9ten September 1814". Siehe hierzu auch KA Minden, Stadt Minden, F 1: „Acta generalia des Magistrats der Stadt Minden betreffend verschiedene Edicta und Verordnungen" (1813-1889) und dort Blatt 28-30 vom 30.09.1814: „Grundsätze. wonach die in den wiedereroberten Provinzen gegenwärtig obschwebenden Prozesse, welche nach der Französischen oder Westphälischen Prozeßordnung verhandelt sind, der Vorschrift der Allgemeinen Preußischen Gerichtsordnung gemäß eingeleitet werden sollen."

zurückerlangt haben, wie sich aus einem bisher weitgehend unbeachteten Archivale des Kommunalarchivs Minden ergibt, welches ein tabellarisches *„Verzeichniß der in der Stadt Minden früherhin bestandenen Provinzial- oder Local Gesetze, Statuten, Verordnungen, Gewohnheiten pp.“* vom 20.02.1826 enthält.[721]

Das Verzeichnis gliedert sich in fünf Spalten. Die erste Spalte enthält die laufende Nummer, die zweite Spalte das *„Datum des Provinzial Gesetzes, Edicts pp.“*, die dritte Spalte trägt den Titel: *„Von wem solches erlassen oder ausgegangen, nebst Angabe des Gebiets oder Territorium woher dasselbe ertheilt worden mit Andeutung der Abtheilungen oder Paragraphen wenn das Ganze nicht mehr verbindlich ist.“* Die vierte Spalte enthält den *„Haupt-Inhalt desselben“* und die fünfte Spalte schlicht *„Bemerkungen“*. In dem Verzeichnis sind insgesamt 31 Gesetze und Verordnungen notiert. Unter der laufenden Nummer zwei[722] ist die Stadtrechtsreformation verzeichnet,[723] betitelt als *„Das Stadtrecht, welches im Druck erschienen 1674, wovon noch mehrere Exemplare vorhanden.“* Dieses Stadtrecht *„ist ausgegangen vom Senat der Stadt Minden, stets Allerhöchsten Orts confirmirt, und ursprünglich ertheilt für die hiesige Stadt; nachher aber auch in sämtlichen Städten des Fürstenthums Minden größtentheils recipirt.“* In der vierten Spalte dann wird ausgeführt, das Stadtrecht *„enthält die Vorschriften, wornach die Bürger sich zu richten und der Richter in vorkommenden Fällen zu erkennen hat. – Der dem Stadtrecht gedruckte Index ergiebt specialiter, worin diese Vorschriften bestanden. Solche hier anzuführen würde zu vielen Weitläufigkeiten führen.“* Auf das Alter der Rechtssätze und die Reformbedürftigkeit wird dann im Rahmen der Bemerkungen in der fünften Spalte eingegangen: *„Vor dem Jahre 1674 ist das Stadtrecht schon mehrere Jahrhunderte in Manuſcript vorhanden und in Kraft gewesen,und verdient jetzt eine Reviſion,weil viele Art: theils durch Veränderung des Status publici, theils durch ausdrückliche Verordnungen, theils per contrariam obſervantiam aufgehoben, andere aber eine Aenderung erlitten.“*

721 KA Minden, Stadt Minden, E 53. Die Akte umfasst eine Auftragsbeschreibung durch 2 Regierungsräte vom 08.01.1826, eine Abschrift eines Schreibens der königlich fürstlichen Regierung vom 24.10.1825, mit dem auf die zugrundeliegende Verfügung für die Rechtszusammenstellung und eine Frist hingewiesen wird, einen Entwurf dieser Zusammenstellung, einige damit zusammenhängende Notizen vom 22.02.1826, sowie letztendlich eine Abschrift der tabellarischen Zusammenstellung vom 20.02.1826: *„Verzeichniß der in der Stadt Minden früherhin bestandenen Provinzial- oder Local Gesetze, Statuten, Verordnungen, Gewohnheiten pp.“*

722 Unter der laufenden Nummer eins finden sich Ausführungen zur Jurisdiktionsgewalt der Stadt gemäß der alten Verfassung.

723 Für die Transkription gebührt mein ausdrücklicher Dank Dr. Michael Blümel.

Damit bleibt festzuhalten, dass die Stadtrechtsreformation von 1613 - mit Modifikationen - nach der Franzosenzeit wieder in Kraft gesetzt wurde und jedenfalls 1826 noch gültig war.[724] Bisher konnte nicht ermittelt werden, dass sie in den darauffolgenden Jahren außer Kraft gesetzt wurde, daher ist eine Geltungsdauer bis zum Inkrafttreten des BGB am 01.01.1900 denkbar.

§ 5 Überlieferungssituation

Bei der Betrachtung der Überlieferungssituation ist zwischen der Handschrift[725] von Averberg, den überlieferten Abschriften und den überlieferten Crusius-Drucken zu differenzieren.

A. Handschrift von Averberg

Die ursprüngliche Stadtrechtsreformation aus der Hand von Stadtsyndicus Averberg aus dem Jahre 1613 ist mit großer Wahrscheinlichkeit nicht überliefert.[726] Dies ergab ein Abgleich aller verfügbaren überlieferten Abschriften mit zwei Schriftproben, die eindeutig Averberg zuzuordnen sind.[727]

Nun muss jedoch auch der Gedankengang verfolgt werden, dass Averberg geistiger Verfasser der Schrift ist, aber sie einer anderen Person diktiert hat, was durchaus nicht unüblich war. Dies würde dazu führen, dass doch eine der überlieferten Handschriften als Ursprungstext in Frage käme. Averberg war in Minden zeitgleich Stadtsyndicus und einer von zwei Stadtsekretären.[728] Als zweiter

---

724 Für Modernisierungen im Strafrecht siehe beispielsweise KA Minden, Stadt Minden, E 395 (18 Blatt): „Acta enthaltend verschiedene Gesetze und Verordnungen in Criminal-Sachen“ (1794, 1816-1823).

725 Zukunftsweisend für die Transkription von Handschriften ist die derzeitige Entwicklung des Programmes „Transcribo“ des Kompetenzzentrums Trier Center for Digital Humanities, siehe weitere Informationen unter Transcribo.org.

726 Zu demselben Ergebnis kommt auch Schroeder, Nachlass Schroeder, Berlin: „Die Urschrift ist nicht bekannt, vermutlich nicht überliefert […].“

727 Als Schriftproben verwendet wurden (1) ein 20 Blatt umfassender und unterschriebener Gesamtbericht („Conjectio Causae“) aus dem Hexenprozess gegen Nording / Blancke aus dem Jahre 1603/1604, KA Minden, Stadt Minden, B 244 (alt), sowie (2) eine unterschriebene Urkunde aus dem Jahre 1607, KA Minden, A I, Nr. 774. Berücksichtig wurde auch eine mögliche Veränderung des Schriftbildes durch unterschiedliche Schreibgeschwindigkeiten.

728 Nordsiek, Geschichte des Archivs, S. 32 f. mit Fn. 88.

Stadtsekretär lässt sich für die fragliche Zeit Heinrich Costede nachweisen.[729] Ein Abgleich aller verfügbaren überlieferten Abschriften mit einer Schriftprobe[730], die eindeutig Costede zuzuordnen ist, lieferte jedoch keine eindeutige Übereinstimmung. Es ist demzufolge nicht davon auszugehen, dass ein von Averberg dem Stadtsekretär Costede diktiertes Original unter den überlieferten Handschriften ist. Daher wird im Folgenden davon ausgegangen, dass der Ursprungstext nicht überliefert ist.

B. Abschriften der Stadtrechtsreformation

Es lassen sich jedoch acht (!) Abschriften der Stadtrechtsreformation nachweisen, wobei davon sechs Abschriften weiterer Untersuchung zugänglich waren. Im Folgenden werden alle bekannten Abschriften kurz vorgestellt. Sie sind allesamt in der sogenannte deutschen Kurrent, der Schreibschrift des 17. Jahrhunderts, niedergeschrieben.

1. Handschrift Minden

Eine Abschrift der Stadtrechtsreformation befindet sich im Kommunalarchiv Minden.[731] Die Handschrift umfasst 102 Blatt, die durchgehend von der ursprünglichen Schreiberhand bis zur Seite 203 oben rechts mit einer Seitenzahl versehen wurden. Sie gliedert sich wie folgt: S. 1 enthält das Titelblatt mit der Aufschrift: *„Der Stadt Minden nachgesehene Gesetze und Stadt-Recht. Bekannt gemacht den Achten Tag des Monaths Februarij [sic!] nach Christi Unseres Herrn Geburth, im Jahr Sechzehenhundert Dreijzehen."*

Nachdem S. 2 freigelassen wurde, befindet sich auf S. 3-10 das Inhaltsverzeichnis, das wie folgt eingeleitet wird: *„Andeutung oder Register, der Rechts-Abhandlungen, welche sind enthalten, in diesen 4 Büchern des Mindenschen Stadt-Rechts."* S. 11-16 liefern das Proömium. Es folgt der eigentliche Haupttext auf den S. 17-201. Der Haupttext enthält eine eigene Blattzählung, die auf S. 17 mit „Blatt 1" beginnt und auf S. 203 mit „Blatt 94" endet. Der Genauigkeit halber sei darauf hingewiesen, dass die Handschrift inhaltlich mit dem Crusius-Druck

---

729 Nordsiek, Geschichte des Archivs, S. 33 für die Jahre 1611 und 1615; LAV NRW W Ms VII 2902b (Schlick Exemplar), Blatt 3 für die Jahre 1613, 1614, 1615.

730 KA Minden, Stadt Minden, B 756, Blatt 15 (Bürgervorladung zur Stadtrechtsverkündung im Jahr 1614, Ausfertigung in Reinschrift mit Siegel und Unterschrift durch „Henr. Costede").

731 Signatur KA Minden, Stadt Minden, B 305.

identisch ist, die Titel und Artikel vor allem in Liber IV aber teilweise eine andere Aufteilung erfahren haben.

Die Provenienz der sich im Kommunalarchiv Minden befindenden Abschrift konnte nicht geklärt werden. Der historische Einband von KA Minden, Stadt Minden, B 305, der bei einer Restaurierung 1962 entfernt wurde, aber erhalten ist,[732] trägt einen Stempel des Mindener Museums. Die Registraturakten des Kommunalarchivs Minden zur Übernahme von Schriftgut aus anderen städtischen Dienststellen,[733] d. h. eben auch zur Übernahme von Schriftgut aus dem Mindener Museum, enthalten allerdings keinen Hinweis dazu, wann die Abschrift vom Museum ins Archiv gelangt ist. Die Abschrift muss vor 1962 ins Stadtarchiv gelangt sein, weil eine Notiz zur oben genannten Restaurierung durch den damaligen Archivleiter SCHROEDER auf dem neuen Einband eingetragen wurde.[734] Auch die Durchsicht einer handschriftlichen Auflistung der Bestände des Mindener Museums aus der Zeit um 1950 brachte keine neuen Erkenntnisse,[735] ebensowenig wie die Sichtung der Mindener Verwaltungsberichte aus den Jahren 1931-1961.[736] Eine Sichtung der vom Mindener Museum geführten Eingangsbücher, die jedoch weder zeitlich noch inhaltlich lückenlos und vollständig sind, ergab ebenfalls keine Hinweise auf die Herkunft der Handschrift und ihren Weg ins Museum.[737]

2. Handschriften Münster

Gleich drei Abschriften der Stadtrechtsreformation befinden sich im Landesarchiv NRW, Abteilung Westfalen, Münster.[738] Alle drei Abschriften sind

---

732 Vgl. die in das Archivale eingelegte Notiz von Archivmitarbeiterin Frau Dr. Monika M. Schulte, in der sich der Hinweis befindet, dass der Originaleinband „bei den Restaurierungsprotokollen und Einbandresten zum Bestand B im Anschluss an den Bestand B" verwahrt wird.

733 KA Minden, Stadt Minden, J 40 Nr. 136 (1933-1978) sowie J 40 Nr. 141 (1945-1977).

734 „Neu eingebunden im Dezember 1962 durch Buchbindemeisterin Paula Richter in Münster." Dieser Vorgang lässt sich zudem belegen durch eine Rechnung vom 28.12.1962 in KA Minden, Stadt Minden, I 40 Nr. 132.

735 KA Minden, Stadt Minden, H 40 Nr. 515.

736 Die Verwaltungsberichte der Stadt Minden sind einsehbar im Lesesaal des Mindener Kommunalarchivs; sie tragen die Signatur Zs 82.

737 An dieser Stelle gebührt mein Dank Museumsleiter Philipp Koch für die Sichtung der Eingangsbücher, die aus datenschutzrechtlichen Gründen nicht von der Verfasserin selbst vorgenommen werden konnte.

738 LAV NRW W, Ms VII, 2432, LAV NRW W, Ms VII, 2902b sowie LAV NRW W, Ms VII, 2910.

digitalisiert und online zugänglich.[739] Sie werden aus konservatorischen Gründen nicht mehr an Archivbenutzer ausgegeben. Zur besseren Unterscheidbarkeit der Abschriften hat sich die Verfasserin erlaubt, die Handschriften mit gut unterscheidbaren Bezeichnungen zu versehen, die auf den Besitzer oder Schreiber verweisen.

a) Bünemann-Exemplar

Diese Münsteraner Archivalie in Form eines gebundenen Buches enthält neben einer Abschrift der Stadtrechtsreformation noch zahlreiche weitere Dokumente zur Mindener (Rechts-)Geschichte des 16. und 17. Jahrhunderts.[740] Ein genaues Inhaltsverzeichnis zur Handschrift, erstellt durch SCHROEDER 1960/1961, befindet sich im Kommunalarchiv Minden.[741]

SCHROEDER beschreibt die Handschrift wie folgt: „Folio-Ganzpergamentband. 20,5 x 32 cm. Rückenaufschrift: oben: 15; unten: VII 2432. sonst nichts erkennbar. Innen am oberen Rande des vorderen Einbanddeckels: *„Hunc librum parata pecunia sibi comparavit J. L. Bünemann G. M Rect. mense Aprili d. 1723.* darunter mit Bleistift: N.140."[742] Hierbei handelt es sich um

---

739 Über die Seite www.archive.nrw.de gelangt man auch zum Landesarchiv NRW, Abteilung Westfalen, Münster und dort zu den entsprechenden Dokumenten (Bitte klicken auf „Landesarchive NRW", dann „Abteilung Westfalen", dann „Online-Findmittel", dann „4. Nichtstaatliches Schriftgut", dann „Findbuch W 005, Msc. VII", dann „3. Regierungsbezirk Minden / Detmold", dann „3.1. Fürstbistum Minden", dann „3.1.1. Das Bistum und das bischöfliche Regiment" (für Ms VII 2432) oder dann „3.1.5. Die Stadt Minden" (für Ms VII, 2902b und Ms 2910)).

740 LAV NRW W, Ms VII, 2432.

741 KA Minden, Stadt Minden, X 72. Hinzuweisen ist hier insbesondere auf die Notiz zu einer Verlassungsgerichtsordnung (Blatt 203 f.) zur Nothhalßgerichtsbesetzung (Blatt 204-206), zur Prokuratorenordnung (Blatt 230 f.). Schroeder hat zum Stadtrecht notiert: „Das Prooemium (S. 32-34 des Druckes) ist unterschrieben: Johan Averbergh J.U.D. Syndicus mpp (Wenn diese Unterschrift eigenhändig, dann dürfte das ganze Buch von ihm geschrieben sein.)" Dieser Vermutung ist nur insofern zu folgen, dass als gesichert gelten kann, dass Averberg geistiger Urheber des Rechtstextes. Das in LAV NRW W, Ms VII, 2432 allerdings der Originaltext aus seiner Hand überliefert ist, scheint eher unwahrscheinlich. Es ist davon auszugehen, dass es sich um eine „abgeschriebene Unterschrift" im Sinne einer Angabe der Urheberschaft und nicht um die Originalunterschrift von Averberg und damit das Original von 1613 handelt, dies ergibt sich aufgrund des oben bereits erwähnten Handschriftenabgleichs.

742 KA Minden, Stadt Minden, X 72. Die Bleistiftnummerierung „N.140" stammt vermutlich von E. F. Mooyer, der in dieser Art die städtischen Urkunden numerierte.

Johann Ludolf Bünemann, Anfang des 18. Jahrhunderts Rektor am Mindener Gymnasium.[743]

Das Digitalisat der Handschrift weist insgesamt 283 Bildseiten auf. Die Abschrift der Stadtrechtsreformation beginnt mit dem Titelblatt auf der Seite, auf der oben rechts die Blattzahl 121 notiert ist (Digitalisat-Bildseite 118). Das Titelblatt trägt die Aufschrift: „*Eines Ernvesten & Hochweisen Rhatts dero Stadt Minden reuidirte Statuta und Stadt Recht. Publicirt am offentlichen Marckte den 18 [sic!] Januarrij Anno nach Christi unseres Selichmachers geburt 1613. Salus populi suprema lex esto.*" Es folgen die Inhaltsangabe und das Proömium, bevor auf Blatt 124 (Digitalisat-Bildseite 121) der Haupttext beginnt, der sich bis Blatt 203 (Digitalisat-Bildseite 199) erstreckt. Die Handschrift ist in den ersten beiden Büchern der Stadtrechtsreformation durchgehend mit Anmerkungen am Rand von gleicher Hand versehen.

b) Schlick-Exemplar

Auch die zweite Münsteraner Handschrift ist nicht separat überliefert, sondern befindet sich in einer Sammlung vorwiegend rechtlichen und personengeschichtlichen Inhalts zur Stadt Minden.[744] Diese Handschrift wurde um 1660 durch Johann Schlick[745] erstellt und bis etwa 1690 ergänzt; weitere Eintragungen von fremder Hand reichen bis ins 18. Jahrhundert.[746] Die Handschrift

---

743 Der Name Bünemann spielt in der Geschichte des Mindener Archivs eine unrühmliche Rolle. Bünemann ist dafür verantwortlich, dass dem Mindener Archiv zahlreiche Archivalien verloren gingen. Er erhielt sie zunächst aus dem Archiv aufgrund der Angabe, eine Geschichte der Stadt Minden und des Gymnasiums schreiben zu wollen. Bei seinem Umzug nach Hannover nahm er die Archivalien aber mit und sie wurden später aus seinem Nachlass in zahlreiche Hände und Archive verstreut, vgl. Nordsiek, Geschichte des Archivs, S. 27 mit Fn. 99, sowie Schulte, Macht auf Zeit, S. 59, Fn. 262 und S. 61 m. w. N. und Einzelheiten.

744 LAV NRW W, Ms VII, 2902b.

745 Johann Schlick(e) war Notar in Minden und hat (fortgeführt durch seinen Sohn, den Kämmerer Johann Bernd Schlick) eine achtbändige Mindener Chronik verfasst, die bedauernswerter Weise in Hannover im Bombenkrieg vernichtet wurde, vgl. Krieg, Margrit: Vom Mindener Hudewesen, in: Mitteilungen des Mindener Geschichts- und Museumsvereins, Jahrgang 38 (1966), S. 112-134, konkret: S. 114. Eine Übersicht zur Chronik ist überliefert dank Engel, Gustav: Geistiges Leben in Minden, Ravensberg und Herford während des 17. und 18. Jahrhunderts. Teil I: Die Geschichtsschreibung, in: LII. Jahresbericht des Historischen Vereins für die Grafschaft Ravensberg zu Bielefeld, Bielefeld 1938, S. 1-158, konkret zu Schlick: S. 31-35.

746 KA Minden, Stadt Minden, X 30, erste Seite des vorgehefteten Inhaltsverzeichnisses.

gelangte aus dem Nachlass von E. F. Mooyer (1861) in das Münsteraner Archiv.[747]

Sehr hilfreich für die Erschließung des Inhalts der Handschrift ist ein vierseitiges Inhaltsverzeichnis, das der Mindener Archivmitarbeiter BRANDHORST am 2.12.1963 erstellt hat und einer Teilkopie der Handschrift vorgeheftet hat.[748] BRANDHORST liefert darin auch eine äußerliche Beschreibung der Handschrift: „Folio-Ganzpergamentband, 22 x 31,7 cm, neu eingebunden nach 1945, Rücken neu, ohne Aufschrift. Auf dem Vorderdeckel: stark abgegriffene Zeichnung der Wappen der Stadt und der Familie Schlick; darunter: VII 2902 b."[749]

Das Digitalisat zur Handschrift weist ingesamt 156 Bildseiten auf. Neben der Abschrift der Stadtrechtsreformation sind zahlreiche weitere Einträge von rechtshistorischer Relevanz hervorzuheben. Exemplarisch seien hier die Confirmatio[750] der Stadtrechte (1662) auf der Innenseite des Vorderdeckels, ein „Unterricht" und eine Prozessordnung zum peinlichen Halsgericht (1643), ein Ratsbeschluss zu den Gerichtsprokuratoren (1636) sowie der Zeugeneid aus der Kammergerichtsordnung genannt. Die Abschrift der Stadtrechtsreformation beginnt auf Blatt 3 (Bildseite 5 im Digitalisat) mit dem Titelblatt. Es trägt die Aufschrift: *„Eines Ernvesten undt Hochweihsen Rahtts Dero Stadtt Minden Reuidirte Statuta undtt Stadtt Rechtt. Publiciret. Am offentlichem Marckte Den Achten Tagh monats Januarrij, Anno nach Christi unsers Einigen Erloesers, Säligmachers Gebuhr Eintausent Sechshundertt undt Dreijzehen: Cicero. Salus Populi suprema Lex est. Symbolum „Uiue ut post viuas". Johann Schlicke. Anno 1661."* Auch die Rückseite des Blattes ist aufschlussreich beschriftet, wie folgender Auszug zeigt: *„Diese Statuta Reip. Mindensis seint in annis 1613: 1614: Et 1615 von Herrn Syndico Johan Overbergk, J.U.D., undt Henrico Costeden secretario, Der Gemeinen Bürgerschaft am offendtlichem marckte, von der Rahtsstuben verlesen worden."* Die Bürgervorladung zur Stadtrechtsverkündung im Jahr 1614 ist sowohl als Konzept[751] als auch als Ausfertigung (Reinschrift mit Siegel und Unterschrift durch Henr. Costede)[752] überliefert. Nach dem Proömium auf Blatt

---

747 KA Minden, Stadt Minden, X 30, erste Seite des vorgehefteten Inhaltsverzeichnisses.

748 KA Minden, Stadt Minden, X 30. Die Teilkopie enthält von der Abschrift der Stadtrechtsreformation allerdings nur die erste Seite des Proömiums und die Liste der Gerichtsgebühren. Brandhorst verweist in seinem Inhaltsverzeichnis insoweit auf Crusius.

749 KA Minden, Stadt Minden, X 30, erste Seite des vorgehefteten Inhaltsverzeichnisses.

750 Siehe auch unten zur Geltungsdauer der Stadtrechtsreformation.

751 KA Minden, Stadt Minden, B 787, Blatt 18.

752 KA Minden, Stadt Minden, B 756, Blatt 15.

4 f. (Bildseite 6-8 im Digitalisat) folgt der Haupttext auf den Blättern 6-55 (Bildseite 8-57 im Digitalisat). Im Anschluss liefert Schlick (statt eines einleitenden Inhaltsverzeichnisses) ein abschließendes Register auf Blatt 55 f. (Bildseite 57 f. im Digitalisat). Der Genauigkeit halber sei darauf hingewiesen, dass die Handschrift inhaltlich mit dem Crusius-Druck identisch ist, die Titel und Artikel in Liber III aber teilweise eine andere Aufteilung erfahren haben.

c) Kulemann-Exemplar

Diese Abschrift der Stadtrechtsreformation trägt auf dem Umschlag die Aufschrift „*STATUTA REIP: MINDENSIS*"[753]. Sowohl auf dem Umschlag als auch auf dem Vorsatzblatt finden sich zudem der Name Bünemann und die Jahreszahl 1723. Hierbei handelt es sich um den bereits erwähnten Johann Ludolf Bünemann, Anfang des 18. Jahrhunderts Rektor am Mindener Gymnasium. Das Digitalisat weist insgesamt 130 Bildseiten auf. Die ersten 4 Blatt der Handschrift, die das Titelblatt, das Inhaltsverzeichnis und das Proömium enthalten, weisen eine römische Blattzählung auf. Es folgt der Haupttext, dessen Seiten arabisch von 1 bis 242 nummeriert sind. Die Handschrift ist gelegentlich mit Anmerkungen am Rand von gleicher Hand versehen. Das Titelblatt trägt die Aufschrift: „*Eines Erbahren Hochweißenn Raths dero Stadt Minden Reuidirte Statuta undt StadtRecht. Publiciret am offendtlichen Marckete den 8. Januarrij Anno Nach Christi Unsers Erlosers Geburth: 1613. Cicer: Salüs populi suprema Lex est.*" Die Handschrift endet auf Seite 242 (Digitalisatseite 129) mit „*Soli Deo gloria. RK*". Es könnte sich bei „RK" um die Initialen des Schreibers handeln. Hier käme der Mindener Bürgermeister Rudolf Kulemann (1641, 1667-1672) in Betracht.[754]

3. Handschrift Soest

Eine weitere Abschrift der Stadtrechtsreformation befindet sich im Stadtarchiv Soest.[755] Die Handschrift umfasst 103 Blatt. Das Titelblatt trägt die Aufschrift: „*Eines Ernvesten Hochweißen Raths dero Stadt Minden reuidirte Statuta*

---

753 LAV NRW W, Ms VII, 2910.

754 Diese Vermutung notierte zuerst Schroeder, vgl. Nachlass Schroeder, Berlin. Ob es sich dabei zugleich um Dr. iur. Rudolf Culemann handelt, Stadtsyndicus im Jahre 1687 (vgl. LAV NRW W, W 601 Nr. 1383, S. 380), darf aufgrund der Jahreszahl bezweifelt werden.

755 Signatur StadtA Soest, A Hs 109. Die Altsignatur lautet StadtA Soest, Ms 66. Eine Kopie der Handschrift befindet sich im Kommunalarchiv Minden mit der Signatur KA Minden, Stadt Minden, X 52.

und Stadtrechte publicirt am offentlichen marckt den achten Januarrij Anno 1613. Cicero. Salus populi suprema lex esto." Es folgen das sechsseitige Proömium und das zweiseitige Inhaltsverzeichnis. Der Haupttext beginnt im Anschluss daran und trägt oben rechts die Seitenzahl 9. Dies ist die erste erkennbare Seitenzahl. Die Seitenzählung endet auf S. 203. Dort steht nach der Gebührentabelle der Eintrag: „*Soli Deo gloria. Promulgata sunt bar (?) Mindens Statuta ...(?) post natum Christum Unicum nostrum Mediatorem. FIDe seD CVI, VIDe*". Die Provenienz der Handschrift konnte nicht geklärt werden. Frau Dr. Monika Maria Schulte vom Mindener Kommunalarchiv sei für die Anregung gedankt, dass sich die Existenz einer Mindener Stadtrechtsreformation in einem Soester Archiv ggf. durch die gemeinsame Zugehörigkeit zum Westfälischen Hanseviertel oder Mindens Vorreiterrolle während der Reformation erklären lässt.

4. *Handschrift Hannover*

Ein weiteres Exemplar der Stadtrechtsreformation befindet sich in der Niedersächsischen Landesbibliothek (Gottfried Wilhelm Leibniz Bibiothek).[756] Dort findet sich ein Bestand „Mindensia et Varia" mit insgesamt 260 Blatt, der diverse Mindener Rechtstexte enthält, u.a. auch die Abschrift der Stadtrechtsreformation.[757] Sie befindet sich auf den Blättern 161-213.[758] Die Handschrift ist infolge eines Wasserschadens teilweise stark ausgeblichen und die Tinte hat an vielen Stellen auf die gegenüberliegende Seite abgefärbt. Das Titelblatt der Stadtrechtsreformations-Abschrift auf der Vorderseite von Blatt 161 trägt die Aufschrift: „*Eins Ernvesten Hochweisen Raths dero Stadtt Minden. Revidirte Statuta und Stadt Recht, Publicirt am offendtlichen Marckte den. 8. Januarrij Anno etc. Nach Christi unseres Erlöser geburt 1613. Cic: Salus populi suprema lex est.*" Auf den Blättern 162 und 163 folgt das Proömium, an dessen Ende (auf der

---

756 Signatur LBibl. Hannover Ms XXII 1379. Auf diese Handschrift weist auch SCHULTE, Macht auf Zeit, S. 62, Fn. 280, hin: „LB Hannover, Ms XXII, 1379 enthält Material erst ab der Mitte des 16. Jahrhunderts, darunter: Eins Ernvesten Hochweisen Raths dero Stadtt Minden revidirte Statuta und Stadt Recht. 1613."

757 Eine Auflistung des Inhaltes dieser „Mindensia et Varia" (LBibl. Hannover Ms XXII 1379) findet sich sowohl bei Bodemann, Eduard: Die Handschriften der Koeniglichen Öffentlichen Bibliothek zu Hannover, Hannover 1867, S. 294, als auch im Kommunalarchiv Minden unter der Signatur KA Minden, Stadt Minden, X 71.

758 Die Blattzählung bezieht sich auf die gesamte Mindensia-Sammlung und wurde nachträglich mit Bleistift eingefügt.

Rückseite von Blatt 163) die Unterschrift *„Joh. Averbergh J.U.D.“* steht.[759] Der Haupttext der Stadtrechtsreformation folgt dann auf den Blättern 164-213. Die Abschrift endet auf der Rückseite von Blatt 213 nach der Mitteilung der Sporteln und Gerichtsgebühren mit *„Soli Deo Gloria“* sowie einem leider sehr stark ausgeblichenem Zeichen, das vermutlich das Namenszeichen des Schreibers ist. Es könnte „Jör: Tec“ oder „Jön: Tac“ zu lesen sein.

5. *Lachtorp-Exemplar*

Sowohl KRIEG[760] als auch SCHROEDER[761] haben ein weiteres Abschriftsexemplar gekannt, das sich im Jahre 1953 nach dem Ankauf aus einem Antiquariat im Mindener Kommunalarchiv befunden haben soll.[762] Als Schreiber nennen beide übereinstimmend einen Ludolf Lachtorp. Tatsächlich ist das Exemplar heute aber nicht mehr im Mindener Kommunalarchiv vorhanden. Seine Spur verliert sich im Zuge der Amtsübergabe der Archivleitung von KRIEG an SCHROEDER im Jahre 1960.[763]

Bei der bereits vorgestellten Mindener Handschrift (KA Minden, Stadt Minden, B 305) kann es sich im Übrigen nicht um das verschollene Lachtorp-Exemplar handeln. Beim Abgleich der durch KRIEG und SCHROEDER überlieferten Informationen zum Lachtorp-Exemplar mit dem noch im Kommunalarchiv vorhandenen Exemplar musste festgestellt werden, dass sowohl der Text auf dem Titelblatt, als auch die Angabe zum Schreiber, die Blattzahl und das Wasserzeichen nicht übereinstimmen.

6. *Marowsky-Exemplar*

Der Kaufmann Albert Marowsky war im Besitz einer weiteren Abschrift der Stadtrechtsreformation, wie KRIEG im Jahre 1931 mitteilte: „Eine spätere

---

759 Dass es sich hierbei um eine „abgeschriebene Unterschrift“ im Sinne einer Angabe der Urheberschaft und nicht um die Originalunterschrift von Averberg und damit das Original von 1613 handelt, ist aufgrund des oben bereits erwähnten Handschriftenabgleichs eindeutig.

760 Martin Krieg: Mindener Rechtsbücher aus der Zeit der städtischen Autonomie (14. bis 17. Jahrhundert), in: Mindener Heimatblätter, 28. Jahrgang, Nr. 8/9, August/September 1956, S. 85-92; konkret zum Lachtorp-Exemplar S. 90, linke Spalte oben.

761 Notiz aus dem Nachlass Schroeder, Minden, unter dem Titel „Vorbemerkung zur Kodifikation und zur Polizei-Ordnung von 1613“.

762 Der Ankauf lässt sich anhand von KA Minden, Stadt Minden, I 40, Nr. 134 und Nr. 137, und KA Minden r.Nr. 1-1500 nachweisen.

763 Siehe den Schriftwechsel in den Nachlässen Krieg und Schroeder.

Abschrift befindet sich auch im Besitz des Herrn Kaufmann Albert Marowsky in Minden."[764] Albert Hermann Otto Marowsky, geboren am 13.12.1878 in Minden, gestorben am 19.10.1938, Sohn des Mindener Buchhändlers Karl Marowsky, hatte im Laufe seines Lebens eine umfangreiche Sammlung zusammengetragen, die nach seinem Tod durch die Stadt Minden angekauft wurde.[765] Die Sammlung wurde auf das Mindener Museum und das Stadtarchiv aufgeteilt; im Stadtarchiv wiederum wurde (unter Missachtung des Provenienzprinzips) die Sammlung in die unterschiedlichen Sammlungen des Archivs aufgelöst.[766] Die Sammlung umfasst Dokumente aller Art, hauptsächlich „Mindensien" und umfasst 45 Bände.[767] Die Sammlung Marowsky ist durch (teilweise vorläufige) Signaturen weitgehend - jedoch bisher nicht abschließend - erschlossen, eine Abschrift der Stadtrechtsreformation ist nicht enthalten.[768]

Es stellt sich also die Frage, was mit dieser Abschrift passiert ist. Marowsky könnte sie natürlich zwischen 1931 (Mitteilung durch KRIEG) und 1938 (Todesjahr Marowskys) an eine unbekannte Stelle verschenkt oder verkauft haben und die Handschrift müsste als verschollen gelten. Aber auch zwei andere Szenarien sind denkbar: Das Marowsky-Exemplar könnte mit dem Lachtorp-Exemplar identisch sein und seltsamerweise seinen Weg erst über das Osnabrücker Antiquariat wieder nach Minden gefunden haben. Oder - und das ist wohl wahrscheinlicher - bei der Handschrift KA Minden, Stadt Minden, B 305, könnte es sich um das Marowsky-Exemplar handeln. In diese Richtung deutet auch eine einzelne Notiz, die sich bei SCHROEDER in einem Handschriftenstammbaum findet: „StA Mi. Hs. d. 18. Jhs (aus Slg. Marowsky)."[769] Im übrigen Nachlass SCHROEDERs ist diese Handschrift jedoch kein einziges weiteres Mal erwähnt und es findet sich keine Signatur, sodass es bei Vermutungen bleiben muss.

---

764 Krieg, Stadtbuch von 1318, S. 26, Fn. 82.

765 Vgl. Notiz vom 13.05.2019 durch Frau Dr. Monika M. Schulte zur Bildersammlung Marowsky (WS1) im Kommunalarchiv Minden.

766 Siehe vorangegangene Fußnote.

767 Brandhorst, Die Bestände des Kommunalarchivs Minden, S. 259.

768 Diese Auskunft erteilte Herr Vinzenz Lübben, Leiter des Mindener Kommunalarchivs, am 23.05.2019.

769 Nachlass Schroeder, Berlin.

7. Unergiebige Verweise

Bei der Archivrecherche nach weiteren Abschriften ergaben sich auch zwei Hinweise, die letztlich nicht zu weiteren Funden führten. Der Vollständigkeit halber seien sie hier ebenfalls aufgelistet.

a) Haarland

Der königliche Archivsekretär HAARLAND hat im Jahre 1846 eine sechsbändige Sammlung angelegt, die Verordnungen etc. über Gegenstände der Landeshoheit, Verfassung, Verwaltung und Rechtspflege im ehemaligen Bistum, nachherigen Fürstentum Minden vom Jahre 1252-1836 enthält.[770] Haarland vermerkt in seinem Inhaltsverzeichnis zu Band 6 unter der Nummer 25 mit dem Datum 8.1.1613: *„Revidierte, im Jahre 1336 allererst abgefaßte Statuta und Rechte der Stadt Minden.“* Dies lässt zunächst vermuten, dass Haarland die Stadtrechtsreformation von 1613 in ihrer Gesamtheit abgeschrieben hat. In Band 6 findet sich jedoch keine komplette Abschrift der Stadtrechtsreformation von 1613, sondern unter der Nummer 25 (Digitalisat Seite 40) findet sich lediglich der Hinweis auf das Werk von Crusius aus dem Jahre 1674.[771]

b) Geheimes Staatsarchiv Preußischer Kulturbesitz Berlin

In dem alten Findbuch des Geheimen Staatsarchivs Preußischer Kulturbesitz Berlin zum Fürstentum Minden findet sich der Eintrag *„Stadt Statutum“*.[772] Eine Sichtung der entsprechenden Archivalien ergab jedoch keinen weiteren Abschriftenfund zur Stadtrechtsreformation. Die Akten enthalten Mindische Memoriale, Kurfürstliche Resolutionen und Reglements, juristische Einzelfälle, Schriftverkehr und Konzepte. Der Begriff des Statutum taucht vereinzelt auf, jedoch handelt es sich stets um einen Auszug aus der Stadtrechtsreformation zur Darlegung der Rechtslage.[773]

---

770 Kopien der Inhaltsverzeichnisse aller Bände von LAV NRW W, Ms VII, 2402 finden sich unter KA Minden, Stadt Minden, X 29, 1-3.

771 LAV NRW W, Ms VII, 2402,6.

772 I. HA, Rep. 32, Fürstentum Minden, Stadt Minden, Nummer 78. b. Der Altbestand Nummer 78.b. ist zwischenzeitlich in mehrere neue Signaturnummern (Nr. 619 ff.) aufgegliedert worden.

773 So findet sich beispielsweise in I. HA, Rep. 32, Fürstentum Minden, Stadt Minden, Nr. 625 ein Auszug „Statutum des Mindischen Stadtrechts de successione ab intestato“.

8. *Kenntnisstand in der bisherigen Forschung über die Abschriften*

Der Kenntnisstand in der bisherigen Forschung über die Abschriften stellt sich wie folgt dar: KRIEG kannte drei Abschriften: „Staatsarchiv Münster Msc. VII 2432, 2. Ebenda VII 2902 b. Abschrift des Johann Schlicke von 1661. Eine spätere Abschrift befindet sich auch im Besitz des Herrn Kaufmann Albert Marowsky in Minden."[774]

SCHROEDER kannte sechs Abschriften, die er durch die Vergabe von Großbuchstaben zu unterscheiden suchte: A (LBibl. Hannover Ms XXII 1379), B (STA Münster Ms VII 2910), C (STA Münster Ms VII 2432), D (KA Minden, Lachtorp), E (STA Münster Ms VII 2902b) und G (StA Minden, Marowsky).[775] Die Buchstaben F und H vergab er an zwei ihm bekannte Exemplare des Crusius-Druckes.[776]

Im Zuge seiner Vorarbeiten für eine weitere Edition zum Mindener Stadtrecht hat SCHROEDER die Exemplare A, B, C, D und E gesichtet und miteinander verglichen. Exemplar G fehlt. SCHROEDER hat dabei, weil auch ihm die Originalhandschrift von Averberg nicht zur Verfügung stand, die von Crusius mitgeteilte Fassung zugrundegelegt. Das Resultat findet sich in seinem Nachlass in Form eines Typoskripts mit einem Umfang von 64 Seiten, von denen wiederum 7 Seiten auf den Anmerkungsapparat entfallen. Dieser Anmerkungsapparat beinhaltet die „Abweichungen, soweit sie Einfluß auf die Bedeutung des Textes haben können, sowie einzelne offenkundige Druckfehler".[777]

9. *Datierung der Abschriften*

Bis auf eine Ausnahme (Schlick-Exemplar von 1661) sind die Abschriften nicht datiert. SCHROEDER möchte sie alle auf den Zeitraum 1613-1674 datieren, weil seines Erachtens nach seit 1674 keine Veranlassung mehr bestand, eine Handschrift anzufertigen, da ja dank Crusius eine kommentierte Fassung in gedruckter Form zur Verfügung stand.[778]

---

774 Krieg, Stadtbuch von 1318, S. 26, Fn. 82.

775 Nachlass Schroeder, Berlin.

776 Allgemein dem kommentierten Druck durch Crusius aus dem Jahre 1674 gab er den Buchstaben F, und einem durchschossenen Crusius-Exemplar mit Notizen von Nettelbusch, das dem Kommunalarchiv Minden 1852 von Mooyer geschenkt worden war, den Buchstaben H.

777 Nachlass Schroeder, Minden, „Vorbemerkung. Zur Kodifikation und zur Polizei-Ordnung von 1613".

778 Nachlass Schroeder, Minden, „Vorbemerkung. Zur Kodifikation und zur Polizei-Ordnung von 1613".

Ein noch enger gefasster Zeitraum ließe sich zugrunde legen, wenn man sich die inhaltlichen Ausführungen in der Stadtrechtsreformation zur Appellationsinstanz[779] vor Augen führt. Im Zeitpunkt der ursprünglichen Entstehung der Stadtrechtsreformation im Jahre 1613 musste die Appellation an den Bischof erfolgen. Im Jahre 1674 zur Zeit der Crusius-Kommentierung war die hohe Landesobrigkeit Appellationsinstanz.[780] Dies galt bereits seit der Änderung der Herrschaftsverhältnisse in Minden im Jahre 1648. Alle überlieferten Abschriften der Stadtrechtsreformation nennen einstimmig jedoch noch den Bischof als Appellationsinstanz. Daher wäre der Entstehungszeitraum der Abschriften auf 1613-1648 anzusetzen, was aber voraussetzt, dass die jeweiligen Schreiber aufmerksam und in Kenntnis der tatsächlichen gerichtlichen und herrschaftlichen Umstände agierten und bewusst Änderungen vornahmen. Dies mag bezweifelt werden. Ein Entstehungszeitraum der Abschriften von 1613 bis ins 18. Jahrhundert hinein ist daher nicht auszuschließen.

10. Handschriftenstammbaum

Wie dargelegt ist die ursprüngliche Stadtrechtsreformation aus der Hand von Averberg nicht überliefert, mithin fehlt der Archetyp.[781] Die überlieferten Handschriften sind sämtlich als Privatarbeiten unterschiedlichen Datums anzusehen, vermutlich geschaffen von Mindener Rechtsbeiständen für ihre tägliche Arbeit.[782] SCHROEDER hat sich mit der naheliegenden Frage beschäftigt, ob auf dieser Grundlage die Erstellung eines Handschriftenstammbaumes und damit die Feststellungen von Abhängigkeiten möglich sind.

In seinem Berliner Nachlassteil finden sich dazu einerseits sowohl ein handschriftlicher Handschriftenstammbaum als auch eine schreibmaschinenerstellte

---

779 Liber IV, Tit. 2, Art. 18.

780 Zuständig für Appellationen war das vom Kurfürsten eingesetzte Regierungskollegium (bestehend aus Statthalter, Kanzler und zwei Regierungsräten), siehe dazu Nachweise bei Schröder, Sebastian: Tod im Taubenturm. Ein Streit um die Ausübung adliger Straf- und Gerichtsgewalt im frühneuzeitlichen Fürstentum Minden, in: Die Kleinen unter den Großen. Ministerialität und Niederadel in spätem Mittelalter und früher Neuzeit, hrsg. von Katrin Jaspers und Stefan Pätzold, Münster 2022, S. 315-357.

781 Zum Archetyp siehe Goetz, Proseminar, S. 247: „Ziel der Textkritik ist demnach das Erkennen des Archetyps, d.h. derjenigen Handschrift, auf die alle anderen zurückgehen. Im Idealfall ist das das Original (Autograph). Lässt sich ein solcher Archetyp erschließen, dann wird man dieser Handschrift folgen."

782 Nachlass Schroeder, Minden, „Vorbemerkung. Zur Kodifikation und zur Polizei-Ordnung von 1613".

textliche Argumentation bzgl. der Abhängigkeiten.[783] SCHROEDER kam dort anhand von Textvergleichen[784] zu dem Ergebnis, dass es sich bei der Handschrift aus Hannover[785] und der Kulemann-Abschrift aus Münster[786] wohl um die ältesten Abschriften handle, bei dem Schlick-Exemplar aus Münster[787] um die jüngste.[788] Um die ansonsten von ihm vermuteten Abhängigkeiten plausibel zu machen, fügt er allerdings wenig überzeugend in den von ihm entworfenen Handschriftenstammbaum drei weitere fiktive Abschriftsversionen ein, die allein auf Vermutung beruhen. In dem Mindener Nachlassteil SCHROEDERs jedoch findet sich kein Handschriftenstammbaum, sondern nur die per Computer erstellte eindeutige Mitteilung, dass sich Abhängigkeiten nicht klären ließen.[789] Die Art der Niederschrift (einmal per Hand und Schreibmaschine, einmal per Computer) könnte darauf hinweisen, dass SCHROEDER seine frühere Ansicht, er könne Abhängigkeiten nachweisen, selbst revidiert hat.

Im Ergebnis muss auch nach erneuter Prüfung festgehalten werden, dass mangels nachweisbarer Abhängigkeiten die Erstellung eines Handschriftenstammbaumes nicht möglich erscheint.[790] Da ungeklärt geblieben ist, welche Handschrift als die älteste Überlieferung anzusehen ist und dem Original somit am nächsten kommt, ist bei weiteren Forschungsvorhaben von der im Jahre 1674 geltenden Fassung des Rechtstextes, wie Crusius sie in seiner Kommentierung wiedergegeben hat, auszugehen.[791]

---

783 Nachlass Schroeder, Berlin.

784 Anhand der Begriffe: observiret, Ichtwas, Gewohnheit, Gemeinheit in Liber I, Titulus 1, Art. 1-3.

785 Niedersächsische Landesbibliothek (Gottfried Wilhelm Leibniz Bibliothek), Signatur LBibl. Hannover Ms XXII 1379.

786 LAV NRW W, Ms VII, 2910.

787 LAV NRW W, Ms VII, 2902 b.

788 Nachlass Schroeder, Berlin.

789 Nachlass Schroeder, Minden.

790 Zum Handschriftenvergleich siehe Goetz, Proseminar, S. 246: „Ziel des Handschriftenvergleichs ist die Feststellung von Abhängigkeiten: Welche der erhaltenen Handschriften beruht – mittelbar oder unmittelbar – auf einer anderen? [...] An gemeinsamen, gegenüber anderen Überlieferungen abweichenden Lesarten erkennt man die Verwandtschaft bestimmter Handschriften. Aus dem Gesamtüberblick lassen sich dann die Abhängigkeiten (Filiationen) erschließen und in Form eines Stemmas (Handschriftenstammbaum) graphisch veranschaulichen."

791 Zu diesem Schluss kommt (für die Frage einer Edition) auch Schroeder, siehe Nachlass Schroeder, Berlin.

C. Kommentierte Druckfassung

I. Beschreibung der Typographie

Crusius Wiedergabe der Stadtrechtsreformation samt Kommentierung in Druckform ist im Schriftbild zweigeteilt: Der deutschsprachige Rechtstext des Averberg ist in Fraktur gedruckt, der lateinische Kommentar des Crusius ist in Antiqua gedruckt. Diese Zweiteilung war ein im deutschen Sprachraum übliches Vorgehen: Deutsche Texte druckte man häufig in Fraktur, lateinische Texte hingegen in Antiqua. Daher stammen auch die umgangsprachlichen Bezeichnungen als „Deutsche Schrift" und „Lateinische Schrift".

II. Exemplare

Der Crusische Kommentar ist zahlreich überliefert. Allein im Kommunalarchiv Minden finden sich fünf Exemplare.[792] Das Kommunalarchiv Minden hat den Crusius-Druck zudem digitalisiert und im Mai 2020 online zur Verfügung gestellt.[793]

Das Verzeichnis der im deutschen Sprachraum erschienenen Drucke des 17. Jahrhunderts (VD17) weist vier weitere Exemplare des Druckes von Crusius in deutschen Bibliotheken aus, wobei eines dieser Exemplare ebenfalls digitalisiert ist.[794] Ein weiteres Exemplar findet sich zudem in der Bibliothek der Universität Bielefeld, ebenfalls

---

792 KA Minden 163, KA Minden 163a, KA Minden 6274, KA Minden Gymnasialbibliothek 3230 sowie KA Minden, Stadt Minden, B 268b (alt). Bei der letztgenannten Signatur handelt es sich um ein gebundenes Buch, das nicht nur den Crusius-Druck enthält, sondern zudem eine Abschrift der Bruchrolle vom 18.12.1673, Bruchherrenlisten 1638-1692, eine Abschrift des Lübbecker Rezesses von 1573, eine Abschrift der „Sententia Senatus Mindensis in puncto praecedentia inter pastores" von 1667 sowie der „Sententia Electoralis Regiminis reformatoria" vom 06.11.1668.

793 https://archive.org/details/ius_statuarium_rei_publicae_Mindensis (Stand: 15.11.2023).

794 Recherche unter www.vd17.de mit dem Titel „Ius Statutarium Reipublicae Mindensis" als Suchbegriff (Stand: 15.11.2023). Die Exemplare befinden sich in der Staatsbibliothek zu Berlin – Preußischer Kulturbesitz (Signatur Gu 21000), in der Niedersächsischen Staats- und Universitätsbibliothek Göttingen (Signatur 8 J STAT IV, 5464 (1)), in der Herzog-August-Bibliothek Wolfenbüttel (Signatur RI 63) und in der Universitäts- und Landesbibliothek Sachsen-Anhalt Halle (Signatur Kg 4401). Das Exemplar aus Halle ist vollständig digitalisiert und online zugänglich über den Suchbegriff „Ius Statutarium Reipublicae Mindensis" auf http://digitale.bibliothek.uni-halle.de (Stand: 15.11.2023).

digitalisiert.[795]

III. Unterschiede zwischen Handschriften und Druck

Ein Abgleich des Crusius-Druckes mit den überlieferten Handschriften ergab, dass keine der überlieferten Abschriften exakt dem Druck zugrunde lag, weil sich jeweils kleinere Abweichungen (wie bereits in den Handschriften zueinander) finden lassen. Ob Grundlage des Crusius-Druckes daher das verschollene Averbergsche Original oder eine spätere, nicht überlieferte Abschrift war, lässt sich nicht abschließend klären.

Abgesehen von der ausführlichen Kommentierung sei noch auf zwei weitere deutliche Abweichungen zwischen den Handschriften und dem Crusius-Druck hingewiesen. Erstens enthalten alle Handschriften am Schluss des Liber IV eine Gebührenauflistung, die bei Crusius fehlt, wohl weil sie zu diesem Zeitpunkt veraltet und nicht mehr gültig war. Zweitens enthält der Crusius-Druck den einzelnen Titeln thematisch zugeordnete und kommentierte *Decisiones*, welche bei den Handschriften keine Erwähnung finden. Dies lässt darauf schließen, dass die Originalhandschrift von Averberg keine derartigen Gerichtsentscheidungssätze enthielt, sonst wären sie in den Abschriften enthalten. So liegt die Vermutung nahe, dass die *Decisiones* Mindener Urteile der Jahre 1613-1674 entstammen und von Crusius zusammengetragen wurden.

§ 6 Überblick zum Inhalt der Stadtrechtsreformation

Die Stadtrechtsreformation von 1613 besteht aus vier Büchern, wobei jedes Buch aus mehreren Titeln besteht und sich die Titel wiederum in Artikel gliedern. Insgesamt besteht der Rechtstext aus 372 Artikeln. Die ersten zwei Bücher beinhalten größtenteils Privatrecht, das dritte Buch Strafrecht und das vierte Buch das Verfahrens- bzw. Prozessrecht. Diese Einteilung ist jedoch nicht strikt durchgeführt oder ausschließlich nach heutigem Verständnis zu bewerten. Es kommen durchaus Überschneidungen vor.[796] Insbesondere durchziehen

795 Signatur FB 88 KD216+MI663 C957; Digitalisat über den Suchbegriff „Ius Statutarium Reipublicae Mindensis" auf www.ub.uni-bielefeld.de (Stand: 15.11.2023).

796 Krieg, Mindener Rechtsbücher, S. 90, der im Folgenden auf S. 91 f. einen groben Überblick über die Bücher und Titel liefert. Lockert, Die niedersächsischen Stadrechte, S. 130 f., gibt diesen Überblick verkürzt wieder.

prozessrechtliche Regelungen auch die ersten drei Bücher.[797] Einen vorangestellten allgemeinen Teil - wie aus heutigen Kodifikationen bekannt - enthält die Stadtrechtsreformation nicht.

Die folgende zusammenfassende Beschreibung des Regelungsgehaltes der Stadtrechtsreformation dient dazu, einen ersten Überblick zu geben. Aus der Natur der Sache ergibt sich somit, dass es sich um eine verkürzende, nicht abschließende Darstellung aller Regelungsdetails handelt. Es empfiehlt sich eine vertiefte Beschäftigung mit den einzelnen materiellrechtlichen Titeln, wenn diese thematisch für weitere Forschungsvorhaben relevant sind.[798] Dazu ist dann zwingend der Crusische Kommentar hinzuzuzuiehen. Die Darstellung erfolgt bewusst nach der eigenen Systematik der Rechtsreformation und es wird darauf verzichtet, die ersten zwei Bücher „aufzubrechen" und systematisch nach Personen-, Sachen- und Schuldrecht zu ordnen, weil sonst der dem Rechtstext immanente eigene Gedankengang bezüglich Struktur und Zusammenhängen möglicherweise verloren ginge.

A. Erstes Buch

Das erste Buch enthält 190 Artikel, gegliedert in 16 Titel. Diese Titel weisen überwiegend, jedoch nicht ausschließlich einen privatrechtlichen Regelungsgehalt auf. Titel 1 (16 Artikel) stellt einen Verhaltenskodex für den Rat bei seinen Gerichtsverhandlungen und Rechtssprüchen auf und liefert zudem einige prozessrechtliche Regelungen. Titel 2 (23 Artikel) betrifft Bürgerrechte und -pflichten. Titel 3 (2 Artikel) behandelt kurz die Leibeigenschaft. Titel 4 (9 Artikel) regelt Verlöbnis und Eheschließung. Titel 5 (3 Artikel) schreibt die Bindungswirkung von Verträgen vor Schiedleuten und Ratssprüchen fest. Titel 6 (2 Artikel) liefert Regelungen zur Verpflichtung der Frau in Bezug auf Handelgeschäfte des Mannes. Titel 7 (18 Artikel) behandelt Fragen zur Geldschuld. In Titel 8 (11 Artikel) finden sich Regelungen zum Miet- und Pachtrecht sowie Dienst- und

---

797 Exemplarisch sei hier auf Liber I, Tit. 7, Art. 1 verwiesen, der das Klageverfahren bei Geldschuld beschreibt, das zugleich aber auch in Liber IV, Tit. 1, Art. 30 weitere Regelungen erfährt.

798 Es gilt der allgemein bekannte Grundsatz: Ein Blick ins Gesetz erleichtert die Rechtsfindung. Als guter Orientierungspunkt für eine stadtrechtliche Aufarbeitung einzelner Aspekte - allerdings in Bezug auf das Mittelalter - kann dienen: Schöne, Thomas: Das Soester Stadtrecht vom 12. bis zur Mitte des 15. Jahrhunderts. Zugleich ein Beitrag zur Entwicklung deutsche Stadtrechte im hohen und späten Mittelalter, Dissertation Bonn 1996, Paderborn 1998.

Werkverträgen. Titel 9 (15 Artikel) enthält Kaufrecht. Titel 10 (22 Artikel) regelt Zwangsvollstreckung und Pfandrecht. Titel 11 (10 Artikel) gibt Vorkaufsrechte wider. Titel 12 (4 Artikel) behandelt Schenkungen. Titel 13 (11 Artikel) enthält die Regeln zu Bürgschaften. Daran schließt sich Titel 14 (8 Artikel) zur Beschlagnahme und Zwangshaft an. Es folgt Titel 15 (28 Artikel) zum Baurecht. Das erste Buch endet mit Titel 16 (11 Artikel) zu Ersitzung und Verjährung.

I. Titel 1 - Verhaltenskodex und Rechtsgrundlage

Liber I, Tit. 1 ist überschrieben mit „*De audientiis & judicandi modo. Wie sich ein Ehrbahr Raht bey denen Audiencien und Urtheilensprechen verhalten sol*", stellt in 16 Artikeln einen Verhaltenskodex für den Rat bei seinen Gerichtsverhandlungen und Rechtssprüchen auf und enthält zudem einige prozessrechtliche Regelungen. Die Regelungen des Liber I, Tit. 1 sind im Zusammenhang mit den Vorschriften zum Gerichtsprozess und zum schriftlichen Prozess aus Liber IV zu lesen.

Die sich daraus ergebende Prozessordnung gilt sowohl für das Niedergericht als auch für die Ratsstube,[799] d. h. das Ratsgericht, und damit für die beiden ordentlichen städtischen Gerichte.[800] Die Abgrenzung der Zuständigkeiten dieser beiden Gerichte regelt Liber IV, Tit. 1, Art. 10 anhand des Wertes des Streitgegenstandes, demzufolge Schuldsachen unter 20 Reichsthaler zur Verhandlung an das Niedergericht gehören. Das Ratsgericht als ranghöheres Gericht kann aber Rechtsstreitigkeiten vom Niedergericht an sich ziehen und fungiert als Appellationsinstanz.[801]

Von den Mitgliedern des Rates wird in Gerichtssachen Folgendes verlangt:

Unparteilichkeit und Unbestechlichkeit (Liber I, Tit. 1, Art. 1: „*Unparteilich, ohn einige Gifft e und Gaben*"), Aufmerksamkeit (Liber I, Tit. 1, Art. 8: „*auff der Parteien Vordrag fleißige Achtung geben*"), Verschwiegenheit (Liber I, Tit. 1, Art. 12: „*die Heimligkeiten des Rahtes bey sich behalten und verschweigen*"), Einigkeit (Liber I, Tit. 1, Art. 11: „*nicht von einander gehen, Sie seyn dann zuvor wieder vereiniget und zu frieden gebracht*" und Art. 13: „*auff richtig und ohne Heucheley jegen einander verhalten, in ungefärbter Liebe und Einigkeit leben und einer dem anderen nichts böses nachreden*"), Unbefangenheit (Liber I, Tit. 1, Art. 14: „*keinen Partheien mit rahtgeben oder Advociren sich verwand machen noch bedienet sein*"

799 Liber IV, Tit. 1, Einleitung: „*[...] sich in künff tig GerichtsSachen, so wol am Niedergerichte als für der RathStuben darnach zu richten [...]*".

800 Krieg, Mindener Rechtsbücher, S. 91. Ein Bauermeister wird nicht erwähnt.

801 Liber IV, Tit. 1, Art. 11.

und 15: *„da jemand einer Partheyen mit Schwäger oder Freundschaft biß in den dritten Gradt gleicher Linien verwandt [...], soll Er auß deß Rathes Seddelen aufstehen und sich des votirens enthalten“*), sowie in der Entscheidung Einstimmigkeit (Liber I, Tit. 1, Art. 1: *„eindrechtig richten“* sowie Art. 6). Urteile dürfen nur gefällt werden, wenn wenigstens die Hälfte der Ratsmitglieder anwesend ist.[802]

Auf welcher Rechtsgrundlage der Rat bei seinen Rechtssprüchen zu entscheiden hat, ergibt sich aus Liber I, Tit. 1, Art. 1 und 2. Es gilt das Stadtrecht der Stadtrechtsreformation. Dazu heißt es in Art. 1: *„ [...] kompt eine Sache für dem Raht, die soll der Raht eindrechtig richten und diß Ihr Buch aufschlagen, ob darein deß Rechten ichtwas zu finden; darnach soll der Raht sprechen Unparteilich, ohn einige Giffte und Gaben.“* Subsidiär gilt nach Art. 2 das Recht des Heiligen Römischen Reiches: *„Befindet sich aber der Fall in diesem Stadtbuch außtrücklich nicht, so soll man nach denen beschriebenen Rechten und Constitutionen deß Heiligen Römischen Reichs und bewehrten Gewohnheiten urtheilen und erkennen.“*[803] Eine vertiefte Auseinandersetzung mit diesem festgeschriebenen Anwendungsvorrang des lokalen Rechts und seiner tatsächlichen Bedeutung erfolgt im Rahmen der historisch-kritischen Exegese des Crusischen „Caput Praeliminare“.

Im Übrigen wird hier besonders deutlich, dass alte mittelalterliche, stadtrechtsfamiliäre Bande nicht mehr relevant sind. Dortmund als Oberhof hat „ausgedient“. Oder um es mit den Worten von HAASE zu sagen: „Stadtrechtsreformationen zersprengen jeden alten Kulturraum“.[804]

II. Titel 2 - Bürgerrecht und Bürgerpflicht

Liber I, Tit. 2, behandelt unter der Überschrift *„De bonis, interesse & juribus Reipublicae. Von der Stadt-Güteren, interesse und Gerechtigkeiten“* in 23 Artikeln die mit dem Gemeinwesen zusammenhängenden Materien. Hier werden die Rechte und Pflichten der Bürger beschrieben.[805] Bestimmte Grundstücks- und Warengeschäfte sind untersagt,[806] um Land und Waren in Bürgerhand zu halten, im

---

802 Liber I, Tit. 1, Art. 7.

803 Crusius führt in seiner Kommentierung auf S. 37 zu Liber I, Tit. 1, Art. 2, gleichfalls aus: *„Caeterum casu in Jure Statutario non deciso, quin recurrendum sit ad jus commune, & ex eodem decisio petenda, notissimum est.“*
(Freie Übers. d. Verf.: „Findet sich zu einem Fall keine Regelung im Stadtrecht, soll das ius commune herangezogen und anhand des ius commune die Entscheidung getroffen werden.“)

804 Haase, Gegenwärtiger Stand und neue Probleme der Stadtrechtsforschung, S. 144.

805 Krieg, Rechtsbücher, S. 91.

806 Liber I, Tit. 2, Art. 1-3, 17, 18.

Ergebnis um „städtischen Bestandsschutz“ zu gewährleisten. Des Weiteren finden sich steuerrechtliche Regelungen und Regelungen zum Bürgerrecht,[807] sowie Regelungen zum Brauwesen,[808] zu Gebühren und Zöllen.[809] Außerdem enthält Titel 2 Vorschriften zu den Ämtern,[810] und zur Beherbergung Fremder.[811]

III. Titel 3 - Leibeigenschaft

Liber I, Tit. 3, trägt den Titel *„De PROPRIIS HOMINIBUS. von Eigenthumb und eignen Leuten“* und enthält in nur 2 Artikeln Regelungen zur Leibeigenschaft. Ein Leibeigener ist unfrei und kann daher das Bürgerrecht nicht erlangen.[812] Ein zugezogener Leibeigener aber erlangt dann seine Freiheit, wenn der Eigentumsherr nicht innerhalb von zehn Jahren Anspruch anmeldet.[813]

IV. Titel 4 - Verlöbnis und Eheschließung

Liber I, Tit. 4, trägt die Überschrift *„DE SPONSALIBUS ET NUPTIIS. Von Verlöbnüssen und Hochzeiten“*. Er regelt in 9 Artikeln Verlöbnis und Eheschließung, wobei es allerdings nicht um den formalen Akt oder die Prozedur geht, sondern um Eheverbote sowie die materiellrechtlichen Konsequenzen.[814] Der Ehestand wird beschrieben als *„eine heilige Ordnung Gottes [...], dadurch das Menschliche Geschlechte gemehret und das Reich Gottes auff Erden erbauet wird“.*[815]

Der Titel enthält Regelungen zu konkreten Eheverboten,[816] zu mündlichen Absprachen, schriftlichen Eheverträgen und dem Brautschatz,[817] sowie zu unwirksamem oder doppeltem Verlöbnis.[818]

---

807 Liber I, Tit. 2, Art. 4-12, 21.

808 Liber I, Tit. 2, Art. 13, 16, 22.

809 Liber I, Tit. 2, Art. 14-16. In diesem Titel wird die Vielfalt der Steuern, Pflichten, Gebühren und Zöllen deutlich. So gibt es beispielsweise *„Schoß, Bolwerck, und andere Bürgerliche gebüher“* (Art. 4), *„Nachsteur“* (Art. 6), *„Abschoß“* (Art. 10), *„Vorschoss“* (Art. 12), *„Zyse, WEgk, Stelle und Wage-Geldt“* (Art. 14) und *„Moltzyse“* (Art. 16).

810 Liber I, Tit. 2, Art. 19 und 20.

811 Liber I, Tit. 2, Art 23.

812 Liber I, Tit. 3, Art. 1.

813 Liber I, Tit. 3, Art. 2.

814 Die heutigen gesetzlichen Regelungen zu Verlöbnis, Eherecht und seinen Folgen finden sich in §§ 1297-1588, 1608, 1749, 1766 f., 1931-1934, 2077, 2265, 2268 BGB.

815 Liber I, Tit. 4, Art. 1.

816 Liber I, Tit. 4, Art. 2 und 3.

817 Liber I, Tit. 4, Art. 4-7.

818 Liber I, Tit. 4, Art. 8 und 9.

V. Titel 5 - Bindungswirkung und Beweis von Vertragsschlüssen

Liber I, Tit. 5, über „*DE TRANSACTIONIBUS. Von vertragen*" regelt in 3 Artikeln die Bindungswirkung von Vertragsschlüssen vor dem Rat,[819] vor aktuellen oder ehemaligen Schiedsleuten,[820] und von Ratssprüchen bei Uneinigkeit der Parteien.[821]

VI. Titel 6 - Haftung der Ehefrau für Verbindlichkeiten aus Gesellschaft

Liber I, Tit. 6, überschrieben mit „*Ne uxor pro marito in Contractu Societatis. Wann die Frau für ihrem Mann in Maßcopei-Sachen nicht bezahlen darf*", liefert in zwei Artikeln Regelungen zur Haftung der Ehefrau für Verbindlichkeiten aus einer Handelsgesellschaft ihres Mannes.[822]

VII. Titel 7 - Darlehen

Liber I, Tit. 7, mit der Überschrift „*De Mutuo. Von geliehenem Gelde*" behandelt Fragen der Geldschuld in 18 Artikeln.

Einleitend enthält der Titel eine wichtige prozessrechtliche Regelung. Wird „*umb geliehenes Geld und andere beweißliche Schulden*" gestritten, gilt ein verkürztes Verfahren statt dem ordentlichen Prozess:[823] Das Verfahren wird auf drei Termine im Abstand von vierzehn Tagen beschränkt, innerhalb derer der Schuldner zu zahlen oder die Unbegründetheit der Klage darzulegen hat. Gelingt ihm dies innerhalb der angegebenen sechs Wochen nicht, drohen Zwangsmittel.

---

819 Liber I, Tit. 5, Art. 1.

820 Liber I, Tit. 5, Art. 1 und 3.

821 Liber I, Tit. 5, Art. 2.

822 Liber I, Tit. 6, Art. 1 nennt „*eine Societät oder Mascopey in Kaufmannschaften*". Der Begriff „Mascopey" geht auf den Ausdruck Maatschaft bzw. Maatschaftei zurück. Hierbei handelt es sich um einen „Zusammenschluß mehrerer Personen zur Erreichung eines wirtschaftlichen Erfolges, Gesellschaft, wobei volle Maatschaft das Recht der Gesellschafter auf einen gleichen Anteil an Gewinn und Verlust bezeichnet" (DRW, Band VIII, Sp. 1524). In Westfalen findet sich für eine (Handels-)Gesellschaft auch der Ausdruck „mâschapî(e)" oder „maschofey" (Schütte, Wörter und Sachen aus Westfalen, S. 508).

823 Liber I, Tit. 7, Art. 1. Siehe auch Liber IV, Tit. 1, Art. 30. Im Einzelnen zu ordentlichen Prozess siehe die Erläuterungen zu Liber IV.

In den darauf folgenden Regelungen geht es vor allem um zulässige Beweismittel. Bei Streitigkeiten um eine Jahrrente[824] kann der Beweis *„mit zweyen BiederMännern"* erfolgen;[825] wobei unter einem Biedermann ein Ehrenmann, also ein unbescholtener, zuverlässiger Mann zu verstehen ist.[826] Bei Streitigkeiten um die Schulden eines Verstorbenen kann Beweis mit *„zweyen Ehrenhaftigen Bürgeren [...] oder sonsten durch andere glaubwürdige Kundschafft"* erbracht werden.[827] Bei Streitigkeiten um einen Schuldbrief kann der Schuldner sich auf die Aussage von Rat oder Gericht berufen, wenn diese Erledigung bezeugen können.[828] Bei Streitigkeiten um eine Schuld aus einem verlorenen Ratsbrief können Gerichte oder zwei unbescholtene Bürger als Beweismittel dienen.[829]

Die besondere Bedeutung von Schuldbriefen[830] und insbesondere entsprechenden Ratsbriefen[831] als Beweismittel wird anhand von detaillierten Regelungen deutlich. Von einem Brief darf grundsätzlich keine Abschrift gefertigt werden.[832] Behauptet der Schuldner, er habe bereits geleistet, so muss er dies beweisen.[833] Abhanden gekommene Schuldbriefe berechtigen weiterhin den ursprünglichen Gläubiger.[834]

Ratsbriefe gehen privaten Schuldbriefen vor.[835] Wie ein solcher Ratsbrief erteilt wird, regelt Liber I, Tit. 7, Art. 10: *„Wann der Schuldener seinem Gläubiger einen Rahtsbrieff geben will, sol Er vor dem Rath kommen und die Schuld bekennen, daß die richtig sey, und mit wahren Worten anzeigen, daß der Gläubiger auß seinen Güteren könne bezahlet werden."* Auch findet sich eine Regelung, dass alte Schuldbriefe weiterhin ihre Gültigkeit haben und sich neue Ratsbriefe ab dem

824 Bei einer Jahrrente handelt es sich um eine „jährlich wiederkehrende Leistung verschiedenen rechtl. Ursprungs, meist Reallast" (DRW, Band VI, Sp. 458).

825 Liber I, Tit. 7, Art. 2.

826 DRW, Band II, Sp. 316.

827 Liber I, Tit. 7, Art. 3.

828 Liber I, Tit. 7, Art. 4.

829 Liber I, Tit. 7, Art. 5.

830 Die Schuldbriefe gleichen einem heutigen Schuldschein, der zunächst gemäß § 781 BGB als Schuldanerkenntnis zu werten ist. Das Eigentum an der Schuldurkunde steht gemäß § 952 BGB dem Gläubiger zu und hat als Privaturkunde Beweiskraft gemäß § 416 ZPO.

831 Die Ratsbriefe lassen sich mit heutigen öffentlichen Urkunden vergleichen. Zu deren Beweiskraft siehe § 415 ZPO.

832 Liber I, Tit. 7, Art. 6.

833 Liber I, Tit. 7, Art. 7.

834 Liber I, Tit. 7, Art. 8.

835 Liber I, Tit. 7, Art. 9.

01.01.1613, also ab Inkrafttreten der Stadtrechtsreformation, nach den dortigen Vorschriften richten.[836]

Es folgt die Festschreibung des Zinssatzes auf 6 %,[837] sowie ein Wucherverbot,[838] Regelungen zur Geldsortenschuld,[839] und zu Geschäften mit unmündigen Kindern.[840]

VIII. Titel 8 - Locatio Conductio

Liber I, Tit. 8 enthält in 11 Artikeln Regelungen zu unterschiedlichen Verträgen. Der Titel ist überschrieben mit *„De Locatione Conductione. Von Mieten und Vermieten"*. Das römischrechtliche Vertragsgebilde der Locatio Conductio umfasst nach heutigem Verständnis Miete, Pacht, Dienst- und Werkvertrag.[841] Einen vergleichbaren Inhalt spiegeln auch die einzelnen Regelungen der

---

836 Liber I, Tit. 7, Art. 11.

837 Liber I, Tit. 7, Art. 12 und 13. Vgl. die Regelungen zum Basiszinssatz in § 247 BGB und zum gesetzlichen Zinssatz in § 248 BGB (4%).

838 Liber I, Tit. 7, Art. 14. Vgl. § 138 Abs. 2 BGB zur Wucher.

839 Liber I, Tit. 7, Art. 15 und 16. Vgl. § 245 BGB zur Geldsortenschuld.

840 Liber I, Tit. 7, Art. 17 und 18. Die Regelung zur Mündigkeit findet sich in Liber II, Tit. 3, Art. 12: *„[…] ihr mündiges Alter, das ist, wann Sie 21. Jahr ausg.bracht oder sich verheuratet haben […]"*. Das Alter ist offenbar heraufgesetzt worden, denn um 1400 war ein Mindener noch mit sechszehn Jahren bereits geschäftsfähig, siehe hierzu zwei Eintragungen von Rechtsweisungen der Stadt Minden an die Stadt Hannover aus der alten Hannoverschen Stadtrechtshandschrift, abgedruckt bei Schroeder, Stadtrecht, S. 160 Rn. 153a. Die Zahl 21 ist aus dem Sachsenrecht bekannt; siehe hierzu Olechowski, HRG 3, 2. Aufl., Sp. 1678 f.: „Nach sächsischem Recht kam ein Mann mit vollendetem 12. Lebensjahr *zu sinen jaren*, bliebt jedoch noch bis zum vollendeten 21. Lebensjahr *er sinen dagen*, innerhalb derer er noch einen Vormund […] haben konnte, wenn er dessen bedurfte. […] Die Rechtsfolgen des Erreichens der Mündigkeit dürfen nicht überschätzt werden, zumal das Erlangen voller Geschäftsfähigkeit (Selbstmündigkeit) noch lange (teilweise bis ins 18. Jh.) auch davon abhängig war, dass die mündige Person aus der Munt ihres Vaters entlassen wurde, was bei Söhnen insbesondere durch Abschichtung erfolgte. […] Mit der Rezeption des römischen Rechts kam die Gliederung in *infantes* (bis 7 Jahre), *impuberes (infantia maiores)* (7-14 Jahre) und *puberes* (14-25 Jahre) auf; konnte sich aber in der Praxis jedoch nur zum Teil durchsetzen […]." Heutige Regelungen zur Geschäftsfähigkeit finden sich in §§ 104-113 BGB.

841 Kaser / Knütel / Lohsse, Römisches Privatrecht, S. 270, Rn. 1. Die heutigen Regelungen zu den entsprechenden Materien finden sich in §§ 535 ff., 1056, 1059d, 1123-1125, 2135 BGB (Miete), §§ 581 ff., 1056, 1059d, 1123-1125, 2135 BGB (Pacht), §§ 611 ff. BGB (Dienstvertrag) sowie §§ 631 ff. BGB (Werkvertrag).

Stadtrechtsreformation wider. Es geht zunächst um Lieferverpflichtungen und diesbezügliche Haftung.[842] Es folgen ausführliche Regelungen zum Miet- und Pachtrecht.[843] Ein einmal vermieteter oder verpachteter Gegenstand verbleibt unbefristet beim Mieter/Pächter, es sei denn, dieser zahlt zwei Jahre lang nicht den vereinbarten Betrag.[844] Bei vertraglicher Vereinbarung ist aber auch eine Kündigung möglich, allerdings mit einer Kündigungsfrist von 3 Monaten.[845] Wenn der Miet- oder Pachtgegenstand verkauft wird, geht *„Kauff vor miethe oder heuer"* und es gilt eine Kündigungsfrist von 6 Monaten.[846] Bei auf bestimmte Zeit geschlossenen Verträgen sind beide Parteien für den vereinbarten Zeitraum verpflichtet.[847] Des Weiteren kennt der Gesetzestext ein Vermieterpfandrecht,[848] Regelungen zum Meiergut,[849] und die Haftung eines Mieters für Schäden.[850] Der Titel schließt mit einer Regelung zu den rechtlichen Konsequenzen, wenn ein Handwerker seine Arbeit nicht zu Ende bringt.[851]

IX. Titel 9 - Kaufrecht

Liber I, Tit. 9 beinhaltet 15 Artikel zum Kaufrecht und heißt entsprechend *„De Emptione & Venditione. Vom kauffen und verlauffen"*.[852] Ein Kaufvertrag

---

842 Liber I, Tit. 8, Art. 1 und 2.

843 Liber I, Tit. 8, Art. 3-10. Hier begegnen häufiger die Ausdrücke Heuerling, heuern und Heuer. Ein Heuerling ist ein „zur Miete sitzender Tagelöhner" (Grimm, Deutsches Wörterbuch, Bd. 10, Sp. 1286) oder allgemein die Bezeichnung für einen Mieter oder Pächter (DRW, Band V, Sp. 904). In Westfalen gebräuchlich waren auch die Begriffe „Heuermann" für den Tagelöhner und „hür" für die Heuer, Miete oder Pacht, siehe Schütte, Wörter und Sachen aus Westfalen, S. 362 und S. 398.

844 Liber I, Tit. 8, Art. 3 mit Ausnahme in Art. 4.

845 Liber I, Tit. 8, Art. 5.

846 Liber I, Tit. 8, Art. 6. Dies steht im Gegensatz zum heutigen § 566 BGB „Kauf bricht nicht Miete", siehe auch die Kündigungsgründe gemäß §§ 569, 573, 573a BGB.

847 Liber I, Tit. 8, Art. 7.

848 Liber I, Tit. 8, Art. 8.

849 Liber I, Tit. 8, Art. 9. Ein Meier ist ein freier Bauer, der ein befristetes oder erbliches Nutzungsrecht an einem Meiergut hat, d. h. das Recht zur Bewirtschaftung und Verwaltung der überlassenen landwirtschaftlichen Wirtschaftseinheit (DRW, Band IX, Sp. 417, 423, 426). Zum Ursprung des Begriffes und seiner Verbreitung in Westfalen, siehe Schütte, Wörter und Sachen aus Westfalen, S. 529-532.

850 Liber I, Tit. 8, Art. 10.

851 Liber I, Tit. 8, Art. 11.

852 Die heutigen Regelungen zum Kaufrecht finden sich in §§ 433-453 BGB.

hat Bindungswirkung,[853] jedoch geht das Eigentum erst mit Übergabe über.[854] Wenn der Kauf vollzogen ist, stehen dem Käufer dann „*Nutz und Schaden*“ zu.[855] Grundsätzlich kann alles gekauft und verkauft werden, es gibt jedoch viele Einschränkungen und Ausnahmen.[856] Des Weiteren regelt der Titel zum Kaufrecht den Fall des doppelten Verkaufs[857] ebenso wie zahlreiche mögliche Mängel und deren Rechtsfolgen.[858] Ebenfalls enthalten ist ein besonderes Rücktrittsrecht bei Vertragsschluss mit „*arrham oder Gottespfennig*“.[859]

X. Titel 10 - Zwangsvollstreckung und Pfandrecht

Liber I, Tit. 10 trägt die Überschrift „*De Pignoribus & Hypothecis earumque distractionibus & discussionibus. Von Pfandschaften und Vereuserungen*“. Der lange zehnte Titel umfasst 22 Artikel, in denen (etwas abweichend von dem, was die Überschrift vermuten lässt) in weiten Teilen das Zwangsvollstreckungsverfahren geregelt ist.[860] Gleich zu Beginn wird klargestellt, dass einen verklagten Geldschuldner, der trotz dreimaliger Aufforderung nicht zahlt, Zwangshaft erwartet.[861] Art. 2 verbietet dem Gläubiger Selbsthilfe im Sinne von direktem Zugriff ohne vorherige gerichtliche Erlaubnis.[862] Art. 3 setzt Fristen zur Pfandauslösung fest.[863]

Wenn der Schuldner nicht im Stande ist, seine Schulden zu begleichen, wird er nur dann aus der Haft entlassen, wenn er seine Güter zur Verwertung zur Verfügung stellt.[864] Es folgen detaillierte Regelungen zur Zwangsvollstreckung

853 Liber I, Tit. 9, Art. 1.
854 Liber I, Tit. 9, Art. 2 und 8.
855 Liber I, Tit. 9, Art. 12.
856 Liber I, Tit. 9, Art. 4-7.
857 Liber I, Tit. 9, Art. 3.
858 Liber I, Tit. 9, Art. 10, 11 (insbesondere Getreide), 13-15 (Vieh).
859 Liber I, Tit. 9, Art. 9. Arr(h)a ist eine Sache oder eine Geldsumme (auch Angeld oder Draufgeld genannt), die zum Zeichen des Kaufvertragsabschlusses geleistet wird. Unter dem Gottespfennig ist eine Spende zu frommen Zwecken zu verstehen, die ebenfalls zum Zeichen des Vertragsschlusses getätigt wird.
860 Die heutigen Regelungen zur Zwangsvollstreckung finden sich in §§ 704-909 ZPO. Pfandrechte an beweglichen Sachen, Forderungen und Immobilien (Hypothek, Grundschuld) sind in §§ 1113-1296, 562 ff., 583, 592, 647, 704, 725 BGB geregelt.
861 Liber I, Tit. 10, Art. 1.
862 Liber I, Tit. 10, Art. 2.
863 Liber I, Tit. 10, Art. 3.
864 Liber I, Tit. 10, Art. 4.

in Immobilien. Die Gläubiger müssen ihre Forderungen bei Gericht anmelden und das Gericht lässt den Wert des Hauses schätzen.[865] Es erfolgt dann die Festlegung der Reihenfolge der zu befriedigenden Gläubiger,[866] sowie das Verfahren zur eigentlichen Versteigerung.[867]

Der Titel schließt mit einer Regelung zum Unterpfand.[868]

XI. Titel 11 - Vorkaufsrecht

Titel 11, überschrieben mit „ *De Jure protimiseos. Von Abtreibung des Kauffes, Einstand oder Verzug genandt*“, regelt in 10 Artikeln spezielle Vorkaufsrechte für Erben und Verwandte,[869]sowie für Mieter, Freunde, Nachbarn, Miteigentümer oder Mitgesellschafter.[870] Diese Vorkaufsrechte gelten jedoch nicht für die meisten beweglichen Güter.[871]

XII. Titel 12 - Schenkungen

Titel 12 behandelt unter der Überschrift „*De Donationibus. Von Ubergaben*“ in vier Artikeln die (Un-)Wirksamkeit von Schenkungen[872] bei Gesundheit,[873] auf dem Kranken- oder Totenbett[874] und von wohltätigen Schenkungen.[875]

XIII. Titel 13 - Bürgschaft

Der 13. Titel trägt die Überschrift „*De Fidejussionibus. Von Bürgschaffften*“ und enthält 11 Artikel zum Bürgschaftsrecht.[876] Neben allgemeinen Regelungen zum Zugriff auf den Bürgen und den Hauptschuldner,[877] enthält der Titel auch

---

865 Liber I, Tit. 10, Art. 5-8.

866 Liber I, Tit. 10, Art. 9-14.

867 Liber I, Tit. 10, Art. 15-21.

868 Liber I, Tit. 10, Art. 22.

869 Liber I, Tit. 11, Art. 1-4, 9 f. Das Vorkaufsrecht ist heutzutage geregelt in §§ 463-473, 577, 1094-1104, 2034 f. BGB.

870 Liber I, Tit. 11, Art. 6-8.

871 Liber I, Tit. 11, Art. 5.

872 Schenkungen sind heutzutage allgemein geregelt in §§ 516-534 BGB sowie im Familien- und Erbrecht in §§ 1425, 1432, 1641, 1803 f., 2113, 2287, 2301, 2325 und 2330 BGB.

873 Liber I, Tit. 12, Art. 2.

874 Liber I, Tit. 12, Art. 1 und 4.

875 Liber I, Tit. 12, Art. 3.

876 Für die heutigen Regelungen siehe §§ 765-778 BGB.

877 Liber, I, Tit. 13, Art. 1, 7 und 10, 11.

Regelungen zu Personen, die nicht Bürge werden können.[878] Besonders geregelt sind im Übrigen die Fälle, in denen es mehrere Bürgen „*zusambter Hand*" gibt.[879]

XIV. Titel 14 - Beschlagnahme und Zwangshaft

Titel 14 ist überschrieben mit „*De Arrestis & Repressaliis. Von Arrest und Kummer*" und enthält in 8 Artikeln die Regelungen zur Beschlagnahme von Gütern und zur Zwangshaft,[880] mithin also zum Sach- und Personalarrest.

Allerdings „*wird kein Arrest einem Burger wider den Mitburger verstattet, sondern er soll denselbigen mit ordentlichem Rechten und execution Mittel verfolgen und außklagen.*"[881] Die Maßnahmen dieses Titels richten sich daher ausschließlich gegen „*frembde*"[882] und „*außländische*".[883] Der Rechtstext unterscheidet in der Behandlung dabei klar zwischen einem Fremden und einem Ausländischen; eine genaue Definition dieser Personengruppen bleibt er aber schuldig. Möglicherweise ist ein Fremder eine Person, die aus einem anderen deutschen Territorium kommt, wohingegen ein Ausländischer aus dem Ausland kommt.

Eine Beschlagnahme jedenfalls kann durch Bürgschaft abgewendet werden.[884]

XV. Titel 15 - Baurecht

Titel 15 „*De privatis Aedificiis. Von Privat-Gebäwen der Bürger*" enthält in 28 detailreichen Artikeln Vorschriften zu Privatgebäuden der Bürger. Es finden sich Regelungen zur Erneuerung gemeinsamer Balken,[885] zu Mauern,[886] zum Einbau von Fenstern und Druppenfall,[887] zu Abständen und Größenvorschriften.[888] Des

---

878 Liber I, Tit. 13, Art. 2 und 6.

879 Liber I, Tit. 13, Art. 3, 5, 8 f.

880 „Arrest" bezeichet eine „beschlagnahme u. sicherstellung von vermögenswerten eines schuldners oder dessen eigene festsetzung oder inhaftierung" (Grimm, Deutsches Wörterbuch, Band 3, Sp. 292). Auch „Kummer" stellt eine Beschlagnahme dar (Grimm, Deutsches Wörterbuch, Band 11, Sp. 2593). „Außpfändung" (Lit. I, Tit. 14, Art. 1) ist die Eintreibung einer Schuld durch Pfändung (DRW, Band I, Sp. 1070).

881 Liber I, Tit. 14, Art. 8.

882 Liber I, Tit. 14, Art. 1.

883 Liber I, Tit. 14, Art. 2.

884 Liber I, Tit. 14, Art. 3-5.

885 Liber I, Tit. 15, Art. 1.

886 Liber I, Tit. 15, Art. 2 f., 23, 28.

887 Liber I, Tit. 15, Art. 4, 11-14, 26. „Druppenfall" kann übersetzt werden als Tropfenfall oder Traufrecht, vgl. Krieg, Stadtbuch von 1318, S. 152.

888 Liber I, Tit. 15, Art. 5, 8-10, 15.

Weiteren finden sich konkrete (Bau-)Vorschriften[889] und Bauverbote,[890] sowie Regelungen zu Gathen[891].

XVI. Titel 16 - Ersitzung und Verjährung

Liber I, überschrieben mit *„De Praescriptionibus. Von Verjährungen“*, schließt mit 11 Artikeln zu Ersitzung und Verjährung. Die genannten Zeiträume liegen zwischen drei Jahren und vierzig Jahren.

Zunächst werden die Ersitzung beweglicher und unbeweglicher Sachen und die zugehörigen Fristen geregelt.[892] Es folgt eine Regelung zur Forderungsverjährung,[893] und zur Verjährung des Anfechtungsrechts gegenüber Gebäuden.[894] Danach wird klargestellt, dass die Frist von *„Jahr und Tag“* zu verstehen ist als *„ein Jahr, sechs Wochen und ein Tag.“*[895] Der Titel schließt mit Regelungen zur Ersitzung von Gerechtigkeiten und verpfändeten Dingen.[896]

B. Zweites Buch

Der Inhalt des zweiten Buches umfasst erb- und familienrechtliche Regelungen in vier Titeln mit insgesamt 63 Artikeln. Titel 1 (13 Artikel) behandelt die gewillkürte Erbfolge durch Testamente. Titel 2 (23 Artikel) klärt die erbrechtliche Rangfolge. Titel 3 (16 Artikel) liefert Regelungen zur Vormundschaft. Titel 4 (11 Artikel) behandelt die Sondererbmassen Heergewäte und Gerade.

I. Titel 1 - Testament

Titel 1 trägt die Überschrift *„De Testamentis. Von Testamenten und letzten Willen“* und enthält 13 Artikel zur gewillkürten Erbfolge durch Testament.[897] Der Titel regelt zunächst die formellen Vorschriften zum Verfassen eines wirksamen

---

889 Liber I, Tit. 15, Art. Art. 16-19, 22.

890 Liber I, Tit. 15, Art. 6 f., 23.

891 Liber I, Tit. 15, Art. 20, 21, 25, 27. Bei „Gathen“ handelt es sich um schmale Gassen. Bei einem „Stipell“ handelt es sich um eine hölzerne Stütze (Lexer, Mittelhochdeutsches Handwörterbuch, Band 2, Sp. 1206).

892 Liber I, Tit. 16, Art. 1-5, 7. Die Ersitzung regeln inzwischen §§ 900, 937-945, 1033, 2026 BGB.

893 Liber I, Tit. 16, Art. 6.

894 Liber I, Tit. 16, Art. 8.

895 Liber I, Tit. 16, Art. 9.

896 Liber I, Tit. 16, Art. 10 f.

897 Das Testament ist heutzutage geregelt in §§ 2064-2272, 2291, 2293, 2297 BGB.

Testamentes.[898] Es wird unterschieden zwischen dem Stammgut[899] auf der einen Seite und selbst erarbeiteten Gütern auf der anderen Seite. Stammgut kann nur mit Zustimmung der Kinder anderweitig vergeben werden.[900] Existiert kein Testament, dann erben die *„Nähesten Erben“.*[901]

Es folgen erste Regelungen zur Erbteilung bei mehreren Kindern.[902] Kinder können allerdings wegen *„Undanckbarkeit oder Verbrechung“* enterbt werden.[903] Kinderlose Ehepartner können sich gegenseitig als Erben einsetzen.[904]

In Vorgriff auf Titel 4 beschäftigt sich ein einzelner Artikel mit Heergewäte und Gerade: *„Hergewette und Gerade mag einer vergeben, wem er will.“*[905]

II. Titel 2 - Intestaterbrecht

Der lange zweite Titel *„De Successionibus ab Intestato & divisione bonorum. Von Erbfällen und Theilungen der Güter“* regelt in 23 Artikeln die Rangfolge der Erben.[906] Der Grundsatz lautet: *„Wann einer ohn Testament verstirbet, so fället alles sein Gut auf seine Erben, das näheste Leib aber nimbt das Erbe und bezahlet die Schulden von dem Erbe.“*[907] Was die genaue Rangfolge der Erben anbelangt, so gilt Folgendes: Verstirbt Vater oder Mutter, erbt nach Güterteilung der überlebende Ehepartner zur Hälfte,[908] und die Kinder ansonsten zu gleichen Teilen.[909] Sind bereits Enkel oder weitere Nachfahren vorhanden, so *„wird die Erbschafft in die Stämme vertheilet“.*[910] *„Brautschatze und Außsteuer“* werden auf

---

898 Liber II, Tit. 1, Art. 1-4, 8.

899 Stammgut ist „im allg. Sinne jedes ererbte, nicht selbst erworbene Gut, im im engeren Sinn ein Komplex familiengebundener Güter […], für den sich […] seit dem 14. Jh. ein Sonderrecht herausbildet, mit dem Zweck, die Vermögenszersplitterung zu verhindern und die polit. und soziale Macht der entsprechenden Familien zu erhalten.“ (Muscheler, Lexikon des Mittelalters VIII, Sp. 44).

900 Liber II, Tit. 1, Art. 5 f.

901 Liber II, Tit. 1, Art. 7.

902 Liber II, Tit. 1, Art. 9 f.

903 Liber II, Tit. 1, Art. 11.

904 Liber II, Tit. 1, Art. 13.

905 Liber II, Tit. 1, Art. 12.

906 Die heutigen Regelungen zur Erbfolge befinden sich in §§ 1922-1941 BGB. Das gesamte Erbrecht wird im fünften Buch des BGB geregelt, siehe §§ 1922-2385 BGB.

907 Liber II, Tit. 2, Art. 1.

908 Liber II, Tit. 2, Art. 16.

909 Liber II, Tit. 2, Art. 2.

910 Liber II, Tit. 2, Art. 3.

den jeweiligen Erbteil angerechnet.[911] Brautschatz bzw. Aussteuer ist die „Ausstattung einer auf eine fremde Stätte heiratenden Frau durch ihre Eltern bzw. den Besitzer der elterlichen Stätte, d. h. möglicherweise durch ihren Bruder oder Stiefvater.“[912]

Kinderlose Eheleute beerben sich gegenseitig,[913] ansonsten erben die Eltern.[914] Sind die Eltern ebenfalls bereits verstorben, erben die Großeltern und Brüder und Schwestern des Erblassers zu gleichen Teilen.[915] Sind die Großeltern ebenfalls verstorben, erben die Geschwister und nachrangig die Halbgeschwister.[916]

Beerbt ein Verstorbener seine Brüder und Schwestern, so sind Nichten und Neffen von der Erbschaft ausgeschlossen.[917] Sind die Brüder und Schwestern ebenfalls verstorben, wird das Erbe unter den Nichten und Neffen nach Stämmen (nicht Köpfen) verteilt.[918]

Ausführlich geregelt wird im Anschluss, wie die Fälle zu behandeln sind, in denen es vor einem Todesfall in der Familie bereits eine Form der Gütertrennung (durch sogenannte Absonderung / Abscheid / Aussteuer) gegeben hat,[919] oder eine Wiederverheiratung des überlebenden Ehegatten stattgefunden hat.[920]

III. Titel 3 - Vormundschaft

Titel 3 trägt die Überschrift *„De Tutelis. Von Vormund und Pflegschafft im Ampte“* und enthält 16 Artikel zum Vormundschaftsrecht.[921] Die Bestellung von Vormündern richtet sich nach dem Testament der Eltern.[922] Ist ein solches nicht vorhanden, *„sollen die nächsten Freunde, vier von beyden Seiten, dazu gefoderet und auffgenömmen werden.“*[923] Subsidiär ist der Rat befugt, geeignete Personen

---

911 Liber II, Tit. 2, Art. 5.

912 Schütte, Wörter und Sachen aus Westfalen, S. 167, zum Begriff „Brautschatz“. Zur Aussteuer, auch zur Abgrenzung zur Mitgift, siehe Olechowski, HRG 1, 2. Aufl., Sp. 384.

913 Liber II, Tit. 2, Art. 4.

914 Liber II, Tit. 2, Art. 6.

915 Liber II, Tit. 2, Art. 7.

916 Liber II, Tit. 2, Art. 10.

917 Liber II, Tit. 2, Art. 11.

918 Liber II, Tit. 2, Art. 12, 21.

919 Liber II, Tit. 2, Art. 8 f., 14-16.

920 Liber II, Tit. 2, Art. 17-20.

921 Die heutigen Regelungen zum Vormundschaftsrecht befinden sich in §§ 1173-1895 BGB.

922 Liber II, Tit. 3, Art. 1 f.

923 Liber II, Tit. 3, Art. 4.

zu bestellen.[924] Um die Erbschaft des Verstorbenen kümmert sich zunächst der Rat, dann der (in seiner Verfügungsmacht beschränkte) Vormund.[925] Der Vormund ist dem Rat gegenüber rechenschaftspflichtig.[926]

Die Beendigung der Vormundschaft tritt mit dem 21. Jahr oder Heirat ein.[927]

IV. Titel 4 - Heergewäte und Gerade

Der letzte Titel des zweiten Buches liefert elf Artikel zu den Sondererbmassen Heergewäte und Gerade und lautet entsprechend *„De rebus Expeditoriis & Utensilibus. Von Hergewethe und Gerade“*. Gerade bezeichnet persönliche Gebrauchsgegenstände im Sondervermögen der Frau, die in der weiblichen Linie vererbt wurden,[928] wohingegen Heergewäte ursprünglich die Kampfausrüstungsgegenstände des Mannes, später Gegenstände des spezifisch männlichen Alltagsgebrauchs umfasst und in der männlichen Linie vererbt wurden.[929]

Der Titel beginnt mit der Feststellung: *„In unserer Stadt ist ein althergebrachtes Recht, daß die Nähesten der Schwertseiten bemächtiget sein zuziehen das Hergewethe und die Nähisten von der Sipseiten berechtiget seyn zuziehen das Gerade.“*[930]

Die Sondererbmassen sind vom Umfang her genau bestimmt,[931] ebenso wie die erbende Person,[932] und sollen grundsätzlich innerhalb der Stadt verbleiben.[933] Die Sondererbmassen können zwar versetzt werden, sind aber auch wieder auslösbar.[934] Heergewäte und Gerade sind *„innerhalb Jahr und Tage“*[935] gerichtlich zu fordern und fallen sonst in die reguläre Erbmasse.[936]

---

924 Liber II, Tit. 3, Art. 5 f., 8-10.
925 Liber II, Tit. 3, Art. 3, 7, 11.
926 Liber II, Tit. 3, Art. 13-16.
927 Liber II, Tit. 3, Art. 12.
928 Drüppel, Lexikon des Mittelalters IX, Sp. 1294 f.
929 Drüppel, Lexikon des Mittelalters IX, Sp. 2007.
930 Liber II, Tit. 4, Art. 1.
931 Liber II, Tit. 4, Art. 3-5.
932 Liber II, Tit. 4, Art. 6 -8. Siehe in diesem Zusammenhang auch Liber II, Tit. 1, Art. 12: *„Hergewette und Gerade mag einer vergeben, wem er will.“*
933 Liber II, Tit. 4, Art. 2.
934 Liber II, Tit. 4, Art. 9 f.
935 Die Frist von *„Jahr und Tag“* ist zu verstehen als *„ein Jahr, sechs Wochen und ein Tag“*, vgl. Liber I, Tit. 16, Art. 9.
936 Liber II, Tit. 4, Art. 11.

C. Drittes Buch

Im dritten Buch sind in zehn Titeln (67 Artikeln) im weitesten Sinne strafrechtliche Regelungen zusammengetragen.[937] Titel 1 (2 Artikel) erfasst das Glücksspiel, Titel 2 (17 Artikel) sowohl verbale als auch tätliche Verletzungen. Titel 3 (16 Artikel) behandelt das Schadensersatzrecht („De Damno ex L. Aquilia"). Titel 4 (3 Artikel) dient dem Obrigkeitsschutz, indem die Missachtung des Rates unter Strafe gestellt wird. In ähnliche Richtung zielt Titel 5 (2 Artikel), der ein Aufstands- und Verschwörungsverbot aufstellt. Titel 6 (8 Artikel) regelt den Ehebruch und die Prostitution. Es folgen Diebstahl in Titel 7 (6 Artikel) und Totschlag in Titel 8 (8 Artikel). Titel 9 (5 Artikel) trifft Regelungen zum Geleit.

I. Titel 1 - Glücksspiel

Der Liber III beginnt unter der Überschrift *„De Lusu. Von Spielen"* mit zwei Artikeln zum verbotenen Glücksspiel.[938] Auffällig ist dabei, dass nicht nur den Glücksspielern selbst Strafe droht, sondern ebenso dem Wirt und den Personen, die Glücksspielern Geld leihen.

II. Titel 2 - Verbale und tätliche Verletzungen

Titel 2 ist überschrieben mit *„De Injuriis. Von Injurien, Schelten, Schlagen und Verwunden"* und enthält in 17 Artikeln umfangreiche Regelungen sowohl zu verbalen als auch tätlichen Verletzungen. Zunächst wird das *„Schelten und Schmehen"* in seinen verschiedenen Variaten mit besonderem gerichtlichem Verfahren und den möglichen Rechtsfolgen (Geldstrafe, Körperstrafe, Gefängnis) behandelt.[939] Die entsprechenden Artikel sind stark prozesslastig.

Es folgen die Regelungen zur Strafbarkeit von *„tädtlichen Injurien […], als da einer den anderen gestochen, geschlagen, verwundet und verlehmet"*.[940] Es wird dabei differenziert nach dem Ort der Tat. Als Strafe kommen Ausweisung und Geldbuße in Betracht.

---

937 Zur Einordnung der Höhe von Strafzahlungen sei verwiesen auf: Stange, Ewald: Geld- und Münzgeschichte des Bistums Minden, Münster 1913.

938 Liber III, Tit. 1, Art. 1 f. Das unerlaubte Glücksspiel ist heutzutage geregelt in §§ 284 f. StGB.

939 Liber III, Tit. 2, Art. 1-13. Beleidung, Üble Nachrede und Verleumdung sind heutzutage geregelt in §§ 185-200 StGB.

940 Liber III, Tit. 2, Art. 14-17. Straftaten gegen die körperliche Unversehrtheit sind ist heutzutage geregelt in §§ 223-231 StGB.

III. Titel 3 - Schadensersatz gemäß Lex Aquilia

Titel 3 liefert in 16 Artikeln Schadensersatzrecht.[941] Der Titel ist überschrieben mit: „*De Damno ex L. Aquilia. Von zugefügtem Schaden, so ausserhalb boßhafften Vorsatz geschicht.*"

Bei der Lex Aquilia (um 286 v. Chr.) handelt es sich um eine grundlegende römisch-rechtliche Regelung für die Fälle der Schädigung, die eine Person durch die Verletzung oder Vernichtung seiner Sklaven oder Güter erleidet.[942]

Liber III, Tit. 3, Art. 1 schreibt fest, dass alle Schäden zu erstatten sind, unabhängig davon, ob sie entstanden sind „*aus Vorsatz oder Boßheit, aus Unnachsamigkeit und Unerfahrenheit*".[943] Schäden können eintreten an Grund und Boden,[944] oder durch baufällige Gebäude,[945] während der Arbeit eines beauftragten Handwerkers,[946] oder durch einen Fuhrmann,[947] und insbesondere auch durch Vieh oder an Vieh.[948]

IV. Titel 4 - Nichtbefolgung von Ratsbeschlüssen

Titel 4 „*De Violatione Mandatorum. Von Straffe der Jenigen, so deß Raths Mandat verachten*" mit seinen drei Artikeln dient dem Obrigkeitsschutz, indem die Missachtung des Rates und seiner Beschlüsse unter schwere Strafe gestellt wird.[949]

V. Titel 5 - Aufstands- und Verschwörungsverbot

In die gleiche Richtung wie der vorangegangene Titel zielt auch der fünfte Titel mit zwei Artikeln, überschrieben „*De Seditiosis. Von denen Uffwigelern*"; er schreibt ein Aufstands- und Verschwörungsverbot fest.[950]

---

941 Für das heutige Recht siehe §§ 823, 249 ff. BGB.

942 Kaser / Knütel / Lohsse, Römisches Privatrecht, S. 313, § 51, Rn. 10.

943 Unter Unnachsamigkeit ist wohl Unachtsamkeit zu verstehen.

944 Liber III, Tit. 3, Art. 2.

945 Liber III, Tit. 3, Art. 6.

946 Liber III, Tit. 3, Art. 7 (Schneider), 8 (Hufschmied), 9 (Goldschmied).

947 Liber III, Tit. 3, Art. 4 f.

948 Liber III, Tit. 3, Art. 10-16.

949 Liber III, Tit. 4, Art. 1-3.

950 Liber III, Tit. 5, Art. 1 f. Heutzutage regeln die §§ 80-92b StGB Friedensverrat, Hochverrat und Gefährdung des demokratischen Rechtsstaates.

VI. Titel 6 - Ehebruch und Prostitution

Titel 6 trägt die Überschrift *„De Poena Adulterii. Von Straffe deß Ehebruches und Hurerey"* und enthält 8 Artikel zu Ehebruch und Prostitution.[951] Einleitend wird dabei auf das weitere Ordnungsrecht der Stadt verwiesen.[952]

Bezüglich Ehebruch und Prostitution wird unterschieden zwischen der Zusammenkunft zweier lediger Personen,[953] einer ledigen und einer verheirateten Person,[954] sowie zwei verheirateter Personen.[955] Des Weiteren wird unterschieden zwischen der Anzahl der Taten. Ledige müssen nach der ersten Tat fünf Reichstaler Strafe zahlen,[956] und nach der zweiten Tat zehn Reichstaler Strafe.[957] Nach der dritten Tat werden sie für ein Jahr aus der Stadt ausgewiesen; nach der vierten Tat werden sie an den Pranger gestellt, ausgepeitscht und für immer aus der Stadt ausgewiesen.[958] Verheiratete hingegen werden gleich nach der ersten Tat mit einer Geldstrafe von 50 Talern belegt oder (bei Zahlungsunfähigkeit) mit einem Monat Haft.[959] Es folgt die Ausweisung aus der Stadt für fünf Jahre.[960] Nach der dritten Tat *„sollen beyde an Leben gestraffet werden"*.[961]

VII. Titel 7 - Diebstahl

Titel 7 liefert sechs Artikel zum Diebstahl und lautet entsprechend *„De Furtis. Von Diebstallen"*.[962] Diebesgut ist dem Eigentümer zurückzugeben,[963] auch wenn es bereits an einen Dritten verkauft wurde.[964]

---

951 Heutzutage hat Ehebruch keine strafrechtliche Relevanz mehr; Prostitution ist nur an bestimmten Orten oder zu bestimmten Zeiten verboten, vgl. §§ 184f und 184g StGB.

952 Liber III, Tit. 4, Art. 1.

953 Liber III, Tit. 6, Art. 2-4.

954 Liber III, Tit. 6, Art. 5.

955 Liber III, Tit. 6, Art. 6-8.

956 Liber III, Tit. 4, Art. 2.

957 Liber III, Tit. 4, Art. 3.

958 Liber III, Tit. 4, Art. 4.

959 Liber III, Tit. 4, Art. 6.

960 Liber III, Tit. 4, Art. 7.

961 Liber III, Tit. 4, Art. 8.

962 Siehe heute §§ 242 ff. StGB.

963 Liber III, Tit. 7, Art. 1.

964 Liber III, Tit. 7, Art. 2.

Der Fischdieb wird mit Ruthenschlägen bestraft.[965] Den Garten- und Feld-Dieb erwartet bei der ersten Tat der Schandkorb, bei der zweiten Tat der Pranger mit Auspeitschen, bei der dritten Tat der Galgen.[966] Die gleiche Strafe erwartet denjenigen, der junge Bäume und Zäune zerstört oder entfernt.[967] Der Müller ist verpflichtet, jedem sein eigenes gemahlenes Getreide wiederzugeben, und veruntreute Maltzise[968] wird als Diebstahl gewertet.[969]

VIII. Titel 8 - Totschlag

Titel 8 enthält acht Artikel zum Totschlag und lautet entsprechend *„De Homicido. Von Todtschlage"*.[970] Hierbei wird klar unterschieden zwischen Bürgern, Fremden und Ausländischen. Wenn ein Bürger oder ein *„Außländischer"* in der Stadt einen Totschlag an einem Bürger begeht, ist eine Klageerhebung nicht notwendig, sondern *„solche That die Obrigkeit Ampts-wegen zu straffen schuldig ist"*.[971] Wird die Tat allerdings außerhalb der Stadt begangen, bedarf es in Bezug auf den ausländischen Täter einer privaten Anklage, wohingegen der bürgerliche Täter von Amts wegen verfolgt wird.[972] Des Weiteren ist geregelt, wie die Stadt mit einem fremden Totschläger verfährt, d. h. mit einer fremden Person, die wiederum eine andere fremde Person außerhalb der Stadt getötet hat.[973] Der Titel schließt mit Regelungen dazu, wie ein Täter nach Flucht zu behandeln ist.[974]

---

965 Liber III, Tit. 7, Art. 3. „Steupen" bedeutet mit Ruthen züchtigen (Grimm, Deutsches Wörterbuch, Band 17, Sp. 1203).

966 Liber III, Tit. 7, Art. 5.

967 Liber III, Tit. 7, Art. 6. Heister ist junges Laubholz (DRW, Band V, Sp. 690). Auch bei Poten handelt es sich wohl um junge Bäume, denn bei der Tätigkeit „pot(t)en" handelt es sich um das Einpflanzen insbesondere von jungen Bäumen (Schütte, Wörter und Sachen aus Westfalen, S. 596).

968 Maltzise ist eine Steuer auf gemälztes Getreide (Schütte, Wörter und Sachen aus Westfalen, S. 493 und 811).

969 Liber III, Tit. 7, Art. 4.

970 Siehe heute die Regelungen zu den Straftaten gegen das Leben in §§ 211-222 StGB.

971 Liber III, Tit. 8, Art. 1 f.; vgl. den heutigen Legalitätsgrundsatz in § 152 Abs. 2 StPO.

972 Liber III, Tit. 8, Art. 2 und 3.

973 Liber III, Tit. 8, Art. 4 f.

974 Liber III, Tit. 8, Art. 6-8.

IX. Titel 9 - Geleit, Schutz von Rats- und Gerichtsdienern, Ausgewichene

Titel 9 trägt die Überschrift „*De Salvo Conductu. Von Geleidt und denen Ausgewichenen*“. Er trifft in fünf 5 Artikeln Regelungen zum Geleit,[975] zum Schutz von Rats- und Gerichtsdienern,[976] sowie gegenüber Ausgewichenen, d. h. den Bürgern, die sich der Rechtsprechung und Vollstreckung durch Flucht entziehen.[977]

D. Viertes Buch - Prozessrecht

Das vierte Buch regelt in Titel 1 (30 Artikel) den Gerichtsprozess und in Titel 2 (23 Artikel) den schriftlichen Prozess. Titel 3 liefert eine Festsetzung der Gebühren.[978] Titel 3 ist in den Handschriften noch enthalten, nicht aber in der Druckfassung aus dem Jahre 1674; es ist davon auszugehen, dass die alten Gebühren einerseits überholt waren und es zudem ein eigenständiges Regelwerk dazu gab. Das vierte Buch wird im Rahmen der historischen Einordnung ausführlich dargestellt.

---

975 Liber III, Tit. 9, Art. 1 f. Geleit ist dabei im weitesten Sinne zunächst zu verstehen als hoheitlicher Schutz u.U. gegen Geldzahlung (Schütte, Wörter und Sachen aus Westfalen, S. 321).

976 Liber III, Tit. 9, Art. 3.

977 Liber III, Tit. 9, Art. 4 f. Ausweichen bedeutet entweichen oder entfliehen (DRW, Band I, Sp. 1135).

978 Ein sehr lesenswerter Beitrag zur Problematik der Gerichtsgebühren: Ströhmer, Michael: Jurisdiktionsökonomie - Oder: Was kostet die Ordnung des Rechts im frühneuzeitlichen Staat?, in: 1615 - Recht und Ordnung in Schaumburg, hrsg. von Stefan Brüdermann, Bielefeld 2018, S. 152-188.

Siebtes Kapitel: Rechtshistorische Einordnung der Stadtrechtsreformation

„Dieses Rezeptionszeitalter […] ist die Schicksalstunde der neuzeitlichen deutschen Rechtsentwicklung, das Tor, durch das wir in eine Rechtswelt mit anderen Rechtsgedanken und Rechtssystemen eintreten."

Schultze von Lasaulx[979]

Wie bereits im Rahmen der Klärung der Begrifflichkeiten dargelegt, sind Stadtrechtsreformationen in letzter Zeit verstärkt in den Blick der Wissenschaft gerückt und das Postulat einer zwingenden Romanisierung wird inzwischen kritisch hinterfragt oder ganz verworfen. Als vermittelnder Definitionsansatz wurde daher vorgeschlagen, Stadtrechtsreformationen in Zukunft zu verstehen als sammelnde, systematisch-ordnende Überarbeitungen mehrerer Rechtsmaterien unter unterschiedlich stark ausgeprägter Einbeziehung des römischen Rechts und seiner Methodik. Es geht demnach nicht allein um den Anteil des ius commune an der jeweiligen Rechtsreformation, sondern um die schöpferische Eigenleistung des Verfassers und seine wissenschaftliche Arbeitsweise, beispielsweise durch begrifflich-systematische Denkweisen.[980]

§ 1 Forschungsstand zum Romanisierungsgrad von Stadtrechtsreformationen

Beinahe zu offensichtlich, aber doch immer wieder betonenswert ist der Umstand, dass das Ausmaß der Romanisierung von Stadtrechtsreformationen sehr unterschiedlich ist.[981] Ist auch jede einzelne Stadtrechtsreformation daher eigenständig auf ihre rechtlichen Ursprünge und ihren Romanisierungsgrad hin zu überprüfen, so lassen sich doch einige allgemeine Aussagen treffen, die bei einer Analyse als erste Anhaltspunkte gelten können.

Erstens ist festzuhalten, dass „das Ausmaß der „Romanisierung" auf den verschiedenen Teilgebieten des Rechts unterschiedlich war".[982] Römische Elemente

979 Schultze von Lasaulx, Die Krise des Gemeinen Sachsenrechts, S. 51.

980 Vgl. hierzu Schulze, HRG 4, Sp. 471.

981 Kiefer, HRG 4, Sp. 979; Lange / Kriechbaum, Römische Recht im Mittelalter, Band 2, S. 963; Strauss, Law, resistance and the state, S. 87.

982 Kappen, Stadtrechtsreformationen des 16. Jahrhunderts in den Niederlanden, S. 143.

haben sich vor allem im Schuldrecht und im Recht der beweglichen Sachen (Obligationen- und Mobiliarsachenrecht) durchgesetzt.[983] Im Prozessrecht gewann durch den Einfluss des römisch-kanonischen Prozesses das schriftliche Verfahren stark an Bedeutung.[984] Als Bereiche, in denen sich hingegen das einheimische Recht häufig als resistent erwies, sind zu nennen: das Immobiliarsachenrecht,[985] das Ehegüterrecht,[986] sowie ganz allgemein das Personen- und Familienrecht,[987] das Handelsrecht,[988] sowie das Bau-, Handwerks- und Gesinde-Recht.[989]

Zweitens stehen sich einheimisches Recht und ius commune natürlich nicht ausnahmslos unvereinbar gegenüber, sondern es kommt zu vielfältigen Rechtsfortbildungen beispielsweise in Form von Verschmelzungen (Angleichungen) deutscher und römischer Institute oder bewussten Vereinfachungen des gelehrten Rechts.[990]

Drittens ist die Feststellung getroffen worden, dass „die Reformationen im norddeutschen Raum sich grundsätzlich als weniger „rezeptionsfreundlich" erwiesen als die mittel- und süddeutschen".[991]

Viertens bietet es sich bei dem Bestreben, einen Gesetzestext auf das Ausmaß seiner Romanisierung hin zu analysieren, an, sich zunächst abstrakt zu vergegenwärtigen, welche möglichen Varianten überhaupt in Betracht kommen. Auf der einen Seite stehen dabei die althergebrachten lokalen Statuten, auf der anderen Seite das Recht römischen Ursprungs. Ein Rechtstext könnte nun allein aus unveränderten lokalen Statuten bestehen (Variante 1) oder ausschließlich aus übernommenem römischen Recht (Variante 2). Beide könnten aber auch in einem Rechtstext anteilig nebeneinander stehen, ohne dass eine gegenseitige Beeinflussung oder Durchdringung ersichtlich wird (Variante 3). Des Weiteren könnten die beiden Rechtsmassen derart miteinander verschmolzen sein, dass

983 Kroeschell, Deutsche Rechtsgeschichte, Band 2, S. 248; Kiefner, HRG 4, Sp. 982; Schulze, HRG 4, Sp. 472.

984 Schulze, HRG 4, Sp. 471.

985 Kroeschell, Deutsche Rechtsgeschichte, Band 2, S. 248; Schulze, HRG 4, Sp. 472.

986 Kroeschell, Deutsche Rechtsgeschichte, Band 2, S. 248; Schlinker, Enzyklopädie der Neuzeit 11, Sp. 207; Schulze, HRG 4, Sp. 472.

987 Kiefner, HRG 4, Sp. 982.

988 Schlinker, Enzyklopädie der Neuzeit 11, Sp. 207.

989 Schlinker, Enzyklopädie der Neuzeit 11, Sp. 207.

990 Schulze, HRG 4, Sp. 471.

991 Kappen, Stadtrechtsreformationen des 16. Jahrhunderts in den Niederlanden, S. 142; siehe auch Schulze, HRG 4, Sp. 472.

eine Differenzierung bzw. eindeutige Zuordnung nicht mehr möglich ist oder es kann sich um selbstständige Rechtsschaffungen oder -fortbildungen handeln (Variante 4, im Folgenden als neues Recht bezeichnet). Zu guter Letzt sind noch Mischformen denkbar, so ein Text, der anteilig aus lokalen Statuten und anteilig aus neuem Recht besteht (Variante 5), oder ein Text, der anteilig aus römischem Recht und anteilig aus neuem Recht besteht (Variante 6), oder gar ein Text, der alle drei Elemente in unterschiedlichen Anteilen vereint: althergebrachte lokale Statuten, römisches Recht und neues Recht (Variante 7).

Bei aller theoretischen Überlegung bleibt es aber insgesamt vorzugswürdig, ein starres Entweder-Oder[992] zu vermeiden und stets das Gesamtbild im Blick zu behalten. KIEFNER führt aus: „Entscheidend ist, daß auch die Materien des deutschen Rechts, die sich erhalten haben, der rezipierten Methode unterworfen wurden und nach heimischem Recht begründete Rechte verfahrensrechtlich im gemeinen Prozeß geltend zu machen waren.“[993]

Auch der Überblick zur Romanisierungsdichte anderer bereits analysierter Stadtrechtsreformationen liefert ein äußerst vielschichtiges Bild. Als stark romanisiert gelten die Wormser Reformation von 1498[994] und die Reformation von Frankfurt am Main von 1509.[995] Bei der Nürnberger Reformation von 1479 sind

---

992 So schon Kroeschell, Deutsche Rechtsgeschichte, Band 2, S. 248, insbesondere vor dem Hintergrund von Neuschöpfungen und Übernahme von dritter Seite.

993 Kiefner, HRG 4, Sp. 982. Laut Amend-Traut, Kaufmännische Sonderinteressen und ihr Einfluss auf die Frankfurter Stadtrechtsreformationen von 1509 und 1578, S. 516, war die Reformation vom ius commune geprägt, es wurden aber Partikularrechte bei kaufmännischen Sonderinteressen bevorzugt.

994 Lange / Kriechbaum, Römische Recht im Mittelalter, Band 2, S. 963: „[...] die Wormser Reformation von 1498 hat man hingegen auch als Lehrbuch des gemeinen Rechts qualifiziert.“; siehe auch Conrad, Deutsche Rechtsgeschichte, Band 2, S. 369. Insgesamt zum aktuellen Forschungsstand: Deutsch, Vom Stadtrecht zur Stadtrechtsreformation, S. 52-64, sowie Battenberg, Die Wormser Reformation von 1498/99, S. 333-356.

995 Lange / Kriechbaum, Römisches Recht im Mittelalter, Band 2, S. 963. Coing, Die Frankfurter Reformation von 1578, S. 107: „Im ganzen fand also keine Synthese zwischen dem Gemeinen und dem alten Frankfurter Recht statt, sondern das römische Recht ersetzte das heimische, und nahm nur Einzelheiten davon als lokale Sonderbildung in sich auf [...].“ Coing, Die Frankfurter Reformation von 1578, S. 106: „Erhalten bleiben konnten daher nur Einzelheiten, die zum römischen Recht hinzutreten konnten, ohne es allzu wesentlich zu ändern. [...] Erhalten blieben weiter gewissen Institute des Frankfurter Rechts, die dem römischen Recht nicht unmittelbar widersprachen, und im wirtschaftlichen und persönlichen Leben so fest

einheimisches Recht und ius commune etwa gleich stark vertreten.[996] Es handelt sich mithin um „eine zu dieser Zeit noch weitgehend neuartige Mischung römischen und einheimischen Rechts.“[997] Die Freiburger Stadtrechtsreformation von 1520 liefert je nach Rechtsmaterie ein sehr unterschiedliches Bild.[998] Auffällig ist bei der Freiburger Reformation vor allem, dass der Verfasser Ulrich Zasius mit einer besonderen „dogmatischen Kunstfertigkeit“ deutsches und römisches Recht verarbeitet hat.[999] Daher gilt das Freiburger Stadtrecht auch „aufgrund seiner Originalität, Klarheit und Prägnanz als ein legislatorischer Höhepunkt seiner Epoche.“[1000] Die Lüneburger Reformation von 1577/1583 liefert je nach Rechtsmaterie ebenfalls ein sehr unterschiedliches Bild,[1001] wohingegen das Lübecker Recht von 1586 in großen Teilen auf dem alten Stadtrecht aufbaute unter nur geringer Berücksichtigung fremden Rechtes.[1002] Die Vorträge während der interdisziplinären Tagung der Forschungsstelle Deutsches Rechtswörterbuch in Heidelberg zu dem Thema „Stadtrechte und Stadtrechtsreformationen“ (03.04.-05.04.2019) zeigten auch in Bezug auf zahlreiche andere Städte eine „heterogene Reformationswelle“.[1003]

---

verankert waren, daß ihre Abschaffung unmöglich war.“ Insgesamt zum aktuellen Forschungsstand: Deutsch, Vom Stadtrecht zur Stadtrechtsreformation, S. 65-69.

996 Lange / Kriechbaum, Römisches Recht im Mittelalter, Band 2, S. 963; Conrad, Deutsche Rechtsgeschichte, Band 2, S. 369: „Beide Rechte halten einander die Waage.“ Insgesamt zum aktuellen Forschungsstand: Deutsch, Vom Stadtrecht zur Stadtrechtsreformation, S. 49-52.

997 Deutsch, Vom Stadtrecht zur Stadtrechtsreformation, S. 41.

998 Knoche, Ulrich Zasius und das Freiburger Stadtrecht von 1520, S. 151-155. Insgesamt zum aktuellen Forschungsstand: Deutsch, Vom Stadtrecht zur Stadtrechtsreformation, S. 70-76, sowie Nassall, Das Freiburger Stadtrecht des Ulrich Zasius von 1520 und seine praktische Anwendung, S. 399-422.

999 Knoche, Ulrich Zasius und das Freiburger Stadtrecht von 1520, S. 151-155. Knoche unterteilt die von Zasius verwendeten Techniken in Vereinfachung, Angleichung, Vorbehalte, dogmatische Trennung, Verschmelzung, Nachformung, Neuerung und Analogien.

1000 Deutsch, Vom Stadtrecht zur Stadtrechtsreformation, S. 74.

1001 Rabe, Lüneburg (1577/1583), S. 129-143, wobei Rabe, S. 43, betont: „Die Lüneburger Stadtrechtsreformation liefert somit einen weiteren Beweis für die Feststellung, daß es einen eigenen Typ der sächsischen Stadtrechtsreformationen gibt, in denen es nicht zu einer überwiegenden Ersetzung des alten heimischen Rechts kam, sondern ein Mischrecht entstand.“

1002 Conrad, Deutsche Rechtsgeschichte, Band 2, S. 370.

1003 Holfeld, Tagungsbericht, ZRG, GA, Band 137 (2020), S. 742-745, konkret S. 745. So wurde beispielsweise für die Leuvener Reformation von 1622 (Stephan Dusil) und

§ 2 Einführung in die Methodik

Bei der Beantwortung der Frage nach der rechtshistorischen Einordnung der Mindener Stadtrechtsreformation ist eine methodisch nachvollziehbare Vorgehensweise unerlässlich. Es muss plausibel gemacht werden, auf welcher Struktur die Anlayse des Rechts erfolgt. Hier bietet sich zunächst der Vergleich mehrerer aufeinanderfolgender Rechtstexte für ein und dasselbe Gebiet an, um das Maß der fortschreitenden Romanisierung festzustellen.[1004]

A. Wörtliche Übereinstimmungen und inhaltliche Ähnlichkeit

Es erweist sich als methodisch komplex, den Nachweis zu führen, dass ein Text belegbar auf einem anderen Text fußt. WÜSTHOF hat die hierbei entscheidende Frage treffend formuliert: „Wann sind zwei Textabschnitte derart identisch, dass man von ihnen sagen kann, sie stünden in einem engen, voneinander abgeleiteten textlichen oder inhaltlichen Verhältnis?“[1005] Entscheidend ist hierbei, den „Textvergleichen nachprüfbare Regeln zugrunde zu legen“.[1006]

Bei der beabsichtigten Feststellung von Abhängigkeiten ist natürlich zunächst an wörtliche Übereinstimmungen zu denken, wenn mehrere Rechtstexte zum Vergleich zur Verfügung stehen, wie dies bei der Stadtrechtsreformation und den zeitlich vorangegangenen Stadtbüchern der Fall ist. Dies ist zweifelsohne der „sicherste Weg, eine Wiederverwendung von Textpassagen nachzuweisen.“[1007] Als zukunftsweisend für die Erforschung solcher Textbeziehungen kann die Arbeit von BEDENBENDER gewertet werden:[1008] Sie hat ein

---

die Wimpfener Reformation von 1544 (Klaus-Peters Schroeder) nur ein geringer Einfluss des römischen Rechts festgestellt. Bei der Lübecker Reformation (1586) fand eine Synthese mit dem römischen Recht kaum statt; und die Hamburger Statuten (1603/1605) lassen keine bewusste Romanisierung erkennen (Albrecht Cordes und Sonja Breustedt). Siehe nun alle Beiträge im 2021 erschienenen Tagungsband: Stadtrechte und Stadtrechtsreformationen, hrsg. von Andreas Deutsch.

1004 Dieser Vorschlag stammt bereits von Kunkel, Ältere Stadtrechtsreformationen, Einleitung, S. XIII.

1005 Wüsthof, Schwabenspiegel und Augsburger Stadtrecht, S. 7. Sehr ähnlich Kannowski / Dusil, Der Hallensische Schöffenbrief, in: ZRG GA, Band 120 (2003), S. 61-90, die konkret auf S. 64 fragen: „Aber wie groß müssen Ähnlichkeiten zwischen zwei Texten sein, um den Standpunkt, der eine basiere auf dem anderen, plausibel zu machen?“

1006 Carls, Rezension zu Wüsthof, ZRG GA, Band 136 (2019), S. 651-653, konkret S. 652.

1007 Wüsthof, Schwabenspiegel und Augsburger Stadtrecht, S. 10.

1008 Bedenbender, Almuth: Wörtliche Übereinstimmungen und Übernahmen in frühneuhochdeutschen Rechtstexten. Erkennung und Auswertung, Dissertation Köln

Computerprogramm entwickelt, um Textbeziehungen zu ermitteln und zu visualisieren.[1009] BEDENBENDER warnt jedoch auch vor einem möglichen Fehlschluss: „selbst wenn Übereinstimmungen so stark sind, dass sie sicher nicht einfach auf Zufall beruhen, ist nicht unbedingt von einer direkten Abhängigkeit auszugehen, da natürlich zunächst einmal auch andere Verwandtschaftsverhältnisse wie etwa die gemeinsame Verwendung eines dritten Textes denkbar sind, der vielleicht nicht zum ausgewerteten Textkorpus gehört."[1010]

Als nächster Schritt ist an zwar wörtlich unterschiedliche, inhaltlich aber ähnliche Rechtsnormen zu denken. Dies spricht folglich bereits die Ebene des Bedeutungsgehaltes an und verlässt den Bereich der rein linguistisch ausgerichteten Analyse. Die Kriterien eines Ähnlichkeitsmaßstabes waren in der bisherigen Literatur eher unscharf.[1011] Tatsächlich ist das Kriterium der Ähnlichkeit nicht unproblematisch. WÜSTHOF hat hierzu warnend ausgeführt: „Vieles ist ähnlich, aber noch nicht identisch oder voneinander abhängig."[1012] Er plädiert jedoch auch dafür, den Maßstab der Ähnlichkeit weder zu verteufeln, noch unkommentiert zu übernehmen; ohne die pragmatische Verwendung des Ähnlichkeitskriteriums lassen sich aufgrund der begrenzten Quellenlage vielfach sonst gar keine oder nur begrenzte Aussagen treffen.[1013]

KANNOWSKI / DUSIL haben die beiden vorgenannten Ansätze von wörtlicher Übereinstimmung und inhaltlicher Ähnlichkeit zu einem „Kombinationsmodell" verknüpft.[1014] Demzufolge sind bei einer nachweisbaren wörtlichen Übereinstimmung keine weiteren Voraussetzungen für die Annahme einer

---

2016, abrufbar unter: http://kups.ub.uni-koeln.de/id/eprint/7696 (17.04.2019). Bedenbender hat ihrer Dissertation die im Projekt DRQEdit (Deutschsprachige Rechtsquellen in digitaler Edition) transkribierten deutschsprachigen Drucke des 15. und 16. Jahrhunderts als Textkorpus zugrunde gelegt.

1009 Dieses Vorgehen setzt jedoch voraus, dass die zu vergleichenden Texte alle in guter digitalisierter Edition zur Verfügung stehen, was bzgl. der Mindener Rechtstexte nicht der Fall ist.

1010 Bedenbender, Quellen der Stadtrechtsreformationen. Eine Spurensuche, S. 292.

1011 Wüsthof, Schwabenspiegel und Augsburger Stadtrecht, S. 8 f. mit zahlreichen terminologischen Nachweisen aus der Literatur: „mutmaßliche Vorlagen", „Beeinflussung", „große Wahrscheinlichkeiten", „Übereinstimmungen", „Indizien", „Anlehnungen" oder „strukturelle Ähnlichkeiten".

1012 Wüsthof, Schwabenspiegel und Augsburger Stadtrecht, S. 9.

1013 Wüsthof, Schwabenspiegel und Augsburger Stadtrecht, S. 10.

1014 Kannowski / Dusil, Der Hallensische Schöffenbrief, in: ZRG GA, Band 120 (2003), S. 61-90, konkret S. 64. Die Bezeichnung als „Kombinationsmodell" geht allerdings auf Wüsthof, Schwabenspiegel und Augsburger Stadtrecht, S. 10, zurück.

Textübernahme erforderlich, eine Abhängigkeit liegt dann sehr nahe.[1015] Um eine Rezeption auf Grundlage einer inhaltlichen Ähnlichkeit anzunehmen, werden jedoch zwei Kriterien aufgestellt: erstens muss bei einer nur inhaltlichen Ähnlichkeit ausgeschlossen werden können, dass eine weitere gemeinsame Quelle als Grundlage gedient hat, und zweitens muss die scheinbar rezipierte Regelung derart außergewöhnlich sein, dass sie sich von anderen zeitgenössischen Aufzeichnungen wesentlich unterscheidet.[1016]

WÜSTHOF hält dieses Kombinationsmodell noch für ergänzungsbedürftig.[1017] Er hat daher jüngst vorgeschlagen, Untersuchungen zur Textabhängigkeit anhand des Grundmodelles von wörtlichen Übereinstimmungen und inhaltlichen Ähnlichkeiten um weitere Hilfskriterien zu ergänzen.[1018] Nur als mögliche Indizien wertet er zunächst die Gleichheit der Fragestellung der jeweiligen Quellen und die Identität der Sprachfamilien. Als wirkliche Kriterien hingegen lässt er die nachweisbare inhaltliche Veränderung eines Rechtstextes und die systematische Auslegung der Textstruktur gelten, um so Hinweise auf das Verhältnis der Rechtsquellen zu erlangen.[1019]

Das Kombinationsmodell und seine Hilfskriterien sind für diese Arbeit an den Stellen von Nutzen, wo sich wörtliche Übernahmen oder inhaltliche Ähnlichkeiten zwischen der Stadtrechtsreformation und dem Stadtbuch von 1318 oder den Texten der Stadtrechtsfamilie nachweisen lassen. Zugleich muss aber klar sein, dass sich die vorangegangenen Ausführungen nur in Teilen auf diese Arbeit übertragen lassen, denn sie beziehen sich zunächst nur auf einen reinen Handschriftenvergleich zur Feststellung von Abhängigkeiten.[1020]

Um das Bild zu vervollständigen, sei abschließend sei noch ein Blick auf das Gegenteil von Übereinstimmung und Ähnlichkeit geworfen, auf den Aspekt der grundlegenden Unterschiedlichkeit. Es gibt individuelle Kennzeichen bzw. Besonderheiten, mithilfe derer man zwei Rechtstexte gleicher Gattung klar voneinander abgrenzen kann. DUSIL schlägt vor, sich solche Kennzeichen (»tracer«) zunutze zu machen, um ein Stadtrecht von einem anderen Stadtrecht

1015 Kannowski / Dusil, Der Hallensische Schöffenbrief, in: ZRG GA, Band 120 (2003), S. 61-90, konkret S. 64.

1016 Kannowski / Dusil, Der Hallensische Schöffenbrief, in: ZRG GA, Band 120 (2003), S. 61-90, konkret S. 64.

1017 Wüsthof, Schwabenspiegel und Augsburger Stadtrecht, S. 11.

1018 Wüsthof, Schwabenspiegel und Augsburger Stadtrecht, S. 12-14.

1019 Wüsthof, Schwabenspiegel und Augsburger Stadtrecht, S. 12 f.

1020 Sie helfen beispielsweise bei der Erstellung eines Handschriftenstammbaumes, der Ermittlung des Archetyps oder Textrekonstruktionen.

abzugrenzen.[1021] Diese Idee lässt sich auch für den Vergleich aufeinanderfolgender Stadtbücher nutzbar machen. Werden Rechtsmaterien zum ersten Mal geregelt oder signifikant anders als in vorangegangenen Stadtbücher, kann es sich dabei einerseits um eine eigenständige Rechtsneu- oder Rechtsfortbildung handeln, es kann aber auch der Nachweis für die Aufnahme „fremden" Rechtsguts sein.

B. Ergänzende Kriterien

Es bedarf noch weiterer Kriterien, um ein abschließendes Urteil zu den Ursprüngen der Mindener Stadtrechtsreformation, zum Grad ihrer Romanisierung und zur eigenen schöpferischen Leistung des Verfassers abgeben zu können. Es geht hierbei zunächst weiterhin um die Frage, welchen Ursprung die den Rechtssätzen zugrunde liegenden Rechtsideen und -instrumente tatsächlich haben.

Als ergänzende Kriterien können folgende Aspekte zu Rate gezogen werden:

(1) das Selbstzeugnis[1022] des Gesetzgebers in der Gesetzeseinleitung, insbesondere zur Gesetzgebungsmotivation, sowie im Zusammenhang stehende weitere Dokumente,
(2) die zur Verfügung stehenden Informationen über die Verfasserpersönlichkeit,[1023] insbesondere deren Bildungshintergrund und Werdegang,
(3) die sprachliche Ausgestaltung,
(4) die Systematik des Gesetzestextes,
(5) äußere Einflüsse,
(6) spätere Ursprungszuweisungen in der Kommentarliteratur, soweit diese plausibel und fundiert belegt wurden,

---

1021 Dusil, Stadtrechtsfamilien, Rechtsräume und die Verbreitung des Magdeburger Rechts, S. 75 zu Erforschung von Stadtrechtsfamilien.

1022 Auf diesen wichtigen Aspekt verweist ausdrücklich Breustedt, Die „späten Stadtrechtsreformationen" im Hanseraum, S. 573.

1023 Eisenhardt, Deutsche Rechtsgeschichte, S. 133, Rn. 272, hat diesen Forschungsaspekt eingebracht, indem er deutlich gemacht hat, dass das Mischungsverhältnis in den einzelnen Stadtrechtsreformationen zwischen dem einheimischen und dem römischen Recht stark von der Person des Verfassers abhing. Siehe auch Conrad, Deutsche Rechtsgeschichte, Band 2, S. 369: „Maßgebend für das Eindringen des fremden Rechts waren auch hier die Persönlichkeit und Haltung der Verfasser, also vor allem der Stadtschreiber oder Syndici, die man meist mit der Abfassung des Gesetzes betraute."

(7) die Existenz von Rechtsinstituten, die evident einem römisch-rechtlichen oder deutsch-rechtlichen Ursprung zuzuordnen sind, wobei sich hier natürlich Überschneidungspunkte zum Kriterium der inhaltlichen Ähnlichkeit zeigen.

C. Mögliche Kritikpunkte

Das soeben vorgestellte Vorgehen sieht sich mit einigen Einwänden konfrontiert. Sie werden an dieser Stelle nicht einfach übergangen, sondern auf ihre Berechtigung hin untersucht.

Zunächst stellt sich die Frage, wie „rein" im Sinne von unbeeinflusst ein Recht überhaupt sein kann. Kann es so etwas wie ein reines Mindener Recht, völlig unbeeinflusst insbesondere durch das römische Recht, je gegeben haben? Schließlich war der deutsche Raum auch in Spätantike und Mittelalter nicht frei vom Einfluss des römischen Rechts. Das justinianische Recht wirkte in vereinfachten, vulgarisierten Denk- und Rechtsformen bereits in den germanischen Volksrechten fort.[1024] Zudem zeigten sich Einflüsse des gelehrten Rechts auf das heimische Recht schon im frühen Mittelalter vermittelt über die kirchliche Rechtssetzung und Rechtsprechung, vor allem in den Bereichen des Prozessrechts, Schuldrechts (z. B. Zins und Wucher) und Erbrechts.

Außerdem ist auf der anderen Seite davon auszugehen, dass es ein gemeindeutsches, ein germanisches (Privat-)Recht im Mittelalter nicht gegeben hat,[1025] eher gemeinsame Prinzipien,[1026] die sich parallel entwickelten und ebenfalls fortwirkten. Zudem wurde Recht im Mittelalter nicht abstrakt-isoliert gedacht, sondern anhand der Lebensrealität und war daher immer auch in Bewegung, lebte durch Veränderung und Austausch.

Diese Faktoren zeigen, dass auch das Mindener Recht kein statisches Fundament im Sinne einer puren Originalität gehabt haben kann. Zur Verdeutlichung der Zusammenhänge mag man sich aber des Bildes von starken Baumwurzeln bedienen. Letztlich war das römische Recht „eine der Wurzeln, aus welchen sich in Europa das Recht und seine Wissenschaft entwickelt hatten."[1027] Aber es war eben nur eine Wurzel von mehreren Wurzeln, denn die „heutige Rechtsordnung

1024 Schlosser, Neuere Europäische Rechtsgeschichte, S. 49, Rn. 1.

1025 Coing, Europäisches Privatrecht I, S. 114: „Das sogenannte ius germanicum ist erst eine Konstruktion der Wissenschaft des 18. Jahrhunderts […]."

1026 Eisenhardt, S. 169, Rn. 355 m. w. N. in Fn. 344.

1027 Schlosser, Neuere Europäische Rechtsgeschichte, S. 49, Rn. 1.

ist aus vielfältigen historischen Wurzeln zusammengewachsen."[1028] Daher muss eine Untersuchung dahingehend gestattet sein, welche weiteren Wurzeln dem lokalen Recht zugrunde lagen und wie kräftig ausgeprägt im Vergleich dazu die römische Wurzel war.

Ein weiterer Einwand betrifft die Frage, inwiefern die anvisierte stoffliche Bilanzierung nach althergebrachtem einheimischem Recht auf der einen und römischem Recht auf der anderen Seite zielführend ist. SCHLOSSER und KIEFNER haben zu dieser Problematik deutlich Stellung bezogen.

So führt SCHLOSSER aus: „Die ältere Forschung hatte an Beispielen vermeintlich nachweisbarer Rezeptionsvorgänge sogenannte „Romanisierungen" des traditionellen geschriebenen oder gewohnheitlichen Rechts nachzuweisen versucht. Die Fragen nach dem konkreten Anteil des einheimischen und römischen Rechts an den reformierten Gesetzen haben in neueren Untersuchungen ihre Bedeutung verloren. Nicht jeder als „Erneuerung" identifizierte Befund war schon per se der verlässliche Beweis eines erfolgten Bruchs mit einheimischen Rechtsvorstellungen. Eigenständige Rechtsneubildungen der partikularen Rechte hatte es bereits vor dem Bekanntwerden der gelehrten Rechte gegeben. Solche Veränderungen alter Rechtsformen sind deshalb keine verlässlichen Indizien für einen erfolgreichen Rechtstransfer."[1029]

Ähnlich auch KIEFNER in seinen Ausführungen zur Rezeption: „Die Beurteilung der R.[ezeption] seit dem 19. Jh. krankt vor allem an ihrer vorwiegend stofflichen Sicht; nur sie erlaubte es, von Überfremdung des heimischen Rechts zu sprechen. Das trifft aber nicht den Kern des so komplexen Vorganges der R.[ezeption] Deshalb ist ihre stoffliche Bilanzierung nach römischem und deutschem Erbe nicht sehr sinnvoll, jedenfalls für ihre Beurteilung nicht entscheidend [...]. Entscheidend ist, daß auch die Materien des deutschen Rechts, die sich erhalten haben, der rezipierten Methode unterworfen wurden und nach

---

1028 Schlinker, Privatrechtsgeschichte, S. 4, Rn. 5. Schlinker identifiziert die drei wesentlichen Wurzeln des geltenden Rechts als das römische Recht, die germanisch-deutsche Rechts- und Verfassungstradition sowie das kanonische Recht der christlichen Kirche.

1029 Schlosser, Neuere Europäische Rechtsgeschichte, S. 142, Rn. 26. Ähnlich Kappen, Stadtrechtsreformationen des 16. Jahrhunderts in den Niederlanden, S. 142, demzufolge die Streitfrage nach den vorherrschenden Elementen des einheimischen oder des gelehrten Rechts in den Reformationen als in der neueren rechtsgeschichtlichen Literatur meistens als überholt betrachtet wird.

heimischen Recht begründete Rechte verfahrensrechtlich im gemeinen Prozeß geltend zu machen waren."[1030]

Aus diesen Äußerungen lassen sich zunächst folgende Erkenntnisse destillieren: Erstens bedeutet nicht jede Änderung eines Rechtstextes zur Zeit der Rezeption automatisch die Aufnahme des römischen Rechts, es kann sich vielmehr auch um eine eigenständige Rechtsneubildung oder Rechtsfortbildung handeln. Zweitens war die Rezeption - wie bereits dargelegt - ein komplexer Vorgang, bei dessen Beschreibung nicht nur auf Rechtsmaterien, sondern auch auf Methode und Prozess geschaut werden muss.

Was jedoch die Kritik oder Wertrelativierung einer stofflichen Bilanzierung angeht, so ist zu widersprechen. Eine solche Aufarbeitung ist alles andere als überflüssig. Sie ist gleich auf drei Ebenen von Bedeutung. Dies ist zunächst die lokale Ebene, denn ein Urteil über den Romanisierungsgrad der einzelnen Stadtrechtsreformation dient der detaillierten Geschichtsschreibung zur regionalen Rechtsentwicklung. Des Weiteren nutzt jede einzelne Ausarbeitung aber dem großen Ganzen, d. h. der Schärfung des allgemeinen Begriffsverständnisses der Rezeption sowie der Präzisierung von Identifikationskriterien für die Rechtsquellengattung der Stadtrechtsreformationen. Drittens kann nur durch die Identifizierung übernommener Texte und Rechtsgedanken auch dem gegenüber stehendes „neues Recht" im Sinne einer schöpferischen Eigenleistung der Rechtsreformatoren erkannt werden.[1031]

Schon KUNKEL führte aus: „Ein Gesamtbild der Rezeption, das den ganzen Vorgang in seiner weiten Verzweigung klarlegt, wird nur durch geduldige Ausarbeitung möglichst vieler lokalen Quellenkreise erzielt werden können; erst wenn die einzelnen Rezeptionsvorgänge in großer Zahl übersehbar sind, können die Gesetzmäßigkeiten, die sie miteinander verknüpfen, erraten und damit die treibenden und hemmenden Kräfte deutlich herausgestellt werden."[1032] In den vergangenen Jahrzehnten seit dieser Aussage KUNKELS ist einiges an entsprechender Arbeit geleistet worden, und der Rezeptionsbegriff vielfach diskutiert

1030 Kiefner, HRG 4, Sp. 982.

1031 Den Schwerpunkt der „schöpferischen Eigenleistung" betont auch Schulze, HRG 4, Sp. 471: „Die früher lebhaft erörterte Frage nach dem Anteil des deutschen und römischen Rechts an den reformierten Rechten hat für die neuere Forschung an Bedeutung verloren. Stärker als in der Folge des Schulenstreits von Germanisten und Romanisten hat sich die Aufmerksamkeit der schöpferischen Eigenleistung zugewandt, die in der Verknüpfung zweier Rechtsüberlieferungen durch die R.[eformation] liegt."

1032 Kunkel, Ältere Stadtrechtsreformationen, Einleitung, S. XII.

worden, es bleibt aber zugleich noch ein immenses Maß an Quellenmaterial zur Analyse. Ein weiteres kleines Puzzlestück dieser Herausforderung leistet die vorliegende Aufarbeitung.[1033]

Die anvisierte Methodik könnte sich des Weiteren dem potentiellen Kritikpunkt ausgesetzt sehen, in gewisser Weise einen selektiven Ansatz zu verfolgen, weil sie sich im Ergebnis auf einzelne Passagen der Stadtrechtsreformation konzentriert, und damit nicht die Stadtrechtsreformation in ihrer Gesamtheit zu erfassen. Dem ist zweierlei entgegenzuhalten. Zunächst werden die einzelnen untersuchten Artikel nicht isoliert betrachtet, sondern stets in ihrem Zusammenhang. Zudem kann es nicht Ziel der Arbeit sein, den Crusischen Kommentar zu jedem einzelnen Artikel wiederum zu kommentieren. Ziel der Arbeit ist vielmehr, die Stadtrechtsreformation im Überblick darzustellen und diejenigen ausgewählten Rechtsmaterien genauer zu analysieren, die einen Rückschluss auf die rechtshistorische Struktur der gesamten Stadtrechtsreformation zulassen.

Ein weiteres Problemfeld ist genereller Natur und betrifft die mittelalterliche deutsche Privatrechtsgeschichte in toto. Bei der Beschäftigung mit lokalen mittelalterlichen und frühneuzeitlichen Rechten muss die Feststellung getroffen werden, dass es schlicht kein umfassendes handfestes Werk zur mittelalterlichen deutschen Privatrechtsgeschichte gibt, auf dessen Grundlage weitere Forschung betrieben werden könnte.[1034] DUSIL hat die diesbezüglichen Gründe jüngst ausführlich dargelegt.[1035] Die Ermangelung eines solches Werkes beruht insbesondere auf den methodischen Schwächen der älteren Forschung, die aus

1033 Siehe auch zur rechtshistorischen Grundlagenforschung den interessanten Beitrag von Duve, Von der Europäischen Rechtsgeschichte zu einer Rechtsgeschichte Europas in globalhistorischer Perspektive, in: Rechtsgeschichte, Band 20 (2012), S. 18-71, konkret: S. 58: „Sie [= rechthistorische Studien und Debatte in den Sozial- und Historischen Geisteswissenschaften] versuchen, der Transnationalen Rechtsgeschichte einen Perspektienwechsel zum Lokalen vorzuschlagen, aus dessen Horizont heraus die Rechtserzeugungsprozesse mit Hilfe einer kulturwissenschaftlich geschärften Heuristik erfasst und über Typenbildung in einen Bezugsrahmen eingefügt werden – und bis hin zur Beobachtung von Normativität in der Globalisierung gehen mögen. Es geht, das macht es so schwierig und so wichtig, dabei um elementare, intensiv diskutierte Fragen der rechtswissenschaftlichen Grundlagenforschung."

1034 Einen knappen Überblick in Form eines juristischen Kurz-Lehrbuch haben allerdings jüngst Schlinker/Ludyga/Bergmann, Privatrechtsgeschichte, München 2019 vorgelegt, die zu einzelnen zivilrechtlichen Instituten nach dem antiken römischen Recht auch ihren Kenntnisstand zum mittelalterlichen Recht darlegen.

1035 Dusil, Mittelalterliche Privatrechtsgeschichte, quo vadis?, in: ZRG, GA, Band 135 (2018), S. 190-221, vor allem ab S. 205.

den mittelalterlichen Quellen unbedingt ein Konzept eines allgemeindeutschen Privatrechts lesen wollte, das es in dieser Einheitlichkeit nie gegeben hat, und auf den Eigenheiten der Quellen selbst, die das Recht nur lückenhaft wiedergeben und territoriale Besonderheiten aufweisen.[1036] Eine modernen Ansprüchen genügende einheitliche Methode sei bislang nicht entwickelt worden und es gebe auch kein entsprechendes Patentrezept.[1037] Arbeiten jüngeren Datums zu einzelnen Rechtsmaterien schlagen als erste methodische Ansätze die konsequente Verwendung von unübersetzten Quellenbegriffen sowie neben der Untersuchung normativer Quellen auch die Untersuchung der Praxis vor.[1038] DUSIL bietet schlussfolgernd einige „Eckpfeiler": Mittelalterliche Rechtsquellen lassen jedenfalls ein Regelungsproblem erkennen, dessen Lösung „eine vergangene Welt zu Tage treten" lässt und mithin den Errungenschaften der Gegenwart als „Kontrastfolie" dienen kann.[1039] Zweitens ist eine „Interpretation, die trennscharf zwischen ‚juristischen' und ‚historischen' Erkenntnisinteressen unterscheidet, kaum möglich", denn nur ein vielseitiger Zugriff ermöglicht die Erschließung der Quelle.[1040] Drittens bedarf es eines vorsichtigen Annäherns an die Quellen.[1041]

Was bedeuten diese Ausführungen nun für die Analyse des Mindener Rechts? Zunächst einmal kann festgehalten werden, dass die Betrachtung Mindener Rechts nur eines sein soll: die Betrachtung eines lokalen Rechts und eben nicht der Versuch, germanisches Recht im Kleinen (wieder) zu finden oder gar im Großen zu erfinden. Des Weiteren bedeutet es aber auch, bei der näheren

1036 Dusil, Mittelalterliche Privatrechtsgeschichte, quo vadis?, S. 214, identifiziert als methodische Schwächen: anachronistische Interpretation, weitreichende Analogieschlüsse zur Lückenfüllung, unangemesse vom heutigen Recht ausgehende Terminologie und moderne Ordnungsvorstellungen. Zu Eigenheiten der Quellen selbst siehe S. 216 f.

1037 Dusil, Mittelalterliche Privatrechtsgeschichte, quo vadis?, S. 214 und S. 218.

1038 Dusil, Mittelalterliche Privatrechtsgeschichte, quo vadis?, S. 214 f. m. w. N.

1039 Dusil, Mittelalterliche Privatrechtsgeschichte, quo vadis?, S. 218 f.

1040 Dusil, Mittelalterliche Privatrechtsgeschichte, quo vadis?, S. 219 f. m. w. N. zur „integralen Geschichtsschreibung" und „integralen Rechtsgeschichte".

1041 Dusil, Mittelalterliche Privatrechtsgeschichte, quo vadis?, S. 220: „Quellennähe ist vonnöten, also die Kenntnis der Quellen, ihrer Entstehung und (der Grenzen) ihrer Aussagekraft; das Ernstnehmen von Quellenbegriffen, das ein langsames Umschreiten ihres Inhalts ohne vorschnelles Schießen auf den Inhalt beinhaltet; ferner: Rückschlüsse aus jüngeren Zeiten sowie Analogien zu vermeiden, jedenfalls als solche kenntlich zu machen."

Betrachtung einzelner Rechtssätze und der darin enthaltenen vermeintlich deutschrechtlichen Institute größte Vorsicht walten zu lassen. Dies gilt insbesondere bei der Heranziehung von Werken zum deutschen Privatrecht des 19. Jahrhunderts und der ersten Hälfte des 20. Jahrhunderts, die von dem Wunsch getragen waren, das eine große germanische Recht wiederzufinden.

§ 3 Konkrete Untersuchungsmethodik zur Mindener Stadtrechtsreformation

Anhand der bisherigen Forschungsergebnisse zum Rezeptionsgehalt anderer Stadtrechtsreformationen kann für weitere Forschungen die Arbeitshypothese aufgestellt werden, dass der Einfluss des ius commune und damit die Aufgabe eigenen anderslautenden Rechts je nach Rechtsmaterie in sehr unterschiedlichem Ausmaß nachweisbar sind. Ein einheitliches Urteil darüber, wie römischrechtlich geprägt die Mindener Stadtrechtsreformation ist, wird sich vermutlich als Resultat der folgenden Untersuchung aufgrund der Vielfalt der Rechtsmaterien nicht treffen lassen. Vielmehr sind die einzelnen ausgewählten Rechtsmaterien jeweils separat zu betrachten und zu beurteilen. Die daraus gezogenen Rückschlüsse für den gesamten Rechtstext sind dann ebenfalls differenziert darzustellen. Die erkenntnisleitende Frage der rechtshistorischen Einordnung lautet weiterhin: Welche Wurzeln hatte die Mindener Stadtrechtsreformation von 1613?

Einleitend werden für die rechtshistorische Einordnung drei Begleittexte (Proömium zum Gesetzestext sowie Vorwort und Präliminarien zum Kommentar) einer historisch-kritischen Exegese unterzogen, wobei die zur Verfügung stehenden Informationen zur Verfasserpersönlichkeit Berücksichtigung finden. Es folgt eine Analyse zur Sprache und Systematik des Gesetzestextes sowie eine Stellungsnahme zu äußeren Einflüssen. Anschließend werden die vier Bücher der Stadtrechtsreformation auf wörtliche Übereinstimmungen und inhaltliche Ähnlichkeiten mit den alten Stadtbüchern und anderen relevanten Rechtsstexten untersucht sowie weitere Rechtsinstitute aufgrund von Ursprungszuweisungen in der Kommentarliteratur oder evidenter Herkunft begutachtet.

An vielen Stellen wird der Crusische Kommentar hinzugezogen. Die jeweilige Kommentierung durch Crusius kann immer nur als ein Indiz gelten, darf aber nicht alleiniger Maßstab sein. Crusius hatte eine römischrechtliche Ausbildung genossen und betrachtete Rechtssätze daher aus dieser Perspektive und kommentierte entsprechend der ihm bekannten Literatur der Rechtsgelehrten. Sehr oft findet sich dementsprechend in der Crusischen Kommentierung der Hinweis, ein Rechtssatz sei „*(ex) iure communi*“; andererseits verweist Crusius an einigen Stellen, vermehrt im Erbrecht, aber auch ausdrücklich auf das *„ius Saxonicum“*. KRIEG charakterisiert die Kommentierung entsprechend wie folgt: „Das Crusische Werk ist ein Versuch, das Mindener Recht [...] mit der Rechtsliteratur der Zeit, die z. T. im Zeichen des recipierten römischen Rechts stand, in Einklang zu bringen.“[1042]

Zum Umgang mit dem Kommentar des Crusius und seiner Zitierweise sei noch ein kurzer Hinweis gestattet. Crusius zitiert häufig aus dem Corpus Iuris Civilis. Bei dem C.I.C. handelt es sich um ein Gesetzeswerk von Kaiser Justinian (um 530 n. Chr.). Es gliedert sich in vier Teile: (1) Institutiones (= ein juristisches Lehrbuch), (2) Digesten (= Pandekten = Zusammenstellung des geltenden Rechts), (3) Codex (= Kaisergesetze), (4) Novellae (= neue Kaisergesetze). Die heutige Zitierweise von Textstellen aus dem C.I.C. unterscheidet sich grundlegend von der mittelalterlichen und frühneuzeitlichen Zitierweise. Als Beispiel wird hier die bekannte Digesten-Passage des römischen Juristen Ulpian herangezogen, der öffentliches und privates Recht unterscheidet (Ulpian D. 1, 1, 1, 2). Die Digesten gliedern sich in Bücher (Liber) und Titel. Die Titel wiederum enthalten mehrere Fragmente. Die Fragmente schließlich sind unterteilt in Paragraphen. Bei den Paragraphen gilt es die zusätzliche Besonderheit zu beachten, dass der erste Abschnitt als principium (pr.) bezeichnet wird und erst der zweite Abschnitt als § 1. Nach heutiger numerischer Zitierweise findet sich der angesprochene Text von Ulpian in D. 1, 1, 1, 2, d. h. in den Digesten in Liber 1, Titel 1, Fragment 1, Paragraph 2. Nach der mittelalterlichen Zitierweise aber gab man weder die Nummer des Liber noch des Titels an, sondern verwendete stattdessen die Angabe der Überschrift des jeweiligen Digestentitels. Das (als „lex“ bezeichnete) Fragment wurde entweder mit den Anfangsworten oder einer Nummer gekennzeichnet. Die Angaben zum Fragment konnten sich vor oder nach der Überschrift des Digestentitels befinden. Für die konkrete Passage bedeutet dies, dass statt D. 1, 1, 1, 2 beispielsweise zu lesen war: „l(ex) 1 § 2 D. de iustitia et iure“.

§ 4 Historisch-kritische Exegese der Begleittexte

Die Mindener Stadtrechtsreformation ist versehen mit einem Proömium. Diese Gesetzeseinleitung dient als Selbstzeugnis des Gesetzgebers und kann weiteren Aufschluss für die rechtshistorische Einordnung geben, insbesondere zur Entstehung und zum Legitimationsverständnis. Gleiches gilt für das Vorwort sowie die Präliminarien von Crusius. Alle drei Texte werden daher einer

---

1042 Krieg, Mindener Rechtsbücher, S. 90.

historisch-kritischen Exegese unterzogen, die sich an der einschlägigen Anleitungsliteratur[1043] orientiert.

A. Das „Prooemium Statutorum Mindensium“

I. Text

Das Proömium der Mindener Stadtrechtsreformation[1044] ist in frühneuhochdeutscher Sprache verfasst. Es lautet wie folgt:

Wir Burgermeister und Raht dero Sadt Minden, mit und neben dero gantzen Sambt-Regierung allhier, nemblich des alten Rahts, Vierzigmeisters, Kauffman, Ambtmeisters, Gemeinheit und Vorstede, und jeder Ambts selbst sechste, thuen hiemit unseren Bürgeren und Einwohnern, auch männiglichen kund und zu wissen.

Als wir in abgewichenem 1612. Jahr bey uns erwogen und berahtschlaget, wie die Statuta und StadRechte, so unsere löbliche vorElteren für geraumen Jahren zusammengetragen und beschreiben lassen, darnach auch Wir so wol als Sie uns jederzeit reguliret und in fürfallenden streitigen Parteyensachen geurtheilet und gesprochen haben, deromahleins dero Gemeinen Burgerschafft zur Wissenschafft gebracht und von newen publicirt werden mügten, damit desselben in fürfallenden Sachen sich darnach richten und für unnötige und kostbahre Processe und Rechtfertigung zu hüten hetten.

So haben Wir demnach solche unserer Vorfahren beschriebene Statuta und StadtRechte durch die unseres Mittels dazu verordnete Persohnen und Rechtsgelährten revidiren, in gewisse Ordnung und Titel disponiren und verfassen, auch bißweilen an nötigen Orten dieselbe auß der gemeinen observantz, auch denen auff unser Cämerey verhandenen Urtheilbücheren, praejudiciis, und Rechtssprüchen suppliren und vermehren, auch auß der alten Sächsischen in Hochteutsche und jetzo alhie gebräuchliche Sprache transponiren und versetzen lassen; der Ursprung und Anfang deß alten StadtRechtens lautet also:

Anno nach Gades Bordt Ein dusent dreyhundert und Soß und dortig do leth verbaden die Rath tho Minden de Oldesten und Wiesesten, de tho Minden wehren,

1043 Schlosser, Die deutschrechtliche Exegese, in: Schlosser / Sturm / Weber (Hrsg.), Die rechtsgeschichtliche Exegese, 2. Auflage, 1993, S. 75-90. Zur rechtshistorischen Exegese eines antiken römischen Rechtstextes siehe Rüfner, Anleitung zur Abfassung einer rechtshistorischen Exegese. Römisches Privatrecht online, Sommer 2020, als PDF über https://drive.google.com/drive/folders/1Nf3xNiYDINcj1Q-BYvf0sZQxgRPxeHfv.

1044 Ius Statutorium Reipublicae Mindensis, S. 32-34.

und quemen eines rechten over, dat ohne tho vorn ein olt Recht wesen was, dat se dar willet biblieven etc.

Weiters die observantz derselben belangendt lautet es also:

Anno nach Gades Bordt dusendt veerhundert und ein und twintig am güendens Dage nach Jubilate ist geschlaten: wen eine Sake kumpt vor den Rath, die Scholen sie eindrechtig richten und scholen öhr Boek ansehen, offt sie des Rechten icht eß darinnen finden, offt daß gelicken etc.

Und ob wol etzliche Articul und Puncta darein begriffen, welche von denen Gemeinen beschriebenen Keysergesetzen in etwas discrepiren oder auch dieselbe ampliiren und erklären. So haben es doch die Alten auß erheblichen Ursachen ohn zweiffel also statuiret und bey Ihren VorElteren, das es ihnen ein alt Recht gewesen, befunden, und Wir und Unsere Antecessoren für diesem also in Gerichten und Rechtswegen practiciret und in viridi observantia gehalten haben, welches zu mutiren und zu enderen sich keines weges gebühren wollen.

So ist auch bey Städten nicht neuwes, daß die Majores und Alten viele Statuta exorbitantia a jure communi nach Gelegenheit ihrer Gemeinden aufgerichtet und verwilkühret haben, solches ihnen ein Recht zu sein, wo nicht dieselbe wider die Natürliche und aller Völcker Rechte, wider Gott und sein heiliges Wort, und zu sonderbahrer Veracht und Verschmelerung dero Ober-Herrn jurisdiction und Hoheit gerichtet sein. So wollen Wir nachfolgende Unsere Statuta, so von Wort zu Wort verlesen werden sollen, in aller besten Form und Mase dero Rechten oder löblicher Gewöhnheit hiemit in Nahmen der heiligen Dreyfaltigkeit publiciret, eröfnet und zu eines jeden Wissenschafft gestellet haben.

Darauff allen und jeden Unseren Bürgeren und Einwohneren, so unser jurisdiction unterworffen, ernstlich mandirend und befehlend, derselben sich allermassen nach dem Buchstäblichen Einhalt, in Kraft des uns geleisteten BürgerEides gemeeß zuverhalten und darnach zu richten.

In massen den auch Wir Burgermeister und Rath obgemeldet in streitigen Sachen und Rahtsprüchen uns darnach zu reguliren und davon keines weges abzuweichen hiemit verpflichten und anloben, und woferne in etzlichen Articulen einige ambiguität, obscurität oder Dunckelheit bey den gemeinen Mann inkünfftig entstehen solte, behalten Wir uns bevor, dieselbe zu dectariren und ihren rechten Verstand unparteilich zueröffnen und zuerklären, auch diese unsere Statuta nach Gelegenheit dero Zeit künfftiglich zuvermehren und zuverbesseren, darnach männiglich sich zu richten.

Geben in unser Stadt Minden am Freytag nach der H. dreyen Könige, wahr der 8. des Monahts Januarii im Jahr nach JESU CHRISTI unseres Erlösers und Seligmachers Geburt Eintausend Sechshundert und dreyzehen.

II. Überblick

Das Proömium als Vorrede und Einleitung zum Gesetzestext beschreibt den Entschluss des Mindener Rates, seine alten hergebrachten Rechte zusammenzutragen und zu überarbeiten, indem sie revidiert, geordnet, mit Urteilssprüchen versehen und ins Hochdeutsche übersetzt werden, und sie anschließend neu zu publizieren. Bürger und Einwohner haben sich nach diesen Rechten zu richten und der Rat verpflichtete sich ihnen auch selbst.

Das Proömium datiert auf den 8. Januar 1613. Die Beratung und der Entschluss zur Revision der Stadtrechte erfolgten im Jahr 1612,[1045] sodass es sich um eine Bearbeitungszeit von maximal einem Jahr gehandelt haben kann.

Die Überarbeitung des Mindener Stadtrechts wird im Proömium an keiner Stelle explizit als „Reformation" bezeichnet, dies sagt jedoch nichts über die Zugehörigkeit zu dieser speziellen Form der Rechtsquellengattung aus und erst recht nichts darüber, wie erneuernd oder römisch-rechtlich beeinflusst die Revision des Textes erfolgte.[1046] Unter Anwendung des von DEUTSCH entwickelten Kriterienkataloges[1047] handelt es sich bei dem Mindener Rechtstext von 1613 klar um eine Stadtrechtsreformation, weil alte Rechtstexte durch einen Rechtsgelehrten systematisch gesichtet, inhaltlich aufbereitet und sprachlich modernisiert wurden.

III. Analyse

1. Involvierte Personen

Verantwortlich für die Vorrede und damit auch für den sich anschließenden Rechtstext zeigen sich nicht nur der amtierende Mindener Stadtrat samt Bürgermeister, sondern auch die ganze „*Sambt-Regierung*", worunter konkret folgende Personengruppen zu verstehen sind: „*nemblich des alten Rahts, Vierzigmeisters, Kauffman, Ambtmeisters, Gemeinheit und Vorstede, und jeder Ambts selbst sechste*". Diese Aufzählung bedarf der Erläuterung. Unter dem alten Rat

---

1045 Leider sind die Ratsprotokolle des Jahres 1612 nicht überliefert, sodass detaillierte Informationen nicht gegeben werden können. (Vollständige Ratsprotokolle sind für die Jahre 1608/1609 und 1613 überliefert; unvollständige Ratsprotokolle für die Jahre 1601, 1604/1605 und 1610; für die Jahre 1602/1603, 1606/1607, 1611/1612 existiert keine Überlieferung.)

1046 Siehe auch Deutsch, Vom Stadtrecht zur Stadtrechtsreformation, S. 124, demzufolge kann „die Verwendung des Begriffes `Reformation`in der Quelle allein nicht ausschlaggebend sein, um ein Stadtrecht als Stadtrechtsreformation einzuordnen."

1047 Siehe oben bei der Klärung des Terminus „Stadtrechtsreformation".

sind diejenigen Ratsherren zu verstehen, die in der letzten oder einer anderen vergangenen Wahlperiode im Rat saßen.[1048] Der Vierzigmeister war der Vorsitzende der Vierziger. Die Vierziger wiederum waren ursprünglich das vierzig Mann starke Ratswahlkollegium, das sich wie folgt zusammensetzte: „1. aus 16 Personen aus dem Amt der Kaufleute, 2. aus 16 Personen der weiteren acht Ämter [jeweils der Amtsmeister und Ältermann der Bäcker, Schuster, Fleischer, Schneider, Kürschner, Krämer, Schmiede und Höker], 3. aus sechs Personen der drei Vorstädte [St. Marien, St. Simeonis, Fischerstadt], also aus jeweils zwei Repräsentanten jeder Vorstadt, nämlich Bürgermeister und Kämmerer, 4. aus zwei Personen der Gemeinheit, die von den Vertretern der Ämter und Vorstädte gewählt werden."[1049] Die Vierziger bestimmten zwölf Ratswähler, die dann wiederum aus den vierzig Männern zwölf Ratsherren wählten. Das Kollegium genoss hohes Ansehen und wurde daher im Laufe der Zeit vom Rat auch bei anderen Gelegenheiten einbezogen.[1050] Mit Kauffmann ist wohl die Kaufmannschaft gemeint, mit Ambtmeister die Vorsitzenden der anderen Ämter; des Weiteren finden sich Vertreter der Stadtgemeinde, der Mindener Vorstädte und weitere Ämtermitglieder, jeweils sechs an der Zahl.

Das Proömium gibt Auskunft darüber, dass die Sambt-Regierung die Rechtstexte nicht selbst zusammengestellt hat, sondern *„durch unseres Mittels dazu verordnete Persohnen und Rechtsgelährten"*. Als mit der Revision beauftragte Person ist nur Averberg bekannt, weitere Mitarbeiter sind nicht explizit überliefert. Averbergs Urheberschaft ist ausdrücklich in den Präliminarien bei Crusius erwähnt: *„Anno hujus seculi decimo tertio, facta eorundem revisione, a Nobilissimo & Consultissimo Viro Dn. Johanne Averbergio praedecessore quondam meo […]."*[1051]

1048 Vgl. Schulte, Macht auf Zeit, S. 19 mit Fn. 71.

1049 Schulte, Macht auf Zeit, S. 95 mit Graphik auf S. 94. Bereits in einer Urkunde an die Stadt Hannover vom 26.07.1392 wird die Funktion und das Alter des (damals noch etwas anders zusammengesetzten) Gremiums der Vierziger bezeugt: *„[…] dat we vor recht lang ghehad hebbet vnde noch hebbet vnde holdet, dat veertich myt vns sint vnser stad to hulpe vmme dat mene beste ghude, vnde de phleget myt vns den rad to kesende vnde to settende. Vnde | de veertich sint myt vns so lange wesen, dat des myt vns nemant anders en denket."*, vgl. Schroeder, Stadtrecht, S. 154, 151a.

1050 Krieg, Mindener Stadtbuch von 1318, Einleitung S. 46.

1051 Caput Praeliminare Tertium, S. 31 am Ende. Freie Übers. der Verf.: „Im Jahre 13 dieses Jahrhunderts wurden die Stadtrechte einer Überarbeitung durch den berühmtesten und erfahrensten Mann, Dr. Johann Averberg, meinen Amtsvorgänger, unterzogen […]." Vgl. auch Krieg, Mindener Rechtsbücher, S. 90.

Denkbar ist, dass der damalige Stadtschreiber/Stadtsekretär Heinrich Costede[1052] seinen Anteil gehabt hat, eindeutige Belege lassen sich hierfür jedoch nicht beibringen. Als gesichert kann aber gelten, dass Costede an der wiederholten Verkündung/Verlesung beteiligt war. So ist in einer der Abschriften der Stadtrechtsreformation zu lesen: *„Diese Statuta Reip. Mindensis seint in annis 1613: 1614: Et 1615 von Herrn Syndico Johan Overbergk, J.U.D., undt Henrico Costeden secretario, Der Gemeinen Bürgerschaft am offendtlichem marckte, von der Rahtsstuben verlesen worden.“*[1053] Einen weiteren Stadtschreiber/Stadtsekretär außer Costede gab es zu jener Zeit wohl nicht.[1054]

2. Beschriebenes Vorgehen

Das Proömium teilt des Weiteren mit, was die Sambt-Regierung vermeintlich hat tun lassen, nämlich *„die Statuta und StadRechte, so unsere löblichere VorElteren für geraumen Jahren zusammengetragen“*, zu *„revidiren, in gewisse Ordnung und Titel disponiren und verfassen, auch bißweilen an nötigen Orten dieselbe auß der gemeinen observantz, auch denen auff unser Cämerey verhandenen Urtheilbücheren, praejudiciis, und Rechtssprüchen suppliren und vermehren, auch auß der alten Sächsischen in Hochteutsche und jetzo alhie gebräuchliche Sprache transponiren und versetzen lassen“*.

Dies erweckt den Eindruck, als hätten sich die beauftragten Personen ausschließlich mit dem althergebrachten Mindener Recht und den Urteilssprüchen des Mindener Rates befasst, als sei das Recht weder von außen beeinflusst noch erneuert worden. Es stellt sich die Frage, ob diese Behauptung einer inhaltlichen Prüfung standhält. Handelt es sich bei dem Verweis auf *„die Statuta und StadRechte, so unsere löblichere VorElteren für geraumen Jahren zusammengetragen“* um reine Propaganda? Um einen Legitimationsversuch? Dies wird im Rahmen der rechtshistorischen Einordnung der Stadtrechtsreformation zu klären sein,

---

1052 Nordsiek, Geschichte des Archivs, S. 33 weist Costede für die Jahre 1611 und 1615 als Stadtsekretär aus; LAV NRW W, Ms VII, 2902b (Schlick Exemplar), Blatt 3 für die Jahre 1613, 1614, 1615.

1053 Schlick-Exemplar, LAV NRW W, Ms VII, 2902b, Blatt 3 (Rückseite). Die Bürgervorladung zur Stadtrechtsverkündung im Jahr 1614 ist als Ausfertigung (Reinschrift mit Siegel und Unterschrift durch Henr. Costede) überliefert (KA Minden, Stadt Minden, B 756, Blatt 15).

1054 Siehe hierzu Nordsiek, Geschichte des Archivs, S. 33, Fn. 88: „Bei der Beratung über die Anstellung Averbergs als Syndikus verlangte das Gremium der „Vierziger“ am 4. April 1608, daß nun nicht auch zwei Stadtsekretäre angestellt werden sollten. Das bedeutet vermutlich, daß Averberg zugleich weiterhin Stadtschreiber bleiben sollte.“

weil dort zu analysieren ist, aus welchen Quellen sich die Stadtrechtsreformation de facto speist.

Wie wichtig der Sambt-Regierung jedenfalls die Anknüpfung an das gute alte Recht und seine Tradition war, zeigen zwei eingeschobene Textpassagen im Proömium. Das Proömium verweist für den „Ursprung und Anfang des alten Stadt-Rechtens“ auf die zwei konkreten Jahreszahlen 1336 und 1421,[1055] was einer Erklärung bedarf.

Mit der ersten Jahreszahl ist ein Auszug aus dem Stadtbuch von 1318 gemeint. In II, 23[1056] findet sich der entsprechende Eintrag vom 17.05.1336, der die Wahrung des alten Mindener Rechtes statutiert. Das Proömium gibt hiervon nur den allgemeingültigen Teil wieder. In II, 23 wird anschließend noch das Erbrecht der Schwertseite an dem Heergewäte bekräftigt.

Das zweite Datum lautet auf 16.04.1421.[1057] Ein entsprechender Stadtbucheintrag oder eine enstprechende Urkunde mit diesem Datum ist nicht überliefert, wohl aber ein sehr ähnlich lautender Ratsbeschluss vom 19.05.1451, überliefert im Stadtbuch von 1318, II, 2,[1058] sowie ein entsprechendes Statut vom 28.06.1451.[1059] Sowohl im Ratsbeschluss als auch im Statut ist geregelt, dass der Rat einstimmig entscheiden soll. Kommt keine Einstimmigkeit zustande, ist der alte Rat hinzuzuziehen und das Stadtbuch zu konsultieren. Kommt immer noch keine Einstimmigkeit zustande, ist Rechtsrat aus Dortmund einzuholen. Auffällig ist hier, dass das Proömium weder die Hinzuziehung des alten Rates noch die Einholung von Dortmunder Rechtsrat wiedergibt. Dass alte stadtrechtsfamiliäre Bande nicht mehr relevant sind, ergibt sich auch aus einer anderen Stelle der Stadtrechtsreformation. Gemäß Liber I, Tit. 1, Art. 2 nämlich gilt subsidiär zum Mindener Recht nicht mehr das Dortmunder Recht, sondern das Recht des Heiligen Römischen Reiches.

3. *Erlassmotivation*

Das Proömium gibt auch eine Antwort auf die Frage nach dem Warum – Warum wurde die Revision in Auftrag gegeben? Dies geschah, um die Rechte neu

1055 Die beiden Passagen finden sich im Übrigen als „Extract Statutorum Mindensium pro remonstranda eorum tum antiquitate tum observantia“ in KA Minden, Stadt Minden, B 368, Blatt 31.

1056 Vgl. Schroeder, Stadtrecht, S. 61.

1057 Vgl. Schroeder, Stadtrecht, S. 263, Nr. 121.

1058 Vgl. Schroeder, Stadtrecht, S. 53.

1059 Vgl. Schroeder, Stadtrecht, S. 268 f., Nr. 134.

veröffentlicht allen Bürgern bekannt zu machen („*dero Gemeinen Burgerschafft zur Wissenschafft gebracht und von newen publicirt werden mügten*"), was wiederum bezwecken sollte, dass die Bürger „*in fürfallenden Sachen sich darnach richten und für unnötige und kostbahre Processe und Rechtfertigung zu hüten hetten.*" Hier klingen klar die Aspekte der Rechtsklarheit und Rechtssicherheit, aber auch Gerichtseffektivität an.

Allerdings gab es auch noch andere Faktoren, die die Erlassmotivation beeinflusst haben bzw. Intention des Gesetzgebers waren. So kommt eine Behauptung gegenüber dem bischöflichen Stadtherrn in Betracht.[1060] Der Erlass einer Stadtrechtsreformation kann aber auch eine Reaktion auf die Unsicherheiten sein, die die Rezeption mit sich brachte, insbesondere im Bereich der Normenhierarchie und -kollision.[1061] In diese Richtung können die Ausführungen des Proömiums in Bezug auf die „*Gemeinen beschriebenen Keysergesetzen*" gedeutet werden. Abweichungen von diesen Gesetzen („*in etwas zu discrepieren*") hätten „*doch die Alten auß erheblichen Ursachen ohn zweiffel also statuiret und bey Ihren VorElteren, das es ihnen ein alt Recht gewesen, befunden*". Das Recht der Vorfahren hat also begründete Abweichungen von den gemeinen Keysergesetzen gekannt, daher dürfe dieses Recht nicht verändert/angepasst werden („*welches zu mutieren und zu enderen sich keines weges gebühren wollen*").

Insbesondere das vierte Buch der Stadtrechtsreformation mit seinem Prozessrecht mag in Teilen auch Reaktion auf Entwicklungen auf Reichsebene gewesen sein. Nach der großen reichsrechtlichen Justizreform 1495 erfolgten entsprechende Anpassungen auf territorialer Ebene nur schleppend, sodass der Speyerer Deputationsabschied von 1600 Reformen sehr nachdrücklich anmahnt:[1062] „*daß in allen Churfürstenthumen, Fürstenthumen, Landen, Herrschafften und Orten [...] die Unter, Ober und Hoffgerichte in denen Orten es noch nicht geschehen, und noch Mangel und Gebrechen bevor, aufs ehest förderlichst und unverhinderlich visitirt, reformirt, mit verständigen Urtheilern besetzt und in eine gute richtige, der rechten Reichs- und Cammer-Gerichts Process gemässe Ordnung [...] gebracht und darauf festiglich gehalten werde [...]; So wollen wir hiemit allen und jeden Churfürsten, Fürsten und Ständen des Reichs [...] ernstlich auferlegt und befohlen haben, solche [...] Anordnungen ihrer Unter- Ober und Hof-Gericht, in*

1060 Vgl. Deutsch, Vom Stadtrecht zur Stadtrechtsreformation, S. 95 f., demzufolge eine Stadtrechtsreformation durchaus als Instrument städtischer Emanzipation dienen kann.

1061 Vgl. hierzu Deutsch, Vom Stadtrecht zur Stadtrechtsreformation, S. 98-101.

1062 Lebkücher, Die Grafschaft Tecklenburg und die Justizreform von 1613, S. 55.

denen Orten es noch nicht geschehen, […] zum besten anzuordnen, und darinnen einigen weitern Auffschub […] nicht zu suchen.“[1063] Die Stadt Minden war zwar keine freie Reichsstadt, sondern Teil des Fürstbistums Minden, und damit von dieser Aufforderung nicht direkt angesprochen; eine indirekte Auswirkung ist jedoch gut vorstellbar.

4. *Legitimation*

Ein weiterer entscheidener Aspekt scheint zu sein, dass die Mindener Sambt-Regierung ihre neue Rechtssetzung in Form der Stadtrechtsreformation umfassend legitimieren wollte. Zur Legitimation der Rechtssetzung bei Städten, die eine Stadtrechtsreformation erließen, führt DEUTSCH aus: „Vielfach bestand bei den Städten eine gewisse Unsicherheit über den Umfang der eigenen Rechtssetzungskompetenz, ob also dem Magistrat das Recht zustand, ohne eine zusätzliche Genehmigung durch den Stadtherrn eine umfängliche Stadtrechtsreformation zu beschließen. […] Der Umstand, dass auf die Legitimation solchen Wert gelegt wurde, weist darauf hin, dass die Magistrate vor Augen hatten, dass sie mit den Stadtrechtsreformationen etwas Neues schufen, das nicht unbedingt von der eigenen Statutenhoheit abgedeckt war.“[1064] Als Legitimation finden sich des Öfteren folgende Argumente:[1065] Es werde leidiglich „hergebrachtes Recht wiederhergestellt“, die Rechte seien in Einklang mit „kaiserlichen und gemeinen Rechten“ verfasst, bereits Kaiser Justinian habe die „Notwendigkeit gelegentlicher Rechtserneuerung“ betont, eine „Neufassung des Rechts sei zur Beseitigung entstandener Unordnung und Widersprüchlichkeit notwendig geworden“, die Ratsherren kämen so ihrer Pflicht nach, „dem gemeinen Nutzen der Stadt zu dienen, um so die Wahrung des innerstädtischen Friedens zu gewährleisten“, „verliehene Privilegien“ begründeten das städtische Gewaltmonopol, und/oder der Rat „sah sich in seinem Amt und seinen Pflichten auch als von Gott ermächtigt und verpflichtet“ an. Die Legitimation erfolgte in manchen Städten auch „durch Beteiligung von Vertretern der Bürgerschaft oder einflussreicher Gruppen“ (Bürgerausschüsse, ehemalige Räte, Zünfte) und zudem wurden die Stadtrechtsreformationen vielerorts durch den Bürgereid bekräftigt.[1066] Häufig findet

1063 Senckenberg/Schmauß, Neue und vollständigere Sammlung der Reichs-Abschiede, Theil 3 (1552-1654), S. 471-498, konkret S. 476.

1064 Deutsch, Vom Stadtrecht zur Stadtrechtsreformation, S. 103 f.

1065 Deutsch, Vom Stadtrecht zur Stadtrechtsreformation, S. 103-110.

1066 Deutsch, Vom Stadtrecht zur Stadtrechtsreformation, S. 109 f. Siehe auch Deutsch, Vom Stadtrecht zur Stadtrechtsreformation, S. 13 f. mit Verweis auf die grundlegende Arbeit von Ebel, Der Bürgereid als Geltungsgrund und Gestaltungsprinzip des

sich auch die „typisch floskelhafte Formulierung" mit der „Klage über gerichtliche Missstände".[1067]

Einige der soeben genannten Punkte treffen auch auf die Mindener Stadtrechtsreformation zu. Zunächst einmal agiert der amtierende Rat nicht allein, sondern mit Unterstützung der Sambt-Regierung, also unter Beteiligung aller weiteren wichtigen Personen des öffentlichen Lebens.

Wie bereits dargelegt wird im Proömium zudem die Behauptung aufgestellt, es werde lediglich das Recht der Vorfahren geordnet und zusammengestellt. Hierfür wurde eben keine erweiterte Rechtssetzungsbefugnis benötigt, sondern nur von einer bereits bestehenden Befugnis Gebrauch gemacht. Die Vorfahren („*Majores und Alten*") waren schließlich berechtigt, Statuten zu erlassen („*viele Statuta [...] aufgerichtet und verwillkühret haben, solches ihnen ein Recht zu sein*"). Auch dieses Recht allerdings kannte Grenzen, wie auch das Proömium nicht verschweigt. Die Statuten durften sich nicht richten „*wider die Natürliche und aller Völcker Rechte, wider Gott und sein heiliges Wort, und zu sonderbahrer Veracht und Verschmelerung dero Ober-Herrn jurisdiction und Hoheit*".

Ob die Behauptung, es werde lediglich das Recht der Vorfahren geordnet und zusammenstellt, einer inhaltlichen Überprüfung standhält, wird im Rahmen der weiteren rechtshistorischen Einordnung zu klären sein. An dieser Stelle kann aber konstatiert werden, dass es sich jedenfalls nicht nur um eine bedeutungsleere Floskel handelt. Entweder die Neuordnung des alten Rechts war wirklich die Intention des Gesetzgebers, und er hat sie in die Tat umgesetzt, oder der Gesetzgeber möchte mit dieser Aussage bewusst kaschieren, dass eigentlich das Gegenteil erfolgt ist, nämlich entweder die nachträgliche Legitimierung längst in Übung befindlichen ius commune oder die neue Einführung des ius commune unter dem Deckmantel eines vermeintlich alten Mindener Rechts. Es ist davon auszugehen, dass es sich um sehr bewusst gewählte Worte handelt. Doch wie viel Wahrheitsgehalt in ihnen steckt, ist damit noch nicht gesagt.

Durch die (jährliche) Verlesung der Stadtrechtsreformation in Verbindung mit dem geleisteten Bürgereid waren alle Mindener verpflichtet, sich an dieses

---

deutschen mittelalterlichen Stadtrechts, Weimar 1958. „Jeder Neubürger unterwarf sich mit seinem Bürgereid dem bestehenden und neu zu schaffenden Stadtrecht, dies war Bedingung für seine Aufnahme in die Rechtsgemeinschaft der Stadt. Der vielerorts jährlich wiederholte, öffentlich abgeleistete Bürgereid ermächtigte zugleich das Stadtregiment zur Schaffung neuen Satzungsrechts, dem sich die Bürger mit ihrem Schwur antizipierend unterwarfen."

1067 Oestmann, Rezension zu Lebkücher, ZRG, GA, 137 (2020), S. 614.

„neue alte" Recht zu halten (*"Darauff allen [...] befehlend, derselben sich allermassen nach dem Buchstäblichen Einhalt, in Kraft des uns geleisteten BürgerEides gemeeß zuverhalten und darnach zu richten*"). Im Gegenzug verpflichtet sich der Rat aber auch selbst, das Recht zu achten und anzuwenden („*In massen den auch Wir Burgermeister und Rath obgemeldet in streitigen Sachen und Rahtsprüchen uns darnach zu reguliren und davon keines weges abzuweichen hiemit verpflichten und anloben*").

Zum Schluss des Proömiums wird ein Blick in die Zukunft geworfen und damit zugleich möglichen Problemen entgegengetreten. Denn sollte es in Zukunft Unklarheiten in Bezug auf die Statuten geben, behält sich der Rat vor, diese zu erklären („*und woferne in etzlichen Articulen einige ambiguität, obscurität oder Dunckelheit bey den gemeinen Mann inkünfftig entstehen solte, behalten Wir uns bevor, dieselbe zu declariren und ihren rechten Verstand unparteilich zueröffnen und zuerklären*"). Zudem spricht er sich das Recht zu, weitere Statuten zu erlassen („*auch diese unsere Statuta nach Gelegenheit dero Zeit künfftiglich zuvermehren und zuverbesseren*").

5. *Kommentierung*

Crusius hat das Proömium mit einer Anmerkung versehen.[1068] Weitere Autoren, die sich inhaltlich mit der Vorrede beschäftigt haben, sind nicht bekannt; SCHROEDER hat in seiner Chronik lediglich die ersten Sätze ohne Kommentierung abgedruckt.[1069]

Crusius gliedert das Proömium in fünf thematische Abschnitte („*quinque partibus*"). Ein Abschnitt nennt den Erlassgrund („*causa efficiens*") und den Ursprung des Rechts („*origio juris Statuarij*").[1070] In Bezug auf den Ursprung des Rechts verweist Crusius auf seine eigenen Ausführungen im zweiten Kapitel seiner Prälimінarien („*de qua diximus cap. praeliminari secundo*"). Ein weiterer Abschnitt thematisiert die Grenzen bzw. Beschränkungen des Mindener Rechts, wobei er insbesondere die göttliche Ordnung („*si non repugnent aut juri divino*") und - mit Verweis auf die Lehre von Grotius - das Naturrecht („*aut iuri naturali*") erwähnt.[1071] Ein dritter Abschnitt befasst sich mit der öffentlichen Bekanntmachung („*publicatio*").[1072] In Bezug auf einen vierten Abschnitt verweist Crusius

1068 Ius Statutarium Reipublicae Mindensis, S. 34 f.
1069 Schroeder, Chronik des Bistums und der Stadt Minden, S. 540 f., Fn. **.
1070 Ius Statutarium Reipublicae Mindensis, S. 34.
1071 Ius Statutarium Reipublicae Mindensis, S. 34.
1072 Ius Statutarium Reipublicae Mindensis, S. 35.

erneut auf seine Präliminarien, in diesem Fall auf das dritte Kapitel („*qua de re capite praeliminari tertio diximus*"), in dem es um die Autorität und Auslegung der Gesetze geht, vor allem aber auch das Rechtssubjekt („*subjectos esse cives ipsos*"). Im fünften Abschnitt beschäftigt sich das Proömium mit dem Recht der Ergänzung der Statuten für zweifelhafte, unklare oder mehrdeutige Fälle („*reservatio declarationis futurae in Articulis dubiis, obscuris, aut ambiguis*"). Auffällig ist bereits hier, dass Crusius zur Untermauerung seiner Ausführungen mehrfach berühmte Rechtsgelehrte heranzieht und konkrete Stellen in deren Werken angibt.

B. Das Crusische Vorwort

Das Crusische Ius Statutarium Reipublicae Mindensis beginnt mit einem vierseitigen lateinischen Vorwort des Verfassers.[1073] Sein Inhalt lässt sich wie folgt zusammenfassen: Zunächst erfolgt eine widmende Anrede an den Rat der Stadt. Im Anschluss daran führt Crusius aus, er übergebe nun endlich die mit Anmerkungen und Beobachtungen kommentierten und teilweise mit Entscheidungen versehenen Statuten. Des Weiteren beschreibt Crusius den vorausgegangenen Arbeitsprozess und verweist auf seine folgenden Präliminarien, die einen historischen Exkurs und Ausführungen zu den Quellen sowie zur Auslegung des Stadtrechts enthalten. Es folgt im Vorwort eine Passage, in der Crusius einerseits seine Mühen beschreibt, andererseits aber dem Stadtrat als seinem Auftraggeber den Ruhm zuspricht. An diesen wendet Crusius sich dann auch abschließend mit der Hoffnung auf wohlwollende Annahme seines Werkes.

Crusius hat sein Vorwort auf den 12. März 1674 datiert. Er gibt im Text an, er habe nach der Beauftragung drei Jahre lang an der Kommentierung gearbeitet („*desiderata a Vobis, & ante triennium a me promissa*") und es habe zuvor in der Tat nur handschriftliche Versionen der Stadtrechtsreformation gegeben („*nunquam antea typis exscripta*"). Crusius begründet die Dauer des Verfassens des Kommentars mit einem hohen sonstigen Arbeitspensum bei Rat und Gericht, sodass der Kommentar in Nachtarbeit entstanden sei („*lucubrationes*"). Crusius spart nicht mit Lob für die Stadt und seine Auftraggeber, verschweigt zugleich aber auch nicht den hinter seinem Werk stehenden Aufwand. Seine rühmende Sprache wirkt auf den heutigen Leser unterwürfig, blumig, beinahe geschwollen, entspricht aber insgesamt dem literarischen Gebahren jener Zeit.

1073 Das Vorwort folgt direkt nach dem Titelblatt, enthält aber keine Paginierung.

Zur Zeit der Erstellung des Kommentares hatte Minden als Spätfolgen des Dreißigjährigen Krieges und des Zuschlags als Fürstentum an die brandenburgischen Hohenzollern weiterhin unter einer hohen Schuldenlast sowie mehreren Truppendurchmärschen zu leiden.[1074] Crusius Arbeit wirkt vor diesem Hintergrund wie der Versuch, alte Errungenschaften gegenüber der neuen brandenburgischen Herrschaft zu erhalten.

Auffällig im Vergleich zu anderen Rechtstexten jener Epoche ist, dass der Crusische Druck und insbesondere das Vorwort ohne jede bildliche Darstellung geblieben sind, ganz anders als beispielsweise die Nürnberger Stadtrechtsreformation von 1564.[1075]

Aufschlussreich für die weitere Bearbeitung der Stadtrechtsreformation ist Crusius detaillierte Erläuterung, wie er selbst mit dem Rechtstext verfahren ist. Er hat jeden einzelnen Artikel begutachtet („*quemque Articulum Juris Vestri Statutarij observetur*"), und ihn mit juristischen Anmerkungen und Beobachtungen versehen („*notis ac observationibus*"). Teilweise hat er auf konkrete vor dem Rat entschiedene Fälle verwiesen, aus entsprechenden Urteilen passende Entscheidungssätze beigefügt („*necnon praejudiciis Curiae Vestrae ac decisionibus illustrata*"), die Ursachen eines Gesetzeserlasses untersucht oder die Rechte anderer Städte zum Vergleich herangezogen („*deinde in rationes, quae Statuentes moverunt, inquirerem, ac denique an ex jure communi vel Statutario aliarum Rerumpublicarum, Statuta Vestra desum?pta* [sic…!] *subjicerem*). Crusius verweist auch darauf, dass er in den Präliminarien Stellung zu den Fragen des Ursprungs des Stadtrechtes, seinen Quellen, Autorität und Auslegung nehmen wird („*denique de origine juris Statutarij Mindensis, ejusque fontibus, authoritate, & interpretatione observare & adducere*"). Interessanterweise weist Crusius aber gerade nicht darauf hin, dass er sein Werk durchzogen hat mit zahlreichen Meinungen von Rechtsgelehrten, deren Schriften und Verweisen auf römische Rechtstexte. Diese argumentative, juristische-gelehrte Einbettung scheint selbstverständlich zu sein.

1074 Schroeder, Chronik des Bistums und der Stadt Minden, S. 612-619.

1075 Siehe hierzu Deutsch, Andreas: Res publica als mater populi. Rechtsikonographische Anmerkungen zum Allegorien-Holzschnitt der Nürnberger Stadtrechtsreformation von 1564, zu seinen Vorläufern und seiner Nachwirkung, in: Festschrift für Gernot Kocher zum 80. Geburtstag. Für den Interpreten der Bildersprache, Graz 2022, S. 28-59. Deutschs Aufsatz geht weit über diesen einen Holzschnitt hinaus; er beschreibt u.a. auch die Holzschnitte zur Nürnberger Reformation von 1484 (S. 30 f.) und von 1522 (S. 31-34), den Holzschnitt zur Frankfurter Reformation von 1578 (S. 40-43) sowie zur Magdeburger Reformation von 1625 (S. 43-45).

Das Vorwort enthält erwartungsgemäß noch keine weiteren Informationen zu den einzelnen Artikeln der Stadtrechtsreformation, zu ihrer Entstehung oder Auslegung. Deutlich inhaltsreicher sind diesbezüglich die Crusischen Präliminarien, die im Folgenden beleuchtet werden.

C. Auszüge aus dem Crusischen „Caput Praeliminare“

I. Überblick

Crusius hat seiner Kommentierung ein einleitendes lateinisches *„Caput Praeliminare“*, vorangestellt.[1076] Die Präliminarien erstrecken sich über 31 Seiten und sind in drei Kapitel untergliedert.[1077] Das erste Kapitel berichtet über die Ursprünge der Stadt und die Gründung des Bischofssitzes.[1078] Das zweite Kapitel beschreibt den Aufstieg der Stadt und die damit zusammenhängenden Rechtsmaterien.[1079] Hervorzuheben sind hier die Ausführungen zur Stadt- und Gerichtsverfassung und zu den Ursprüngen des Mindener Rechts. Das dritte Kapitel beschäftigt sich mit der Gültigkeit und Autorität der Mindener Statuten und ihrer Auslegung.[1080]

Die Zusammenfassung zur Geschichte der Stadt Minden, die einen Bogen von Tacitus bis zur brandenburgischen Herrschaft schlägt, wird an dieser Stelle nicht im Einzelnen wiedergegeben. Sie befindet sich im ersten Kapitel der Präliminarien, ergänzt durch Teile des zweiten Kapitels. ENGEL wertet sie als einen „sehr gedrängten, aber exakten Überblick“[1081]. Die Geschichtsdarstellung durch Crusius macht jedenfalls sehr deutlich, wie wichtig die historische Rückbeziehung und ruhmreiche Vergangenheit für das Selbstverständnis Mindens war.

Für die rechtshistorische Beurteilung relevant sind einige Passagen aus dem zweiten sowie aus dem dritten Kapitel. Einmal werden die Wurzeln des Mindener Rechts behandelt und der persönliche Anwendungsbereich, einmal die Gesetzeskraft und Interpretation der Mindener Statuten. Der übliche Aufbau einer Exegese sieht vor, dass einleitend der Text mit Übersetzung wiedergegeben wird. Da im Folgenden aber immer nur kurze Abschnitte aus einzelnen Passagen

1076 Der Ausdruck Präliminarien bezeichnet Vorverhandlungen und -bemerkungen; er geht zurück auf Lateinisch *„prae limine“* für „vor der Schwelle“.

1077 Ius Statutarium Reipublicae Mindensis, Caput Praeliminare, S. 1-31.

1078 Ius Statutarium Reipublicae Mindensis, Caput Praeliminare, S. 1-18.

1079 Ius Statutarium Reipublicae Mindensis, Caput Praeliminare, S. 18-26.

1080 Ius Statutarium Reipublicae Mindensis, Caput Praeliminare, S. 26-31. Die Seite 26 hat fälschlicherweise die Nummerierung 62 erhalten („Zahlendreher“).

1081 Engel, Geistiges Leben, S. 49.

herangezogen werden, wird stattdessen an dieser Stelle eine sinngemäße, zusammenfassende Übersetzung im Text und das lateinische Zitat als Einschub oder in den Fußnoten gegeben.

Die Ausführungen von Crusius können jedoch nicht einfach unkritisch übernommen werden. Sie können nur als Indiz gelten, dürfen aber nicht alleiniger Maßstab sein. Crusius hatte eine römischrechtliche Ausbildung genossen und betrachtete Rechtssätze daher aus dieser Perspektive und kommentierte entsprechend der ihm bekannten Literatur der Rechtsgelehrten. Es ist sein Kenntnisstand, sein Blickwinkel, sein Rechtsverständnis - diese müssen nicht mit den tatsächlichen historischen Tatsachen oder der Intention des Mindener Stadtrates oder Averbergs übereinstimmen.

II. Wurzeln des Mindener Rechts

Der Mittelteil des zweiten Kapitels der Präliminarien beschäftigt sich mit den Wurzeln des Mindener Rechts („*Origo juris Statutarij Mindensis*").[1082] Crusius nimmt dort Stellung zu vier Aspekten: (1) Die Ursprünge des Mindener Stadtrechts. („*Origo juris Statutarij Mindensis traditur.*"); (2) welches Recht war in der Stadt Minden vor 1256 in Gebrauch? („*Quo iure usa sit Civitas Mindensis ante Annum Christi 1256.?*"); (3) ist es wahrscheinlich, dass die Mindener vor Erlass eigener besonderer Statuten das Soester Recht in Gebrauch hatten?[1083] („*An verosimile sit Mindenses ante condita specialia Statuta jure Susatensi usos fuisse?*); sowie (4) das Mindener Recht beruht auf drei Quellen. („*Fons juris Mindensis triplex exhibentur.*")[1084]

Crusius erwähnt in seiner Rückschau zunächst, dass nach einem Stadtbrand vor 1320 nicht nur die Gebäude neu errichtet, sondern die Stadt auch mit neuen Gesetzen und Statuten geschmückt wurde.[1085] Einen Stadtbrand 1319/1320 hat es wohl nicht gegeben, wie schon der Chronik PIELs zu entnehmen ist,[1086] wohl

1082 Ius Statutarium Reipublicae Mindensis, Caput Praeliminare, S. 24-25, Rn. 13-16 mit Teilen des summarischen Überblickes auf S. 19.

1083 Dusil, Die Soester Stadtrechtsfamilie, S. 304, übersetzt hier: „*Wie ähnlich war das Mindener Recht vor dem Erlass eigener Statuten dem Soester Recht?*"

1084 Ius Statutarium Reipublicae Mindensis, Caput Praeliminare, Auszug aus dem summarischen Überblick auf S. 19, siehe Nr. 13-16.

1085 Ius Statutarium Reipublicae Mindensis, Caput Praeliminare, S. 24, Rn. 13: „*[...]jam ante Anno 1320 Civitas Mindensis ipso die Hippolyti igne absumpta esset. [...] Magistratus erectis aedificiis, ut urbem novam legibus & Statutis ornarent [...]*".

1086 Krieg, Piel, S. 60, mit weiterem Hinweis in Fn. 330: „*Etzleiche schreiben, daß diese Zeit [gemeint ist 1319] die ganze stadt am Tage Hippoliti wiederumb ausgebrant, das*

aber einen Brand 1304/1305 in der Simeonsvorstadt und einen Großbrand 1306 in der zentralen Bäckerstraße.[1087]

Des Weiteren verweist Crusius auf eine konkrete Urkunde vom 09. April 1256, aus der hervorgegangen sein soll, dass die Stadt zu diesem Zeitpunkt bereits einige Statuten besaß.[1088] Die entsprechende Urkunde ist allerdings nicht überliefert.[1089] Welches Recht vor diesem Zeitpunkt gegolten haben soll, dazu schreibt Crusius, dass die Sachsen und Westfalen unbestritten schon zur Zeit Karls des Großen ein Gesetz hatten.[1090] Im Weiteren stellt er dann aber die erwiesenermaßen unrichtige Vermutung auf, in Minden habe Soester Recht gegolten, d. h. Minden sei der Soester Stadtrechtsfamilie zuzuordnen: „*[...]ante condita peculiaria Statuta usos fuisse jure Susatensi [...]*“.[1091] Er führt dazu aus, dass in der Zeit Friedrich Barbarossas im alten Sachsen das Soester Recht in Kraft gewesen sei,[1092] und außerdem Heinrich der Löwe es in Lübeck in Kraft gesetzt

dan nicht zu gleubende. Und kan solcher mißvorstand aus diesen einfellen, das zuvor gesacht, das S. Simeonis vurstadt a[u]f den tag Hippoliti ausgebrant sei, und vellichte ein unfleißiger schreiber das wortlein eder syllabum ´vur`ausgelassen und also die stadt daraus gemacht.“

1087 Krieg, Piel, S. 60 mit Fn. 324-327; Krieg, Minden, S. 247 f.: „Stadtbrände zerstörten die ganze Stadt mit dem Dom 947 und 1062, die Simeonsvorstadt 1304, die Bäckerstraße 1306, Bäckerstraße und Johanniskirchhof 1373 [...].“

1088 Ius Statutarium Reipublicae Mindensis, Caput Praeliminare, S. 24, Rn. 13: „*Civitatem Mindensem peculiaria statuta sua habuisse, non obscure colligitur ex veteri membrana, sive Instrumento Senatus Mindensis d. 9. Kal. Aprilis anni 1256. confecto [...]*“.

1089 Eine entsprechende Urkunde ist weder im WUB VI noch bei Schroeder, Stadtrecht, verzeichnet. Die Urkunde soll im Heilig-Geist-Hospital verwahrt worden sein („*[...] quod inter alias scripturas a Hospitalis Spiritus Sancti provisoribus heic asservatur.*“), aber auch das Kopiar des Heilig-Geist-Hospitals (LAV NRW W, Ms VII, Nr. 2716, Kopie unter KA Minden, Stadt Minden, X193) enthält sie nicht. Weil die Urkunde auch im Bestand A des Kommunalarchivs Minden nicht enthalten ist, muss von einem Überlieferungsverlust ausgegangen werden.

1090 Ius Statutarium Reipublicae Mindensis, S. 24, Rn. 14: „*Sane extra controversiam est habuisse Saxones & Westphalos jam tum Caroli M. & Ottonum temporibus legem [...].*“

1091 Ius Statutarium Reipublicae Mindensis, Caput Praeliminare, S. 25, Randnummer 1. Freie Übers. der Verf.: „vor dem Erlass eigener Statuten das Soester Recht in Gebrauch gewesen sei“. Weitere Ausführungen zur Stadtrechtsfamilie finden sich im entsprechenden Kapitel.

1092 Ius Statutarium Reipublicae Mindensis, Caput Praeliminare, S. 25, Rn. 15: „*[...] tempore enim Friderici Barbarossae in veteri Saxonia jus Susatense viguisse constat [...].*“

habe.[1093]

Die Mindener Zuordnung zu Soest haben in den folgenden zwei Jahrhunderten zahlreiche Autoren als feststehende Tatsache wieder- und damit weitergegeben.[1094] Hervor stechen nur die skeptischen Anmerkungen MEIBOMs, der die Behauptung von Crusius quittiert mit: *„nullo argumento, inani conjectura, quae tam facile rejici, quam proponi potest.“*[1095] Noch 1886 ist bei SCHROEDER zu lesen, das Mindener Recht sei „wahrscheinlich dem Soester nachgebildet“.[1096] Dem tritt 1889 LÖVINSON mit ersten Belegen für Dortmund entgegen,[1097] und auch eine Verwechslung mit dem sauerländischen Menden wird für möglich gehalten.[1098]

Eine ausdrückliche Verleihung des Dortmunder Rechts an Minden ist nicht überliefert.[1099] Das Stadtbuch von 1318 enthält jedoch für den Fall der Uneinigkeit des Rates in einer Rechtssache eine eindeutige Anweisung in einer Eintragung vom 19.05.1451: *„Konen se auer nicht eyn werden, […] so scholet se dat halen laten to Dorpmunde, dar de stad ore recht pleghen to halen laten.“*[1100] Auch

1093 Ius Statutarium Reipublicae Mindensis, Caput Praeliminare, S. 25, Rn. 15. Dusil, Die Soester Stadtrechtsfamilie, S. 66 liest hier, Crusius habe gemutmaßt, da „das Soester Recht in so hohem Ansehen gestanden habe, dass es sogar auf Lübeck übertragen wurde, so habe es bestimmt auch in Minden gegolten“.

1094 Dusil, Die Soester Stadtrechtsfamilie, S. 45, Fn. 126 m. w. N. für das 18. Jahrhundert; für das 19. Jh. sind exemplarisch von Kamptz, Die Provinzial- und statutarischen Rechte, S. 408 f., Gaupp, Deutsche Stadtrechte des Mittelalters, S. XXII, sowie Stobbe, Geschichte der deutschen Rechtsquellen, S. 544 f. zu nennen. Dusil, Die Soester Stadtrechtsfamilie, S. 46, merkt zutreffend an: „Rechtshistoriker konnten die Ausbreitung von Stadtrechten und den Umfang von Stadtrechtsfamilien vollständig erst erfassen, als nicht mehr erzählende Quellen Autoritäten waren, sondern die mittelalterlich-archivalische Überlieferung systematisch ausgewertet und in Urkundenbüchern zugänglich war.“

1095 Meibom, Heinrich: Saxoniae inferioris imprimis historiam introductio, Helmstedt 1687, S. 87. Freie Übers. der Verf.: „ohne jedes Argument, eine wertlose Vermutung, die sich ebenso leicht widerlegen lässt, wie sie aufgestellt wird.“

1096 Schroeder, Chronik des Bistums und der Stadt Minden, S. 206.

1097 Lövinson, Beiträge zur Verfassungsgeschichte der westfälischen Reichsstiftstädte, S. 50 f.

1098 Reichard, Die deutschen Stadtrechte des Mittelalters, S. 30; Reinhardt, Stadtrechtsfamilien in Niedersachsen, S. 217.

1099 Krieg, Stadtbuch 1318, S. 26.

1100 SB 1318, II, 2; vgl. Schroeder, Stadtrecht, S. 53. Freie Übers. der Verf.: „Können sie sich aber nicht einig werden, […] so sollen sie das (Recht) bei der Stadt Dortmund erfragen („holen lassen“), wo die Stadt ihr Recht zu holen pflegt.“

die Stadtchronik Tribbes (um 1460) führt zum Verfahren bei Uneinigkeit des Rates aus: „*tunc mittunt pro discutione ad civitatem Tremoniam, et ipsi dant eis legem.*“[1101] Minden erhielt demnach im Zweifel Rechtsrat von Dortmund.[1102] Für die Rechtsbeziehung zu Dortmund können noch zahlreiche weitere Quellen angeführt werden, beispielsweise die Dortmunder Rechtsweisungen im Mindener Stadtbuch von 1318, sowie die Hinweise auf Rechtsrat aus Dortmund an Minden in der Hannoverschen Stadtrechtshandschrift.[1103]

Wenn auch die Zuordnung Mindens zur Soester Stadtrechtsfamilie durch Crusius nicht korrekt war, so sind doch die weiteren Ausführungen von Crusius zu den Wurzeln des Mindener Rechts äußerst aufschlussreich. Crusius stellt in seinen Präliminarien nämlich die Behauptung auf, dass das Mindener Recht auf drei Quellen beruhe.[1104]

Der größte Teil sei unter Beachtung des sächsischen Rechts und seiner lokalen Rechtsinstitute (wie Heergewäte und Gerade) aus dem gemeinen römischen Recht abgeleitet: „*[...] major pars ex jure communi Caesareo derivata, quaedam juri Saxonico accepta feruntur, ex isto formae & hominibus Reipublicae Mindensis applicata, quo spectant ea, que de Hergevvetta & Gerada in jure Statutario Mindesi traduntur, aliaque ejuscemodi prout suis locis observabimus.*“[1105] Als weitere Quellen nennt Crusius das Lübische Recht und die Hamburger und Bremer Statuten sowie Rechte und Gewohnheiten des umliegenden Marschlandes;[1106] zudem verweist er auf das Gewohnheitsrecht.[1107]

1101 Löffler, Tribbe, S. 126. Siehe auch die Übersetzung bei Krieg, Tribbe, Mindener Heimatblätter, 17. Jahrgang (1939), Nr. 5, S. 2: „dann schicken sie zwecks Erörterung nach der Stadt Dortmund, und diese selbst geben ihnen das Gesetz.“

1102 Ebel, Statutum und ius fori, S. 126-130, hat dargelegt, dass Dortmund eben nicht nur Appellations-, sondern auch Konsultationsinstanz war.

1103 Schroeder, Stadtrecht, S. 173, Rn. 152, und S. 174, Rn. 207, sowie Grote/Broennenberg, Das hanöverische Stadtrecht, S. 482.

1104 Ius Statutarium Reipublicae Mindensis, Caput Praeliminare, S. 25, Rn. 16: „*Fons Juris Mindensis moderni triplex ponirur [...]*“ (gemeint ist wohl: ponitur).

1105 Ius Statutarium Reipublicae Mindensis, Caput Praeliminare, S. 25, Rn. 16.

1106 Ius Statutarium Reipublicae Mindensis, Caput Praeliminare, S. 25, Rn. 16: „*Quaedam ex jure Lubecano, retentis etiam quandoque ipsis verbis juris Lubecensis, prout suis locis notabitur, desumpta, alia ex jure Statutario Hamburgensi, ac Bremensi, necnon juribus & consuetudinibus Marchicis deprompta [...].*“

1107 Ius Statutarium Reipublicae Mindensis, Caput Praeliminare, S. 25, Rn. 16: „*[...] alia specialis consuetudo aut statuentium voluntas recepit, diuturnus usus confirmavit.*“

III. Subjektiver Anwendungsbereich

Die letzten Passagen des zweiten Kapitels der Präliminarien beschäftigen sich mit dem subjektiven Anwendungsbereich der Mindener Stadtrechtsreformation.[1108] Behandelt wird folglich die Frage, auf wen das Recht der Mindener Statuten überhaupt anwendbar ist,[1109] ob es außer für die Mindener Bürger also auch noch für andere Personen gilt.[1110]

Zunächst stellt Crusius klar, dass die Mindener Stadtrechtsreformation auch in anderen Städten des Mindener Fürstentums Beachtung findet;[1111] Teile des Rechtstextes sogar auch über die Landesgrenzen des Fürstentums hinaus.[1112] Er stellt danach fest, dass natürlich die Mindener Bürger dem Stadtrecht unterworfen waren,[1113] nimmt dann aber daran anschließend Stellung zu vier Personengruppen, die nicht von der Rechtsgeltung erfasst sind.[1114] Das Stadtrecht findet demnach keine Anwendung auf (1) Bedienstete und Beamte des Fürsten,[1115] (2) Adelige, ohne dauerhaften Wohnsitz in Minden,[1116] (3) Kleriker,[1117] sowie (4) die

---

1108 Ius Statutarium Reipublicae Mindensis, S. 25 f., Rn. 17 f. mit Teilen des summarischen Überblickes auf S. 19.

1109 Ius Statutarium Reipublicae Mindensis, Frage im summarischen Überblick auf S. 19 zu S. 25, Rn. 17: „*Iure Statutario Mindensis quinam utantur?*"

1110 Ius Statutarium Reipublicae Mindensis, Frage im summarischen Überblick auf S. 19 zu S. 25 f., Rn. 18: „*An Statutis Mindensibus praeter cives & alij subjecti?*"

1111 Ius Statutarium Reipublicae Mindensis, Caput Praeliminare, S. 25, Rn. 17: „*[…] utuntur quoque aliae hujus Ducatus Civitates […].*"

1112 Ius Statutarium Reipublicae Mindensis, Caput Praeliminare, S. 25, Rn. 17: „*[…]in adjacentibus Civitatibus extra Ducatum Mindensem observantur […].*"

1113 Ius Statutarium Reipublicae Mindensis, Caput Praeliminare, S. 25, Rn. 18: „*Caeterum Jus Statutarium Mindense cives suos obligare tam notum est quam quod notissimum.*"

1114 Ius Statutarium Reipublicae Mindensis, Caput Praeliminare, S. 25 f., Rn. 18.

1115 Ius Statutarium Reipublicae Mindensis, Caput Praeliminare, S. 25 f., Rn. 18: „*Excipiuntur tamen Aulici & Principis superioris ministri.*"

1116 Ius Statutarium Reipublicae Mindensis, Caput Praeliminare, S. 25 f., Rn. 18: „*Nobiles in Civitate commorantes, quia domicilium in Civitate constituisse non videntur […].*"

1117 Ius Statutarium Reipublicae Mindensis, Caput Praeliminare, S. 25 f., Rn. 18: „*Clerici sive personae Ecclesiasticae.*" Nordsiek, Luther, Minden und die Folgen, S. 59, fasst die Rechtsstellung wie folgt zusammen: „Mehr noch, die Kleriker in Minden, etwa 250 Personen, waren privilegierte Leute, sie besaßen kein Bürgerrecht, hatten keine bürgerlichen Pflichten. Sie unterstanden nicht dem Rat der Stadt und unterlagen nicht dem Stadtrecht und zahlten keine Steuern an die Stadtkasse. Die Domimmunität, d.h. der Große und der Kleine Domhof sowie die engeren Bereiche der Klöster und Stifte gehörten nicht zum Rechtsbereich und Gerichtsbezirk der Stadt."

„Forenses".[1118] Der lateinische Begriff forensis kann vieldeutig übersetzt werden mit „den Markt / die Öffentlichkeit /das Gericht betreffend". Vermutlich wurde mit Forenses die Personengruppe der auswärtigen Händler und Gewerbetreibenden beschrieben. Diese waren nicht Bürger oder Einwohner Mindens und unterlagen daher zunächst nicht dem Stadtrecht. Diesen Grundsatz schränkt Crusius in seinen folgenden Ausführungen[1119] jedoch ein und führt aus, inwiefern sie sich letztlich doch an das Recht zu halten hatten:[1120] Dies betrifft einerseits die Anordnung der Klage und den Ablauf des Gerichtsverfahrens,[1121] und andererseits sind sie dem lokalen Recht durch die von ihnen eingegangenen Verträge verpflichtet.[1122]

IV. Gesetzeskraft und Interpretation der Mindener Gesetze

Das dritte Kapitel der Präliminarien beschäftigt sich mit der Gesetzeskraft und Interpretation des Mindener Stadtrechtes („*De authoritate Juris Statutarij Mindensis, ejusque interpretatione*").[1123]

Crusius trifft einleitend die Feststellung der Gültigkeit von Mindener Recht und Rechtsprechung „*sine confirmatione*".[1124] Dennoch verweist er unterstützend auf die Generalklausel der Goldenen Bulle von Kaiser Ferdinand II. (12.08.1627) sowie auf die Bestätigung durch den Kurfürsten (12.02.1650).[1125] Crusius ergänzt diese Ausführungen um die zu jenem Zeitpunkt relativ aktuelle

1118 Ius Statutarium Reipublicae Mindensis, Caput Praeliminare, S. 25 f., Rn. 18: „*Forenses non ligari statutis, constitutionibus, aut moribus loci, in quo peregrini sunt, [...].*"

1119 Ius Statutarium Reipublicae Mindensis, Caput Praeliminare, S. 26, Rn. 19.

1120 Ius Statutarium Reipublicae Mindensis, Summarischer Überblick auf S. 19 zu S. 26, Rn. 19: „*Forenses quatenus Statuta observare teneantur.*"

1121 Ius Statutarium Reipublicae Mindensis, Caput Praeliminare, S. 26, Rn. 19: „*Quod tamen non obtinebit in iis, quae litis ordinationem & judiciorum processum concernunt, [...].*"

1122 Ius Statutarium Reipublicae Mindensis, Caput Praeliminare, S. 26, Rn. 19: „*ita forenses ratione loci contractus jura loci observare tenentur.*"

1123 Ius Statutarium Reipublicae Mindensis, S. 26-31 mit summarischem Überblick auf S. 27 oben. Die Seite 26 hat fälschlicherweise die Nummerierung 62 erhalten („Zahlendreher").

1124 Ius Statutarium Reipublicae Mindensis, Caput Praeliminare, S. 27, Rn. 1: „*Civitatem municipalem jurisdictionem & imperium habentem, sine confirmatione vel licentia superioris Statuta condere posse [...].*"

1125 Ius Statutarium Reipublicae Mindensis, Caput Praeliminare, S. 28 f., Rn 3. Zur Geltungsdauer der Stadtrechtsreformation siehe auch das entsprechende Kapitel.

kurfürstlich-richterliche Entscheidung in einem Appellationsverfahren. In der entsprechenden Streitsache kann der Appellation nicht abgeholfen werden, *„zumahlen die abgesprochene Urtheil denen Statutis dero Stadt Minden (welche stricte zu observiren von S. Churfürstl. Durchl. dero Regierung gnädigsst anbefohlen worden) in allem gemeß ist."*[1126]

Bei der Frage der Interpretation der einzelnen Rechtssätze schickt Crusius vorab:„ *[...] constat Statuta stricti esse juris, strictamque recipere interpretationem."*[1127] Die Statuten sind also strenges Recht und dürfen nur eine begrenzte Auslegung erfahren. Dies bedeutet, dass am Wortlaut festgehalten werden muss, dass weder irgendetwas hinzugefügt noch weggelassen werden darf.[1128] Crusius liefert im Anschluss daran vierzehn Auslegungsregeln, die er jeweils mit diesbezüglichen Fundstellen bedeutender Rechtsgelehrter untermauert:[1129]

(1) Die Statuten sollen nach dem Wortlaut verstanden werden.
(„[...] primo omnium verba Statutorum proprie esse accipienda [...]").[1130]
(2) Bei Zweifeln zum Wortlaut ist das gemeine Recht als Interpretationshilfe heranzuziehen.
(„Statutorum verba dubia ex jure communi interpretationem recipere.").[1131]
(3) Ein Statut wird aus den anderen Statuten heraus erklärt, d. h. die Statuten sind in ihrem Zusammenhang zu interpretieren.
(„Statutum unum declarari ex alio.")[1132]
(4) Ein Teil des Statuts wird aus dem Rest des Statuts interpretiert.
(„[...] partem Statuti unam ex altera.")[1133]
(5) Im Rahmen der Auslegung ist die Einleitung / das Vorwort hinzuzuziehen.
(„Statuta recipiunt declarationem ex praefatione [...].")[1134]

1126 Ius Statutarium Reipublicae Mindensis, Caput Praeliminare, S. 29, Rn. 3: Streitsache Schuldner/Arrestant Hunefeld gegen seine Schuldner (20.08.1670).
1127 Ius Statutarium Reipublicae Mindensis, Caput Praeliminare, S. 29, Rn. 4.
1128 Ius Statutarium Reipublicae Mindensis, Caput Praeliminare, S. 29, Rn. 4: *„[...] unde verbis Statutorum tenaciterinhaerendum, nec quicquam illis addendum, vel detrahendum [...]."*
1129 Ius Statutarium Reipublicae Mindensis, Caput Praeliminare, S. 29-31, Rn. 4-9.
1130 Ius Statutarium Reipublicae Mindensis, Caput Praeliminare, S. 30, Rn. 4.
1131 Ius Statutarium Reipublicae Mindensis, Caput Praeliminare, S. 30, Rn. 5.
1132 Ius Statutarium Reipublicae Mindensis, Caput Praeliminare, S. 30, Rn. 6.
1133 Ius Statutarium Reipublicae Mindensis, Caput Praeliminare, S. 30, Rn. 6.
1134 Ius Statutarium Reipublicae Mindensis, Caput Praeliminare, S. 30, Rn. 7 mit S. 27, Nr. 7 aus dem summarischen Überblick.

(6) Im Rahmen der Auslegung ist zudem die gesamte Rubrik / Kapitelüberschrift / der Abschnitt hinzuzuziehen.
(„Statuta recipiunt declarationem ex [...] rubrica [...].")[1135]

(7) Beachtet werden sollen des Weiteren die Erfahrungen der praktischen Verwendung und Anwendung.
(„[...] ex praxi & observantia subsecuta [...]")[1136]

(8) Zu beachten sind darüber hinaus der Geist und die Intention des Rechtssatzes.
(„[...] mente ac intentione [...]")[1137]

(9) Gleiches gilt für die im Statut ausgedrückte Ratio[1138], also den vernünftigen Grund und Zweck des Gesetzes.
(„[...] ratione in Statutis expressa [...]")[1139]

(10) Die Rechtssätze in ihrer Auslegung sollen frei sein von Fehlern.
(„Statuta exponenda ut vitio careant [...].")[1140]

(11) Sie sollen ebenfalls frei von Absurditäten / Widersprüchen sein.
(„ [...] neque absurdum aliquod contineant.")[1141]

(12) Sie sollen stattdessen klar sein hinsichtlich Beschaffenheit, Bedingung und Natur der Rechtsmaterie.
(„[...] unde Statuta explicanda esse pro qualitate, conditione, & natura subiectae materiae [...]")[1142]

(13) Die Statuten korrelieren untereinander und lassen daher den argumentativen Umkehrschluss zu.
(„[...] argumento a contrario [...]")[1143]

(14) Und zu guter Letzt haben die Statuten ortsunabhängig immer den gleichen Geltungsumfang.
(„[...] de loco ad locum vires suas non extendant [...].")[1144]

1135 Ius Statutarium Reipublicae Mindensis, Caput Praeliminare, S. 30, Rn. 7 mit S. 27, Nr. 7 aus dem summarischen Überblick.

1136 Ius Statutarium Reipublicae Mindensis, Caput Praeliminare, S. 30, Rn. 7.

1137 Ius Statutarium Reipublicae Mindensis, Caput Praeliminare, S. 30, Rn. 7.

1138 Siehe hierzu auch die allgemeinen Ausführungen zur ratio legis von Coing, Europäisches Privatrecht I, S. 129 f.

1139 Ius Statutarium Reipublicae Mindensis, Caput Praeliminare, S. 30, Rn. 8.

1140 Ius Statutarium Reipublicae Mindensis, Caput Praeliminare, S. 30, Rn. 8 mit S. 27, Nr. 8 aus dem summarischen Überblick.

1141 Ius Statutarium Reipublicae Mindensis, Caput Praeliminare, S. 30, Rn. 8.

1142 Ius Statutarium Reipublicae Mindensis, Caput Praeliminare, S. 30, Rn. 8.

1143 Ius Statutarium Reipublicae Mindensis, Caput Praeliminare, S. 31, Rn. 9.

1144 Ius Statutarium Reipublicae Mindensis, Caput Praeliminare, S. 31, Rn. 9.

Um diese Auslegungsregeln in ihrer Gesamtheit und Durchschlagskraft erfassen zu können, ist es zunächst erforderlich, sich mit der sogenannte Statutenanwendungslehre und den Grundsätzen der Statuteninterpretation sowie der gemeinrechtlichen Rechtsanwendungslehre vertraut zu machen.

1. Statutenanwendungslehre und Statuteninterpretation

Die Rezeption des ius commune führte - wie bereits dargelegt - zu einem „Nebeneinander verschiedener Rechtsmassen".[1145] Dieser Rechtsquellenpluralismus machte es erforderlich, eine Antwort auf die Frage nach dem Anwendungsvorrang im Kollisionsfall zwischen den beiden Rechtsmaterien, d. h. dem ius commune auf der einen und den Partikularrechten auf der anderen Seite, zu finden. In diesem Zusammenhang werden häufig die Termini der Statutentheorie und Statutenlehre ins Spiel gebracht.

Einen wichtigen Beitrag dazu hat jüngst BOOSFELD unter dem vielsagenden Titel „Die beiden Statutenlehren. Geschichte eines rechtshistorischen Missverständnisses" geleistet.[1146] Sie legt zunächst dar, dass es zwei grundverschiedene Statutenlehren gibt, deren Lesarten in jüngster Zeit vor allem im Hinblick auf die Wurzeln des internationalen Privatrechts jedoch immer mehr verschwimmen.[1147] Dies sei auf der einen Seite die auf die Kommentatoren zurückgehende Rechtsquellenlehre, „die das Zusammenspiel von ius proprium und ius commune spezifiziert habe und auf die später die deutschen Juristen zurückgegriffen haben, um mit der Rechtsvielfalt im alten Reich zu Recht zu kommen."[1148] Auf der anderen Seite gebe es eine zweite Statutenlehre, die „Lösungen für Fälle untereinander kollidierender lokaler Rechte geboten" habe und die „dementsprechend als die mittelalterliche und frühneuzeitliche Urform des internationalen Privatrechts zu verstehen" sei.[1149] Es geht also um zwei unterschiedliche Abgrenzungsfragen: (1) in welchem Verhältnis standen die lokalen Rechte zum gemeinen Recht und (2) in welchem Verhältnis standen die lokalen Rechte untereinander?[1150] BOOSFELD verwendet für diese zwei Themenkomplexe

---

1145 Eisenhardt, Deutsche Rechtsgeschichte, S. 122, Rn. 250.

1146 Boosfeld, Die beiden Statutenlehren. Geschichte eines rechtshistorischen Missverständnisses, in: ZRG, GA, Band 136 (2019), S. 76-93. Inzwischen ebenfalls erschienen ist die entsprechende Monographie, siehe Boosfeld, Kristin: Die Lehren von der Statutenkollision. Eine Deutungsgeschichte aus Raum und Recht, Tübingen 2023.

1147 Boosfeld, Die beiden Statutenlehren, S. 76 f. mit Nachweisen in Fn. 3.

1148 Boosfeld, Die beiden Statutenlehren, S. 76.

1149 Boosfeld, Die beiden Statutenlehren, S. 77.

1150 Boosfeld, Die beiden Statutenlehre, S. 78.

folgerichtig unterschiedliche, von ihr entwickelte Bezeichnungen. Die erste Frage sei zu beantworten mit der auf Albericus de Rosate zurückgehenden Statuten*anwendungs*lehre,[1151] die zweite Frage mit der auf Bartolus de Saxoferato zurückgehenden Statuten*kollisions*lehre.[1152]

Die Einführung des Begriffes der Statutentheorie in den wissenschaftlichen Diskurs im Jahre 1936 geht wohl auf COING zurück.[1153] Er meint damit zunächst die Statutenanwendungslehre, also das Verhältnis von Partikularrechten zum gemeinen Recht.[1154] WIEACKER verwendet in seiner „Privatrechtgeschichte der Neuzeit" den Terminus Statutentheorie 1952 bereits als feststehenden Begriff, wobei laut BOOSFELD erstens keines der von ihm zitierten Werke diesen Terminus nennt und er wohl zweitens bei seinen Quellenangaben keine saubere Abgrenzung zwischen Werken zur Statutenkollisionslehre und Statutenanwendungslehre vorgenommen hat.[1155] COING wiederum verwendet Statutentheorie (entgegen seiner früheren Verwendung) 1958 für die Bezeichnung statutenkollisionrechtlicher Probleme.[1156] Seit diesem Zeitpunkt werden die Begriffe Statutenlehre und Statutentheorie mit unterschiedlichem Bedeutungsgehalt verwendet und ein „Statutenlehren-Chaos"[1157] ist entstanden. Um jedes Missverständnis zu vermeiden, wird im Folgenden daher darauf verzichtet, den Begriff der Statutentheorie zu verwenden. Stattdessen wird der Terminus „Statutenanwendungslehre" verwendet, um das Verhältnis von Partikularrecht zu gemeinem Recht zu beschreiben.

1151 Boosfeld, Die beiden Statutenlehre, S. 78-80.

1152 Boosfeld, Die beiden Statutenlehre, S. 80-82. In einem weiteren Beitrag differenziert Boosfeld zudem im Rahmen des Kollisionsrechts zwischen einseitigen und allseitigen Kollisionsnormen, siehe Boosfeld, Zu den Arten von Kollisionsnormen in der Lehre von der Statutenkollision, in: ZRG, GA, Band 138 (2021), S. 276-282.

1153 Coing, Helmut: Zur romanistischen Auslegung von Rezeptionsgesetzen, in: ZRG, RA, Band 56 (1936), S. 264-277, konkret: S. 269; Boosfeld, Die beiden Statutenlehren, S. 89 f.

1154 Coing, Zur romanistischen Auslegung von Rezeptionsgesetzen, in: ZRG, RA, Band 56 (1936), S. 264-277, konkret: S. 269: „[...] eine Reihe von Sätzen, die das Verhältnis von lokalen Statutarrecht und Gemeinem Recht behandelten."

1155 Boosfeld, Die beiden Statutenlehren, S. 90-92 mit zahlreichen Nachweisen. Boosfeld wird noch deutlicher, wenn sie mit Nachweis belegt, dass Wieacker „schlichtweg auf eine nähere Auseinandersetzung mit der bestehenden Literatur zur Statutenkollisionslehre verzichtet hat" (S. 90) und „in Bezug auf die Statutentheorie begrifflich unsauber gearbeitet hat" (S. 91 f.).

1156 Coing, Europäisches Privatrecht I, S. 137-146.

1157 Boosfeld, Die beiden Statutenlehren, S. 93.

Grundsätzlich lässt sich zur im gesamten Reich geltenden Statutenanwendungslehre in aller Kürze Folgendes ausführen: Gemäß der Statutenanwendungslehre genoss das Partikularrecht Anwendungsvorrang vor dem ius commune und lediglich bei Lücken sollte das ius commune subsidiär herangezogen werden.[1158] Im Grundsatz verdrängte also das Recht des kleineren Rechtskreises das Recht des größeren Rechtskreises,[1159] bzw. das besondere Recht verdrängt das allgemeine.[1160]

Dieser Grundsatz wurde jedoch durch drei Auslegungsregeln stark relativiert. Die Statuten durften erstens nicht weit ausgelegt werden, sondern waren strikt zu interpretieren.[1161] Zweitens wurde der Vorrang des lokalen Rechts in der Praxis zudem dadurch eingeschränkt, dass die Dogmatik des gemeinen römischen Rechts stets Auslegungsmaßstab war.[1162] Drittens war das einheimische Recht so auszulegen, dass es dem römischen Recht möglichst wenig widersprach.[1163] COING formuliert als Konsequenz: „Ein Statut gilt, obwohl es dem gemeinen Recht vorgeht, doch in dessen Rahmen."[1164]

2. Gemeinrechtliche Rechtsanwendungslehre

Einen Blick auf die praktische Anwendung wirft die auf WIEGAND zurückgehende gemeinrechtliche Rechtsanwendungslehre, die davon ausgeht, dass (1) jegliches geschriebenes Recht vor Gericht von Amts wegen zu berücksichtigen gewesen sei und (2) zudem eine Vermutung für die Anwendung des (eigentlich nur subsidiär geltenden) gemeinen römischen Rechts bestand, die widerlegt werden musste, wenn sich eine Partei auf abweichende Rechtsnormen berufen wollte.[1165]

1158 Lepsius, HRG 2, 2. Aufl., Sp. 1334; Oestmann, Rechtsvielfalt vor Gericht, S. 6 f.; Kiefer, HRG 4, zu „Rezeption, privatrechtlich", Sp. 979: „Die subsidiäre Geltung des ius commune haben jedenfalls die Reformationen des 16. Jh. alle anerkannt."

1159 Oestmann, Rechtsvielfalt vor Gericht, S. 6.

1160 Köbler, Lexikon des Mittelalters VIII, Sp. 71.

1161 Schlosser, Neuere Europäische Rechtsgeschichte, S. 83, Rn. 7; Köbler, Lexikon des Mittelalters VIII, Sp. 71; Coing, Europäisches Privatrecht I, S. 106.

1162 Oestmann, Rechtsvielfalt vor Gericht, S. 7; Coing, Europäisches Privatrecht I, S. 106.

1163 Lange / Kriechbaum, Römisches Recht im Mittelalter, Band 2, S. 961; Coing, Europäisches Privatrecht I, S. 106.

1164 Coing, Europäisches Privatrecht I, S. 106.

1165 Eisenhardt, Deutsche Rechtsgeschichte, S. 123, Rn. 251 unter Bezug auf Wiegand, Studien zur Rechtsanwendungslehre der Rezeptionszeit, Ebelsbach 1977.

In der Reichskammergerichtsordnung von 1495 werden die Richter gemäß § 3 verpflichtet, „*[...] nach des Reichs gemainen Rechten, auch nach redlichen, erbern und leidlichen Ordnungen, Statuten und Gewonhaiten der Fürstenthumb, Herrschaften und Gericht, die für sy pracht werden, dem Hohen und dem Nidern nach seinem besten Verstentnus gleich zu richten [...].*“[1166] Dies bedeutet, dass die Richter nach ius commune richten sollten und nach dem Partikularrecht, soweit dies vorgetragen wurde. Hieraus wurde in der rechtshistorischen Forschung der Schluss gezogen, dass es aufgrund der einschränkenden Beweisanordnung bezüglich des Partikularrechts „entgegen der Statutenlehre zunehmend zu einer vorrangigen statt subsidiären Anwendung“ des ius commune kommen konnte.[1167] Für den de facto-Vorrang des ius commune wird auch ins Feld geführt, dass „Advokaten und Prokuratoren als Parteivertreter im Zweifel, wo immer es ging, lieber mit dem ihnen vertrauten gemeinen Recht argumentiert haben werden, als partikularrechtlich“.[1168]

Neuerdings wird für das Reichskammergericht die strikte Umsetzung der hierarchischen Ordnung der Rechtsquellen mit ihrer zugrundeliegenden Beweisanordnung in Frage gestellt.[1169] Eine starre Gegenüberstellung der Rechtsmassen im Sinne der gemeinrechtlichen Rechtsanwendungslehre hat es wohl doch nicht gegeben.[1170] OESTMANN weist deutlich darauf hin: Der „übliche Hinweis, nach der Rezeption hätten sich römisches und deutsches Recht gegenüber gestanden, greift erheblich zu kurz.“[1171] Nach seinen Forschungsergebnissen existierte eine hierarchische Ordnung in Bezug auf den Rechtsquellenpluralismus allenfalls in Ansätzen.[1172] Die Anwälte stützten ihre Vorträge auf gemeines Recht und Partikularrecht, auf geschriebenes und ungeschriebenes Recht; zu Gunsten der eigenen Partei wurden alle Rechtsnormen und -behauptungen ausdrücklich und ausführlich vorgetragen.[1173] Dies erinnert an die Maxime: Besser zu viel als

---

1166 http://www.koeblergerhard.de/Fontes/Reichs-Kammergerichts-Ordnung1495.htm (Stand: 15.11.2023).

1167 Lepsius, HRG 2, 2. Aufl., Sp. 1334 f.

1168 Kiefner, HRG 4, Sp. 980.

1169 Ausführlicher dazu: Schlinker, Enzyklopädie der Neuzeit 11, Sp. 206.

1170 Eisenhardt, Deutsche Rechtsgeschichte, S. 123, Rn. 252.

1171 Oestmann, Rechtsvielfalt vor Gericht, S. 681.

1172 Oestmann, Rechtsvielfalt vor Gericht, S. 682.

1173 Oestmann, Rechtsvielfalt vor Gericht, S. 683 f. Kümper, Sachsenrecht, S. 270, konstatiert ebenfalls, es gab „durchaus die Möglichkeit, mittels doppelter Belege aus beiden Rechten eine Verstärkung der eigenen Postition anzustreben“ und er fügt in zeitlicher Hinsicht hinzu: „Ein solches Taktieren verstärkt sich dann im 16. und 17. Jahrhundert, dem Eindruck nach, eher noch als dass es zurückginge.“

zu wenig.[1174] Nach OESTMANN ist es Aufgabe weiterer Untersuchungen, „zu überprüfen, ob der Unterschied zwischen Theorie und Praxis tatsächlich so groß war, wie er sich jetzt darstellt."[1175] Eine deutliche Veränderung jedenfalls brachte der Jüngste Reichsabschied von 1654, der die Rechtsanwendungsklausel in zwei entscheidenden Punkten modifizierte: An der Spitze des anwendbaren Rechts stand nun nicht mehr das gemeine Recht, sondern die Statuten und Gewohnheiten, und die einschränkende Formulierung, nach der das Partikularrecht vorgebracht werden musste, wurde gestrichen.[1176]

Wendet man den Blick vom Reichskammergericht auf die einzelnen Territorien, wird die Beantwortung der aufgeworfenen Frage nicht einfacher. In Bezug auf die Frage des Anwendungsvorranges des ius commune oder der Partikularrechte bietet auch das „Nebeneinander der verschiedenen Rechtsquellen auf lokaler Ebene [...] ein differenziertes Bild."[1177] Beispielsweise REPGEN hält diese rechtshistorische Frage dann auch ausdrücklich noch für zu wenig erforscht.[1178]

3. Minden

In Minden tritt die Statutenanwendungslehre und damit die subsidiäre Geltung des gemeinen Rechts klar zu Tage, denn es heißt in Liber I, Tit. 1, Art. 2 der Stadtrechtsreformation: *„Befindet sich aber der Fall in diesem Stadtbuch außtrücklich nicht, so soll man nach denen beschriebenen Rechten und Constitutionen deß Heiligen Römischen Reichs und bewehrten Gewohnheiten urtheilen und erkennen."* Crusius führt in seiner Kommentierung hierzu gleichfalls aus, dass das ius commune herangezogen und anhand des ius commune die Entscheidung getroffen werden soll, wenn sich zu einem Fall keine Regelung im Stadtrecht findet.[1179] Crusius relativiert in den Auslegungsregeln seines Kommentars diese nur subsidiäre Geltung aber dann deutlich, indem er – ganz im Sinne des Zeitgeistes – andere Einfallstore schafft (oder aber eine Entwicklung nur noch verschriftlicht, die bereits umfassend stattgefunden hat). So vertrat er gemäß der gängigen Lehre zur Statuteninterpretation ebenfalls den Grundsatz, dass

---

1174 Ähnlich Oestmann, Rechtsvielfalt vor Gericht, S. 684.

1175 Oestmann, Rechtsvielfalt vor Gericht, S. 686.

1176 Oestmann, Lübisches und sächsisch-magdeburgisches Recht in der Rechtspraxis des spätmittelalterlichen Reiches, S. 206.

1177 Repgen, Enzyklopädie der Neuzeit 13, Sp. 1150.

1178 Repgen, Enzyklopädie der Neuzeit 13, Sp. 1150.

1179 Ius Statutarium Reipublicae Mindensis, S. 37, Kommentierung zu Liber I, Tit. 1, Art. 2: *„Caeterum casu in Jure Statutario non deciso, quin recurrendum sit ad jus commune, & ex eodem decisio petenda, notissimum est."*

nicht weit ausgelegt werden durfte, sondern strikt zu interpretieren war,[1180] und außerdem bei Zweifeln zum Wortlaut anhand des gemeinen Rechts zu interpretieren sei.[1181] Die Mindener Stadtrechtsreformation galt also, obwohl sie gemäß der Statutenanwendungslehre dem gemeinen Recht vorging und auch ihrem eigenen Text nach das ius commune nur subsidiär bei Regelungslücken zur Geltung kommen sollte, durch die Interpretationspraxis doch nur in dem Rahmen, den das gemeine Recht ihr bot.[1182]

§ 5 Sprache und Systematik der Mindener Stadtrechtsreformation

A. Sprache

Genau wie Recht ist auch Sprache nicht willkürlich, sondern unterliegt einer organischen Entwicklung, die der Untersuchung und Beschreibung zugänglich ist.[1183] Die Schnittmenge der beiden Materien, die Rechtssprachgeschichte, liefert aufschlussreiche Erkenntnisse.[1184] Einen grundlegenden Beitrag jüngeren Datums hat hier KÖBLER mit ihrer Arbeit „Werden, Wandel und Wesen des deutschen Privatrechtswortschatzes" (2010) geleistet, indem sie 478 Rechtswörter aus dem BGB sowie weitere 22 Begriffe aus dem Wirtschaftsprivatrecht auf ihren Entstehungszeitpunkt und ihre Entwicklung hin untersucht hat.[1185]

Blickt man nun auf eine bestimmte Epoche der Rechtsentwicklung, auf die Rezeption, können klare Muster und Strukturen identifiziert werden, wobei die Sprache mitunter ein wichtiges Indiz für die Herkunft eines Rechtsinstituts ist. Etwas pauschaliert kann folgende wichtige sprachliche Unterscheidung

---

1180 Ius Statutarium Reipublicae Mindensis, Caput Praeliminare, S. 29, Rn. 4: *„constat Statuta stricti esse juris, strictamque recipere interpretationem."*

1181 Ius Statutarium Reipublicae Mindensis, Caput Praeliminare, S. 30, Rn. 5: *„Statutorum verba dubia ex jure communi interpretationem recipere."*

1182 Diese Schlussfolgerung ist angelehnt an das bereits erwähnte Zitat von Coing, Europäisches Privatrecht I, S. 106.

1183 Schmidt-Wiegand, Deutsche Sprachgeschichte und Rechtsgeschichte bis zum Ende des Mittelalters, S. 73.

1184 Siehe hierzu Deutsch, HRG 4, 2. Aufl., Sp. 1252-1264.

1185 Köbler, Ulrike: Werden, Wandel und Wesen des deutschen Privatrechtswortschatzes, Frankfurt 2010. Siehe auch die Rezension von Schartl, Reinhard, in: ZRG, GA, Band 130 (2013), S. 583-586.

festgehalten werden: „Das gelehrte Recht kam im lateinischen Gewande daher. [...] Das einheimische Recht dagegen folgte den Dialekten seiner Herkunftsregion."[1186]

Die Rezeption des römischen Rechts bedeutet für die deutsche Rechtsgeschichte ein erneutes Eindringen der lateinischen Sprache unter Zurückdrängung der deutschen Sprache und eine Erweiterung des Rechtswortschatzes durch Fremd- und Übersetzungswörter.[1187] Die neuen Termini traten zunächst meist als Paarformeln auf, z. B. „Consens und Wille" oder „Bestätigung und Approbation", im Laufe der Zeit blieb dann nur noch das Lehnwort bzw. die Lehnübersetzung, und die deutsche Entsprechung wurde weggelassen.[1188] Die breite Übernahme von lateinischen Rechtstermini „hat die Gruppe der Rechtswörter im engeren Sinne erheblich vergrößert, so daß nun ein exclusiver Wortschatz entstand" und sich eine juristische Fachsprache ausbilden konnte.[1189]

Für das 17. Jahrhundert, in das auch der Erlass der Mindener Stadtrechtsreformation fällt, hat SCHMIDT-WIEGAND zusammenfassend ausgeführt: „Im 17. Jh. setzten sich die Tendenzen in bezug auf eine juristische Terminologie, die im Zusammenhang mit der Rezeption zu beobachten gewesen sind, zunächst fort; die Übernahme von Rechtswörtern aus dem Lat., Ital. und jetzt auch Franz.; gleichzeitig die Schaffung von „Ersatzwörtern", um einer zu weitgehenden Überfremdung entgegenzuwirken; die „Einbürgerung" römisch-rechtlicher Begriffe und Prinzipien durch Paarformeln, Rechtsregeln und Rechtssprichwörter."

Welche dieser Beobachtungen lassen sich nun auch am Mindener Rechtstext bestätigen? Für den Erlass der Stadtrechtsreformation von 1613 hat Averberg seine Auswahl aus den überlieferten Rechtstexten vom Mittelniederdeutschen ins Frühneuhochdeutsche übersetzt.[1190] Hauptsprache des Textes ist folglich

---

1186 Oestmann, Die Frührezeption des gelehrten Rechts, S. 124.

1187 Schmidt-Wiegand, Deutsche Sprachgeschichte und Rechtsgeschichte bis zum Ende des Mittelalters, S. 75. Zu weiteren Sprachauswirkungen der Rezeption wie der „Vorliebe für das Subst., der Gebrauch von Adj. und Adv., die Neigung zu Präfix- und Suffixbildungen" siehe Schmidt-Wiegand, Deutsche Sprachgeschichte und Rechtsgeschichte bis zum Ende des Mittelalters, S. 89. Zu den Auswirkungen der Rezeption auf die Rechtssprache auch Deutsch, HRG 4, 2. Aufl. Sp. 1252-1264.

1188 Schmidt-Wiegand, Deutsche Sprachgeschichte und Rechtsgeschichte bis zum Ende des Mittelalters, S. 89.

1189 Schmidt-Wiegand, Deutsche Sprachgeschichte und Rechtsgeschichte bis zum Ende des Mittelalters, S. 89.

1190 Vgl. im Proömium: „ [...] auch auß der alten Sächsischen in Hochteutsche und jetzo alhie gebräuchliche Sprache transponiren und versetzen lassen [...]".

eine Entwicklungsstufe der deutschen Sprache, allerdings fließen zudem zahlreiche lateinische Fachtermini in den Text ein.

Das Ergebnis in Bezug auf die Paarformeln ist gemischt: einige lateinische Begriffe stehen teilweise bereits für sich,[1191] andere werden noch in Paarformeln verwendet.[1192] Manche Begriffe werden mal in der lateinischen Form und mal in deutscher Sprache verwendet, so Debitor,[1193] Creditor,[1194] Schuldner[1195] und Gläubiger[1196].

Auffällig sind im Averbergschen Text aber insbesondere die häufige Verwendung von lateinischen Verben,[1197] sowie der mit Abstand größte Anteil lateinischer Termini im Liber IV zum Prozessrecht. Averbergs teilweise gelieferten Übersetzungen der lateinischen Termini können keinesfalls mit heutigen juristischem Begriffsverständnis gleichgesetzt werden; so gibt Averberg beispielsweise den lateinischen Begriff „donatio" als Übergabe wieder, wobei es inhaltlich um Schenkungen geht.[1198]

Averberg hat auch nicht immer die althergebrachten Einleitungsformeln vor alten Rechtssätzen getilgt, so sind noch überliefert: „Noch ist bey uns ein Recht",[1199] „Weiter ist ein Recht",[1200] „Gleichfalls ist ein Recht",[1201] „So ist auch ein Recht bey uns",[1202] „So ist auch ein Recht in unser Stadt",[1203] „Weiters ist bey uns ein Recht",[1204] „Noch ein Recht ist in unser Stadt",[1205] „Noch ein Recht in unser Stadt",[1206] und „Ein Recht ist unser Stadt".[1207] Dies kann man sich sehr gut

1191 Exemplarisch hierzu Liber I, Tit. 1, Art. 6: „eine discrepantia".

1192 Exemplarisch hierzu Liber I, Tit. 1, Art. 16: „per ordinariam appellationem impugniret oder wiederfochten".

1193 Liber I, Tit. 10, Art. 3.

1194 Liber I, Tit. 10, Art. 1.

1195 Liber I, Tit. 7, Art. 1.

1196 Liber I, Tit. 7, Art. 30.

1197 So finden sich beispielsweise im einleitenden Liber I, Tit. 1, Art. 1-16 die Verben votieren, concludieren, decretieren, reprobieren und impugnieren.

1198 Liber I, Überschrift zu Tit. 12.

1199 Liber I, Tit. 13, Art. 4.

1200 Liber I, Tit. 13, Art. 5.

1201 Liber I, Tit. 15, Art. 21.

1202 Liber I, Tit. 16, Art. 11.

1203 Liber II, Tit. 1, Art. 5 und Tit. 2, Art. 16.

1204 Liber II, Tit. 2, Art. 14.

1205 Liber II, Tit. 2, Art. 20.

1206 Liber II, Tit. 2, Art. 21.

1207 Liber II, Tit. 4, Art. 6.

zunutze machen, um aus älterem Recht übernommene Rechtssätze aufzuspüren. Grundsätzlich lässt sich festhalten, dass eine Wortwahl immer dann interessant ist, wenn „die gewählte Bezeichnung eigentlich in dieser Stadt oder in der Zeitspanne nicht mehr üblich ist. Dann liegt wahrscheinlich eine Übernahme vor.“[1208]

Averberg greift im Übrigen im gesamten Rechtstext nur zwei Rechtsregeln bzw. -Sprichwörter auf. Hierbei handelt es sich einerseits um das lateinische „ex aequo et bono“,[1209] und andererseits um die alte Rechtsregel „klar Tag, helle Augen“.[1210]

B. Systematik

Die Stadtrechtsreformation von 1613 besteht aus vier Büchern: Die ersten zwei Bücher beinhalten größtenteils Privatrecht, das dritte Buch Strafrecht und das vierte Buch das Verfahrens- bzw. Prozessrecht. Die Systematik der Stadtrechtsreformation von 1613 mit ihren vier Büchern zeigt keinen Aufbau anhand des gaianischen Institutionensystems[1211]. Einen eigenen Teil rein zu Personen- und Familienrecht (wie die Materie „personae“ bei Gaius) und im Gegenzug einen Teil rein zu Sachen- und Erbrecht (wie die Materie „res“ bei Gaius) gibt es nicht. So finden sich Regelungen zum Erb-, Familien- und Sachenrecht in den beiden ersten Büchern der Stadtrechtsreformation verstreut. Die Überschriften der einzelnen Titel sind als grober Anhaltspunkt hilfreich, die Einteilung und Untergliederung der Rechtsmaterien ist jedoch nicht strikt durchgeführt. Die Stadtrechtsreformation, insbesondere das strafrechtliche Buch, hat auch keine

1208 Blattmann, Marita: Die Freiburger Stadtrechte unter der Herrschaft der Zähringer, Band 1: Untersuchung, Freiburg 1991, S. 344, stellt dies für mittelalterliche Rechtstexte fest; der Grundgedanke kann aber übernommen werden.

1209 Liber I, Tit. 2, Art. 8.

1210 Liber I, Tit. 9, Art. 14.

1211 Schlosser, Neuere Europäische Rechtsgeschichte, S. 34 f., Rn. 63: „Die von Gaius stammende systematische Anordnung der Rechtsquellen hat über die justinianischen Institutionen in die meisten europäischen Rechtsordnungen Eingang gefunden. Nach dem sogenannten „gaianischen Institutionensystem“ wurden die in den vier Büchern behandelten Rechtsmaterien in drei große Sachgruppen eingeteilt und dem Menschen als Rechtssubjekt im Mittelpunkt der Rechtsordnung zugeordnet: (1) „personae“ – Personen-, Familienrecht, (2) „res“ – Recht der Vermögensgegenstände, d.h. der körperlichen (corporales) und unkörperlichen (incorporales) Sachen, Erbrechte, Schuldverhältnisse, (3) „actiones“ – Klagrechte, Rechtsgeschäfte.“

Ausrichtung an der Abfolge der biblischen Zehn Gebote erfahren, was ebenfalls denkbar gewesen wäre.[1212]

Der Rechtstext erweckt insgesamt den Eindruck, als habe Averberg zwar thematisch verwandte Rechtsregeln zueinander sortiert, in eine logische Abfolge gebracht und sich darum bemüht, Widersprüche zu vermeiden. Die Schaffung eines abstrakten allgemeinen Teils mit abstrakten Rechtsregelungen oder Legaldefinitionen ist jedoch nicht erfolgt. Nur vereinzelt finden sich in den Rechtssätzen auch Definitionen.[1213] Durch die Schaffung eines eigenen prozessrechtlichen Teils im vierten Buch wird das Bestreben zu abstrahieren deutlich, und somit verfahrens- und materiellrechtliche Bestimmungen voneinander zu trennen. Dies ist jedoch nicht vollständig gelungen, wie der Umstand zeigt, dass prozessrechtliche Regelungen auch die ersten drei Bücher durchziehen.[1214] Nichtsdestotrotz deutet dieses Bestreben auf den Versuch hin, das Recht als Ganzes zu durchdringen und vom Einzelfall zu lösen; mithin zeigt sich darin der Aspekt der Verwissenschaftlichung durch die Rezeption.

Auffällig ist ein gewisses Ungleichgewicht im Umfang der einzelnen Titel; einige Titel enthalten nur sehr wenige Artikel und wirken eher wie kurz angerissen und oberflächlich,[1215] wohingegen andere Titel in zahlreichen Artikeln sehr ausführlich ausgearbeitet sind.[1216] Zur Ursache dieser Erscheinung können nur Vermutungen angestellt werden. Klar ist zunächst, dass nicht jede Rechtsmaterie

---

1212 Der Gedanke einer solchen Gliederung anhand 2. Mose 20 sowie 5. Mose 5 wurde entnommen: Polley, Die Bedeutung der Landes- und Polizeiordnung von 1615 des Fürsten Ernst zu Holstein-Schaumburg, S. 131 f.

1213 Zur Mündigkeit siehe Liber II, Tit. 3, Art. 12; zum Stammgut siehe Liber II, Tit. 1, Art. 6; zum Fristverständnis siehe Liber I, Tit. 16, Art. 9.

1214 Exemplarisch sei hier auf Liber I, Tit. 7, Art. 1 verwiesen, der das Klageverfahren bei Geldschuld beschreibt, das zugleich aber auch in Liber IV, Tit. 1, Art. 30 weitere Regelungen erfährt.

1215 Sehr kurz abgehandelt mit nur zwei oder drei Artikeln im entsprechenden Titel wurden beispielsweise die Regelungen zur Leibeigenschaft (Liber I, Tit. 3), zur Vertragsbindung (Liber I, Tit. 5), zur Haftung der Ehefrau für Handelsgeschäfte ihres Mannes (Liber I, Tit. 6), zur Strafbarkeit von Glücksspiel (Liber III, Tit. 1), zur Missachtung von Ratsmandaten (Liber III, Tit. 4) sowie zum Aufstands- und Verschwörungsverbot (Liber III, Tit. 5).

1216 Abgesehen vom sehr ausführlichen Prozessrecht mit 53 Artikgeln in nur 2 Titeln sind dies beispielsweise die Regelungen zum Baurecht mit 28 Artikeln (Liber I, Tit. 15), zu Bürgerrechten und -pflichten mit 23 Artikeln (Liber I, Tit. 2), zum Intestaterbrecht mit ebenfalls 23 Artikeln (Liber II, Tit. 2), sowie zum Zwangsvollstreckungsrecht in 22 Artikeln (Liber I, Tit. 10).

einen gleichen Regelungsbedarf aufwirft. So kann eine umfassende Regelung für das Glücksspiel sicherlich in weniger Artikeln erfolgen als eine umfassende Regelung der komplizierten gesetzlichen Erbfolge und ihrer Besonderheiten. Schon hier ergibt sich folglich ein Unterschied im Umfang. Ansonsten könnte der Unterscheid schlicht in dem Material liegen, das Averberg zur Verfügung stand, oder in der praktischen Alltagsrelevanz der einzelnen Rechtsmaterien.

Es ist schwierig, ein weitergehendes Urteil zur schöpferischen Eigenleistung Averbergs zu treffen, weil uns ein Großteil der damals von ihm verwendeten Rechtstexte in Form von Stadt- und Urteilsbüchern nicht mehr für einen Vergleich zur Verfügung steht. Vermutlich hat Averberg tatsächlich das getan, was das Proömium[1217] andeutet: Er hat vorhandene Stadtrechte gesichtet, geordnet, sprachlich verjüngt und Überholtes aussortiert. Bei diesem Vorgehen drängt sich ein Vergleich mit dem Arbeiten am Corpus Iuris zur Zeit Justinians geradezu auf. Insbesondere der thematische Ordnungsaspekt tritt in der Stadtrechtsreformation klar zutage, sodass beispielsweise Regel-Ausnahme-Tatbestände Anwendung finden und durch ein einleitendes „aber" deutlich erkennbar sind.[1218] Die große Leistung Averbergs liegt also wohl darin, dass er das ihm vorliegende Material von vielen Statuten, Stadtrechtsniederschriften und Urteilsbüchern zu einem einzigen Werk komprimiert hat.

Eine komplette wissenschaftliche Durchdringung der einzelnen Rechtsmaterien ist im Rahmen von Averbergs Tätigkeit jedoch nicht zustande gekommen, ebensowenig wie ein abgeschlossener Kodex, der alle anfallenden Materien erfasst. Dennoch ist die Leistung beachtlich, wenn man davon ausgeht, dass Averberg die Arbeit innerhalb von maximal einem Jahr[1219] erledigt hat;[1220] und

---

1217 „So haben Wir demnach solche unserer Vorfahren beschriebene Statuta und Stadt-Rechte durch die unseres Mittels dazu verordnete Persohnen und Rechtsgelährten revidiren, in gewisse Ordnung und Titel disponiren und verfassen, auch bißweilen an nötigen Orten dieselbe auß der gemeinen observantz, auch denen auff unser Cämerey verhandenen Urtheilbücheren, praejudiciis, und Rechtssprüchen suppliren und vermehren, auch auß der alten Sächsischen in Hochteutsche und jetzo alhie gebräuchliche Sprache transponiren und versetzen lassen […]."

1218 Liber I, Tit. 9, Art. 14 und 15 zum Kauf von mangelhaftem Vieh („Werden aber…"); Liber I, Tit. 15, Art. 1 und 2/3 zum Mauerbau („Da aber…"); Liber I, Tit. 16, Art. 1 und 2 zur Ersitzung („Es werden aber…").

1219 Laut Proömium beschloss der Rat die Revision des Rechts im Jahr 1612, bereits Anfang 1613 wurde das Ergebnis dann in Kraft gesetzt.

1220 Zum Vergleich: Die Nürnberger Stadtrechtsreformation von 1564, die allerdings auch einen Umfang von 560 Seiten hat, entstand in vierzehnjähriger Arbeitszeit, siehe

in den meisten Fällen eine relativ knappe, gesetzestechnisch solide Fassung der Rechtstexte ohne überflüssige Details entstanden ist. Das Abstraktionsniveau ist dabei mit Abstrichen anderen frühneuzeitlichen Rechtstexten vergleichbar.

Im Rahmen der Frage der Systematik der Stadtrechtsreformation sei abschließend nun noch ein gänzlich anderer Aspekt angesprochen: Bei der Stadtrechtsreformation ist auffällig, dass sie sich zu bestimmten Rechtsmaterien komplett ausschweigt, und es drängt sich dementsprechend die Frage nach der Deutung dieses Unterlassens einer Regelungsaufnahme auf. Manchmal ist gerade ein Schweigen besonders laut.

Dass kein Ordnungsrecht aufgenommen wurde, erklärt sich in der Existenz zahlreicher separater Mindener Bruchrollen und Ordnungen im 16. und 17. Jahrhundert.[1221] Mindener Bruchrollen und Polizeiordnungen lassen sich nachweisen für folgende Jahre: 1566,[1222] 1604,[1223] 1613,[1224] 1638,[1225] 1641,[1226] 1647,[1227] 1654,[1228] 1658,[1229] 1673[1230] und

---

hierzu Deutsch: Res publica als mater populi. Rechtsikonographische Anmerkungen zum Allegorien-Holzschnitt der Nürnberger Stadtrechtsreformation von 1564, S. 34.

1221 Siehe hierzu: Pahl, Horst Henning: Obrigkeit und Ordnungspolitik in der Stadt Minden zwischen 1550 und 1650, Magisterarbeit Bielefeld 1999; Linnemeier, Bernd-Wilhelm: Obrigkeitliche Mäßigkeitsverordnungen sowie Edikte zum religiös-sittlichen Leben in Stadt und Fürstentum Minden zur Zeit des Dreißigjährigen Krieges, in: Rheinisch-Westfälische Zeitschrift für Volkskunde, Band 42 (1997), S. 51-83; sowie Linnemeier, Bernd-Wilhelm: Städtische Obrigkeit als ordnungsstiftende Instanz. Die Mindener Polizeiordnungen von 1566 und 1604, in: Vom Heerlager zur Hansestadt. Untersuchungen zur Mindener Geschichte (798-1648), hrsg. von Hans Nordsiek, Minden 1998, S. 205-224.

1222 KA Minden, Stadt Minden B, Nr. 396, Blatt 1-8 vom 18.02.1566.

1223 KA Minden, Stadt Minden B, Nr. 368, Blatt 19-25 vom 16.07.1604.

1224 Polizeiordnung vom 04.01.1613, gedruckt bei Joachim Koch in Lemgo. Ein Digitalisat der Polizeiordnung von 1613 ist zugänglich über die Wolfenbüttel Digital Library der Herzog August Biblitohek Wolfenbüttel, abrufbar unter: http://diglib.hab.de/drucke/sg-36-1s/start.htm (Stand: 15.11.2023). Eine Kopie des Wolfenbütteler Exemplars befindet sich im Kommunalarchiv Minden unter KA Minden, Bibliothek 11.026.

1225 KA Minden, Stadt Minden B, Nr. 268, Blatt 17-35.

1226 KA Minden, Stadt Minden B, Nr. 228, Blatt 16-23 vom 08.06.1641.

1227 KA Minden, Stadt Minden B, Nr. 100 (alt), ohne Datum, zur Datierung siehe aber Pahl, Obrigkeit und Ordnungspolitik, S. 39, Fn. 244.

1228 KA Minden, Stadt Minden B, Nr. 756 vom 17.03.1654.

1229 Polizeiordnung vom 01.07.1658, gedruckt „zu Rinteln bey Seel. Lucii nachgelassener Wittwen", siehe KA Minden, Bibliothek L.2603 und LAV NRW W, Bibl. 15899.

1230 KA Minden, Stadt Minden B, Nr. 268 (alt).

1674.[1231] Hier lässt sich erkennen, dass genau im Jahr des Erlasses der Stadtrechtsreformation auch eine neue Polizeiordnung erlassen wurde und daher diese Materie bereits geregelt war.

Ebenfalls keine Regelung erfuhren aber beispielsweise das Wechselrecht und das Seerecht, was bei Minden, einer auch kaufmännisch geprägten Stadt an der Weser, und im Vergleich mit anderen Stadtrechtsreformationen durchaus zu erwarten gewesen wäre. Dies macht sehr deutlich, dass die Stadtrechtsreformation zwar ein Werk ist, das bereits viele Materien regelt, sie aber von einer umfassenden Kodifikation noch weit entfernt war.

Auffällig ist zudem, dass sich im strafrechtlichen Teil der Mindener Stadtrechtsreformation kein einziger Rechtssatz zur Hexerei ausmachen lässt.[1232] Vielmehr wurden die Mindener Hexerei-Prozesse auf Grundlage der Peinlichen Halsgerichtsordnung Kaiser Karls V. von 1532, kurz Carolina, verhandelt. Zur Carolina muss festgehalten werden, dass sie zwar eine salvatorische Klausel enthielt,[1233] wonach sie gegenüber den territorialen Regelungen nur subsidiäre Geltung beanspruchte, dennoch war sie prägend für die Entwicklung des Strafrechts und des Strafprozessrechts.[1234] Die rechtliche Grundlage für die Verhandlung der Mindener Hexerei-Prozesse anhand der Carolina bietet zunächst ein Artikel der Stadtrechtsreformation selbst. In Liber I, Tit. 1, Art. 2 ist der allgemeine Verweis auf das Reichsrecht zu lesen: *„Befindet sich aber der Fall in diesem Stadtbuche außtrücklich nicht, so soll man nach denen beschriebenen Rechten und Constitutionen deß Heiligen Römischen Reiches und bewehrten Gewohnheiten urtheilen und erkennen."* Zusätzlich verweisen aber auch die Mindener Bruchrollen (1604,[1235] 1638,[1236] und 1673[1237]) ganz konkret auf die Carolina.

1231 Polizeiordnung vom 28.10.1674, gedruckt bei Johan Piler in Minden. Die zeitlich nächste Polizeiordnung wurde am 23.03.1703 erlassen, vgl. Pahl, Obrigkeit und Ordnungspolitik, S. 39, Fn. 247.

1232 Siehe ebenso Groß, Hexerei in Minden, S. 60 f.

1233 Schroeder (Hrsg.): Die Peinliche Gerichtsordung Kaiser Karls V. (Carolina), Vorrede, S. 10: *„Doch wollen wir durch diese gnedige erinnerung Churfürsten Fürsten und Stenden, an jren alten wohlherbrachten rechtmessigen vnnd billichen gebreuchen nichts benommen haben."*

1234 Groß, Hexerei in Minden, S. 60 führt zur Carolina treffend aus: „Das Reformwerk fungierte fast 300 Jahre lang als Richtschnur, an der sich die territorialen Obrigkeiten bei der Ausübung ihrer Gerichtsbarkeit orientierten."

1235 KA Minden, Stadt Minden B, Nr. 368, Blatt 19-25 vom 16.07.1604.

1236 KA Minden, Stadt Minden B, Nr. 268, Blatt 17-35 von 1638.

1237 KA Minden, Stadt Minden B, Nr. 268 (alt) vom 18.12.1673.

In der Präambel der Bruchrolle von 1604, die sich in den späteren Bruchrollen sinngemäß wiederfindet, heißt es: „*Anfenglich constituieren vnd verordnen wir, daß alle verbrechungh, telicte vnd Exceß, die Leib- vnd Lebendes Straff, nach vßweisung aller beschrieben Geist- vnd weltlichen Rechten vnd besonders der Peinlichen Halßgerichts ordnungh Caroli Quinti vf sich tragen, […] alß da sein Gotteslesterungh, Zauberey, Wickerey, thodtschlach, Ehebruch, bludtschande, Diebstall, Meineidtt, grobe wordt vnd thadtliche Injurien vnd dergleichen, vnd waß darunter magh begriffen werden, Einem Erbarn Rathe geburlich vnd nach vßweisung der beschriebenen Keyserlichen vnd Stadtrechten zu Straffen vnd zu vinticieren vorbehalten sein sollen.*“[1238]

§ 6 Äußere Einflüsse

Im Rahmen der Tagung „Stadtrechte und Stadtrechtsreformationen“ in Heidelberg (03.04.2019-05.04.2019) wurde deutlich, dass neuere Quellenbewertungen von Rechtsreformationen auch anhand „sozialer, politischer und religiöser Umstände“ vorzunehmen sind, insbesondere weil sich während der Vorträge zu den Rechtsreformationen Verbindungen zur religiösen Reformation erkennen ließen.[1239]

Es muss klar sein, dass ein Rechtstext nicht im „luftleeren“ Raum, „aus heiterem Himmel“ entsteht, sondern auf langjährigen Entwicklungen beruht und in seiner Entstehung durch äußere Einflüsse mitbestimmt oder gar nachhaltig geprägt wird. Es ist daher zu fragen, welche äußeren Einflüsse die Mindener Stadtrechtsreformation möglicherweise prägten. In welcher machtpolitischen Situation gegenüber dem Landesherrn und unter welchen religiösen Vorzeichen wurde die Stadtrechtsreformation verfasst und erlassen? Hierbei ist zunächst der Zusammenhang dieser beiden Faktoren zu betonen: Seit der Ausbreitung des reformatorischen Gedankengutes im 16. Jahrhundert, insbesondere seit Erlass der Kirchenordnung von 1530, lassen sich machtpolitische Fragen für die Stadt Minden nicht ohne einen Blick auf den zugrundeliegenden Religionskonflikt beantworten.

1238 KA Minden, Stadt Minden B, Nr. 368, Blatt 19-25 vom 16.07.1604.

1239 Holfeld, Raphael: Tagungsbericht zu „Stadtrechte und Stadtrechtsreformationen. Interdisziplinäre Tagung der Forschungsstelle Deutsches Rechtswörterbuch. Heidelberg, 03.4.2019-5.4.2019“, in: ZRG, GA, Band 137 (2020), S. 742-745, konkret S. 745.

A. Machtpolitische Situation gegenüber dem Landesherrn

Die Zeit der Religionsstreitigkeiten trieb auch in Minden ihre Blüten. So war seit 1599 der evangelische Herzog Christian Wilhelm von Braunschweig-Lüneburg Administrator des ursprünglich katholischen Mindener Fürstbistums.[1240] Seine offizielle Regenschaft endete zwar erst mit seinem Tod 1633, de facto war seine Landesherrschaft über Minden aber früher beendet. Bereits 1630 hatte der Katholik Franz Wilhelm von Wartenberg, einer der führenden norddeutschen Vertreter der Gegenreformation, ein kaiserliches Reskript von Ferdinand II. erhalten, das ihn als rechtmäßigen Landesherren auswies.[1241]

Herzog Christian jedenfalls amtierte noch zur Zeit des Erlasses der Mindener Stadtrechtsreformation im Jahre 1613. Wie war nun damals das Verhältnis dieses Landesherrn zur Stadt Minden? Während SCHROEDER das „gute Einvernehmen" zwischen ihm und der Stadt noch bis ins Jahr 1614 rühmt,[1242] gibt ROGGE an, die Stadt sei bereits 1611/1613 mit Herzog Christian in Konflikt geraten,[1243] und BEHR spricht sogar von Auseinandersetzungen seit 1603.[1244]

Zunächst ist festzuhalten, dass der Konflikt um die Hochgerichtsbarkeit weiter schwelte. Die entsprechende Zuständigkeit blieb über Jahrhunderte zwischen dem Rat auf der einen und dem Landesherrn auf der anderen Seite umstritten und konnte auch durch den vergleichenden Lübbecker Rezess von 1573 keiner abschließenden Klärung zugeführt werden.[1245]

Größter Streitpunkt war zudem seit 1603 die Existenz und die Ausübung des sogenannten Niederlage- oder Stapelrechts. Hierbei handelt es sich um das „Vorrecht einer Stadt, jeden fahrenden Kaufmann zu zwingen, seine Waren dort eine eine Zeitlang zum Verkauf zu stellen".[1246] Die Mindener beanspruchten ein solches althergebrachtes Stapelrecht für sich und gerieten darüber in fortwährenden Streit insbesondere mit der Stadt Bremen.[1247] Das Mindener Stapelrecht

1240 Nordsiek, Vom Fürstbistum zum Fürstentum Minden, S. 260. Zahlreiche Informationen zur Regierungszeit Herzog Christians finden sich bei Schroeder, Chronik des Bistums und der Stadt Minden, S. 536-570.

1241 Nordsiek, Vom Fürstbistum zum Fürstentum, S. 260 f.

1242 Schroeder, Chronik des Bistums und der Stadt Minden, S. 541.

1243 Rogge, Miteinander und Gegeneinander, S. 34.

1244 Behr, Freiheit der Schiffahrt und Stapelzwang, S. 55.

1245 Siehe hierzu das Kapitel „Entwicklung von Rechtsprechung und Rechtsdurchsetzung in Minden".

1246 Behr, Das Ende des Mindener Stapels, S. 233.

1247 Behr, Freiheit der Schiffahrt und Stapelzwang, S. 55.

stand auch im Konflikt mit dem landesherrlichen Stromregal.[1248] Die Stadt Minden verstieß ganz konkret gegen die landesherrliche Gerichtsbarkeit über die Straßen und Wasserwege und brachte den Landesherrn um seinen fürstlichen Zoll, „weil sie auf der Weser und den Straßen rund um Minden Händler anhielt und diese zum Ausladen ihrer Waren zwang."[1249] Als es 1611 wieder einmal zum Konflikt zwischen Minden und Bremen kam, wandten sich die Bremer mit ihrer Klage an Herzog Christian; ein daraufhin angesetzter Vergleichstag in Petershagen führte allerdings nicht zu einer dauerhaften Klärung.[1250] Schon 1613 sah sich Herzog Christian genötigt, ein kaiserliches Mandat gegen die Stadt Minden zu erwirken, um die Beeinträchtigung der Schifffahrt zu beenden.[1251] Weil die Mindener 1614 noch immer Schiffe anhielten und die Schiffer zwangen, ihre Ladung zum Verkauf anzubieten, reichte Herzog Christian Klage beim Reichskammergericht wegen Missachtung seines Stromregals ein.[1252] Noch im selben Jahr ereignete sich ein weiterer Affront gegen den Landesherrn, denn der Rat der Stadt Minden nahm einen vom fürstlichen Gericht verfolgten Räuber fest, verweigerte aber die Herausgabe an die fürstlichen Beamten und ließ den Mann schließlich entkommen.[1253] Erst 1618 kam es zu einem gütlichen Vergleich zwischen Landesherr und Stadt.[1254]

1248 Behr, Die Streitigkeiten der Stadt Minden mit der Landesherrschaft um die Schiffmühlen auf der Weser, S. 145.

1249 Rogge, Miteinander und Gegeneinander, S. 34. Siehe auch KA Minden, Stadt Minden, B 406: Streitigkeiten mit Bischof Christian zu Minden wegen der Gerichtsbarkeit der Stadt und insbesondere die Gerichtsbarkeit über die Schiffsmühlen in der Weser vor der Stadt Minden (1600-1618), sowie KA Minden, Stadt Minden, B 407: Streitigkeiten mit Bischof Christian zu Minden wegen der Zollfreiheit der Stadt [...] (1605).

1250 Behr, Die Streitigkeiten der Stadt Minden mit der Landesherrschaft um die Schiffmühlen auf der Weser, S. 145.

1251 Behr, Die Streitigkeiten der Stadt Minden mit der Landesherrschaft um die Schiffmühlen auf der Weser, S. 145; Behr, Freiheit der Schiffahrt und Stapelzwang, S. 56.

1252 Rogge, Miteinander und Gegeneinander, S. 34; Behr, Freiheit der Schiffahrt und Stapelzwang, S. 56.

1253 Rogge, Miteinander und Gegeneinander, S. 34; Schroeder, Chronik des Bistums und der Stadt Minden, S. 541. Ausführlich zur Rechtssache „Ernst Holle" siehe Behr, Die Streitigkeiten der Stadt Minden mit der Landesherrschaft um die Schiffmühlen auf der Weser, S. 145-147.

1254 Rogge, Miteinander und Gegeneinander, S. 34; Culemann, Sammlung derer Vornehmsten Landes-Verträge, Nr. 28, „Vergleich Bischoffs Christian mit der Stadt Minden, de Anno 1618. 26. August", S. 175-186; Schroeder, Chronik des Bistums und der Stadt Minden, S. 544: „So wurde das Jahr 1618 für Minden ein Friedensjahr [...]."

Von einem spannungsfreien Verhältnis zwischen Landesherr und Rat der Stadt Minden kann also im Zeitraum des Erlasses der Stadtrechtsreformation keinesfalls die Rede sein. ROGGE beschreibt Minden treffend als „unbequeme und streitbare Stadt", die sich dem Landesherrn nicht völlig unterordnete, sondern „eher Partner als Untertan" war.[1255]

Der Erlass der Mindener Stadtrechtsreformation erscheint vor diesem Hintergrund nicht nur auf eine systematische Ordnung der Rechtsregeln und Rechtssicherheit abgezielt zu haben, sondern auch ein Zeichen bewusster Selbstständigkeit und Unabhängigkeit gegenüber dem Landesherrn gewesen zu sein. Äußere Einflussfaktoren, konkret die machtpolitischen Streitigkeiten um Gerichtsbarkeit, Stapelrecht und Stromregal, können durchaus den Erlass der Reformation begünstigt und bestimmt haben, denn es kann vermutet werden, dass der Rat so eine Stärkung seiner Rechtsposition als gesetzgebende Obrigkeit erzielen und seine politische Unabhängigkeit zur Schau stellen wollte.[1256]

B. Stadtrechtsreformation und Religion

Zum Verhältnis von Kirchenreformation und Recht formuliert HECKEL pointiert für die Gesamtsituation im Reich: „Reformationsgeschichte ist auch Rechtsgeschichte, und dies zu einem wesentlichen Teil. Denn die religiösen Auseinandersetzungen nach Luthers Auftreten im Ablaßstreit 1517 und ihre politischen Auswirkungen vollzogen sich wechselvoll in Rechtsvorgängen und verkörperten sich spannungsreich in Rechtsformen. Nicht nur die Kirche, sondern auch das Reich und die Territorien wurden davon vehement erfasst, tief erschüttert und zukunftsträchtig geprägt."[1257] Die Entstehung unterschiedlicher Konfessionen sorgte in zahlreichen Bereichen für einen „erheblichen Schub der Verrechtlichung".[1258] Zu Recht wird daher auch die „produktive Kraft

1255 Rogge, Miteinander und Gegeneinander, S. 35.

1256 Zur Idee einer Stärkung der Rechtsposition siehe Breustedt, Die „späten Stadtrechtsreformationen" im Hanseraum, S. 591; zur politischen Unabhängigkeit siehe Conrad, Deutsche Rechtsgeschichte, Band 2, S. 368.

1257 Heckel, Martin Luthers Reformation und das Recht, S. 3. Noch deutlicher Camphausen, Thesen zum Impuls der Schlussdiskussion während der Tagung „Reformation und Recht. Zur Kontroverse um die Kulturwirkungen der Reformation" (26./27.02.2016, Berlin), S. 195 f.: „Durch die geistliche Bewegung wurde die rechtliche Ordnung in Staat, Kirche, Sozial- und Berufsleben so folgenschwer umgestaltet, dass die Weltgeschichte als eine solche vor und nach der Reformation erscheint."

1258 Stolleis, Michael: Reformation und Verrechtlichung am Beispiel der Reichspublizistik, S. 60.

konfessioneller Konkurrenz für die Rechtsentwicklung" betont.[1259] Bis zur Reformation hatte die katholische Kiche den Selbstanspruch einer universellen rechtlichen Autorität, die in einigen Rechtsbereichen ausschließliche Gerichtsbarkeit beanspruchte und in vielen anderen Bereichen mit den lokalen Autoritäten konkurrierte.[1260] Die protestantische Bewegung brachte nun vermittelt über evangelische Stadträte, Herzog- und Fürstentümer neues Recht hervor, einerseits in hunderten von Kirchenordnungen, andererseits aber auch in zahlreichen Rechtsreformationen.[1261]

Weitere äußere Faktoren, die den Erlass der Stadtrechtsreformation beeinflusst haben könnten, sind folglich die konfessionellen Veränderungen und auch Wirren in der Stadt Minden seit Beginn der Reformation und unter dem Eindruck der Mindener Kirchenordnung von 1530.[1262] Die Kirchenordnung wird als „wegweisendes Dokument für Kirche und Schule in der Stadt" beschrieben.[1263] Vom Stadtrat in Auftrag gegeben, wurde sie vom Reformator Nikolaus Krage innerhalb weniger Wochen verfasst.[1264]

1259 Strohm, Christoph: Die produktive Kraft konfessioneller Konkurrenz für die Rechtsentwicklung, in: Strohm, Christoph (Hrsg.): Reformation und Recht, Tübingen 2017, S. 131-171.

1260 Witte, Law and the Protestant Reformation, S. 584: „Medieval Church authorities claimed exclusive jurisdiction over doctrine, liturgy, clergy, polity, marriage, family, inheritance, trusts, education, charity, contracts, moral crimes, and more. They also claimed concurrent jurisdiction over many other legal subjects, sometimes filling gaps in local civil rules and procedures, but often rivalling local civil authorities in governing the local population."

1261 Witte, Law and the Protestant Reformation, S. 584. Gute Beispiele für dieses neue Recht sind die umfangreichen Polizeiordnungen und das Eherecht, vgl. Witte, Law and the Protestant Reformation, S. 598 und S. 600.

1262 Niebaum, Hermann (Bearb.): Christlike Ordeninge der Erlyken Stadt Mynden von Nicolaus Krage (1530). Faksimile-Nachdruck der Ausgabe Lübeck 1530. Mit neuhochdeutscher Übersetzung. Minden 1980. Als Literatur zur Reformation in Minden und ihren Folgen sei hier ausdrücklich empfohlen: Nordsiek, Hans: Luther, Minden und die Folgen, in: Mitteilungen des Mindener Geschichtsvereins, Jahrgang 88 (2016), S. 55-76.

1263 Arend, Sabine: Die Mindener Kirchenordnung von 1530. Ein wegweisendes Dokument für Kirche und Schule in der Stadt, in: Mitteilungen des Mindener Geschichtsvereins, Jahrgang 88 (2016), S. 77-96.

1264 Arend: Die Mindener Kirchenordnung von 1530, in: Mitteilungen des Mindener Geschichtsvereins, Jahrgang 88 (2016), S. 77-96, konkret S. 79 f.

Welchen Einfluss hatte also die kirchliche Reformation auf die rechtliche Reformation?[1265]

Es ist bereits darauf hingewiesen worden, dass im 16. und 17. Jahrhundert machtpolitische Fragen häufig einhergingen mit konfessionellen Konflikten. Die religiösen Umstände in der Stadt Minden zeichnen ein wechselhaftes, unruhiges Bild. In den rund einhundert Jahren vor dem Erlass der Stadtrechtsreformation erlebte die Stadt Minden acht verschiedene Landesherren,[1266] mal in Gestalt katholischer Bischöfe, mal in Gestalt evangelischer Administratoren, jeweils mit ganz unterschiedlich glücklicher Hand in außen- und innenpolitischen Fragen und unterschiedlicher Intensität der Bedeutungszumessung und Verfolgung von Glaubensfragen.

Ein Höhepunkt in der Mindener Reformationsgeschichte stellt die Kirchenordnung von 1530 dar. Sie wird heute als Vorreiter evangelischer Kirchenordnungen in Westfalen gerühmt,[1267] und ist ebenso wie die gesamte Reformationsgeschichte in Minden gut erforscht.[1268] Die Einführung der Reformation und der Erlass einer evangelischen Kirchenordnung in einer katholischen Bischofsstadt, d. h. das eigenmächtige und gegen die konfessionelle Haltung der Obrigkeit gerichtete Agieren machen deutlich, wie sehr sich die Mindener Bürger bereits in den vorangegangenen Jahrhunderten von ihrem bischöflichen Landesherrn emanzipiert hatten und wie deutlich die Kleruskritik war.[1269] Mit der Reformation sahen die Mindener nun auch die Möglichkeit gekommen, „die Macht von Bischof und Geistlichkeit in der Stadt zu beseitigen oder zumindest weiter einzuschränken."[1270] Stadtfrieden und Einheit innerhalb der beiden Konfessionen anhängenden Bürgerschaft wurden dadurch gewährleistet, dass jedem

---

1265 Als allgemeine Literatur zu den Auswirkungen der Reformation auf Rechtstheorie, -verständnis und -praxis seien hier ausdrücklich empfohlen: Schmoeckel, Mathias: Das Recht der Reformation, Tübingen 2014; sowie Strohm, Christoph (Hrsg.): Reformation und Recht, Tübingen 2017.

1266 Siehe die Liste bei Schroeder, Chronik des Bistums und der Stadt Minden, S. 50.

1267 Arend: Die Mindener Kirchenordnung von 1530, in: Mitteilungen des Mindener Geschichtsvereins, Jahrgang 88 (2016), S. 77-96, konkret S. 77 und 88.

1268 Arend: Die Mindener Kirchenordnung von 1530, in: Mitteilungen des Mindener Geschichtsvereins, Jahrgang 88 (2016), S. 77-96, konkret S. 78 mit Fn. 3; als Überblick siehe auch Schoppmeyer, Städte in Westfalen, S. 357-359.

1269 Arend: Die Mindener Kirchenordnung von 1530, in: Mitteilungen des Mindener Geschichtsvereins, Jahrgang 88 (2016), S. 77-96, konkret S. 78 und 88.

1270 Arend: Die Mindener Kirchenordnung von 1530, in: Mitteilungen des Mindener Geschichtsvereins, Jahrgang 88 (2016), S. 77-96, konkret S. 78.

Mindener die Teilnahme am katholischen Gottesdienst im Dom weiter erlaubt blieb.[1271]

Nun wurde zwar die Stadtrechtsreformation nicht 1530 erlassen, sondern erst 1613, unverkennbar war die Reformation aber ein wichtiger Schritt auf dem Weg der Unabhängigkeit vom Landesherrn. Zudem kann durchaus davon gesprochen werden, dass sich langsam eine stärkere Trennung von Religion und Recht durchsetzte, die sich auch in der Stadtrechtsreformation widerspiegelt, denn es finden sich im Proömium nur drei knappe religiöse Bezüge: (1) *„ein Recht [...], wo nicht [...] wider Gott und sein heiliges Wort"*, (2) *„nachfolgende Unsere Statuta [...] hiemit in Nahmen der heiligen Dreyfaltigkeit publiciret, eröfnet und zu eines jeden Wissenschafft gestellet"*, sowie (3) die Datumsangabe: *„Geben in unser Stadt Minden am Freytag nach der H. dreyen Könige, wahr der 8. des Monahts Januarii im Jahr nach JESU CHRISTI unseres Erlösers und Seligmachers Geburt Eintausend Sechshundert und dreyzehen."* Eine ausdrückliche religiöse Legitimation der Stadtrechtsreformation findet nicht statt, erst recht kein Bezug auf die Heilsgeschichte.[1272] Zur Legitimation wird stattdessen immer wieder Bezug genommen auf die Vorfahren und damit auf das Alter der überlieferten Rechte (*„unsere löbliche vorElteren", „Vorfahren", „de Oldesten und Wiesesten, de tho Minden wehren", „die Alten", „bey Ihren VorElteren", „die Majores und Alten"*). Im sich anschließenden Rechtstext selbst gibt es ebenfalls nur wenige religiöse Anknüpfungspunkte wie beispielsweise im Eherecht.[1273]

Auch dies kann letztlich auf die Reformation zurückgeführt werden. Durch die Reformation erfolgte anhand Luthers Zwei-Reiche-Lehre eine schärfere Trennung zwischen Diesseits und Jenseits, geistlichen und weltlichen Aufgaben,

---

1271 Freitag, Reformation und innerstädtischer Frieden am Beispiel Westfalens, S. 70 f. mit Fn. 15 und 21, der auf den zugrunde liegenden Vertrag zwischen der Stadt Minden und dem Domkapitel vom 07.09.1535 verweist.

1272 Entsprechende apokalyptische oder vergeltungstheologische Vorstellungen ziehen sich aber wie ein roter Faden durch die Polizeiordnungen des 17. Jahrhunderts, siehe Westphal, Frieden durch Policey, S. 108. Zur christlichen Legitimation europäischer Rechtssetzung vom Mittelalter bis zum 19. Jahrhundert siehe Hoffmann, Benjamin: Recht und Religion im Verfassungsrecht der Frühen Neuzeit. Die elf Mühlhäuser Artikel, Baden-Baden 2022, S. 7-14.

1273 Liber I, Tit. 4, Art. 1: „Dieweil der Ehestand eine heilige Ordnung Gottes ist, dadurch das Menschliche Geschlechte gemehret und das Reich Gottes auff Erden erbauet wird, gebühret einer jeden Obrigkeit darob ernstlich zuhalten, das mit denen Verlöbnüssen ordentlich verfahren und unter denen Persohnen zu verhütung allerhand controversien richtige Abrede und außspruch geschehe, demnach sol es folgender Gestalt damit gehalten werden."

was einen „Säkularisierungsschub" für die weltlichen Dinge einschließlich der Rechtsmaterien mit sich brachte.[1274] In seiner Lehre war Luther einer „Säkularisierung des Geistlichen und einer Sakralisierung des Weltlichen" klar entgegen getreten.[1275]

C. Einflussfaktoren auf das Werk von Crusius

Die Situation von Crusius bei seiner Kommentierung der Stadtrechtsreformation rund 60 Jahre nach deren Erlass war eine gänzlich andere als die von Averberg und dem damaligen Stadtrat. Wurde 1613 noch implizit Unabhängigkeit eingefordert und durch Rechtssetzung zur Schau gestellt, wirkt Crusius Arbeit hingegen wie der Versuch, alte Errungenschaften gegenüber der neuen Herrschaft zu erhalten.

Nach dem Westfälischen Frieden war das Fürstbistum Minden 1648 säkularisiert worden und ging als Fürstentum an die brandenburgischen Hohenzollern.[1276] Im Anschluss daran wurde die Festung Minden am 17.09.1650 von den Schweden an die Brandenburger übergeben.[1277] Der Dreißigjährige Krieg hatte durch Belagerung, Kriegssteuerlast und Einquartierungen in Minden deutlich seine Spuren hinterlassen.[1278] In den Jahren vor und während des Verfassens und Publizierens des Kommentars hatte die Stadt Minden weiterhin unter einer hohen Schuldenlast sowie mehreren Truppendurchmärschen und Einquartierungen insbesondere während des Niederländisch-Französischen Krieges zu leiden.[1279] Hinzu kam, dass im Jahre 1667 die Regierung des Fürstentums wieder nach Minden verlegt worden war.[1280] Statt Emanzipation vom Landesherrn standen die Zeichen der Zeit auf Eingliederung in das brandenburgische Reich.

1274 Stolleis, Michael: Reformation und Verrechtlichung am Beispiel der Reichspublizistik, S. 67.

1275 Heckel, HRG 3, Sp. 110.

1276 Nordsiek, Minden an der Weser, S. 24. Eine ausführliche Schilderung der Kriegsjahre Mindens in Bölsche, Karl Andreas Leonard: Skizzen aus Mindens Vergangenheit. Die Zeit des dreißigjährigen Krieges, Minden 1897. Den Zeitraum 1550-1650 schildert Nordsiek, Hans: Vom Fürstbistum zum Fürstentum Minden. Verfassungsrechtliche, politische und konfessionelle Veränderungen von 1550-1650, in: Westfälische Zeitschrift, Band 140 (1990), S. 251-274.

1277 Nordsiek, Hans: Vom Fürstbistum zum Fürstentum Minden, S. 270.

1278 Krieg, Kleine Chronik, S. 51; siehe auch Meinhardt, Die Festung Minden, S. 128.

1279 Schroeder, Chronik des Bistums und der Stadt Minden, S. 612-619.

1280 Schroeder, Chronik des Bistums und der Stadt Minden, S. 614.

Im Kapitel zur Geltungsdauer der Stadtrechtsreformation ist bereits dargelegt worden, dass die Mindener zwar zweimal brandenburgische Bestätigungen ihrer Stadtrechte erhielten (12.02.1650[1281] und 22.03.1662[1282]), dies kann jedoch nicht darüber hinwegtäuschen, dass die Rechte, die der bis 1648 weitgehend autonomen Stadt Minden in früheren Zeiten zugestanden worden waren, nach der Eingliederung Mindens in das brandenburgische Fürstentum an Bedeutung verloren.[1283]

Natürlich kann die Vermutung, dass Crusius Arbeit der Versuch ist, alte rechtliche Errungenschaften gegenüber der neuen Herrschaft zu erhalten, nicht anhand von konkreten Textstellen bewiesen werden. Offensichtlich ist jedoch, wie sehr er darum bemüht ist, die Übereinstimmung des Mindener Rechts mit dem ius commune und den Ansichten der zeitgenössischen Gelehrten in Einklang zu bringen und ihm damit Legitimation zu verschaffen.

§ 7 Wörtliche Übereinstimmungen und inhaltliche Ähnlichkeit zum Stadtbuch von 1318

Um wörtliche Übereinstimmungen der Stadtrechtsreformation von 1613 zum Stadtbuch von 1318 oder inhaltliche Ähnlichkeiten ausfindig zu machen, wurden die beiden Rechtstexte miteinander verglichen. Das Stadtbuch von 1318 besteht insgesamt aus 267 Textstücken, die Stadtrechtsreformation von 1613 hat 372 Artikel. Bei dem Textvergleich konnte zunächst auf einige Fußnoten in der Edition von SCHROEDER zurückgegriffen werden, in denen er bereits auf 13 Ähnlichkeiten hingewiesen hat. Für den weiteren Textvergleich wurden – neben der systematischen Durchsicht - drei Indizien herangezogen, die bei der Identifikation von Übernahmen hilfreich sein können. Hierbei handelt es sich erstens um mittelalterliche (Einleitungs-)

1281 Die Bestätigung aller bisheriger Privilegien durch Kurfürst Friedrich Wilhelm ist abgedruckt bei Crusius, S. 390 f. Culemann, Sammlung derer Vornehmsten Landes-Verträge, S. 251, überliefert die „Confirmation der Stadt Minden Privilegiorum", die auch die Stadtrechtsreformation erfasst, ebenfalls. Culemann, Sammlung derer Vornehmsten Landes-Verträge, ist in der Digitalen Sammlung der Landes- und Universitätsbibliothek Münster online zugänglich über https://sammlungen.ulb.uni-muenster.de.

1282 Lampmann, Die Stadt Minden in ihrem Verhältnis zum brandenburgisch-preußischen Staate, S. 55; Schroeder, Chronik, S. 610 f. Eine Abschrift der „Confirmatio Juris Statutarij Mindensis. Anno 1662" findet sich auch bei Schlick in LAV NRW W, Ms VII, 2902b, sowie weiteres Material in GStA PK, I. HA, Rep. 32, Nr. 313.

1283 Nordsiek, Reichsacht und Kaiserprivileg, S. 7.

Formulierungen.[1284] Zweitens wurde den Abschnitten des Stadtbuches von 1318 besondere Aufmerksamkeit gewidmet, an deren Rand sich ein handschriftliches „*NB*“ befand, da mit „Nota bene“ ein Wort und/oder eine Passage gekennzeichnet wird, die besonderer Beachtung bedarf. Das „*NB*“ findet sich im Stadtbuch von 1318 insgesamt vierzehn Mal.[1285] Drittens wurde ein Augenmerk darauf gelegt, dass viele Rechtssätze im Stadtbuch von 1318 nachträglich eine Überschrift erhalten hatten.[1286]

Die Übereinstimmungen werden – sortiert nach ihrem Vorkommen in den Büchern der Stadtrechtsreformation – im Folgenden zunächst unter einer schlagwortartigen Überschrift kurz dargestellt, bevor eine zusammenfassende Analyse zu ihrer Anzahl und inhaltlichen Schwerpunkten getroffen werden kann. Sofern eine vertiefte Auseinandersetzung mit dem Inhalt der Regelung angezeigt ist, erfolgt dies erst im Anschluss im Rahmen der Ursprungsanalysen.

Ein solches Vorgehen kann allerdings nicht gelingen, ohne zugleich den Blick darauf zu richten, dass viele Rechtssätze des Stadtbuchs von 1318 Dortmunder Ursprungs sind. Daher wird jeweils auf diesen Ursprung hingewiesen, wo er nachweisbar ist. Grundlage hierfür ist als Hauptquelle für Dortmunder Rechtstexte des Mittelalters die Sammlung von FRENSDORFF: I. Lateinische Statuten (S. 1-42), II. Deutsche Statuten (S. 43-56), III. Großes Stadtbuch (S. 57-102), IV. Urtheilsbuch (S. 103-148) und V. Jüngste Statutensammlung

1284 Liber I, Tit. 7, Art. 7: „*So ist auch ein Recht bey uns in unser Stadt*“; Liber I, Tit. 13, Art. 4: „*Noch ist bey uns ein Recht*“; Liber I, Tit. 13, Art. 5: „*Weiter ist ein Recht*“; Liber I, Tit. 15, Art. 4, sowie Tit. 16, Art. 11: „*So ist auch ein Recht bey uns*“; Liber I, Tit. 15, Art. 21: „*Gleichfalls ist ein Recht*“; Liber II, Tit. 1, Art. 5, sowie Liber II, Tit. 2, Art. 16: „*So ist auch ein Recht in unser Stadt*“; Liber II, Tit. 2, Art. 14: „*Weiters ist bey und ein Recht*“; Liber II, Tit. 2, Art. 20 und Art. 21: „*Noch ein Recht ist in unser Stadt*“; und Liber II, Tit. 4, Art. 6: „*Ein Recht ist unser Stadt*“.

1285 I, 70; I, 104 (dreimal); I, 121; I, 128; I, 137; I, 145; I, 149; I, 172; I, 177; II, 37; II, 43; II, 52.

1286 I, 106: „*Hergewethe und Gerade*“; I, 118: „*In stirpes, non in capita*“; I, 121: „*Pacta inter conjuges*“; I, 126: „*Jus protimiseos*“; I, 128: „*Bonorum divisio inter parentes et filios. Helfte der guder den kindern*“; I, 131: „*Rades Insiegel*“; I, 137: „*Uxor non pro marito*“; I, 145: „*Mit fenstern und dem druppenfal*“; I, 147: „*Hergeweth von kindern*“; I, 149: „*De heredibus emancipatorum inter se*“; I, 158: „*Coram Reverendissimo de protracta iustitia*“; I, 162: „*Praescriptio pignoribus 30 annorum*“; I, 164: „*Evictio*“; I, 172: „*In stirpes dividuntur bona, non in capita*“; I, 180: „*Informatio Tremoniensium in causa iniuriarum*“; I, 185: „*Wiesen auffm Ritterbruch*“; I, 187: „*Maltz – Accyse*“; II, 2: „*Schlut*“; II, 19: „*Hergewethe*“; II, 20: „*Gerade*“; II, 33: „*Usufructuaria*“.

(ab S. 149).[1287] Die dort wiedergegebenen Texte stammen aus 14. und 15. Jahrhundert.[1288]

A. Erstes Buch

I. Ehevertrag und erbrechtliche Folgen

Eine erste inhaltliche Ähnlichkeit zeigt sich zwischen dem Eintrag im Stadtbuch von 1318, I, 121 zur Stadtrechtsreformation 1613, Liber I, Tit. 4, Art. 6. Über dieser Eintragung findet sich von Hand des 16./17. Jahrhunderts im Stadtbuch von 1318 die Überschrift *„Pacta inter conjuges"* und davor ein *„NB"*.[1289] Der Rechtssatz behandelt ehevertragliche Vereinbarungen und erbrechtliche Konsequenzen. Nach einer Notiz im Stadtbuch von 1318 ist die Regelung Dortmunder Ursprungs. Eine inhaltliche Aufarbeitung dieser Regel erfolgt daher im Zusammenhang mit den anderen erbrechtlichen Rechtssätzen im Rahmen der Ursprungsanalyse. An dieser Stelle sei jedoch bereits auf eine vermeintlich kleine Veränderung hingewiesen, die der Rechtsregel ein gänzlich anderes Gewicht gegeben hat. Im Stadtbuch von 1318 beschreibt die Regel den Fall des vorversterbenden Ehemannes; im Gegensatz dazu nimmt die Regel 1613 beide Varianten in den Blick, also das Vorversterben des Ehemannes oder der Ehefrau und ordnet gleichlautende Rechtsfolgen an.

Stadtbuch 1318, I, 121, nach Schroeder, Stadtrecht, S. 35 [etwa 1360]	**Stadtrechtsreformation 1613, Liber I, Tit. 4, Art. 6**
Vortmer en recht is in vser stad: Worde en brůtlacht ghedeghedinghet mit vorwarden alzo, dat de man beschede, were, dat dat wyf nyne kindere van eme ene hedde, storue de man er dan dat wyf, wo vele se sines gůdes hebben scolde vnde dat nomde, de man ene mach deme wyue dar na sines gůdes nicht mer gheuen, it ene were mit vulbord des mannes rechten eruen.	Wehre eine Heurath zwischen zween Persohnen gedediget und der Mann der Frawen oder die Frawe dem Mann einen gewissen Theil ihres Gutes auff den Fall Sie keine Kinder zusambt erzeugeten oder die Frawe vor dem Manne oder der Mann vor der Frawen abstürbe, bescheideten, alsdann mügte der Mann der Frawen oder die Frawe dem Mann in stehender Ehe nicht mehr geben, ohn der Nechsten Erben Volborth und Bewilligung.

1287 Frensdorff, Ferdinand: Dortmunder Statuten und Urtheile. Halle a.S. 1882.

1288 Zur genaueren Datierung siehe Frensdorff, Dortmunder Statuten und Urtheile, S. 9, 63, 105, 151, 186 und 164.

1289 Vgl. auch Schroeder, Stadtrecht, S. 35, Fn. y).

II. Haftung der Ehefrau für Handelsgeschäfte des Ehemannes

Die zweite Übereinstimmung findet sich zwischen dem Eintrag im Stadtbuch von 1318, I, 137 (somit auch I, 150) zur Stadtrechtsreformation 1613, Liber I, Tit. 6, Art. 1. Der Titel 6 regelt die Verpflichtungen der Ehefrau in Bezug auf Handelsgeschäfte ihres Ehemannes. Am Rand dieser Eintragung findet sich von Hand des 16./17. Jahrhunderts die Überschrift „*Uxor non pro marito*“ und darüber ein „*NB*“.[1290] Dieser Rechtssatz schreibt fest, dass sich eine Witwe durch Eid gegen eine Zahlungsklage der ehemaligen Geschäftspartner des Mannes verteidigen kann. Es handelt sich mithin eher um eine prozessrechtliche Regelung. Beachtlich ist, dass die Frage der Haftung der Frau in Minden von besonderer Bedeutung gewesen sein muss bzw. Averberg sie entsprechend gewichten wollte. Erstens wurde ihr in Liber I der Stadtrechtsreformation ein eigener Titel gewidmet und zweitens sticht sie dadurch hervor, dass sie auf Kaufleute Bezug nimmt, wo in der Stadtrechtsreformation doch ansonsten handelsrechtliche Regelungen fehlen. Crusius betont in seiner Kommentierung zum Artikel, dass die Ehefrau keine Zahlungspflicht habe, wenn sie dem Geschäftsbündnis des Mannes nicht ausdrücklich zugestimmt habe.[1291]

Stadtbuch 1318, I, 137, nach Schroeder, Stadtrecht, S. 38 [etwa 1360]	**Stadtbuch 1318, I, 150, nach Schroeder, Stadtrecht, S. 41 [um 1400]**	**Stadtrechtsreformation 1613, Liber I, Tit. 6, Art. 1**
Vortmer en recht is: Schuldiget en man ene wedewen vmme ku̍npenye, de he ghehath hedde mit erme manne, svore de vrowe deme manne, dat se	*Item eyn recht is: Schuldeghede yen man ene wedewen vmme kunpenye, de he ghehad hedde mid yrem manne, swore de wedewe dem manne, dat*	Wann etzliche Bürgere eine Societät oder Mascopey in Kauffmanschafften zusammen hetten und ein Mann verstürbe, dessen Witbe von der Mascopey

1290 Vgl. auch Schroeder, Stadtrecht, S. 38, Fn. a).

1291 Ius Statutarium Reipublicae Mindensis, S. 90: „*[...] hoc enim casu ob deficientem consensum uxoris, eadem ad exsolvenda debita non tenetur.*“ Frensdorff, IV. Urtheilsbuch, S. 127 f., Nr. 77 enthält eine ähnliche Regelung in Bezug auf die Kenntnis der Frau, jedoch ohne direkte Bezugnahme auf eine geschäftliche Verbindung: „*Spreken twey manne eyner vrowen to mit ener bloten klaghe, dar umme dat sey eren manne, dey gestorven were, eyne genomede summe geldes gedaen hedden, wes dey vrowe enkennet, dar sal sey en betalen, was se nicht enkennet, dar mach sey er unschult vore doen.*“

Stadtbuch 1318, I, 137, nach Schroeder, Stadtrecht, S. 38 [etwa 1360]	**Stadtbuch 1318, I, 150, nach Schroeder, Stadtrecht, S. 41 [um 1400]**	**Stadtrechtsreformation 1613, Liber I, Tit. 6, Art. 1**
nyrleyghe gûth en hedde van der kůnpenye, dar se eme van rechte betalen scolde, bouen de ede en mach he se nicht bethugen van der sake.	*se nenerleye gud en hedde van der kunpenye, dat se eme van rechte betalen scolde, boven de ede en mach he se nicht bethugen.*	Schulden halber belanget wurde, Sie aber keinen Theil Guts von der Mascopey zu haben oder zu genossen gestendig wehre, wurde die Frau in Mangel des Beweißthumbs solches mit ihrem leiblichem Eide bekräfftigen, wird Sie von der Klage entlediget.

III. Zeugenbeweis für Besitz bei Jahrrente

Die dritte Übereinstimmung findet sich zwischen dem Eintrag im Stadtbuch von 1318, I, 174 zur Stadtrechtsreformation 1613, Liber I, Tit. 7, Art. 2. Die Regelung ist Dortmunder Ursprungs.[1292] Vordergründig geht es in dem Rechtssatz um eine Jahrrente, tatsächlich aber wird hier prozessrechtlich geregelt, wie in entsprechenden Fällen vor Gericht Besitz bewiesen werden kann. Crusius betont hier die Erforderlichkeit von zwei statt nur einem Zeugen.[1293]

Stadtbuch 1318, I, 174, nach Schroeder, Stadtrecht, S. 46 [um 1400]	**Stadtrechtsreformation 1613, Liber I, Tit. 7, Art. 2**	**Frensdorff, III. Stadtbuch, S. 91, Nr. 94**
Eyn recht ys in vnssir stad: Spreke we, he hedde yargulde in enem erue	Hette ein Bürger Jahr-Rente in einem Hause oder Erbe und wehre	*Seyte wey in erve in heve unde in bore* *Spreke wey, hey hedde*

1292 Frensdorff, III. Stadtbuch, S. 91, Nr. 94.

1293 Ius Statutarium Reipublicae Mindensis, S. 93: „*[…] hoc Articulo constitutum probationem ejusmodi fieri posse per duos testes, excluduntur ergo vigore Articuli testes singulares, quos alioquin in probanda possessione admittunt […].*“

Stadtbuch 1318, I, 174, nach Schroeder, Stadtrecht, S. 46 [um 1400]	**Stadtrechtsreformation 1613, Liber I, Tit. 7, Art. 2**	**Frensdorff, III. Stadtbuch, S. 91, Nr. 94**
vnde hedde des geseten in heuen vnde in boren vnde wolde dat wysen, alse recht ys, de mach dat wysen myt twen vnvorsprokenen mannen, de borghere syn.	dessen in Besitz und Hebunge, Ihm aber dessen Streitigkeit gemachet werden wollen, kan er mit zweyen Bieder-Männern solchen Besitz und Hebung erweisen, soll und muß derselbe dabey geschützet und gehandhabet werden.	*jargulde in eme erve unde sete in hiveuvnde in bore unde wel dat wisen alse recht is, dey mach dat wisen mit twen unbesprokenen mannen, dey borgere sint, dat hey gehiven unde gheboret hebbe dey gulde ûte deme erve.*

IV. Zeugenbeweis wegen Schulden des Verstorbenen

Die vierte Übereinstimmung findet sich zwischen dem Eintrag im Stadtbuch von 1318, II, 26 zur Stadtrechtsreformation 1613, Liber I, Tit. 7, Art. 3. Der Rechtssatz behandelt den Fall, dass ein plötzlich Verstorbener vermeintlich Schulden hatte. Geregelt wird, dass die Gläubiger dies gegenüber den Erben durch zwei Zeugen beweisen können. Crusius verweist hier in seinem Kommentar zusätzlich auf die Beweismöglichkeit durch „*Schatz/Schoß/Erb/Ambt oder Gerichtsbücher*“.[1294]

Stadtbuch 1318, II, 26, nach Schroeder, Stadtrecht, S. 62 [28.06.1336]	**Stadtrechtsreformation 1613, Liber I, Tit. 7, Art. 3**
[…] So welic man storue enes corten dodes, umberichtet siner schult, quemen darna lude, de sine eruen anspreken vmbe schult, dar den eruen vnwitlic were, mochte de klegere da sakewolde des vullencomen mit twen erachtigen besetenen borgeren, de darouer vnde darbi hedden gewesen mit	So ein Bürger eines schleunigen Todes stürbe, unberichtet seiner Schulden, kämen darnach Leute, die des Verstorbenen Erben wollen besprechen umb Schuld, davon die Erben keine Wissenschafft hätten, müchten die Klägere solches mit zweyen Ehrnhaftigen

1294 Ius Statutarium Reipublicae Mindensis, S. 94.

Stadtbuch 1318, II, 26, nach Schroeder, Stadtrecht, S. 62 [28.06.1336]	**Stadtrechtsreformation 1613, Liber I, Tit. 7, Art. 3**
erme rechte, dat de dode van rechte dat gelt schuldich was bi liue, so weren de eruen des geldes eder der schult plichtich to geldene.	Bürgeren, die umb die Schuld eigentlich wissen, bezeugen, oder sonsten durch andere glaubwürdige Kundschafft, wie Recht ist, darthun, so wehren die Erben die Schuld zubezahlen schuldig.

V. Briefschuld bezüglich Haus oder Erbe

Die fünfte Übereinstimmung findet sich zwischen dem Eintrag im Stadtbuch von 1318, I, 131 zur Stadtrechtsreformation 1613, Liber I, Tit. 7, Art. 7. Nach einer Notiz im Stadtbuch von 1318 ist dieser Rechtssatz Dortmunder Ursprungs. Über der Eintragung im Stadtbuch findet sich von Hand des 16./17. Jahrhunderts die Überschrift „*Rades Insiegel*".[1295] Auch in diesem Rechtssatz geht es um Beweisrecht. Die Regelung schreibt fest, dass einer städtischen Urkunde Beweiskraft zukommt und enthält darüber hinaus den Grundsatz, dass ein Schuldner seine Zahlung zu beweisen hat. Crusius ergänzt diesen Beweisgrundsatz in seinem Kommentar noch um die zeitliche Komponente von zwei Jahren.[1296]

Stadtbuch 1318, I, 131, nach Schroeder, Stadtrecht, S. 37 [etwa 1360]	**Stadtrechtsreformation 1613, Liber I, Tit. 7, Art. 7**
Vortmer en recht is in vser stad: Were en borghere, de gulde eder pacht vth sime hus eder vthe sime erue vorkofthe, dar vser stades apene bref were vp ghegheuen, dar ene were nyn wedersprake an, de bref ene moste vortganck hebben. Mer wolde de sculdener den anderen vmme ghenoghe betalinghe sculdighen, der moste de andere alzo vele vmme liden, alze recht is.	So ist auch ein Recht bey uns in unser Stadt, wehre ein Bürger, der Gülden oder Pfachte aus seinem Hause oder seinem Erbe verkaufftte, darauff unser Stadt offen Brief wehre gegeben, dagegen wehre keine Widersprache, der Brief hat seine Kraft; da aber der Schuldener, daß die Bezahlung geschehen, vorgeben wurde, muste Er daß, wie Recht ist, erweisen.

1295 Vgl. auch Schroeder, Stadtrecht, S. 37, Fn. q).

1296 Ius Statutarium Reipublicae Mindensis, S. 97: „*[...]intra biennium [...]*".

VI. Bindungswirkung Kaufvertrag

Die sechste Übereinstimmung findet sich zwischen dem Eintrag im Stadtbuch von 1318, I, 133 zur Stadtrechtsreformation 1613, Liber I, Tit. 9, Art. 1. Nach einer Notiz im Stadtbuch von 1318 ist dieser Rechtssatz Dortmunder Ursprungs. Hier werden die Bindungswirkung eines Kaufvertrages und diesbezügliche Ausnahmen festgeschrieben. Crusius betont in seiner Kommentierung die grundsätzliche Unwiderruflichkeit des Vertrages,[1297] verweist aber auch auf Ausnahmen wie den Wucher-Paragraph in Liber I, Tit. 9, Art. 10 der Stadtrechtsreformation.[1298]

Stadtbuch 1318, I, 133, nach Schroeder, Stadtrecht, S. 37 [etwa 1360]	**Stadtrechtsreformation 1613, I, Tit. 9, Art. 1**
Vortmer en recht is in vser stad: Vorkofthe en vse borghere dem anderen enen kop mit goden berade vnde bekande eme des kopes, de kop moste vortgan, he ene kunne dat dem anderen afbidden ofte afkopen.	Ein Kauff, so unter Burgern mit gutem Vorbedacht und Vorwissen geschiehet, muß und soll gehalten werden, es wehre dann sache, das einer den anderen des Kauffes gutwillig erliese oder einer davon abzutreten rechtmessige Ursache hätte.

VII. Widerruf Erbgutverkauf wegen Auslandsaufenthalt

Die siebte Übereinstimmung findet sich zwischen dem Eintrag im Stadtbuch von 1318, I, 164 zur Stadtrechtsreformation 1613, Liber I, Tit. 9, Art. 7. Der Rechtssatz ist Dortmunder Ursprungs.[1299] Am Rand dieser Eintragung im Stadtbuch neben der letzten Zeile findet sich von Hand des 16./17. Jahrhunderts die Notiz „*Evictio*".[1300] Unter Eviktion war der Herausgabe- oder Abtretungsanspruch einer dritten Person zu verstehen, die ein besseres Recht an dem Gegenstand hatte. Daraus folgte dann ein Gewährleistungsanspruch des Erwerbers gegen den Veräußerer für diesen Rechtsmangel, d. h. wenn der Gegenstand dem Erwerber von einem Dritten aufgrund eines Rechtsmangels wieder entzogen worden war, hatte der Veräußerer für diesen Rechtsmangel einzustehen.

1297 Ius Statutarium Reipublicae Mindensis, S. 115: „*[…] irrevocabilis dicitur.*"

1298 Ius Statutarium Reipublicae Mindensis, S. 115: „*deinde si una pars contrahentium legitimam causam habeat, ob quam resilire possit, puta si laesus fortean sit ultra dimidium, qua de re infra Art.10. agitur.* "

1299 Frensdorff, IV. Urtheilsbuch, S. 146 f., Nr. 159.

1300 Vgl. auch Schroeder, Stadtrecht, S. 44, Fn. e).

Gemäß der Mindener Regelung kann ein Kind einen Erbgutverkauf seiner Eltern widerrufen, wenn es zum Zeitpunkt des Verkaufes im Ausland war und nicht zugestimmt hat, dies allerdings in der Stadtrechtsreformation nur in der Frist von „*Jahr und Tag*“ ab Kenntnis. Bei „*Jahr und Tag*“ handelt es sich um eine geläufige mittelalterliche Ausschlussfrist, innerhalb derer ein Anspruch geltend gemacht werden musste.[1301] Die Frist von „*Jahr und Tag*“ ist in Minden zu verstehen als „*ein Jahr, sechs Wochen und ein Tag*“, vgl. Liber I, Tit. 16, Art. 9. Unter Erbgut ist das Stammgut der Familie zu verstehen.

Stadtbuch 1318, I, 164, nach Schroeder, Stadtrecht, S. 44 [**etwa 1407**]	**Stadtrechtsreformation 1613, Liber I, Tit. 9, Art. 7**	**Frensdorff, IV. Urtheilsbuch, S. 146 f., Nr. 159**
Eyn recht is: Were eyn man vnde wyff, de in echtschop tosamende zeten vnde kindere tosamende hedden, vorkofften de eyn erue, dat wicbelde gud were, myt vulbord erer kindere, de by der hand weren, vnde gingen des myt on vt, alzo wontlik vnde recht is, heden de eynen sone bŭten landes, de des kopes nicht mede loŭet en hedde, wan de to hus queme, de mochte syn del byspraken vnde mochte dat invorderen, wan vader vnde moder nicht en weren, effte wan orer eyn afflyŭich geworden were vnde de levendige syn bedde to broken hedde; vort zo is de vorkopere dem kopere schuldich, to	Wann Eheleute so ihre Kindere haben, ihr Erbgut mit Volbort ihrer bey sich habenden Kinder eines zu Recht beständigen Kauffes verkauffen und ihrer Kinder ein in frembden Landen wehre, der in den Kauf nicht gewilliget hätte, derselbe hat macht, da Er zu Hauß anlangen würde, nicht allein auff seinen Antheil an dem verkaufftem Gute zusprechen, sonderen auch mit Erstattung des Kauffpfennings das gantze Guth an sich zu bringen und dasselbe unter Jahr und Tage, von Zeit der Wissenschafft an zu rechnen, dann sonsten wird Er nach der Zeit nicht zugelassen zu retractiren.	*Were eyn man unde wiif, dey in eschop to samene seten unde kindere to same ne hedden, vorkoften de eyn erve, dat wibbelde gud were, myt vulbort erer kindere, dey by der hant weren, unde gencgen des mit en uth als wontlich unde recht is, hedden de eynen sone buten landes, dey des kopes nicht mede geleyvet en hedde, wan dey to huͤs queme, dey mochte syn deil byspreken unde mochte dat invorderen, wan vader unde moder nicht en weren, efte wan er eyn aflyvich geworden were unde dey levendige syn bedde to broken hedde;*

1301 Dusil, HRG 2, 2. Aufl., Sp. 1348.

Stadtbuch 1318, I, 164, nach Schroeder, Stadtrecht, S. 44 [etwa 1407]	**Stadtrechtsreformation 1613, Liber I, Tit. 9, Art. 7**	**Frensdorff, IV. Urtheilsbuch, S. 146 f., Nr. 159**
warende vnde de bysprake afftodonde.		*so is dey verkopere dem kopere schuldich, to warene unde dey bysprake af tho dōne.*

VIII. Zustimmung Erbgutverkauf

Die achte Übereinstimmung findet sich zwischen dem Eintrag im Stadtbuch von 1318, I, 110 zur Stadtrechtsreformation 1613, Liber I, Tit. 11, Art. 1. Der Eintrag im Stadtbuch wiederum geht auf Dortmunder Ursprünge zurück.[1302] Der Rechtssatz stellt klar, dass Stammgut nur mit Zustimmung der Erben verkauft werden kann. Hierbei handelt es sich um familiären Grundbesitz, der ungeteilt erhalten bleiben soll,[1303] und daher nur eingeschränkt veräußerbar ist und eine Sondererbmasse bildet. Das Stammgut und die weiteren Sondererbmassen Heergewäte und Gerade werden im Rahmen der erbrechtlichen Ursprungsanalyse noch ausführlich erläutert werden.

Stadtbuch 1318, I, 110, nach Schroeder, Stadtrecht, S. 31 [um 1400]	**Stadtrechtsreformation 1613, Liber I, Tit. 11, Art. 1**	**Frensdorff, IV. Urtheilsbuch, S. 115, Nr. 28**	**Frensdorff, IV. Urtheilsbuch, S. 131, Nr. 93**	**Frensdorff, IV. Urtheilsbuch, S. 141, Nr. 137**
Vort storue weme erfflik gud an, dat he	Welchem unser Bürger ein erblich Guth ansterbe und	*Neymand, hey sy mündich eder*	*Stervet weme erfliik gud an, dat hey*	*Nyman en mach erve, dat eme*

1302 Frensdorff, IV. Urtheile, S. 115, Nr. 28; Frensdorff, IV. Urtheile, S. 131, Nr. 93; sowie Frensdorff, IV. Urtheile, S. 141, Nr. 137. Ähnlich auch Frensdorff, II. Deutsche Statuten, S. 50, Nr. 9: „*Item ne mag nin man erve laten sunder erven gelof, he ne muget oppe de heilegen vor gerichte bereden, dat it heme lives not do.*"

1303 Ebert, HRG 1, 2. Aufl., Sp. 1505.

Stadtbuch 1318, I, 110, nach Schroeder, Stadtrecht, S. 31 [um 1400]	**Stadtrechtsreformation 1613, Liber I, Tit. 11, Art. 1**	**Frensdorff, IV. Urtheilsbuch, S. 115, Nr. 28**	**Frensdorff, IV. Urtheilsbuch, S. 131, Nr. 93**	**Frensdorff, IV. Urtheilsbuch, S. 141, Nr. 137**
verkoffte, mit vulbord syner eruen, de koͤp heuet macht.	dasselbe verkaufte mit volbort seiner nechsten Erben nicht allein außtrücklich, sonderen auch wissentlich mit stillschweigen, der Kauff gehet fort, und die Erben haben keinen **Retract** und Widerruf dawider zugebrauchen.	*unmundich, mach sin erflyke guͤd vergeven eder pandes versetten, it en sy mit vulbort siner erven.*	*verkofte mit vulbort syner erven, dey kop hevet macht.*	*van synen olderen an gestorven is, vorkopen efte vorgiften sunder willen syner erven, hey en künne wissen lyves noit als recht is.*

IX. Widerruf Erbgutverkauf

Die neunte Übereinstimmung findet sich zwischen dem Eintrag im Stadtbuch von 1318, I, 126 zur Stadtrechtsreformation 1613, Liber I, Tit. 11, Art. 9. Über dieser Eintragung findet sich von Hand des 16./17. Jahrhunderts die Überschrift *„Jus protimiseos"*.[1304] *„Jus protimiseos"* beschreibt allgemein ein Vorkaufsrecht (der Erben). Diese Übereinstimmung steht in engem Zusammenhang mit der vorangegangenen Übereinstimmung. Auch diese Regelung behandelt das Widerrufsrecht bei einem Erbgutverkauf. Das Recht steht dem Eigentümer oder Erben wieder innerhalb „Jahr und Tag" zu. Die rechtlichen Möglichkeiten des Käufers fallen jedoch unterschiedlich aus; im Stadtbuch von 1318 kann der Käufer versuchen, ein besseres Recht an der Sache darzulegen, wohingegen sich der Käufer in der Stadtrechtsreformation von 1613 allenfalls an einen vom Verkäufer gestellten Bürgen wenden kann. Nach einer Notiz im Stadtbuch von 1318 ist auch dieser Rechtssatz Dortmunder Ursprungs.

1304 Vgl. auch Schroeder, Stadtrecht, S. 36, Fn. f).

Stadtbuch 1318, I, 126, nach Schroeder, Stadtrecht, S. 36 [etwa 1360]	**Stadtrechtsreformation 1613, Liber I, Tit. 11, Art. 9**
Vortmer en recht is in vser stad: Kofte we en erflick gůd vnde eme dat vpghelathen worde mit alme rechte vor gherichte vnde eme dat sulue gůd gheantwordet worde, alzo dat he de were hedde, komet en ander binnen jare vnde daghe vnde spreket dat erflike gůd an mit rechte vnde spreket, dat eruegůd, dat he vnder hebbe, dat sy syn, eder he sy des gůdes de negeste erue vnde wille dat thobringhen mit alme rechte, alze recht is, kan de ghene dat thobringhen, alze recht is, dat he de negeste erue sy eder dat dat gůd sin sy, he winnet eme dat gůd af, vnde syn hebbene were bated eme binnen jare vnde daghe nicht, it ene were, dat de kopere enen warent brechte, de em des gůdes waren konde mit eneme betheren rechte, dan de andere, de eme dat gůd besproke[n] hedde.	Wann ein Erffling Stamm-Gut verkauffte und dem Käuffer eingeantwortet wäre, kömbt ein ander inwendig Jahr und Tage und bespricht solch Gut für das seinige oder daß er desselben nähester Erbe sey und solches, wie recht ist, beweisen könte, wird er damit gehöret und hilffet dem Käuffer seine habende Gewehr nicht, woferne aber der Verkäuffer ihm der Gewehr oder eviction halber einen Bürgen gesetzet, hat er sich daran mit Recht zu erholen.

X. Erbteilgut in habender Wehr

Die zehnte Übereinstimmung findet sich zwischen dem Eintrag im Stadtbuch von 1318, I, 127 zur Stadtrechtsreformation 1613, Liber I, Tit. 11, Art. 10. Dieser Rechtssatz regelt die „habende Wehr“ von Erbteilgut. Nach einer Notiz im Stadtbuch von 1318 ist auch dieser Rechtssatz Dortmunder Ursprungs. Für das Verständnis dieser Regelung sind die Begriffe *„Fahrnis“* bzw. *„fahrende Habe“* sowie *„Gewere“* relevant. Bei *„Fahrnis“* bzw. *„fahrende Habe“* handelt es sich um bewegliche Sachen im Gegensatz zu den unbeweglichen Sachen, mithin dem Boden und allem, was fest mit ihm verbunden war; *„Gewere“* beschreibt die Sachherrschaft über einen Gegenstand, die den Inhaber berechtigte, die Sache gegen Angriffe zu verteidigen und Rückgabe zu verlangen.[1305]

1305 Eisenhardt, Deutsche Rechtsgeschichte, S. 173, Rn. 366 f.

Stadtbuch 1318, I, 127, nach Schroeder, Stadtrecht, S. 36 [etwa 1360]	**Stadtrechtsreformation 1613, Liber I, Tit. 11, Art. 10**
Vortmer so hebbe wy vor recht in vser stad: Heft we erflick gůd in hebbender were, in de were scal nemant tho sineme vndancke tho eme varen, he ene hebbe de were eme afghewnnen mit rechte; we it dede, de dede eim ghewalt.	Wann jemand ein ErbtheilGut in habender Wehr besitzet, das soll ihm niemand hindern oder Gewalt darein thun, er habe ihm denn solches mit Recht abgewunnen und sey ihm solches durch die Obrigkeit eingeantwortet.

XI. Schenkung auf dem Sterbebett

Die elfte Übereinstimmung findet sich zwischen dem Eintrag im Stadtbuch von 1318, I, 109 zur Stadtrechtsreformation 1613, Liber I, Tit. 12, Art. 1. Sinngemäße Parallelüberlieferungen finden sich auch im Dortmunder Recht.[1306] Dieser Rechtssatz regelt (teilweise im Umkehrschluss formuliert), dass Schenkungen auf dem Totenbett nur mit Zustimmung der Erben wirksam sind.

Stadtbuch 1318, I, 109, nach Schroeder, Stadtrecht, S. 31 [um 1400]	**Stadtrechtsreformation 1613, Liber I, Tit. 12, Art. 1**	**Frensdorff, I. Lat. Statuten, S. 28, Nr. 14, 1. Teil**	**Freie Übersetzung**	**Frensdorff, III. Stadtbuch, S. 84, Nr. 68**
Vort, hedde we wat ghegheuen, in syner versocht, dat syne eruen gheleyuet hedden, dat he ghene,	Wann einer in seinem Siegbette und Fahrnüß eine Giffte gethan, die seine Erben nicht allein außtrücklich,	*De Donationibus et legationibus* *Si aliquis egrotat ad mortem [...],nichil potest dare*	Von Schenkungen und Vermächtnissen Wenn eine Person todkrank ist, kann sie nichts verschenken oder	Van varnder have in ens vorsocht. Eyn menshe de leghe an sinder vorsocht eder an sime dode, dede de weme gheld eder

1306 Frensdorf, I. Lat. Statuten, S. 28, Nr. 14, 1. Teil, sowie Frensdorff, III. Stadtbuch, S. 84, Nr. 68.

Stadtbuch 1318, I, 109, nach Schroeder, Stadtrecht, S. 31 [um 1400]	**Stadtrechtsreformation 1613, Liber I, Tit. 12, Art. 1**	**Frensdorff, I. Lat. Statuten, S. 28, Nr. 14, 1. Teil**	**Freie Übersetzung**	**Frensdorff, III. Stadtbuch, S. 84, Nr. 68**
deme de ghiffte gheuen were, kunde wissen als recht is, de ghiffte heuet macht.	sondern auch wissend und schweigend beliebet hätten und der Begiffter solches, wie recht ist, beweisen kondte, die Giffte hat macht.	*vel alicui assignare sive in mobilibus sive in inmobilibus sive in sese moventibus nisi de consensu heredum.*	an irgendjemanden abtreten, sei es in beweglichen Sachen, in unbeweglichen Sachen oder in sich selbst bewegenden Sachen [Tieren], es sei denn mit Zustimmung des Erben.	varende have, vorderden de rechten erven dat gud dar na uth eder wůnnent mit gherichte uth, an deme gude en eyghet dat gherichte nicht.

XII. Verschenkbare Güter

Die zwölfte Übereinstimmung findet sich zwischen dem Eintrag im Stadtbuch von 1318, I, 165 zur Stadtrechtsreformation 1613, Liber I, Tit. 12, Art. 2. Die Regelung ist Dortmunder Ursprungs.[1307] Der Rechtssatz behandelt das Recht, seine „geredesten Güteren“ zu verschenken. Hierbei muss es sich um diejenigen Güter handeln, die durch Arbeit selbst erworben wurden und nicht zum familiären Stammgut gehörten.

Stadtbuch 1318, I, 165, nach Schroeder, Stadtrecht, S. 44 [etwa 1407]	**Stadtrechtsreformation 1613, Liber I, Tit. 12, Art. 2**	**Frensdorff, IV. Urtheilsbuch, S. 120, Nr. 45**
Eyn recht is: Eyn man, de alzo gesund is, dat he to stege vnde to strate geyd, wat de van sineme reden gude vnde varender	Wann jemand bey gesunden Tagen, da er zu Stegen und Wegen gegangen, etwas von seinen geredesten Güteren	*Eyn man, dey so gesunt is, dat hey to styghe unde to strate gheit, wat*

1307 Frensdorff, IV. Urtheilsbuch, S. 120, Nr. 45.

Stadtbuch 1318, I, 165, nach Schroeder, Stadtrecht, S. 44 [etwa 1407]	**Stadtrechtsreformation 1613, Liber I, Tit. 12, Art. 2**	**Frensdorff, IV. Urtheilsbuch, S. 120, Nr. 45**
haŭe sleyt vte der hand, neyn recht daranne to beholdende, geŭed, de gyffte heved macht.	übergeben und dasselbe von dem Hafe auß seiner Hand schlecht und also inter vivos giebet und überreichet, kein Recht daran zu haben, die Giffte hat niemand zu fechten.	*de van sinen reyden guyde unde varender have slecht uth hant, neyn recht dar ane to behaldene, gevet, de gyfte hevet macht.*

XIII. Bürgschaftsumfang

Die 13. Übereinstimmung findet sich zwischen dem Eintrag im Stadtbuch von 1318, I, 143 zur Stadtrechtsreformation 1613, Liber I, Tit. 13, Art. 4. Der Rechtssatz stellt den Umfang einer Bürgschaft klar; durch Begleichung der Schuld wird die Zahlungsverpflichtung aufgehoben. Crusius bekräftigt dies mit den schönen Worten: *„Ratio articuli satis manifesta est quod solutione eius, quod debetur, tollatur obligatio.“*[1308]

Stadtbuch 1318, I, 143, nach Schroeder, Stadtrecht, S. 39 [um 1385]	**Stadtrechtsreformation 1613, Liber I, Tit. 13, Art. 4**
Vortmer en recht is: Hedde we deme anderen in eme openen breue ghelouet vor ghelt, wanner dat ghelt na haltnisse des openen breues betalet were, so en darf de gehen, de den bref heuet van rechtes weghene nicht mer weder antworden, dean de inghesegheIe van dem openen breue vorscreuen, he en hedde myt vorworden mer ghelouet.	Noch ist bey uns ein Recht: hätte einer dem andern in einem offenem Brieffe gelobet für Geld, wenn das Geld nach Einhalt deß offenen Brieffes bezahlet, so mag derselbe, der den Brief noch hätte, von Rechts wegen nicht mehr forderen, er hätte dann mit Vorworte und anderweit mehr gelobet.

1308 Ius Statutarium Reipublicae Mindensis, S. 167.

XIV. Fenster und Tropfenfall

Die 14. Übereinstimmung findet sich zwischen dem Eintrag im Stadtbuch von 1318, I, 145 zur Stadtrechtsreformation 1613, Liber I, Tit. 15, Art. 4. Über dieser Eintragung findet sich von Hand des 16./17. Jahrhunderts die Überschrift „*Mit fenstern und dem druppenfal*“, sowie davor ein „*NB*“.[1309] Die baurechtliche Vorschrift regelt, wo Fenster in einer Wand des Tropfenfalles zulässig sind.[1310] Sie beruht auf Dortmunder Recht.[1311]

Stadtbuch 1318, I, 145, nach Schroeder, Stadtrecht, S. 40 [um 1400]	**Stadtrechtsreformation 1613, Liber I, Tit. 15, Art. 4**	**Frensdorff, IV. Urtheilsbuch, S. 113, Nr. 19**
Vortmer eyn recht ys in vnser stad: War eyn man eynen druppenval heuet bûten syner wand, dor de wand mach vynstere maken.	So ist auch ein Recht bey uns, wohin man einen Druppenfall hat, ausserhalb seiner Wand, da mag er durch die Wand, ober den Regel zustehende Fenster machen lassen.	*Waer eyn man eynen drůpenvål hevet buten syner wand, dor dey want mach hey vinstere maken.*

XV. Ersitzung

Die 15. Übereinstimmung findet sich zwischen dem Eintrag im Stadtbuch von 1318, I, 162 zur Stadtrechtsreformation 1613, Liber I, Tit. 16, Art. 11. Über dieser Eintragung findet sich von Hand des 16./17. Jahrhunderts die Überschrift „*Praescriptio pignoris 30 annorum*“.[1312] Der Rechtssatz regelt die Ersitzung einer verpfändeten Sache nach 30 Jahren.[1313] Voraussetzung ist, dass der Gegenstand den gesamten Zeitraum in unbestrittenem Besitz war und die Kinder des ursprünglichen Eigentümers ein Alter von mindestens zwanzig Jahren erreicht haben. Hiermit soll vermutlich sichergestellt werden, dass die Kinder das Alter und die Reife erlangt haben, sich um ihre rechtlichen Belange zu kümmern. Die zweite Hälfte des Rechtssatzes unterscheidet sich in den beiden Textversionen

1309 Vgl. auch Schroeder, Stadtrecht, S. 40, Fn. g).

1310 Beim Traufrecht handelt es sich um eine Grunddienstbarkeit.

1311 Frensdorff, IV. Urtheilsbuch, S. 113, Nr. 19.

1312 Vgl. auch Schroeder, Stadtrecht, S. 43, Fn. b).

1313 Vgl. auch die ähnliche Dortmunder Regelung ist Frensdorff, III. Stadtbuch, S. 81, Nr. 57.

im Wortlaut, weniger aber im Inhalt. Im Stadtbuch von 1318 wird den Kindern das Recht eingeräumt, ein besseres Recht an dem Gut zu beweisen. In der Stadtrechtsreformation von 1613 wird - nach einer eingeschobenen Mahnung, auf sein Eigentum zu achten - die Möglichkeit eröffnet, das Eigentum mit Urkunden zu beweisen.

Stadtbuch 1318, I, 162, nach Schroeder, Stadtrecht, S. 43 [etwa 1407]	**Stadtrechtsreformation 1613, Liber I, Tit. 16, Art. 11**
Item eyn recht is: Hedde eyn vader jemende erfflik gud vorzegeld, vorsat eder vorpendet, dat de jenne, deme dat gud vorzegeld vnde vorpendet were, restliken in were, in heve vnde in bore beseten hedde dertich jar lang sunder rechte bysprake, vnde des vader kindere twintich ja reffte leng to eren jaren gekomen weren vnde to stege vnde to strate gegan hedden vnde de vorpendninge nicht byspraket en hedden, alzo recht is, so were de jennen, deme de gude vorpendet zind, de gude noger to beholdende, den de kindere dar icht jegen to seggende, ze en kunnen dat breken myt eneme beteren rechte.	So ist auch ein Recht bey uns, hätte ein Vatter jemand erblich Gut versiegelt, versetzet, verpfändet, daß der jenige, dem das Gut versiegelt oder verpfändet wäre, in ruhelichem Besitz gehabt und solches dreissig Jahr lang ohn rechte Ansprache deß Vaters und seiner Kinder, da die zwantzig Jahr oder länger zu ihren Jahren gekommen wären und zu Stegen und Wegen allhie gangen, gebrauchet, so wäre derselbe, welchem die Güter verpfändet, niemand dazu zu antworten schüldig, sondern für sein recht Erbe zu halten und zu besitzen bemächtiget; damit ein jeglicher auff das seinige desto besser achtung haben und die rerum dominia oder Eigenthumb so viel mehr in Gewißheit gesetzet werden; es wäre denn, daß die darauff ausgegebene Siegel und Brieffe ein anders außweiseten, so muß denenselben, wie billich, nachgelebet werden.

XVI. Zwischenfazit

Das erste Buch der Stadtrechtsreformation von 1613 enthält 15 Übereinstimmungen mit dem Stadtbuch von 1318. Bei näherer Betrachtung des Inhaltes dieser Rechtssätze zeigt sich, dass sie größtenteils eine erbrechtliche, beweisrechtliche oder fristgebundene Regelung enthalten oder jedenfalls Bezüge dazu aufweisen. Konkret lassen sich von den 15 Übereinstimmungen sechs den erbrechtlichen[1314] Materien, und vier den beweisrechtlichen[1315] Materien zuordnen und drei weisen eine Fristregelung[1316] auf. Weiter bleibt festzuhalten, dass von den 15 Übereinstimmungen elf einen Dortmunder Ursprung haben, wovon wiederum sechs in der Edition von FRENSDORFF nachweisbar sind.

B. Zweites Buch

I. Zustimmung der Erben

Die erste Übereinstimmung im zweiten Buch findet sich zwischen dem Eintrag im Stadtbuch von 1318, II, 37 zur Stadtrechtsreformation 1613, Liber II, Tit. 1, Art. 5. Links neben der Eintrag steht ein „*NB*".[1317] Die Wirksamkeit einer Erbeinsetzung wird in dem Rechtssatz von der Zustimmung der Erben abhängig gemacht. Aus der Zusammenschau mit den anderen Regelungen, insbesondere zu den verschenkbaren Gütern gemäß Liber I, Tit. 12, Art. 2 ergibt sich, dass hier nur das Stammgut gemeint sein kann. So führt auch Crusius aus: „*Articulus ex subsequenti exponendus, loquitur de bonis immobilibus familiae, quae Stammgüter dicimus, quae & de jure Saxonico sine consensu heredum non venduntur.*"[1318]

1314 Ehevertrag und erbrechtliche Folgen gemäß Liber I, Tit. 4, Art. 6; Widerruf Erbgutverkauf wegen Auslandsaufenthalt gemäß Liber I, Tit. 9, Art. 7; Zustimmung Erbgutverkauf gemäß Liber I, Tit. 11, Art. 1; Widerruf Erbgutverkauf gemäß Liber I, Tit. 11, Art. 9; Erbteilgut in habender Wehr gemäß Liber I, Tit. 11, Art. 10; Schenkung auf dem Sterbebett gemäß Liber I, Tit. 12, Art. 1.

1315 Eidbeweis im Rahmen der Haftung der Ehefrau für Handelsgeschäfte des Ehemannes gemäß Liber I, Tit. 6, Art. 1; Zeugenbeweis für Besitz bei Jahrrente gemäß Liber I, Tit. 7, Art. 2; Zeugenbeweis bzgl. Schulden des Verstorbenen gemäß Liber I, Tit. 7, Art. 3; Beweisgrundsätze bei Schuldurkunden gemäß Liber I, Tit. 7, Art. 7.

1316 Widerruf Erbgutverkauf wegen Auslandsaufenthalt innerhalb Jahr und Tag gemäß Liber I, Tit. 9, Art. 7; Widerruf Erbgutverkauf gemäß Liber I, Tit. 11, Art. 9; sowie Ersitzung gemäß Liber I, Tit. 16, Art. 11. Zwei der aufgelisteten drei Regelungen sind zudem erbrechtlich relevant.

1317 Vgl. auch Schroeder, Stadtrecht, S. 64, Fn. b).

1318 Ius Statutarium Reipublicae Mindensis, S. 215. Dieser Grundsatz findet sich auch an anderer Stelle. So erteilt der Mindener Rat dem Rat von Hannover im 14. Jahrhundert die Rechtsweisung (Schroeder, Stadtrecht, S. 151, 144b): „*[…] Dan erfhaftich gud, dat he bi wolmacht nicht vorgiftet vnde let, alse des gůdes recht is, des enmach he nicht in sime varbedde sinen eruen enwerren.*"

Stadtbuch 1318, II, 37, nach Schroeder, Stadtrecht, S. 64 [um 1340]	**Stadtrechtsreformation 1613, Liber II, Tit. 1, Art. 5**
Vortmer ne mach nen man sin erue in testamente eder buten testamente, it ne si mit der nesten eruen willen vnde vulbort, vergheuen.	So ist auch ein Recht in unser Stadt, daß kein Mann oder Weibes-Persohn sein Erbe in oder ausserhalb Testaments ohn seiner Nächsten willen und Vollbort vergeben möge.

II. Schulden des Erbes

Die zweite Übereinstimmung im zweiten Buch findet sich zwischen der ersten Hälfte des Eintrages im Stadtbuch von 1318, II, 43 zur zweiten Hälfte der Stadtrechtsreformation 1613, Liber II, Tit. 2, Art. 1. Über dem Eintrag steht ein „*NB*".[1319] Der Rechtssatz regelt, dass der am engsten verwandte Erbe („das näheste Leib") das Erbe nimmt und daraus die Schulden bezahlt.[1320] Crusius bestätigt, dass der nähere Verwandtschaftsgrad den entfernteren Grad ausschließt: „*gradus proximior excludit gradum remotiorem*".[1321] Zugleich aber ist Crusius sich sicher, dass dieser Rechtssatz dem ius commune entstammt: „*Articulus ex iure communi derivatus*".[1322] Dies ist aber kein zwingender Schluss, denn auch das sächsische Recht kannte dieses Prinzip.

Stadtbuch 1318, II, 43, nach Schroeder, Stadtrecht, S. 64 [um 1360]	**Stadtrechtsreformation 1613, Liber II, Tit. 2, Art. 1**
Vortmer dat negeste lif nymt dat erue vnde betalet de sculd van dem erue. […]	[…] das näheste Leib aber nimbt das Erbe und bezahlet die Schulden von dem Erbe.

1319 Vgl. auch Schroeder, Stadtrecht, S. 64, Fn. g).

1320 Die Pflicht, die Erbschulden zu bezahlen, findet sich auch in einer Rechtsweisung Mindens an Hannover um das Jahr 1400 (Schroeder, Stadtrecht, S. 161, 154a): „*[…] We sines vaders ghud vnde nalath vpboret, de is sines vaders schuld darvan plichtich to betalende. […]*"

1321 Ius Statutarium Reipublicae Mindensis, S. 226.

1322 Ius Statutarium Reipublicae Mindensis, S. 226.

III. Vorrang der abgesonderten Geschwister

Die dritte Übereinstimmung im zweiten Buch findet sich zwischen dem Eintrag im Stadtbuch von 1318, I, 132 (aufgrund von Wiederholung somit auch I, 149) zur Stadtrechtsreformation 1613, Liber II, Tit. 2, Art. 8. Am Rand der Eintragung I, 149 findet sich von Hand des 16./17. Jahrhunderts die Überschrift *„De heredibus emancipatorum inter se"* und ein *„NB"*.[1323] Der Rechtssatz regelt, dass ein abgesonderter Sohn vor seiner Mutter (so im Stadtbuch von 1318), oder dass ein abgesonderter Bruder oder eine abgesonderte Schwester vor ihren Eltern (so in der Stadtrechtsreformation) erben. Der Rechtssatz ist wohl Dortmunder Ursprungs.[1324] An dieser Stelle zeigt sich erneut, dass die Variantenvielfalt in der Regelung zugenommen hat. Es geht nicht mehr nur um die Konstellation Sohn-Mutter, sondern um Geschwister-Eltern. Der Begriff der Absonderung, auch bekannt als Abschichtung oder Abscheid, bezeichnet eine innerfamiliäre Vermögenstrennung im Sinne einer vorzeitigen Abfindung mit einem Erbteil. Es handelt sich um ein altes sächsisches Rechtsinstitut, das bereits der Sachsenspiegel in mehreren Fällen thematisiert,[1325] und das auch im Mindener Stadtbuch von 1318 mehrmals Erwähnung findet.[1326] Ein Eintrag um 1400 beispielsweise nennt das Rechtsinstitut *„schichtynge"* und grenzt es damit zur *„samende"*, dem ungeteilten Erbe, ab.[1327]

Stadtbuch 1318, I, 132, nach Schroeder, Stadtrecht, S. 37 [etwa 1360]	**Stadtbuch 1318, I, 149, nach Schroeder, Stadtrecht, S. 40 [um 1400]**	**Stadtrechtsreformation 1613, Liber II, Tit. 2, Art. 8**
Vortmer en recht is in vser stad: Weren tve brodere echt vnde recht, de	*Item en recht is: Weren twe brodere echt vnde recht, de vnvorscheden*	Volle Brüder und volle Schwestere echt und recht gebohren, wann die von

1323 Vgl. auch Schroeder, Stadtrecht, S. 40, Fn. n).

1324 Siehe auch Frensdorff, V. Jüngste Statutensammlung, S. 180, Nr. 44.7: *„Eyn unverdeelt broder nemet erve vor der affgedeelden moder."*

1325 Ssp. Ldr. I, 10 und 11 (Ebel, Sachsenspiegel, S. 37), Ssp. Ldr. I, 13 (S. 38), sowie Ssp. Ldr. III, 76 (S. 158 f.).

1326 I, 108; I, 132; I, 149; I, 170; I, 176.

1327 I, 170.

Stadtbuch 1318, I, 132, nach Schroeder, Stadtrecht, S. 37 [etwa 1360]	**Stadtbuch 1318, I, 149, nach Schroeder, Stadtrecht, S. 40 [um 1400]**	**Stadtrechtsreformation 1613, Liber II, Tit. 2, Art. 8**
vnvorscheden weren van erme gůde, storue de brodere en, dat gůd velle vp sinen vnvordeleden broder, vnde nicht vp de moder, dar se van vorscheden weren.	*weren vanyrem gude, storue der brodere eyn, dat gůd velle uppe synen vnverdeleden broder vnde nicht vp yre moder, dar se van vorscheden weren.*	ihren Väter- und Müterlichen Gütern abgesondert und dissortiiret seyn, nehmen vor ihren Eltern, davon sie abgescheiden seyn, ihres mitabgesonderten Bruders oder Schwesters Erbe.

Der gleiche Grundgedanke findet sich auch im Eintrag im Stadtbuch von 1318, I, 108, der wiederum auf einer Dortmunder Rechtsweisung beruht und sich im Dortmunder Urtheilsbuch nachweisen lässt.

Stadtbuch von 1318, I, 108, nach Schroeder, Stadtrecht, S. 31 [um 1400]	**Frensdorff, IV. Urtheilsbuch, S. 131, Nr. 91**
Eyn recht is: Storue hyr eyn man, de twe brodere vnde twe sustere echte unde rechte van vader vnde moder achter lete, dar he van vorscheden were, de sint syme ghude allike na, et ne were, dat he naer eruen hedde.	*Storve hiir eyn man, de twey brodere unde twey sustere, echte unde recht van vader unde moder, achter leyte, dar hey van vorscheiden were, dey sint syme ghude allike na, et ene were dat hey naer erven hedde.*

IV. Erbrecht der Enkel bei abgesondertem Elternteil

Die vierte Übereinstimmung im zweiten Buch findet sich zwischen dem Eintrag im Stadtbuch von 1318, II, 52 zur Stadtrechtsreformation 1613, Liber II, Tit. 2, Art. 9. Die Regelung ist Dortmunder Ursprungs.[1328] Der Rechtssatz regelt den Fall, dass ein abgesondertes Kind verstirbt und nach dem anschließenden Tod eines Elternteils erbrechtlich an die Stelle des abgesonderten Kindes wiederum dessen Kinder, also die Enkel treten.

1328 Frensdorff, IV. Urtheilsbuch, S. 126, Nr. 70.

Stadtbuch von 1318, II, 52, nach Schroeder, Stadtrecht, S. 67 [um 1380]	**Stadtrechtsreformation 1613, Liber II, Tit. 2, Art. 9**	**Frensdorff, IV. Urtheilsbuch, S. 126, Nr. 70**
Eyn recht ys in vnser stat: Were eyn wedewe, de twe dochter hedde, de se beyde van sik beraden hedde, storue der dochter en, de echte kindere achter lete, de kindere sint so na dem ghode, dat ere aler-moder achter let, alzo de leyuendighe dochter.	Wären auch Brüder oder Schwester von ihren Eltern abgeschieden, sterbe darnach der Bruder oder Schwester ein, dessen Kindere treten in deß Vaters oder Mutter Stelle und nehmen zugleich mit ihren Vettern deß Elter-Vatters oder Elter-Mutter Erbe.	*Were eyn wedewe, dey twe dochtere hedde, dey sey beide van sick beraden hedde, storve der dochtere eyn, dey echte kindere achter leite, dey kindere sin so na deme gude, dat er aldermoder achter leit, alz de levendige dochter.*

V. Erbrecht nach Stämmen

Die fünfte Übereinstimmung im zweiten Buch findet sich zwischen dem Eintrag im Stadtbuch von 1318, I, 118 (somit auch I, 172) zur Stadtrechtsreformation 1613, Liber II, Tit. 2, Art. 12 sowie Art. 21. Über der Eintragung I, 118 findet sich von Hand des 16./17. Jahrhunderts die Überschrift „*In stirpes, non in capita*".[1329] Über der Eintragung I, 172 findet sich von Hand des 16./17. Jahrhunderts die Überschrift „*In stirpes dividuntur bona, non in capita*" und davor ein „*NB*".[1330] Wenn die Rechtssätze zwar leicht unterschiedliche familiäre Konstellationen und Todesfälle regeln, so ist doch der in ihnen enthaltene Grundsatz gleich: Es gilt das Erbrecht nach Stämmen, nicht nach Köpfen. Dieser Grundsatz findet sich auch im Dortmunder Recht,[1331] und diese elementare Grundsatzentscheidung wird im Rahmen der erbrechtlichen Ursprungsanalyse noch thematisiert werden.

1329 Vgl. auch Schroeder, Stadtrecht, S. 34, Fn. r).
1330 Vgl. auch Schroeder, Stadtrecht, S. 46, Fn. q).
1331 Frensdorff, IV. Urtheilbuch, S. 135 f., Nr. 117.

Stadtbuch 1318, I, 118, nach Schroeder, Stadtrecht, S. 34 [etwa 1360]	**Stadtbuch 1318, I, 172, nach Schroeder, Stadtrecht, S. 46 [um 1400]**	**Stadtrechtsreformation 1613, Liber II, Tit. 2, Art. 12**	**Stadtrechtsreformation 1613, Liber II, Tit. 2, Art. 21**	**Frensdorff, IV. Urtheilbuch, S. 135 f., Nr. 117**
En recht is: Storue we in vnser stad vnde lethe achter en kind van ener suster vnde dre kindere van ener anderen suster, vnde de kindere weren rechte eruen des doden, dat ene kind der enen suster boret alzo vele vp, alze der kindere der anderen suster.	*Item recht ys in vnssir stad: Dat myt vns eyn wedewe vorstoruen were sunder kyndere van or geboren vnde hedde nagelaten van orer moder sustern dochter eyn eynich kynd vppe eyne sijde, vnde hedde ok nagelaten van ores vaders broder kynderen vele kyndere vppe andere sijden, vnde der kyndere olderen an beyden sijden vorstoruen weren bijd vppe der vorscreuenen*	Waren keine Brüdere und Schwestere verhanden, sondern allein deren Kindere, so nehmen sie ihres Vettern oder Basen Erbe und theilen solches in die Stämme und nicht in die Häupter, nemblich also: Bleibe ein Kind von der Schwester und drey Kinder von einer andern Schwester, so nimbt das eine Kind der einen Schwester so viel als die drey Kinder von der andern Schwester.	Noch ist ein Recht in unser Stadt: wenn allhie eine Witwe gestorben wäre, ohn Kinder von ihr gebohren, und hätee hinterlassen von ihrer Mutter Schwester eine Tochter als ein einig Kind auff einer Seiten und hätte auch nachgelassen von ihres Vaters Bruders Kinder viele Kindere auff einer Seiten, und der Kinder Elteren an beyden Seiten verstorben wären biß auff die vorgeschriebener beyder Parteyen	*Hedde eyn vrowe veir dochtere, de sey beraden hedde by rade erer vrende, dey alle veire kindere hedden, storven der dochtere drey unde kindere achter leyten, unde der dochter eyn dey moder vorlevede, der doden dochtere kindere treden in erer moͤdere stad unde*

Stadtbuch 1318, I, 118, nach Schroeder, Stadtrecht, S. 34 [etwa 1360]	**Stadtbuch 1318, I, 172, nach Schroeder, Stadtrecht, S. 46 [um 1400]**	**Stadtrechtsreformation 1613, Liber II, Tit. 2, Art. 12**	**Stadtrechtsreformation 1613, Liber II, Tit. 2, Art. 21**	**Frensdorff, IV. Urtheilbuch, S. 135 f., Nr. 117**
	beyder partyen kyndere, so gebort deme eynen enyghen | kynde van der eynen sijden so vele van deme nagelatenen gude, alse den anderen samentliken kynderen van der anderen sijden.		Kinder, so gebühret dem einigen Kinde von der einen Seiten so viel von dem nachgelassenem Gute, als denen anderen sämptlichen Kinderen von der andern Seiten, wie in Articulo 12. gesetzet ist.	*solen mit der levendigen dochter to der delinge ghaen to deme ghude, dat ere aldermoder achter ghelaten hevet.*

VI. Erbanspruch der mit Brautschatz ausgesteuerten Schwester

Die sechste Übereinstimmung im zweiten Buch findet sich zwischen dem Eintrag im Stadtbuch von 1318, I, 107 zur Stadtrechtsreformation 1613, Liber II, Tit. 2, Art. 14. Der Rechtssatz behandelt den nicht vorhandenen Erbanspruch einer mit einem Brautschatz[1332] ausgesteuerten Schwester. Eine entsprechende Regelung findet sich auch im Dortmunder Recht.[1333] Die Stadtrechtsreformation

1332 Der Brautschatz ist eine Aussteuer; es handelt es sich um eine Ausstattung der Tochter anlässlich ihrer Eheschließung, vgl. Olechowski, HRG 1, 2. Aufl., Sp. 384 f.

1333 Frensdorff, IV. Urtheile, S. 130, Nr. 89. Ähnlich zudem Frensdorff, III. Stadtbuch, S. 96, Nr. 114: *„Van kinderen dey unverschigtet sint van eren alderen. Were en man, des sin echte husvrowe doet were, dey kindere hedde, sûne und dochtere, und hedden enen sûne und ene dochter beraden, und der sune een bleve sittene in des vader were unberaden unde unverschigtet van den vadere, sturve dey vader, dey brudere sulen sametlike schigten al dat gud, dar sey mit deme vadere unverschigtet innesaten, yt en were dat dey brûder, dey in der were sittet, kûnde bewisen alse recht is, dat dey beradene brûder van deme vadere verschigtet were; dan mit der beradenen suster durven dey brûdere nicht schigten, dey suster kunne den brûderen bewisen alse recht is, dat sey*

verlangt zusätzlich einen ausdrücklichen Verzicht dieser Schwester auf weiteres Erbe („sie darauff wegen deß übrigen Guts beständige Verzicht vor dem Raht oder Gerichte thäte“).

Stadtbuch 1318, I, 107, nach Schroeder, Stadtrecht, S. 30 [um 1400]	**Stadtrechtsreformation 1613, Liber II, Tit. 2, Art. 14**	**Frensdorff, IV. Urtheile, S. 130, Nr. 89**
Guden vrende, eyn recht is [in] vnser stad: Zete eyn broder, de můndlich were, mit twen sinen echten zustern in vnvordelden gude, na ores vader vnde moder dode, berede de brodere der zustere eyne, de můndlich were, mit eyme benomeden brutschatte, mit eren willen, de broder vnde zuster, de in vnvordelden gute sitten bliuen, de en sin orer beradene suster nicht vorder schuldich, ti en were, dat de beradene suster vorder wat wissen konde, alse recht is.	Weiters ist bey uns ein Recht: sässe ein Bruder, der unmündig wäre, mit etzlichen seiner rechten Schwesteren in ungetheiletem Gute nach ihres Vaters und Mutter Tode und der Bruder die Schwester, so da mündig wäre, mit einem gewissen Brautschatze mit ihrem Wissen und Willen nach Billigkeit außgesteuret und sie darauff wegen deß übrigen Guts beständige Verzicht vor dem Raht oder Gerichte thäte, der Bruder oder die Schwester, die in denen übrigen ungetheileten Gütern sitzen bleiben, die seynd ihrer außgesteureten Schwester von solchen Güteren weiters nicht zu geben schuldig, es wäre denn Sache, daß ihnen anderswoher ein Gut ansterben möchte, daran kan sie ihr Recht nicht verlieren.	*Sete eyn broder, dey mundich were, mit twen sinen echten susteren in unverdeilden ghuͤde na eres vader unde moder dode, bereyde dey broder der suster eyn, dey můndlich were, mit eyme benomeden brutschatte mit eren willen, dey broder unde suster, dey in unverdeylden gute sittende blyven, dey en syn ere beradenen suster nicht vorder schuldich, it en were dat dey beradene suster vorder wat wissen kunde as recht is; storve ok dey unberadene suster, dat vellet op eren unverdeilden broder, yd en were dat dey beradene suster wat wissen kunde as recht were.*

unverscheden si van des vader gude.“ Siehe auch Frensdorff, IV. Urtheilsbuch, S. 126, Nr. 71: „*Twey brodere dey sitten in unverdelden ghude mit er moder, storve dey moder unde guͤd achter leite, hedden dey eyne suster, echt unde recht van vader unde moder, dey beraden were, unde en dat gud byspreken wolde, dat sey des gudes mede erve were, dat moste sey wisen as recht is, dat sey van deme gude nicht aff beraden were.*“

VII. Absonderungsrecht der Witwe / des Witwers

Die siebte Übereinstimmung im zweiten Buch findet sich zwischen dem Eintrag im Stadtbuch von 1318, I, 128 zur Stadtrechtsreformation 1613, Liber II, Tit. 2, Art. 16.[1334] Nach einer Notiz im Stadtbuch von 1318 ist auch dieser Rechtssatz Dortmunder Ursprungs.[1335] Über dieser Eintragung finden sich von Hand des 16./17. Jahrhunderts die Überschriften „*Bonorum divisio inter parentes et filios*" sowie „*Helfte der guder den kindern*" und ein „*NB*".[1336] Der Rechtssatz regelt das Recht des überlebenden Ehegatten, Güterteilung von den Kindern zu verlangen.

Stadtbuch 1318, I, 128, nach Schroeder, Stadtrecht, S. 36 f. [etwa 1360]	**Stadtrechtsreformation 1613, Liber II, Tit. 2, Art. 16**
Vortmer en recht is in vser stad: Sethe in vnser stad en vrowe mit kinderen, der ere echte man doet were, ofte en man mit kinderen, deme sin echte vrowe doet were,	So ist auch ein Recht in unser Stadt: sässe eine Frau in unser Stadt mit Kinderen, deren ihr Ehemann abgestorben wäre, oder ein Mann mit Kinderen,

1334 Frensdorff, IV. Urtheile, S. 122, Nr. 55: „*Man unde wiif, dey echte lude weren hedden eichte kindere to samene unde hedden gud gewůnnen unde erworven, stervet dey vrowe unde dey man blyvet mit den kinderen sittende in dem gude, wert dat sick dey man vorandersatede, so is hey schuldich mit den kindere nto delende unde to gevene dey helfte can ai dem gůde, dat hey heveth.*"

1335 Frensdorff, V. Jüngste Statuten, S. 178, Nr. 38 spricht der Mutter, die erneut heiraten möchte, die Hälfte der Erbschaft allerdings nur dann zu, wenn nur ein Kind vorhanden ist; bei mehreren Kinder erhält sie nur ein Drittel: „*Item to Soist ys eyn recht: is ene wedewe, de eyn kint hevet echt und recht, und nemet enen anderen man, de wedewe moit erme kynde vorß. geven alsodane gudt halff alse beyde hadden, do er man starff, und weren der kynder twe off meer, so beheylde de wedewe den derden deyll van dem vorß. gude und geve den kynderen de twe dele.*" Sehr interessant ist an dieser Eintragung, dass es sich offensichtlich um Soester Recht handelt, niedergeschrieben in jüngeren Dortmunder Statuten. Dusil, Die Soester Stadtrechtsfamilie, S. 263, relativiert aber, es handele sich eher um eine nachrichtliche Aufnahme denn um eine inhaltliche Übernahme.

1336 Vgl. auch Schroeder, Stadtrecht, S. 36, Fn. m) und n).

Stadtbuch 1318, I, 128, nach Schroeder, Stadtrecht, S. 36 f. [etwa 1360]	**Stadtrechtsreformation 1613, Liber II, Tit. 2, Art. 16**
worde de vrowe ofte de man des tho rade, dat se sick scheden wolden van den kinderen, des ene mochten de kindere nyne vorweygheringhe don; de vrowe ofte de man ene mochte nemen de helfte al des gůdes, dat dar were in ervetale, in redeme gůde vnde in varender haue, vnde laten de anderen helfte den kinderen, it ene breke andere vorworde.	dem seine Ehefraue abgestorben wäre, wurde die Frau oder der Mann entschlossen, daß sie sich von denen Kinderen absonderen und abscheiden wolte, deß möchten die Kinder keine Verweigerung thun, die Frau oder der Mann möchte nehmen die Helffte alles deß Gutes, das verhanden wäre in erben und redem Gute oder an Bahrschafften und sonsten in fahrendem Haabe und liesse die andere Helffte denen Kinderen.

VIII. Absonderungsanspruch gegen Stiefmutter

Die achte Übereinstimmung im zweiten Buch findet sich zwischen dem Eintrag im Stadtbuch von 1318, I, 170 zur Stadtrechtsreformation 1613, Liber II, Tit. 2, Art. 20. Die Regelung ist Dortmunder Ursprungs.[1337] Der Rechtssatz regelt den Absonderungsanspruch eines Sohnes gegen seine Stiefmutter nach dem Tod des Vaters.

Stadtbuch 1318, I, 170, nach Schroeder, Stadtrecht, S. 45 f. [um 1400]	**Stadtrechtsreformation 1613, Liber II, Tit. 2, Art. 20**	**Frensdorff, IV. Urtheilsbuch, S. 115, Nr. 29**
Item eyn recht ys in vnssir stad: Spreke eyn echte rechte sone na dode synes vaders syne steffmoder an, dat he in enem samende sete myt synem vader	Noch ein Recht ist in unser Stadt: spreche ein echt und rechter Sohn nach seines Vaters Todt seine Stieff-Mutter an, daß er mit seinem Vater Seel. in ungetheileten Güteren gesessen,	*Spreke eyn echte sone sin steyfmoder an na dode sines vaders ume ene schichtincge sines vaderliken gudes, hevet dey vader neyne*

1337 Frensdorff, IV. Urtheilsbuch, S. 115, Nr. 29.

Stadtbuch 1318, I, 170, nach Schroeder, Stadtrecht, S. 45 f. [um 1400]	**Stadtrechtsreformation 1613, Liber II, Tit. 2, Art. 20**	**Frensdorff, IV. Urtheilsbuch, S. 115, Nr. 29**
wente in synes vaders doet, so solde de steffmoder deme sone schichtynge don, se enkonde deme sonen schichtynge wysen, alse recht ys.	dann ihm sein sehl. Vater seinen kindlichen Abscheid nicht vermachet, so ist die Stieffmutter dem Sohn Schichtung zu thun und ihm das halbe Gut, wie es bey Zeiten ihrer Heurath gewesen, vermittelst Aides zu geben schuldig, sie konte dann dem Sohne Schichtung weisen, als recht ist.	*schichtinge gedaen mit sime sone, so is de Steyfmoder erme steyfsone ene schichtinghe schuldicht to done van deme, dat er man hadde des dages, er hey sey to echte nam, sey en kůnne eme dat breken mit eme beteren rechte.*

IX. Erbberechtigter an Heergewäte

Die neunte Übereinstimmung im zweiten Buch findet sich zwischen dem Eintrag im Stadtbuch von 1318, II, 23 zur ersten Hälfte der Stadtrechtsreformation 1613, Liber II, Tit. 4, Art. 1 (und damit auch zu Liber II, Tit. 4, Art. 6). Auf diese Passage aus dem Jahre 1336 wird auch im Proömium der Stadtrechtsreformation Bezug genommen.[1338] Die Regelung schreibt fest, dass das Heergewäte, ein Sondererbgut der Mannesseite, der näheste männliche Verwandte erbt. Eine vergleichbare Regelung findet sich auch im Stadtbuch 1318, I, 106.

1338 *„[...] der Ursprung und Anfang deß alten StadtRechtens lautet also: Anno nach Gades Bordt Ein dusent dreyhundert und Soß und dortig do leth verbaden die Rath tho Minden de Oldesten und Wiesesten, de tho Minden wehren, und quemen eines rechten over, dat ohne tho vorn ein olt Recht wesen was, dat se dar willet biblieven etc."*

Stadtbuch 1318, II, 23, nach Schroeder, Stadtrecht, S. 61 [17.05.1336]	**Stadtbuch 1318, I, 106, nach Schroeder, Stadtrecht, S. 30 [15. Jh.]**	**Stadtrechtsreformation 1613, Liber II, Tit. 4, Art. 1**	**Stadtrechtsreformation 1613, Liber II, Tit. 4, Art. 6**
Des vrydages vor Pinkesten na Godes bort dusent drehundert in deme sesundrittigesten jare do let vorboden de rat tho Minden de eldesten vnde wisesten, de to Minden weren, vnde quemen enes rechtes ouer, dat vore en olt recht to Minden wesen hadde, vnde dat se dar bi bliuen willet: So welic man to Minden steruet, sin herwede scal nehmen de neyste van der swertsiden, echte vnde recht.	*Vortmer eyn recht is an vnser stad myt dem herwede vnd mit der gerade vth olden gelofliken zeden, gewonten, herkumsten vnde rechte nicht anders gheholden, dan de nogesten von der swertsyden synt berechtiget vnd then dar herwede, vnde de nogesten van der spilsyden synt berechtiget vnd then de gherade.*	In unser Stadt ist ein althergebrachtes Recht, daß die Nähesten der Schwertseiten bemächtiget sein zuziehen das Hergewethe […].	Ein Recht ist unser Stadt, stirbt einer, sein Hergewethe soll nehmen der Neheste von der Schwertseiten, Echt und Recht.

X. Erbberechtigte an Gerade

Die zehnte Übereinstimmung im zweiten Buch findet sich zwischen dem Eintrag im Stadtbuch von 1318, II, 24 zur zweiten Hälfte der Stadtrechtsreformation 1613, Liber II, Tit. 4, Art. 1. Die Regelung schreibt fest, dass die Gerade, ein Sondererbgut der Frauenseite, die näheste weibliche Verwandte erbt.

Stadtbuch 1318, II, 24, nach Schroeder, Stadtrecht, S. 61 [1336]	**Stadtrechtsreformation 1613, Liber II, Tit. 4, Art. 1**
Vortmer so wanne en vrůwe to Minden sterft, de negeste van der spillen, de schal nehmen der vrůwen radhe, echt vnde recht.	In unser Stadt ist ein althergebrachtes Recht, daß [...] die Nähisten von der Sipseiten berechtiget seyn zuziehen das Gerade.

XI. Umfang des Heergewäte

Die elfte Übereinstimmung im zweiten Buch findet sich zwischen dem Eintrag im Stadtbuch von 1318, II, 19 zur Stadtrechtsreformation 1613, Liber II, Tit. 4, Art. 3. Der Artikel trägt die Überschrift „*Hergewethe*" von Hand des 16./17. Jahrhunderts,[1339] und enthält eine Auflistung der Dinge, die das Heergewäte umfasst. Die Aufzählung ist in beiden Rechtstexten nahezu identisch; das Stadtbuch von 1318 listet 14 verschiedene Gegenstände auf, in der Stadtrechtsreformation von 1613 ist diese Liste um nur drei weitere Gegenstände ergänzt.[1340]

Stadtbuch 1318, II, 19, nach Schroeder, Stadtrecht, S. 60 [um 1400]	**Stadtrechtsreformation 1613, Liber II, Tit. 4, Art. 3**
Dit is dat herwede: des mannes gheschapenen kledere, der he brukede, do he leuende, syn swerd, dat beste perd ghesadelt, dat beste harnsch, dat de hadde to eyns mans liue, do he starff in synen gheweren, eyne swerdmate kisten, enen herpǒl, dat is en bedde, eyn kussen, twe lynlakene, eyn dischlaken, twe beckene, ene dwelen, enen sak vnde zekelen.	Zum Hergewethe gehören gemachete und geschnittene Kleider, die er gebrauchete, als er lebete, sein Schwerdt, sein bestes Pferd gesattelt, das beste Harnisch, daß Er hatte zu eines Mannes Leibe, da er starb in seiner Gewehr, ein schwerdmessige Kisten, ein Herpuel, daß ist ein Bette, ein Küssen, zwey linen Laken, ein Tischlaken, ein schwartzer Kessel, zwey Becken, zwo Kanten, zwo Grapen, ein Dwele, ein Sack und Seckel.

1339 Vgl. auch Schroeder, Stadtrecht, S. 60, Fn. l).

1340 Hinzugekommen sind: „*[...] ein schwartzer Kessel, [...] zwo Kanten, zwo Grapen [...].*"

XII. Umfang der Gerade

Die zwölfte Übereinstimmung im zweiten Buch findet sich zwischen dem Eintrag im Stadtbuch von 1318, II, 20 zur Stadtrechtsreformation 1613, Liber II, Tit. 4, Art. 4. Der Artikel trägt die Überschrift „*Gerade*“ von Hand des 16./17. Jahrhunderts,[1341] und enthält eine Auflistung der Dinge, die die Gerade umfasst. Die Aufzählung ist nahezu identisch; das Stadtbuch von 1318 listet nur einen Gegenstand, den die Stadtrechtsreformation nicht nennt, wohingegen die Stadtrechtsreformation nur zwei im Stadtbuch von 1318 nicht genannte Gegenstände benennt.[1342] Insgesamt ist die Auflistung sehr umfangreich und enthält 33 unterschiedliche Kleidungs-, Haushalts- und Schmuckstücke.

Stadtbuch 1318, II, 20, nach Schroeder, Stadtrecht, S. 60 f. [um 1400]	**Stadtrechtsreformation 1613, Liber II, Tit. 4, Art. 4**
Dit sind de gherade: eyn bedde mid siner tobehoringe, dar de vrowe vppe sleep, eyne kisten, dar se den slotel to dorch, eyn maghedbedde mid syner tobehoringe, alle wyfflike kledere, der se brukende, do se leuede, eyn dischlaken vnde handdwelen, eyne bidwelen, ene bodene, roff vnde badelaken, alle toppede, alle vmmehanghe vnde ruggelaken, ghebende, eyn handvat, eyn beken, twe luchtere, clenode, ghewracht van golde, suluere vnde perlen, des se brukede, vrowen boke, eyne sedelen, twe stole, twe kussene, twe kannen, twe gropen, eynen swarten ketel, eynen missinges ketel, speghel, scheren vnde borsten.	Zum Gerahde gehöret ein Bette mit seiner Zubehörunge, darauff die Fraue geschlaffen, eine Kisten, darzu Sie den Schlüssel getragen, ein Magdbette mit seiner Zubehörung, alle Weibliche Kleider, die sie gebrauchet oder zu ihrem Leibe geschnitten weren, als sie lebte, ein Tischlaken und Handwelen, ein Beydwelen, ein Baderoff und Badelaken, alle Tapettiche, alle Umbhenge und Ruggelaken, Gebende, ein Handfaß, ein Luchtebeken, zwey Leuchter, Kleinodien, gewirckte von Golde, Silber und Perlen, die Sie gebrauchet, Frawenbuchere, ein Sedelen, zwo Stüle, zwey Küssen, zwo Kannen, zwo Becken, zwo Grapen, ein schwartzer Kessel, ein Missinges Kessel, Spiegel, Scheren, Bursten und alles Laken, dadurch die Schere gangen ist.

1341 Vgl. auch Schroeder, Stadtrecht, S. 60, Fn. l).

1342 Das Stadtbuch von 1318 listet noch „*[...] ene bodene [...]*“ auf, wohingegen die Stadtrechtsreformation von 1613 an späterer Stelle „*zwo Becken [...] und alles Laken, dadurch die Schere gangen ist*“ nennt.

XIII. Zwischenfazit

Das zweite Buch der Stadtrechtsreformation von 1613 enthält zwölf Übereinstimmungen mit dem Stadtbuch von 1318, die allesamt erbrechtliche Materien regeln. Von diesen zwölf Übereinstimmungen haben nachweislich sechs einen Dortmunder Ursprung, davon wiederum fünf finden sich in der Edition von FRENSDORFF.

C. Drittes Buch

I. Unrechtmäßiger Bodenabbau

Die erste Übereinstimmung im dritten Buch findet sich zwischen dem Eintrag im Stadtbuch von 1318, I, 140 (aufgrund von Wiederholung somit auch I, 153) zur Stadtrechtsreformation 1613, Liber III, Tit. 3, Art. 2. Der Rechtssatz regelt den unrechtmäßigen Bodenabbau auf fremdem Grund und als Rechtsfolge die Bestrafung nach Ausweisung in den Bruchrollen.

Stadtbuch 1318, I, 140, nach Schroeder, Stadtrecht, S. 39 [etwa 1360]	**Stadtbuch 1318, I, 153, nach Schroeder, Stadtrecht, S. 41 [um 1400]**	**Stadtrechtsreformation 1613, Liber III, Tit. 3, Art. 2**
Ouer en ander recht is in vser stad: Queme en wetene eder vnwethene vp enes anderen woerd of erue, dat vnbewracht were, vnde groue darvppe lemen ane sinen willen, de doet ene ghewelde deme gherichte. Spreket he ene vordere an vmme scaden, den mach de betalen mit gelde of mit rechte.	*Item eyn recht is: Queme en wetende eder vnwetende vppe eynes anderen word if erue, dat vnbewracht were, vnde groue darvppe lemen ane sinen willen, de dod ene ghewelde dem gherichte. Sprict he ene vorder an vmme schaden, den mach he betalen mid gulde ifte mid rechte.*	Wehr auff eines anderen AckerGrund und Boden mit Graben oder derogleichen ohn des Eigenthums Herrn Wissen und Willen Leimen, Sandt oder anders was graben wird, ist derselbe dazu zuantworten schuldig und verfallet denen Brucheherrn in die Straffe nach ausweissung dero Rollen.

II. Haftungsfreistellung bei Bauarbeiten durch Warnung

Die zweite Übereinstimmung im dritten Buch findet sich zwischen dem Eintrag im Stadtbuch von 1318, I, 119 (aufgrund von Wiederholung somit auch I, 146) zur Stadtrechtsreformation 1613, Liber III, Tit. 3, Art. 3. Der Rechtssatz behandelt Schadensersatzansprüchen bei Unglücken bei Bauarbeiten, wenn vorher gewarnt wurde. Nach einer Notiz im Stadtbuch von 1318 ist er Dortmunder Ursprungs.

Stadtbuch 1318, I, 119, nach Schroeder, Stadtrecht, S. 34 [etwa 1360]	**Stadtbuch 1318, I, 146, nach Schroeder, Stadtrecht, S. 40 [um 1400]**	**Stadtrechtsreformation 1613, Liber III, Tit. 3, Art. 3**
Vortmer en recht is in vser stad: Hedde en man ghetimmeret in vser stad vppe sin hus eder an sin hus, dat scaden dede, dar ene wyse wy nynen broke vp, yt ene were sake, dat he vore ghewarnet waͤre, alze recht is. Men wolde ene we sculdighen vmme vorsathe eder vmme argelist, dar moste hee eme vor don alzo vele, alze recht is.	*Vortmer eyn recht is in vnser stad: Hedde en man ghetymmeret oppe syn hus eder an syn hus, dat schaden dede, dar ene wise wy nenen broke vp, it ne were sake, dat he vore ghewarent were, also en recht is; mer wolde ene wey schuldighen vmme vorsate eder vme arghelist, dar moste he eme vore don also vele, also recht is.*	Begebe sich in Auffbauung eines Hauses oder sonsten in eines Mannes Arbeit, daß einem ohn eines Menschen Verursachen Schade wiederführe, den bedarff der Mann, in dessen Arbeit der geschehen, nicht gelten, er hätte Ihm dann zuvor gesaget.

III. Haftungsfreistellung des Wagenfahrers nach Warnruf

Die dritte Übereinstimmung im dritten Buch findet sich zwischen dem Eintrag im Stadtbuch von 1318, II, 27 zur Stadtrechtsreformation 1613, Liber III, Tit. 3, Art. 4.[1343] Der Rechtssatz stellt den Wagenfahrer von der Haftung für einen durch sein Fuhrwerk verursachten Personenschaden frei, wenn er die Leute zuvor aufgefordert hat, Platz zu machen. Interessant ist, dass ausnahmsweise der Eintrag im Stadtbuch von 1318 umfangreicher ist. Zur soeben genannten Regelung tritt dort die Einschränkung hinzu, dass die Haftungsfreistellung nicht gelte bei Kindern, Alten und geistig Verwirrten.

1343 Möglicherweise hatte auch Schroeder diese Ähnlichkeit festgestellt. In Schroeder, Stadtrecht, S. 62 hat er nämlich zu I, 27 eine Fußnote 128 angefügt. Diese Fußnote findet sich aber auf Seite 62 im Fußnotenapparat nicht. Auf der vorangehenden Seite 61 gibt es eine Fußnote 128, die sich allerdings auf II, 23 und II, 24 bezieht. Auf der nachfolgenden Seite 63 gibt es dann eine Fußnote 129, die sich allerdings auf II, 32 bezieht.

Stadtbuch 1318, II, 27, nach Schroeder, Stadtrecht, S. 62 [1336]	**Stadtrechtsreformation 1613, Liber III, Tit. 3, Art. 4**
Item de casu: Schude, dat en queme mit eme waghene efte mit eme thůwe varende mangc lude vnde repe he: wik! wik! vnde warnde se, vnde de ghene, de dat horde vnde nicht wiken wolden, schude eme schade, de ghene, des de wagen eder dat towe were, ne drochte eme nicht beteren, it ne were, dat it kindere were eder kranke lude eder vntwitich, de irer suluen nicht weldich weren, dar scol dith vnbegan, als ene recht were.	Begebe sich, daß einer mit einem Wagen fahren kehme unter Leute und rieffe, daß Sie weichen solten und Sie thäten daß nicht und darüber Schade geschehe, so ist der Fuhrman daran unschuldig.

IV. Rückgabeanspruch Diebesgut

Die vierte Übereinstimmung im dritten Buch findet sich zwischen dem Eintrag im Stadtbuch von 1318, I, 104 Abschnitt 12 zur Stadtrechtsreformation 1613, Liber III, Tit. 7, Art. 1. Der Rechtssatz regelt den Rückgabeanspruch des Eigentümers an ihm gestohlenen Gütern. Ist im Stadtbuch von 1318 noch vom Wichgrafen die Rede, der keinen Anspruch auf das Diebesgut hat, nennt die Stadtrechtsreformation das Gericht.

Stadtbuch 1318, I, 104 Abschnitt 12, nach Schroeder, Stadtrecht, S. 29 [14. Jahrhundert]	**Stadtrechtsreformation 1613, Liber III, Tit. 7, Art. 1**
[…] Schude, dat en borghere begrepe enen def often enen rouere vnde ene mit claghe brachte vor den wichgreuen vnde vorwunne ene, alze en recht were, wanne he hat ghedan hadde, so mach he de haue tho sick nehmen weder, vnde dar ene heft de wichgreue nicht an […].	Wann ein Dieb begriffen und die gestohlene Gütere bey ihm befunden werden, so sollen dieselbe dem Eigenthumbs-Herrn wiederzugestellet werden und hat daran das Gerichte kein Recht, jedoch soll er, daß es sein Gut sey, glaubwürdig vorbringen.

V. Rückgabeanspruch verkauftes oder verpfändetes Diebesgut

Die fünfte Übereinstimmung im dritten Buch findet sich zwischen dem Eintrag im Stadtbuch von 1318, II, 38 zur Stadtrechtsreformation 1613, Liber III, Tit. 7, Art. 2. Dieser Rechtssatz steht im engen Zusammenhang mit dem vorangegangenen Rechtssatz. Er thematisiert den Rückgabeanspruch bei durch den Dieb verkauftem oder verpfändetem Diebesgut.

Stadtbuch 1318, II, 38, nach Schroeder, Stadtrecht, S. 64 [um 1350]	**Stadtrechtsreformation 1613, Liber III, Tit. 7, Art. 2**
Oc hebbe wi vor en recht: Welic man med vs wonet, den wi vordegedinget vor vsen borgere, he were jode eder kerstene, worde eme wat vorstolen, vnde worde de def begrepen vnde worde mit gerichte gedodet, deghene, deme dat gestolen is, de mach de haue wedernemen ane scaden vnde ane broke, went dat richte ne heft dar nicht an.	Gestohlen Gut, so entweder Christen oder Juden versetzet oder verkauffet ist, soll man denen Eigenthumbs-Herren wieder geben ohn einige Entgeltnüß, wann er den Eigenthumb erwiesen, wie Recht ist.

VI. Zwischenfazit

Das dritte Buch der Stadtrechtsreformation von 1613 enthält fünf Übereinstimmungen mit dem Stadtbuch von 1318. Es geht nur in einer Übereinstimmung um unerlaubtes Verhalten (Bodenabbau), ansonsten geht es um den Ausschluss von Schadensersatzansprüchen sowie Rückgabeansprüche in Bezug auf Diebesgut.

D. Zusammenfassung

Das erste Buch der Stadtrechtsreformation von 1613 enthält 15 teilweise wörtliche, teilweise jedenfalls sinnbewahrende Textübernahmen aus dem Stadtbuch von 1318, das zweite Buch enthält zwölf Übereinstimmungen, das dritte Buch fünf Übereinstimmungen; das vierte Buch weist keine Übereinstimmungen auf. Mithin liegen demnach 32 wörtliche Übernahmen oder inhaltliche Ähnlichkeiten vor. Sie stammen allesamt aus dem Zeitraum 1336 bis etwa 1407.

Das Stadtbuch von 1318 besteht insgesamt aus 267 Textstücken, worunter wiederum 141 Rechtssätze zu finden sind. Einige Rechtssätze wurden allerdings wiederholt niedergeschrieben. Zieht man diese elf Wiederholungen ab, verbleibt eine Anzahl von 130 Rechtssätzen. Insgesamt konnten 32 wörtliche oder sinnbewahrende Übernahmen nachgewiesen werden. Wenn man die Zahl von 130 Rechtssätzen im Stadtbuch von 1318 zugrunde legt, und insgesamt 32 Übernahmen vorliegen, ergibt sich eine Wiederverwendung der alten Rechtssätze von gerundet 25 Prozent, also einem Viertel.[1344] Diese Zahl ist beachtlich, weil sich somit Rechtssätze erhalten haben und weiterhin gültig sein sollten, die bei Erlass der Stadtrechtsreformation schon bis zu 277 Jahre alt waren.[1345]

Von diesen 32 Übernahmen stammen jedoch 17 Rechtssätze nicht originär aus Minden, sondern sind Dortmunder Rechtsweisungen entlehnt. Dann würden sie aber jedenfalls der Mindener Stadtrechtsfamilie entstammen. Ob derartige Quellen aus der zweiten Hälfte des 14. Jahrhunderts aber überhaupt noch als frei von rezipiertem römischem Recht betrachtet werden können, hängt davon ab, wie man die damalige Rezeptionssituation in Deutschland beurteilt.[1346]

Von den 32 festgestellten Übernahmen aus dem Stadtbuch 1318 in die Stadtrechtsreformation 1613 haben jedenfalls 27 einen privatrechtlichen Inhalt und finden sich daher in den ersten beiden Büchern der Stadtrechtsreformation. Hiervon haben wiederum 18 Stück und damit mehr als die Hälfte einen rein erbrechtlichen Inhalt oder enthalten jedenfalls erbrechtliche Bezüge.[1347] Auffällig ist zudem, dass die alten Rechtsinstitute Heergewäte und Gerade sich stark erhalten haben.[1348] Sie werden im Stadtbuch von 1318 in vier Einträgen erwähnt,[1349] und die Stadtrechtsreformation von 1613 widmet ihnen sogar elf Artikel.[1350] Dies legt die Vermutung nahe, dass die diesbezüglichen erbrechtlichen Artikel der Stadtrechtsreformation noch relativ wenig bis gar nicht romanisiert sind. Ob es tatsächlich ein tiefgreifendes Beharrungsphänomen des Mindener Erbrechts

1344 Die Idee einer prozentualen Darstellung wurde übernommen von Mihm, Das Kölner Stadtrecht von 1437, in: Stadtrechte und Stadtrechtsreformationen, S. 234 f. mit Abbildung 7. Mihm hat die im Kölner Stadtrecht von 1437 kodifizierten Rechtsinhalte ins Verhältnis zur älteren Überlieferung gesetzt und die Vorerwähnung von Rechtssätzen in Teilaufzeichnungen prozentual aufgeschlüsselt. Die Übernahmen schwanken je nach Materie stark zwischen 36% und 89%, wobei darauf hingewiesen werden muss, dass Mihm mit Texten der vorangehenden Jahrzehnte vergleicht und nicht wie im Rahmen dieser Arbeit mit vorangehenden Jahrhunderten.

1345 Der Erlass der Stadtrechtsreformation fällt in das Jahr 1613; die übernommenen Eintragungen des Stadtbuches von 1318 entstammen dem Zeitraum von 1336 bis um 1407.

1346 Vgl. oben die Ausführungen zur Frührezeption über die deutschen Bistümer.

1347 Im ersten Buch lassen sich vier entsprechende Übernahmen nachweisen und im zweiten Buch sind es zwölf Übernahmen, siehe jeweils das Zwischenfazit.

1348 Die Rechtsinstitute von Heergewäte und Gerade wurden für Minden sogar erst 1751 außer Kraft gesetzt, vgl. GStA PK, I. HA, Rep. 32, Nr. 316.

1349 I, 106 und I, 147 und II, 19 und II, 23.

1350 Liber II, Tit. 4, Art. 1-11 zzgl. 2 Decisiones.

gegeben hat, d. h. dieser Frage auf den Grund zu gehen, wird ein Schwerpunkt im Rahmen Ursprungsanalyse sein.

Anhand von zwei nachweisbaren Übereinstimmungen lässt sich belegen, dass beim Erlass der Stadtrechtsreformation die Rechtssätze differenzierter gedacht und niedergeschrieben wurden, was dem Variantenreichtum des Lebens Rechnung trug. Liber I, Tit. 4, Art. 6 bezieht sich nun auch auf die vorversterbende Ehefrau und nicht nur den vorversterbenden Ehemann, Liber II, Tit. 2, Art. 8 auf Geschwister und Eltern statt nur auf Sohn und Mutter.

Der Übersichtlichkeit halber seien die bisherigen Ergebnisse an dieser Stelle noch einmal in tabellarischer Form dargestellt:

Stadtrechtsreformation 1613	**Stadtbuch von 1318**	**Dortmunder Recht?**	**Inhalt**
Liber I, Tit. 4, Art. 6	I, 121, nach Schroeder, Stadtrecht, S. 35 [etwa 1360]	+	Ehevertrag und erbrechtliche Folgen
Liber I, Tit. 6, Art. 1	I, 137, nach Schroeder, Stadtrecht, S. 38 [etwa 1360] I, 150, nach Schroeder, Stadtrecht, S. 41 [um 1400]		Haftung der Ehefrau für Handelsgeschäfte des Ehemannes
Liber I, Tit. 7, Art. 2	I, 174, nach Schroeder, Stadtrecht, S. 46 [um 1400]	Frensdorff, III. Stadtbuch, S. 91, Nr. 94	Zeugenbeweis für Besitz bei Jahrrente
Liber I, Tit. 7, Art. 3	II, 26, nach Schroeder, Stadtrecht, S. 62 [28.06.1336]		Zeugenbeweis bzgl. Schulden des Verstorbenen

Stadtrechtsreformation 1613	**Stadtbuch von 1318**	**Dortmunder Recht?**	**Inhalt**
Liber I, Tit. 7, Art. 7	I, 131, nach Schroeder, Stadtrecht, S. 37 [etwa 1360]	+	Briefschuld bezüglich Haus oder Erbe
Liber I, Tit. 9, Art. 1	Stadtbuch 1318, I, 133, nach Schroeder, Stadtrecht, S. 37 [etwa 1360]	+	Bindungswirkung Kaufvertrag
Liber I, Tit. 9, Art. 7	I, 164, nach Schroeder, Stadtrecht, S. 44 [etwa 1407]	Frensdorff, IV. Urtheilsbuch, S. 146 f., Nr. 159	Widerruf Erbgutverkauf wegen Auslandsaufenthalt
Liber I, Tit. 11, Art. 1	I, 110, nach Schroeder, Stadtrecht, S. 31 [um 1400]	Frensdorff, IV. Urtheilsbuch, S. 115, Nr. 28 Frensdorff, IV. Urtheilsbuch, S. 131, Nr. 93 Frensdorff, IV. Urtheilsbuch, S. 141, Nr. 137	Zustimmung Erbgutverkauf
Liber I, Tit. 11, Art. 9	I, 126, nach Schroeder, Stadtrecht, S. 36 [etwa 1360]	+	Widerruf Erbgutverkauf
Liber I, Tit. 11, Art. 10	I, 127, nach Schroeder, Stadtrecht, S. 36 [etwa 1360]	+	Erbteilgut in habender Wehr

Stadtrechtsreformation 1613	**Stadtbuch von 1318**	**Dortmunder Recht?**	**Inhalt**
Liber I, Tit. 12, Art. 1	I, 109, nach Schroeder, Stadtrecht, S. 31 [um 1400]	Frensdorff, I. Lat. Statuten, S. 28, Nr. 14, 1. Teil Frensdorff, III. Stadtbuch, S. 84, Nr. 68	Schenkung auf dem Sterbebett
Liber I, Tit. 12, Art. 2	I, 165, nach Schroeder, Stadtrecht, S. 44 [etwa 1407]	Frensdorff, IV. Urtheilsbuch, S. 120, Nr. 45	Verschenkbare Güter
Liber I, Tit. 13, Art. 4	I, 143, nach Schroeder, Stadtrecht, S. 39 [um 1385]		Bürgschaftsumfang
Liber I, Tit. 15, Art. 4	I, 145, nach Schroeder, Stadtrecht, S. 40 [um 1400]	Frensdorff, IV. Urtheilsbuch, S. 113, Nr. 19	Fenster und Tropfenfall
Liber I, Tit. 16, Art. 11	I, 162, nach Schroeder, Stadtrecht, S. 43 [etwa 1407]		Ersitzung
Liber II, Tit. 1, Art. 5	II, 37, nach Schroeder, Stadtrecht, S. 64 [um 1340]		Zustimmung der Erben

Stadtrechtsreformation 1613	Stadtbuch von 1318	Dortmunder Recht?	Inhalt
Liber II, Tit. 2, Art. 1	II, 43, nach Schroeder, Stadtrecht, S. 64 [um 1360]		Schulden des Erbes
Liber II, Tit. 2, Art. 8	I, 132, nach Schroeder, Stadtrecht, S. 37 [etwa 1360] I, 149, nach Schroeder, Stadtrecht, S. 40 [um 1400] I, 108, nach Schroeder, Stadtrecht, S. 31 [um 1400]	+ Frensdorff, IV. Urtheilsbuch, S. 131, Nr. 91	Vorrang der abgesonderten Geschwister
Liber II, Tit. 2, Art. 9	II, 52, nach Schroeder, Stadtrecht, S. 67 [um 1380]	Frensdorff, IV. Urtheilsbuch, S. 126, Nr. 70	Erbrecht der Enkel bei abgesondertem Elternteil
Liber II, Tit. 2, Art. 12 Liber II, Tit. 2, Art. 21	I, 118, nach Schroeder, Stadtrecht, S. 34 [etwa 1360] I, 172, nach Schroeder, Stadtrecht, S. 46 [um 1400]	Frensdorff, IV. Urtheilsbuch, S. 135 f., Nr. 117	Erbrecht nach Stämmen

Stadtrechtsreformation 1613	**Stadtbuch von 1318**	**Dortmunder Recht?**	**Inhalt**
Liber II, Tit. 2, Art. 14	I, 107, nach Schroeder, Stadtrecht, S. 30 [um 1400]	Frensdorff, IV. Urtheilsbuch, S. 130, Nr. 89	Erbanspruch der mit Brautschatz ausgesteuerten Schwester
Liber II, Tit. 2, Art. 16	I, 128, nach Schroeder, Stadtrecht, S. 36 f. [etwa 1360]	+	Absonderungsrecht der Witwe / des Witwers
Liber II, Tit. 2, Art. 20	I, 170, nach Schroeder, Stadtrecht, S. 45 f. [um 1400]	Frensdorff, IV. Urtheilsbuch, S. 115, Nr. 29	Absonderungsanspruch gegen Stiefmutter
Liber II, Tit. 4, Art. 1 (und Art. 6)	II, 23, nach Schroeder, Stadtrecht, S. 61 [17.05.1336] I, 106, nach Schroder, S. 30 [15. Jh.]		Erbberechtigter an Heergewäte
Liber II, Tit. 4, Art. 1	II, 24, nach Schroeder, Stadtrecht, S. 61 [1336]		Erbberechtigte an Gerade
Liber II, Tit. 4, Art. 3	II, 19, nach Schroeder, Stadtrecht, S. 60 [um 1400]		Umfang des Heergewäte

Stadtrechtsreformation 1613	**Stadtbuch von 1318**	**Dortmunder Recht?**	**Inhalt**
Liber II, Tit. 4, Art. 4	II, 20, nach Schroeder, Stadtrecht, S. 60 f. [um 1400]		Umfang der Gerade
Liber III, Tit. 3, Art. 2	I, 140, nach Schroeder, Stadtrecht, S. 39 [etwa 1360] I, 153, nach Schroeder, Stadtrecht, S. 41 [um 1400]		Unrechtmäßiger Bodenabbau
Liber III, Tit. 3, Art. 3	I, 119, nach Schroeder, Stadtrecht, S. 34 [etwa 1360] I, 146, nach Schroeder, Stadtrecht, S. 40 [um 1400]	+	Haftungsfreistellung bei Bauarbeiten durch Warnung
Liber III, Tit. 3, Art. 4	II, 27, nach Schroeder, Stadtrecht, S. 62 [1336]		Haftungsfreistellung des Wagenfahrers nach Warnruf

Stadtrechtsreformation 1613	**Stadtbuch von 1318**	**Dortmunder Recht?**	**Inhalt**
Liber III, Tit. 7, Art. 1	I, 104 Abschnitt 12, nach Schroeder, Stadtrecht, S. 29 [14. Jahrhundert]		Rückgabeanspruch Diebesgut
Liber III, Tit. 7, Art. 2	II, 38, nach Schroeder, Stadtrecht, S. 64 [um 1350]		Rückgabeanspruch verkauftes oder verpfändetes Diebesgut

§ 8 Nachweisliche Auslassungen aus dem Stadtbuch von 1318

Es lassen sich jedoch nicht nur Übernahmen aus dem Stadtbuch von 1318 in die Stadtrechtsreformation von 1613 nachweisen, sondern auch die ganz bewusste Entscheidung, welche Rechtssätze nicht übernommen werden sollen. Denn in dem Stadtbuch von 1318 lässt sich in 25 Fällen die später von Averberg hinzugefügte Notiz „non extractum" feststellen,[1351] d. h. es wurde kenntlich gemacht, dass Einträge nicht übernommen wurden.

Die 25 Rechtssätze weisen einen sehr unterschiedlichen Inhalt auf. Neun dieser Rechtssätze sind einfach durch ihren urkundlichen Inhalt, die vergangene Zeit oder die Regelung eines besonderen Einzelfalles nicht mehr relevant.[1352]

1351 I, 167; I, 168; I, 169; I, 171; II, 6; II, 8; II, 9; II, 10; II, 12; II, 21; II, 22; II, 25; II, 28; II, 34; II, 35; II, 39; II, 42; II, 47; II, 51; II, 53; II, 54; II, 55; II, 56; II, 57; II, 62.

1352 (1) Stadtbuch 1318, I, 168, nach Schroeder, Stadtrecht, S. 45, bzgl. eines Grundstücksstreit mit Bezug zu Lübbecke; (2) Stadtbuch 1318, I, 169, nach Schroeder, Stadtrecht, S. 45, bzgl. Geldbuße bei Körperverletzung; (3) Stadtbuch 1318, II, 12, nach Schroeder, Stadtrecht, S. 56, bzgl. Stiftung des Hl. Geist Hospitals; (4) Stadtbuch 1318, II, 21, nach Schroeder, Stadtrecht, S. 61, bzgl. Ratssitz Gevekoten; (5) zur gleichen Thematik: Stadtbuch 1318, II, 57, nach Schroeder, Stadtrecht, S. 68; (6) Stadtbuch 1318, II, 51, nach Schroeder, Stadtrecht, S. 66, bzgl. Schutzvertrag mit Graf von Schomborg; (7) Stadtbuch 1318, II, 54, nach Schroeder, Stadtrecht, S. 67, bzgl. Klage Johans van Leteln gegen Witwe Wobbeken; (8) und (9) Stadtbuch 1318, II, 55 und 56, nach Schroeder, Stadtrecht, S. 67 f., bzgl. Ratsbesetzung; (10) Stadtbuch 1318,

Einige Rechtssätze waren zu speziell und konnten unter die allgemeiner gefassten Tatbestände der Stadtrechtsreformation subsumiert werden.[1353] Wieder andere Rechtssätze waren vermutlich durch die Einführung eigener thematischer Ordnungen und Bruchrollen überholt.[1354] Und zu guter Letzt gab es auch noch Rechtssätze, die eine andere Rechtsfolge erhalten hatten,[1355] oder in Bezug zum Landesherrn standen und daher im Stadtrecht nicht mehr erwähnt wurden.[1356]

Es gibt im Stadtbuch von 1318 insgesamt 141 Rechtsweisungen und Statuten, abzüglich der Wiederholungen sind es 130. Ungeklärt bleibt, warum einige Passagen übernommen wurden, einige mit „non extractum" markiert und dementsprechend ausgelassen wurden, aber wiederum andere zwar nicht markiert, aber dennoch ausgelassen wurden. Konkret handelt es sich hierbei um 75 Rechtssätze.[1357] Eine mögliche These ist, dass diese 75 Rechtssätze evident nicht relevant waren und nur die anderen Rechtssätze eingehender geprüft wurden. Eine andere Möglichkeit ist, dass Averberg zwar die Einteilung des Stadtbuches von

---

II, 35, nach Schroeder, Stadtrecht, S. 63, bzgl. Zeugen; (11) Stadtbuch 1318, II, 39, nach Schroeder, Stadtrecht, S. 64, bzgl. Buße bei Körperverletzungen; (12) Stadtbuch 1318, II, 42, nach Schroeder, Stadtrecht, S. 64, bzgl. Ratsmänner als Zeugen.

1353 (1) Stadtbuch 1318, I, 167, nach Schroeder, Stadtrecht, S. 44 f., bzgl. einer Klage Witwe gegen Witwe auf Zahlung aus Briefschuld des Mannes; (2) Stadtbuch 1318, I, 171, nach Schroeder, Stadtrecht, S. 46, bzgl. Aufruhr und Urkundenfälschung durch Gemeindediener; (3) Stadtbuch 1318, II, 62, nach Schroeder, Stadtrecht, S. 71 f., bzgl. Körperverletzungen; (4) Stadtbuch 1318, II, 47, nach Schroeder, Stadtrecht, S. 65, bzgl. Pfandrecht; (5) Stadtbuch 1318, II, 34, nach Schroeder, Stadtrecht, S. 63, bzgl. Liftucht (lebenslängliches Nutzungsrecht des überlebenden Ehegatten).

1354 (1) Stadtbuch 1318, II, 8, nach Schroeder, Stadtrecht, S. 55, bzgl. unerlaubter Baumfällung; (2) Stadtbuch 1318, II, 9, nach Schroeder, Stadtrecht, S. 55, bzgl. Personenbeschränkung in Herbergen; (3) Stadtbuch 1318, II, 10, nach Schroeder, Stadtrecht, S. 55, bzgl. Braurecht; (4) Stadtbuch 1318, II, 28, nach Schroeder, Stadtrecht, S. 62, bzgl. Geldschuld Wechsler; Stadtbuch 1318, II, 53, nach Schroeder, Stadtrecht, S. 67, bzgl. Holz, das auf ein fremdes Grundstück fällt und von dort wieder eingesammelt wird.

1355 Gemäß Stadtbuch 1318, II, 22, nach Schroeder, Stadtrecht, S. 61, liegen Leben und Gut desjenigen, der eine Schmähschrift oder Fehde gegen die Obrigkeit anzettelt, in der Hand des Rates („*syn lijff vnde gud scholde stan an des rades hand*"), wohingegen der Täter einer Schmähung gegen die Obrigkeit gemäß Stadtrechtsreformation, Liber III, Tit. 2, Art. 12 „*ernstlich und nach gelegenheit mit Gefengnüß gestraffet und mit Wasser und Brodt gespeiset werden [soll].*"

1356 (1) Stadtbuch 1318, II, 25, nach Schroeder, Stadtrecht, S. 62, bzgl. Zollpflicht; (2) Stadtbuch 1318, II, 6, nach Schroeder, Stadtrecht, S. 55, bzgl. Beistand durch den Rat.

1357 130 Rechtssätze abzüglich 30 Übernahmen und abzüglich 25 markierten Auslassungen.

1318 vorgenommen hat, aber die „non extractum" Notiz nicht von ihm stammt, sondern von einem unbekannten Verfasser eines anderen verlorenen Stadtbuches. Dies ist aber eher abwegig, weil auch Handschrift der „non extractum" Notizen zu Averberg passt. Mit letzter Gewissheit klären lässt sich die Frage nicht.

Als gesichert kann aber gelten, dass die Entscheidung gegen eine Übernahme von bestimmten Rechtssätzen jedenfalls bei sorgfältiger Arbeit alles andere als eine mühelose, schnelle Tätigkeit war. Tilgung bedeutet Arbeitsaufwand. BLATTMANN hat dies (allerdings für frühmittelalterliche Texte) sehr treffend formuliert: „Und einen Text bei einer Redaktion zu ignorieren heißt eben nicht, ihn zu tilgen, sondern ihn kommentarlos zu transportieren. Tilgung nämlich erfordert, genauer betrachtet, einen beträchtlichen Arbeitsaufwand: Man muß sich überlegen, ob die Vorschrift wirklich nichts mehr wert ist, man muß nachdenken, ob nicht statt dessen etwas anderes zu setzen wäre [...]."[1358]

§ 9 Wörtliche Übereinstimmungen und inhaltliche Ähnlichkeit zu anderen Mindener Rechtstexten i.w.S.

Neben dem Stadtbuch von 1318 sind noch die beiden Stadtbücher von 1376 sowie 1527, einige Mindener Statuten und das Fischerstadt Gerechtigkeit Buch von 1564 als Vergleichsmaterial heranzuziehen. Die Suche nach Übereinstimmungen von Artikeln der Stadtrechtsreformation mit dem teilweise durch starke Beschädigung[1359] nur lückenhaft zu entschlüsselnden Stadtbuch von 1376, das sowieso größtenteils nur Bürgeraufnahmen verzeichnet, blieb ohne Erfolg.[1360]

1358 Blattmann: Über die `Materialität` von Rechtstexten, in: Frühmittelalterliche Studien 28 (1994), S. 333-354, hier S. 344. Blattmann beschreibt dort sehr bildlich: „Wie die Umwandlung von Materie verschlingt auch die Tilgung von Materie viel Energie. Materie einfach zu belassen bzw. unverändert zu transportieren ist vergleichsweise fast kostenneutral."

1359 Schroeder, Stadtrecht, S. 79 f., zum Blatt 1 der Handschrift, das stadtrechtliche und familienrechtliche Aufzeichnungen enthält: „Das erste Blatt der Handschrift, insbesondere S. 1, ist durch chemische und mechanische Einwirkung schwer beschädigt. [...] Seite 1 zeigt an den Rändern dunkelbraune bis schwarze Flecken, einige Randpartien [...] sind abgebrochen; außerdem zeigt das erste Blatt noch verschiedene tintenfraßähnliche Löcher. Darüber hinaus ist S. 1 [...] stark beschabt, und es sind dadurch hier auch die noch erhaltenen und nicht verfärbten Partien teils schwer, teils gar nicht mehr leserlich."

1360 Einzig eine Passage könnte sinngemäß in die Stadtrechtsreformation übernommen worden sein. Sie ist allerdings so unvollständig, dass keine abschließende Aussage getroffen werden kann. Diese Passage aus dem Stadtbuch von 1376, S. 1b, lautet nach

Gleiches gilt für das sehr lückenhafte Stadtbuch von 1527 und das sich in weiten Teil auf die Fischerei beziehende Fischerstadt Gerechtigkeit Buch von 1564. Neben diesen Büchern sind aber noch weitere Stadtrechtssatzungen aus den Jahren 1451,[1361] 1464[1362] und 1522[1363] überliefert,[1364] die sich in erster Linie als „materienübergreifende Sammlung von Einzelverordnungen“[1365] charakterisieren lassen. Hier lässt sich lediglich eine weitere jedenfalls inhaltliche Übereinstimmung nachweisen.

Die zehn Statuten umfassende Sammlung von 1451 enthält zu Beginn eine Regelung, die in ähnlicher Gestalt auch in der Stadtrechtsreformation am Anfang steht: „*Wan de raed richtet, so scholen se richten endrechtliken. Wert auer, dat se des nicht konden eins werden, so scholen se den olden rad darby vorbaden und halen der stadt book unde seen. Wor se dat dar nicht anne vinden oder des glichen, so scholen se de sacke scriven to Dortmunde von beyden partien und lathen et ghan alse et recht sy.*“[1366] Auch die Stadtrechtsreformation fordert: „*[…] kompt eine Sache für dem Raht, die soll der Raht eindrechtig richten und diß Ihr Buch aufschlagen, ob darein des Rechten ichtwas zu finden […].*“[1367] Ebenso kann sich der Rat Hilfe holen, denn er richtet „*auff erfordernder Noht mit und neben dem Alten Rahte und Jedem Ambte*“.[1368] Der klare Unterschied zwischen den beiden

Schroeder, Stadtrecht, S. 84: „*Item ok ys vnser stad recht, dat eyn vormunde na der [tyd], dat he gerekent vnde de [vormun]deschap gelaten heft, so en is he nicht plichtich, schult ot betalende v … van des gudes wegene, das he s… vnderwunden hedde, he ne hedde sik dan sunderliken des vorred…*“ Vgl. hierzu Stadtrechtsreformation 1613, Liber II, Tit. 3, Art. 16: „*Die Vormündere seind nicht schuldig, ihrer Pflegkinder Erb und Gütere, wann Sie zu ihren mündigen Jahren gekommen, aus Händen zulassen, sie seind dann dero Schuld oder Bürgschafft benommen, darzu sie sich der Unmündigen halber verpflichtet.*“

1361 KA Minden, Stadt Minden, C, Nr. 1117 vom 28.06.1451 (in niederdeutscher Abschrift des 18. Jh.), vgl. auch Schroeder, Stadtrecht, S. 269 f., Nr. 134.

1362 LAV NRW W, RKG M 1186, Blatt 91 f., vom 14.08.1464 (in niederdeutscher Abschrift des 17. Jh.), siehe auch Auszug in KA Minden, Stadt Minden, B, Nr. 747, vgl. Schroeder, Stadtrecht, S. 278 f., Nr. 143.

1363 LAV NRW W, RKG M 1186, Blatt 89 f., vom 28.07.1522 (in niederdeutscher Abschrift des 17. Jh.), vgl. auch Schroeder, Stadtrecht, S. 302 f., Nr. 171, sowie KA Minden, Stadt Minden, B 368, Blatt 4-6.

1364 Des Weiteren lässt sich eine Stadtrechtssatzung vom 16.04.1421 nachweisen, deren Text leider nicht überliefert ist, vgl. Schroeder, Stadtrecht, S. 263, Nr. 121.

1365 Pahl, Obrigkeit und Ordnungspolitik, S. 19.

1366 Schroeder, Stadtrecht, S. 268, Nr. 134 [1.] (28.06.1451).

1367 Liber I, Tit. 1, Art. 1.

1368 Liber I, Tit. 1, Art. 3.

Rechtstexten liegt aber darin, dass der Oberhof Dortmund in der Stadtrechtsreformation keine Relevanz mehr hat, sondern: „*Befindet sich aber der Fall in diesem Stadtbuche außtrücklich nicht, so soll man nach denen beschriebenen Rechten und Constitutionen deß Heiligen Römischen Reichs und bewehrten Gewohnheiten urtheilen und erkennen.*“[1369]

Weitere inhaltliche Ähnlichkeiten zwischen der Statutensammlung von 1451 und der Stadtrechtsreformation sind nicht ersichtlich. Die fünf Statuten umfassende Sammlung von 1464 weist gar keine Parallele zur Stadtrechtsreformation auf. Anhand der 37 Statuten umfassenden Sammlung von 1522,[1370] abgeschrieben von Stadtsekretär H. Costede vermutlich zu Beginn des 17. Jahrhunderts und möglicherweise als Vorbereitung für die Stadtrechtsreformation von 1613, konnten bisher ebenfalls keine weiteren Übereinstimmungen festgestellt werden.[1371]

§ 10 Wörtliche Übereinstimmungen und inhaltliche Ähnlichkeit zu Texten der Stadtrechtsfamilie

A. Dortmund

Wie zuvor dargelegt konnten im Stadtbuch von 1318 bereits 17 Rechtssätze ermittelt werden, die in die Stadtrechtsreformation von 1613 Eingang gefunden haben und ursprünglich Dortmunder Rechtsweisungen waren; für elf dieser Rechtssätze findet sich eine Entsprechung in der Edition von FRENSDORFF. Zudem lassen sich drei weitere inhaltliche Ähnlichkeiten zwischen dem Dortmunder Recht und der Mindener Stadtrechtsreformation nachweisen.

I. Vorrang des (Enkel-)Kindererbrechts vor dem Geschwistererbrecht

Eine weitere Übereinstimmung findet sich zwischen dem Eintrag bei Frensdorff, II. Dt. Statuten, S. 52, Nr. 18, zur Stadtrechtsreformation 1613, Liber II, Tit. 2, Art. 2 und Art. 10, 1. Teil. Die inhaltlich vergleichbare Regelung stellt klar, dass (Enkel-)Kinder vor Geschwistern erben. Geerbt wird demnach vorrangig in

---

1369 Liber I, Tit. 1, Art. 2.

1370 KA Minden, Stadt Minden, B 368, Blatt 4-6.

1371 Dies könnte allerdings der schweren Lesbarkeit der Quelle geschuldet sein. KA Minden, Stadt Minden, B 368, Blatt 4-6, enthält viermal die Kennzeichnung NB und zwar bei Nr. 15, 18, 21 und 33. Schroeder, Stadtrecht, S. 302 f., Nr. 171, [2] entspricht im Übrigen Nr. 8 in KA Minden, Stadt Minden, B 368, Blatt 4; Nr. 171, [3] entspricht Nr. 30; Nr. 171, [4] entspricht Nr. 34.

absteigender Linie. Der Sachsenspiegel hat hierzu das plastische Bild der Eheleute als Haupt der Familie und der unterschiedlichen Verwandten als darunter folgende Körperglieder geschaffen.[1372]

Frensdorff, II. Dt. Statuten, S. 52, Nr. 18	**Frensdorff, IV. Urtheilsbuch, S. 135, Nr. 115**	**Frensdorff, IV. Urtheilsbuch, S. 179 f., Nr. 44.9**	**Stadtrechtsreformation 1613, Liber II, Tit. 2, Art. 2 und Art. 10, 1. Teil**
War en man efte en vrowe hebbet agter gelaten dogther kindere efte sones kindere, de sont erme erve nar dan er brödere efte er sustere.	*Storve eyne vrowe, dey dochter kindere unde ene suster achter leite, echt unde recht, dey dochterkindere sint dem erve unde gerade naer dan de suster.*	*Myr dochter kynder nemet erve vor mynen broder.*	Erstlich aber verstammet deß Verstorbenen sein Gut auf seine Kinder, so viel der an der Zahl, so viel Theile. Verliesse der verstorbener in auff- oder absteigender Linien keine Erben, sondern Brüdere oder Schwestere, so nehmen die sein Erbe zu gleichen theilen […].

II. Getilgter Schuldbrief

Eine weitere Übereinstimmung findet sich zwischen dem Eintrag bei Frensdorff, IV. Urtheilsbuch, S. 123, Nr. 59, zur Stadtrechtsreformation 1613, Liber I, Tit. 7, Art. 4. Der Rechtssatz behandelt einen getilgten Schuldbrief.

Frensdorff, IV. Urtheilsbuch, S. 123, Nr. 59	**Stadtrechtsreformation 1613, Liber I, Tit. 7, Art. 4**
Spreket wey den anderen an myt eyme besegelden breyve, dar eme brake ane sii, seghet dey andere: hey hebbe vor dem råde eder vor deme gerichte bekant, dat dey	Wann jemand dem anderem mit einem offenem besiegeltem Brieffe, der Lede gantz und ohne Mangel wehre, belangete, saget der Schuldener, der Gläubiger habe

1372 Ssp. Ldr. I, 3, § 3 (Ebel, Sachsenspiegel, S. 40); siehe dazu auch Lipp, HRG 1, 2. Aufl., Sp. 1362.

Frensdorff, IV. Urtheilsbuch, S. 123, Nr. 59	**Stadtrechtsreformation 1613, Liber I, Tit. 7, Art. 4**
breyf, dar hey ene mede an spreket, gelediget unde doit sy, kann he dat wiisen mit dem raede eder mit dem gerichte, dat hey des dar bekant hebbe, dar en es hey eme nicht van schuldicht to antwordene.	für dem Rathe oder Gerichte bekandt, der Brief, damit Er Ihn belanget, gelediget und todt sey, kan Er daß beweisen mit dem Rathe oder Gerichte, daß solche Bekäntnüß für dem Rathe oder Gerichte geschehen, so ist Er zubezahlen nicht schuldig.

III. Erbteilung bei Wiederheirat

Eine weitere Übereinstimmung findet sich zwischen dem Eintrag bei Frensdorff, IV. Urtheilsbuch, S. 129, Nr. 84, zur Stadtrechtsreformation 1613, Liber II, Tit. 2, Art. 17. Der Rechtssatz behandelt die Erbteilung bei Wiederheirat.

Frensdorff, IV. Urtheilsbuch, S. 129, Nr. 84	**Stadtrechtsreformation 1613, Liber II, Tit. 2, Art. 17**
Man unde wiif, dey eyn of mer kindert o samene hedden, storve dey man unde dey kinder bleven mit der moder sittende in unverdeilden gude, neme dat wiif enen anderen man, so sal sey al alsodane gud, alse sey hadde, do sey sich verandersatede, schichten unde gheven dat den unvordeilden kinde of kinderen half of den rechten vormunderen to des kindes ofte der kindere behof.	Wann ein Mann oder Fraue in die andere Ehe treten will, sol der oder dieselbe denen Kinderen, es seyn derselben ein oder mehr verhanden, zuvoren Vormundere erkiesen und wann dieselbige beeidiget, sollen sie nebst dem Manne oder der Frauen für dem Rathe erscheinen und die Theilung vermelden und soll der Mann oder die Fraue bey ihrem Aide erhalten, daß sie die Helffte ihres Gutes denen Kinderen verordnet habe, und dann solchen Abscheid denen Kinderen durch einen Rahts-Brieff in die Güter versicheren.

IV. Fazit

Anhand eines Abgleichs der Mindener Stadtrechtsreformation von 1613 mit dem in Edition vorliegenden Dortmunder Recht lassen sich drei weitere inhaltliche Ähnlichkeiten nachweisen. Es muss allerdings erneut betont werden, dass es zwar möglich ist, dass es sich tatsächlich um eine Übernahme handelt. Zugleich muss aber auch in Betracht gezogen werden, dass sich die Rechtsregeln parallel und ähnlich entwickelt haben.

B. Hannover

Für einen Vergleich der Stadtrechtsreformation von 1613 mit Mindener Rechtssätzen, die über die stadtrechtsfamiliäre Verflechtung nach Hannover überliefert sind, bieten sich die bereits dargestellten folgenden vier überlieferten Handschriften an: erstens das Statutenbuch (14.-17. Jh.),[1373] auch bekannt als Vetus Copiale, ältestes Copialbuch, großes Stadtbuch oder Hannoversche Stadtrechtshandschrift, das 141 Rechtssätze mit Bezug zu Minden enthält, zweitens ein vierzehnseitiges Briefkopiar über Rechtsauskünfte der Stadt Minden (15./16. Jahrhundert),[1374] ein Kopialbuch (1241-1730) mit einem eigenen Abschnitt zu Mindener Statuten,[1375] sowie drei Seiten mit der Abschrift von Mindener Rechtssätzen in einem ansonsten Mandatsträger betreffenden Verzeichnis (1428-1534).[1376]

KRETER verweist in seinem detaillierten Inventar zu mittelalterlichen Stadtbüchern und Registern aus Hannover bzgl. des Briefkopiars auf einige Seiten aus der Edition zum Statutenbuch von GROTE/BROENNENBERG.[1377] Aufgrund dieser Deckungsgleichheit sind im Briefkopiar keine neuen Funde zu erwarten. Das Kopialbuch enthält in Bezug auf Minden einerseits eine Abschrift der Bestätigung des Mindener Rechts vom 10.12.1357 durch Herzog Wilhelm von Braunschweig,[1378] und andererseits ein dreiseitiges „Extract aus der großen Stadt-Kündigung de A. 1546“[1379]. Das Extract liefert jedoch nur vier Rechtssätze, darunter keine weiteren Übereinstimmungen mit der Mindener

1373 Stadtarchiv Hannover, 1.AA.3, Nr. Bücher B 8234.

1374 Stadtarchiv Hannover, 1.AA.3, B 8069. Dazu sei der Hinweis gestattet, dass eine Reproduktion in Niedersächsisches Landesarchiv Hannover, Dep. 85 Sammlung StadtA Hannover B 8069m überliefert ist. Beschreibung bei Kreter, Stadtbücher und Register 1289-1533, S. 96. Edition laut Kreter bei Grote/Broennenberg, Das hanöverische Stadtrecht, S. 355-362.

1375 Stadtarchiv Hannover, 1.AA.3, B 8063 (Reinschrift des Kopialbuches B 8055), 15. Abschnitt: *„Jura statutaria in specie ius Mindense: Extract der großen Stadtkündigung 1546“*. Beschreibung bei Kreter, Stadtbücher und Register 1289-1533, S. 100 f.

1376 Stadtarchiv Hannover, 1.AA.3, B 8292. Beschreibung bei Kreter, Stadtbücher und Register 1289-1533, S. 106 f.

1377 Kreter, Stadtbücher und Register 1289-1533, S. 96: *„B 8069 Briefkopiar […] Edition Grote/Broennenberg (1844), S. 358-362.“*

1378 Stadtarchiv Hannover, 1.AA.3, B 8063, Blatt 269 f.: *„Concessio Juris Mindensis“*, richtig wohl: Confessio. Siehe oben zur Geltung des Mindener Stadtrechts in Hannover mit weiteren Quellennachweisen.

1379 Stadtarchiv Hannover, 1.AA.3, B 8063, Blatt 271 f.

Stadtrechtsreformation. Das Verzeichnis enthält in Bezug auf Minden zwar 18 knappe Rechtssätze;[1380] auch hier konnten aber keine Übereinstimmungen ausgemacht werden.[1381]

Aus dem Hannoverschen Statutenbuch mit seinen 141 Rechtssätzen Mindener Ursprungs liegen zwar keine wörtlichen Übernahmen in die Stadtrechtsreformation vor. Dies verwundert allerdings auch nicht, hat Averberg doch das in Minden vorliegende Material für seine Arbeit verwendet und hätte so allenfalls Konzepte oder Abschriften der nach Hannover gesendeten Schreiben heranziehen können, sofern diese überhaupt vorlagen. Inhaltlich sind aber Ähnlichkeiten zur Stadtrechtsreformation nachweisbar. Dies betrifft beispielsweise zunächst das Stammgut, das nicht ohne Erbenzustimmung vererbt werden kann. Diese Regelung findet sich sowohl im Hannoverschen Statutenbuch, als auch im Mindener Stadtbuch von 1318 und in der Mindener Stadtrechtsreformation von 1613.[1382] Eine weitere Parallele findet sich in der Verpflichtung des Erben, die Schulden aus dem Erbe zu bezahlen.[1383]

Inwiefern es sich bei dem an Hannover per Rechtsweisung mitgeteilten Recht aber um originär Mindener Recht oder um über Minden weitergegebenes Dortmunder Recht handelt, ist bisher nicht umfassend untersucht. FRENSDORFF konstatiert, Minden habe „in nicht wenigen Fällen an Hannover das Recht mitgetheilt, das es selbst erweislich in Dortmund geschöpft hatte."[1384] Ebenso LOCKERT: „Über Minden ist sehr viel Dortmunder Recht in die Statutensammlung eingeflossen […]".[1385] Es ist unbestritten, dass das Dortmunder

---

1380 Stadtarchiv Hannover, 1.AA.3, B 8292, S. 331-333.

1381 Dies könnte allerdings der schweren Lesbarkeit der Quelle geschuldet sein. Kreter, Stadtbücher und Register 1289-1533, S. 106, übersetzt zu den ersten beiden Einträgen: „*Van joden, van scheldeworden und untuchtigen etc.*".

1382 Statutenbuch Hannover, zitiert nach Schroeder, Stadtrecht, S. 151, 144b: „*[…] Dan erfhaftich gud, dat he bi wolmacht nicht vorgiftet vnde let, alse des gůdes recht is, des enmach he nicht in sime varbedde sinen eruen enwerren.*" Siehe auch Mindener Stadtbuch von 1318, II, 37; sowie Mindener Stadtrechtsreformation 1613, Liber II, Tit. 1, Art. 5.

1383 Statutenbuch Hannover, zitiert nach Schroeder, Stadtrecht, S. 161, 154a: „*[…] We sines vaders ghud vnde nalath vpboret, de is sines vaders schuld darvan plichtich to betalende. […]*" Siehe auch Mindener Stadtbuch von 1318, II, 43; sowie Stadtrechtsreformation 1613, Liber II, Tit. 2, Art. 1, 2. Hälfte.

1384 Frensdorff, Die Stadtverfassung Hannovers, S. 25 mit Verweis auf sein eigenes Werk: Frensdorff, Dortmunder Statuten, in „Nachträge und Berichtigungen" nach S. 350, mit ersten Fundstellen.

1385 Lockert, Die Niedersächsischen Stadtrechte, S. 143.

Recht über Minden in Hannover Einfluss hatte. Dies ergibt sich auch aus dem Wortlaut von zwei Einträgen im Statutenbuch, in denen ausdrücklich darauf hingewiesen wird, dass Minden zunächst Rat aus Dortmund eingeholt hat, bevor die Anfrage aus Hannover beantwortet wurde.[1386] Eine weitergehende Untersuchung zum Dortmunder Anteil am Hannoverschen Recht liegt aber nicht vor und ist aufgrund der Dortmunder Quellenlage auch schwierig; eine Darstellung des Stadtrechts Hannovers, seiner Quellen und seiner Bedeutung ist aber äußerst wünschenswert.

C. Lübbecke

Eine zusammenhängende mittelalterliche Aufzeichnung des Mindener Strafrechts ist nicht überliefert. Es ist davon auszugehen, dass das Mindener Strafrecht von der Constitutio Criminalis Carolina (1532) verdrängt wurde.[1387] So findet sich auch in der Stadtrechtsreformation von 1613 in Liber III, Tit. 8, Art. 3 zum Totschlag eine direkte Bezugnahme auf die Anwendbarkeit der Constitutio Criminalis Carolina (*„nach Außweisung deß hochlöblichen Kaysers Caroli V. peinlicher Halsgerichts-Ordnung“*). In Ermangelung einer Mindener Überlieferung ist daher die sogenannte Lübbecker Stadttafel vom 23.04.1501 von großem Wert für strafrechtliche Forschungen.[1388] Bei der Stadttafel handelt es sich um einen Strafrechtskatalog mit 18 Artikeln, der mit aller gebotenen Zurückhaltung als Ersatzüberlieferung herangezogen werden kann. Geregelt werden in der Stadttafel beispielsweise die Rechtsmaterien des Totschlags (Art. 1, 2 und 5), sowie der verbalen und tätlichen Injurien (Art. 3, 4, 6 und 7).

Wörtliche Übernahmen in die Stadtrechtsreformation konnten nicht festgestellt werden und eine inhaltliche Ähnlichkeit kann hier nur unzureichendes Kriterium sein, denn zu jeder Zeit wurde getötet, verletzt und gestraft. Die Auflistung und Erfüllung der entsprechenden Tatbestandsmerkmale ist relativ

1386 Statutenbuch Hannover, zitiert nach Schroeder, Stadrecht, S. 173 oben, 154 (Kurzregestenkatalog des Archivs 3/85, aus dem Jahr 1464): *„[…] vnde wy des rechten mangk vns nicht eyns werden konden vnde furder beleringe des rechten darvmme mit juwen scrifften an de van Dorpmunde gedan vnd gehad hebben, hebben se vns dar wedder vp gescreuen, …“*; sowie Statutenbuch Hannover, zitiert nach Schroeder, Stadrecht, S. 174 oben, 207 (Kurzregestenkatalog des Archivs 4/44, vom 24.03.1468): *„Alse gy vns vmme beleringe des rechten hebben don screuen, dar wy denne vort an de van Dorthmunde vmme gescreven hadden…“*.

1387 Schroeder, Stadtrecht, S. 290.

1388 Schroeder, Strafrecht, S. 291-297, Nr. 163.

eindeutig; Unterschiede oder Parallelen zwischen Rechtstexten lassen sich - wenn keine nachweisbare wörtliche Übernahme vorliegt - allenfalls im Strafmaß ausmachen.

Als Beispiel für die vorgenannten Ausführungen kann der Tatbestand der Körperverletzung herangezogen werden. Gemäß der Lübbecker Stadttafel, Art. 3, wird der Täter ein Jahr der Stadt verwiesen: „*[...] so schall deghenne, de de wunden gedann hefft, bynnen achte daghen vthe Lubbeke, vnde dar bynnen eynem jare nicht wedder in, he hebbe ersten de wunde gebettert, myt gnade offte myt rechte, vnde wan dat jare vmme is, schall he komen vor den raydt vnde sweren dat ton hyllyghen, dat he eyn jare hebbe vthe Lubbeke wesen, vnde scheden van dem rade, ehe de dar wedder inkumpt.*"

Die Stadtrechtsreformation von 1613 schreibt in drei Artikeln bei einer Körperverletzung ebenfalls das mögliche Strafmaß von einem Jahr Ausweisung aus der Stadt vor. In allen drei Fällen ist aber zudem der Ort der Tat von Relevanz. Liber III, Tit. 2, Art. 15 verlangt zusätzlich einen Hausfriedensbruch: „*Da jemand einen anderen in seiner Gewersam oder Behausung überfället und Gewalt thut oder mit Wehr und Waffen in sein Thor und Fensterladen sticht und hauet, derselbe soll dem Kläger darzu antworten und auff ein Jahrlang dero Stadt verwiesen sein.*" Liber III, Tit. 2, Art. 16 setzt die Rechtsfolge für Taten an sogenannten befreiten Orten fest: „*Ingleichen da jemand in- oder auff dem Stadt-Keller, Apoteken und anderen befreieten Oerteren den anderen mit Gewalt überfället, hauet oder sticht, der soll ingleichen mit schwerer Straffe angesehen werden.*" Und Liber III, Tit. 2, Art. 17 behandelt Körperverletzungen auf dem Markt: „*Ingleichen da jemand den anderen in offenem freiem Marckte vorsetzlicher, mutwilliger weise verwundet, hauet oder sticht, soll derselbe mit der relegation auff ein Jahr oder einer ansehentlichen Geltbüse nach Gelegenheit gestraffet werden.*"

Damit wird einerseits deutlich, dass die spiegelnden Strafen des Mittelalters keine Rolle mehr spielten, andererseits aber in vielen Fällen eine Geldbuße scheinbar nicht ausreichte, um den Täter zu strafen, sodass die Ausweisung gewählt wurde, die für den Verurteilten tiefgreifende negative wirtschaftliche und soziale Folgen hatte. Für weitere Ausführungen zum Strafrecht sei auf das entsprechende Kapitel verwiesen, in dem das dritte Buch der Stadtrechtsreformation analysiert wird.

§ 11 Andere Rechtstexte mit möglichem Einfluss auf die Stadtrechtsreformation

Es kommen noch weitere Rechtsmassen in Betracht, die möglicherweise Einfluss auf die Stadtrechtsreformation hatten. Dies sind insbesondere das Landrecht des

Mindener Fürstbistums / Fürstentums, der Sachsenspiegel, das lübische Recht, und die Kursächsischen Konstitutionen. Das Mindener Landrecht und das zugehörige Prozessrecht sind bisher weitgehend unerforscht. Eine diesbezügliche Dissertation mit Schwerpunkt auf der Hexenverfolgung[1389] ist allerdings derzeit in Vorbereitung und dieser Arbeit soll nicht vorgegriffen werden, sodass an dieser Stelle auf weitere Ausführungen verzichtet wird. Hingewiesen sei jedoch in diesem Zusammenhang auf die sechsbändige Haarland-Sammlung mit einer Auflistung von Verordnungen u.ä. im Bistum / Fürstentum Minden für den Zeitraum 1252-1836.[1390] Der Sachsenspiegel hat in dieser Arbeit bereits an verschiedenen Stellen Erwähnung gefunden. So ist dargelegt und anhand von zwei Überlieferungen bewiesen worden, dass der Sachsenspiegel in Minden als Rechtsgrundlage und -argument Verwendung gefunden hat. [1391] Der Sachsenspiegel wird auch im Rahmen der folgenden Ursprungsanalysen noch mehrfach Erwähnung finden. An dieser Stelle sei daher der Blick ausschließlich auf das lübische Recht und die Kursächsischen Konstitutionen gerichtet.

A. Lübisches Recht

Wer sich mit den Mindener Quellen beschäftigt, dem wird recht bald auffallen, dass an einigen Stellen von *„Lubece“* geschrieben wird und an anderen Stellen aber von *„Lubbecce“* die Rede ist. Hierbei handelt es sich keinesfalls um zwei unterschiedliche Schreibweisen ein und derselben Stadt, sondern einmal ist das benachbarte Lübbecke gemeint, und im anderen Fall die norddeutsche Hansestadt Lübeck. Nachdem Lübbecke bereits thematisiert wurde, ist nun der Blick nach Norden zu richten, denn Crusius nennt als Quellen der Stadtrechtsreformation

---

1389 Das Projekt führt Frau Ursula Bender-Wittmann durch. Sie hat bisher zur Thematik der Hexerei publiziert. Bender-Wittmann: Schadenszauber und Teufelspakt. Hexereikontrolle im städtischen Umfeld (Lemgo 1628–1637), Bielefeld 1991 (Magisterarbeit); sowie Bender-Wittmann: Hexenprozesse in Lemgo. Eine sozialgeschichtliche Analyse, in: Der Weserraum zwischen 1500 und 1650. Gesellschaft, Wirtschaft und Kultur in der Frühen Neuzeit, Marburg 1993, S. 235–266.

1390 Kopien der Inhaltsverzeichnisse aller Bände von LAV NRW W, Ms VII, 2402 finden sich unter KA Minden, Stadt Minden, X 29, 1-3.

1391 Stadtarchiv Hildesheim, Best. 2 Nr. 124 (siehe Doebner, Urkundenbuch der Stadt Hildesheim. Zweiter Teil von 1347 bis 1400, S. 656 f. (auch zitiert als: UB Hildesheim II, Nr. 1193)); sowie KA Minden, A I, Nr. 323.

auch das Lübische Recht und die Hamburger und Bremer Statuten sowie Rechte und Gewohnheiten des umliegenden Marschlandes.[1392]

Das Lübecker Recht findet im Crusischen Kommentar bei dreizehn Artikeln konkrete Erwähnung, das Hamburger Recht bei sechs Artikeln. Lübecker Recht wird dreimal angesprochen im Rahmen der städtischen Steuern und Güter (Liber I, Tit. 2, Art. 5, 11 und 17), einmal bei der Leibeigenschaft (Liber I, Tit. 3, Art. 2), einmal beim Kaufrecht (Liber I, Tit. 9, Art. 8), dreimal im Baurecht (Liber I, Tit. 15, Art. 5, 8 und 13), einmal im Erbrecht (Liber II, Tit. 2, Art. 8), sowie viermal im Strafrecht (Liber III, Tit. 2, Art. 16 und 17; Tit. 4, Art. 3; Tit. 9, Art. 3). Hamburger Recht findet ebenfalls Erwähnung bei städtischen Steuern (Liber I, Tit. 2, Art. 11) und der Leibeigenschaft (Liber I, Tit. 3, Art. 2), zudem beim doppelten Eheversprechen (Liber I, Tit. 4, Art. 9), beim Zins (Liber I, Tit. 7, Art. 12), beim sogenannten Arrest und Kummer (Liber I, Tit. 14, Art. 1), sowie im Baurecht (Liber I, Tit. 15, Art. 16).

Bei 372 Artikeln der Stadtrechtsreformation ist diese Anzahl an Nennungen keine besonders auffällige Häufung und wirkt eher wie eine Rechtsbekräftigung durch Vergleich. Weil Crusius diese Rechtskreise aber ausdrücklich anspricht, wird im Folgenden das lübische Recht in Bezug zum Mindener Recht einer näheren Betrachtung unterzogen. Laut CORDES besteht wiederum zwischen dem lübischen Recht und Hamburg „eine Brücke über die dort nicht unerheblichen Einflüsse des Sachsenspiegels“,[1393] auf dessen Einfluss auch auf das Mindener Recht ebenfalls im Folgenden noch weiter einzugehen sein wird.

Unter lübischem Recht[1394] - im Gegensatz zum lübeckischem Recht der Stadt Lübeck - wird das Recht der Lübecker Stadtrechtsfamilie verstanden, die sich aus rund einhundert Städten des Ostseeraumes zusammensetzte.[1395] Bei diesem Verbreitungsgebiet ist natürlich auch das Recht der Hanse stets ebenfalls im Blick zu behalten. So verwundert es nicht, dass das lübische Privatrecht „reich an eigenständigen Bildungen [ist], die von den Bedürfnissen eines entwickelten Handelsverkehrs geprägt sind.“[1396] Das lübische Recht setzt sich zusammen aus

---

1392 Ius Statutarium Reipublicae Mindensis, Caput Praeliminare, S. 25, Rn. 16: „*Quaedam ex jure Lubecano, retentis etiam quandoque ipsis verbis juris Lubecensis, prout suis locis notabitur, desumpta, alia ex jure Statutario Hamburgensi, ac Bremensi, necnon juribus & consuetudinibus Marchicis deprompta […].*“

1393 Cordes, HRG 3, 2. Aufl., Sp. 1073.

1394 Siehe hierzu den Klassiker: Ebel, Lübisches Recht, Band I, Lübeck 1971.

1395 Weyhe, Lexikon des Mittelalters V, Sp. 2150; Cordes, HRG 3, 2. Aufl., Sp. 1072. Bei diesem Verbreitungsgebiet ist auch das Recht der Hanse stets ebenfalls im Blick zu behalten.

1396 Weyhe, Lexikon des Mittelalters V, Sp. 2151.

in zahlreichen Rechtscodices überliefertem Gewohnheitsrecht aus Lübeck und mit Lübecker Recht bewidmeten Städten, sowie dessen Ergänzungen und Änderungen durch Lübecker Ratsdekrete und Rechtsweisungen.[1397] Die Ursprünge des Lübecker Stadtrechts wiederum gehen vermutlich auf das Soester Recht zurück.[1398] Das lübische Recht zählte zu den am weitesten verbreiteten Partikularrechtsordnungen des Mittelalters und der frühen Neuzeit.[1399] Als letzte umfassende rechtssetzende Leistung im lübischen Rechtskreis ist das Revidierte Lübecker Stadtrecht von 1586 zu nennen.[1400] Dieses Stadtrecht wird jedoch zugleich als Zäsur betrachtet: „Der herkömmlichen deutschen Rechtsgeschichte galt Lübeck stets als deutschrechtliche Traditionsinsel, die bis ins 16. Jahrhundert der Rezeption des römischen Rechts mitsamt ihrer Verwissenschaftlichung des Rechtslebens tapfer widerstanden habe. Einzelne Sätze des gelehrten Rechts konnten zwar bereits für das 13. Jahrhundert ausgemacht werden, doch hätten diese den Bestand des einheimischen Rechts zu keiner Zeit gefährdet. Lübeck habe mithin zu denjenigen deutschen Gebieten gezählt, die in der Rezeptionsfrage am konservativsten gewesen seien. Doch bereits die Stadtrechtsrechtsreformation von 1586 habe es nicht geschafft, die Strahlkraft des alten lübischen Rechts zu bewahren."[1401]

BREUSTEDT hat darauf hingewiesen, dass die Haltung der Lübecker zum römischen Recht schon immer opportunistisch sowie pragmatisch war und eine gewollte Romanisierung im Revidierten Lübecker Stadtrecht von 1586

1397 Weyhe, Lexikon des Mittelalters V, Sp. 2150.

1398 Dusil, Die Soester Stadtrechtsfamilie, S. 22-25, S. 45. Siehe zu den Rechtsquellen insbesondere auch Draeger, Walter: Das alte lübische Stadtrecht und seine Quellen, Hansische Geschichtsblätter, Band XIX (1913), München 1913.

1399 Cordes, HRG 3, 2. Aufl., Sp. 1072 f. Anders als der Titel vielleicht vermuten lässt, behandelt der Aufsatz von Oestmann: Lübisches und sächsisch-magdeburgisches Recht in der Rechtspraxis des spätmittelalterlichen Reiches, in: Grundlagen für ein neues Europa. Das Magdeburger und Lübecker Recht in Spätmittelalter und Früher Neuzeit, hrsg. von Heiner Lück u.a., Köln 2009, S. 183-222, nicht das materielle Recht unter einem verbreitungs-geographischen Blickwinkel, sondern die Rolle des Rechts vor den Gerichten des Alten Reiches.

1400 Weyhe, Lexikon des Mittelalters V, Sp. 2151. Zur Erlassmotivation siehe Landwehr, Rechtspraxis und Rechtswissenschaft im Lübischen Recht vom 16. bis zum 19. Jahrhundert, S. 24-26.

1401 Oestmann, Lübecker Rechtspraxis um 1700: Der Streit um die Entführung der Catharina Lefever, Zeitschrift des Vereins für Lübeckische Geschichte und Altertumskunde, Band 80 (2000), S. 259-293, konkret: S. 259 mit zahlreichen Quellennachweisen für die genannten Bewertungen in den Fußnoten.

ausgeschlossen werden kann, wenn es auch vereinzelt vom römischen Recht beeinflusst worden ist.[1402] Auch LANDWEHR spricht davon, dass das Revidierte Stadtrecht inhaltlich nur wenig vom Römischen Recht beeinflusst sei: „Zwar finden sich vereinzelt durchaus Rechtsfiguren und juristische Termini des Römischen Rechts, jedoch sind diese Anlehnungen im Ganzen gesehen nur sekundär und vordergründig."[1403] Teilweise wird allerdings angeführt, dass die Systematik des Revidierten Stadtrechts nicht originell lübisch ist, sondern sich am Aufbau der Institutionen in Justinians Corpus Iuris Civilis orientiert.[1404] Eine materiellrechtliche Betrachtung zur Frage des Eindringens römischen Rechts in das lübische Privatrecht hat GERMANN 1933 geliefert,[1405] eine umfangreiche und tiefergehende Neubearbeitung dieser Fragestellung wäre wünschenswert.

Das Revidierte Lübecker Stadtrecht von 1586 gliedert sich in sechs Bücher, die insgesamt 418 Artikel enthalten; das erste Buch regelt das Personenrecht im weiteren Sinne, das zweite Buch Erbrecht und städtischen Besitz, Steuern und Zölle, das dritte Buch Schuldrecht und Nachbarschaftsrecht, das vierte Buch Strafrecht, das fünfte Buch Gerichtsverfassungs- sowie Prozessrecht, und das sechste Buch Seerecht.[1406] Bei Forschungen zum Lübischen Recht ist zudem zukünftig ein beachtlicher Codex heranzuziehen, der seit 1945 als verschollen galt und erst vor wenigen Jahren wiederentdeckt wurde: Der Bardewiksche Codex des Lübischen Rechts von 1294.[1407] Der Codex enthält eine systematisierte Niederschrift des Lübischen Rechts des 13. Jahrhunderts in mittelniederdeutscher Sprache.

Welche Beziehung lässt sich nun zwischen Minden und dem Raum Lübeck beziehungsweise dem Mindener Recht und dem Lübischen Recht ausmachen? Ein gesamter Abgleich des Lübischen Rechts mit dem Mindener Recht ist im

---

1402 Breustedt, Die „späten Stadtrechtsreformationen" im Hanseraum, S. 574 f.

1403 Landwehr, Rechtspraxis und Rechtswissenschaft im Lübischen Recht vom 16. bis zum 19. Jahrhundert, S. 29.

1404 Landwehr, Rechtspraxis und Rechtswissenschaft im Lübischen Recht vom 16. bis zum 19. Jahrhundert, S. 28 mit Fn. 53, in der auf die Konkordanztafeln in Germann, Das Eindringen römischen Rechts in das lübische Privatrecht, S. 63-66 verwiesen wird.

1405 Germann, Hans: Das Eindringen römischen Rechts in das lübische Privatrecht, Glauchau 1933.

1406 Landwehr, Rechtspraxis und Rechtswissenschaft im Lübischen Recht vom 16. bis zum 19. Jahrhundert, S. 27 f.

1407 Ganina, Natalija / Cordes, Albrecht (Hrsg.) / Lokers, Jan: Der Bardewiksche Codex des Lübischen Rechts von 1294. Band I: Faksimilie und Erläuterungen, Oppenheim 2021. Cordes, Albrecht, Der Bardewiksche Codex des Lübischen Rechts von 1294. Band II: Rechtshistorischer Kommentar, Oppenheim 2022.

Rahmen dieser Arbeit nicht leistbar, sondern stellt eine eigenständiges Projekt für zukünftige Forschung dar, dennoch sollen einige Punkte kurz aufgegriffen werden, um einen ersten Eindruck zu vermitteln. Eine klare Parallele zum Mindener Recht gibt es beispielsweise im Erbrecht: „Zum Schutz der Ansprüche erbbrechtigter Verwandter ist das Recht zur Verfügung über ererbte Liegenschaften beschränkt; 'wohlgewonnenes' (selbsterworbenes) Gut wird davon nicht betroffen."[1408]

In den bisher editierten Quellen des Mindener Stadtrechts begegnet Lübeck aber nur selten. Zunächst findet Minden bereits 1295 Erwähnung in einem Verzeichnis von Städten, die vom Hansekontor Nowgorod nach Lübeck appellieren.[1409] Ein weiterer Kontakt findet zu Beginn des 15. Jahrhunderts während der sogenannten Mindener Schicht (1405-1408), einem innerstädtischen Verfassungskonflikt,[1410] statt. Die Lösung dieses Konfliktes beschäftigte viele Gerichte und Parteien, so waren unter anderem das königliche Hofgericht, sowie die Räte der Städte Dortmund, Osnabrück und Bremen beteiligt. Hier tritt die Stadt Lübeck, „Haupt der Hansa",[1411] erneut urkundlich in Beziehung zu Minden in Erscheinung, insbesondere weil sie während des Hansetages 1407 gemeinsam mit Hamburg und Lüneburg einen Schiedsspruch bezüglich der Mindener Schicht erlässt.[1412]

Warum Crusius das lübische Recht als Quelle des Mindener Rechts nennt, mag auch mit der sogenannten Jurisprudentia Lubecensis zusammenhängen.

1408 Weyhe, Lexikon des Mittelalters V, Sp. 2151; Landwehr, Rechtspraxis und Rechtswissenschaft im Lübischen Recht vom 16. bis zum 19. Jahrhundert, S. 48. Zur weiteren Lektüre bezüglich lübischem Erb- und Vermögensrecht: Amelsberg, Werner: Die „Samende" im lübischen Recht. Eine Vermögensgemeinschaft zwischen Eltern und Kindern im spätmittelalterlichen Lübeck, Köln 2012.

1409 Schroeder, Stadtrecht, S. 187, Nr. 24 (nach 25.10.1295): *„Iste sunt civitates que solent et tenentur appellare a curis Nogardensi ad civitatem Lubicensem: […] Minda […]."*; WUB VI, S. 493, Nr. 1550 (Regest).

1410 Schroeder, Stadtrecht, S. 218 - S. 256. Krieg, Zur Geschichte der Mindener Schicht, der Stadtfehde von 1405-1408, Mindener Heimatblätter, Jahrgang 8 (1930), Nr. 12, S. 1-3; Krieg, Die Mindener Schicht von 1405-1408 vor dem Hansetag in Lübeck 1407, Mindener Heimatblätter, Jahrgang 13 (1935), Nr. 6, S. 1-3; Schoppmeyer, Städte in Westfalen, S. 272-275.

1411 Krieg, Zur Geschichte der Mindener Schicht, der Stadtfehde von 1405-1408, Mindener Heimatblätter, Jahrgang 8 (1930), Nr. 12, S. 3.

1412 Schroeder, Stadtrecht, S. 252, Nr. 107 (11.08.1407). Krieg, Die Mindener Schicht von 1405-1408 vor dem Hansetag in Lübeck 1407, Mindener Heimatblätter, Jahrgang 13 (1935), Nr. 6, S. 1-3.

Im 17. Jahrhundert avancierte die wissenschaftliche Betrachtung des lübischen Rechts zu einer umfangreichen und in seiner Gestalt einmaligen Partikularrechtsdurchdringung.[1413] Vorreiter war David Mevius mit seinem „Commentarius in jus Lubecense" von 1642/43 als „die erste wissenschaftliche Behandlung eines überterritorialen Rechtskreises, die mit dem Revidierten Stadtrecht auf einen sich geschlossenen Rechtskodex zurückgreift. Mit der Kommentierung des Stadtrechts von 1586 verschaffte Mevius dem Lübischen Recht Geltung und Anerkennung weit über seinen räumlichen Anwendungsbereich hinaus."[1414] Mevius kann als Auftaktgeber betrachtet werden für eine Flut an juristischen Schriften zum lübischen Recht, allein bis zum Beginn des 19. Jahrhundert befassten sich 223 Autoren mit dieser Materie.[1415] Lübisches Recht war folglich ein beliebtes Forschungssujet und vermutlich gehörte die Erwähnung dieses Rechtskreises in einem juristischen Kommentar zum guten Ton jener Zeit. In diese Richtung deutet auch die Tatsache, dass das durch Mevius kommentierte Lübische Recht in den von Crusius kommentierten Mindener Gerichtsentscheidungen häufig Erwähnung findet.[1416]

B. Kursächsische Konstitutionen

Ein weiterer Rechtstext, der die Mindener Stadtrechtsreformation beeinflusst haben könnte, sind die Kursächsischen Konstitutionen des Jahres 1572. Hierbei handelt es sich nicht um ein geschlossenes Gesetzgebungswerk, sondern „um die gesetzliche Lösung isolierter juristischer Streitfragen".[1417] Diese Landesgesetzgebung, die sich grob in die Materien des Prozess-, Vertrags-, Erb-, Lehen- und Strafrechts unterteilen lässt,[1418] kann als „organische Fortbildung

---

1413 Landwehr, Rechtspraxis und Rechtswissenschaft im Lübischen Recht vom 16. bis zum 19. Jahrhundert, S. 35.

1414 Landwehr, Rechtspraxis und Rechtswissenschaft im Lübischen Recht vom 16. bis zum 19. Jahrhundert, S. 35 m. w. N. in den Fn. 102 und 104.

1415 Landwehr, Rechtspraxis und Rechtswissenschaft im Lübischen Recht vom 16. bis zum 19. Jahrhundert, S. 37 f. m. w. N. in den Fn. 121 und 122.

1416 Exemplarisch: Liber I, Tit. 2, Decisiones 3 und 9; Liber I, Tit. 4, Decisio 5; Liber I, Tit. 13, Decisiones 3 und 5; Liber II, Tit. 2, Decisio 2; Liber III, Tit. 4, Decisio 3.

1417 Buchda / Lück, HRG 3, 2. Aufl., Sp. 357.

1418 Buchda / Lück, HRG 3, 2. Aufl., Sp. 357: „In der gedruckten Form gliedern sich die K. in vier Teile: Pars I Judicialia […] *Den Rechtlichen Process, und was denen Gerichten mehr anhängig ist, belangende* (32 Konst.), P. II. DE Contractibus, vel quasi […] *Von derer Partheyen unter ihnen selbst bewilligten und aufgerichteten COntracten, und was denen anhäng oder sonsten gleichförmig ist* (53 Konst.), P. III. De Successionibus,

des sächsischen Rechts aufgefasst“ werden und beeinflusste die Gesetzgebung weit über die Grenzen Sachsens hinaus.[1419] Dieser „Einfluss auf die außersächsische Rechtsentwicklung“ ist bereits für mehrere Rechtstexte der Rezeptionszeit nachgewiesen oder vermutet worden; KÜMPER nennt hier die Frankfurter Reformation von 1578, das Hamburger Stadtrecht von 1603, die preußischen Landrechte von 1620 und 1721 sowie das Lüneburger Stadtrecht von 1577/83.[1420] Vor diesem Hintergrund ist auch eine Auswirkung auf die Mindener Stadtrechtsreformation nicht unwahrscheinlich.[1421]

§ 12 Ursprungsanalyse zu ausgewählten Rechtsmaterien

In der folgenden Ursprungsanalyse zu einigen ausgewählten Passagen der Stadtrechtsreformation, die beispielhaft für das gesamte Regelungswerk stehen können, wird das Augenmerk zunächst auf einige Regelungsaspekte des Privatrechts gerichtet. Anschließend werden Straf- und Prozessrecht thematisiert. Es handelt sich um einen Querschnitt durch verschiedene Rechtsmaterien, der durch seine Anlegung in der Breite die einzelnen Materien nicht in ihrer Tiefe darstellen kann, sondern sich auf einen Überblick und den Vergleich mit dem Mindener Recht konzentiert. Zu jeder einzelnen angesprochenen Rechtsmaterie existiert natürlich noch eine große Anzahl an weiteren Fragestellungen und strittigen Punkten, die anhand zahlreicher bereits vorhandener Publikationen erschlossen werden können. Des Weiteren muss ausdrücklich darauf hingewiesen werden, dass für die folgende Ursprungsanalyse als Vergleichsmaterial aus dem römischen Recht stets das Recht der justinianischen Kodifikation herangezogen wird und nicht früheres römisches Recht in seiner gesamten Entwicklung.

---

ultimis voluntatibus et investitura feudali […] *Von Ubergaben auffn Todes-Fall, Testamenten, Erb-Fällen und Lehen-Folgern* (38 Konst.) und P. IV. Criminalia […] *Von peinlichen Fällen* (48 Konst.).“

1419 Buchda / Lück, HRG 3, 2. Aufl., Sp. 359.

1420 Kümper, Sachsenrecht, S. 289.

1421 Weder ein handschriftliches noch ein gedrucktes Exemplar der Kursächsischen Konstitutionen von 1572 ließ sich im Mindener Kommunalarchiv nachweisen; ebensowenig ein Exemplar der umfangreicheren dreibändigen Consultationes Constitutionum Saxonicarum von Johann Theobald Schönwetter aus den Jahren 1599/1600/1608. Dies kann aber auf Überlieferungsverluste zurückzuführen sein.

A. Privatrecht

I. Kaufrecht

Der neunte Titel im ersten Buch der Stadtrechtsreformation von 1613 behandelt unter der Überschrift *„De Emptione et Venditione. Vom kauffen und verkauffen"* in 15 Artikeln das Kaufrecht. Ein Kaufvertrag hat Bindungswirkung,[1422] jedoch geht das Eigentum erst mit Übergabe über.[1423] Nach Vertragsschluss stehen dem Käufer dann *„Nutz und Schaden"* zu.[1424] Grundsätzlich kann alles gekauft und verkauft werden, es gibt jedoch viele Einschränkungen und Ausnahmen.[1425] Des Weiteren regelt der Titel zum Kaufrecht den Fall des doppelten Verkaufs[1426] ebenso wie zahlreiche mögliche Mängel und deren Rechtsfolgen.[1427] Ebenfalls enthalten ist ein besonderes Rücktrittsrecht bei Vertragsschluss mit *„arrham oder Gottespfennig"*.[1428]

Zur genaueren Betrachtung herausgegriffen werden die für jede Privatrechtsordnung grundlegende Frage nach der Eigentumsübertragung bei beweglichen Sachen, sowie die Aspekte von Gefahrübergang, Sachmängelhaftung und Wucher. Hinzu kommt ein Blick auf das Rechtsinstitut der Arra.

1. Eigentumsübergang bei beweglichen Sachen

Zunächst ist zu klären, was überhaupt unter dem weiten Begriff des Eigentumes zu verstehen ist.[1429] Es handelt sich jedenfalls um eine irgendwie geartete „rechtliche Unterscheidung zwischen Mein und Dein".[1430] Der moderne Begriff des Eigentums lässt sich auf frühere geschichtliche Perioden nur mit Vorbehalt

---

1422 Liber I, Tit. 9, Art. 1.

1423 Liber I, Tit. 9, Art. 2 und 8.

1424 Liber I, Tit. 9, Art. 12.

1425 Liber I, Tit. 9, Art. 4-7.

1426 Liber I, Tit. 9, Art. 3.

1427 Liber I, Tit. 9, Art. 10, 11 (insbesondere Getreide), 13-15 (Vieh).

1428 Liber I, Tit. 9, Art. 9. Arr(h)a ist eine Sache oder eine Geldsumme (auch Angeld oder Draufgeld genannt), die zum Zeichen des Kaufvertragsabschlusses geleistet wird. Unter dem Gottespfennig ist eine Spende zu frommen Zwecken zu verstehen, die ebenfalls zum Zeichen des Vertragsschlusses getätigt wird.

1429 Grundlegend Gierke, Sachenrecht, S. 347-367. Siehe zudem die Überblicke in Hagemann, HRG I, 2. Aufl., Sp. 1271-1285; Dilger, Lexikon des Mittelalters III, S. 1714-1725; Thier, Enzyklopädie der Neuzeit 3, Sp. 98-103; sowie Köbler, Reallexikon der Germanischen Altertumskunde 6, S. 560-564.

1430 Thier, Enzyklopädie der Neuzeit 3, Sp. 98.

anwenden.[1431] Das Eigentum kann bewegliche Sachen (Mobilien) oder unbewegliche Sachen (Immobilien, d. h. Grund und Boden) betreffen, es kann ursprünglich (originär) oder abgeleitet sein (derivativ). Die Vorstellung davon, was unter den Eigentumsbegriff zu fassen war, unterschied sich grundlegend im römischen und germanischen Recht. Während das römische Recht zwischen Eigentum und Besitz differenzierte, wie es auch das heutige Bürgerliche Gesetzbuch tut, kannte das mittelalterliche deutsche Recht eine Vielfalt an (teilweise heute schwer zu fassenden) Konzepten.[1432] So gab es u.a. die Ausdrücke „*eigen*", „*Gewere*" und „*Fahrnis*". Bei „*Fahrnis*" bzw. „*fahrender Habe*" handelt es sich um bewegliche Sachen im Gegensatz zu den unbeweglichen Sachen, auch Liegenschaften genannt, mithin dem Boden und allem, was fest mit ihm verbunden war.[1433] An Fahrnis konnte man Gewere haben. Insbesondere dieser Begriff der „*Gewere*" ist jedoch schlecht zu greifen.[1434] Er beschreibt sinngemäß die Einkleidung / Einsetzung in den Gewahrsam an einer Sache; letztlich die tatsächliche Sachherrschaft über den Gegenstand mit der Vorstellung einer Berechtigung.[1435] Die Gewere berechtigte den Inhaber jedenfalls, die Sache gegen Angriffe zu verteidigen und Rückgabe zu verlangen.[1436]

1431 Köbler, Reallexikon der Germanischen Altertumskunde 6, S. 561 (auch zur Etymologie).

1432 Schlinker, Privatrechtsgeschichte, S. 202, Rn. 1.

1433 Gierke, Sachenrecht, S. 5, und S. 514-517; Eisenhardt, Deutsche Rechtsgeschichte, S. 173, Rn. 366. Auch der Sachsenspiegel kennt den Ausdruck „varende habe", vgl. Ssp. Ldr. II, 60 (Ebel, Sachsenspiegel, S. 109).

1434 Grundlegend Gierke, Sachenrecht, S. 187-210.

1435 Schlinker, Privatrechtsgeschichte, S. 205-207, Rn. 6 f. Im Sachsenspiegel findet der Ausdruck Gewere mehrmals Verwendung, so beispielsweise in Landrecht, Zweites Buch, Artikel 44: „Welch ein recht unde unrecht gewere sie." (Ebel, S. 99); Landrecht, Zweites Buch, Artikel 57 (Ebel, S. 106), und Landrecht, Drittes Buch, Artikel 38 (Ebel, S. 134).

1436 Eisenhardt, Deutsche Rechtsgeschichte, S. 173, Rn. 366 f. Schlinker, Privatrechtsgeschichte, S. 206, Rn. 6 betont insofern auch die aus der Gewere folgende „günstige prozessuale Situation". Hagemann, HRG 1, 2. Aufl., Sp. 1271-1285, betont allerdings, dass im Fahrnisrecht die Gewere an die körperliche Innehabung der Sache gebunden war: „Ein aus der Gewere fließender Rechtsschutz war daher dem Fahrniseigentümer versagt, wenn er seine Sache weggegeben hatte oder wenn sie ihm abhanden gekommen war."

Seit dem 9. Jahrhundert beschreibt der germanische Ausdruck *„eigen"* bzw. *„egendom"* „ein berechtigtes Haben"[1437] eines Gegenstandes.[1438] Im Spätmittelalter wurde „eigen" mit dem römischen Eigentumsbegriff *proprietas* gleichgesetzt. SCHLINKER stellt aber klar: „Ob damit der Begriff „egendom" auch schon inhaltlich vom römischen Eigentumsbegriff mit seiner freien Verfügungsmacht ausgefüllt wurde, darf grundsätzlich bezweifelt werden."[1439] Eigentum war eher weiterhin ganz allgemein als Zuordnung eines Rechts zu einer Person zu verstehen, wobei dieses Recht „aber nicht zwingend unbeschränkt sein musste".[1440] Erst mit der Rezeption setzte sich dann der römische Eigentumsbegriff durch.[1441] Damit war Eigentum die umfassende Herrschaftsmacht über eine Sache, wohingegen Besitz die tatsächliche Herrschaft beschrieb.[1442] Dieser Eigentumsbegriff geht auf Bartolus de Saxoferrato zurück, der im 14. Jahrhundert den bis in heutige Zeit gültigen Grundsatz aufstellte: *„dominium est ius de re corporali perfecte disponendi, nisi lege prohibeatur"*, d. h. Eigentum ist das Recht, vollständig über eine Sache zu verfügen, wenn es nicht durch Gesetz verboten sein sollte.[1443]

Auch das Verständnis der Übertragung des Eigentums stellte in den verschiedenen Zeitepochen unterschiedlich dar. Das römische Recht kannte zunächst drei Arten der Übereignungsgeschäfte: *mancipatio, in iure cessio* und *traditio*. Im Recht der justinianischen Kodifikation findet sich jedoch nur noch die Übereignung einer Sache im Wege der *traditio*, der körperlichen Übergabe der Sache.[1444] Allein die Übergabe genügte aber nicht, sondern hinzutreten musste

---

1437 Schlinker, Privatrechtsgeschichte, S. 203, Rn. 3.

1438 Thier, Enzyklopädie der Neuzeit 3, Sp. 98; Schlinker, Privatrechtsgeschichte, S. 203, Rn. 3. Auch der Sachsenspiegel kennt den Ausdruck „eigen", vgl. Landrecht, Erstes Buch, Artikel 32 (Ebel, S. 50).

1439 Schlinker, Privatrechtsgeschichte, S. 204, Rn. 4.

1440 Thier, Enzyklopädie der Neuzeit 3, Sp. 99.

1441 Eisenhardt, Deutsche Rechtsgeschichte, S. 174, Rn. 369.

1442 Schlinker, Privatrechtsgeschichte, S. 224 f., Rn. 25.

1443 Thier, Enzyklopädie der Neuzeit 3, Sp. 99 und Hagemann, HRG 1, 2. Aufl., Sp. 1271-1285 mit Verweis auf Ulpian D. 41, 2, 17. Siehe auch Rüfner, Thomas: The Roman Concept of Ownership and the Medieval Doctrine of Dominium Utile, in: The Creation oft he Ius Commune. From Casus to Regula, hrsg. von John W. Cairns und Paul J. du Plessis, Edinburgh 2010, S. 127-142.

1444 Rüfner, Traditio und Kaufpreiszahlung in Ius Commune und Common Law, S. 234 f. mit Verweis auf die kaiserliche Konstitution C. 2,3, 20 von Diocletian und Maximian (293): *„Traditionibus et usucapionibus dominia rerum, non nudis pactis transferuntur."*, was Rüfner auf S. 235 mit Fn. 6 wie folgt übersetzt: „Das Eigentum an Sachen wird durch die Übergabe oder Ersitzung erworben, nicht durch bloße

ein anerkannter Rechtsgrund, eine sogenannte *iusta causa.*[1445] Als eine solche *iusta causa* galt die Übergabe zum Zweck der Erfüllung eines Kaufvertrages. Bei dieser *causa emptionis* gab es aber noch eine zusätzliche Besonderheit: Der Eigentumsübergang war zusätzlich von der Kaufpreiszahlung an den Verkäufer abhängig.[1446] Dieses Erfordernis galt aber nicht absolut, sondern konnte durch das Vertrauen des Verkäufers in die Vertragstreue des Käufers ersetzt werden.[1447] Weniger dogmatisch ausgeklügelt war der abgeleitete Fahrniserwerb im deutschen Mittelalter, führte aber zum gleichen Ergebnis: auf eine formlose Einigung folgte die Übergabe der Sache.[1448] Für das gemeine Recht dann hält COING fest: „Die gültige Eigentumsübertragung setzt einen Übertragungsakt, die traditio, sowie den Willen, Eigentum zu übertragen und zu empfangen, und eine causa in einem Rechtsgeschäft, insbesondere einen Vertrag, der auf Eigentumsübertragung gerichtet ist, wie Kauf oder Schenkung (titulus, titre), voraus."[1449] Heute heißt es in § 929 des Bürgerlichen Gesetzbuches (BGB) zu Einigung und Übergabe: „Zur Übertragung des Eigentums an einer beweglichen Sache ist erforderlich, dass der Eigentümer die Sache dem Erwerber übergibt und beide darüber einig sind, dass das Eigentum übergehen soll. Ist der Erwerber im Besitz der Sache, so genügt die Einigung über den Übergang des Eigentums."

Vereinbarung." Siehe auch Kaser / Knütel / Lohsse, Römisches Privatrecht, S. 149, Rn. 15.

1445 Rüfner, Traditio und Kaufpreiszahlung in Ius Commune und Common Law, S. 235.

1446 Rüfner, Traditio und Kaufpreiszahlung in Ius Commune und Common Law, S. 235, zitiert hierzu Inst. 2, 1, 41: *„[...] venditae vero et traditae non aliter emptori adquiruntur, quam si is venditori pretium solverit vel alio modo ei satisfecerit, veluti expromissore aut pignore dato. [...]"*; und übersetzt dies in Fn. 13: „[...] Hingegen werden Sachen, die verkauft und übergeben wurden, nur dann vom Käufer zu Eigentum erworben, wenn er dem Verkäufer den Preis gezahlt oder mich auf andere Weise zufrieden gestellt hat, zum Beispiel durch Stellung eines Schuldübernehmers oder Hingabe eines Pfandes." Siehe auch Kaser / Knütel / Lohsse, Römisches Privatrecht, S. 149, Rn. 16; sowie Coing, Europäisches Privatrecht I, S. 307, und Weimar, Lexikon des Mittelalters III, S. 1714 f.

1447 Rüfner, Traditio und Kaufpreiszahlung in Ius Commune und Common Law, S. 236 zitiert hierzu Inst. 2, 1, 41: *„[...] sed si is qui vendidit, fidem emptoris secutus fuerit, dicendum est stati rem emptoris fieri."*; und übersetzt dies in Fn. 13: „[...] Aber wenn der, der verkauft hat, sich auf die Treue des Käufers verlassen hat, muß man sagen, daß die Sache sofort Eigentum des Käufers wird." Siehe auch Coing, Europäisches Privatrecht I, S. 307.

1448 Siehe auch Schlinker, Privatrechtsgeschichte, S. 209, Rn. 2.

1449 Coing, Europäisches Privatrecht I, S. 303.

Die Mindener Stadtrechtsreformation regelt den Eigentumsübergang in Liber I, Tit. 9, Art. 2: „*Es wird der Contract mit kauffen und verkauffen vollenzogen, wann man des Kauffgeldes und des Dinges, so in Kauff gezogen wird, vereiniget ist; es erlanget aber der Käuffer den Eigengenthum [sic] des erkaufften Guts ehe nicht, biß es ihm würcklich übergeben und überantwortet ist, und hat der Käuffer keine Gewalt das verkauffte Guth eigenthümlich anzugreiffen.*“ Zunächst ist festzuhalten, dass im Mindener Recht ein Kaufvertrag Bindungswirkung hat, es sei denn, eine der beiden Parteien hat ein Rücktrittsrecht oder ihr wird ein solches Recht eingeräumt.[1450] Das Eigentum geht aber nicht bereits durch Abschluss eines solchen bindenden Kaufvertrages über, sondern erst mit Übergabe des Kaufgegenstandes.[1451] Der Käufer erlangt das Eigentum an einem Gegenstand also nicht eher, als „*[…] es ihm würcklich übergeben und überantwortet ist […].*“

An dieser Stelle lässt sich sehr schön der Frage nachgehen, ob im Rahmen der Stadtrechtsreformation eine komplette juristisch-dogmatische Durchdringung auf Grundlage des ius commune erfolgt ist. Der Terminus „*übergeben und überantworten*“ erinnert eher an mittelalterliche Paarformeln. Der Ausdruck „*überantworten*“ beschreibt nämlich ebenfalls einen Übergabeakt.[1452] Die Formulierung zeigt weder einen direkten Bezug auf eine der Übertragung zugrunde liegende Einigung noch das zugrunde liegende Rechtsgeschäft. Der tatsächliche Übergabeakt scheint das entscheidende Element gewesen zu sein. Crusius verweist in Bezug auf die Regelung auf einen Ursprung „*ex jure nostro civili ac partim ex Inst. de emt. vendit.*“[1453] Er verordnet den Ursprung demnach einerseits in „unserem Privatrecht“ und andererseits nur „teilweise“ in den römischenrechtlichen Institutionen 3.23 zum Kaufrecht aus dem Justinianischen Corpus Iuris Civilis.

Dass derjenige Eigentum erhält, dem eine Sache übergeben wird, bestätigt auch die Regelung zum Doppelverkauf. Liber I, Tit. 9, Art. 3 schreibt vor: „*Wann einer ein Guth zweyen verkauffet, wird der erste vorgezogen, es wehre dann, daß solches Guth dem letzten Käuffer eingeantwortet, […].*“ Der Ausdruck „einantworten“ bedeutet ebenfalls, eine Sache zu überantworten,[1454] also zu übergeben

---

1450 Liber I, Tit. 9, Art. 1: „*Ein Kauff so unter Burgern mit gutem Vorbedacht und Vorwissen geschiehet muß und soll gehalten werden es wehre das sache das einer den anderen des Kauffes gutwillig erliese oder einer davon abzutreten rechtmessige Ursache hätte.*“

1451 Liber I, Tit. 9, Art. 2 und 8.

1452 Grimm, Jacob / Grimm, Wolfgang: Deutsches Wörterbuch (DWB), Band 23, Sp. 131, die ausdrücklich auf das ihrer Ansicht nach gleichbedeutende „tradere“ verweisen.

1453 Ius Statutarium Reipublicae Mindensis, S. 116.

1454 Grimm, Jacob / Grimm, Wolfgang: Deutsches Wörterbuch (DWB), Band 3, Sp. 145.

oder auszuhändigen.[1455] Wenn die Sache also bereits an den zweiten gutgläubigen Käufer übergeben ist, hat dieser Eigentum erlangt.[1456] Auch hierzu schreibt Crusius, dass das Eigentum durch Übergabe übertragen wird („*dominium per traditionem transferatur*").[1457]

Die kausale Verknüpfung mit dem zugrunde liegenden Rechtsgeschäft ergibt sich aber aus Liber I, Tit. 9, Art. 8: „*Der Verkäuffer ist schuldig den Käuffer des verkaufften Guths zugewehren […].*" Crusius sieht hier einen klaren Ursprung im ius commune („*ex jure communi derivatum*").[1458] Möglicherweise ist aber auch eine etymologische Betrachtung fruchtbar. Der Ausdruck „zugewehren" erinnert an die mittelalterliche deutsche Gewere. Es könnte also weniger ein durchdachter Eigentumsbegriff zugrunde liegen, als vielmehr eine Vermischung des alten Rechts mit ersten Einflüssen des ius commune.

2. *Gefahrübergang*

Es kann zu Fällen kommen, in denen zwar ein Kaufvertrag wirksam geschlossen wurde, der Kaufgegenstand aber noch nicht vom Verkäufer an den Käufer übergeben worden ist, und dann ein Schaden am Kaufgegenstand eintritt. Es stellt sich in dieser Konstellation die Frage, wer das Risiko dieses Schadens trägt, d. h. wann die Gefahr der zufälligen Verschlechterung oder des zufälligen Untergangs des Kaufgegenstandes vom Verkäufer auf den Käufer übergeht.[1459] Die Entscheidungen bezüglich des maßgeblichen Zeitpunktes für den Gefahrübergang gehen sowohl in der Rechtsgeschichte als auch in den Rechtsordnungen der Gegenwart weit auseinander.[1460] Das klassische römische Recht ließ die Gefahr für einen

---

1455 „Einantworten" in Frühneuhochdeutsches Wörterbuch über www.fwb-online.de.

1456 Siehe zum Rückschluss auf die Eigentumsübertragung anhand einer Regelung zum Doppelkauf zum Frankfurter Recht: Coing, Die Frankfurter Reformation von 1578, S. 24.

1457 Ius Statutarium Reipublicae Mindensis, S. 116.

1458 Ius Statutarium Reipublicae Mindensis, S. 119.

1459 Eine aktuelle Abhandlung zur historischen Entwicklung liefert Zwirlein, Susanne: Versprechen und Zufall. Eine historisch-vergleichende Studie zur Gefahrtragung beim Kauf beweglicher Sachen im englischen und deutschen Recht, Tübingen 2017, konkret S. 141-146, 206-209.

1460 Ernst, in: HKK, Band 3, Schuldrecht: Besonderer Teil, §§ 433-853, 1. Teilband: vor §§ 433-656, S. 130. Zur historischen Entwicklung siehe ausführlich: Bauer, Martin: Periculum emptoris. Eine dogmengeschichtliche Untersuchung zur Gefahrtragung beim Kauf, Berlin 1998. Das heutige Bürgerliche Gesetzbuch (BGB) regelt zum Gefahr- und Lastenübergang in § 446: „Mit der Übergabe der verkauften Sache geht die Gefahr des zufälligen Untergangs und der zufälligen Verschlechterung auf den

Untergang durch höhere Gewalt unmittelbar mit Vertragsschluss auf den Käufer übergehen, wohingegen das Risiko für Ereignisse des sogenannten niederen Zufalls wie Diebstahl oder Sachbeschädigung bis zur Übergabe beim Verkäufer verblieb.[1461] Im justinianischen Recht wurde die unbedingte Haftung des Verkäufers für niederen Zufall abgeschwächt zu einer Verschuldenshaftung für die Fälle, in denen keine ordnungsgemäße Bewachung stattgefunden hatte.[1462]

Grundlegend für das Verständnis des Gefahrtragungsrechts im römischen Recht ist folgender Abschnitt aus den Institutionen des Corpus Iuris Civilis: *„Cum autem emptio et venditio contracta sit (quod effici diximus, simulatque de pretio convenerit, cum sine scriptura res agitur), periculum rei venditae statim ad emptorem pertinet, tametsi adhuc ea res emptori tradita non sit.“*, der wie folgt zu übersetzen ist: „Wenn aber ein Kauf zustande gekommen ist (das geschieht, wie wir gesagt haben, falls das Geschäft nicht schriftlich abgeschlossen wird, sobald man sich über den Preis einig geworden ist), trifft die Gefahr hinsichtlich der verkauften Sache sogleich den Käufer, auch wenn die Sache dem Käufer noch nicht übergeben worden ist.“[1463] KASER formuliert: „Die Gefahr trägt der Käufer (sobald der Kauf volle Wirksamkeit erlangt hat).“[1464] Noch konkreter zur Perfektion des Kaufes äußert sich eine Stelle in den Digesten des Corpus Iuris: *„Necessario sciendum est, quando perfecta sit emptio: tunc enim sciemus, cuius periculum sit: nam perfecta emptione periculum ad emptorem respiciet. et si id quod venierit appareat quid quale quantum sit, sit et pretium, et pure venit, perfecta est emptio.“*, die wie folgt zu übersetzen ist: „Es ist für uns notwendig zu wissen, wann der Kaufvertrag ‚perfekt‘ ist; denn dann wissen wir, wer die Gefahr trägt; mit dem perfekten Kaufvertrag trifft nämlich die Gefahr den Käufer. Und wenn das, was verkauft werden soll, nach Gegenstand, Beschaffenheit und Menge feststeht, auch ein Preis vereinbart ist und der Kaufvertrag nicht bedingt ist, ist der Kaufvertrag perfekt.“[1465] Dieses Gefahrtragungsverständnis

---

Käufer über. Von der Übergabe an gebühren dem Käufer die Nutzungen und trägt er die Lasten der Sache. […]“

1461 Ernst, in: HKK, Band 3, Schuldrecht: Besonderer Teil, §§ 433-853, 1. Teilband: vor §§ 433-656, S. 131 f.

1462 Ernst, in: HKK, Band 3, Schuldrecht: Besonderer Teil, §§ 433-853, 1. Teilband: vor §§ 433-656, S. 132.

1463 Inst. 3, 23, 3, 1; zitiert nach: Corpus Iuris Civilis. Text und Übersetzungen. Band 1. Institutionen, hrsg. von Okko Behrends u.a., 2. Aufl., Heidelberg 1997, S. 189.

1464 Kaser / Knütel / Lohsse, Römisches Privatrecht, S. 259, Rn. 21.

1465 Dig. 18, 6, 8, pr.; zitiert nach: Corpus Iuris Civilis. Text und Übersetzungen. Band 3. Digesten, hrsg. von Okko Behrends u.a., Heidelberg 1999, S. 505.

prägte auch das ius commune.[1466] Das ältere deutsche Recht hingegen knüpft für die Gefahrtragung an das Rechtsinstitut der Gewere an:[1467] Ohne Übergabe an den Käufer, ohne dessen tatsächliche Sachherrschaft am Kaufgegenstand, kann auch kein Gefahrübergang an ihn stattfinden. GIERKE wertet in aller Deutlichkeit hierzu die Regelung im römischen Recht als scharfen Gegensatz.[1468]

Liber I, Tit. 9, Art. 12 der Mindener Stadtrechtsreformation regelt den Gefahrübergang nun wie folgt: „*Wann ein Kauff vollenzogen, so gehöret Nutz und Schaden des gekaufften Guts dem Käuffer zu, ob es gleich nicht überantwortet ist, mit dem Geding, woferne der Schade durch Nachlässigkeit oder durch Betrug des Verkäuffers nicht verursachet worden wehre, oder sie sich eines anderen vergleichet hätten.*" Noch vor der Übergabe („*ob es gleich nicht überantwortet ist*") trägt der Käufer die Gefahr für zufällige Schäden (und wohl den Untergang) des Kaufgegenstandes, und ihm steht andererseits der Nutzen zu, wenn der „*Kauff vollenzogen*" ist. Es stellt sich die Frage, wann ein „*Kauff vollenzogen*" ist. Auf die Übergabe kann nach dem ausdrücklichen Wortlaut nicht abgestellt werden; die Übergabe ist gerade nicht erforderlich. Daher kann nur auf den wirksamen Abschluss eines Kaufvertrages abgestellt werden. Wenn allein diese Perfektion des Kaufes für den Gefahrübergang genügt, so liegt hier klar eine Übernahme des römisch-rechtlichen Grundsatzes *periculum est emptoris* vor. Das bedeutet in Konsequenz eine sehr umfangreiche Gefahrtragungslast für den Käufer und eine komplette Abkehr von der alten deutschrechtlichen Regelung.

Crusius bestätigt unter Angabe zahlreicher Stellen aus dem Corpus Iuris Civilis ebenso, dass wie im ius commune nach Mindener Recht die Gefahr mit der Perfektion des Kaufes auf den Käufer übergeht („*Emptione perfecta ad emtorem [sic] tam periculum rei venditae de jure communi spectare*").[1469] Als Begründung wird angeführt, dass gleichsam der Nutzen, also Vorteile und Erträge, auf den Käufer übergehen.

1466 Ernst, in: HKK, Band 3, Schuldrecht: Besonderer Teil, §§ 433-853, 1. Teilband: vor §§ 433-656, S. 132.

1467 Gierke, Schuldrecht, S. 446 m. w. N. in Fn. 63 und 64.

1468 Gierke, Schuldrecht, S. 446. Gierke, Schuldrecht, S. 125, will aber im Bezug auf das ältere deutsche Recht auch gar nicht von einer schuldrechtlichen Gefahrzuteilung sprechen: „Darum liegt z.B. in dem deutschrechtlichen Satze, dass beim Kaufe die Gefahr bis zur Übergabe den Verkäufer trifft, keine schuldrechtliche Gefahrzuteilung. Denn bis dahin gehört die verkaufte Sache zum Vermögen des Verkäufers."

1469 Ius Statutarium Reipublicae Mindensis, S. 122.

3. *Sachmängelhaftung*

Mit OTTO sei gleich zu Beginn dieses Abschnitts deutlich gesagt: „Das Recht der Kaufmängelgewährleistung gilt als eines der Gebiete, in denen „römische" und „deutsche" Rechtsansichten besondere Gegensätze bilden."[1470] Im Rahmen dieser Mängelhaftung ist zwischen Sach- und Rechtsmängeln zu differenzieren. „Bei der Sachmängelhaftung geht es darum, ob und in welchem Umfang der Käufer aufgrund des Kaufvertrages eine bestimmte Qualität der Kaufsache erwarten kann und welche Rechte ihm gegen den Verkäufer zustehen, wenn die Kaufsache von schlechterer Qualität ist."[1471]

Das justinianische Recht kannte durchaus Gewährleistungsrechte, wenn ihnen auch eine lange und komplexe Entwicklung zugrunde lag.[1472] Ganz anders das alte deutsche Recht: „Das ältere deutsche Recht hat keine besonderen Mängelansprüche entwickelt. Mangelhafte Ware konnte der Käufer wohl stets zurückweisen; hatte er sie aber aber vorbehaltlos angenommen, so galt das als Billigung [...]."[1473] Die Buchsche Glosse zum Sachsenspiegel erwähnt beispielsweise Sachmängelhaftung mit keinem Wort, was als bewusste Entscheidung gegen eine deutsche Sachmängelhaftung gewertet wird.[1474] Es galt der Grundsatz: „Augen auf, Kauf ist Kauf"; Ausnahmen gab es nur beim Viehkauf.[1475] Für den Viehkauf entwickelte das deutsche Recht schon früh ein eigenes Gewährleistungssystem.[1476]

Der Titel zum Kaufrecht in der Mindener Stadtrechtsreformation regelt auch den Umgang mit möglichen Mängeln der Kaufsache. Liber I, Tit. 9, Art. 11 trifft

---

1470 Otto, in: Schlinker, Privatrechtsgeschichte, S. 109, Rn. 20.

1471 Ernst, in: HKK, Band 3, Schuldrecht: Besonderer Teil, §§ 433-853, 1. Teilband: vor §§ 433-656, S. 78, Rn. 3. Zur heutigen Regelung siehe § 434 BGB zum Sachmangel und § 442 BGB zur Kenntnis des Käufers.

1472 Zur Entwicklung und Umfang des römischen Gewährleistungsrechts siehe Kaser / Knütel / Lohsse, Römisches Privatrecht, S. 265-269, Rn. 36-48; sowie Ernst, in: HKK, Band 3, Schuldrecht: Besonderer Teil, §§ 433-853, 1. Teilband: vor §§ 433-656, S. 78-82, Rn. 4 f.

1473 Mitteis, Deutsches Privatrecht, S. 153; ebenso Gierke, Schuldrecht, S. 467, der allerdings folgendermaßen einschränkt: „Anders verhielt es sich nur, wenn sich nachträglich ein auch bei aufmerksamer Schau nicht zu entdeckender wesentlicher Mangel (Hauptmangel) herausstellte, den der Verkäufer gekannt und verschwiegen hatte."

1474 Otto, in: Schlinker, Privatrechtsgeschichte, S. 110, Rn. 20.

1475 Otto, in: Schlinker, Privatrechtsgeschichte, S. 110, Rn. 21; Ernst, in: HKK, Band 3, Schuldrecht: Besonderer Teil, §§ 433-853, 1. Teilband: vor §§ 433-656, S. 82, Rn. 6.

1476 Gierke, Schuldrecht, S. 467.

zunächst Regelungen für eine Qualitätszusage insbesondere bei Getreide und Früchten.[1477] In Liber I, Tit. 9, Art. 13-15 sind dann Regelungen zum Tierkauf niedergeschrieben. Grundsätzlich berechtigt Vieh, das innerhalb von 14 Tagen *„heimliche Gebrechen und Schaden"* zeigt, zur Rückabwicklung des Vertrages.[1478] Dies soll gemäß Crusius nicht nur gelten bei einem um die Gebrechen wissenden und damit betrügerischen Verkäufer, sondern auch bei einem Unwissenden, denn die Unwissenheit des Verkäufers mindere nicht den Verlust des Käufers.[1479] Etwas anderes gilt aber bei *„eusserlichen vitiis und Gebrechen"*, die für das menschliche Auge erkennbar sind.[1480] Dann gilt nach der Stadtrechtsreformation der Grundsatz *„klar Tag, helle Augen"* und der Käufer kann sich nicht auf den entsprechenden sichtbaren Mangel berufen.

Crusius verweist für Art. 13 und Art. 14 auf das ius commune,[1481] dabei könnte er sich bezüglich des Gewährleistungsrechts beim Viehkauf aber ebenso gut auf deutschrechtliche Quellen beziehen. An dieser Stelle wird deutlich, dass Crusius eine Ausbildung am ius commune erfahren hat und entsprechend dieses Horizontes kommentiert. Insbesondere der Verweis auf *„klar Tag, helle Augen"* ähnelt doch sehr dem ansonsten bekannten deutschrechtlichen „Augen auf, Kauf ist Kauf".

1477 Liber I, Tit. 9, Art. 11: *„Wann einer auff seine Gefahr etwas kauffet und annimbt, bleibet der Kauff bey wurden, wo aber der Verkeuffer die bonität und Würdigkeit des verkaufften Guths, besonders an Getreydig, Roggen, Gersten, Weitzen, Lein und Rübesamen und anderen Früchten zugesaget hette, muß Er Ihm dazu antworten, oder den Schaden erstaten, sonsten soll ein Kauffman mit auffrichtigen Wahren umbgehen, daß Er solches auch auff allem Fall und zu jederzeit auch mit einem leiblichem Aide erhalten könne."*

1478 Liber I, Tit. 9, Art. 13: *„Verkauffet auch jemand Ochsen, Kühe, Pferde, Schweine und dergleichen Vieh, welche heimliche Gebrechen und Schaden hätten, und solches der Verkäuffer verschwiege, woferne derselbige inwendig vierzehen Tagen sich erzeuget, soll der Verkäuffer dasselbige wieder zu sich nehmen, und das Kauffgeld restituiren, oder ihm das nachständige Kauffgeld nicht bezahlet werden."*

1479 Ius Statutarium Reipublicae Mindensis, S. 123: *„[...]ignorantia enim non minuit damnum emptoris [...]."*

1480 Liber I, Tit. 9, Art. 14: *„Bey eusserlichen vitiis und Gebrechen durch menschliche Augen können erkant werden, wird solches nicht gehalten, dann da heisset es klar Tag, helle Augen,und wird alhiewegen der Gebrechen, so aus oder inwendig sein, auff öffentlichen Marckten kein Unterscheid gemachet, es hette dann der Verkäuffer dem Käuffer deßwegen beständige Zusage gethan."*

1481 Ius Statutarium Reipublicae Mindensis, S. 123, zu Art. 13: *„Idem jure communi constitutum, [...]"*, und S. 124, zu Art. 14: *„[...] desumptus ex jure communi [...]"*.

4. *Laesio enormis*

Ein weiterer interessanter, denn ausnahmsweise relativ eindeutiger Aspekt ist die Regelung in Liber I, Tit. 9, Art. 10: *„Da einer in Kauff betrieglich hintergangen und über die Helffte betrogen, mag der Kauff von dem betrogenem Theil rescindiret werden, oder mag ihm den defect und Mangel erstatten lassen.“*

Es handelt sich um eine Ausformung der Regelung zur sogenannten laesio enormis. Dieser Terminus kann übersetzt werden als übermäßige Schädigung,[1482] oder als Verkürzung über die Hälfte.[1483] Die ersten beiden diesbezüglichen überlieferten Quellen sind kaiserliche Edikte, die in die Codex-Sammlung im justinianischen Corpus Iuris Eingang gefunden haben.[1484] Konkret sind dies ein Erlass Diokletians aus dem Jahre 285 (Codex 4, 44, 2) und ein Erlass Maximians aus dem Jahre 293 (Codex 4, 44, 8).[1485] Ein Verkäufer kann, wenn der von ihm erzielte Kaufpreis weniger als die Hälfte des Wertes des Kaufgegenstandes beträgt, vom Kauf zurücktreten.[1486] Der Käufer kann den Vertrag nur durch Vertragsanpassung retten, indem er bis zum vollen Wert des Kaufgegenstandes nachbezahlt.[1487] Die Glossatoren sprachen den Schutz der laesio enormis dann auch dem Käufer zu,[1488] wenn er eine um mindestens die Hälfte überteuerte Ware gekauft hatte;[1489] und die Kanonisten entwickelten ein Wahlrecht des Geschädigten, auf Schadensersatz zu klagen, statt zurückzutreten.[1490]

Nach seiner zwischenzeitlichen Aufhebung im 4. Jahrhundert wurde das Recht der laesio enormis durch Justinian erneut wieder in Kraft gesetzt.[1491] In den Volksrechten lässt sich diese Idee des Vertragsungleichgewichtes nicht

---

1482 Becker, HRG 3, 2. Aufl., Sp. 400.

1483 Kaser / Knütel / Lohsse, Römisches Privatrecht, S. 255, Rn. 14.

1484 Becker, HRG 3, 2. Aufl., Sp. 400 f.

1485 Für den Text siehe Krueger: Corpus Iuris Civilis. Volumen Secundum. Codex Iustinianus, S. 179. Für eine ausführliche Analyse siehe Ulbricht, Die Rezeption der laesio enormis in den Stadt- und Landrechten, S. 35-45.

1486 Lange / Kriechbaum, Römisches Recht im Mittelalter 2, S. 910.

1487 Kaser / Knütel / Lohsse, Römisches Privatrecht, S. 255, Rn. 14.

1488 Lange / Kriechbaum, Römisches Recht im Mittelalter 2, S. 910.

1489 Umstritten war jedoch, wie die Überschreitung um die Hälfte zu berechnen ist; so könnte der Tatbestand bereits bei 50 % über dem wahren Wert erreicht sein (Beispiel: 150 statt 100) oder erst bei mehr als 100 % über dem wahren Wert, also mehr als seiner Verdoppelung (Beispiel: 201 statt 100), vgl. Lange / Kriechbaum, Römisches Recht im Mittelalter 2, S. 910.

1490 Ulbricht, Die Rezeption der laesio enormis in den Stadt- und Landrechten, S. 410 f.

1491 Kaser / Knütel / Lohsse, Römisches Privatrecht, S. 255, Rn. 14.

mehr finden, aber in theologischen Werken existierte eine Lehre vom gerechten Preis.[1492] Die Wiederentdeckung und wissenschaftliche Durchdringung der laesio enormis erfolgte in der Legistik und Kanonistik unterschiedlich, insbesondere der subjektive Tatbestand und die Rechtsfolgen wurden diskutiert.[1493] Die Regelung der laesio enormis in ihrer legistischen oder kanonistischen Interpretation fand letztlich wieder Eingang in zahlreiche mittelalterliche und frühneuzeitliche Stadt- und Landrechte.[1494] Forschungen zur laesio enormis haben in der romanistischen Wissenschaft im Übrigen eine lange Tradition.[1495] In der jüngsten Abhandlung zum Thema bezeichnet ULBRICHT die laesio enormis zu Recht als ein besonderes Institut zur „Bewältigung vertraglicher Ungleichgewichtslagen".[1496] ULBRICHT untersucht zahlreiche Partikularrechte des Mittelalters und der Frühen Neuzeit, um wesentliche Entwicklungslinien der Rezeption der laesio enormis herauszuarbeiten, wobei er den Unterschied zwischen einem legistischen und einem kanonistischen Verständnis des Rechtsinstituts betont.[1497] Im heutigen Zivilrecht ist die Lehre der laesio enormis ein Aspekt der Wucherproblematik, betrifft also die Unausgewogenheit des Vertragsinhaltes und dessen mögliche Sittenwidrigkeit gemäß § 138 BGB.[1498]

1492 Ulbricht, Die Rezeption der laesio enormis in den Stadt- und Landrechten, S. 23 f., 49, 53.

1493 Ulbricht, Die Rezeption der laesio enormis in den Stadt- und Landrechten, S.57-188.

1494 Becker, HRG 3, 2. Aufl., Sp. 401. Ulbricht, Die Rezeption der laesio enormis in den Stadt- und Landrechten, S. 189-406, unterscheidet dabei drei Phasen der Entwicklungsgeschichte (Zusammenfassungen siehe S. 246-248, S. 339-342, 403-405).

1495 Pennitz, Martin: Zu Ursprung und Zweck der sogenannten laesio enormis, in: ZRG, RA, Band 138 (2021), S. 379-445, konkret: S. 379 f. Siehe auch Ulbricht, Die Rezeption der laesio enormis in den Stadt- und Landrechten, S. 25 f.

1496 Ulbricht, Die Rezeption der laesio enormis in den Stadt- und Landrechten, S. 23.

1497 Ulbricht, Die Rezeption der laesio enormis in den Stadt- und Landrechten, S. 27. Er zeichnet die Zweiteilung anschaulich nach, indem er darlegt, dass es bis zum 11. Jahrhundert eine „strikte Trennung zwischen der Lehre vom gerechten Preis [iustum pretium] in einem rein ethischen Sinne einerseits und der überwiegend in Vergessenheit geratenen diokletianischen Reskripte andererseits" (S. 56) gegeben hat, die sich auch später noch auswirkte. Die Glossatoren und Kommentaren hätten mit der laesio enormis als Fremdkörper im ansonsten von Vertragsfreiheit geprägten römischen Recht durchaus zu kämpfen gehabt (S. 85), und auch in der Kanonistik hätte sich die Idee der laesio enormis erst ab dem 13. Jahrhundert wieder etabliert (S. 135).

1498 Siehe hierzu die Abhandlung von Becker, Christoph: Die Lehre von der laesio enormis in der Sicht der heutigen Wucherproblematik. Ausgewogenheit als Vertragsinhalt und § 138 BGB, Köln 1993; sowie Gierke, Schuldrecht, S. 444.

Das ursprünglich sächsische Recht hatte jedoch keine der laesio enormis vergleichbare Vorschrift entwickelt.[1499] Wenn die Mindener Stadtrechtsreformation in Liber I, Tit. 9, Art. 10, nun also das Recht konstatiert, vom Vertrag zurückzutreten oder den vollen Wert zu erhalten, wenn er „*[...] über die Helffte betrogen [...]*" worden ist, so liegt hierin klar eine Übernahme eines römisch-kanonischen Rechtssatzes. Dies macht auch Crusius mit seinem Verweis auf den entsprechenden Abschnitt im Corpus Iuris Civilis deutlich.[1500]

5. Arra

Der letzte Aspekt des Kaufrechts, der einer genaueren Betrachtung unterzogen wird, ist die Regelung des Rücktrittsrecht bei einem Kauf mit „*arrham oder Gottespfennig*". Liber I, Tit. 9, Art. 9 schreibt vor: „*Wann einer auff einen gethanen Kauff, Pact, Miet, Geding, eine arrham oder Gottespfenning gegeben, So ist solches alles kräfftig, und kann der Handel nicht retractiret werden, es wehre das sache, daß so fort und ehe Sie sich scheiden, dem Ein oder anderem Theil des Kauffhandels gereuete, woferne dann der Verkäuffer den Kauff retractiren würde, soll Er den empfangenen Weinkauff gedobbelt restituiren, wo aber den Käuffer des Kauffes gereuete, soll Er des ausgegebenen Weinkauffes verlustig sein.*"

Zunächst bedürfen die Termini „Arrham" sowie „Gottespfennig" (und „Weinkauf") einer Erläuterung. Arr(h)a ist eine Sache oder eine Geldsumme (auch Angeld oder Draufgeld genannt), die zum Zeichen des Kaufvertragsabschlusses geleistet wird. Ob die Hingabe der Arra (im altdeutschen Recht) vertragsbegründendes Element war,[1501] und erst damit die Parteien zur Erfüllung der getroffenen Vereinbarung verpflichtet wurden,[1502] ist umstritten.[1503] Falls sie je eine konstitutive Wirkung entwickelt hat, verlor die Arra diese jedoch mit der Zeit

1499 Rabe, Lüneburger Stadtrechtsreformation, S. 48.

1500 Ius Statutarium Reipublicae Mindensis, S. 120 f.: „*Articulus ex jure communi, praeprimis, ex famosa l. 2. C. de resc.vend. [abgekürzt für: rescindenda venditione] depromptus.*" Siehe auch die Kommentierung zu Decisio 1 auf S. 125 f.

1501 Olechowski, HRG 1, 2. Aufl., Sp. 309.

1502 Sicard, Lexikon des Mittelalters I, S. 1025.

1503 Otto, in: Schlinker, Privatrechtsgeschichte, S. 103, Rn. 8. Coing, Europäisches Privatrecht I, S. 451, verneint zutreffend eine Bindungswirkung für die Arra im römischen Recht und nennt sie stattdessen ein Beweiszeichen, siehe hierzu auch die Ausführungen zur Kaufrechtspassage der Institutionen im Folgenden. Gierke, Schuldrecht, S. 337, mit Fn. 47 möchte statt einer schuldbegründenden oder einer schuldbestärkenden Wirkung eine haftungsbegründende Wirkung erkannt haben.

wieder.[1504] Stattdessen kam ihr einerseits eine Funktion als Rücktrittsklausel mit Reuegeld zu: Wollte derjenige, der die Arra gegeben hatte, vom Vertrag zurücktreten, verlor er die Arra, wollte der andere Vertragspartner zurücktreten, hatte er den doppelten Wert zu erstatten, wenn er die Arra erhalten hatte.[1505] Andererseits diente die Arra bei geschlossenen Verträgen auch als Beweis, Anzahlung oder Sicherheit.[1506]

Bereits im römischen Recht fand die Arra bei Vertragsschluss Erwähnung.[1507] Die Institutionen thematisieren die Arra mehrmals im Rahmen des Abschnittes zum Kaufvertrag, weisen ihr aber nur eine Beweiswirkung zu. So heißt es in Inst. 3, 23 pr.: *„Emptio et venditio contrahitur, simulatque de pretio convenerit, quamvis nondum pretium numeratum sit ac ne arra quidem data fuerit. nam quod arrae nomine datur, argumentum est emptionis et venditionis contractae. sed haec quidem de emptionibus et venditionibus, quae sine scriptura consistunt, optinere oportet.“* („Ein Kaufvertrag kommt zustande, sobald man über den Preis einig ist, mag auch der Preis noch nicht gezahlt und nicht einmal ein Angeld gegeben worden sein. Denn das, was als Angeld gegeben wird, ist nur Beweis für den zustande gekommenen Kaufvertrag. Aber all das soll lediglich für Kaufverträge gelten, die nicht schriftlich begründet werden.“).[1508] Im selben Abschnitt ist auch der Verlust der Arra festgelegt: *„ita tamen impune recedere eis concedimus, nisi iam arrarum nomine aliquid fuerit datum: hoc etenim subsecuto, sive in scriptis sive sine scriptis venditio celebrata est, is qui recusat adimplere contractum, si quidem emptor est, perdit quod dedit, si vero venditor, duplum restituere compellitur, licet nihil super arris expressum est.“* („Jedoch gestatten wir ihnen nur dann, ohne Nachteil Abstand zu nehmen, wenn noch nichts an Angeld gegeben worden ist. Ist das nämlich schon geschehen, dann verliert, gleich ob der Kaufvertrag schriftlich oder ohne Schriftform abgeschlossen worden ist, derjenige, der sich weigert, den Vertrag zu erfüllen, als Käufer das gegebene Angeld; als Verkäufer wird er gezwungen, das Doppelte des Angeldes zurückzuerstatten, auch wenn über das Angeld nichts derartiges bestimmt worden war.“).[1509] Auch C. 4, 21, 17 von Kaiser Justinian kennt die Regelung, dass der zurücktretende Käufer seine Arra

---

1504 Olechowski, HRG 1, 2. Aufl., Sp. 309.

1505 Sicard, Lexikon des Mittelalters I, S. 1025.

1506 Sicard, Lexikon des Mittelalters I, S. 1025.

1507 Schlinker, Privatrechtsgeschichte, S. 23, Rn. 11.

1508 Inst. 3, 23, pr., zitiert nach: Corpus Iuris Civilis. Text und Übersetzungen. Band 1. Institutionen, hrsg. von Okko Behrends u.a., 2. Aufl., Heidelberg 1997, S. 189.

1509 Inst. 3, 23, pr., zitiert nach: Corpus Iuris Civilis. Text und Übersetzungen. Band 1. Institutionen, hrsg. von Okko Behrends u.a., 2. Aufl., Heidelberg 1997, S. 189.

verliert, ein zurücktretender Verkäufer hingegen das Doppelte der Arra schuldet.[1510] SCHLINKER vermutet daher, dass die Arra aus dem römischen Recht in die frühmittelalterliche Rechtspraxis Eingang gefunden hat.[1511] OLECHOWSKI zeichnet den Weg vom altorientalischen Arralvertrag über das spätrömische Vulgarrecht hin zu den Volksrechten.[1512] Der Arralvertrag ist demnach keine ausschließlich germanische Erfindung, allenfalls in seiner Ausprägung als konstitutives Element für einen Vertragsschluss.

Im Institut der Arra wurzeln die mittelalterlichen „Gottespfennig" und „Weinkauf".[1513] Weinkauf ist ein Umtrunk zum Abschluss eines Rechtsgeschäftes, an dem neben den Vertragsparteien auch hinzugezogene Zeugen teilnehmen.[1514] Der Weinkauf diente der Beweissicherung, weil gegenüber den Zeugen, also öffentlich, der Abschluss des Rechtsgeschäftes bestätigt und damit bekräftigt wurde.[1515] Unter dem Gottespfennig ist eine Spende zu frommen Zwecken zu verstehen, die zum Zeichen des Vertragsschlusses getätigt wird.[1516] Auch diese Gabe als Almosen an die Kirche, ein Hospital oder die Armen machte den Vertragsschluss nach außen sichtbar.[1517] MITTEIS führt zu Weinkauf und Gottespfennig sehr bildlich aus: „die arrha wird immer mehr als bloße Scheinleistung gekennzeichnet, indem sie vertrunken oder gespendet wird."[1518]

Das Mindener Stadtrecht verwendet Arram, Gottespfennig und Weinkauf synonym. Beachtlich ist zunächst, dass sich diese alte Vorgehensweise überhaupt noch erhalten hat und das nicht nur in Minden, sondern auch in einigen anderen frühneuzeitlichen Rechtstexten.[1519] Es ist nicht klar, ob die Arra nach Mindener Recht immer zu leisten ist oder nur ein optionales Element darstellt.

1510 Coing, Europäisches Privatrecht I, S. 450.

1511 Schlinker, Privatrechtsgeschichte, S. 23, Rn. 11.

1512 Olechowski, HRG 1, 2. Aufl., Sp. 309

1513 Olechowski, HRG 1, 2. Aufl., Sp. 309, der dafür als Argument die synonyme Verwendung in den Quellen angibt. Auch Gierke, Schuldrecht, S. 338, mit Fn. 54, hält Gottespfennig und Weinkauf für „Abspaltungen" der arra. Anderer Ansicht ist allerdings Beyerle, Franz: Weinkauf und Gottespfennig an Hand westdeutscher Quellen, Weimar 1934, insb. S. 262.

1514 Fischer, HRG 5, Sp. 1234.

1515 Fischer, HRG 5, Sp. 1234.

1516 Fischer, HRG 5, Sp. 1235.

1517 Schlinker, Privatrechtsgeschichte, S. 24, Rn. 12.

1518 Mitteis, Deutsches Privatrecht, S. 138.

1519 Für weitere Nachweise siehe Otto, in: Schlinker, Privatrechtsgeschichte, S. 109, Rn. 18, mit Fn. 529, sowie S. 24, Rn. 12, mit Fn. 44.

Sollte es hier vorrangig nur darum gehen, dass die Arra als Reuegeld im Falle eines Rücktrittes zu leisten ist, so verwundert die kurze Frist, in der sich der Rücktrittwillige diesen Umstand zunutze machen kann, denn das Zeitfenster ist denkbar klein: „[…] *daß so fort und ehe Sie sich scheiden, dem Ein oder anderem Theil des Kauffhandels gereuete […].*" Daher ist der Blick eher auf die mögliche schuldbegründende oder schuldbekräftigende Funktion zu richten. Die Mindener Stadtrechtsreformation schreibt zwar die Bindungswirkung eines Kaufes fest (Liber I, Tit. 9, Art. 1: „*Ein Kauff so unter Burgern mit gutem Vorbedacht und Vorwissen geschiehet muß und soll gehalten werden […].*"), listet aber nicht auf, was für die Wirksamkeit des Vertragsschlusses erforderlich ist. Sollte die arra tatsächlich Anfang des 17. Jh. in Minden noch schuldbegründendes Element beim Vertragsschluss gewesen sein? Der Wortlaut von Liber I, Tit. 9, Art. 9 ermöglicht diesen Schluss: „*Wann einer auff einen gethanen Kauff, Pact, Miet, Geding, eine arrham oder Gottespfenning gegeben, So ist solches alles kräfftig, […]*". Möglich und wahrscheinlicher wäre aber auch, dass hiermit die bekräftigende Funktion (im Sinn einer Beweisfunktion) der Arra herausgestellt werden soll. In diese Richtung geht auch die Deutung von Crusius. Crusius kennzeichnet es als gewöhnliche Sitte, das Kaufgeld dem Verkauf und anderen Verträgen gleichsam als Pfand zu widmen *(„Moris recepti est, arrham venditioni aliisq; contractibus quasi pignus accedere […].").* [1520] Des Weiteren bezeichnet er die Arra als Argument für den vollkommenen oder vollendeten Vertrag *(„[…] argumentum perfecti vel perficiendi contractus […]").*[1521]

Es macht ein wenig den Eindruck, als wäre in diesem Artikel der Stadtrechtsreformation römisches Recht von Averberg übernommen worden, ohne es tatsächlich gedanklich zu durchdringen. Auf der einen Seite stellt sich die Frage nach dem Bedeutungsgehalt der Formulierung „*So ist solches alles kräfftig*", auf der anderen Seite die Frage nach der Sinnhaftigkeit einer so kurzen Rücktrittsfrist in Zusammenhang mit den alten, schon aus dem römischen Recht überlieferten Geldwerten beim Rücktritt (Käufer schuldet Angeld, Verkäufer schuldet doppeltes Angeld). Der Artikel der Mindener Stadtrechtsreformation ist jedenfalls ein gutes Beispiel dafür, wie alte symbolische Handlungen Übergang in die Neuzeit gefunden haben. Spuren haben sich bis heute erhalten.[1522]

1520 Ius Statutarium Reipublicae Mindensis, S. 120.

1521 Ius Statutarium Reipublicae Mindensis, S. 120.

1522 So konstatiert § 336 BGB zur Auslegung der Draufgabe: „(1) Wird bei der Eingehung eines Vertrages etwas als Draufgabe gegeben, so gilt dies als Zeichen des Abschlusses des Vertrages. (2) Die Draufgabe gilt im Zweifel nicht als Reugeld." § 337 BGB führt anschließend zur Anrechnung oder Rückgabe der Draufgabe aus: „(1) Die Draufgabe

6. *Zwischenfazit*

Als Zwischenfazit lässt sich festhalten, dass das Kaufrecht der Mindener Stadtrechtsreformation keinesfalls eine eindeutige Zuordnung zu altem deutschen Recht oder dem ius commune zulässt. Die herausgegriffenen Aspekte zeigen ein vielfältiges Bild. Einige Regelungen könnten beiden Rechtsmaterien entstammen oder weisen ein Mischrecht auf (Eigentumsübertragung, Sachmängelhaftung, Arra), einige wiederum lassen sich klar dem ius commune zuordnen (Gefahrübergang, Laesio enormis).

II. Darlehen

Der siebte Titel im ersten Buch der Stadtrechtsreformation von 1613 behandelt unter der Überschrift *„De Mutuo. Von geliehenem Gelde"* in 18 Artikeln das Darlehensrecht. Einleitend enthält der Titel prozessrechtliche Regelungen.[1523] In den darauf folgenden Regelungen geht es vor allem um zulässige Beweismittel,[1524] insbesondere um Schuldbriefe.[1525] Es folgt die Festschreibung des Zinssatzes auf 6 %,[1526] sowie ein Wucherverbot,[1527] Regelungen zur Geldsortenschuld,[1528] und zu Geschäften mit unmündigen Kindern.[1529]

---

ist im Zweifel auf die von dem Geber geschuldete Leistung anzurechnen oder, wenn dies nicht geschehen kann, bei der Erfüllung des Vertrages zurückzugeben. (2) Wird der Vertrag wieder aufgehoben, so ist die Draufgabe zurückzugeben."

1523 Liber I, Tit. 7, Art. 1. Siehe auch Liber IV, Tit. 1, Art. 30. Im Einzelnen zu ordentlichen Prozess siehe die Erläuterungen zu Liber IV.

1524 Liber I, Tit. 7, Art. 2-5.

1525 Liber I, Tit. 7, Art. 6-11.

1526 Liber I, Tit. 7, Art. 12 und 13. Vgl. die Regelungen zum Basiszinssatz in § 247 BGB und zum gesetzlichen Zinssatz in § 248 BGB (4%).

1527 Liber I, Tit. 7, Art. 14. Vgl. § 138 Abs. 2 BGB zur Wucher.

1528 Liber I, Tit. 7, Art. 15 und 16. Vgl. § 245 BGB zur Geldsortenschuld.

1529 Liber I, Tit. 7, Art. 17 und 18. Die Regelung zur Mündigkeit findet sich in Liber II, Tit. 3, Art. 12: *„[…] ihr mündiges Alter, das ist, wann Sie 21. Jahr ausg.bracht oder sich verheuratet haben […]"*. Das Alter ist offenbar heraufgesetzt worden, denn um 1400 war ein Mindener noch mit sechszehn Jahren bereits geschäftsfähig, siehe hierzu zwei Eintragungen von Rechtsweisungen der Stadt Minden an die Stadt Hannover aus der alten Hannoverschen Stadtrechtshandschrift, abgedruckt bei Schroeder, Stadtrecht, S. 160 Rn. 153a. Heutige Regelungen zur Geschäftsfähigkeit finden sich in §§ 104-113 BGB.

Zur genaueren Betrachtung herausgegriffen werden die Aspekte der Höhe der Darlehenszinsen, der Darlehensausschluss für Kinder nach SC Macedonianum sowie das Zahlkraftrecht.

1. Darlehenszinsen

Zunächst lohnt sich schon der Blick auf die in der Mindener Stadtrechtsreformation angeordnete Höhe der Darlehenszinsen.[1530] Zinsen sind zu verstehen als Entgelt für die Nutzung fremden Kapitals.[1531] Die Entwicklung des Kapitalzinsrechts über die Jahrhunderte bewegte sich dabei „zwischen den Extremen: Zinsverbot und Zinsfreiheit, die sich beide als nicht praktikabel erwiesen haben."[1532] In der jüngeren römischen Republik galt ein jährlicher Darlehenszinssatz von 12 %.[1533] Justinian reduzierte – beeinflusst durch das kirchliche Zinsverbot – den regulären Zinssatz auf 6 %.[1534] Niederschrift fand diese justinianische Regelung in C. 4, 32, 26, 2.[1535] Es galten jedoch zahlreiche differenzierende Sondersätze, insbesondere 4 % für Angehörige höherer Stände, 8 % für Kaufleute und Bankiers, sowie 12 % für das (risikoreiche) Seedarlehen.[1536]

Die Kirche hingegen hatte schon im 4. Jahrhundert ein kanonisches Zinsverbot aufgestellt. Dieses Zinsverbot galt zunächst nur für Kleriker, wurde dann aber

---

1530 Siehe Liber I, Tit. 7, Art. 12. Die heutigen Regelungen zum Darlehensvertrag finden sich in §§ 488 f. BGB, zum Zinssatz in §§ 246 f. BGB. Aufgrund des dem BGB zugrunde liegenden Gedanken der Privatautonomie ist kein Höchstzinssatz festgeschrieben; Zinssätze finden ihre Grenze jedoch im allgemeinen Wuchertatbestand des § 138 Abs. 2 BGB, siehe hierzu Dorn, §§ 246-248. Zinsen, in: HKK, Band 2, Schuldrecht: Allgemeiner Teil, §§ 241-432, 1. Teilband: vor § 241- § 304, S. 487 f., Rn. 5-7.

1531 Kaser / Knütel / Lohsse, Römisches Privatrecht, S. 216, Rn. 18.

1532 Dorn, §§ 246-248. Zinsen, in: HKK, Band 2. 1, S. 486, Rn. 2.

1533 Dorn, §§ 246-248. Zinsen, in: HKK, Band 2. 1, S. 489, Rn. 11; Kaser / Knütel / Lohsse, Römisches Privatrecht, S. 217, Rn. 20; Sprandel, Lexikon des Mittelalters IX, Sp. 623; Landau, HRG 5, Sp. 1709; Landau, Die Gesetzgebungsgeschichte des § 247 BGB, S. 385.

1534 Dorn, §§ 246-248. Zinsen, in: HKK, Band 2. 1, S. 490, Rn. 11; Kaser / Knütel / Lohsse, Römisches Privatrecht, S. 217, Rn. 24; Sprandel, Lexikon des Mittelalters IX, Sp. 623.

1535 Dorn, §§ 246-248. Zinsen, in: HKK, Band 2. 1, S. 490, Rn. 11; für den Text siehe Krueger: Corpus Iuris Civilis. Volumen Secundum. Codex Iustinianus, S. 173.

1536 Dorn, §§ 246-248. Zinsen, in: HKK, Band 2.1, S. 490, Rn. 11; Kaser / Knütel / Lohsse, Römisches Privatrecht, S. 217, Rn. 24.

auch auf Laien ausgedehnt.[1537] Seit der Karolingerzeit fand das kanonische Zinsverbot als allgemeines Wucherverbot Eingang in die weltliche Gesetzgebung.[1538] Eine vollumfängliche Rezeption des römischen Darlehenszinssrechts wurde also durch das kanonische Zinsverbot vom Mittelalter bis in die frühe Neuzeit hinein eingeschränkt.[1539] Es etablierten sich aber „Umgehungsgeschäfte", insbesondere der sogenannte Rentenkauf.[1540]

Im 16. Jahrhundert kam es zu einer allmählichen Abkehr vom kanonischen Zinsverbot.[1541] Bei der Betrachtung dieser Entwicklung ist zwischen der Reichsebene und den einzelnen Territorien zu unterscheiden. Auf Reichsebene findet sich eine Untersagung von Wuchergeschäften aller Art in dem Reichsabschied von 1500 sowie den Reichspolizeiverordnungen von 1530, 1548 und 1570.[1542] Ein Zinssatz von 5 % gilt ab dem Jahre 1530 für Rentenkäufe; seit 1577 wird dieser Zinssatz auch auf jüdische Darlehen angewandt und seit 1600 auf Verzugszinsen.[1543] Im Jüngsten Reichsabschied von 1654 findet sich dann die Regelung, dass allgemein eine Verzinsung von Krediten zu einem Höchstsatz von 5 % zugelassen wird.[1544]

In den einzelnen Territorien fallen die Zinsregelungen im 16. und 17. Jahrhundert sehr unterschiedlich aus. Einige hielten am Zinsverbot fest,[1545] andere

---

1537 Dorn, §§ 246-248. Zinsen, in: HKK, Band 2.1, S. 490 f., Rn. 13; Sprandel, Lexikon des Mittelalters IX, Sp. 623; Landau, Die Gesetzgebungsgeschichte des § 247 BGB, S. 386.

1538 Dorn, §§ 246-248. Zinsen, in: HKK, Band 2.1, S. 491, Rn. 13; Landau, Die Gesetzgebungsgeschichte des § 247 BGB, S. 386.

1539 Dorn, §§ 246-248. Zinsen, in: HKK, Band 2. 1, S. 490, Rn. 13; Landau, HRG 5, Sp. 1710.

1540 Sprandel, Lexikon des Mittelalters IX, Sp. 623; Landau, HRG 5, Sp. 1710; Landau, Die Gesetzgebungsgeschichte des § 247 BGB, S. 386.

1541 Dorn, §§ 246-248. Zinsen, in: HKK, Band 2.1, S. 493, Rn. 15; Kaser / Knütel / Lohsse, Römisches Privatrecht, S. 217 f., Rn. 25; Landau, Die Gesetzgebungsgeschichte des § 247 BGB, S. 386.

1542 Dorn, §§ 246-248. Zinsen, in: HKK, Band 2.1, S. 494, Rn. 16.

1543 Dorn, §§ 246-248. Zinsen, in: HKK, Band 2.1, S. 494, Rn. 16; Stobbe, Privatrecht, Dritter Band, S. 298.

1544 Dorn, §§ 246-248. Zinsen, in: HKK, Band 2.1, S. 494, Rn. 16; Stobbe, Privatrecht, Dritter Band, S. 298.

1545 Beispielsweise Nürnberger Reformation (1479 und 1522), Wormser Reformation (1498), Bayrisches Landrecht (1518), Tiroler Landesordnung (1526), Kurkölner Reformation (1538), Würrtembergisches Landrecht (1554 und 1610) und Solmser Landrecht (1571), siehe Nachweise in Dorn, §§ 246-248. Zinsen, in: HKK, Band 2.1, S. 494 f., Rn. 16 mit Fn. 61; sowie Stobbe, Privatrecht, Dritter Band, S. 298 mit Fn. 29.

erließen schon vor der entsprechenden Reichsgesetzgebung oder in deren Folge eine Zinsregelung in Höhe von 5 %,[1546] und wiederum andere gestatteten eine dem römischen Recht entsprechende Zinshöhe von 6 %.[1547]

In der Mindener Stadtrechtsreformation von 1613 heißt es zu dieser Thematik in Liber I, Tit. 7, Art. 12: „*In denen Rahtsbriefen mügen sechs auff hundert Thal. Capital gesetzet und zu Zinssen beschrieben werden.*" Gleich darauf folgend wird in Liber I, Tit. 7, Art. 13 ergänzt: „*Es soll auch in der Rahtsstuben und am Niedergerichte auff solche durch Parteyen verwilligte und verschriebene Zinssen der Sechsthal. gesprochen und erkannt werden.*" Damit weicht Minden evident von der reichsrechtlich angeordneten maximalen Zinshöhe von 5 % ab. Hierzu ist zunächst festzuhalten, dass Minden - wie dargelegt - damit keine absolute Ausnahme darstellt. Was aber kann Minden (und andere Territorien, die 6 % Zinsen angeordnet hatten), zu diesem Schritt bewogen haben? STOBBE äußert sich zu einer Zinshöhe über 5 % wie folgt: „Obgleich unzweifelhaft 5 Procent als reichsgesetzliches Maximum gelten müssen, glaubte man doch, nachdem einmal Zinsen erlaubt waren, auch auf das römische Recht zurückgehen zu dürfen [...]."[1548]

Crusius verweist in seiner Kommentierung zunächst auf die Zinshöhe bei den Holländern, die 8 % Zinsen gestatteten, bei Kaufleuten sogar 12 %.[1549] Mag es im ersten Moment verwundern, warum Crusius gerade diesen Vergleich anbringt, so erklärt er sich doch durch den Umstand, dass die Niederlande im 17. Jahrhundert als das wirtschaftlich führende Land Europas galten.[1550] Des Weiteren verweist Crusius auf die dem römischen Recht entspringende Differenzierung der Zinshöhe nach Geschäft und Person,[1551] sowie andererseits auf

---

1546 Beispielsweise Zürich (1529), Sachsen (1550), Altenburg, Hessen (1573), Nürnberger Reformation (1564), Lüneburger Reformation, Landrecht von Hadeln (1580), Basel (1590), Frankfurter Reformation (1611), Württemberger Recht (1660), Trierer Landrecht (1713), siehe Nachweise in Dorn, §§ 246-248. Zinsen, in: HKK, Band 2.1, S. 494 f., Rn. 16 mit Fn. 62; sowie Stobbe, Privatrecht, Dritter Band, S. 299 mit Fn. 30.

1547 Beispielsweise Lauenburger Stadtrecht (1599), Hamburger Stadtrecht (1603), Schleswig Holstein, Wildenburger Landrecht (1607), Braunschweig (1617), Jülich-Cleve, siehe Nachweise in Dorn, §§ 246-248. Zinsen, in: HKK, Band 2.1, S. 494 f., Rn. 16 mit Fn. 63; sowie Stobbe, Privatrecht, Dritter Band, S. 299 mit Fn. 31.

1548 Stobbe, Privatrecht, Dritter Band, S. 298.

1549 Ius Statutarium Reipublicae Mindensis, S. 99: „*[...]quin imo apud Hollandos octo nummos in centum, imercatoribus vero duodecim pro usu annali exigere concessum sit.*"

1550 Denzel, Enzyklopädie der Neuzeit 15, Sp. 496.

1551 Ius Statutarium Reipublicae Mindensis, S. 99: „*[...] pro diversa negotiorum qualitate & personarum conditione usurarum quantitas diversa est [...].*"

die reichsrechtliche 5 %-Regelung, wobei er ausdrücklich auf die (Wucher-) Gesetzgebung der Jahre 1530, 1548 und 1600 Bezug nimmt. Die reichsrechtliche Regelung beschreibt er als „*indistincte*“.[1552] Dies bedeutet (im Unterschied zur römischrechtlichen Regelung), dass die Regelung keine Unterscheidung nach Geschäft oder Person vornimmt, dass sie insofern „wahllos“ ist.

Wenn Minden an dieser Stelle dem römischen Recht statt dem Reichsrecht gefolgt ist, so stellt sich die Frage, wie das Verhältnis des Mindener Rechts zum Reichsrecht überhaupt zu werten ist. In den Territorien stand dem Landesherrn die Gesetzgebung zu, auf Reichsebene dem Kaiser gemeinsam mit den Reichsständen.[1553] In der Stadt kam diese Kompetenz dem Stadtrat zu. Schon die Frage, inwiefern die Territorien in ihrer Gesetzgebung von reichsrechtlichen Regelungen abweichen konnten, ist nicht leicht zu beantworten und orientiert sich im ersten Schritt an salvatorischen und derogativen Klauseln sowie dem rechtspublizistischen Zeitgeist.[1554] Für die Mindener Regelung lässt sich Ähnliches vermuten. Jedenfalls kann in Bezug auf die Darlehenszinsen unstrittig festgehalten werden, dass sich die Mindener Stadtrechtsreformation nicht am Reichsrecht, sondern dem römischen Recht orientierte.

2. *Darlehensausschluss für Kinder nach SC Macedonianum*

Ebenfalls römischrechtlichen Ursprungs ist die Regelung in Liber I, Tit. 7, Art. 17: „*Es soll ein jeder sich wol vorsehen, dehme Er Gelt leihen will, besonders soll denen Kinderen, so unter der Gewalt Ihrer Elteren oder Vormünder sein, nichts geliehen werden, es wehre dann sache, daß es in desselben oder seiner Elteren scheinbaren Nutzen gewandt oder die Elteren haben gewesen und gewust hätten und es nicht wiedersprochen oder daß das Geld auff ihr befehlig aussgeliehen wehre, wurde daß wie Recht erwiesen, so seind die Elteren zubezahlen schuldig.*“

Zugrunde liegt dieser Regelung ein römischer Senatsbeschluss aus dem 1. Jahrhundert n. Chr.[1555] Dieses Senatusconsultum Macedonianum bestimmte, dass Hauskinder, die ein Gelddarlehen erhalten hatten, auch nach dem Tod ihres Hausvaters nicht zur Rückzahlung des Darlehensbetrages verpflichtet waren.[1556]

1552 Ius Statutarium Reipublicae Mindensis, S. 99: „*[...] Salmas novissimo tamen Imperij jure, legitima usurarum quantitas indistincte ad quincunces restricta. [...].*“

1553 Dorn, Das Verhältnis zwischen Reichs- und Landesgesetzen im Alten Reich, S. 112 f.

1554 Dorn, Das Verhältnis zwischen Reichs- und Landesgesetzen im Alten Reich, S. 137 f.

1555 Zur Datierungsfrage siehe Wacke, Das Verbot der Darlehensgewährung an Hauskinder, S. 240 mit Fn. 1.

1556 Honsell, Römisches Recht, S. 123.

Anlass für den Erlass dieses Beschlusses soll gewesen sein, dass ein Haussohn namens Macedo, der von seinen Gläubigern bedrängt worden war, seinen eigenen Vater ermordert hatte, um an die Erbschaft zu gelangen.[1557] Die Regelung findet sich überliefert in D. 14, 6, 1 pr. (Ulpian).[1558]

Zum Verständnis muss erläutert werden, dass die Hausgewalt eines Vaters nach römischem Recht nicht mit der Mündigkeit oder Volljährigkeit seines Sohnes endete, sondern tatsächlich erst mit dem Tod des Vaters. Bis zu diesem Zeitpunkt hatten Haussöhne kein eigenes Vermögen, sondern alles gehörte zum Familiengut und unterstand daher dem Hausvater. Vor dem Tod des Vaters hatte der Sohn nichts, mit dem Tod wurde er im Zweifel schlagartig reich. WACKE pointiert hierzu: „Die Versuchung lag für einen Haussohn daher nahe, den natürlichen Alterungsprozeß seines Vaters durch Einsatz unerlaubter Mittel zu beschleunigen. Das Leben des Vaters stand den Interessen des Sohnes, aber auch des Kreditgebers im Wege."[1559] Haussöhne waren aber auch zu Lebzeiten des

1557 Honsell, Römisches Recht, S. 123; Kaser / Knütel / Lohsse, Römisches Privatrecht, S. 242, Rn. 7; Wacke, Das Verbot der Darlehensgewährung an Hauskinder, S. 241. Sowohl der Tatbestand des Mordes als auch die Person des Macedo sind jedoch umstritten, siehe Wacke, Das Verbot der Darlehensgewährung an Hauskinder, S. 248-251 mit zahlreichen Nachweisen.

1558 Der Originaltext lautet nach Corpus Iuris Civilis. Text und Übersetzungen. Band 3. Digesten, hrsg. von Okko Behrends u.a., Heidelberg 1999, S. 237: *„Verba senatus consulti Macedoniani haec sunt: Cum inter ceteras sceleris causas Macedo, quas illi natura administrabat, etiam aes alienum adhibuisset, et saepe materiam peccandi malis moribus praestaret, qui pecuniam, ne quid amplius diceretur incertis nominibus crederet: placere, ne cui, qui filio familias mutuam pecuniam dedisset, etiam post mortem parentis eius, cuius in potestate fuisset, actio petitioque daretur, ut scirent, qui pessimo exemplo faenerarent, nullius posse filii familias bonum nomen exspectata patris morte fieri."* Dies wird folgendermaßen übersetzt: „Das Senatusconsultum Macedonianum hat folgenden Wortlaut: Da Macedo neben anderen Gründen für sein Verbrechen, die in seinem Charakter lagen, auch Schulden anführte und da die verwerfliche Sitte, Geld, um nicht mehr zu sagen, an unsichere Schuldner auszuleihen, schon oft Anlaß zu Verbrechen gab, wird beschlossen: Niemandem, der einem Haussohn darlehensweise Geld gegeben hat, soll, insbesondere nicht nach dem Tod des Vaters, in dessen Hausgewalt der Sohn stand, eine persönliche oder eine sonstige Klage gewährt werden, damit diejenigen, die nach höchst verwerflichem Beispiel Geld gegen Zinsen ausleihen, wissen, daß keine gegen einen Haussohn gerichtete Forderung deswegen, weil man mit dem Tod des Hausvaters rechnen kann, eine gute Forderung wird." Für einen weiteren Übersetzungsvorschlag siehe Wacke, Das Verbot der Darlehensgewährung an Hauskinder, S. 247 f.

1559 Wacke, Das Verbot der Darlehensgewährung an Hauskinder, S. 242.

Hausvaters nicht völlig handlungsunfähig. So konnten Haussöhne quasi als verlängerter Arm des Vaters, einem Stellvertreter gleich, Rechtsgeschäfte tätigen, und damit das Familienvermögen mehren.[1560]

Es stellt sich die Frage, wie das römische Recht im Übrigen und auch die römische Praxis mit dem aus dem SC Macedonianum resultierenden Verbot umging. Hier zeigen sich gegenläufige Tendenzen: von der strikten Anwendung einerseits über Verschärfungsbestrebungen andererseits bis hin zur Reduzierung des Anwendungsbereiches durch enge Auslegung und die Einführung ungeschriebener Kriterien.[1561] Ausnahmen vom SC Macedonianum gab es jedenfalls für auswärts studierende Haussöhne,[1562] und solche, die als Soldaten über ein militärisches Sondergut verfügten,[1563] nicht jedoch allein aufgrund der Bekleidung eines hohen Amtes.[1564]

Es gibt allerdings noch drei weitere wichtige Konstellationen, in denen die Folgen des SC Macedonianum nicht eintraten. Dies ist zunächst die Situation, in der der Haussohn vom Hausvater zur Darlehensaufnahme ermächtigt wurde;[1565] des Weiteren die Situation, dass der Hausvater Kenntnis hatte und nicht widersprochen hat,[1566] und zu guter Letzt die Situation, dass die Darlehensaufnahme im Interesse des Hausvaters, also für die Zwecke des Hausvermögens erfolgt.[1567]

Die Mindener Stadtrechtsreformation schreibt in Liber I, Tit. 7, Art. 17 zunächst fest: *„Es soll ein jeder sich wol vorsehen, dehme Er Gelt leihen will, besonders soll denen Kinderen, so unter der Gewalt Ihrer Elteren oder Vormünder sein, nichts geliehen werden, […].“* Neben dem einleitend erhobenen Zeigefinger zur

---

1560 Wacke, Das Verbot der Darlehensgewährung an Hauskinder, S. 242.

1561 Wacke, Das Verbot der Darlehensgewährung an Hauskinder, S. 251. Wacke, S. 289, hat anhand der geschriebenen (und ungeschriebenen) Kriterien ein aussagekräftiges Prüfungsschema entwickelt.

1562 Kaser / Knütel / Lohsse, Römisches Privatrecht, S. 242, Rn. 7; Wacke, Das Verbot der Darlehensgewährung an Hauskinder, S. 284.

1563 Kaser / Knütel / Lohsse, Römisches Privatrecht, S. 242, Rn. 7; Wacke, Das Verbot der Darlehensgewährung an Hauskinder, S. 262.

1564 Kaser / Knütel / Lohsse, Römisches Privatrecht, S. 242, Rn. 7; Wacke, Das Verbot der Darlehensgewährung an Hauskinder, S. 260.

1565 Wacke, Das Verbot der Darlehensgewährung an Hauskinder, S. 276 mit Verweis auf Paulus D. 15, 4, 2, 1.

1566 Wacke, Das Verbot der Darlehensgewährung an Hauskinder, S. 277 mit Verweis auf Paulus D. 14, 6, 12.

1567 Wacke, Das Verbot der Darlehensgewährung an Hauskinder, S. 281 mit Verweis auf Ulpian D. 14, 6, 7, 12.

Darlehensgewährung enthält der Artikel das Darlehensverbot an Kinder in Gewalt ihrer Eltern oder Vormünder. Anders als im römischen Recht stehen Kinder in Minden nicht bis zum Tod des Vaters unter seiner Gewalt, sondern nur bis zum 21. Lebensjahr.[1568] Zielrichtung könnte daher neben dem Schutz des Familienvermögens vor allem der Minderjährigenschutz gewesen sein. WACKE stellt die berechtigte Frage, ob das Verbot in der Neuzeit nicht seine Berechtigung eingebüßt hat, wo es doch an die lebenslange Gewalt eines Hausvaters über seine Hauskinder gebunden war.[1569] Er führt aus: „In der Neuzeit wäre es demnach konsequenterweise in gleichem Maße zu beseitigen gewesen, wie die patria potestas abgeschwächt und die selbstständige Vermögenfähigkeit der Kinder anerkannt wurde."[1570] Genau diese Konsequenz einer prinzipiellen Abschaffung wurde jedoch nicht gezogen, sondern der Inhalt des SC Macedonianum wurde grundsätzlich rezipiert, allerdings unter Erweiterung seiner Ausnahmen.[1571]

Die Mindener Stadtrechtsreformation kennt dann im Übrigen auch drei Situationen, in denen das Darlehensverbot nicht gilt. Der Wortlaut des Rechtstextes differenziert: *„es wehre dann sache, daß es in desselben oder seiner Elteren scheinbaren Nutzen gewandt oder die Elteren haben gewesen und gewust hätten und es nicht wiedersprochen oder daß das Geld auff ihr befehlig aussgeliehen wehre, wurde daß wie Recht erwiesen, so seind die Elteren zubezahlen schuldig."* Angesprochen sind damit die bereits im römischen Recht anerkannten drei Konstellationen: (1) Nutzen für den Vater, (2) Kenntnis des Vaters ohne Widerspruch und (3) Ermächtigung durch den Vater. Die Parallelen zwischen dem Mindener Recht und dem römischen Recht sind überdeutlich. So sieht es auch Crusius, der in seiner Kommentierung auf das SC Macedonianum und mit Verweis auf die entsprechenden Digestenstellen auch auf die soeben genannten drei Ausnahmen verweist.[1572]

1568 Rückschluss aus der Regelung des Liber II, Tit. 3, Art. 12, derzufolge die Beendigung einer Vormundschaft mit dem 21. Lebensjahr (oder Heirat) eintritt.

1569 Wacke, Das Verbot der Darlehensgewährung an Hauskinder, S. 326.

1570 Wacke, Das Verbot der Darlehensgewährung an Hauskinder, S. 326.

1571 Wacke, Das Verbot der Darlehensgewährung an Hauskinder, S. 326.

1572 Ius Statutarium Reipublicae Mindensis, S. 102: *„Caeterum tres in fine Articuli exprimuntur casus, sive exceptiones, jure communi quoque approbatae, quibus SCto Maced. non est locus, quarum prima est, si pecunia mutuo accepta in rem patris versa sit. [...] altera si parentes non contra dixerint, quotiescunq; enim quis scit aliquid, quod prohibere tuto potest, & pro officio debet, si non contradicit, velle & consentire intelligitur [...] tertia & ultima est, si parentum voluntate pecunia filiofamil. Credita fuerit [...]."* Freie Übersetzung der Verfasserin: „Am Ende des Artikels werden drei weitere Fälle oder Ausnahmen ausgedrückt, die ebenfalls durch das ius commune zugelassen sind,

3. *Zahlkraftrecht (Münzveränderung)*

Im Rahmen des Darlehensrechts regelt die Mindener Stadtrechtsreformation auch das Zahlkraftrecht, d. h. insbesondere die Frage der Münzveränderung. Bei Münzen ist zwischen Metallgehalt, Gewicht oder Form einerseits (der sogenannten *bonitas intrinseca*) und dem Verhältnis zu anderen Münzen, mithin der Kaufkraft, andererseits (der sogenannten *bonitas extrinseca*) zu differenzieren.[1573] Das Mittelalter war geprägt von „Münzverwirrung und den dauernden Wertschwankungen".[1574] Daraus folgte die Pflicht zur Zahlung in genau der vereinbarten Münze, wie auch aus mehreren Digestenstellen abgeleitet wurde.[1575] Dies bestimmt auch Liber I, Tit. 7, Art. 15: „*Wehren Goltgülden, Reichthaler oder andere grobe Müntze außgeliehen, sollen dieselbe in Zeit der Ablose mit gleichmässigen Sorten in specie bezahlet werden.*"

Danach schreibt die Mindener Stadtrechtsreformation in Liber I, Tit. 7, Art. 16 die Ausnahmeregelung für den Fall fest, dass eine Münzsorte nicht mehr vorhanden (oder zu bekommen) ist: „*Da aber die Müntze nicht mehr verhanden,*

---

bei denen es für die Regelung des SC Macedonianum keinen Platz gibt; der erste ist, wenn das Geld, das sie erhalten haben, in das Eigentum des Vaters investiert wurde [...] der andere ist, wenn die Eltern nichts dagegen gesagt haben; denn wer etwas weiß, was er sicher verhindern kann und pflichtgemäß tun sollte, wenn er nicht widerspricht, gilt als willig und einverstanden [...] die dritte und letzte ist, wenn der Sohn das Geld mit dem Willen der Eltern aufgenommen hat [...]."

1573 Lange / Kriechbaum, Römische Recht im Mittelalter, Band 2, S. 911 f.; Coing, Europäisches Privatrecht I, S. 471. Zu dieser Frage siehe auch Ius Statutarium Reipublicae Mindensis, S. 103 f., Decisio 1.

1574 Coing, Frankfurter Reformation von 1578, S. 44. Eine aktuelle soziologisch-rechtshistorische Betrachtung zu Fragen der Geldentwertung beim Kommentator Baldus de Ubaldis liefert Rüfner, Thomas: Tipping the Scales of Justice: Roman Law as a Resource in Medieval Legal Discourse, in: Strategies, Dispositions and Resources of Social Resilience. A Dialogue between Medieval Studies and Sociology, hrsg. von Martin Endreß u.a., Wiesbaden 2020, S. 219-229.

1575 Coing, Europäisches Privatrecht I, S. 472; Coing, Frankfurter Reformation von 1578, S. 44 mit dem Verweis in Fn. 3 auf Paulus D. 46, 3, 99, Paulus D. 12, 1, 2, 1 und Ulpian D. 30, 71, 4. Exemplarisch hier Paulus D. 46, 3, 99 nach Krueger, Corpus Iuris Civilis. Volumen Secundum. Codex Iustinianus, S. 805: „*Respondit debitorem non esse cogendum in aliam formam nummos accipere, si ex ea re damnum aliquid passurus sit.*" Grundlegend zu den Textquellen des römischen Geldrechts siehe Rüfner, Thomas: Money in the Roman Law Texts, in: Money in the Western legal tradition: Middle Ages to Bretton, hrsg. von David Fox und Wolfgang Ernst, Oxford 2016, S. 93-109.

oder schwerlich zubekommen, soll der Schuldener dieselbe nach lauffigem Valör, wie sie in Zeit der Bezahlung in gemeinem Gebrauch sein, mit kleinen silbernen Sorten zubezahlen verbunden sein." Die Bezahlung in anderer Münze in solchen Fällen war bereits im Mittelalter häufig und wurde als zulässig angesehen.[1576] Dem schließt sich auch Crusius in seiner Kommentierung mit römischrechtlichen Verweisen an.[1577]

Eine andere Spur für die Herkunft der Mindener Regelung könnte aber der Sachsenspiegel liefern, der unter der Überschrift „*Wie man schulde gelden solle.*" festschreibt: „*[...] Sogetane phennige unde sogetan silber, alse der man gelobit hat, daz sal her gelden. En iz da abir nicht an bescheiden, so sal man silber gelden und phennige, de genge und gebe sin in deme gerichte.*" Möglicherweise ist die Mindener Regelung also gar (ausschließlich) dem ius commune entlehnt, wie es auf den ersten Blick den Anschein hat.

4. Zwischenfazit

Für die herausgegriffenen Aspekte des Darlehensrechts lässt sich nach der Analyse als Ergebnis zusammenfassen, dass die Höhe der Darlehenszinsen und der Darlehensausschluss für Kinder nach SC Macedonianum eindeutig römischrechtlichen Ursprungs sind. Das Ergebnis zum Zahlkraftrecht ist nicht eindeutig.

III. Bürgschaft

Der dreizehnte Titel im ersten Buch der Stadtrechtsreformation von 1613 behandelt unter der Überschrift „*De Fidejussionibus. Von Bürgschafften*" in 11 Artikeln das Bürgschaftsrecht. Neben allgemeinen Regelungen zum Zugriff auf den Bürgen und den Hauptschuldner,[1578] enthält der Titel auch Regelungen zu Personen, die nicht Bürge werden können.[1579] Besonders geregelt sind im Übrigen die Fälle, in denen es mehrere Bürgen „*zusambter Hand*" gibt.[1580]

1576 Lange / Kriechbaum, Römische Recht im Mittelalter, Band 2, S. 913.

1577 Ius Statutarium Reipublicae Mindensis, S. 102: „*Equidem tum debitorem posse offere pecuniam debitam in alia moneta, secundum valorem, qui fuit tempore contractus.*" Freie Übersetzung der Verfasserin: „In der Tat kann der Schuldner das fällige Geld dann in einer anderen Währung entsprechend dem Wert zum Zeitpunkt des Vertrags anbieten."

1578 Liber, I, Tit. 13, Art. 1, 7 und 10, 11.

1579 Liber I, Tit. 13, Art. 2 und 6.

1580 Liber I, Tit. 13, Art. 3, 5, 8 f.

Zur genaueren Betrachtung herausgegriffen werden die Aspekte der Primär- oder Sekundärhaftung des Bürgen sowie das Interzessionsverbot für Frauen nach SC Velleianum.

1. *Primär- oder Sekundärhaftung*

Bürgschaft ist die Sicherung einer Forderung dadurch, dass sich ein Bürge neben dem Hauptschulder zur geschuldeten Leistung verpflichtet.[1581] Die Bürgschaft spielte im deutschen Recht von je her „eine hervorragende Rolle", hat in ihrer Struktur aber im Laufe der Zeit tiefgreifende Wandlungen erfahren.[1582] Der Anwendungsbereich der Bürgschaft im Spätmittelalter war sehr groß und es gab zahlreiche (Misch-)Formen, sodass das Gesamtbild von „verwirrender Mannigfaltigkeit" ist.[1583] Es gab schon im Vorfeld mehrere zeitlich aufeinanderfolgende, teilweise auch nebeneinander stehende Entwicklungsstufen.[1584] Ein einziges fest umrissenes Institut lässt sich Untersuchungen nicht zugrunde legen.[1585] Nach HATTENHAUER war der Bürge Erfüllungsgarant im weitesten Sinne: Die Bürgschaftstypen reichten vom archaisch anmutenden „Menschenpfand" des Einlagerbürgen bis zum Zahlungsbürgen, der nach mittelalterlichem Verständnis Schuldner der Schuldnerschuld war.[1586] Das römische Recht hingegen kannte drei verschiedene Bürgschaftsformen (*sponsio*, *fidepromissio* und *fideiussio*).[1587]

Ein großer Unterschied zwischen dem deutschen und dem römischen Recht liegt in der Zugriffsreihenfolge. Zwar konnte nach klassischem römischem Recht ein Gläubiger beim Fehlen anderweitiger Vereinbarungen noch frei wählen, ob er den Hauptschuldner oder den Bürgen in Anspruch nehmen wollte, dies änderte Justinian aber mit Nov. 4, 1.[1588] Nach diesem justinianischen Recht konnte ein Bürge immer erst in Anspruch genommen werden, wenn der Gläubiger erfolglos versucht hatte, gegen den Hauptschuldner zu vollstrecken (sogenanntes

---

1581 Weimar, Lexikon des Mittelalters II, Sp. 1059.

1582 Gierke, Schuldrecht, S. 770.

1583 Schuler, Lexikon des Mittelalters II, Sp. 1060.

1584 Hattenhauer, HRG 1, 2. Aufl., Sp. 770 f.

1585 Hattenhauer, HRG 1, 2. Aufl., Sp. 772.

1586 Hattenhauer, HRG 1, 2. Aufl., Sp. 772. Nach Gierke, Schuldrecht, S. 770, war der Bürgschaftsvertrag im älteren deutschen Recht kein Schuldvertrag, sondern ursprünglich ein reines Haftungsgeschäft in Form der Vergeiselung, „kraft deren der Bürge sich als Geisel in der körperlichen Haft des Gläubigers befand und ihm nach Art eines Faustpfandes mangels rechtszeitiger Auslösung mit Leib und Leben verfiel".

1587 Kaser / Knütel / Lohsse, Römisches Privatrecht, S. 337 f., Rn. 5-9.

1588 Bergmann, in: Schlinker, Privatrechtsgeschichte, S. 152, Rn. 10.

beneficium excussionis oder *ordinis*).[1589] Damit haftete der Bürge nur hilfsweise (subsidiär).[1590] Das deutsche Recht hingegen war auf die primäre Bürgenhaftung ausgerichtet.[1591] Erst mit der Rezeption kam es teilweise zur Übernahme der rein subsidiären Bürgenhaftung; manche Partikularrechte erhielten sich aber die primäre Bürgenhaftung bis weit in die Neuzeit.[1592]

In der Mindener Stadtrechtsreformation heißt es zu Bürgschaft und Zugriffsreihenfolge in Liber I, Tit. 13, Art. 1: „*In allen Contracten und Handelen mag man Bürgen nehmen und wann einer also schlechts und ohn Geding mündlich gelobet und handthätig gemachet, ist er zu halten schuldig und mag den regress wider seinen Principalen alsdann nehmen, doch soll der Gläubiger auch macht haben, den Principal zuerst zu behalten.*" Einleitend wird klargestellt, dass Bürgschaften für alle Verträge zulässig sind. Des Weiteren besagt der Artikel, dass der Bürge in der Tat wie im alten deutschen Recht primär haftet, aber ein Rückgriffsrecht auf den Hauptschuldner hat. Zudem ergibt sich aus diesem Artikel aber auch ein Wahlrecht des Gläubigers, wen er in Anspruch nehmen will. Auch in Minden hat sich also die dem althergebrachten Recht entstammende primäre Bürgenhaftung in der Stadtrechtsreformation erhalten und die Reformation erwies sich insofern als unbeeinflusst vom ius commune.

2. *Bürgschaftsausschluss nach SC Velleianum*

Im Rahmen des Mindener Bürgschaftsrechts taucht der Hinweis auf einen römischen Senatsbeschluss auf. Eine solche direkte Bezugnahme ist in der Stadtrechtsreformation einmalig. Konkret lautet Liber I, Tit. 13 Art. 2: „*Es mögen aber alle die, welche in denen Rechten beständige Contracten auffzurichten nicht verbotten, sich auch bürglich einlassen, dahero unmündige und minderjährige, so in ihrer Vätter oder der Vormunder Gewalt seyn, keine Bürgen werden können, so ist auch der Frauen, die Witwen oder Jungfrauen seyn, ob die gleich unter keines Gewalt wären, bürgliche Anlobung und Verschreibung ex Senatus Consulto Vellejano verworffen, es wäre denn Sache, daß sie demselben bedächtig und wissentlich renunciiret hätten, oder ein Brautschatz zugesaget, aber dafür gelobet, oder auch ihr eigen Nutzen gelobet, und Geld oder Geldes wehr dafür genommen.*"

1589 Coing, Europäisches Privatrecht I, S. 484 f.; Kaser / Knütel / Lohsse, Römisches Privatrecht, S. 340, Rn. 19.

1590 Kaser / Knütel / Lohsse, Römisches Privatrecht, S. 340, Rn. 19.

1591 Hattenhauer, HRG 1, 2. Aufl., Sp. 773.

1592 Hattenhauer, HRG 1, 2. Aufl., Sp. 773, mit Verweis auf das lübische Recht.

Damit stellt Artikel 2 klar, wer überhaupt Bürge werden kann. Dies sind nur diejenigen Personen, denen auch *„beständige Contracten auffzurichten nicht verbotten"*. Unmündige und Minderjährige, die unter der Gewalt ihres Vaters oder Vormunds stehen, können keine Bürgen werden. Im Anschluss an diese Regelung bezieht sich der Artikel noch auf eine weitere Personengruppe, nämlich *„Frauen, die Witwen oder Jungfrauen seyn, ob die gleich unter keines Gewalt wären"*. In einem ersten Schritt wird festgeschrieben, dass diese vormundlosen ledigen Frauen gemäß Senatusconsultum Velleianum keine Bürginnen werden dürfen.

Die römisch-rechtliche Regelung in D. 16, 1, 2, 1 (Ulpian), das sogenannte SC Velleianum[1593], enthält ein umfassendes Interzessionsverbot für Frauen; es umfasst Schuldübernahme, Schuldbeitritt, Bürgschaft, Gesamtschuld sowie Darlehen für fremde Interessen.[1594] Die Interzessionsgeschäfte sind zwar gültig, werden aber durch die entsprechende Einrede (*exceptio*) entkräftet.[1595] Das

1593 Überblick bei Rüfner, Substance of Medieval Roman Law, The Developement of Private Law, S. 315-317.

1594 Mönnich, Frauenschutz vor riskanten Geschäften, S. 37, gibt Wortlaut und Übersetzung wie folgt an: *„Quod Marcus Silanus et Velleus Tutor consules verba fecerunt de obligationibus feminarum, quae pro aliis reae fierent, quid de ea re fieri oportet, de ea re ita censuere: quod ad fideiussiones et mutui dationes pro aliis, quibus intercesserint feminae, pertinet, tametsi ante videtur ita ius dictum esse, ne eo nomine ab his petitio neve in eas actio detur, cum eas virilibus officiis fungi et eius generis obligationibus obstringi non sit aequum, arbitrari senatum recte atque ordine facturos ad quos de ea re in iure aditum erit, si dederint operam, ut in ea re senatus voluntas servetur.* Weil die Konsuln Marcus Silanus und Velleus Tutor über die Verpflichtungen von Frauen, welche für andere zu Schuldnerinnen wurden, eine Rede gehalten haben, was bezüglich dieser Angelegenheit geschehen solle, hat der Senat in dieser Sache folgendes beschlossen: Was Bürgschaften und die Gewährung von Darlehen für andere angeht, für die Frauen interzediert haben, obgleich es scheint, daß schon vorher in der Art und Weise Recht gesprochen wurde, daß aus diesem Grunde weder ein Anspruch dieser Personen noch eine Klage gegen diese [Frauen] gegeben werden sollte, weil es nicht billig ist, daß Frauen männliche Geschäfte übernehmen und in Verpflichtungen dieser Art verstrickt werden, meint der Senat, daß diejenigen [Magistrate], vor denen eine Klageanspruch in dieser Sache verhandelt wird, richtig und vernünftig handeln würden, wenn sie sich Mühe gäben, in dieser Sache den Willen des Senates zu wahren." Zur Frage möglicher Interpolation siehe Mönnich, Frauenschutz vor riskanten Geschäften, S. 38-41, sowie Wagner, Interzession naher Angehöriger, S. 13-16.

1595 Kaser / Knütel / Lohsse, Römisches Privatrecht, S. 342, Rn. 28. Es handelt sich somit um eine sogenannte lex imperfecta, siehe Wagner, Interzession naher Angehöriger, S. 16.

SC Velleinaum wurde begründet mit dem Schutz der Frauen, kann aber auch als Maßnahme betrachtet werden, um Frauen aus dem öffentlichen, insbesondere aus dem wirtschaftlichen Leben auszuschließen.[1596] Zum SC Velleianum liegen zahlreiche Forschungsarbeiten vor.[1597] Der genaue Zeitpunkt des Erlasses konnte bisher nicht eindeutig bestimmt werden, liegt aber jedenfalls im ersten Jahrhundert n. Chr.[1598] Justinian übernahm das Interzessionsverbot für Frauen, verfeinerte aber zudem bereits bestehende Ausnahmetatbestände und führte Formerfordernisse ein.[1599]

Das Frühmittelalter kannte weder eine Handlungs- noch eine Prozessfähigkeit der Frau; sie stand stets unter männlicher Muntgewalt.[1600] Erst die Abschwächung der Munt im Spätmittelalter machte die Frage von weiblicher Interzession und Interzessionsverbot relevant. Der rezipierte Grundgedanke von der Unklagbarkeit der Fraueninterzession liegt dann auch der Rechtsentwicklung in Spätmittelalter und Neuzeit zugrunde.[1601] Das SC Velleianum fand Eingang in zahlreiche Stadt- und Landrechte.[1602] Das Interzessionsverbot wurde letztlich aber insbesondere dadurch eingeschränkt, dass als Folge der Auseinandersetzung mit den alten römischen Quellen durch die Jurisprudenz des 16. Jahrhunderts zehn Ausnahmetatbestände anerkannt wurden, in denen das SC Velleianum keine Anwendung fand.[1603]

1596 Mönnich, Frauenschutz vor riskanten Geschäften, S. 34 f.; Kaser / Knütel / Lohsse, Römisches Privatrecht, S. 342, Rn. 27; Wagner, Interzession naher Angehöriger, S. 18-20.

1597 Siehe Nachweise bei Mönnich, Frauenschutz vor riskanten Geschäften, S. 33 f.; Wagner, Interzession naher Angehöriger, S. 4 f.; Ernst, Interzession, S. 397 in Fn. 3; Theisen, Die Bedeutung des SC Velleianum in der Rechtspraxis des Hochmittelalters, S. 103-107.

1598 Mönnich, Frauenschutz vor riskanten Geschäften, S. 36; Wagner, Interzession naher Angehöriger, S. 13 mit Fn. 15.

1599 Wagner, Interzession naher Angehöriger, S. 34-43; Theisen, Die Bedeutung des SC Velleianum in der Rechtspraxis des Hochmittelalters, S. 108-112; Mönnich, Frauenschutz vor riskanten Geschäften, S. 154-164.
Ernst, Interzession, S. 397.

1600 Wagner, Interzession naher Angehöriger, S. 43 f.

1601 Ernst, Interzession, S. 397; Dusil, Mittelalterliche Privatrechtsgeschichte, quo vadis?, S. 204 mit Fn. 41.

1602 So beispielsweise in die Wormser Reformation (1498) sowie die Frankfurter Reformation (1578), siehe hierzu Wagner, Interzession naher Angehöriger, S. 91 mit Fn. 441-443.

1603 Wagner, Interzession naher Angehöriger, S. 93 ff.

Auch nach der Mindener Stadtrechtsreformation gilt das Interzessionsverbot nicht unbeschränkt. Ein entsprechendes Verbot gilt gemäß Liber I, Tit. 13 Art. 2 nicht, wenn „*[…]sie demselben bedächtig und wissentlich renunciiret hätten, oder ein Brautschatz zugesaget, aber dafür gelobet, oder auch ihr eigen Nutzen gelobet, und Geld oder Geldes wehr dafür genommen.*“ Damit nennt der Rechtstext die drei Ausnahmetatbestände, in denen Frauen wirksam und einklagbar eine Bürgschaft eingehen können: (1) Verzicht („*daß sie demselben bedächtig und wissentlich renunciiret hätten*“), (2) Brautschatzzusage („*ein Brautschatz zugesaget, aber dafür gelobet*“) und (3) Eigennutz („*oder auch ihr eigen Nutzen gelobet, und Geld oder Geldes wehr dafür genommen*“). Alle drei genannten Konstellationen finden sich bereits im justinianischen Recht.

Der Ausnahmetatbestand des anfänglichen Verzichts hatte im justinianischen Recht nur einen begrenzten Anwendungsbereich auf die Fälle, in denen eine Frau die Vormundschaft über ihre Kinder ausüben wollte.[1604] Die Behandlung des Verzichts nimmt im juristischen Diskurs des 16. Jahrhunderts dann aber sehr breiten Raum ein und geht weit über die ursprüngliche Vormundschaftskonstellation hinaus.[1605] Es etabliert sich die Möglichkeit eines grundsätzlichen Verzichts auf die Schutzwirkung des SC Velleianum, wenn ein solcher Verzicht auch in der Literatur nicht unumstritten war.[1606] COING nennt die Möglichkeit der Verzichtserklärung eine „allgemeine Gewohnheit“.[1607] In vielen Fällen gelten zum Schutz der Frau aber weiterhin Belehrungs- oder Formerfordernisse.[1608]

Der Ausnahmetatbestand der Brautschatzzusage umfasst ursprünglich die Situation, dass eine Mutter interzedierte, um ihre Tochter mit einer Mitgift auszustatten.[1609] Justinian ordnete umfassender an, dass eine Interzession, die der Gewährung einer Mitgift an die eigene Tochter oder an irgendeine andere Braut dient, nicht durch das SC Velleianum entkräftet werden kann.[1610] Der Ausschluss des SC Velleianum diente damit der Beseitigung wirtschaftlicher Hindernisse, die einer Eheschließung hätten im Wege stehen können.[1611]

1604 Mönnich, Frauenschutz vor riskanten Geschäften, S. 155 mit Verweis auf die justinianischen Regelungen in C. 5, 35, 3, sowie Nov. 94, 2 und Nov. 118, 5; Wagner, Interzession naher Angehöriger, S. 37.

1605 Wagner, Interzession naher Angehöriger, S. 103 f.

1606 Wagner, Interzession naher Angehöriger, S. 104.

1607 Coing, Die Frankfurter Reformation von 1578, S. 59.

1608 Wagner, Interzession naher Angehöriger, S. 106.

1609 Wagner, Interzession naher Angehöriger, S. 36 mit Verweis auf C. 4, 29, 12.

1610 Wagner, Interzession naher Angehöriger, S. 36 mit Verweis auf C. 4, 29, 25.

1611 Wagner, Interzession naher Angehöriger, S. 36.

Auch der Ausnahmetatbestand des Eigennutzes war bereits im römischen Recht etabliert. Das SC Velleianum kam einer Frau dann nicht zugute, wenn sie zwar bei formaler Betrachtung für eine fremde Verbindlichkeit eingetreten ist, aber damit tatsächlich eigene Interessen verfolgte.[1612] Als Beispiele werden hier genannt, dass eine Frau sich gesamtschuldnerisch verpflichtet, um ihr selbst drohenden größeren Schaden zu vermeiden oder für ihren eigenen Bürgen bürgt, mithin ihre eigene bereits bestehende Verbindlichkeit sichert.

Zusammenfassend lässt sich somit feststellen, dass die Mindener Stadtrechtsreformation nicht nur den Grundgedanken des SC Velleianum übernommen hat, sondern zugleich drei ebenfalls römisch-rechtliche Ausnahmetatbestände gewährte.[1613]

Abschließend sei aber noch einmal betont, dass sich nur vormundlose, ledige Frauen („*Frauen, die Witwen oder Jungfrauen seyn, ob die gleich unter keines Gewalt wären*") auf den Schutz des Liber I, Tit. 13, Art. 2 berufen konnten. Der Schutz des SC Velleianum galt also mitnichten für alle Mindener Frauen. Verheiratete Frauen unterfielen der Regelung des Liber I, Tit. 13, Art. 6, bedurften für eine Bürgschaft zugunsten Dritter mithin der Zustimmung ihres Ehemannes, ebenso wie der Ehemann aber auch der Zustimmung seiner Frau bedurfte.[1614]

1612 Wagner, Interzession naher Angehöriger, S. 26 und S. 35.

1613 Das heutige Recht des BGB kennt kein vergleichbares Interzessionsverbot mehr. Die geltende Rechtsprechung führt aber eine Interzessionskontrolle anhand der Generalklausel des § 138 Abs. 1 BGB durch, um sittenwidrige Angehörigenbürgschaft auszuschließen, siehe hierzu Ernst, Interzession, S. 396, 406-411 mit Verweis auf die Rechtsprechung des Bundesverfassungsgerichts (BVerfG, Urt. v. 19.10.1993, 1 BvR 567/89 (BVerfGE 89, 214)); Haferkamp, § 138. Sittenwidriges Rechtsgeschäft; Wucher, in: HKK, Band 1, Allgemeiner Teil, §§ 1-240, S. 715 f.; Mönnich, Frauenschutz vor riskanten Geschäften, S. 172-179.

1614 Liber I, Tit. 13, Art. 6: „*Es soll kein Ehemann in stehender Ehe macht haben ohn seiner Echten Frauen Bewilligung für jemand Bürge zu werden, wie dann auch imgleichen die Frau nicht bemacht seyn soll; kombt solches für den Raht oder Gerichte, die Bürgschafft hat keine Kraft, es wäre dann Sache, daß solche Eheleute wider dieser Stadt uhraltes Herkommen und Gebrauch in denen Ehe-Pacten keine Gemeinschafft ihrer Güter gemachet oder von ihren Gütern ein gewisses sich vorbehalten hätte.*" Siehe hierzu auch die Ausführungen von Wigand, Die Provinzialrechte des Fürstenthums Minden, [...], Erster Band, S. 25-27.

3. Zwischenfazit

Dieser kurze Blick auf die zwei Aspekte des Mindener Bürgschaftsrecht zeigt einmal mehr, dass es bei der Suche nach den Wurzeln des Mindener Rechts auch innerhalb einer Rechtsmaterie kein „Schwarz oder Weiß" gibt. Ein Regelungsbereich muss nicht geschlossen entweder dem heimischen oder dem römischen Recht entlehnt sein. Vielmehr zeigt sich am Bürgschaftsrecht deutlich, wie althergebrachtes Recht (Primärhaftung des Bürgen) und rezipiertes Recht (Interzessionsverbot) in einem Titel kombiniert werden.

IV. Locatio Conductio

Der achte Titel im ersten Buch der Stadtrechtsreformation von 1613 enthält unter der Überschrift *„De Locatione Conductione. Von Mieten und Vermieten"* 11 Artikel. Das römisch-rechtliche Vertragsgebilde der Locatio Conductio umfasst nach heutigem Verständnis Miete, Pacht, Dienst- und Werkvertrag.[1615] Zur genaueren Betrachtung herausgegriffen werden die Grundsätze „Hand wahre Hand" und „Kauf bricht (nicht) Miete".

1. „Hand wahre Hand"

Um den alten Grundsatz „Hand wahre Hand" einordnen zu können und die Mindener Stadtrechtsreformation auf diesen Grundsatz hin zu überprüfen, ist es zunächst erforderlich, sich vorab gedanklich mit dem (gutgläubigen) Erwerb vom Nichtberechtigten zu beschäftigen. In dieser Dreieckskonstellation erwirbt eine Person einen Gegenstand von einem Dritten, obwohl der Gegenstand eigentlich im Eigentum einer anderen Person steht. Der Käufer ist aber über diese Eigentumskonstellation nicht informiert. Es stellt sich dann die Frage, ob der Käufer in dieser Situation Eigentümer werden konnte. Wenn Eigentum erworben werden konnte, wird dies als gutgläubiger Erwerb bezeichnet.[1616] Wird ein solcher Eigentumserwerb nicht zugelassen, besteht die Möglichkeit der Ersitzung.

Die Mindener Stadtrechtsreformation hat sich für die Lösung der Ersitzung entschieden. Nach Liber I, Tit. 16, Art. 2 wird ein beweglicher Gegenstand nach drei Jahren ersessen, wenn der Käufer gutgläubig war.[1617] Dies gilt allerdings

1615 Kaser / Knütel / Lohsse, Römisches Privatrecht, S. 270, Rn. 1.

1616 Siehe dazu die heutigen Regelungen in §§ 932 ff. BGB.

1617 Liber I, Tit. 16, Art. 2: *„Wann einer ein beweglich Gut, so er mit gutem Glauben und Titul an sich gebracht, drey Jahr ruhelich besessen gehabt, der hat es verjahret, ob es schon einem anderm eigenthümblich zustünde."*

ausdrücklich nicht für gestohlene oder geraubte Güter.[1618] Gutgläubig erworbene unbewegliche Gegenstände können in zehn oder 20 Jahren ersessen werden; der Rechtstext unterscheidet danach, ob der ursprüngliche Eigentümer gegenwärtig oder abwesend war.[1619]

Die Entscheidung für eine Ersitzungslösung findet sich bereist im römischen Recht.[1620] Es gilt dort der Grundsatz: *„Nemo plus iuris ad alium transferre potest, quam ipse haberet“* (Ulpian D. 50, 17, 45),[1621] d. h. niemand kann mehr Recht an einen anderen übertragen, als ihm selbst zusteht. KASER benennt die Voraussetzungen für eine Ersitzung folgendermaßen: „Sie verlangt Eigenbesitz an einer ersitzbaren Sache, *iusta causa, bona fides* und eine Frist, die bei Mobilien drei Jahre beträgt, bei Grundstücken zehn Jahre *inter praesentes*, 20 Jahre *inter absentes* […].“[1622] Diese Voraussetzungen sind den justinianischen C. 7, 31, 1 und Inst. 2, 6 pr. entnommen, auf die auch Crusius in seiner Kommentierung des Mindener Rechts ausdrücklich Bezug nimmt.

Bei Stammgut gilt in Minden gemäß Liber I, Tit. 16, Art. 11 eine dreißigjährige Ersitzungsfrist. Wie bereits nachgewiesen, findet sich diese Frist bereits in einer Eintragung im Mindener Stadtbuch von 1318.[1623] Es kann daher nicht davon ausgegangen werden, dass die Regeln zur Ersitzung erst im Rahmen der Vollrezeption Eingang in das Mindener Recht gefunden haben. Vielmehr ist – gerade auf Grund der komplett gleichen Fristen – von einer Frührezeption auszugehen.

Es stellt sich in der Folge die Frage, an wen sich in der beschriebenen Dreieckskonstellation der ursprüngliche Eigentümer wenden kann, um seinen Verlust auszugleichen. Es besteht einerseits die Möglichkeit, dass er den Gegenstand

---

1618 Liber I, Tit. 16, Art. 3: *„Es werden aber gestohlene oder geraubte Güter außgenommen, dann die müssen, dem sie zugehören, wiedergegeben werden, ohn Entgeltnüß, doch nach moderation der beschriebenen Rechten.“*

1619 Liber I, Tit. 16, Art. 4: *„Wann einer ein unbewegliches Gut durch guten Glauben und Titul an sich gebracht, das verjähret er in realibus wider die gegenwertige in zehen Jahren, wider die abwesende in 20. Jahren, da er oder auch sein Vater dieselbe continue ersessen.“*

1620 Im Gegensatz dazu zum deutschen Recht siehe Mitteis, Deutsches Privatrecht, S. 117: „Ersitzung ist dem deutschen Recht unbekannt.“

1621 Coing, Europäisches Privatrecht I, S. 306.

1622 Kaser / Knütel / Lohsse, Römisches Privatrecht, S. 155, Rn. 17 mit Verweis auf die justinianische Regelung in C. 7, 31, 1 und Inst. 2, 6 pr. Siehe auch Coing, Europäisches Privatrecht I, S. 185.

1623 I, 162 [etwa 1407], nach Schroeder, Stadtrecht, S. 43.

vom Käufer herausverlangen kann. Andererseits könnte er aber auch auf den Dritten verwiesen werden, der den ihm anvertrauten Gegenstand unerlaubterweise verkauft hat.

Das römische Recht nutzte hierzu die Klage auf Herausgabe einer Sache (*rei vindicatio*). Auch freiwillig aus der Hand gegebene Sachen konnten somit von jeder Person zurückgefordert werden.[1624] Eine Herausgabeklage gegen jeden Dritten, der eine Sache in Gewahrsam hatte, gab es hingegen in den altdeutschen Rechtsquellen nicht.[1625] Es galt das Regelungsprinzip und Rechtssprichwort „Hand wahre Hand".[1626] Rechtssprichwörter vergleichbarer Bedeutung sind „Trau, schau wem" und „Wo einer seinen Glauben gelassen hat, dort soll er ihn suchen".[1627] Nach diesem Grundsatz war die Rückforderung einer Sache ausgeschlossen, wenn der Eigentümer die Sachherrschaft freiwillig an eine andere Person herausgegeben hatte, z. B. im Rahmen einer Leihe oder Verpfändung, und diese andere Person die Sache dann wiederum einem gutgläubigen Dritten übergeben hatte.[1628] Der Eigentümer blieb dann auf die Person verwiesen, der er die Sache übergeben hatte.[1629] Der Entwicklung des Grundsatzes „Hand wahre Hand" lagen wahrscheinlich praktisch-wirtschaftliche Gesichtspunkte

---

1624 Ogris, HRG 2, 2. Aufl., Sp. 700.

1625 Schlinker, Privatrechtsgeschichte, S. 209 f., Rn. 3. Der Grundgedanke des „Hand wahre Hand" hat seinen Niederschlag bereits in einer Regelung des Sachsenspiegels gefunden, siehe Ssp. Ldr. II, 60, § 1 (Ebel, Sachsenspiegel, S. 109): *„Welch man deme anderen liet adir setzt ein phert adir ein kleid adir ienerhande varende habe, zu welcher wiz her de zu sinen geweren lesit mit sime willen, verkouft se der, der se in geweren hat, adir versetzt her se adir verspilt her se, adir wirt se im verstolen adir abe geroubit, ienir der se verlegen adir versetzt hat, de en mag da keine vorderunge nach haben, ane uf den, deme her se leig adir vorsatzte."* Zur Übernahme oder Existenz in anderen Rechtstexten siehe Kümper, Sachsenrecht, S. 509; und insbesondere Korte, Anwendung und Verbreitung des Rechtssatzes „Hand wahre Hand" im mittelalterlichen deutschen Privatrecht, S. 15-120.

1626 Zur Entstehung siehe Ogris, HRG 2, 2. Aufl., Sp. 699 f.

1627 Ogris, HRG 2, 2. Aufl., Sp. 699. Weitere gleichbedeutende Aussprüche finden sich bei Schmidt-Wiegand, Deutsche Rechtsregeln und Rechtssprichwörter, S. 154 f., z. B.: „Die Hand muss gelöst werden, wo sie gebunden ist". Siehe auch Graf / Dietherr, Deutsche Rechtssprichwörter, S. 110-114.

1628 Thier, Enzyklopädie der Neuzeit, Sp. 100; Drüppel, Lexikon des Mittelalters IV, Sp. 1910.

1629 Thier, Enzyklopädie der Neuzeit, Sp. 100; Drüppel, Lexikon des Mittelalters IV, Sp. 1910.

zugrunde;[1630] Zielsetzung dieser Regelung mag das Bestreben gewesen sein, die Umlauffähigkeit von Handelsgütern zu gewährleisten.[1631] In der Rezeptionszeit standen sich der römische Rückforderungsanspruch und das sächsische „Hand wahre Hand“ gegenüber und die Gesetzgebungen jener Zeit verfolgten unterschiedliche vermittelnde Lösungsansätze.[1632] Besondere Bedeutung erlangte hierbei das Merkmal der Gutgläubigkeit des Erwerbers.[1633]

Der Grundsatz „Hand wahre Hand“ könnte sich auch in der Mindener Stadtrechtsreformation in Liber I, Tit. 8, Art. 2 erhalten haben. Dort heißt es: *„Begebe sich, daß ein Kaufman alhie Guth einem Fuhrman übergebe, an einem Ort zuführen, und dasselbe von sein des Fuhrmans wegen besaetet und gehemmet wurde, der Kaufman mag sich an sein Guth halten und ohn einigen seinem Schaden (jedoch durch hülfliche Hand der Obrigkeit des Ohrtes) dasselbe zu sich nehmen; hätte aber der Fuhrman das Guth versetzet oder verkauffet, also das es nicht mehr verhanden, so muß Er sich an den Fuhrmann halten.“* Damit sind zunächst zwei Konstellationen zu unterscheiden. Wenn ein Kaufmann eine Sache einem Fuhrmann[1634] übergeben hat und dieser nimmt sie für sich in Beschlag und behält sie ein, kann der Kaufmann vom Fuhrmann die Herausgabe verlangen. Hat der Fuhrmann die Sache aber bereits an einen Dritten versetzt oder verkauft, kann der Kaufmann seine Sache nicht vom Dritten zurückverlangen, sondern sich nur *„an den Fuhrmann halten“*. Diese zweite Konstellation klingt sehr nach dem Grundgedanken des Prinzips „Hand wahre Hand“. Auffällig ist jedoch die Begrenzung auf die Beziehung zwischen Kaufmann und Fuhrmann. Andere Rechtsverhältnisse wie Leihe oder Pfand finden keine Erwähnung. Ein solcher eingeschränkter Anwendungsbereich ist jedoch keine Mindener Besonderheit. So kannte beispielsweise das mittelalterliche Lübecker Recht das Prinzip „Hand wahre Hand“, beschränkte es aber auf die Leihe.[1635] Es war umstritten, ob die Vorschrift über den Wortlaut hinaus auch auf andere Rechtsverhältnisse ausgedehnt wurde, was im Ergebnis

---

1630 Ogris, HRG 2, 2. Aufl., Sp. 700. Für Theorien zur Entstehung siehe Korte, Anwendung und Verbreitung des Rechtssatzes „Hand wahre Hand“ im mittelalterlichen deutschen Privatrecht, S. 8-15.

1631 Thier, Enzyklopädie der Neuzeit, Sp. 100.

1632 Ogris, HRG 2, 2. Aufl., Sp. 700.

1633 Ogris, HRG 2, 2. Aufl., Sp. 701; Schlinker, Privatrechtsgeschichte, S. 233, Rn. 41.

1634 Allgemein zum Frachtrecht und Fuhrwesen siehe Scherner, HRG 2, 2. Aufl., Sp. 1643-1647, sowie Serra, Lexikon des Mittelalters IV, Sp. 1012-1014.

1635 Korte, Anwendung und Verbreitung des Rechtssatzes „Hand wahre Hand“ im mittelalterlichen deutschen Privatrecht, S. 62 f.

aber abzulehnen ist.[1636] Das Reformierte Lübecker Recht (1586) blieb dieser einschränkenden Entscheidung treu und verweist nur bei der Leihe auf das Prinzip „Hand wahre Hand", es kannte aber ein Lösungsrecht des ursprünglichen Verleihers, d. h. der Verleiher konnte vom gutgläubigen Erwerber seine Sache zurückkaufen.[1637] Warum das Prinzip in Minden nur beim Fuhrmann Anwendung fand, könnte eine Erklärung in den wirtschaftlichen Gegebenheiten haben. Minden lag an Fernhandelswegen und der handelswichtigen Weser, sodass eine Abwägung wirtschaftlicher Interessen zum Erlass der Vorschrift geführt haben könnte. Eine Übernahme aus einem älteren Mindener Rechtstext oder einem Rechtstext der Stadtfamilie lässt sich bezüglich des fraglichen Artikels leider nicht nachweisen. Im Rahmen der Stadtrechtsfamilie stellt sich ein weiteres Problem: KORTE ist der Ansicht, das Hand-wahre-Hand-Prinzip habe im mittelalterlichen Dortmunder Recht überhaupt nicht existiert.[1638] Zugleich möchte sie aber zum westfälischen Rechtskreis keine eindeutige Aussage treffen, weil kein größeres Quellenmaterial vorliegen würde.[1639]

1636 Korte, Anwendung und Verbreitung des Rechtssatzes „Hand wahre Hand" im mittelalterlichen deutschen Privatrecht, S. 63-73, fasst den diesbezüglichen Streitstand zusammen.

1637 Liber Tertius, Tit. Secundus, De Commodato: *„1. Was ein Mann dem andern leihet, das soll er ihm unverdorben wieder geben, oder bezahlen nach seiner Würde, wann es verlohren wäre. Verkaufte, vergebe, versetzte, oder alienirete er aber, das geliehene Gut, es sey welcher Hand es wolle, so hat der Commodans oder Ausleiher keine Ansprache wider diejenigen, welchen es verkaufft, vergeben, oder versetzt worden, sondern muß bey seinem Manne, dem Commodatario, dem er es geliehen, oder bey seinem Erben, auf den Todes-Fall bleiben: Dann Hand muß Hand warten. 2. Ein jeglicher sehe wohl zu, weme er das Seine ausleihe und vertraue, würde es sich zutragen, daß derjenige, deme es geliehen oder vertrauet, dasselbe verkauffte, versetzte, oder sonsten alienirte, wil dann der Ausleiher das Gut wieder haben, von dem, welchem das ausgeliehene Gut per Contractum gebracht, so muß er es selbst lösen, sonsten bleibet der es gekaufft, oder an sich gebracht, näher dabey, dann derjenige, welcher dasd Gut ausgeliehen: Dann, da jemand seinen Glauben gelassen, da muß er ihn wiederum suchen.*", zitiert nach Bunge / Madai, Sammlung der Rechtsquellen Liv-, Esth- und Curlands, Erste Abtheilung: Quellen der Revaler Stadtrechts, Erste Lieferung: Das alte und neuere Lübische Recht, 1842, S. 125-202.

1638 Korte, Anwendung und Verbreitung des Rechtssatzes „Hand wahre Hand" im mittelalterlichen deutschen Privatrecht, S. 84.

1639 Korte, Anwendung und Verbreitung des Rechtssatzes „Hand wahre Hand" im mittelalterlichen deutschen Privatrecht, S. 119. In dieser Hinsicht ist also noch einiges an spezifischer Forschungsarbeit vonnöten.

Der Crusische Kommentar nimmt mit keinem Wort Bezug auf das sächsische Prinzip „Hand wahre Hand“. Auch für die Kommentierung ist wieder zwischen den beiden thematisierten Konstellationen zu unterscheiden. In der ersten Konstellation sind nur die beiden Personen des Kaufmannes und des Fuhrmannes beteiligt. Wenn ein Kaufmann eine Sache einem Fuhrmann übergeben hat und dieser nimmt sie für sich in Beschlag und behält sie ein, kann der Kaufmann vom Fuhrmann die Herausgabe verlangen. Laut Crusius kann der Kaufmann die Ware, an der er das Eigentum behält, zurückfordern.[1640] Hat der Fuhrmann die Sache aber bereits an einen Dritten versetzt oder verkauft, kann der Kaufmann seine Sache gemäß der Mindener Stadtrechtsreformation nicht vom Dritten zurückverlangen, sondern sich nur *„an den Fuhrmann halten“*. Dies bestätigt Crusius, indem er ausführt, dass der Kaufmann, wenn die gelieferte Ware verpfändet oder an andere verkauft wurde, nur handeln und versuchen kann, den Preis der gelieferten Ware vom Fuhrmann zurückzufordern und den Verlust und die Erstattung von Aufwendungen von diesem ersetzt zu bekommen.[1641] Anschließend thematisiert Crusius unter Darstellung des Meinungsstandes noch ausführlich eine mögliche Diebstahlsproblematik.[1642]

Zusammenfassend lässt sich sagen, dass auch in dieser Regelungsmaterie unterschiedliche Einflüsse auf das Mindener Recht deutlich werden. Es gibt wie im römischen Recht die Möglichkeit der Ersitzung statt eines gutgläubigen Erwerbs, zugleich aber einen Ausnahmetatbestand nach dem altsächsischen Prinzip „Hand wahre Hand“, was die von Fuhrmännern transportierten Sachen anbelangt.

2. *Kauf bricht (nicht) Miete*

Auch die zweite zu analysierende Rechtsauffassung hat ihren Niederschlag in Rechtssprichwörtern gefunden und zwar in „Kauf bricht Miete“ oder eben im Gegenteil „Kauf bricht nicht Miete“. Diese Rechtssprichwörter sind eingängig und lassen sich leicht merken, juristisch „handelt es sich freilich um einen

1640 Ius Statutarium Reipublicae Mindensis, S. 107: *„[…] res traditas, quarum dominium retinuit, repetere ac vindicare poterit […].“*

1641 Ius Statutarium Reipublicae Mindensis, S. 107: *„[…]quod si res traditae vel oppignoratae vel venditae aliis, […], mercator adversus aurigam adrestituendum pretium rerum traditarum, ac resarciendum damnum, & refusionem expensarum agere & experiri poterit.“*

1642 Ius Statutarium Reipublicae Mindensis, S. 107 f.

gedankenlosen, aber gleichwohl schweren Verstoß gegen das Abstraktionsprinzip."[1643] Die zugrunde liegende Situation lässt sich schnell umreißen: Ein Vermieter verkauft das vermietete Objekt an einen Dritten. Was geschieht nun mit dem Mieter, d. h. welche Auswirkung hat die Veräußerung der Mietsache auf den Bestand des Mietverhältnisses?[1644]

Nach römischem Recht genoss der Mieter gegenüber dem neuen Eigentümer keinen Bestandsschutz,[1645] sodass der Grundsatz „Kauf bricht Miete" galt. Im Ergebnis konnte der Käufer als neuer Eigentümer den Mieter auf die Straße setzen. Als Argument für den mangelnden Bestandsschutz ließ sich zweierlei anführen: erstens hatte der Mieter nur eine vertragliche Beziehung zu seinem ursprünglichen Vermieter, und zweitens konnte sich der Mieter nicht auf Besitzschutz berufen, weil er nach römischem Rechtsverständnis gar nicht Besitzer, sondern lediglich sogenannter Detentor des Mietobjektes war.[1646] Weil der Mieter aber einen Schadensersatzanspruch gegen seinen Vermieter hatte,[1647] war es üblich, dass der Vermieter als alter Eigentümer und der Käufer als neuer Eigentümer vertraglich vereinbarten, dass der Mieter bis zum Ende der vereinbarten Mietzeit das Mietobjekt bewohnen durfte.[1648]

1643 Oestmann, §§ 535-580a. Mietvertrag, in: HKK, Band 3.1, S. 557. Das Abstraktionsprinzip bedeutet eine Unterscheidung zwischen Verpflichtungs- und Verfügungsgeschäft.

1644 Die heutige mieterfreundliche Lösung findet sich unter der Überschrift „Kauf bricht nicht Miete" in § 566 I BGB: „Wird der vermietete Wohnraum nach der Überlassung an den Mieter von dem Vermieter an einen Dritten veräußert, so tritt der Erwerber anstelle des Vermieters in die sich während der Dauer seines Eigentums aus dem Mietverhältnis ergebenden Rechte und Pflichten ein."

1645 Oestmann, §§ 535-580a. Mietvertrag, in: HKK, Band 3.1, S. 558, mit Verweis auf die Konstitution von Kaiser Alexander Severus in C. 4, 65, 9. Zur Textfassung und Interpretation dieser Codex-Stelle, vor allem aber zu später entwickelten Ausnahmen siehe Schrage, Zur Mittelalterlichen Geschichte des Grundsatzes „Kauf bricht nicht Miete", S. 281-297.

1646 Oestmann, §§ 535-580a. Mietvertrag, in: HKK, Band 3.1, S. 558. Detentor ist gemäß Kaser / Knütel / Lohsse, Römisches Privatrecht, S. 125, Rn. 17, derjenige, der eine Sache „zwar in seiner tatsächlichen Gewalt hat, ohne jedoch die Voraussetzungen der civilis possessi oder des Interdiktenbesitzes zu erfüllen," also ohne ‚juristischen Besitz'.

1647 Schrage, Zur Mittelalterlichen Geschichte des Grundsatzes „Kauf bricht nicht Miete", S. 282; Kaser / Knütel / Lohsse, Römisches Privatrecht, S. 274, Rn. 14.

1648 Oestmann, §§ 535-580a. Mietvertrag, in: HKK, Band 3.1, S. 558.

Die Behandlung in den alten deutschen Rechten war unterschiedlich.[1649] Die Grundsätze „Kauf bricht Miete“ und „Kauf bricht nicht Miete“ waren beide vertreten.[1650] SCHRAGE stellt zwar die Vermutung auf, dass der mittelalterliche Grundsatz „Kauf bricht Miete“ durch ein Sicherungsmodell über die Erlangung einer Hypothek auf das Mietobjekt letztlich jede Anwendungsmöglichkeit verloren hat.[1651] Nach OESTMANN kann dies aber mangels Forschungen zur Vertragspraxis nicht als gesichert gelten.[1652]

Im frühen deutschen Mittelalter gab es zunächst kein der römischen Locatio Conductio vergleichbares Rechtsinstitut, sondern die Nutzung fremder Mietobjekte wurde zunächst über Modelle der persönlichen Abhängigkeit, später über die sogenannte Erbleihe geregelt.[1653] Das Rechtsinstitut der Miete entwickelte sich im 12./13. Jahrhundert.[1654] Entscheidend dabei sind die Anerkennung einer Mieter-Gewere und der daraus abgeleitete Rechtsschutz gegen Störungen.[1655] In einer nicht geringen Zahl von Partikularrechten kam es daher zur selbstständigen Weiterentwicklung eines Mietrechts, das dem Mieter eine feste Rechtsstellung gegenüber dem Vermieter und vor allem im Falle einer Veräußerung der Mietsache gegenüber dem Erwerber einräumte.[1656] Diese Entwicklung war aber zur Zeit der Vollrezeption noch nicht abgeschlossen; und infolge „der lokalen Zersplitterung, die – abgesehen von anderen Ursachen – eine einheitliche Dogmatik verhinderte, konnte dieses Mietrecht gegenüber dem jahrhundertelang bis

---

1649 Oestmann, §§ 535-580a. Mietvertrag, in: HKK, Band 3.1, S. 559 f.

1650 Zahlreiche Nachweise für beide Ansichten siehe Gierke, Schuldrecht, S. 512 f., mit Fn. 16 und Fn. 18. Siehe auch Genius, Der Bestandsschutz des Mietverhältnisses in seiner historischen Entwicklung bis zu den Naturrechtskodifikationen, S. 107-109, 111: „Die sachliche und räumliche Zersplitterung wird aber gerade in der Frage nach dem Einfluß der Veräußerung auf den Bestand des Mietverhältnisses deutlich. Man kann nicht behaupten, daß einer der beiden widerstreitenden Rechtsgrundsätze ausschließlich galt.“

1651 Schrage, Zur Mittelalterlichen Geschichte des Grundsatzes „Kauf bricht nicht Miete“, S. 296 f.

1652 Oestmann, §§ 535-580a. Mietvertrag, in: HKK, Band 3.1, S. 559.

1653 Genius, Der Bestandsschutz des Mietverhältnisses in seiner historischen Entwicklung bis zu den Naturrechtskodifikationen, S. 102.

1654 Genius, Der Bestandsschutz des Mietverhältnisses in seiner historischen Entwicklung bis zu den Naturrechtskodifikationen, S. 103.

1655 Genius, Der Bestandsschutz des Mietverhältnisses in seiner historischen Entwicklung bis zu den Naturrechtskodifikationen, S. 106.

1656 Genius, Der Bestandsschutz des Mietverhältnisses in seiner historischen Entwicklung bis zu den Naturrechtskodifikationen, S. 111.

in kleinste Subtilitäten durchdachten römischen Mietrecht nur schwer Widerstand leisten."[1657] Während OESTMANN davon ausgeht, dass die Regelung des „Kauf bricht Miete" im frühneuzeitlichen gemeinen Recht allgemein anerkannt war,[1658] differenziert GENIUS zu Recht: Er kommt zwar auch zu der Einschätzung, dass die Mehrzahl der seit der Wende des 15. zum 16. Jahrhundert in Kraft getretenen Partikularrechte der Entscheidung des römischen Rechts folgt, allerdings verweist er auch auf einige Städte und Territorien, die an dem Grundsatz „Kauf bricht nicht Miete" insgesamt festhielten oder jedenfalls in einem eingeschränkten Anwendungsbereich.[1659]

In der Mindener Stadtrechtsreformation von 1613 heißt es in Liber I, Tit. 8, Art. 6: *„Es gehet auch nach den alten Gebrauch Kauff vor miethe oder heuer, jedoch soll dem Heurlinge in diesem Fall ein halb Jahr zuvor die Auffkündigung geschehen."*[1660] Der Rechtstext entscheidet sich also für den Grundsatz „Kauf bricht Miete" und verweist ausdrücklich auf den diesbezüglichen *„alten Gebrauch"*. Dies deutet darauf hin, dass sich im Mindener Recht dieser Grundsatz nicht erst über die Einflüsse des ius commune durchgesetzt hat, sondern bereits zuvor gegolten hat. Auch Crusius geht für den Rechtssatz von einem deutschen Ursprung aus.[1661] Ob er aber tatsächlich eine eigenständige deutsche Entwicklung war oder über die Frührezeption römischen Rechts Eingang in das Mindener Recht gefunden hat, darüber lässt sich nur spekulieren.[1662]

1657 Genius, Der Bestandsschutz des Mietverhältnisses in seiner historischen Entwicklung bis zu den Naturrechtskodifikationen, S. 111 f.

1658 Oestmann, §§ 535-580a. Mietvertrag, in: HKK, Band 3.1, S. 559.

1659 Genius, Der Bestandsschutz des Mietverhältnisses in seiner historischen Entwicklung bis zu den Naturrechtskodifikationen, S. 112 mit Fn. 97 bis 104.

1660 In Liber I, Tit. 8, Art. 3-10, begegnen häufiger die Ausdrücke Heuerling, heuern und Heuer. Ein Heuerling ist ein „zur Miete sitzender Tagelöhner" (Grimm, Deutsches Wörterbuch, Bd. 10, Sp. 1286) oder allgemein die Bezeichnung für einen Mieter oder Pächter (DRW, Band V, Sp. 904). In Westfalen gebräuchlich waren auch die Begriffe „Heuermann" für den Tagelöhner und „hür" für die Heuer, Miete oder Pacht, siehe Schütte, Wörter und Sachen aus Westfalen, S. 362 und S. 398.

1661 Ius Statutarium Reipublicae Mindensis, S. 110: *„Vulgatissimum heic apud germanos dicterium [...]."* Zugleich verweist er aber auch auf die römisch-rechtliche Quelle in C. 4, 65, 9 von Kaiser Alexander Severus.

1662 Zu der Frage, ob der Grundsatz „Kauf bricht Miete" im frühen deutschen Recht unabhängig von römisch-rechtlichen Einflüssen entstanden ist, siehe Genius, Der Bestandsschutz des Mietverhältnisses in seiner historischen Entwicklung bis zu den Naturrechtskodifikationen, S. 110.

Wenn auch der Grundsatz „Kauf bricht Miete“ in Minden galt, so wurde der Mieter doch auf zweifache Weise geschützt. Zunächst ergibt sich bereits aus Liber I, Tit. 8, Art. 6 eine Kündigungsfrist von einem halben Jahr. Eine weitere Einschränkung erfährt der Grundsatz durch den sich anschließenden Artikel in Liber I, Tit. 8, Art. 7: *„Wo aber ein Contract auff gewisse Zahl der Jahre eingegangen oder Gelt auff gewisse Jahr auff das Guth gethan, So muß der Locator demselben nachleben und hat nicht Macht, vor Außgang der Jahren solches einem anderem zu verkauffen.“* Wenn folglich das Mietverhältnis für eine konkret bestimmte zeitliche Dauer (*„auff gewisse Zahl der Jahre“*) eingegangen wurde, ist der Mieter für diesen entsprechenden Zeitraum durch ein Verkaufsverbot geschützt. Crusius kommentiert hier mit der schönen Formulierung *„[…] provisio hominis cessare faciat provisionem legis […]“*[1663], was sinngemäß bedeutet, dass eine vertragliche Vereinbarung der Menschen bewirkt, dass die Bestimmung des Gesetzes aufhört bzw. eine Einschränkung erfährt. Die zweite Ausnahme ist, wenn der Mieter *„Gelt auff gewisse Jahr auff das Guth gethan“*. Crusius deutet dies als Zahlung eines bestimmten Geldbetrages zur Hypothekenerlangung am Gebäude.[1664] Die Idee einer solchen hypothekarischen Sicherung des Mieters wird schon auf Bartolus zurückgeführt und entfaltete ihre Schutzwirkung durch das so erlangte dingliche Recht an der Mietsache.[1665]

GENIUS möchte im Gegensatz dazu in Liber I, Tit. 2, Art. 7 den Grundsatz „Kauf bricht nicht Miete“ für Mietverhältnisse über längere Dauer normiert sehen, und verweist darauf, dass mit dem Artikel eine *„locatio ad longum tempus“* gemeint gewesen sein könnte.[1666] Die Unterscheidung zwischen Mietverhältnissen auf längere und auf kürzere Zeit geht vermutlich schon auf den Glossator Irnerius zurück.[1667] Demzufolge sollte bei Mietverhältnissen von mehr als zehn Jahren der Mieter im Verhältnis zum Vermieter als Besitzer angesehen werden und konnte sich somit leichter gegen Störungen zur Wehr setzen.[1668] Es stellt

1663 Ius Statutarium Reipublicae Mindensis, S. 110.

1664 Ius Statutarium Reipublicae Mindensis, S. 110: *„[…] altera exceptio est si conductori exsoluta certa pecuniae summa jus fortean hypothecae in aedibus conductis competat.“*

1665 Schrage, Zur Mittelalterlichen Geschichte des Grundsatzes „Kauf bricht nicht Miete“, S. 296 f.; Genius, Der Bestandsschutz des Mietverhältnisses in seiner historischen Entwicklung bis zu den Naturrechtskodifikationen, S. 127.

1666 Genius, Der Bestandsschutz des Mietverhältnisses in seiner historischen Entwicklung bis zu den Naturrechtskodifikationen, S. 112.

1667 Schrage, Zur Mittelalterlichen Geschichte des Grundsatzes „Kauf bricht nicht Miete“, S. 286.

1668 Oestmann, §§ 535-580a. Mietvertrag, in: HKK, Band 3, Schuldrecht: Besonderer Teil, §§ 433-853, 1. Teilband: vor §§ 433-656, S. 558.

sich die Frage, wie der Mindener Ausdruck „*auff gewisse Zahl der Jahre*“ auszulegen ist. Einerseits könnte dies mit GENIUS verstanden werden als in dieser Konstellation allgemein bekannte Zahl der Jahre und somit als eine Vertragsdauer von mehr als zehn Jahren. Andererseits könnte hiermit jedoch jede zeitliche Festschreibung überhaupt gemeint sein, unabhängig von ihrer Dauer. Dies würde beispielsweise bedeuten, dass bei einem Mietvertrag über drei Jahre der Mieter drei Jahre lang gegen eine (verkaufsbedingte) Kündigung geschützt wäre. Insgesamt erscheint die zweite Auslegung vorzugswürdig, weil die Stadtrechtsreformation ansonsten bei Fristen und Zeiträumen exakte Jahreszahlen angibt und daher eine ausnahmsweise zeitliche „Schwammigkeit“ unwahrscheinlich ist.

Zusammenfassend lässt sich feststellen, dass der Mindener Mieter einerseits durch die Kündigungsfrist geschützt ist und andererseits durch die Möglichkeit des Abschlusses eines Mietvertrages mit zeitlich bestimmter Dauer oder durch die Erlangung einer Hypothek. Eine klare Einordnung bezüglich des Ursprungs und der Weiterentwicklung der mietrechtlichen Regelungen „Kauf bricht Miete“ lässt sich nicht treffen. Während die Kündigungsfrist des Art. 6 und die Vereinbarung eines Zeitraumes des Art. 7 möglicherweise selbst entwickelt oder aus früheren Rechten entnommen wurden, könnte die Idee der hypothekarischen Sicherung des Art. 7 erst dem ius commune entstammen oder schon früher übernommen worden sein.

V. Frist und Verjährung

Die Mindener Stadtrechtsreformation verwendet insgesamt achtmal den Terminus „Jahr und Tag“, um eine Frist zu beschreiben, nach deren Ablauf einer Klage nicht mehr stattgegeben wird.[1669] Liber I, Tit. 16, Art. 9 legaldefiniert: „*Ein Jahr und Tag wird nach unseren Stadt-Rechten verstanden ein Jahr, sechs Wochen und ein Tag.*“

Der Begriff der Frist kann zunächst allgemein verstanden werden als eine rechtserhebliche Zeitspanne.[1670] Verjährung ist der durch Zeitablauf eintretende Rechtsverlust.[1671] Im römischen Recht wurde erstmals 424 n. Chr. eine

1669 Liber I, Tit. 9, Art. 7; Liber I, Tit. 11, Art. 9; Liber I, Tit. 16, Art. 9; Liber I, Tit. 16, Art. 8; Liber II, Tit. 4, Art. 11; Liber II, Tit. 2, Art. 13; Liber III, Tit. 2, Art. 13; sowie Liber III, Tit. 8, Art. 7.

1670 Köbler, Werden, Wandel und Wesen des deutschen Privatrechtswortschatzes, S. 148 f. Die heutigen Regelungen zur Frist finden sich in §§ 187 ff. BGB.

1671 Köbler, Werden, Wandel und Wesen des deutschen Privatrechtswortschatzes, S. 152. Die heutigen Regelungen zur Verjährung eines Anspruchs finden sich in §§ 187 ff. BGB.

allgemeine Klageverjährung festgeschrieben.[1672] Die allgemeine Verjährungsfrist betrug 30 Jahre.[1673] Klageverjährung und Ersitzung gingen im spätrömischen Recht dann ineinander auf, „da es im Ergebnis gleich erschien, ob man sich gegen einen Herausgabeanspruch damit wehrte, dass man die Sache durch längeren gutgläubigen Eigenbesitz erworben habe, oder damit, dass der Herausgabeanspruch durch Überschreitung der Frist nicht mehr klageweise durchgesetzt werden konnte."[1674]

In der ältesten deutschen Rechtsgeschichte wurden Fristen zunächst nicht nach Tagen, sondern nach Nächten und Monden festgelegt.[1675] Das deutsche Mittelalter wurde dann vielfach durch die Frist von „Jahr und Tag" bestimmt.[1676] Seit dem 16. Jahrhundert ist hierfür die Bezeichnung „Sächsische Frist" oder später „Sachsenfrist" gebräuchlich.[1677] Dies war die geläufige Frist, innerhalb derer ein Anspruch geltend gemacht werden musste.[1678] Als gesichert kann gelten, dass die Frist im Mittelalter eine weite Verbreitung hatte, weil sie sowohl in unterschiedlichem thematischen Kontext als auch in zeitlich auseinanderliegenden Quellen Verwendung gefunden hat; ihre Herkunft ist jedoch bisher nicht geklärt.[1679]

Der mit „Jahr und Tag" bezeichnete Zeitraum kann durchaus unterschiedlich interpretiert werden.[1680] Die Frist kann verstanden werden tatsächlich als ein Jahr zuzüglich nur eines weiteren Tages; sie kann aber auch ein Jahr, sechs Wochen und drei Tage bedeuten, was wiederum auf eine Berechnung der germanischen Gerichtsversammlung „Ding" zurückgehen könnte, die alle 14/15 Tage

---

Zur Abgrenzung der Verjährung gegenüber der Verschweigung siehe Erler, HRG 5, Sp. 809 f.

1672 Hermann, §§ 194-225. Verjährung, in: HKK, Band 1, Allgemeiner Teil, §§ 1-240, S. 998, Rn. 7; Kaufmann, HRG 5, Sp. 734.

1673 Kaser / Knütel / Lohsse, Römisches Privatrecht, S. 47, Rn. 12 f.

1674 Hermann, §§ 194-225. Verjährung, in: HKK, Band 1, Allgemeiner Teil, §§ 1-240, S. 999, Rn. 7.

1675 Oestmann, HRG 1, 2. Aufl., Sp. 1854.

1676 Kaufmann, HRG 5, Sp. 735.

1677 Kümper, Sachenrecht, S. 545.

1678 Dusil, HRG 2, 2. Aufl., Sp. 1348.

1679 Dusil, HRG 2, 2. Aufl., Sp. 1348.

1680 Gierke, Allgemeiner Teil und Personenrecht, S. 310; Dusil, HRG 2, 2. Aufl., Sp. 1348. Fristberechnungen bereiteten schon immer Probleme, siehe dazu Schmitz, Michaela: Fristberechnung nach römischem Recht. Zugleich ein Beitrag zu den Grundlagen der §§ 187-193 BGB, Hamburg 2002.

tagte.[1681] Bei der Deutung der Frist von „Jahr und Tag“ ist also nach Möglichkeit auf den überlieferten örtlichen Gebrauch dieses Terminus abzustellen.[1682] Möglicherweise definiert die Mindener Stadtrechtsreformation in Liber I, Tit. 16, Art. 9 die Frist „Jahr und Tag“ gerade ausdrücklich als ein Jahr und sechs Wochen und ein Tag wegen der soeben dargelegten Verständnisunsicherheit. Deutlich zu betonen ist jedenfalls, dass hier bewusst eine althergebrachte Frist beibehalten wurde. Dies räumt auch Crusius ein, äußert aber zugleich indirekt das Unverständnis darüber, dass es nicht bei dem Kalenderjahr mit seinen 365 Tagen belassen wurde, sondern das sächsische Recht dem noch einen Tag oder sechs Wochen hinzufügen musste.[1683] Warum es dazu kam, dass dem Jahr noch einige Wochen hinzugefügt wurden, dazu hat Crusius eine Vermutung: die Ältesten im sächsischen Gericht hätten Gefallen daran gefunden, den Faulen und Untätigen nach der gewöhnlichen Verjährungsfrist noch etwas Entspannung zu gönnen, während derer sie sozusagen die Verspätung beseitigen und ihr Eigentum wiedererlangen konnten.[1684] Es verwundert nicht, dass Crusius gleich darauf anmahnt, die Vorschrift sächischen Ursprungs nicht auf weitere Anwendungsbereiche auszudehnen, weil für diese bereits die Regelungen des ius commune gelten.[1685]

Auch bei anderen Zeiträumen setzen die Mindener im Jahre 1613 eigene Akzente. Ein klares Beispiel hierzu liefert das Strafrecht. Die Constitutio Criminalis Carolina von 1532, nach der auch in Minden geurteilt wurde, kannte keine Verfolgungsverjährung von Straftaten.[1686] Eine solche Verjährung wurde allerdings im Laufe der Rezeptionzeit eingeführt, wobei an die Grundsätze des spätrömischen Rechts angeknüpft wurde und eine regelmäßige Verjährung nach

1681 Dusil, HRG 2, 2. Aufl., Sp. 1348 f. mit weiteren Berechnungs- und Begründungsansätzen.

1682 Gierke, Allgemeiner Teil und Personenrecht, S. 310.

1683 Ius Statutarium Reipublicae Mindensis, S. 206: „*Sane constat annum civilem in se continere saltem trecentos sexaginta quinqve dies [...], aliud obtinet de jure Saxonico, quo in praescriptione annali annus Saxonicus absolvitur anno & die, sive sex septimanis [...].*“

1684 Ius Statutarium Reipublicae Mindensis, S. 206: „*[...] placuisse majoribus in foro Saxonico, post ordinarium praescriptionis tempus adhuc modicum aliquod laxamentum desidibus & otiosis indulgeri, intra quod moram veluti purgare, & res suas recuperare possint [...].*“

1685 Ius Statutarium Reipublicae Mindensis, S. 206: „*Caeterum Articulum hunc ad praescriptiones juris civilis speciales & singulares ac in Foro Mindensi usitatas neutiquam extendendum putarim, quippe quod praescriptiones hae juri communi sint relictae.*“

1686 Kaufmann, HRG 5, Sp. 736.

20 Jahren stattfand.[1687] Das Mindener Recht hingegen möchte gemäß Liber III, Tit. 8, Art. 6 einem flüchtigen Totschläger diese Verjährung nach zwanzig oder mehr Jahren ausdrücklich nicht gewähren.[1688]

Eine weitere sehr interessante Frist findet sich im Prozessrecht der Mindener Stadtrechtsreformation. Schon im Mindener Stadtbuch von 1318 taucht mehrmals in unterschiedlicher Schreibweise eine Frist *„dren verteynnachten"* auf, die zu übersetzen ist als „dreimal vierzehn Nächte".[1689] Auch der Sachsenspiegel kennt diesen Vierzehntage- bzw. Sechs-Wochen-Rhythmus.[1690] Diese Frist hat ihren Ursprung vermutlich in der Terminierung des Ding, der (Gerichts-) Versammlung in der germanischen Zeit. Beim Ding kamen die waffentragenden Freien zusammen, um Entscheidungen für die Gemeinschaft zu treffen und Recht zu sprechen. Das Ding tagte jeweils am Neumond oder Vollmond,[1691] mithin in (etwa) 14-tägigem Rhythmus. Die Mindener Stadtrechtsreformation nun kennt im mündlichen Prozess einen 14-Tage-Rhythmus für die abwechselnden Vorträge von Kläger und Beklagtem.[1692] Und bei *„bekandtlichen Schuldsachen"* wird das Verfahren durch die Stadtrechtsreformation auf exakt drei Termine im Abstand von vierzehn Tagen beschränkt, innerhalb derer der Schuldner zu zahlen oder die Unbegründetheit der Klage darzulegen hat.[1693] Zusammenfassend

---

1687 Kaufmann, HRG 5, Sp. 736.

1688 Liber III, Tit. 8, Art. 6: *„Woferne ein Todtschläger nach vollendeter That bey Tage oder Nacht entrinnen und flüchtig wurde, soll derselbe in alle Ewigkeit anhero in die Stadt nicht verstattet werden, noch sich mit einiger Rechtens-Verjährung dero zwantzig und mehr Jahren behelffen, es wäre den Sache, daß er sich zu ordentlicher defension und Vorbringung seiner Unschuld anerbieten wurde [...]."*

1689 Exemplarisch: Mindener Stadtbuch von 1318, I, 159, nach Schroeder, Stadtrecht, S. 42 [um 1400]: *„[...] alse dree verteynacht [...]"* (Beweisfrist); II, 4, nach Schroeder, Stadtrecht, S. 53 [30.06.1438]: *„[...] bynnen dren verteynnachten [...]"*(Entscheidungsfrist); II, 18, nach Schroeder, Stadtrecht, S. 60 [etwa 1336]: *„[...] wanne de veirteynnacht vmbe komet, [...] vortmer wanne de veyrteynnacht vmbe comet, [...] dar na vort ouer veyrteynnacht [...]"* (Handlungsfrist); Urkunde vom 28.06.1451, nach Schroeder, Stadtrecht, S. 269 (Nr.134): *„dren verteinnachten"* (Entscheidungsfrist).

1690 Exemplarisch: Ssp. Ldr. I, 67 (Ebel, Sachsenspiegel, S. 70), Ssp. Ldr. I, 70 (S. 71 f.), Ssp. Ldr. II, 3 (S. 73 f.).

1691 Gmür/Roth, Grundriss der deutschen Rechtsgeschichte, S. 15, Rn. 22.

1692 Liber IV, Tit. 1, Art. 7: *„[...] und soll dann 14 Tage Frist zur Verantwortung haben, inmassen dann in solchen mündlichen Sachen von 14. Tagen zu 14. Tagen continue nacheinander soll procediret werden."*

1693 Liber IV, Tit. 1, Art. 30: *„In bekandtlichen Schuldsachen aber wird dem debitori für dem ersten Termin vierzehen Tage, für dem anderen Termin auch vierzehen Tage, für dem dritten Termin noch 14. Tage gegeben; da Er dann in solcher Zeit nicht bezahlet*

kann daher gesagt werden, dass Minden sich in Bezug auf Fristen stark am althergebrachten Recht orientiert hat.

VI. Erbrecht

Von besonderer Aussagekraft zur historischen Einordnung der Mindener Stadtrechtsreformation ist das in Liber II, Tit. 1 und Tit. 2 niedergeschriebene Erbrecht. Erbrecht bezeichnet die Gesamtheit der Rechtsnormen, die die vermögensrechtlichen Folgen des Todes einer Person regeln.[1694] Die Materie ist deswegen so interessant und ergiebig, weil sich das römische und das mittelalterliche deutsche Recht in deutlicher Abgrenzung gegenüber stehen. Herzstück des römischen Erbrechts ist die Erbeneinsetzung per Testament,[1695] wohingegen das frühmittelalterliche deutsche Recht primär ein auf Blutsverwandschaft beruhendes und der Willkür des Erblassers entzogenes Erbrecht kannte.[1696] Somit stehen sich die deutlichen Gegensätze von Testierfreiheit einerseits und Familiengebundenheit andererseits gegenüber.

In sehr groben Umrissen lässt sich das römische Recht wie folgt zusammenfassen: Es erbte grundsätzlich derjenige, den der Erblasser in seinem Testament bedacht hatte.[1697] Testament ist dabei zu verstehen als einseitiger, widerruflicher, an die persönliche Errichtung gebundener und förmlicher Rechtsakt.[1698] In der Justinianischen Kodifikation wurden einige frühere Formvoraussetzungen für

---

noch seinen Gläubiger Klagloß stellet, mag er der Veste oder anderer executions-mittel gewertig sein.; sowie Liber I, Tit. 7, Art. 1: *„Wann wider einen Burger und Einwohner dieser Stadt umb geliehenes Geld und andere beweißliche Schulden, bevorab auff briefliche Urkunden, in Entstehung gütlicher Bezahlug geklaget wird, so sollen dem Beklagtem an statt ordentlichen Process die Klage insinuiret werden, mit befehlig und angesetzetem Termin von 14. Tagen die Bezahlung zuschaffen oder Ursachen in selbiger Zeit, da er einige hette, anzuzeigen, warumb er zubezahlen nicht schuldig; da sich dann befindet, daß die Schuld richtig und die Ursachen unerheblich, soll dem beklagtem Schuldener noch 14. Tage Zeit zur Bezahlung gegeben werden; erfolget dann darauff keine Bezahlung, so wird endlich und zum letzten Termin noch 14. Tage indulgiret, geschicht dann darauff keine Folge, verhenget die Obrigkeit die würckliche execution mit der Pfändung oder Verfestung des Zwengers nach Gelegenheit.“*

1694 Bayerle, Erbrecht, S. 75; Weimar, Lexikon des Mittelalters III, Sp. 2102.

1695 Coing, Europäisches Privatrecht I, S. 559; Rüfner, HRP, S. 1313, § 8; Köbler, Ulrike: Werden, Wandel und Wesen des deutschen Privatrechtswortschatzes, S. 537.

1696 Hagemann, HRG 1, 2. Aufl., Sp. 1376; Lipp, HRG 1, 2. Aufl., Sp. 1361 f.

1697 Bayerle, Erbrecht, S. 75.

1698 Weimar, Lexikon des Mittelalters VIII, Sp. 563.

die Gültigkeit von Testamenten abgeschafft, die Regelungsmaterie blieb aber weiterhin sehr komplex.[1699] Von entscheidender Bedeutung gerade auch in formeller Hinsicht blieb die Einsetzung eines Haupterben.[1700] Nur wenn der Erblasser ausnahmsweise kein Testament hinterlassen hat, kam es zur Intestaterbfolge.[1701] Bei der Intestaterbfolge wurden die Verwandten des Erblassers nacheinander in vier Klassen berufen: 1. die Nachkommen, und zwar nach Stämmen, was bedeutet, dass lebende Nachkommen ihre eigenen Kinder ausschließen und die Kinder eines verstorbenen Nachkommen in dessen Position treten, 2. die Eltern oder andere Vorfahren (Großeltern), 3. Geschwister und nachrangig Halbgeschwister oder deren jeweilige Kinder, 4. die übrigen Seitenverwandten nach Graden.[1702] Der überlebende Ehegatte war nur dann zur Erbfolge berufen, wenn kein Verwandter Erbe wurde.[1703]

Als erste Quelle zum alten deutschen Erbrecht ist das Werk „Germania" des Tacitus zu nennen. Tacitus stellt in Abschnitt 20 (3) seiner Germania fest, dass die Germanen kein Testament kennen und die Erben einer Person stets seine Kinder seien.[1704] Dies spiegelt sich auch in den Rechtssprichwörtern „Der

---

1699 Jansen, Nils: Testamentary Formalities in Early Modern Europe, S. 28.

1700 Jansen, Nils: Testamentary Formalities in Early Modern Europe, S. 33. Siehe auch Babusiaux, Wege zur Rechtsgeschichte: Römisches Erbrecht, S. 149.

1701 Weimar, Lexikon des Mittelalters III, Sp. 2103.

1702 Rüfner, Intestate Succession in Roman Law, S. 26 f. Hauptquelle zum römischen Erbrecht ist Novelle 118, siehe den Abdruck in Schoell, Rudolfus / Kroll, Guilelmus (Hrsg.): Corpus Iuris Civilis. Volumen Tertium. Novellae, Zürich 1972, S. 567-572. Zur herausragenden Bedeutung dieser Novelle siehe Rüfner, Intestate Succession in Roman Law, S. 26: „A single Justinianic novel brought about more fundamental change than all the provisions contained in the Instutites, Digest, and Code. Novel 118 of 543 introduced a system based on four classes of people with a claim to the inheritance: descendants, ascendants, siblings and their descendants, and finally all other collateral relatives. [...] Novel 118 is of central importance. It gave the Roman rules of intestacy the form in which they came to influence the legal development in the Middle Ages and beyond." Siehe auch Kaser / Knütel / Lohsse, Römisches Privatrecht, S. 396 f.; sowie Coing, Europäisches Privatrecht I, S. 602.

1703 Weimar, Lexikon des Mittelalters III, Sp. 2103; eine unversorgte Witwe (ohne sogenannte dos oder Eheschenkung) erhält aber stets ein Viertel der Erbschaft.

1704 Siehe Lund, Germania, S. 86: *„heredes tamen successoresque sui cuique liberi, et nullum testamentum* ", sowie die Übersetzung auf S. 87: Erben und Rechtsnachfolger sind trotzdem nur die eigenen Kinder, und es gibt kein Testament. Grimm, Deutsche Rechtsaltertümer 1, S. 663, bezweifelt die darin zum Ausdruck gebrachte Absolutheit: „Aus Tacitus worten nullum testamentum läßt sich schwerlich folgern, daß dem, welcher gar keine sippschaft hatte oder aus gerechter ursache mit seinen nächsten

Erbe wird geboren, nicht gekoren" und „Das Gut rinnt wie das Blut" wider.[1705] Ansonsten besteht zum frühen Erbrecht insoweit Einigkeit darüber, dass das Kriterium der familiären Hausgemeinschaft entscheidend war.[1706] Mit Ausnahme der persönlichen Gegenstände waren wohl alle Mobilien und Immobilien der Hausgemeinschaft zugeordnet, so dass im Erbfall den Mitgliedern der Hausgemeinschaft allenfalls ein Anwachsungsrecht, aber kein Erbrecht im technischen Sinne zustand.[1707] Auch Töchter gehörten der Hausgemeinschaft an, doch war ihre Mitberechtigung am Vermögen durch die Munt des Vaters oder Bruders überdeckt; sie wurde nur in den Fällen sichtbar, in denen eine Tochter als einzige Erbin übrig blieb.[1708] Kinder hatten die Möglichkeit, aus der Hausgemeinschaft auszuscheiden: Bei Söhnen war dies durch Abschichtung möglich, bei heiratenden Töchtern durch Aussteuer.[1709] Die Auflösung dieser Hausgemeinschaft zeichnet sich im frühen Mittelalter ab.[1710] Es entwickelte sich ein Erbrecht der Nachkommen.[1711] Man ging dazu über, den Nachlass zwischen den Söhnen des Vaters grundsätzlich zu gleichen Teilen aufzuteilen.[1712] Diese Teilung eröffnete die Möglichkeit für Verfügungen zugunsten auch der Kirche.[1713] Es entwickelten sich die Institute der Schenkungen auf den Todesfall und der Erbverträge.[1714]

Als weitere Quelle mit großer Bedeutung für das alte deutsche Erbrecht steht dann der Sachsenspiegel zur Verfügung. Nach dem Recht des Sachsenspiegel ist Erbe alles, was ein Verstorbener hinterlässt,[1715] mit Ausnahme der Sondererbmassen Heergewäte (Waffen und Kleidung des Mannes) und Gerade (Kleider,

verwandten unzufrieden war, die befugnis gefehlt haben solle, über seine habe anderweitig zu verfügen."

1705 Bayerle, Erbrecht, S. 76.

1706 Mitteis, Deutsches Privatrecht, S. 164.

1707 Bayerle, Erbrecht, S. 76.

1708 Weimar, Lexikon des Mittelalters III, Sp. 2106.

1709 Weimar, Lexikon des Mittelalters III, Sp. 2103.

1710 Ogris, HRG 5, Sp. 154; Bayerle, Erbrecht, S. 76.

1711 Grimm, Deutsche Rechtsaltertümer 1, S. 648: „Zuvorderst erben die kinder und kindeskinder des erblaßers, das heißt nach sächsischer und nordischer Rechtssprache: der busen oder die brust." Mitteis betont zu den Veränderungen im Mittelalter aber weiterhin: „Nicht der Erbe, sondern das Erbe waren der Angelpunkt des deutschen Erbrechts."

1712 Weimar, Lexikon des Mittelalters III, Sp. 2106; Bayerle, Erbrecht, S. 76.

1713 Weimar, Lexikon des Mittelalters III, Sp. 2106; Bayerle, Erbrecht, S. 76.

1714 Mitteis, Deutsches Privatrecht, S. 173.

1715 Ssp. Ldr. I, 6, § 1 (Ebel, Sachsenspiegel, S. 34): *„Mit welcheme gute der man stirbit, daz heizit alles erbe."*, siehe auch Ssp. Ldr. I, 24 (S. 45 f.) und Ssp. Ldr. I, 27 (S. 48).

Wäsche und Schmuck der Frau).[1716] Das Erbe umfasst also vor allem Immobilien.[1717] In der Erbreihenfolge gehen die Söhne den Töchtern vor.[1718] Der Sachsenspiegel listet die Erben bis ins 7. (!) Glied auf.[1719] Dennoch war die Rangfolge der Erben nach Sachsenspiegelrecht sehr umstritten.[1720] Im Ergebnis wird man von Folgendem ausgehen können: Ist ein Sohn schon vor dem Erblasser verstorben, so treten dessen Söhne an seine Stelle.[1721] Es erben ansonsten zunächst die Eltern, dann die Geschwister des Erblassers, nach ihnen die weiteren Verwandten.[1722] Für die Berufung zur Erbschaft war demnach die Nähe der Verwandtschaft maßgebend;[1723] es galt der Grundsatz: „Je näher dem Blut, je näher dem Gut."[1724] Weil ein Ehegatte kein Blutsverwandter des Erblassers ist, hatte ein Erbanspruch zu seinen Gunsten in diesem System keinen Platz.[1725] Es war daher als Witwenversorgung üblich, ein lebenslanges Wohnrecht (Leibzucht) einzuräumen.[1726]

Für die Erbteilung gilt, dass Erben der gleichen Stufe zu gleichen Teilen erben.[1727] Bei der Erbteilung soll der Älteste teilen, und der Jüngste

1716 Weimar, Lexikon des Mittelalters III, Sp. 2106.

1717 Weimar, Lexikon des Mittelalters III, Sp. 2106; Bayerle, Erbrecht, S. 76.

1718 Ssp. Ldr. I, 17 (Ebel, Sachsenspiegel, S. 40): *„[…] Vater unde muter[…] erbe nimet der son unde nicht die tochter, ez en si daz da kein son en si, so nimt ez de tochter. […]"*

1719 Weimar, Lexikon des Mittelalters III, Sp. 2106; Bayerle, Erbrecht, S. 76.

1720 Lipp, HRG 1, 2. Aufl., Sp. 1362: „Nach neueren Forschungen […] wird man davon auszugehen haben, dass das Grundprinzip des ma. Sächsischen Rechts die Nähe der Verwandtschaft (Gradualprinzip) zum Erblasser war […]. Elemente einer Parentelenerbfolge modifizieren das Gradualprinzip: Hinterlässt der Erblasser Kinder, nehmen sie das Erbe vor Vater und Mutter (Schoßfall), Bruder und Schwester […]. Fällt das Erbe an Personen außerhalb dieser engen Familiengemeinschaft (des „Busens"), so erben die nach dem Gliederbild gradmäßig nächsten Verwandten […]."

1721 Weimar, Lexikon des Mittelalters III, Sp. 2106; Bayerle, Erbrecht, S. 76.

1722 Weimar, Lexikon des Mittelalters III, Sp. 2106; Ssp. Ldr. I, 17 (Ebel, Sachsenspiegel, S. 40). Zur Darstellung der Verwandtschaftverhältnisse wurde gerne das Bild des menschlichen Körpers gebraucht, siehe Lipp, HRG 1, 2. Aufl., Sp. 1362; Ssp. Ldr. I, 3, § 3 (Ebel, Sachsenspiegel, S. 31 f.).

1723 Brauneder, Enzyklopädie der Neuzeit 3, Sp. 414; Grimm, Deutsche Rechtsaltertümer 1, S. 648.

1724 Hagemann, HRG 1, 2. Aufl., Sp. 1371.

1725 Brauneder, Enzyklopädie der Neuzeit 3, Sp. 414.

1726 Rüfner, Customary Mechanisms of Family Protection. Late Medieval and Early-Modern Law, S. 57.

1727 Weimar, Lexikon des Mittelalters III, Sp. 2106; Bayerle, Erbrecht, S. 76.

wählen.[1728] Bei mehr als zwei Erben muss das Los entscheiden.[1729] Vorempfänge, welche der Sohn bei der Gründung eines eigenen Hausstandes oder die Tochter bei der Heirat vom Erblasser erhalten hatten, wurden, sofern sie nicht gar als Erbabfindung galten, dem betreffenden Erben auf seinen Erbteil angerechnet und in Abzug gebracht.[1730]

Eine weitere bedeutende erbrechtliche Regelung des Sachenspiegels betrifft das sogenannte Erbenlaub. Den späteren Erben kommt auch schon zu Lebzeiten des Erblassers eine Mitberechtigung am Erbe zu, denn ohne ihre Erlaubnis darf die Erbschaft nicht an Dritte veräußert werden.[1731] Wird das Erbe ohne Erlaubnis veräußert, kann der Erbe mit gerichtlicher Klage dagegen vorgehen.[1732] In den Städten allerdings wurde dieses anwartschaftliche Recht der Erben mit der Zeit zurückgedrängt; sodass zumindest die selbsterworbenen Grundstücke (auch bezeichnet als Kaufgut oder Gewonnenes Gut) der freien Verfügungsmacht des Eigentümers unterstanden.[1733]

Diese anhand des Sachsenspiegels soeben aufgezeigte Ordnung blieb im Mittelalter „überall sichtbar, obgleich spätere Rechtsbücher und v.a. Stadtrechte in vielen Einzelheiten abwichen."[1734] So wurden beispielsweise meist in den Städten die Töchter den Söhnen gleichgestellt.[1735] Was die Frage der gewillkürten Erbfolge anbelangt, so kann davon ausgegangen werden, dass es im Hauptgeltungsbereich des Sachsenspiegels bereits um 1300 Testamente gegeben hat.[1736] Im 13. / 14. Jahrhundert finden sich dann Testamente in den Städten bereits in großer

---

1728 Ssp. Ldr. III, 29, § 2 (Ebel, Sachsenspiegel, S. 129): *„Wor zwene man ein erbe nehmen sollen, der eldeste teile und der iungere kise."*; Hagemann, HRG 1, 2. Aufl., Sp. 1375; Weimar, Lexikon des Mittelalters III, Sp. 2106; Bayerle, Erbrecht, S. 76.

1729 Hagemann, HRG 1, 2. Aufl., Sp. 1375.

1730 Hagemann, HRG 1, 2. Aufl., Sp. 1375.

1731 Ssp. Ldr. I, 52 (Ebel, Sachsenspiegel, S. 58 f.); Hagemann, HRG 1, 2. Aufl., Sp. 1372; Weimar, Lexikon des Mittelalters III, Sp. 2106; Bayerle, Erbrecht, S. 76.

1732 Hagemann, HRG 1, 2. Aufl., Sp. 1372; Weimar, Lexikon des Mittelalters III, Sp. 2106.

1733 Hagemann, HRG 1, 2. Aufl., Sp. 1372; Weimar, Lexikon des Mittelalters III, Sp. 2106 f.

1734 Weimar, Lexikon des Mittelalters 3, Sp. 2106. Lipp, HRG 1, 2. Aufl., Sp. 1362, verweist aber auf eine Vielzahl unterschiedlicher Erbfolgeordnungen des mittelalterlichen deutschen Rechts und bezweifelt daher, ob überhaupt von einem „grundsätzlichen deutschrechtlichen Erbfolgeprinzip gesprochen werden kann".

1735 Hagemann, HRG 1, 2. Aufl., Sp. 1380; Weimar, Lexikon des Mittelalters III, Sp. 2106.

1736 Landau, Peter: Die Testierfreiheit in der Geschichte des Deutschen Rechts im späten Mittelalter und in der frühen Neuzeit, in: ZRG, GA, Band 114 (1997), S. 56-72, hier: S. 60.

Zahl.[1737] Im 15. Jahrhundert dann war eine allgemeine Testierfreiheit in vielen Gebieten Deutschlands bereits weitgehend akzeptiert.[1738] Für die Einführung dieses gewillkürten Erbrechts war eine Reihe von Faktoren mitbestimmend.[1739] Besonders betont wurde dabei der Einfluss der Kirche als „Vorkämpferin des Testamentgedankens", was natürlich durchaus eigennützig war.[1740] Weitere wichtige Faktoren für die Einführungen von Testamenten waren die Vermeidung existenzgefährdender Nachlasszersplitterungen und die Erbenwahl für Kinderlose.[1741] Es wäre jedoch verfehlt, die Einführung von Testamenten rein auf römisch-kanonische Einflüsse zurückzuführen.[1742] Schon vor der Rezeption

---

1737 Ogris, HRG 5, Sp. 155. Landau, Peter: Die Testierfreiheit in der Geschichte des Deutschen Rechts im späten Mittelalter und in der frühen Neuzeit, in: ZRG, GA, Band 114 (1997), S. 56-72, hier: S. 60, führt allerdings zum Bereich des Magdeburger Rechts aus, dass testamentarisch lange Zeit nur über bewegliche Güter verfügt wurde und erst um die Mitte des 16. Jahrhunderts Verfügungen auch über das unbewegliche Vermögen akzeptiert wurden.

1738 Landau, Peter: Die Testierfreiheit in der Geschichte des Deutschen Rechts im späten Mittelalter und in der frühen Neuzeit, in: ZRG, GA, Band 114 (1997), S. 56-72, hier: S. 71.

1739 Rüfner, Customary Mechanisms of Family Protection. Late Medieval and Early-Modern Law, S. 41, sowie S. 59, wo auf die Bedeutung der Geschenke unter Lebenden hingewiesen wird.

1740 Wacke, Lexikon des Mittelalters VIII, Sp. 565.

1741 Wacke, Lexikon des Mittelalters VIII, Sp. 565.

1742 Äußerst lesenswert dazu Seif, Römisch-kanonisches Erbrecht in den mittelalterlichen deutschen Rechtsaufzeichnungen, in: ZRG, GA, Band 122 (2005), S. 87-112. Siehe exemplarisch das Zwischenergebnis auf S. 103: „Die Rechtspraxis der Schöffenbücher und der Schöffensprüche zeigt, dass der Sache nach bereits vor der Rezeption des gelehrten Rechts das einheimische sächsische Recht ein ausdifferenziertes Recht der letztwilligen Verfügungen entwickelt hat, das dem Bedürfnis nach unterschiedlichen erbrechtlichen Gestaltungsmöglichkeiten Rechnung trug. Demgemäß ist die Beudeutung römisch-kanonischen Rechts für die Entwicklung des Testaments im Bereich des Sachsenspiegels stark zu relativieren. Die gewillkürte Erbfolge im allgemeinen und das Testament im besonderen sind demnach als Mischprodukt aus deutschrechtlicher Tradition und rezipiertem gelehrtem Recht entstanden." Schon Stobbe, Privatrecht, Fünfter Band, S. 197. hat es abgelehnt, das deutsche Testament allein auf römisches Recht zurückzuführen: „Ueber den Ursprung der Testamente im deutschen Recht ist Streit. Nach der einen Ansicht sollen sie sich aus den Erbverträgen [...] entwickelt haben [...]. Andere führen das Testament auf das römische Recht zurück [...]. Beide Ansichten sind richtig; verschiedene Momente haben auf die Einführung und Verbreitung der Testamente hingewirkt."

war in den heimischen Rechten die Ausgestaltung der Vergabungen „auf dem Weg zum Testament."[1743] Das mittelalterliche Testament wies in seiner inneren Struktur deutliche Unterschiede zum römischen Testament auf.[1744] Dreh- und Angelpunkt des römischen Testamentes war die Einsetzung des Haupterben.[1745] Das ältere deutsche Recht hingegen kannte die Grundidee einer Universalsukzession nicht und verlangte daher auch nicht die Einsetzung eines Haupterben, vielmehr genügte eine Vielzahl von Verfügungen über einzelne Vermögensgegenstände.[1746] Wenn in diesem Wege nicht bereits die gesamte Erbmasse verteilt war, dann griff für den Rest die gängige Erbfolgeordnung.[1747]

Mit der Rezeption des römischen Rechts trat die Familiengebundenheit der Erbfolge endgültig zugunsten der Testierfreiheit zurück.[1748] Das römische Recht wurde allerdings nirgendwo uneingeschränkt übernommen.[1749] COING führt dazu aus: „Für die römischen Juristen war jede Bindung des Erblassers an eine bestimmte Erbregelung undenkbar. Aber das mittelalterliche Recht hatte in dieser Hinsicht vielfache Bindungen entwickelt; es kannte Erbverträge der verschiedensten Art und gemeinschaftliche Testamente. Viele dieser Institute und Regeln waren so mit der Struktur der gesellschaftlichen Verhältnisse verknüpft, waren so fest in den Lebensgewohnheiten der Zeit verwurzelt, daß die Rezeption sie nicht beseitigen konnte."[1750] Zum Schutz der enterbten Familienangehörigen entstand vielerorts ein Pflichtteilsrecht,[1751] zugunsten der Ehegatten

---

1743 Seif, Römisch-kanonisches Erbrecht in den mittelalterlichen deutschen Rechtsaufzeichnungen, S. 111; siehe auch Eisenhardt, Deutsche Rechtsgeschichte, S. 176, Rn. 374; und insbesondere die umfangreiche Arbeit von Schmidt-Recla, Adrian: Kalte oder warme Hand?: Verfügungen von Todes wegen im fränkischen und sächsischen Recht des Mittelalters, Köln 2011.

1744 Ogris, HRG 5, Sp. 156.

1745 Kaser / Knütel / Lohsse, Römisches Privatrecht, S. 402, Rn. 5, spricht von unerlässlichem „Anfangs- und Kernstück jedes Testaments."

1746 Ogris, HRG 5, Sp. 156.

1747 Ogris, HRG 5, Sp. 156.

1748 Bayerle, Erbrecht, S. 77. Landau, Peter: Die Testierfreiheit in der Geschichte des Deutschen Rechts im späten Mittelalter und in der frühen Neuzeit, in: ZRG, GA, Band 114 (1997), S. 56-72, hier: S. 56: „Zu den wichtigsten Konsequenzen, die die Rezeption des römischen Rechts in Deutschland bewirkte, gehört zweifellos die Einführung des Prinzips der Testierfreiheit im deutschen Recht."

1749 Coing, Europäisches Privatrecht I, S. 561; Hagemann, HRG 1, 2. Aufl., Sp. 1380.

1750 Coing, Europäisches Privatrecht I, S. 560.

1751 Bayerle, Erbrecht, S. 77. Das Pflichtteilsrecht ging auf römische Vorbilder zurück, so stand schon dort Kindern ein Drittel oder die Hälfte der Erbschaft zu (Nov. 18), falls

ein Ehegattenerbrecht.[1752] Kam es zu einem Erbfall ohne Testament, so hatten die deutschen Gebiete vom römischen Recht mehr oder weniger abweichende Erbfolgeprinzipien entwickelt und beibehalten.[1753] Trotz der Rezeption blieb insbesondere das alte sächsische Recht ein wichtiger Faktor.[1754] Es bleibt also festzuhalten, dass sich das einheimische Recht schon vor der Rezeption auf dem Weg zum Testament befunden hatte.[1755] Das Aufeinandertreffen von römischen, kirchlichen und einheimischen Rechtsvorstellungen brachte dann eine Fülle von Lösungsvarianten für Erbrechtsfragen hervor.[1756]

Die Mindener Stadtrechtsreformation nun enthält in Liber I und Liber II insgesamt 20 Titel zur Regelung aller privatrechtlichen Rechtsbereiche. Davon sind vier Titel allein dem Erbrecht und der damit zusammenhängenden Materie des Vormundschaftsrechts gewidmet. Dieser große Anteil mag schon allein für sich sprechen und deutlich machen, welche Bedeutung erbrechtlichen Belangen in Minden beigemessen wurde. Dies darf aber nicht zu dem Schluss verleiten, dass die Mindener Stadtrechtsreformation das Erbrecht umfassend geregelt hat. Es gibt mehrere rechtsrelevante Teilbereiche, die nicht einmal erwähnt werden. So fehlen beispielsweise Regelungen zur Annahme oder Ausschlagung einer Erbschaft. Da die Stadtrechtsreformation keine Annahmeerklärung für den Erbschaftsantritt voraussetzt, muss von einer Erbenstellung ipso iure mit dem Todesfall ausgegangen werden. Ob aus den fehlenden Ausführungen zur Ausschlagung einer Erbschaft aber geschlossen werden kann, dass eine solche nicht möglich war, erscheint zweifelhaft, denn es bestünde dann für den potentiellen Erben keine Möglichkeit, einen überschuldeten Nachlass auszuschlagen.

Die erbrechtlichen Aspekte jedoch, die durch die Mindener Stadtrechtsreformation eine Regelung erfahren haben, werden im Folgenden näher beleuchtet; dies sind das Testament, die gesetzliche Erbfolge sowie die Sondererbmassen Heergewäte und Gerade. Dabei konnte nicht nur auf die Stadtrechtsreformation

---

kein Enterbungsgrund vorlag (Nov. 115, 3-4), siehe Weimar, Lexikon des Mittelalters VIII, Sp. 564.

1752 Brauneder, Enzyklopädie der Neuzeit 3, Sp. 414; Hagemann, HRG 1, 2. Aufl., Sp. 1381.

1753 Hagemann, HRG 1, 2. Aufl., Sp. 1380 f.

1754 Rüfner, Customary Mechanisms of Family Protection. Late Medieval and Early-Modern Law, S. 56: „In the fifteenth and sixteenth centuries, the reception of Roman law reached the territories of Saxon law as well as the rest of Germany, but Saxon customary law […] remained an important factor."

1755 Ogris, HRG 5, Sp. 152.

1756 Ogris, HRG 5, Sp. 152. Die heutigen Regelungen finden sich in §§ 2064-2272 BGB.

mit ihrer Kommentierung zurückgegriffen werden, sondern auch auf zwei einschlägige Dissertationen des 17. Jahrhunderts, die sich explizit mit dem Mindener Erbrecht befassen. Die erste Dissertation stammt aus dem Jahre 1688 und befasst sich mit den Unterschieden zwischen dem Recht der Mindener Stadtrechtsreformation und dem ius commune im gesetzlichen Erbrecht: „*Disputatio Iuridica Inauguralis exhibens praecipuas Iuris Communis Et Iuris Statutarii Reipublicae Mindensis Circa Delationem Hereditatis Ab Intestato*" von Rudolf Friedrich Schlick.[1757] Die in Latein verfasste Arbeit umfasst 19 Seiten und wurde an der Universität Rinteln eingereicht. Die zweite Dissertation stammt aus dem Jahre 1692 und befasst sich mit den Unterschieden zwischen dem Recht der Mindener Stadtrechtsreformation und dem ius commune im Testamentsrecht: „*Differentias quae circa materiam testamentorum in jure communi et Statutario Reipublicae Mindensis*" von Johann Bernhard Schlick.[1758] Die in Latein verfasste Arbeit umfasst 18 Seiten und wurde ebenfalls an der Universität Rinteln eingereicht. Der Name Schlick lässt aufhorchen – bereits im Rahmen der Auflistung der überlieferten Handschriften der Stadtrechtsreformation war von einem sogenannten Schlick-Exemplar[1759] die Rede. Verfasser dieses Exemplars war der Mindener Notar Johann Schlick,[1760] Vater des hier genannten Promovenden Johann Bernhard Schlick. Es handelt sich wohl auch bei Rudolf Friedrich

1757 Digitalisat einsehbar über GoogleBooks; Drucke nachweisbar in Göttingen, Niedersächsische Staats- und Universitätsbibliothek, Signatur: DISS JUR COLL MAX 465 (11), Stück 11 von 26 in Sammelband, und DISS JUR COLL MAX 377 (39), Stück 39 von 42 in Sammelband; sowie Staatsbibliothek zu Berlin, Preußischer Kulturbesitz, Signatur: 24 an: Schoepp. 437; Informationen laut VD 17.

1758 Digitalisat einsehbar über GoogleBooks; Drucke nachweisbar in Wolfenbüttel, Herzog-August-Bibliothek Signatur: Re 115 (4); Heidelberg, Universitätsbibliothek, Signatur 3, 1626 RES; sowie Göttingen, Niedersächsische Staats- und Universitätsbibliothek, Signatur: DISS JUR COLL MAX 465 (12), Stück 12 von 26 in Sammelband; Informationen laut VD 17.

1759 LAV NRW W, Ms VII, 2902b.

1760 Johann Schlick(e) war Notar in Minden und hat (fortgeführt durch seinen Sohn, den Kämmerer Johann B. Schlick) eine achtbändige Mindener Chronik verfasst, die bedauernswerterweise in Hannover im Bombenkrieg vernichtet wurde, vgl. Krieg, Margrit: Vom Mindener Hudewesen, in: Mitteilungen des Mindener Geschichts- und Museumsvereins, Jahrgang 38 (1966), S. 112-134, konkret: S. 114. Eine Übersicht zur Chronik ist überliefert dank Engel, Gustav: Geistiges Leben in Minden, Ravensberg und Herford während des 17. und 18. Jahrhunderts. Teil I: Die Geschichtsschreibung, in: LII. Jahresbericht des Historischen Vereins für die Grafschaft Ravensberg zu Bielefeld, Bielefeld 1938, S. 1-158, konkret zu Schlick: S. 31-35.

Schlick um einen Sohn von Johann Schlick und damit Mitglied dieser Mindener Juristenfamilie, wie sich aus der Widmung und Danksagung in seiner Dissertation ergibt.[1761] Auf beide soeben genannten Dissertationen wird im Rahmen der weiteren Analyse Bezug genommen.

1. Testament

Die Überlieferung Mindener Testamente setzt spät ein und ist dann sehr lückenhaft. Für die Zeit vor der Reformation sind nur zwei Testamente überliefert; nach der Reformation blieb die Zahl ebenfalls gering.[1762] Bei den beiden vorreformatorischen Testamenten handelt es sich um das Testament des Bürgermeistersohnes Dethard van Lethelen (1509) und das Testament der Bürgermeisterwitwe Margarethe van Lethelen (1527).[1763] Das Witwentestament hat SCHULTE eingehend analysiert und erläutert und in das soziale Netzwerk der Witwe eingeordnet.[1764] Auf dieses Testament wird im Folgenden mehrfach Bezug genommen, um Parallelen oder Unterschiede zur Stadtrechtsreformation aufzuzeigen. Gleiches gilt für das Testament des Altbürgermeisters Heinrich Schmitting aus dem Jahre 1664,[1765] das ZETTWITZ untersucht

---

1761 Schlick, Disputatio Iuridica Inauguralis exhibens praecipuas Iuris Communis Et Iuris Statutarii Reipublicae Mindensis Circa Delationem Hereditatis Ab Intestato, S. 2.

1762 Schulte, Monika M.: Sterben ohne Erben, in: Jahrbuch für Westfälische Kirchengeschichte, Band 99 (2004), S. 33-68, hier: S. 35, Fn. 12; siehe auch Hartmut Zettwitz, Schenken und Gedenken. Das Testament des Mindener Bürgermeisters Heinrich Schmitting (1664) mit Edition im Anhang, in: Mitteilungen des Mindener Geschichtsvereins 73, 2001, S. 9-40, hier: S. 24, Fn. 8. Zettwitz vergleicht mit einem anderen Testament und muss ansonsten feststellen: „Ein umfassender Vergleich mit anderen Mindener Testamenten ist leider nicht möglich, da eine Sammlung vergleichbarer Testamente für Minden nicht vorliegt." Ganz anders stellt sich die Situation beispielsweise in Lübeck dar; vor Verlusten im zweiten Weltkrieg waren dort insgesamt 6500 mittelalterliche Testamente überliefert, wobei das älteste auf 1278 datiert, siehe hierzu Landau, Peter: Die Testierfreiheit in der Geschichte des Deutschen Rechts im späten Mittelalter und in der frühen Neuzeit, in: ZRG, GA, Band 114 (1997), S. 56-72, hier: S. 61.

1763 LAV NRW W, D 356u, Kloster St. Mauritz und Simeon, Minden, Urkunden, Nr. 272 und 294. Das notarielle Testament der Bürgermeisterwitwe wurde am 08.02.1527 eröffnet; verfasst wurde es vermutlich nach dem 06.06.1523 (siehe Schulte, Sterben ohne Erben, S. 61 f.).

1764 Schulte, Sterben ohne Erben, S. 33-68.

1765 KAM, Stadt Minden, W, Nr. 928.

hat.[1766] Als Vergleichsmaterial kann folglich ein Testament herangezogen werden, das etwa 90 Jahre älter ist als die Stadtrechtsreformation, sowie ein Testament, das etwa 50 Jahre jünger ist als die Stadtrechtsreformation.

Das Testament der Bürgermeisterwitwe Margarethe van Lethelen ist in mittelniederdeutscher Sprache verfasst und enthält folgende Bestandteile[1767]: Es beginnt mit einer religiösen Einleitung (Anrufung der heiligen Dreifaltigkeit, Beklagung der in Gottes Augen Unzulänglichkeit der Menschen, Angst vor dem überraschenden und unvorbereiteten Tod). Darauf folgen Verfügungen zur Bestattung und Memoria, zu den Begräbnisfeierlichkeiten und einer Memorienstiftung. Im Anschluss bedenkt sie für ihr Seelenheil alle Mindener Kirchen und Klöster sowie einige weitere geistliche Institutionen außerhalb Mindens.[1768] Erst im Anschluss daran folgen die Legate für Verwandte, Freunde und Bekannte. Zum Schluss werden die Testamentsvollstrecker eingesetzt.

Das - ebenfalls sehr fromm verfasste - Testament des Altbürgermeisters Heinrich Schmitting in frühneuhochdeutscher Sprache umfasst 18 Seiten[1769] und zeichnet sich durch ein hohes Maß an Formelhaftigkeit aus.[1770] Schmitting und seine Ehefrau verstarben kinderlos, hatten aber über viele Jahre Pflegekinder betreut; bei diesen Kindern handelte es sich meist um Verwandte der Ehefrau.[1771] Das Testament des Altbürgermeisters enthält drei verschiedene Arten von Verfügungen: erstens zugunsten der Kirche, zweitens zugunsten der

---

1766 Hartmut Zettwitz, Schenken und Gedenken. Das Testament des Mindener Bürgermeisters Heinrich Schmitting (1664) mit Edition im Anhang, in: Mitteilungen des Mindener Geschichtsvereins 73, 2001, S. 9-40.

1767 Schulte, Sterben ohne Erben, S. 33-57.

1768 Schulte, Sterben ohne Erben, S. 45 f., die auch ausführt: „Weltliche Institutionen der Stadt Minden, die sich der Alten-, Armen- und Krankenpflege widmeten, [...] bedachte sie erstaunlicherweise gar nicht. Vermutlich erhoffte sie sich von Domherren, Kollegiatherren, Mönchen und Nonnen einen kürzeren Draht zu Gott als von Laien."

1769 Die gedruckte Edition bei Zettwitz erstreckt sich über die S. 29-40.

1770 Zettwitz, Schenken und Gedenken, S. 9: „Die Testamente nicht nur dieser Zeit weisen ein – für juristische Texte typisches – hohes Maß an Standardisierung und Formelhaftigkeit auf. Ein exemplarischer Vergleich von Schmittings Testament mit dem ebenfalls durch den Notar Heinricus Coch aufgesetzten Testament des Cort Arnnt [Testament des Cort Arnnt vom 27. November 1665: KAM, Stadt Minden, B, Nr. 103e, 13 (alt)] lässt erkennen, dass Schmittings letzter Wille genau jene Formelhaftigkeit aufweist und wenig individuell geprägt ist, in formaler Hinsicht also kaum etwas über den Menschen Schmitting und sein Umfeld offenbart."

1771 Zettwitz, Schenken und Gedenken, S. 12 f.

Angehörigen bzw. Pflegekinder und drittens zugunsten weiterer Personen und Institutionen.[1772]

Als eindeutiger Unterschied zum Testament der Bürgermeisterwitwe Margarethe van Lethelen lässt sich bereits jetzt feststellen, dass Schmitting ausdrücklich Haupterben einsetzt.[1773] Die Bürgermeisterwitwe hingegen hatte in deutschrechtlicher Tradition gerade keinen Haupterben eingesetzt, sondern lediglich zahlreiche Legate ausgesprochen. Die Einsetzung eines Haupterben bei Schmitting zeigt deutlich die Rezeption römisch-rechtlicher Gedanken, denn im Testament selbst wird der römische Grundsatz[1774] ausgeführt, die Erbeneinsetzung sei Grundlage und Fundament eines jeden Testamentes: „*Allederweillen nuhn hederis institutio basis et fundamentum testamenti ist, so instituire setze unndt er[n]enne ich […] zu rechtenn unndt vollkommenen Erbenn […].*“[1775] Bei den Haupterben des Altbürgermeisters Schmitting handelt es sich aber interessanterweise dann nicht um die beiden Pflegekinder, die den Großteil seines Vermögens erben[1776], sondern um drei andere Personen, die nur hilfsweise den Großteil des Vermögens erben, wenn die beiden Pflegekinder vorversterben.[1777] Über den Hintergrund dieser Konstellation lässt sich nur mutmaßen. Vielleicht sollten keine Minderjährigen als Haupterben eingesetzt werden, vielleicht war der Gedanke der Universalsukzession doch noch nicht komplett durchdrungen. Bei einer Einsetzung eines Haupterben in Mindener Testamenten muss es sich um eine dem ius commune entlehnte Rechtsfortbildung handeln; die Mindener Stadtrechtsreformation von 1613 kannte dieses Erfordernis noch nicht.

a) Testierfähigkeit und Formerfordernisse

Die Mindener Stadtrechtsreformation regelt das Testament in Liber II, Tit. 1 und damit noch vor der gesetzlichen Erbfolge in Liber II, Tit. 2. Zu Beginn schreibt Liber II, Tit. 1, Art. 1 zur Testierfähigkeit vor: „*Welcher Mann oder Weib ein Testamente machen will, er sey gesund oder kranck, der soll bey aller Vernunft und Sinnen, wie auch voller verständiger Sprache seyn.*“ Entscheidendes Kriterium für die Fähigkeit zur Testamentserrichtung ist also nicht die körperliche, sondern

1772 Zettwitz, Schenken und Gedenken, S. 18.

1773 Zettwitz, Schenken und Gedenken, S. 21.

1774 Siehe Mitteis, Deutsches Privatrecht, S. 166: „Stets war eine ausdrückliche Erbeinsetzung notwendig heredis institutio est caput et fundamentum testamenti) [sic].“

1775 Zettwitz, Schenken und Gedenken, S. 37.

1776 Zettwitz, Schenken und Gedenken, S. 34 f.

1777 Zettwitz, Schenken und Gedenken, S. 20 f.

die geistige Gesundheit.[1778] Diese Überzeugung entstammt dem römisch-kanonischen Recht, das auch bei körperlichen Gebrechen und auf dem Totenbett Verfügungen zulässt,[1779] und steht im starken Widerspruch zu älteren deutschen Rechten.[1780] Diese hatten vielfach gefordert, dass der Verfügende im Vollbesitz seiner körperlichen Kräfte sein musste.[1781] Der Sachsenspiegel beispielsweise hatte verlangt, dass der Verfügende ohne Hilfe mit Schwert und Schild ausgestattet ein Pferd besteigen können muss.[1782] Nur wer körperlich leistungsfähig war, galt auch als geistig in der Lage, letztwillige Verfügungen zu treffen.[1783] Wenn Crusius also ausführt, dieser Artikel der Mindener Stadtrechtsreformation sei „*ex jure communi desumptus*", d. h. dem ius commune entnommen, so ist dem zuzustimmen. Die Mindener Stadtrechtsreformation kennt allerdings eine Einschränkung in Bezug auf letztwillige Verfügungen auf dem Totenbett: Ein verschuldeter Erblasser darf nicht auf dem Totenbett zu Ungunsten seiner Gläubiger testieren.[1784]

1778 Ius Statutarium Reipublicae Mindensis, S. 212: „*[...] sanitas mentis non corporis [...].*" Eine Bezugnahme auf das Alter findet nicht statt. Es ist aber davon auszugehen, dass Volljährigkeit erforderlich war, die im Mindener Recht mit dem 21. Geburtstag eintrat. In früherem Mindener Recht könnte die körperliche Gesundheit (neben der Zustimmung der Familie) noch ein entscheidener Faktor beim Vererben gewesen sein, siehe hierzu Stadtbuch 1318, II, 41, nach Schroeder, Stadtrecht, S. 64 [um 1360]: „*Vortmer nyn man mach sathe don in sinen varbedden sunder vulbord siner echten vrowen vnde siner echten kindere, ane an sinem herwede.*" Auf dem Siech-/ oder Totenbett ist daher eine Verfügung nur mit Erbenzustimmung möglich, „*ane an sinem herwede*". Zur Auslegung dieser Stelle siehe unten bei der Diskussion zum Heergewäte.

1779 Dig. 28, 1, 4; zitiert nach: Corpus Iuris Civilis. Text und Übersetzungen. Band 5. Digesten, hrsg. von Rolf Knütel u.a., Heidelberg 2012, S. 1: „*In eo qui testatur eius temporis, quo testamentum facit, integritas mentis, non corporis sanitas exigenda est.* – Von dem, der testiert, ist für die Zeit der Testamentserrichtung Vollbesitz seiner Geisteskraft, nicht aber körperliche Gesundheit zu verlangen."

1780 Rüfner, Customary Mechanisms of Family Protection. Late Medieval and Early-Modern Law, S. 60 mit Verweis auf C. 6, 23, 8 von Kaiser Diocletian und Maximian.

1781 Ogris, HRG 5, Sp. 160.

1782 Ssp. Ldr. I, 52, § 2 (Ebel, Sachsenspiegel, S. 59): „*[...] daz her begort mit eime swerte unde mit eime schilde uf ein ros komen mag [...] sunder mannes hulfe [...].*"

1783 Wacke, Lexikon des Mittelalters VIII, Sp. 565; Ogris, HRG 5, Sp. 160.

1784 Liber I, Tit. 12, Art. 4: „*Wann einer in Schulden vertieffet wäre und in seinem Todt-Bette lege, soll er nicht macht haben, in fraudem Creditorum etwas zu legiren oder auch einem von denen Creditoren, dem anderen zum Nachtheil, ein Vortheil zu thun, und da solches geschehe, soll doch alles ipso jure nichtig und unkräfftig seyn.*"

Das Testament der Bürgermeisterwitwe Margarethe van Lethelen (1527) lässt keinen Rückschluss darauf zu, wie das Erfordernis der körperlichen Gesundheit in Minden vor dem Erlass der Stadtrechtsreformation betrachtet wurde. Die Bürgermeisterwitwe verfügt zwar ausdrücklich, dass Änderungswünsche ihrerseits auf dem Totenbett keine Beachtung finden dürfen. Sie begründet dies aber damit, es könne sich um eine Prüfung Gottes handeln und sie möglicherweise nicht mehr ihren eigenen Willen äußern.[1785] Eine befürchtete Versuchung in den letzten Stunden und nicht mangelnde körperliche Fitness ist mithin ihr Beweggrund.

Bezogen auf die Formerfordernisse des schriftlichen Testamentes sind Liber II, Tit. 1, Art. 2 und 3 gemeinsam zu lesen. Liber II, Tit. 1, Art. 2 lautet: *„Der ein Testament machen will, soll dasselbe selbst oder durch einen glaubwürdigen Notarium beschreiben lassen.“* Dies klingt zunächst nach den Alternativen eines eigenhändigen und eines notariellen Testamentes. Grundsätzlich steht es zudem nach Liber II, Tit. 1, Art. 3 *„einem jeden frey, ein herrlich Testament in Schriften zu machen“*. Eine Einschränkung folgt jedoch direkt: *„[...] dabey er gleichwol die Form der beschriebenen Rechten in Acht nehmen soll und muß.“* Es stellt sich daher die Frage, welche „Form“ genau dies ist, und aus welchen „beschriebenen Rechten“ sie sich ergibt. Die letztlich entscheidende Frage dabei ist, ob für eine wirksame Testamentserrichtung die Hinzuziehung von Zeugen erforderlich war.[1786]

Das justinianische Recht kannte (neben abweichenden Regelungen für einige Sonderfälle) das Sieben-Zeugen-Testament (C. 6, 23, 21 von Kaiser Theodosius und Kaiser Valentinian).[1787] Dieses konnte mündlich erklärt oder in einer

1785 Schulte, Sterben ohne Erben, S. 39.

1786 Babusiaux, Wege zur Rechtsgeschichte: Römisches Erbrecht, S. 139, erklärt: „Das lateinische Wort testamentum leitet sich von testari = „bezeugen“ ab, verweist also darauf, dass der letzte Wille des Erblassers vor Zeugen zu erklären ist. Die Zeugen dienen dazu, nach dem Tod des Erblassers die Authentizität und die Richtigkeit der Testamentsworte zu garantieren.“ Anders allerdings in Inst. 2, 10, pr., zitiert nach: Corpus Iuris Civilis. Text und Übersetzungen. Band 1. Institutionen, hrsg. von Okko Behrends u.a., 2. Aufl., Heidelberg 1997, S. 78: *„Testamentum ex eo appellatur, quod testatio mentis est.* – Das Testament heißt so, weil es die testatio mentis, die Bezeugung des Willens ist.“

1787 Zum Siebenzeugentestament siehe Rüfner, HRP, S. 543-546, § 53-60. Das Fünf-Zeugen-Testament hat Justinian abgeschafft, siehe hierzu Rüfner, Thomas: Testamentary Formalities in Roman Law, in: Comparative Succession Law, Volume I, hrsg. von Kenneth G. C. Reid u.a., Oxford 2011, S. 1-26, hier: S. 20.

Urkunde niedergelegt werden.[1788] Auch das mündlich errichtete Testament wurde regelmäßig vor Notaren errichtet und protokolliert.[1789] Entscheidend war die Anwesenheit ohne Unterbrechung von sieben mündigen und zur Mitwirkung aufgeforderten Zeugen.[1790] Bei einem schriftlichen oder notariellen Testament mussten sie unterschreiben und siegeln.[1791] Vorübergehend kannte das römische Recht auch ein eigenhändiges Testament ohne jegliche Zeugenhinzuziehung, dies hat Justinian aber nicht in seine Kodifikation übernommen.[1792] Im kanonischen Recht waren abweichend von der römisch-rechtlichen Regelung nach biblischen Grundsätzen (Matth. 18,16) nur zwei oder drei Zeugen erforderlich.[1793]

Im Mittelalter wurden Testamente häufig vor dem Notar oder Stadtrat errichtet.[1794] Die Zahl der erforderlichen Zeugen variierte dabei jedoch stark von zwei bis zu zwölf Personen.[1795] Im 15. Jahrhundert kam in Nordfrankreich das

---

1788 Coing, Europäisches Privatrecht I, S. 569. Zum mündlichen Testament siehe in Inst. 2, 10, 14, zitiert nach: Corpus Iuris Civilis. Text und Übersetzungen. Band 1. Institutionen, hrsg. von Okko Behrends u.a., 2. Aufl., Heidelberg 1997, S. 82: „*Sed haec quidem de testamentis, quae in scriptis conficiuntur, si quis autem voluerit sine scriptis ordinare iure civili testamentum, septem testibus adhibitis et sua voluntate coram eis nuncupata sciat hoc perfectissimum testamentum iure civili firmumque constitutum.* – Dies nun zu den Testamenten, die in schriftlicher Form abgefaßt werden. Will aber jemand nach Zivilrecht sein Testament nicht in schriftlicher Form errichten, soll er wissen, daß, wenn er sieben Zeugen hinzuzieht und seinen Willen vor Ihnen mündlich erklärt, dies ein vollständiges und nach Zivilrecht gültig errichtetes Testament ist."

1789 Coing, Europäisches Privatrecht I, S. 569.

1790 Kaser / Knütel / Lohsse, Römisches Privatrecht, S. 400, Rn. 10.

1791 Weimar, Lexikon des Mittelalters VIII, Sp. 563.

1792 Zum eigenhändig geschriebenen und unterschriebenen Testament (per holographam scripturam) des Valentinian III. (446 n. Chr.) siehe Kaser / Knütel / Lohsse, Römisches Privatrecht, S. 400, Rn. 11; Rüfner, HRP, S. 549 f., § 68; sowie Rüfner, Thomas: Testamentary Formalities in Roman Law, S. 19 und 22; und Jansen, Nils: Testamentary Formalities in Early Modern Europe, in: Comparative Succession Law, Volume I, hrsg. von Kenneth G. C. Reid u.a., Oxford 2011, S. 27-50, hier: S. 28.

1793 Coing, Europäisches Privatrecht I, S. 571.

1794 Coing, Europäisches Privatrecht I, S. 571 f.

1795 Seif, Römisch-kanonisches Erbrecht in den mittelalterlichen deutschen Rechtsaufzeichnungen, in: ZRG, GA, Band 122 (2005), S. 87-112, S. 104, Fn. 68, hat ca. 100 Testamentsurkunden des 13.-14. Jahrhunderts untersucht und dabei festgestellt, dass sich weder römisches noch kanonisches Recht bei der Zeugenanzahl durchgesetzt haben, vielmehr ist die Zahl der Zeugen sehr variabel; neben der kanonischen Zahl

eigenhändig geschriebene und unterschriebene Testament ohne Hinzuziehung von Zeugen erneut auf.[1796] Das römische Erfordernis von sieben Zeugen wurde dann aber in der Reichnotariatsordnung von 1512 wieder aufgegriffen.[1797] Die Städte konnten jedoch abweichende Formen zulassen.[1798]

Liber II, Tit. 1, Art. 2 der Mindener Stadtrechtsreformation klingt nun zunächst so, als kannte das Mindener Recht ein eigenhändiges und ein notarielles schriftliches Testament. Zeugen werden hier nicht erwähnt. Crusius geht aber in absoluter Selbstverständlichkeit in seiner Kommentierung davon aus, dass das Testament vom Erblasser und den Zeugen unterschrieben und gesiegelt werden muss und verweist auf den folgenden Artikel der Stadtrechtsreformation.[1799] Dieser Artikel wiederum mahnt ja gerade die Beachtung der „*Form der beschriebenen Rechten*“ an. Crusius verweist in seiner Kommentierung diesbezüglich auf die Reichsnotariatsordnung von 1512 und nennt für die wirksame Testamentserrichtung drei Formerfordernisse.[1800] Dies sind: „*(1.) ut testator testamenti factionem habeat*“, womit die Testierfähigkeit gemeint ist; „*(2.) ut res talis sit, de qua testamentum fieri possit*“, zweitens muss es sich also um eine Sache handeln, über die überhaupt testamentarisch verfügt werden kann, und „*(3.) ut adhibeantur omnes, quas exigit jus, solemnitates*“, was bedeutet, dass alle sonstigen gesetzlich vorgeschriebenen Formvorschriften eingehalten werden müssen. Ein mündliches Testament halte diese Formen nicht ein.[1801] Im Folgenden erläutert Crusius dann die angesprochenen Formvorschriften, bei denen es sich um die spezielle Ladung von sieben Zeugen („*specialis convocatio testium [...] numero septem*“)

---

von zwei bis drei Zeugen und der römischen von sieben Zeugen ist insbesondere auch die Zahl zwölf bekannt, meistens bei der Testamentserrichtung vor dem Stadtrat. Coing, Europäisches Privatrecht I, S. 571 f., verweist zudem auf das Testament vor Notar und (meist) zwei Zeugen. Siehe insgesamt auch Ogris, HRG 5, Sp. 158 f.

1796 Weimar, Lexikon des Mittelalters VIII, Sp. 563 f. Nach Ogris, HRG 5, Sp. 158, dürfte diese Testamentsform aber nicht auf das holographische Testament des römischen Rechts sondern auf besonders im Adel verbreitete Siegelurkunden zurückgehen.

1797 Coing, Europäisches Privatrecht I, S. 572; Ogris, HRG 5, Sp. 158; Jansen, Nils: Testamentary Formalities in Early Modern Europe, S. 33, Fn. 33.

1798 Coing, Europäisches Privatrecht I, S. 572.

1799 Ius Statutarium Reipublicae Mindensis, S. 213.

1800 Ius Statutarium Reipublicae Mindensis, S. 213.

1801 Ius Statutarium Reipublicae Mindensis, S. 213: „*Sane nuncupativum testamentum, quod in usu frequentius, conditu facilius esse, modo Recessus Imperii Coloniensis de Anno 1512. tit. von Testamenten / aber die Form eines Testaments ad unguem observetur, nemini non constat.*“

und deren ununterbrochene Anwesenheit („*tum ipsa coram testibus convocatis & usque ad finem actus illius perdurantibus*") sowie die Durchführung der Testamentserrichtung zu ein und derselben Zeit ohne Unterbrechungen („*facta uno eodemque tempore & contextu nullo actu extraneo interveniente*") sowie Unterschrift und Siegel der Zeugen („*subscriptione & subsignatione*") handelt.

Das Testament des Altbürgermeisters Schmitting ist von sieben Zeugen unterschrieben worden,[1802] und steht damit im Einklang mit dem römischen Recht und der Reichsnotariatsordnung. Es ist davon auszugehen, dass auf diese Weise auch die kryptischen Artikel 2 und 3 in Liber II, Tit. 1 der Stadtrechtsreformation auszulegen und zu verstehen sind.

b) Abweichende Formerfordernisse

Die Mindener Stadtrechtsreformation kennt jedoch auch zwei Fälle, in denen von den ansonsten gültigen Formerfordernissen abgewichen wird. Hierbei handelt es sich einmal um das sogenannte testamentum tempore pestis und einmal um das sogenannte testamentum parentum inter liberos.

In Liber II, Tit. 1, Art. 4 heißt es: „*Zu Zeiten schwebender Pest oder anderer bekleibender Kranckheit aber mag einer für zweyen glaubwürdigen Zeugen seinen letzten Willen außsprechen und bekennen, wann er keines Notarii oder mehrer Zeugen kan bemächtiget seyn.*" In Zeiten von Pest und vergleichbarer Krankheit werden also nach Mindener Recht die Formerfordernisse reduziert und ein mündliches Testament vor nur zwei Zeugen zugelassen.[1803] Dies bestätigt mit zahlreichen Verweisen auch Crusius.[1804] Dieser Artikel geht allerdings nur teilweise auf einen römischen Ursprung zurück.

Schon das justinianische Recht kannte das sogenannte testamentum tempore pestis conditum, geregelt in C. 6, 23, 8 von den Kaisern Diocletian und Maximian.[1805] Die Übersetzung und dementsprechend Bedeutung dieser Codex-Stelle

1802 Zettwitz, Schenken und Gedenken, S. 15 und S. 26, Fn. 68.

1803 Siehe zum Testtestament auch Ius Statutarium Reipublicae Mindensis, S. 223 f., Decisio 2.

1804 Ius Statutarium Reipublicae Mindensis, S. 214: „*[...] testamentum tempore pestis coram duobus testibus conditum valeat [...].*"

1805 Krueger: Corpus Iuris Civilis. Volumen Secundum. Codex Iustinianus, S. 539: „*Casus maioris ac novi contingens ratione adversus timorem contagionis, quae testes deterret, aliquid de iure laxatum est: non tamen prorsus reliqua etiam testamentorum sollemnitas perempta est. 1. Testes enim huiusmodi morbo oppresso eo tempore iungi atque sociari remissum est, non etiam conveniendi numeri eorum observatio sublata.*" Allgemein zu Regelungen in Pandemiezeiten siehe Dvorský, V. u.a.: Selected Aspects

ist allerdings deutlich umstritten, u.a. ist schon unklar, wer (Testator oder Zeugen?) woran erkrankt ist und auf welche Formerfordernisse verzichtet werden kann. Jüngst hat WILLEMS den Streitstand dargestellt und eine überzeugende Verständnislösung vorgelegt.[1806] Anwendung findet die Regelung demnach bei einer „ansteckenden und viele Menschen betreffenden Seuche".[1807] WILLEMS führt weiter aus: „Da es sich in solch außergewöhnlichen Krisenzeiten, inden denen allgemeine Angst vor Ansteckung (timor contagionis) bestand, für denjenigen, der ein Testament errichten wollte, als problematisch erwiesen haben dürfte, eine ausreichende Zahl an Zeugen zu finden, die sich mit ihm und untereinander an einem Ort zu treffen bereit waren (iungi atque sociari), dürfte das Reskript klarstellen, dass in dieser Situation auf die unitas actus et loci verzichtet werden konnte, d. h. dass die Zeugen einzeln zum Siegeln kommen und dabei nicht in unmittelbaren Kontakt mit dem Testator treten mussten. Das ansonsten für eine wirksame Testamentserrichtung Erforderliche, die reliqua testamentorum sollemnitas, musste dagegen gewahrt bleiben; insbesondere wurde [...] an den Erfordernissen der Anzahl (numerus) von Zeugen und deren persönlicher Anwesenheit (convenire) festgehalten."[1808]

Der Gemeinsamkeit der Mindener Regelung mit der römischen Regelung liegt also darin, dass im Falle einer Seuche die Testamentsanforderungen gelockert werden. Während in Minden allerdings die Zeugenanzahl auf zwei reduziert und auf die mündliche Errichtung verwiesen wird, aber an der Notwendigkeit einer Zusammenkunft festgehalten wird, bleibt nach römischem Recht die Anzahl der

---

of Crises and Their Solutions in Roman Law and Politics, in: Law, Pandemics and Ownership Restrictions, hrsg. von Vladimír Sharp u.a., Berlin 22, S. 13-70.

1806 Willems, Constantin: Zwischen Infektionsschutz und Schutz des Erblasserwillens: Das sogenannte testamentum tempore pestis conditum in C. 6,23,8 (290), in: ZRG, RA, Band 138 (2021), S. 616-634. Zusammenfassend Rüfner, HRP, S. 552 f., § 76.

1807 Willems: Zwischen Infektionsschutz und Schutz des Erblasserwillens, S. 633.

1808 Willems: Zwischen Infektionsschutz und Schutz des Erblasserwillens, S. 633 f. Willems schlägt daher als Übersetzung vor: „Aufgrund eines größeren und neuartigen Falles, der eingetreten ist, ist gegen die Angst vor Ansteckung, die die Zeugen abschreckt, etwas in rechtlicher Hinsicht erleichtert worden, nicht aber ist ganz und gar auch die übrige Förmlichkeit der Testamente aufgehoben worden. 1. Es ist nämlich nachgelassen worden, dass die Zeugen sich mit einem von einer solchen Krankheit Niedergedrückten zu dieser Zeit verbinden und versammeln, während nicht auch die Regel, dass ihre Zahl zusammenkommen muss, aufgehoben wurde."

Zeugen bei sieben und auch das Schrifterfordernis erhalten, die Zeugen können jedoch nacheinander unterzeichnen und müssen sich daher nicht begegnen.

Die Regelungen zum testamentum parentum inter liberos finden sich in Liber II, Tit. 1, Art. 8: *„Es mag auch ein Vater oder Mutter ein Testament und Verordnung unter seinen oder ihren Kindern machen und ist genug, wenn er solches mit eigner Hand ohn Gegenwart einiges Zeugens schreibet oder für zweyen Zeugen außdrücklich bescheidet, und müssen die Kinder es dabey verbleiben lassen."* Wenn ein Elternteil demnach in seinem Testament die Erbmasse nur unter seinen Kindern verteilen möchte, so genügt ein eigenhändiges schriftliches Testament oder ein mündliches Testament vor zwei Zeugen.

Wie bereits erläutert hatte Justinian für das römische Recht das eigenhändige Testament nicht grundsätzlich als zulässig in sein Werk aufgenommen. In der besonderen Konstellation aber, dass Vater oder Mutter ihren Nachlass ihren eigenen Kindern vermachen wollten, sah er von den ansonsten zwingenden Formvorschriften ab und verlangte nur in einem eigenhändigen Testament die Angabe der Namen der Kinder und des Erblassers sowie die jeweilige Erbquote.[1809]

Crusius nennt für das schriftliche Elterntestament im Mindener Recht fünf verbleibende Formerfordernisse.[1810] Erforderlich sind die Angabe der Testamentszeit, womit das Datum gemeint ist *(„(1.) appositio temporis conditi testamenti")*, die eigenhändige Niederschrift der Namen der Kinder *(„(2.) [...] nomina liberorum sua manu in hoc testamento apponere")*, die genaue Angabe der Güterteilung *(„(3.) partes seu uncias, bonorumque diversitatem, in quibus singulos instituunt, claris & perspicuis verbis")*, die Einsetzung der Kinder als Erben *(„(4.) liberos heredes instituere tenentur")*, sowie das Selbstverfassen oder jedenfalls Unterzeichnen des Testamentes *(„(5.) ipsi testamentum scribere, vel ab aliis scriptum subscribere")*. Für das mündlich errichtete Testament nennt Crusius wie in der Stadtrechtsreformation angegeben das Erfordernis der zwei Zeugen.[1811]

Im Zusammenhang mit dem Elterntestament steht auch der sich anschließende Liber II, Tit. 1, Art. 9: *„Und mögen die Eltern dem einen Kinde für dem*

1809 Rüfner, Thomas: Testamentary Formalities in Roman Law, S. 22 mit Verweis auf Nov. 107 (Kaiser Justinian). Siehe auch Jansen, Nils: Testamentary Formalities in Early Modern Europe, S. 28, Fn. 16, und S. 42 mit Verweis auf: C. 3, 36, 26 (Kaiser Constantin); C. 6, 23, 21, 3 (Kaiser Theodosius und Valentinian) und Nov. 107 (Kaiser Justinian); sowie Coing, Europäisches Privatrecht I, S. 570.

1810 Ius Statutarium Reipublicae Mindensis, S. 217 f.

1811 Ius Statutarium Reipublicae Mindensis, S. 218: *„Quod parentum testamentum nuncupativum attinet, duos in eodem sufficere testes [...]."*

andern ein Stücke Guts an Hause und Hoffe, Land, Wiesen, Garten, Kämpen mitgeben oder in ihrer disposition, wie obstehet, in specie assigniren, oder zu Erhaltung Nahmens und Stammes einem Sohn ein Hauß und Erbe zueignen und bescheiden, jedoch daß die andern Kindere oder Schwestere dagegen auß denen Guteren gleiche Theile haben und nehmen sollen." Hierbei handelt es sich um die sogenannte elterliche Teilung (divisio inter liberos). Die Grundidee ist, dass die Erbteile dabei gleich bleiben, die Eltern allerdings bestimmen, wer welche Gegenstände erhält.[1812] In Minden war aber eine ungleiche Güterverteilung dennoch durchaus zulässig.[1813] So heißt es in der von Crusius beigefügten Decisio 1: „*Parentibus hereditatem suam inaequali distributione ad liberos & nepotes, potißimum vero per testamentum transferre permissum.*" Dies bedeutet übersetzt, dass Eltern ihr Erbe durch ungleiche Verteilung auf ihre Kinder und Enkelkinder übertragen durften, vor allem durch Testament. Dieses Vorgehen bestätigt auch ein Attest des Mindener Stadtrates aus dem Jahre 1682.[1814] Darin wird unter Bezugnahme sowohl auf Liber II, Tit. 1, Art. 9 als auch auf Decisio 1 das Recht der Eltern bestätigt, „*entweder aus Våterlicher oder můtterlicher Affection, oder auch pro conservando splendore familiae und anderen nach Unterschied der Fålle sich eråugenden Bewegnůssen, dem einen Kinde mehr als dem andern, jedoch citra detrimentum legitimate, zu vermachen und zu assigniren.*"[1815] Das Attest ist auch insofern aufschlussreich, als es legitimierend auf das Proömium der Stadtrechtsreformation verweist, wonach dem Stadtrat gemeinsam mit dem Gremium der Vierziger bei Unklarheiten in Bezug auf die Artikel der Stadtrechtsreformation das Recht zusteht, eine Entscheidung herbeizuführen.[1816] In Bezug auf die

---

1812 Kaser / Knütel / Lohsse, Römisches Privatrecht, S. 401, Rn. 401.

1813 Wigand, Die Provinzialrechte des Fürstenthums Minden, […], Erster Band, S. 37.

1814 Wigand, Ueber die Gemeinschaft der Güter im Fürstenthum Minden und der Grafschaft Ravensberg, S. 132 f.: „Attest des Magistrats zu Minden, der Stadt Lůbbecke ertheilt, ůber die Befugniß der Eltern, unter ihren Kindern zu disponiren, vom Jahre 1682".

1815 Wigand, Ueber die Gemeinschaft der Güter im Fürstenthum Minden und der Grafschaft Ravensberg, S. 133.

1816 Wigand, Ueber die Gemeinschaft der Güter im Fürstenthum Minden und der Grafschaft Ravensberg, S. 132 f.: „*[…] inmassen wir und unsere Vorfahren am Stadtregiment uns und ihnen jedesmal, wie das Proëmium Statutorum Mindensium buchstäblich im Munde fůhrt, fůrbehalten, wofern in etzlichen Articulen eininge Ambiguitåt, Obscuritåt oder Dunkelheit entstehen sollte, sodann dieselbe zu declariren, und ihren rechten Verstand unpartheilich zu erőffnen; Alß haben wir vorangezogenen zweiffelhaften Articulum unsers Stadt Rechtens seiner Wichtigkeit nach reifflich und wohl erwogen, mithin die viertzig Männer dieses Orths, tanquam Tribunos plebis, welche nebst uns*

ungleiche Erbteilung argumentiert der Rat in dem Attest mit der Übung der Vorfahren: „*Wie wir dann auch bei fleißiger Nachfrage nicht erfahren können, daß unsere Antecessoren jemahlen in decidendo einer anderen Meinung beigefallen […].*"[1817]

Die Kosten eines Studiums oder Kriegszuges jedenfalls werden als dem Sohn von den Eltern geschenkt betrachtet und nicht von seinem Erbteil abgezogen.[1818] Diese Regelung geht auf eine berühmte Digestenstelle[1819] zurück und ist damit römisch-rechtlichen Ursprungs.

c) Grenzen der Testierfreiheit

Waren die bisher beschriebenen Voraussetzungen zur Testamentserrichtung durchaus römisch-rechtlich geprägt, entstammen die sich daran anschließenden Artikel zu den Grenzen der Testierfreiheit klar dem althergebrachten Recht. Es ist bereits dargelegt worden, dass Liber II, Tit. 1, Art. 5 der Stadtrechtsreformation eindeutig dem Mindener Stadtbuch von 1318 entnommen worden ist. Liber II, Tit. 1, Art. 5 lautet: „*So ist auch ein Recht in unser Stadt, daß kein Mann oder Weibes-Persohn sein Erbe in oder ausserhalb Testaments ohn seiner Nächsten*

---

die Statuta Mindensia abgefasset und approbiret, in Consilium adhibiret, und darauff in Publico consenssu geschlossen: […]"

1817 Wigand, Ueber die Gemeinschaft der Güter im Fürstenthum Minden und der Grafschaft Ravensberg, S. 133.

1818 Liber II, Tit. 1, Art. 10: „*Es stehet auch denen Eltern in stehender Ehe frey einem Sohne, da er zum studiren geschicket, zimbliche Unkosten nach der Güter Gelegenheit zu verschiessen und zu schencken, wo dieselbe nutzbarlich angeleget werden, wie ingleichen einem Sohn zu einem redlichen Krieges-Zug auß gemeinen Güteren außzusteuren und woferne hernächst in Zeit der division mit deß Vatters oder dero Mutter Verzeignüß und Registeren nicht zu erweisen, daß die Unkosten dem Sohne in seinem kindlichen Antheil abgezogen werden sollen, werden dieselbe für geschencket gehalten.*"

1819 Dig. 10, 2, 50; zitiert nach: Corpus Iuris Civilis. Text und Übersetzungen. Band 2. Digesten, hrsg. von Okko Behrends u.a., Heidelberg 1995, S. 831: „*Quae pater filio emancipatio studiorum causa peregre agenti subministravit, si non credendi animo pater misisse fuerit comprobatus, sed pietate debita ductus: in rationem portionis, quae ex defuncti bonis ad eundem filium pertinuit, computari aequitas non patitur.* – Die Gerechtigkeit duldet nicht, daß das, was ein Vater seinem aus der Gewalt entlassenen Sohn, der sich studienhalber auswärts aufhielt, an Unterstützung hat zukommen lassen, bei der Berechnung des Anteils berücksichtigt wird, der demselben Sohn aus dem Vermögen des Verstorbenen gebührt, vorausgesetzt, daß der Vater das Geld nicht nachweislich mit dem Willen, ein Darlehen zu gewähren, sondern als eine sittlichem Empfinden entsprechende Unterhaltszahlung übersandt hat."

willen und Vollbort vergeben möge." Und schon im Eintrag II, 37 [um 1340] des Stadtbuches von 1318 heißt es: „*Vortmer ne mach nen man sin erue in testamente eder buten testamente, it ne si mit der nesten eruen willen vnde vulbort, vergheuen.*" Die Wirksamkeit einer Erbeinsetzung wird also in dem Rechtssatz von der Zustimmung der Erben abhängig gemacht. Hierbei handelt es sich um eine Sonderform des bereits angesprochenen sächsischen Erbenlaubs. Den späteren Erben kommt auch schon zu Lebzeiten des Erblassers eine Mitberechtigung am Erbe zu, denn ohne ihre Erlaubnis darf die Erbschaft nicht an Dritte veräußert werden.[1820]

Auch aus der Zusammenschau mit den folgenden Regelungen ergibt sich, dass sich dieses Zustimmungserfordernis allerdings nur auf das sogenannte Stammgut und ererbte Liegenschaften beziehen kann.[1821] So definiert Liber II, Tit. 1, Art. 6: „*Solch Erb oder Erbgut wird allein verstanden von denen Stam-Güteren und liegenden Gründen, die er von seinen Eltern und Groß-Elteren ererbet hat, es sey mit oder ohne Beschwer.*" Stammgut ist jede Form von Grundbesitz, der ungeteilt der Familie erhalten bleiben soll.[1822] Als Stammgut im engeren - hier jedoch nicht einschlägigen - Sinne wird häufig ein „Komplex familiengebundener Güter eines hochadeligen Hauses"[1823] verstanden. Crusius möchte sie im Sinne von Lehnsgütern verstehen.[1824]

1820 Ssp. Ldr. I, 52 (Ebel, Sachsenspiegel, S. 58 f.); Hagemann, HRG 1, 2. Aufl., Sp. 1372; Weimar, Lexikon des Mittelalters III, Sp. 2106; Bayerle, Erbrecht, S. 76. Siehe auch Brauneder, Lexikon des Mittelalters I, Sp. 1825 zum Beispruchsrecht.

1821 Dieser Ansicht ist auch Crusius; siehe Ius Statutarium Reipublicae Mindensis, S. 215: „*Articulus ex subsequenti exponendus, loquitur de bonis immobilibus familiae, quae Stammgüter dicimus, quae & de jure Saxonico sine consensu heredum non venduntur.*"

1822 Ebert, HRG 1, 2. Aufl., Sp. 1505.

1823 Muscheler, Lexikon des Mittelalters VIII, Sp. 44; siehe auch Ebert, HRG 1, 2. Aufl., Sp. 1505. An dieser Stelle nicht weiter eingegangen werden kann auf die Frage, in welchem Verhältnis das römische Fideikommiss zum deutschen Stammgut steht, siehe hierzu die Ansicht von Schlinker, Enzyklopädie der Neuzeit 11, Sp. 208: „Ein weiteres Beispiel für die Assimilierung röm. und einheimischer R.-Vorstellungen durch die Wissenschaft ist die Entwicklung des Fideikommiss aus der Nacherbschaft des antiken röm. R. zu einem neuen R.-Institut des unveräußerlichen und unbelastbaren adeligen Stammguts, das so als Familienvermögen ungeschmälert erhalten bleiben musste [...]." Zu Fideikommissen und ihrer Durchsetzung im römischen Recht siehe Rüfner, HRP, S. 2691-2712, § 1-63.

1824 Ius Statutarium Reipublicae Mindensis, S. 216: „*[...] quae bona familiae Stamgüter dicta instar feudalium habentur, & in germanica lingua comparantur denen alte Lehngüteren [...].*"

Die Güter des Liber II, Tit. 1, Art. 6 stehen im Gegensatz zu den *„erworbenen und wol gewonnen"* Gütern des Liber II, Tit. 1, Art. 7. Hierbei handelt es sich keinesfalls um eine Mindener Erfindung, sondern die Differenzierung zwischen ererbten Liegenschaften (Ergbut) und selbsterworbenen Liegenschaften (Kaufgut) sowie die daran anknüpfende Konsequenz der nur teilweisen Verfügungsbeschränkung findet sich regelmäßig in mittelalterlichen Stadtrechten.[1825] Häufig unterstanden die selbsterworbenen Grundstücke der freien Verfügungsmacht des Eigentümers.[1826] Ob davon auch in Minden die Rede sein kann, daran lässt der Wortlaut zweifeln. Liber II, Tit. 1, Art. 7 lautet: *„Uber die Güter aber, die er durch den Segen Gottes und seine saure Arbeit erworben und wol gewonnen hat, wird ihm zu testiren nicht verbotten, wen er keine Kinder oder Kinds-Kinder hinterlässet, doch soll alsdenn denen Nähesten Freunden der dritte Theil der Güter ungekräncket verbleiben, da aber kein Testament oder andere dispositio und letzter Wille gemachet, oder dieselbe nicht bündig befunden werde, seynd die Nähesten Erben zu dem Guthe ab intestato befuget."* Daraus folgt nach striktem Verständnis des Wortlautes, dass nur derjenige über seine selbsterworbenen Güter verfügen kann, der kinder- und enkellos ist („*[...] wird ihm zu testiren nicht verbotten, wen er keine Kinder oder Kinds-Kinder hinterlässet [...].*"). Eine Rechtsweisung, dass nur der Kinderlose und Unverheiratete ein Testament erlassen kann, war im Mittelalter tatsächlich von Minden an Hannover ergangen: *„[...] Is en borghere ane echte wif unde kindere de mach setten sin testament by wolmacht efte in sinne var bedde unde mach sin rede ghud unde varende gut vor giften unde vor*

1825 Schlinker, Privatrechtsgeschichte, S. 223, Rn. 22. Siehe beispielsweise für Lübeck: Landau, Peter: Die Testierfreiheit in der Geschichte des Deutschen Rechts im späten Mittelalter und in der frühen Neuzeit, in: ZRG, GA, Band 114 (1997), S. 56-72, hier: S. 61: „Testierfreiheit gab es in Lübeck für ‚wohlgewonnenes Gut', worunter man das nicht ererbte Grundeigentum und das gesamte Eigentum an Fahrnis verstand. Ererbte Immobilien waren dagegen sogenanntes Ergbut und der testamentarischen Verfügung entzogen."

1826 Hagemann, HRG 1, 2. Aufl., Sp. 1372; Weimar, Lexikon des Mittelalters III, Sp. 2106 f.; Isenmann, Die deutsche Stadt im Mittelalter, S. 204. Schlinker, Privatrechtsgeschichte, S. 224, Rn. 23, führt aus, dass sich gegen Ende des 15. Jahrhunderts auch in den Städten lübischen Rechts die Überzeugung durchsetzte, selbsterworbene Liegenschaften könnten vom Eigentümer frei ohne Zustimmung der Erben veräußert werden. Siehe zu den Unterscheidungen verschiedener Erbmassen im lübischen Recht insbesondere auch Ebel, Wilhelm: Erbe, Erbgut und wohlgewonnen Gut im lübischen Recht, in: ZRG, GA, Band 97 (1980), S. 1-42.

wisen sulven, efte sind testament bevelen dat to donde unde dat blift stede. [...]“[1827] Deutet man den Artikel der Stadtrechtsreformation in diesem Sinne, ist aber auch für den kinderlosen Junggesellen keine unbeschränkte Verfügung möglich, sondern den *„nähesten Freunden“* steht der *„dritte Theil der Güter“* zu. Hat der Erblasser gar kein Testament errichtet, fällt das selbsterworbene Gut in die Erbmasse und wird nach der gesetzlichen Erbfolge verteilt.

Crusius deutet den Artikel dahingehend, dass ein Drittel des selbsterworbenen Vermögens im Testament den nächsten Verwandten überlassen werden soll.[1828] Hierin kann eine Form des Pflichtteilsrechts gesehen werden. Im Ergebnis würde dies bedeuten, dass der mit Kindern Gesegnete über Stammgut ohne Zustimmung der Kinder gar nicht testieren kann und über selbstgewonnenes Gut nur eingeschränkt.

Schon das römische Recht kannte ein Pflichtteilsrecht. Je nach Anzahl der Kinder stand ihnen ein Drittel oder die Hälfte der Erbschaft zu.[1829] Ein solches Pflichtteilsrecht entstand dann im deutschen Raum wieder im Mittelalter, wohl um für die Kinder die Folgen der aufkommenden Testierfreiheit abzumildern. Die Mindener Stadtrechtsreformation jedenfalls geht klar von der Existenz eines Pflichtteilsrechts aus, und erwähnt dies als Begrenzungskriterium für die Schenkungen ad pias causas an Kirchen und wohltätige Einrichtungen.[1830] WACKE

1827 Grote/Broennenberg, Das hanöverische Stadtrecht, S. 386, dessen Deutung anhand seiner Fußnoten wohl ist: Ist ein Bürger ohne echte Frau und Kinder, dann mag er ein Testament machen bei Gesundheit oder Krankheit und sein Bares und seine Fahrnis verschenken oder überweisen oder seinem Testament befehlen, das zu tun, und das ist gültig.

1828 Ius Statutarium Reipublicae Mindensis, S. 216: *„[...]scilicet tertiam partem bonorum benedictione divina ac industria acquisitorum, relinquendam esse in testamento proximioribus agnatis & cognatis, deficientibus liberis & nepotibus.“* Dies bedeutet frei übersetzt, *dass ein Drittel der durch göttlichen Segen und Fleiß erworbenen Güter im Testament den nächsten Mannes- oder Frauen-Verwandten, verarmten (?) Kindern und Enkelkindern überlassen werden soll.*

1829 Weimar, Lexikon des Mittelalters VIII, Sp. 564; sowie Kaser / Knütel / Lohsse, Römisches Privatrecht, S. 411, Rn. 5, mit Verweis auf die justinianische Nov. 18; und Coing, Europäisches Privatrecht I, S. 611.

1830 Liber I, Tit. 12, Art. 3: *„So mag auch ein jeglicher in oder ausserhalb Testaments, bey lebendigem Leibe oder Todts wegen Kirchen, Schulen, Arm- und Gottes-Häusern und sonsten ad qvascunqve pias causas, von seinen Güteren, ohn Einsperrung seiner Erben, wol doniren und schencken, wenn aber Kinder oder Kindes-Kindere verhanden, soll denen Eltern der Güter Gelegenheit nach, zimblicher masen solches zu thun erlaubet seyn, jedoch daß die Kinder und Kindes-Kinder an ihrer legitima und kindlichem Antheil nicht beschweret werden.“*

formuliert sehr treffend zum Pflichtteilsrecht, es überwinde „mittels Kompromiss den naturgegebenen Gegensatz zwischen den beiden erbrechtlichen Fundamentalprinzipien der Familienerbfolge und der Testierfreiheit."[1831]

Das Pflichtteilsrecht[1832] findet seine Grenzen wiederum in den Möglichkeiten der Enterbung. Bereits das justinianische Recht kannte ein ausgeprägtes Erbunwürdigkeits- bzw. Enterbungsrecht,[1833] und auch das altdeutsche Recht hatte den Grundsatz „Blutige Hand nimmt kein Erbe" entwickelt.[1834] Liber II, Tit. 1, Art. 11 schreibt zur Enterbung fest: *„Es wird auch einem jeden Testamentmacher frey gelassen, seine Kinder un Erben wegen ihrer Undanckbarkeit oder Verbrechung in denen beschriebenen Rechten exprimiret zu exherediren und zu enterben."* Crusius betont hierzu, dass zwischen Eltern und ihren Kindern die höchste Bluts- und Pflichtverwandtschaft besteht, was einer Enterbung grundsätzlich entgegensteht, dass es jedoch einige Fälle gibt, in denen eine Enterbung zulässig ist.[1835] Eine Auflistung von Enterbungsgründen („causas autem iustas ingratitudinis") findet sich schon in Nov. 115, 3 und 4.[1836]

Um auf Erbenlaub und Stammgut zurückzukommen, lässt sich folgende Feststellung treffen: Durch das Zustimmungserfordernis des Liber II, Tit. 1, Art. 5 zur Veräußerung von Erbgut und damit zusammenhängend den Grundgedanken des Stammgutes bzw. der ererbten Liegenschaften in Liber II, Tit. 1, Art. 6 bewahrt das Mindener Recht in sehr starkem Maße familienrechtliche Bindungen und sorgt dafür, dass möglichst viel Gut in den Händen der Mindener Familien bleibt. Die Beibehaltung des Erbenlaubs im Mittelalter ist regional

---

1831 Wacke, HRG 3, 2. Aufl., Sp. 1737.

1832 Die heutige Regelung ist in § 2333 BGB normiert.

1833 Siehe dazu Kaser / Knütel / Lohsse, Römisches Privatrecht, S. 408-410 und insbesondere S. 417, Rn. 15; sowie Babusiaux, Wege zur Rechtsgeschichte: Römisches Erbrecht, S. 117-119, und Rüfner, HRP, S. 1304-1310, § 60-76.

1834 Siehe hierzu insbesondere die Ausführungen zum germanischen Recht in Krupa, Michal Stefan: Blutige Hand nimmt kein Erbe. Eine rechtshistorische und –vergleichende Studie zum Rezeptionsweg der römischen indignitas in den französischen, österreichischen und deutschen Privatrechtskodifikationen, Berlin 2019. Lesenswert dazu wiederum die Rezension von Isola, Lisa, in: ZRG, RA, Band 138 (2021), S. 725-736.

1835 Ius Statutarium Reipublicae Mindensis, S. 220: *„Equidem licet ea, quae inter parentes ac liberos est summa sanguinis ac officiorum necessitudo minime permittat, ut ab hereditate se invicem excludant, […] attamen ex causis […] enumeratis, parentibus filios exheredare permissum […]."*

1836 Siehe Schoell, Rudolfus / Kroll, Guilelmus (Hrsg.): Corpus Iuris Civilis. Volumen Tertium. Novellae, Zürich 1972, S. 536 ff.

sehr unterschiedlich. Teilweise hält sie sich bis ins Spätmittelalter,[1837] während sie andernorts „kaum überlebt",[1838] oder sogar ausdrücklich beseitigt wird.[1839] Minden hingegen hält klar an diesem überlieferten Rechtsinstitut fest. Dieses Bestreben, Liegenschaften und Vermögen zusammen zu halten, taucht in der Stadtrechtsreformation auch an anderen Stellen auf. Beispielsweise kennen Liber I, Tit. 2, Art. 1 und Art. 3 das Verbot, Land in die Hand von Nichtbürgern zu geben.[1840]

Mit gleicher Intention enthält die Stadtrechtsreformation mit Liber I, Tit. 11 einen eigenen Titel mit 10 Artikeln zum Vorkaufs- oder Rückforderungsrecht.[1841] Es konnte bereits gezeigt werden, dass von diesen 10 Artikeln insgesamt drei Artikel - wenn auch nicht wörtlich so jedoch sinnbewahrend - aus dem Stadtbuch von 1318 übernommen worden sind. Es handelt sich dabei um das

---

1837 Ogris / Neschwara, HRG 1, 2. Aufl., Sp. 1361.

1838 Isenmann, Die deutsche Stadt im Mittelalter, S. 204. Siehe exemplarisch Schlinker, Privatrechtsgeschichte, S. 223, Rn. 22: „In den rheinischen Städten hielt man die Zustimmung der nächsten Erbberechtigten bei Grundstücksveräußerungen wohl schon im 12. Jahrhundert, nach anderer Ansicht seit dem 14. Jahrhundert nicht mehr für erforderlich."

1839 So für das Freiburger Stadtrecht von 1520 laut Landau, Peter: Die Testierfreiheit in der Geschichte des Deutschen Rechts im späten Mittelalter und in der frühen Neuzeit, in: ZRG. GA, Band 114 (1997), S. 56-72, hier: S. 68.

1840 Liber I, Tit. 2, Art. 1: *„Es sol kein Bürger oder Einwohner der Stadt Minden denen Haußleuten oder auch denen, so keine Bürgere seind, einige Wiesen auff dem Ritterbruche noch einig Land innerhalb denen Landwehren und Feld-Marcken verkauffen, versetzen, verpfanden oder verheuren, bey Verlust derselben und wilkürlicher Straffe des Rahts."* Crusius kommentiert hierzu in Ius Statutarium Reipublicae Mindensis, S. 45: *„Extant similia Statuta de non aliendis immobilibus passim in Germania."* Ähnliche Gesetze zur Nichtveräußerung von Grundstücken gibt es also auch in anderen Teilen Deutschlands. Liber I, Tit. 2, Art. 3 lautet: *„Es sol keiner alhie, welcher kein Bürger ist, Bürger und Weichbildes Gütere erblich an sich kauffen und besitzen [...]."* Hierzu kommentiert Crusius in Ius Statutarium Reipublicae Mindensis, S. 46: *„[...] in aliis germaniae civitatibus ejusmodi statuta [...] recepta esse, ut res maneant sub jurisdictione statuentium et publicis pensitationibus obnoxiae existant [...]."* Auch in anderen deutschen Städten wurden solche Gesetze aufgenommen, so dass die Angelegenheiten in der Zuständigkeit des Gesetzgebers verbleiben und der öffentlichen Besteuerung unterliegen.

1841 In diesem Zusammenhang ist auch das Widerrufsrecht eines Kindes, das sich im Ausland aufgehalten hat, relevant, siehe Liber I, Tit. 9, Art. 7, übernommen aus Stadtbuch 1318, I, 164, nach Schroeder, Stadtrecht, S. 44 [etwa 1407].

Zustimmungserfordernis der Erben zum Erbgutverkauf,[1842] das dementsprechende Widerspruchsrecht der Erben,[1843] und die Besitzwirkungen von Erbgut.[1844] Hintergrund der eingeräumten Vorkaufsmöglichkeit ist das sogenannte Näherecht.[1845] Das Näherecht bezeichnet die Möglichkeit von Nahestehenden, Veräußerungen zu verhindern oder auf sich selbst umzulenken.[1846] Als Nahestehender und damit Berechtigter kommen verschiedene Personengruppen in Frage.[1847] Die Mindener Stadtrechtsreformation kennt die bevorzugte Berechtigung von Kindern, Erben und Verwandten,[1848] sowie Mietern, Freunden[1849] und Nachbarn.[1850] Das Näherecht beruht auf der althergebrachten Überzeugung, dass Grund und Boden sozial und vor allem familiär gebunden sind.[1851] Für Erben bedeutet dies beispielsweise, dass sie den familiären Liegenschaften näher standen als ein Erwerber, ihnen folglich eine Art Anwartschaftsrecht an Grund und Boden zukam.[1852] Eine Übertragung bedurfte ihrer Zustimmung

---

1842 Liber I, Tit. 11, Art. 1, entspricht Stadtbuch 1318, I, 110, nach Schroeder, Stadtrecht, S. 31 [um 1400]. Vergleiche hierzu auch den ähnlichen Begriff der Verfangenschaft bei Erler, HRG 5, Sp. 698: „Verfangenes Gut waren sämtliche Liegenschaften, welche die Ehegatten bis zur Auflösung der Ehe besessen hatten. Dieses den Kindern verfangene Gut durfte der überlebende Ehegatte zwar weiterhin nutzen und verwalten, aber nur noch mit Zustimmung der Kinder veräußern." Berger, Lexikon des Mittelalters 8, Sp. 1513, geht – anders als in Minden – davon aus, dass das Verfangenschaftsrecht ab dem 15. Jahrhundert weitgehend an Bedeutung verlor.

1843 Liber I, Tit. 11, Art. 9, entspricht Stadtbuch 1318, I, 126, nach Schroeder, Stadtrecht, S. 36 [etwa 1360].

1844 Liber I, Tit. 11, Art. 10, entspricht Stadtbuch 1318, I, 127, nach Schroeder, Stadtrecht, S. 36 [etwa 1360].

1845 Siehe hierzu insgesamt Schlinker, Privatrechtsgeschichte, S. 221 f., Rn. 20.

1846 Becker, HRG 3, 2. Aufl., Sp. 1753. Das Näherecht hat nach Becker im Übrigen viele, teilweise aber auch für andere Regelungen gebräuchliche und daher missverständliche Namen: Abschütten, Abtreibung, Abtrieb, Beispruch, Beschüttung, Einspruch, Einstand, Eintritt, Geltung, Losung, Lösung, Nähergeltung, Retrakt, Revokation, Rückkauf, Rückzug, Vorgeld, Vorzug, Wiederzug, Zug, Zügig. Siehe allgemein zum Näherecht auch Cordes, Lexikon des Mittelalters VI, Sp. 1006 f.

1847 Becker, HRG 3, 2. Aufl., Sp. 1754 listet auf: Familienangehörige, Miteigentümer, Grund- oder Landesherren, Bodenzinsleute, Nachbarn, Hof-, Dorf-, Landesgenossen, Stadtbüger gegenüber Auswärtigen, Standesgenossen, Glaubensgenossen.

1848 Liber I, Tit. 11, Art. 1-4.

1849 Liber I, Tit. 11, Art. 6.

1850 Liber I, Tit. 11, Art. 7.

1851 Schlinker, Privatrechtsgeschichte, S. 221, Rn. 20.

1852 Schlinker, Privatrechtsgeschichte, S. 222, Rn. 20.

(Erbenlaub) und ohne diese Zustimmung konnten sie das verkaufte Grundstück wieder an sich ziehen (Näherecht).[1853] Ein in der hier beschriebenen Art ausgeformtes Vorkaufsrecht kannte das römische Recht nicht.[1854] Insgesamt kann daher festgehalten werden, dass auch im Rahmen der Regelung dieser Rechtsmaterie die Beibehaltung überlieferten einheimischen Rechts deutlich zum Vorschein tritt.

Auch durch die Kommentierung des Crusius zu dieser Rechtsmaterie zieht sich der rote Faden, dass er zwar Bezüge zum römischen Recht aufzeigt, aber doch den deutschrechtlichen Ursprung einräumt, darlegt und durchaus unterstützt.[1855] Zum Zustimmungserfordernis der Erben führt er aus, dass es die Römer nicht kannten *(„non modo apud Romanos“)*, sondern dieser Grundsatz auf einem alten Gesetz der Sachsen beruht *(„ex veteri lege Saxonum“)*.[1856] Er hält ihn aber für richtig, weil es ansonsten zu betrauern sein würde, dass die väterlichen Häuser und Güter der Vorfahren in andere, also fremde Hände fallen würden *(„qvandoqvidem satis lugebre est, paternas domos & antiqva majorum praedia in alienas devenire manus“)*.[1857] Im Rahmen des Nähe- bzw. Retraktrechts verweist Crusius auf die Ableitung aus dem Feudalrecht und die erforderliche Blutsverwandtschaft *(„ex jure Feudali derivatum, quo jus Retractus gentilitius consanguinie is proxmoribus, tributur“)*.[1858]

Wird die Frage nach weiteren Grenzen der Testierfreiheit im Mindener Recht gestellt, so ist zunächst die durchaus beachtliche Feststellung zu treffen, dass es keine explizite Regelung für den Widerruf eines Testamentes gibt. Eine solche

---

1853 Schlinker, Privatrechtsgeschichte, S. 222, Rn. 20. Coing, Europäisches Privatrecht I, S. 383, geht davon aus, dass das Näherecht der Verwandten an die Stelle des älteren Zustimmungsrechts der Verwandten getreten ist. Die Mindener Stadtrechtsreformation kennt aber für Erben noch beide Varianten: Das Zustimmungsrecht findet sich in Liber II, Tit. 1, Art. 5 sowie Liber I, Tit. 11, Art. 1; das Näherecht in Liber I, Tit. 11, Art. 2 und 9, sowie Liber I, Tit. 9, Art. 7.

1854 Schlosser, HRG 5, Sp. 1044 f. Das römische ius protimiseos mit seiner rein schuldrechtlichen Wirkung unterschied sich grundlegend vom deutschrechtlichen Näherecht. Es gab nur eine beschränkte Anzahl an Vorkaufsrechten, beispielsweise das Vorkaufsrecht von Nachbarn an Grundstücken.

1855 Ius Statutarium Reipublicae Mindensis, S. 152-159.

1856 Ius Statutarium Reipublicae Mindensis, S. 153.

1857 Ius Statutarium Reipublicae Mindensis, S. 153. Ansonsten äußert er sich insbesondere zu der Frage, wie ein Schweigen rechtlich zu bewerten ist.

1858 Ius Statutarium Reipublicae Mindensis, S. 154. Ansonsten äußert er sich insbesondere zu der Frage, welche Ansprüche Verwandten zustehen bzw. wer sich gegenseitig ausschließt.

wird aber in Liber II, Tit. 1, Art. 13 im Rahmen der Regelung eines gemeinsamen Testamentes von kinderlosen Ehegatten im Grunde genommen vorausgesetzt, denn es steht demzufolge dem Längerlebenden frei, nach dem Tod seines Partners seine getroffenen Verfügungen zu ändern, wenn nicht vertraglich etwas anderes vereinbart wurde.[1859]

d) Schlick-Dissertation

Es ist bereits in der Einleitung zum Erbrecht darauf hingewiesen worden, dass eine juristische Dissertation von Johann Bernhard Schlick aus dem Jahre 1692 überliefert ist, die sich dem Titel nach mit der Frage beschäftigt, ob es Unterschiede im Testamentsrecht zwischen der Mindener Stadtrechtsreformation und dem ius commune gibt.[1860]

Als Besonderheit des Mindener Rechts nennt SCHLICK in seiner Abhandlung gleich zu Beginn die Begrenzung der Testierfreiheit in Bezug auf Stammgüter.[1861] Im Anschluss benennt er Personengruppen, denen die Testamentserrichtung nicht gestattet ist; dies sind Minderjährige, Geisteskranke, Verschwender, Stumme, Taube und zahlreiche andere Randgruppen.[1862] Diese Begrenzungen entnimmt er dem ius commune; die Mindener Stadtrechtsreformation enthält

---

1859 Liber II, Tit. 1, Art. 13: „*Wann zwey Ehleute, so keine Kinder hinter sich verlassen, zusambter Hand ein Testament ordentlicher Weise auffgerichtet, dadurch sie beyderseits Erben versehen, doch solch Testament allein in utriusque mortis casum, und ehe nicht gültig seyn sollte, so ist ihnen solches zu thun erlaubet, wenn nun der Fall auff einer Seiten sich begeben, ist dieselbe Ordnung an deß abgestorbenen Seiten bestetiget, und stehet gleichwol dem übergeblieben Ehegatten frey, es seines theils bey solch er Ordnung verbleiben zu lassen, oder nach Gelegenheit dieselbe zu mutiren und zu ändern, wo nicht contracts- weise ein anders caviret und versehen wäre.*“ Siehe hierzu auch Wigand, Die Provinzialrechte des Fürstenthums Minden, […], Erster Band, S. 36 f.

1860 Schlick, Johann Bernhard: Differentias quae circa materiam testamentorum in jure communi et Statutario Reipublicae Mindensis, Rinteln 1692.

1861 Schlick, Differentias quae circa materiam testamentorum, S. 3 f.: „*De Jure statutario Mindensi non unicuique liberum est facere testamentum praesertim si possidet immobilia […].*“

1862 Schlick, Differentias quae circa materiam testamentorum, S. 4-6. Als weitere Gruppen werden auf S. 6 genannt: „*Et hujus generis porro recensentur servus, captivus, hereticus, deportantus, bannitus, usurarius, manifestus, ob carmen famosum damnati, ebrii & irati.*“ Dies lässt sich folgendermaßen frei übersetzen: „Und von dieser Art sind der Sklave, der Gefangene, der Ketzer, der Deportierte, der Verbannte, der Wucherer, der Manifestierte (?), der Verurteilte wegen eines berühmten Gedichts, der Trunkenbold und der Zornige.“

dazu keine Bestimmungen. Es folgen Ausführungen zu den formellen Anforderungen an ein Testament.[1863] Schlick behandelt dann danach die Fragen der (un)gleichen Güterverteilung unter Kindern,[1864] und der Witwengewalt über die ehelichen Güter vor Schichtung von den Kindern,[1865] sowie besondere Testamentsformen.[1866] Insgesamt hält die Arbeit jedoch nicht, was der Titel verspricht: in weiten Teilen rezitiert sie lediglich das ius commune oder Mindener Atteste, ohne detailliert auf Unterschiede zwischen Mindener und Justinianischem Recht einzugehen.

e) Zwischenfazit zum Testament

Das Mindener Testamentsrecht bietet eine Kombination verschiedener rechtlicher Einflüsse, es könnte auch als Synthese bezeichnet werden.[1867] Die Testamentsformalitäten sind römisch-rechtlich, zugleich aber haben sich zahlreiche althergebrachte sächsische Prinzipien erhalten wie die Sondererbmassen des Stammgutes und der ererbten Liegenschaften sowie die diesbezügliche Sonderbehandlung. Eine Sonderstellung nehmen auch Gerade und Heergewäte ein, auf die im folgenden, eigenen Abschnitt ausführlich eingegangen wird. Insgesamt kann gesagt werden, dass alle soeben genannten Mindener erbrechtlichen Institute erhalten blieben, weil sie traditionell fest im wirtschaftlichen und persönlichen Leben verankert waren und der Sicherung der eigenen Vermögensinteressen dienten, was ihre Abschaffung unmöglich machte. Diese

---

1863 Schlick, Differentias quae circa materiam testamentorum, S. 6-9.

1864 Schlick, Differentias quae circa materiam testamentorum, S. 9-12, mit der Wiedergabe eines Attestes des Stadtrates aus dem Jahre 1682; siehe auch Wigand, Ueber die Gemeinschaft der Güter im Fürstenthum Minden und der Grafschaft Ravensberg, S. 132 f.

1865 Schlick, Differentias quae circa materiam testamentorum, S. 13-15, mit der Wiedergabe eines Attestes des Stadtrates aus dem Jahre 1666; siehe auch Wigand, Ueber die Gemeinschaft der Güter im Fürstenthum Minden und der Grafschaft Ravensberg, S. 130 f.

1866 Schlick, Differentias quae circa materiam testamentorum, S. 16-18 (testamentum militare, rusticum, ad pias causas, tempore pestis).

1867 Dieser Formulierungsansatz stammt von Seif, Römisch-kanonisches Erbrecht in den mittelalterlichen deutschen Rechtsaufzeichnungen, in: ZRG, GA, Band 122 (2005), S. 87-112, S. 111. Sie formuliert zum mittelalterlichen Erbrecht: „Die Zeitgenossen hatten das Eindringen des gelehrten Erbrechts in die einheimischen Rechte nicht als Gegensatz zwischen gelehrtem und einheimischem Recht begriffen, in dem das stärkere und bessere siegt, sondern als eine Synthese."

Rechtsprinzipien wurden daher mit dem römisch-rechtlichen Testamentsgedanken verflochten.

2. *Heergewäte und Gerade*

Bei Heergewäte und Gerade handelt es sich um ein Sondervermögen des Mannes bzw. der Frau, das auch gesondert vererbt wird.

Das Heergewäte umfasste zunächst die kriegerischen Ausrüstungsgegenstände des Mannes, und bezeichnete später die Sachgesamtheit der für den Mann nützlichen Gegenstände des täglichen Gebrauchs.[1868] Das Heergewäte wird immer an männliche Erben vererbt.[1869] Es ist schon in den Volksrechten nachweisbar,[1870] und erfährt im Mittelalter einen immer weiter reichenden Umfang, sodass seit etwa 1400 regelrechte Kataloge entstehen.[1871] Auch der Sachsenspiegel nennt das Heergewäte sowie die Sondererbfolge der Mannesseite,[1872] und enthält eine enumerative Auflistung.[1873]

1868 Bungenstock, HRG 2, 2. Aufl., Sp. 858; Drüppel, Lexikon des Mittelalters IV, Sp. 2007; siehe auch Grimm, Deutsche Rechtsaltertümer 2, S. 101-123.

1869 Bungenstock, HRG 2, 2. Aufl., Sp. 858 f.

1870 Ob das Heergewäte bereits bei Tacitus in Erscheinung tritt, ist umstritten. Einerseits nennt Tacitus die Sondererbfolge des Sohnes an Pferden (32: *"[...]successionum equi traduntur: excipit filius non, ut cetera, maximus natu, sed prout ferox bello et melior."* – „ [...] werden auch die Pferde vererbt. Ein Sohn empfängt sie: nicht, wie das übrige, der älteste, sondern jeweils der wildeste und tapferste Krieger.", zitiert nach Lund, Germania, S. 94 f.), andererseits gibt er aber auch an, das Pferd sei Grabbeigabe (27: *„sua cuique arma, quorundam igni et equus adicitur."* – „Jedem werden seine Waffen, einigen wird auch das Pferd auf den Scheiterhaufen mitgegeben.", zitiert nach Lund, Germania, S. 90 f.). Siehe auch Lund, Germania, S. 182 f.

1871 Bungenstock, HRG 2, 2. Aufl., Sp. 858. Bungenstock, Heergewäte und Gerade, S. 41 f. (und S. 108) vermutet: „Das Aufkommen der Kataloge kann bedeuten, daß Unklarheiten über die Bestandteile der mit Heergewäte und Gerade bezeichnete Vermögensmassen aufgekommen waren. Vor 1400 war anscheinend eine in Einzelheiten gehende Auszählung dieser Gegenstände nicht notwendig, da [...] jedermann verständlich war, was gemeint sein sollte."

1872 Ssp. Ldr. I, 22, § 5 (Ebel, Sachsenspiegel, S. 44), Ssp. Ldr. I, 27, § 2 und Ssp. Ldr. I, 28 (S. 48), sowie Ssp. Ldr. III, 15, § 4 (S. 124).

1873 Ssp. Ldr. I, 22, § 4 (Ebel, Sachsenspiegel, S. 44): *„Dar nach sal die vrowe ein ihres mannes swert geben zu hergewete unde daz beste ros adir phert gesatelet unde daz beste harnasch, daz her hatte zu eines mannes libe, do her starp binnen sinen geweren. Dar zu sal si geben einen herpul, daz ist ein bette unde ein kussin unde ein lilachen unde ein tislachen, zwei beckin unde eine twele."*

Die Gerade ist das weibliche Pendant zum Heergewäte.[1874] Es bezeichnet die Frauenausstattung im Sinne von persönlichen Gebrauchsgegenständen.[1875] Hierbei handelte es sich um bestimmten Hausrat, Kleidung und Schmuck.[1876] Die Gerade stand einer Witwe bei der Auflösung des ehelichen Vermögens zu,[1877] und wurde beim Tod der Frau in der weiblichen Linie vererbt.[1878] Berechtigt war die nächste weibliche Verwandte (sogenannte Niftel).[1879] Die Gerade ist seit dem frühen 12. Jahrhundert nachweisbar und findet sich auch im Sachsenspiegel.[1880] Wie beim Heergewäte findet sich dort auch zur Gerade eine konkrete Aufzählung.[1881]

1874 Die Ursprünge von Gerade und Heergewäte und des diesbezüglichen Sondererbrechts konnten bisher nicht eindeutig bestimmt werden; zum Streitstand (Totenbeigabe? Seelteil für die Kirche? Nützlichkeitserwägungen? Abgabepflicht der Unfreien?) siehe Bungenstock, Heergewäte und Gerade, S. 109-142. Siehe auch Goldbeck, Tractatus de Jure Geradae, S. 19-27 (Caput III). Die Gerade war Kern der Aussteuer, wobei die Aussteuer aber weitere Gegenstände umfassen konnte, siehe Olechowski, HRG 1, 2. Aufl., Sp. 385.

1875 Drüppel, Lexikon des Mittelalters IV, Sp. 1294.

1876 Gottschalk, HRG 2, 2. Aufl., Sp. 113.

1877 Gottschalk, HRG 2, 2. Aufl., Sp. 113.

1878 Drüppel, Lexikon des Mittelalters IV, Sp. 1294 f., allerdings auch mit dem Verweis, dass die Gerade zuweilen an Söhne im Klerikerstand ging oder als Abgabe an Leib-, Lehns-, Grund- oder Stadtherrn ging.

1879 Gottschalk, HRG 2, 2. Aufl., Sp. 113.

1880 Gottschalk, HRG 2, 2. Aufl., Sp. 114. Ssp. Ldr. I, 24 (Ebel, Sachsenspiegel, S. 45 f.), Ssp. Ldr. I, 27 und 28 (S. 48), Ssp. Ldr. I, 31 (S. 49), Ssp. Ldr. III, 15, § 4 (S. 124), Ssp. Ldr. III, 38 (S. 134).

1881 Ssp. Ldr. I, 24, §3 (Ebel, Sachsenspiegel, S. 46): „*Si nimt ouch alliz, daz zu der gerade gehort, daz sint alle schaf unde gense, kasten mit ufirhabenen liden, alle garn, bette, phule, kussene, lilachene, tislachene, twelen, badelachene, beckene, luchtere, lin unde alle wipliche kleider, vingerlin unde armgolt, sappile, seltere unde alle buchere, die zu gotes dienste gehoren, die vrowen phlegen zu lesene, sedelen, laden unde tepte, ummehenge unde ruckelachene unde alle gebende, diz hort zu vrowen gerade. Noch ist mancherhande kleinote, daz in geburt, aleine nenne ich des nicht bisunder, alse borsten, scheren unde spigele [unde].*“ Ob das Auflisten von Tieren auf ein Missverständnis zurückgeführt werden muss, ist umstritten, siehe dazu Kümper, Sachsenrecht, S. 514 f., Sp. 1528.

a) *Umfang von Heergewäte und Gerade in Minden*

Auch Minden kannte die Sondervermögen Heergewäte und Gerade: Eine erste urkundliche Erwähnung stammt aus dem Jahre 1282,[1882] und die Mindener Stadtrechtsreformation von 1613 widmet ihnen einen eigenen Titel mit elf Artikeln.[1883] Von besonderer Bedeutung war schon immer die Frage, was genau alles zum Sondervermögen zu zählen war.[1884] Hierzu betont Crusius, dass dies von den lokalen Bestimmungen abhängt.[1885] Die Mindener Stadtrechtsreformation hat diesbezüglich Passagen aus dem Stadtbuch von 1318 mit nur wenigen Änderungen übernommen.

Liber II, Tit. 4, Art. 3 zum Umfang des Heergewäte lautet: „*Zum Hergewethe gehören gemachete und geschnittene Kleider, die er gebrauchete, als er lebete, sein Schwerdt, sein bestes Pferd gesattelt, das beste Harnisch, daß Er hatte zu eines Mannes Leibe, da er starb in seiner Gewehr, ein schwerdmessige Kisten,*

1882 Bünemann, August Rudolph Jesaias: Assertio de rusticorum libertate et operis contra Reineccium, Hannover 1750, S. 24 f., gibt in seinem Werk über die Eigenbehörigkeit eine Mindener Urkunde (*„ungedruckte Diploma“*) aus dem Jahre 1282 (*„Actum Anno Domini MCCLXXXII VI. Id. Octobr.“*) wider. Dieser Urkunde zufolge erhält der Sohn das Heergewäte und die Tochter die Gerade (*„[…] filius recipiat herwadium sui patris & […] filia recipiet Rade matris sue […]“*). Wigand, Die Provinzialrechte des Fürstenthums Minden, […], Zweiter Band, S. 141 f., Fn. 1, gibt den lateinischen Text der Urkunde mit Verweis auf Bünemann wieder, datiert aber fälschlicherweise auf 1287. Wigand liefert auch ein Regest, indem es u.a. knapp heißt: „Die Kinder ziehen selbst Herwede und Gerade.“ Den Datierungsfehler tradiert Cohausz, Das Heergewäte der Unfreien in Westfalen, Leipzig 1926, S. 43 f. mit Anhang Nr. 2. In Schroeder, Stadtrecht, ist die betreffende Urkunde nicht aufgeführt. Das Recht an Heergewäte und Gerade von Eigenbehörigen der Kirche blieb aber in Minden noch lange umstritten, siehe dazu Löffler, Tribbe, S. 36 sowie Beschwerdeschrift des Bischofs Ludwig [zwischen 1324 und 1330], nach Schroeder, Stadtrecht, S. 195-198, Nr. 42, konkret S. 197 f.

1883 Liber II, Tit. 4, Art. 1-11.

1884 Siehe beispielsweise Goldbeck, Tractatus de Jure Geradae, S. 27-78 (Caput IV); Bungenstock, Heergewäte und Gerade, S. 43-61; sowie Hoffmann, Statuta Localia Von Ober- und Nieder-Sachsen […], Erster Theil, S. 14-30, 34-56, S. 60, S. 117 f.; Hoffmann, Statuta Localia Von Ober- und Nieder-Sachsen […], Anderer Theil, S. 624 f., zitiert für Minden aus der Stadtrechtsreformation Liber II, Tit. 4, Art. 3-5. Von Bedeutung war dabei häufig auch die Frage des Besitzes, siehe beispielsweise Ius Statutarium Reipublicae Mindensis, S. 267, Decisio 2.

1885 Ius Statutarium Reipublicae Mindensis, S. 260: *„Quae res ad Hergevvettam pertineant, ex cujusque loci consuetudine dependet.“*

ein Herpuel, daß ist ein Bette, ein Küssen, zwey linen Laken, ein Tischlaken, ein schwartzer Kessel, zwey Becken, zwo Kanten, zwo Grapen, ein Dwele, ein Sack und Seckel." Die meisten dieser Begriffe sind auch heute noch verständlich. Zu erläutern sind allerdings die Ausdrücke *schwerdmessig, Becken, Kanten, Grapen* und *Dwele*. *Schwerdmessig* bezeichnet die Größe einer Kiste und besagt, dass die Kiste so lang sein muss, um ein Schwert zu fassen. Bei *Becken* handelt es sich um Waschbecken[1886] bzw. -schüsseln. Ein *Dwele* ist ein Handtuch,[1887] die *Kante* eine Kanne, also ein Gefäß mit Ausguss,[1888] ein *Grapen* ein eiserner Kochtopf.[1889]

Liber II, Tit. 4, Art. 3 zum Umfang des Heergewäte geht auf Eintrag II, 19 [um 1400] im Stadtbuch von 1318 zurück.[1890] Das Stadtbuch von 1318 listet 14 verschiedene Gegenstände auf, in der Stadtrechtsreformation von 1613 ist diese Liste um nur drei weitere (Haushalts-)Gegenstände ergänzt.[1891] Von besonderer, da wertmäßig hoch einzuschätzender Bedeutung im Mindener Katalog ist sicherlich die Nennung des besten und dann zusätzlich auch noch gesattelten Pferdes. Daher räumt Crusius diesem Punkt in seinem Kommentar auch deutlichen Raum ein.[1892]

Liber II, Tit. 4, Art. 4 enthält die ausführliche Liste zum Umfang der Gerade: „*Zum Gerahde gehöret ein Bette mit seiner Zubehörunge, darauff die Fraue geschlaffen, eine Kisten, darzu Sie den Schlüssel getragen, ein Magdbette mit seiner Zubehörung, alle Weibliche Kleider, die sie gebrauchet oder zu ihrem Leibe geschnitten weren, als sie lebte, ein Tischlaken und Handwelen, ein Beydwelen, ein Baderoff und Badelaken, alle Tapettiche, alle Umbhenge und Ruggelaken, Gebende, ein Handfaß, ein Luchtebeken, zwey Leuchter, Kleinodien, gewirckte von Golde, Silber und Perlen, die Sie gebrauchet, Frawenbuchere, ein Sedelen, zwo Stüle, zwey Küssen, zwo Kannen, zwo Becken, zwo Grapen, ein schwartzer Kessel, ein Missinges Kessel, Spiegel, Scheren, Bursten und alles Laken, dadurch die*

1886 So Ebel, Sachsenspiegel, S. 46, Fn. 94.

1887 Rheinisches Wörterbuch, Band 9, Sp. 1136.

1888 DRW VI, Sp. 1119 f.

1889 Rheinisches Wörterbuch, Band 2, Sp. 1354.

1890 Stadtbuch 1318, II, 19, nach Schroeder, Stadtrecht, S. 60 [um 1400]: „*Dit is dat herwede: des mannes gheschapenen kledere, der he brukede, do he leuende, syn swerd, dat beste perd ghesadelt, dat beste harnsch, dat de hadde to eyns mans liue, do he starff in synen gheweren, eyne swerdmate kisten, enen herpoͤl, dat is en bedde, eyn kussen, twe lynlakene, eyn dischlaken, twe beckene, ene dwelen, enen sak vnde zekelen.*"

1891 Hinzugekommen sind: „*[...] ein schwartzer Kessel, [...] zwo Kanten, zwo Grapen [...].*"

1892 Er diskutiert beispielsweise, wie ein bisher noch nicht eingerittenes Fohlen zu behandeln ist, siehe Ius Statutarium Reipublicae Mindensis, S. 261.

Schere gangen ist.“ Beydwelen und *Baderoff* könnten ein weiteres Handtuch und ein Baderock sein. *Tapettiche, Umbhenge und Ruggelaken* sind unterschiedliche Wandteppiche und Vorhänge.[1893] *Gebende* sind Bänder,[1894] vermutlich im Sinne von Haarschmuck, *Gewirckte* müsste dann den sonstigen Schmuck bezeichnen. Ein *Handfaß* ist das Gefäß zum Händewaschen.[1895] Bei einem *Luchtebeken* könnte es sich um Licht zur Beleuchtung des Ofens handeln.[1896]

Liber II, Tit. 4, Art. 4 zum Umfang der Gerade geht auf Eintrag II, 20 [um 1400] im Stadtbuch von 1318 zurück.[1897] Wie bereits beim Heergewäte hat sich die Auflistung der Gegenstände, die zur Gerade zu zählen sind, nur wenig verändert: Die Aufzählung ist nahezu identisch; das Stadtbuch von 1318 listet nur einen Gegenstand auf, den die Stadtrechtsreformation nicht nennt, wohingegen die Stadtrechtsreformation nur zwei im Stadtbuch von 1318 nicht genannte Gegenstände benennt.[1898] Insgesamt ist die Auflistung sehr umfangreich und enthält 33 unterschiedliche Kleidungs-, Haushalts- und Schmuckstücke. Crusius darauf bezogene Kommentierung erweckt deutlich den Eindruck, als wäre er um Beschränkung bemüht.[1899]

1893 Ähnlich Ebel, Sachsenspiegel, S. 46, Fn. 99 und 100.

1894 Lexer, Matthias: Mittelhochdeutsches Handwörterbuch, Band 1, Sp. 751.

1895 Frühneuhochdeutsches Wörterbuch über www.fwb-online.de.

1896 Siehe zum „*Leuchpfänngen*“ (französisch: porte-allume) bei Malouin, Paul Jacques: Ausführliche Beschreibung der Müller, Nudelmacher- und Beckerkunst, übersetzt von Daniel Gottfried Schreber, Leipzig 1769.

1897 Stadtbuch 1318, II, 20, nach Schroeder, Stadtrecht, S. 60 f. [um 1400]: „*Dit sind de gherade: eyn bedde mid siner tobehoringe, dar de vrowe vppe sleep, eyne kisten, dar se den slotel to dorch, eyn maghedbedde mid syner tobehoringe, alle wyfflike kledere, der se brukende, do se leuede, eyn dischlaken vnde handdwelen, eyne bidwelen, ene bodene, roff vnde badelaken, alle toppede, alle vmmehanghe vnde ruggelaken, ghebende, eyn handvat, eyn beken, twe luchtere, clenode, ghewracht van golde, suluere vnde perlen, des se brukede, vrowen boke, eyne sedelen, twe stole, twe kussene, twe kannen, twe gropen, eynen swarten ketel, eynen missinges ketel, speghel, scheren vnde borsten.*“

1898 Das Stadtbuch von 1318 listet noch „*[…] ene bodene […]*“ auf, wohingegen die Stadtrechtsreformation von 1613 an späterer Stelle „*zwo Becken […] und alles Laken, dadurch die Schere gangen ist*“ nennt.

1899 Exemplarisch Ius Statutarium Reipublicae Mindensis, S. 262: „*Hinc res a marito uxori ad usum & ornatum concessas, haud pro Gerada haberi, si in mulieris possessione non reperiantur […].*“, was frei übersetzt bedeutet: „Daher sind Dinge, die der Ehemann der Ehefrau zum Gebrauch und zur Zierde gewährt, nicht als Gerade zu betrachten, wenn sie sich nicht im Besitz der Frau befinden.“

Eine Beschränkung ergibt sich aber auch aus dem Rechtstext selbst. In Liber II, Tit. 4, Art. 5 wird nämlich festgeschrieben: *„Von denen Betten, Kandten, Grapen und Kesselen soll man gebe nehest dem bestem Bette zum Hergewehde und zum Gerade und wann dessen nur eins auff der Gewehr ist, soll darauff bleiben und zum Hergewethe und Gerahde nicht gezogen werden."* So widerspricht es verständlicherweise Crusius Gerechtigkeitsempfinden, dem überlebenden Ehegatten auch noch das einzige Bett wegzunehmen.[1900]

Eine weitere Einschränkung ergibt sich aus dem sogenannten Retorsionsrecht, wie es in Liber II, Tit. 4, Art. 2 niedergeschrieben ist: *„Dan lässet aber kein Hergewethe oder Gerahde aus unser Stadt folgen, es wehre dann sache, das es von solchen Oerteren unseren Burgern vorhin gefolget wehre oder auffzutragende Fälle ausgefolget zu werden, durch die Obrigkeit des Ortes Versicherung geschehe, sonsten gebrauchet man sich allermasen des juris retorsionis, wie Recht ist."* Im Retorsionsrecht[1901] liegt ein weiterer Versuch, die Vergabe der Sondervermögen zu reglementieren; denn nicht jeder Fortgezogene konnte demnach noch das Sondervermögen erlangen.[1902] KÜMPER betont zu dieser Problematik: „Hintergrund dieser Bemühungen war es, nach Möglichkeit keine größeren Vermögenswerte aus der Stadt fließen zu lassen, ohne Entsprechendes aus anderen Städten zurückzuerlangen."[1903]

Im Übrigen ist erwähnenswert, dass Minden für die Frage des Sondervermögens einen ganz anderen Weg beschritten hat als Dortmund, ehemals Mutterstadt in der Stadtrechtsfamilie. In Dortmund gibt es schon im Mittelalter nur noch außerhalb der Stadt ein Sondererbrecht an Heergewäte und Gerade, innerhalb der Stadt sind diese Dinge Bestandteil des regulären Erbes.[1904]

1900 Ius Statutarium Reipublicae Mindensis, S. 263: *„[...]iniquissimum esset lectum istum unicum conjugi superstiti auferri [...]."*

1901 Siehe dazu auch Goldbeck, Tractatus de Jure Geradae, S. 358-366.

1902 Kümper, Sachsenrecht, S. 520.

1903 Kümper, Sachsenrecht, S. 521.

1904 Siehe Frensdorff, V. Jüngste Statutensammlung, S. 173, Nr. 14 (mit Fußnote): *„Gerade und herwede waer dat felt, dat felt up den nesten und up den oldesten, echte und rechte, up de spylsyde und up de swertsyde, mer bynnen der stadt so blyvet de gerade und herwede by den erven.* – Es werden die ausserhalb und innerhalb der Stadt geltenden Grundsätze einander gegenüber gestellt. Dort fällt die Gerade auf den nächsten ältesten vollbürtigen Verwandten von der Spillseite, das Herwede auf den gleichen Verwandten von der Schwertseite. In der Stadt werden Gerade und Herwede nicht mehr gesondert herausgegeben, sondern vererben sich wie das Erbe. [...]"

Des Weiteren muss erwähnt werden, dass im Zusammenhang mit Heergewäte und Gerade immer auch andere Sondervermögensmassen zu bedenken und gegebenenfalls abzugrenzen sind. Einerseits kann es innerhalb der Familie bereits zu Abschichtungen / Absonderungen, also einer bestimmten Form der Vermögensteilung, gekommen sein. Andererseits sind bei Frauen besondere Institute der Frauenversorgung zu beachten. Im Rahmen von Frauenvermögen und -ansprüchen gibt es unterschiedlichste Institute bzw. Termini: dies sind Aussteuer,[1905] Mitgift,[1906] Morgengabe,[1907] Wittum,[1908] und Leibzucht (auch Leibgeding genannt)[1909]. Sehr vereinfachend kann die Aussteuer als Ausstattung der Tochter bei der Eheschließung verstanden werden, die sie von ihrer Familie erhält; die Mitgift ist der umfassendere Anspruch des Bräutigams gegen die Familie der Frau; Morgengabe und Wittum bezeichnen ursprünglich verschiedene Leistungen des Mannes an seine Frau anlässlich der Hochzeit. Leibzucht ist ein lebenslanges Nutzungsrecht an Immobilien zugunsten des überlebenden Ehegatten.[1910]

b) Berechtigte am Sondervermögen in Minden

Bei der Frage danach, wer in Minden Berechtigter am Sondervermögen ist, muss zwischen testamentarischen Verfügungen und der Intestaterbfolge unterschieden werden. Gemäß Liber II, Tit. 4, Art. 1 erbt im Rahmen der Intestaterbfolge das Heergewäte der näheste männliche Verwandte: „*In unser Stadt ist ein althergebrachtes Recht, daß die Nähesten der Schwertseiten bemächtiget sein zuziehen das Hergewethe [...].*" Ebenso Liber II, Tit. 4, Art. 6: „*Ein Recht ist unser Stadt, stirbt einer, sein Hergewethe soll nehmen der Neheste von der Schwertseiten, Echt und Recht.*" Diese Regelung geht auf zwei Eintragungen im Stadtbuch von 1318 zurück,[1911] und ist in derselben Ausformung auch im Sachsenspiegel

1905 Siehe Olechowski, HRG 1, 2. Aufl., Sp. 384-286.

1906 Isenmann, Die deutsche Stadt im Mittelalter, S. 781 f.

1907 Siehe Brauneder, HRG 3, 2. Aufl., Sp. 1628-1634 und Ogris, Lexikon des Mittelalters 6, Sp. 837 f. Zur Morgengabe auch Ssp. Ldr. I, 20 (Ebel, Sachsenspiegel, S. 41 f.) und Ssp. Ldr. I, 24 (S. 45 f.).

1908 Siehe Schulze, HRG 5, Sp. 1469-1472 und Nehlsen-von Stryk, Lexikon des Mittelalters 9, Sp. 275 f.

1909 Siehe hierzu Ogris, Lexikon des Mittelalters 5, Sp. 1848. Zur Leibzucht auch Ssp. Ldr. I, 21 (Ebel, Sachsenspiegel, S. 43), Ssp. Ldr. I, 32 (S. 50) und Ssp. Ldr. III, 75 (S. 158).

1910 Zur späteren Synonymisierung von Morgengabe und Leibzucht siehe Kümper, Sachsenrecht, S. 516-519.

1911 Stadtbuch 1318, II, 23, nach Schroeder, Stadtrecht, S. 61 [17.05.1336]: „*[...] So welic man to Minden steruet, sin herwede scal nehmen de neyste van der swertsiden, echte*

verzeichnet.[1912] Warum sie in der Stadtrechtsreformation gleich zweimal niedergeschrieben wurde und dann auch innerhalb nur weniger Artikel, bleibt unklar. Es kann nur vermutet werden, dass Averberg die Niederschrift des Rechtssatzes einerseits sehr wichtig war und der Text andererseits aufgrund des Zeitdruckes zugleich „mit heißer Nadel gestrickt" wurde und daher die Doppelung versehentlich geschehen ist. Gemäß Liber II, Tit. 4, Art. 1 erbt die Gerade die näheste weibliche Verwandte: „*In unser Stadt ist ein althergebrachtes Recht, daß [...] die Nähisten von der Sipseiten berechtiget seyn zuziehen das Gerade.*" Diese Regelung geht ebenfalls auf zwei Eintragungen im Stadtbuch von 1318 zurück,[1913] und ist in derselben Ausformung auch im Sachsenspiegel verzeichnet.[1914] Näheste Verwandte der Verstorbenen sind bei Männern für das Heergewäte die Söhne und bei Frauen für die Gerade die Töchter. Die Idee des Vorrechtes des ältesten Kindes (Majorat) an dem Sondervermögen oder aber des jüngsten Kindes (Minorat) kennt das Mindener Recht nicht.[1915] Es ist daher davon auszugehen, dass bei mehreren Söhnen oder Töchtern eine Teilung des Heergewäte oder der Gerade stattfinden musste.

Die Vergabe von Heergewäte und Gerade im Testament regelt Liber II, Tit. 1, Art. 12 in sehr klaren Worten: „*Hergewette und Gerade mag einer vergeben, wem er will.*" Interessanterweise schreibt Crusius diese testamentarische Verfügung klar einem Ursprung im sächsischen Recht zu.[1916] Dass testamentarische Entscheidungen zur Gerade tatsächlich schon weit vor dem Erlass der Stadtrechtreformation in Minden zulässig waren, lässt sich auch aus entsprechenden

---

vnde recht."; sowie Stadtbuch 1318, I, 106, nach Schroeder, Stadtrecht, S. 30 [15. Jh.]: „*Vortmer eyn recht is an vnser stad myt dem herwede [...] vth olden gelofliken zeden, gewonten, herkumsten vnde rechte nicht anders gheholden, dan de nogesten von der swertsyden synt berechtiget vnd then dar herwede [...].*"

1912 Ssp. Ldr. III, 15, § 4 (Ebel, Sachsenspiegel, S. 124): „*Wer hergewete vorderet, der sal von swerthalben dar zu geboren sin. [...]*"

1913 Stadtbuch 1318, II, 24, nach Schroeder, Stadtrecht, S. 61 [1336]: „*Vortmer so wanne en vrůwe to Minden sterft, de negeste van der spillen, de schal nehmen der vrůwen radhe, echt vnde recht.*"; sowie Stadtbuch 1318, I, 106, nach Schroeder, Stadtrecht, S. 30 [15. Jh.]: „*Vortmer eyn recht is an vnser stad myt dem herwede vnd mit der gerade vth olden geloƒliken zeden, gewonten, herkumsten vnde rechte nicht anders gheholden, [...]de nogesten van der spilsyden synt berechtiget vnd then de gherade.*"

1914 Ssp. Ldr. III, 15, § 4 (Ebel, Sachsenspiegel, S. 124): „*[...] Wer gerade vorderet, der sal von wiphalben dar zu geboren sin.*"

1915 Zum Majorat und Minorat in anderen Regionen siehe Bungenstock, Heergewäte und Gerade, S. 62-67.

1916 Ius Statutarium Reipublicae Mindensis, S. 221: „*Articulus ex jure Saxonico desumptus.*"

Verfügungen im Testament der Bürgermeisterwitwe Margarethe van Lethelen schließen.[1917] Das Recht, testamentarisch über die Gerade zu verfügen, war aber keinesfalls überall anerkannt.[1918] Dort, wo es allerdings anerkannt war, führte es teilweise zu der überraschenden Konsequenz, dass die Gerade an Ehemänner und Söhne vermacht wurde. Dies konnte verschiedenste Gründe haben,[1919] diente vermutlich aber oft sehr pragmatisch der Sicherung der Kontinuität des Familienbesitzes.

Im Stadtbuch von 1318 findet sich ein Eintrag von etwa 1360, der sich auf testamentarische Verfügungen bezieht und bezüglich des Heergewäte der Auslegung bedarf. Die Passage lautet: „*Vortmer nyn man mach sathe don in sinen varbedden sunder vulbord siner echten vrowen vnde siner echten kindere, ane an sinem herwede.*“[1920] Zunächst wird also klargestellt, dass derjenige auf dem Siech- oder Totenbett testamentarische Verfügungen nur mit Zustimmung seiner Erben treffen kann. Es folgt allerdings „*ane an sinem herwede*“. Die Präposition „*ane*“ bedeutet meist übersetzt „ohne“ oder „außer“.[1921] Hiermit könnte

---

1917 Schulte, Sterben ohne Erben, S. 55 f.: „Ihre Gerade […] vermacht sie der Ilse van Lethelen, einer Nonne im Kloster Nenndorf, so diese noch lebt. Auch in diesem Fall scheint es sich […] um eine Verwandte ihrer eigenen Generation zu handeln. Vielleicht ist Margarethe van Lethelen bemüht, die Gerade der nach ihr ältesten, noch lebenden weiblichen Anverwandten, allerdings aus dem Familienverband van Lethelen, zu vererben. […] Aber sie trifft dennoch anderweitige Vorsorge: „Were aver sake, se eerr my vann dodes weghenn vorvelle, dan so schal me de gherade gheven myner vaddernn, Hermans dochter“, also ihrem Patenkind, dem sie bereits das große Haus an der Simeonstraße und 1000 Gulden vermacht hat.“

1918 Gottschalk, HRG 2, 2. Aufl., Sp. 115: „Mit der Etablierung des Testaments im 15./16. Jh. hatte sich gewohnheitsrechtlich ein Verbot letztwilliger Verfügungen über die G. entwickelt. In den Kursächsischen Konstitutionen (1572) wurde dieses Verbot bestätigt […].“

1919 Hufschmidt, Adelige Frauen im Weserraum zwischen 1570 und 1700, S. 420-423, nennt drei Gründe, warum töchterlose Frauen ihre Gerade an ihre Ehemänner und Söhne gaben „und nicht ihren Schwestern, Nichten oder Tanten als direkten weiblichen Verwandten hinterließen“: (1) die eigene Aussteuer war als zu gering empfunden worden und „die weiblichen Angehörigen der Herkunftsfamilie sollten nicht von dem während der Ehe in gemeinsamer Arbeit mit dem Ehemann erwirtschafteten Gütern profitieren“, (2) die Kontinuität in der Haushaltsführung sollte gesichert werden, (3) die Frau wollte „durch die gezielte Vererbung der Gerade persönliche Dankbarkeit“ ausdrücken.

1920 Stadtbuch 1318, II, 41, nach Schroeder, Stadtrecht, S. 64 [um 1360].

1921 Lexer, Matthias: Mittelhochdeutsches Handwörterbuch, Band 1, Sp. 66.

ausgedrückt werden, dass das Zustimmungserfordernis sich gerade nicht auf das Heergewäte bezieht, sondern der Erblasser darüber frei verfügen kann. Damit wäre schon um 1360 der Grundstein für Liber II, Tit. 1, Art.12, also für die freie Dispositionsbefugnis über die Sondervermögen im Erbrecht, gelegt.

Wie wichtig und praxisrelevant die Behandlung von Heergewäte und Gerade auch in bestimmten Sonderkonstellationen[1922] war, zeigen die weiteren Regelungen des eigenen Titels zum Sondervermögen. Liber II, Tit. 4, Art. 7 trifft Regelung für die Vererbung des Sondervermögens, wenn zwischenzeitlich eine Wiederverheiratung des vererbenden Elternteils stattgefunden hatte.[1923] Liber II, Tit. 4, Art. 8 schreibt fest, dass ererbtes Sondervermögen weiter Sondervermögen bleibt, es sei denn, es ist verkauft worden; denn dann fällt der Gelderlös in die reguläre Erbmasse.[1924] Liber II, Tit. 4, Art. 9 und 10 schreiben fest, wer verpfändetes Sondervermögen auslösen muss.[1925]

Liber II, Tit. 4, Art. 11 schließt den Titel zum Sondervermögen von Heergewäte und Gerade mit einer Vorschrift zur Geltendmachung des entsprechenden

---

1922 Eine weitere Sonderkonstellation ist das Sondervermögen von Kindern. Hierzu regelte schon Stadtbuch 1318, I, 147, nach Schroeder, Stadtrecht, S. 40 [um 1400]: „*Item eyn recht is, dat vnder vnsen borgheren in vnser stad nemant nemet eder ghift eyn herwede men were en van buten, de en herwede eschede vnde eghede van rechte van eyme kinde, dem lete wy volghen alsodan gůd, also to herwede gheet in vnser stad, wante dat kind tovoren en herwede vpgheboret hadde.*“ Die gesamte Bedeutung dieser Passage konnte leider bisher nicht erschlossen werden.

1923 Liber II, Tit. 4, Art. 7: „*Ob gleich ein Vater oder Mutter zur anderen Ehe getreten, und die Kindere erster Ehe von ihrem Gute gescheiden hätte, so sollen doch erster und anderer EheKindere, so wol ihres verstorbenen communis parentis und eheleiblichen Vaters Hergewethe, als dero Mutter Gerade zugleich theilen.*“

1924 Liber II, Tit. 4, Art. 8: „*Weiter hat eine Persohn ein Hergewethe oder Gerahde gezogen, und dieselbe stirbet, und lässet solches gezogenes Hergewethe oder Gerahde nach, wird dasselbe nichts desto weiniger für Hergewethe und Gerahde geachtet, und muß denen negsten Agnaten und Cognaten respective gefolget werden, es wehre denn, daß solch stücke aestimiret zu Gelde gesetzet werden, und bey denen Elteren und Verwandten hinterblieben, so wird es für Erbe gehalten.*“

1925 Liber II, Tit. 4, Art. 9: „*Da etzliche Stücke des Hergewethes und der Gerahde von denen Eheleuten in stehender Ehe zu ihrer Noht versetzet, daß muß derselbe Verwandter, so es ererbet, oder dem es geschencket, mit seinem eignem Gelde lösen.*“ Liber II, Tit. 4, Art. 10: „*Da aber etzliche Stücke des Hergewehtes die Frau ohne ihres Manns Wissen und Willen versetzet, oder auch der Man wider Wissen und Willen seiner Franen etliche Stücke der Gerade versetzet oder vereuseret, auff solchen fall soll der Mann oder Weil, so überbleibet, und welcher die Stücke versetzet, dieselbe mit seinem eignem Gelde wieder lösen, und ohn zuthun des Verwandten, so es rechtswegen ziehet, freymachen.*“

Anspruches: „*Hergewethe und Gerade sollen innerhalb Jahr und Tage Gerichtlich gefoderet und geeschet werden, in fall solches nicht geschehe, bleibet es auff der Gewehr und wird zum Erbe.*“ Auch dieser Artikel ist sächsischen Ursprungs, insbesondere die typische sächsische Frist.[1926] BARTH deutet den Wortlaut zwar so, dass eine gerichtliche Geltendmachung grundsätzlich innerhalb der Frist notwendig ist,[1927] er führt aber auch die Möglichkeit an, die Verwandtschaft und damit Erbberechtigung ohne Gerichtsprozess durch Taufbücher zu klären.[1928] Der Anwendungsbereich des Artikels scheint sich aber nur auf die Fälle zu beziehen, in denen im Rahmen der Intestaterbfolge ein bisher unbekannter Verwandter Ansprüche geltend macht. Jedenfalls hat er nicht für direkte Töchter gegolten.[1929]

c) Geltungsdauer

Es war regional sehr unterschiedlich, wie lange die separate Vererbung von Heergewäte und Gerade noch in Übung und gesetzlich zugelassen war.[1930] In

1926 Ius Statutarium Reipublicae Mindensis, S. 265: „*Articulus originem debet juri Saxonico […].*“ Zur Problematik „De Praescriptione Geradae“ siehe auch Goldbeck, Tractatus de Jure Geradae, S. 353 f.

1927 Barth, Gottfried: Ausführlicher Bericht von der Gerade […] Dann ferner noch von Heer-Geräthe, Leipzig 1721, S. 780: „Wie denn auch in Westphalen, in der Stadt Minden, durch ein Statutum […] verordnet ist, daß die interpellatio, und Forderung der Gerade, oder Heer-Geräths Gerichtlich geschehen müsse […].“ Barth zitiert anschließend Liber II, Tit. 4, Art. 11.

1928 Barth, Gottfried: Ausführlicher Bericht von der Gerade […] Dann ferner noch von Heer-Geräthe, Leipzig 1721, S. 781: „Doch zweifle ich nicht, wenn die unbekandte Cognata, oder der fremde Agnatus, extrajudicaliter interpellantes in continenti durch Obrigkeitliche Attesta aus denen Kirch- und Tauf-Bücheren, oder sonst ihre Anverwandtschafft beybrächten, und selbige dem Possidenti vorzeigten, daß hierdurch die praescriptio, auch ohne Gerichtliche angestellte Klage, und Citation, interrumpiret würde […].“

1929 Ius Statutarium Reipublicae Mindensis, S. 266, Decisio 1: „*Filiae post obitum matris intra annum aut diem bona utensilia a patre superstite non exigentes, per praescriptionem annalem a petitione eorundem non excluduntur.*“ Sinngemäß bedeutet dieser gerichtliche Urteilstenor, dass Töchter, die von ihrem überlebenden Vater nicht innerhalb eines Jahres oder eines Tages nach dem Tod ihrer Mutter ihre Gerade verlangen, nicht durch Art. 11 von diesem Anspruch ausgeschlossen werden.

1930 Gottschalk, HRG 2, 2. Aufl., Sp. 114 f. (zur Gerade): „In einigen Fällen wurde die G. bereits im Spät MA aufgehoben […]. Vielfach existierte sie aber auch noch während der frühen Neuzeit.“

ländlichen Gebieten hielt sie sich länger als in den Städten.[1931] Schon im 15. Jahrhundert lassen sich erste Bestrebungen nachweisen, die Sondervermögen gänzlich abzuschaffen.[1932] Zwar mehren sich dann die Abschaffungstendenzen im 17. Jahrhundert,[1933] in einigen Gebieten blieb das Sondererbrecht an Heergewäte und Gerade aber noch im 18. oder gar im 19. Jahrhundert in Kraft.[1934]

Die Gründe, die für die Einschränkungs- bzw. Abschaffungsbestrebungen genannt werden können, waren aber vielfältig. So führt GOTTSCHALK dazu aus: „Zum einen stand dies sicherlich im Zusammenhang mit Veränderungen des ehelichen Güterrechts. Zum anderen wurde die Aufhebung der G[erade] in Dekreten und der zeitgenössischen Rechtsliteratur u.a. damit begründet, dass sie den übermäßigen Luxuskonsum der Frauen fördere, die Hausväter in den Ruin treibe oder wegen der ungerechten Bevorzugung der Töchter bzw. Niftel zu Prozessen führe."[1935]

Hinter all diesen Argumenten verbirgt sich der Aspekt, dass der Wert des Sondervermögens nicht unterschätzt werden darf. Es konnte einen bedeutenden Anteil der gesamten mobilen Erbmasse ausmachen. So verwundert es nicht, dass es zu zahlreichen Gerichtsprozessen kam.[1936] HUFSCHMIDT bringt dies

---

1931 Bungenstock, HRG 2, 2. Aufl., Sp. 859 (zu Heergewäte).

1932 Kümper, Sachsenrecht, S. 521.

1933 Bungenstock, Heergewäte und Gerade. Zur Geschichte des bäuerlichen Erbrechts in Nordwestdeutschland, Göttingen 1966, S. 5.

1934 Bungenstock, Heergewäte und Gerade, S. 7, Fn. 9, berichtet von einer Abschaffung in Bremen und Verden erst nach der Mitte des 18. Jh., auf Fehmarn erst nach 1842, in Ravensberg nach 1669, in Rietberg nach 1697, und in Osnabrück im Jahre 1702. Des Weiteren Hufschmidt, Adelige Frauen im Weserraum zwischen 1570 und 1700, S. 417 f. mit zahlreichen weiteren Nachweisen in den Fußnoten: „Die Polizeiordnung für Schaumburg stellte 1615 fest, dass das sächsische Recht keine Gültigkeit im Territorium habe, die Gerade aber trotzdem gezogen würde. [...] In der Grafschaft Lippe wurde das Geraderecht im Jahr 1580 für die Bewohner der Städte und erst 1677 für alle Stände aufgehoben. Im Herzogtum Braunschweig-Lüneburg-Celle wurde die Gerade 1618 abgeschafft, im Hochstift Paderborn geschah dies erst 1689 endgültig." Im Königreich Sachsen erfolgte die Abschaffung im Jahre 1814, siehe Kümper, Sachsenrecht, S. 522.

1935 Gottschalk, HRG 2, 2. Aufl., Sp. 116.

1936 Kümper, Sachsenrecht, S. 519: „Die breite Überlieferung gerichtlicher Vorgänge um die Sondervermögen, vor allem um Fragen der weiblichen Gerade, sowie die bereits seit dem 17. Jahrhundert stetig wachsende Literatur zum Thema zeugen [...] von der großen Relevanz der Sondervermögen für das Gemeine Sachsenrecht [...]." Zu den zahlreichen Rechtsfragen sei insbesondere das in neun Kapitel gegliederte, umfangreiche Werk von Goldbeck, Andreas: Tractatus des Jure Geradae, Berlin

folgendermaßen auf den Punkt: „Während die Erblasserinnen bedingt durch die uneinheitliche Rechtslage stets beteuerten, sie hätten ihr Testament gerade deshalb aufgesetzt, um Streitigkeiten zwischen den Erben zu verhindern, waren Auseinandersetzungen um die Gerade bis zum Ende des 17. Jahrhunderts stets dann zu erwarten, wenn die Frau keine Tochter hinterließ. Denn die veränderte Erbfolge schmälerte die Rechte der bislang erbberechtigten weiblichen Erben aus der eigenen Verwandtschaft, insbesondere Schwestern und Nichten, die sich vehement gegen derartige Verfügungen wehrten. Dies hängt mit dem materiellen Wert einer Gerade zusammen, der [bei adeligen Frauen] über 1000 Tlr. betragen konnte und damit nicht unerheblich war.“[1937]

Auch in Minden haben Heergewäte und Gerade vielfach Gerichte, Notare und Regierung beschäftigt.[1938] Sie waren in Minden – trotz aller entgegenstehender Argumente – noch sehr lange in Gebrauch. In den Regelungen in Liber II, Tit. 4 kann der Versuch gesehen werden, einerseits das alte überlieferte Recht zu wahren, andererseits aber auch eine Vermögenssicherung innerhalb der Mindener Bürgerschaft durchzuführen (siehe hierzu das bereits erwähnte Retorsionsrecht und die noch folgenden Ausführungen zu Sonderfällen).

In Minden wurden die Sondervermögen Heergewäte und Gerade letztlich erst 1750/1751 abgeschafft. Konkret lautet die entsprechende Veröffentlichung in den wöchentlichen Mindisch-Ravensberg-Tecklenburg und Lingischen Frag- und Anzeigungsnachrichten No. 5 des preußischen Königs: *„Nachdem das bisher*

1622, empfohlen, das sich über einen mehr als 40-Seiten Index (nach S. 375) gut erschließen lässt.

1937 Hufschmidt, Adelige Frauen im Weserraum zwischen 1570 und 1700, S. 423.

1938 Siehe nur exemplarisch folgende Überlieferungen: (1) KA Minden, Stadt Minden, B 757: „Mindener Stadtrecht: Heergewäte und Gerade (16. Jh.)“ (Blatt 1: 5 Notizen, Blatt 2: Auflistung des Heergewäte von ca. 1586, Blatt 3 und 4 (zusammenhängend): Schriftliches Gutachten vom 15.08.1594, Blatt 5: „Extract aus Lübbischem Recht“, Blatt 6: Extract aus dem Mindener Stadtrecht: Liber I, Tit. 2, Art. 8 und 9); (2) LAV NRW W, D 303, Domkapitel Minden, Akten, Nr. 1130 a [1562] (Domkapitel. /. Stadt Minden, u.a. Vergabe der Gerade); (3) LAV NRW W, Ms VII, 3001 [1383-1745] (Abschrift verschiedener Verfassungsurkunden des Fürstbistums Minden sowie von Landtagsrezessen, u.a. Bestimmungen über Gerade und Heergewette, o.D.); (4) LAV NRW, D 605, Minden-Ravensberg, Regierung, Nr. 1463 [1600-1752] (Wichgrafenamt in Minden: Bestallungen, Amtsführung (Herwede) und Besoldung (Deputatholz), u.a. Herwede des verstorbenen Gerd Heinrich Jans aus Levern (Bl. 386), 1738); (5) LAV NRW W, U 126, Familie von der Horst, Akten, Nr. 201 [1746] (Auskunft des Wigreven Redeker über die Gewohnheiten des Fürstentums Minden zur Einziehung der Gerade).

in dem Fürstenthum Minden und der Graffschaft Ravensberg üblich gewesene Gerade und Heergewette-Recht von alten Zeiten her, zu vielen kostbaren Processen Anlaß gegeben, und darüber in denen Famillen die äusserste Zerrüttungen und unselige Feindschaften entstanden, und in Betracht dessen Se. Königl. Majestät in Preussen […] vermöge allerhöchsten Rescripti vom 31. Dec. a.p. gedachtes Gerade und Heergewette-Recht gäntzlich aboliret und abgeschaffet, dergestalt und also, daß alle Gerade und Heergewette-Stücken, welche sonst aud die respective Gerade und Heergewette-fähige Erben gefallen […] von nun an und zu ewigen Zeiten nicht anders als sonstige Erb-Güter angesehen werden, und darüber durch ein Testament, oder auf andere Art nach eigenem Wohlgefallen zu disponieren jederman frey stehen, und wenn keine testamentarische Disposition geschehen, die nächsten Erben ab intestato ohne Unterscheid des Geschlechts, so wie in den anderen Erb-Gütern succediren […]. Als wird solches dem Publico zur Nachricht und Achtung hiedurch bekannt gemacht […] am 13. Jan. 1751".[1939] Damit wurde klargestellt, dass alle Gegenstände, die bisher Heergewäte oder Gerade unterfallen waren, nun zur regulären Erbmasse zählten. Begründet wird die Abschaffung damit, dass die Sondervermögen zu Prozessen und Familienstreitigkeiten geführt haben. In einem „Edict wegen Abschaffung der Gerade und des Heergewettes vom 31. März 1751" heißt es mit gleichem Ergebnis wie folgt: „*Nachdem seine königliche Majestät in Preußen […] laut allergnädigsten Rescripti vom 31. Martii lauffenden Jahres […] allergnädigst placidiret, daß das zu vielen beschwerlichen und Kost-versplitternden Processen Anlaß gebende Gerade- und Heergewete-Recht von nun an im Fürstenthum Minden und in der Graffschaft Ravensberg cessieren und abgeschaffet werden soll, einfolglich hinfort einem jeden über seine nach denen darüber im Mittel seyenden Rollen zum Gerade und Heergewete sonst gehörigen Mobiliar-Stücken, gleichen seinen übrigen Erbgütern, Mo- und Immobilien, nach Willkühr auf den Todesfall, um und unter Lebendigen zu disponieren frey stehen, in dessen Ermangelung aber solche auf die Erben ab intestato […] verfallen […].*"[1940]

Insgesamt lässt sich aber dennoch das beachtliche Zwischenfazit ziehen, dass die erbrechtliche Sonderbehandlung von Gerade und Heergewäte in Minden nachweislich über Jahrhunderte Bestand hatte und relativ gleich geblieben ist. Die Zeitlinie zieht sich von der ersten urkundlichen Erwähnung 1282 über die

1939 GStA PK, I. HA, Rep. 32, Nr. 316.

1940 Wigand, Die Provinzialrechte des Fürstenthums Minden, […], Zweiter Band, S. 361, Nr. 31; siehe auch Cohausz, Das Heergewäte der Unfreien in Westfalen, Leipzig 1926, S. 44 mit Anhang Nr. 10 auf S. 46.

Einträge im Stadtbuch von 1318 bis zur Stadtrechtsreformation von 1613 und bis zur Abschaffung 1750/1751.

3. *Gesetzliche Erbfolge*

a) *Kinder*

Bei der gesetzlichen Erbfolge sind zahlreiche Faktoren zu beachten, insbesondere der Familienstand des Verstorbenen und die Art des zu vererbenden Vermögens. Liber II, Tit. 2 regelt in 23 Artikeln ausführlich die in Minden geltende Intestaterbfolge[1941] sowie die zugehörige Güterteilung.

Einleitend heißt es in Liber II, Tit. 2, Art. 1: „*Wann einer ohn Testament verstirbet, so fället alles sein Gut auff seine Erben, das näheste Leib aber nimbt das Erbe, und bezahlet die Schulden von dem Erbe.*“ Ein entsprechender Eintrag mit gleichem Regelungsgehalt findet sich auch bereits im Stadtbuch von 1318.[1942] Der Rechtssatz regelt, dass bei einem Todesfall ohne Testament die (gesetzlichen) Erben erben, und dass der am engsten Verwandte („*das näheste Leib*“) das Erbe nimmt und daraus die Schulden bezahlt.[1943] Crusius sieht schon hierin den Grundsatz, dass der nähere Verwandtschaftsgrad den entfernteren Grad ausschließt: „*gradus proximior excludit gradum remotiorem*“.[1944] Zugleich aber ist Crusius sich sicher, dass dieser Rechtssatz dem ius commune entstammt: „*Articulus ex iure communi derivatus*“.[1945] Dies ist aber kein zwingender Schluss. Wie dargelegt richtete sich auch das sächsische Recht und das im Mindener Stadtbuch von 1318 überlieferte Recht nach diesem Prinzip.

Als erstes zur Erbschaft berufen sind gemäß Liber II, Tit. 2, Art. 2 die Kinder des Erblasser: „*Erstlich aber verstamet deß Verstorbenen sein Gut auf seine Kinder, so viel der an der Zahl, so viel Theile.*“ Nach Crusius ist hierin ein Erbrecht nach Köpfen zu sehen.[1946] Bemerkenswert ist in Artikel 2 die Nennung von Kindern statt Söhnen - Töchter waren damit in der Mindener Erbfolge den Söhnen

1941 Zur gesetzlichen Erbfolge im heutigen Recht siehe §§ 1589, 1922-1941 BGB.

1942 Stadtbuch 1318, II, 43, nach Schroeder, Stadtrecht, S. 64 [um 1360]: „*Vortmer dat negeste lif nymt dat erue vnde betalet de sculd van dem erue. [...]*“

1943 Die Pflicht, die Erbschulden zu bezahlen, findet sich auch in einer Rechtsweisung Mindens an Hannover um das Jahr 1400 (Schroeder, Stadtrecht, S. 161, 154a): „*[...] We sines vaders ghud vnde nalath vpboret, de is sines vaders schuld darvan plichtich to betalende. [...]*“

1944 Ius Statutarium Reipublicae Mindensis, S. 226.

1945 Ius Statutarium Reipublicae Mindensis, S. 226.

1946 Ius Statutarium Reipublicae Mindensis, S. 226: „*[...]in capita succedere [...].*“

gleichgestellt. Dies ist dem justinianischen Recht bekannt,[1947] nicht allerdings dem alten sächsischen Recht.[1948]

Die Kinder müssen sich jedoch dasjenige anrechnen lassen, was sie zuvor als Aussteuer bekommen haben, siehe Liber II, Tit. 2, Art. 5: „*Wann ein oder mehr Kinder bey der Elter Lebzeiten außgesteuret, un wolten hernacher nach der Eltern Tode zu gleicher Theilung der Erbschafft gehen, so müssen sie das jenige, was sie an Brautschatze und Außsteuer empfangen, in gemeine Theilung bringen, oder an ihren quoten sich abkürtzen lassen, also daß die unaußgesteurete alsdenn eben so viel an Brautschatze und Außsteuer vorauß nehmen, als die Außgesteurete empfangen haben.*" Diesen Grundsatz der sogenannten Kollation kannte bereits das römische Recht.[1949] Der Brauch der Brautschatzgewährung war festes Institut im Mindener Recht,[1950] und daher durchaus erbrechtlich relevant.

Für das konkrete Verteilungsverfahren gilt Liber II, Tit. 2, Art. 23: „*In Erbtheilung setzet der Elteste, der Jüngster aber kieset und hat die Wahl, wann aber der Kinder mehr seyn, sollen gleiche Theile gemachet, und darüber das Löß geleget werden, wo sie sich sonsten nicht gütlich vergleichen.*" Artikel 23 regelt also zweierlei Konstellationen: sind zwei Kinder vorhanden, gilt der Grundsatz „Der Ältere teilt, der Jüngere wählt"; sind mehr als zwei Kinder vorhanden und es kommt keine gütliche Einigung zustande, dann entscheidet das Los.

Zum Verständnis der Regelung ist ein Blick auf die Geschichte der Erbteilung[1951] zu werfen. Die Erbteilung im römischen Recht sah folgendermaßen aus: Konnten sich die Erben nicht gütlich über die Aufteilung der Erbmasse einigen, erhob einer der Erben die Erbteilungsklage (actio familiae erciscundae).[1952]

1947 Nov. 118, 1.

1948 Ssp. Ldr. I, 17 (Ebel, Sachsenspiegel, S. 40): „*[...] Vater unde muter[...] erbe nimet der son unde nicht die tochter, ez en si daz da kein son en si, so nimt ez de tochter. [...]*"

1949 Siehe zum Ausgleich unter Miterben Coing, Europäisches Privatrecht I, S. 626; sowie Kaser / Knütel / Lohsse, Römisches Privatrecht, S. 422 f., Rn. 9-13. Brautschatz bzw. Aussteuer ist die „Ausstattung einer auf eine fremde Stätte heiratenden Frau durch ihre Eltern bzw. den Besitzer der elterlichen Stätte, d.h. möglicherweise durch ihren Bruder oder Stiefvater.", siehe Schütte, Wörter und Sachen aus Westfalen, S. 167, zum Begriff „Brautschatz". Zur Aussteuer, auch zur Abgrenzung zur Mitgift, siehe Olechowski, HRG 1, 2. Aufl., Sp. 384.

1950 Siehe exemplarisch Liber I, Tit. 2, Art. 10, wonach auf Brautschatz und Mitgift keine Steuer erhoben wird, sowie Liber I, Tit. 4, Art. 7 zum Forderungsrecht des Mannes.

1951 Zur weder dem römischen noch dem sächsischen Recht entsprechenden Erbauseinandersetzung im heutigen Recht siehe §§ 2042, 749 ff. BGB.

1952 Kaser / Knütel / Lohsse, Römisches Privatrecht, S. 420, Rn. 3.

Der Richter teilte dann die Vermögensgegenstände entsprechend der Erbquoten auf, ohne dass es bezüglich der konkreten Aufteilung eine explizite Regelung gab. Das sächsische Recht hingegen kannte die konkrete Aufteilungsregelung „Der Ältere teilt, der Jüngere wählt".[1953] Crusius ist der Ansicht, dieser Grundsatz *"Major dividet minos eliget"* entstamme dem kanonischen Recht *("Jure Canonico inductus fuit")*.[1954] In einer bereits aus der Spätantike stammenden Regelung ist im Liber Extra (1234) des Corpus Iuris Canonici in X 3, 29, 1 wiedergegeben, dass unter verschiedenen Bischöfen derjenige teilen soll, der für längere Zeit im Bischofsamt war, und derjenige, der kürzer im Amt war, wählen soll.[1955] Zwar lässt sich der Grundsatz „Der Ältere teilt, der Jüngere wählt" auch in einer römischen Schrift von Seneca d.Ä. finden. Hierbei handelt sich aber nur um eine Musterrede für den rhetorischen Unterricht; dabei wurden vielfach fiktive Gesetze zur Diskussion dargelegt, sodass aus dieser einzelnen Stelle keinesfalls auf eine juristische Gültigkeit der Teilungsregel in Rom geschlossen werden darf.[1956] Es kann davon ausgegangen werden, dass der Grundsatz „Der Ältere teilt, der Jüngere wählt" schon lange im Mindener Recht etabliert war. So ist in Decisio 3, die sich auf diesen Grundsatz bezieht, von einem alten Mindener Brauch die Rede,[1957] der auch ansonsten in Germanien üblich war.[1958]

Was nun die zweite Konstellation anbelangt, so lautet der Text: *„[...] wann aber der Kinder mehr seyn, sollen gleiche Theile gemachet, und darüber das Lößß geleget werden, wo sie sich sonsten nicht gütlich vergleichen."* Wenn folglich mehr

---

1953 Ssp. Ldr. III, 29, § 2 (Ebel, Sachsenspiegel, S. 129): *„Wor zwene man ein erbe nemen sollen, der eldeste teile unde der iungere kise."* Für einen Überblick siehe Kümper, Sachsenrecht, S. 524. Grimm, Deutsche Rechtsaltertümer 1, S. 660, begründet den Rechtssatz damit, dass „[...] theilen dem reiferen verstand zusagte, wählen der unschuld der jugend."

1954 Ius Statutarium Reipublicae Mindensis, S. 240.

1955 Rüfner, Römische und deutsche Rechtsquellen im Usus modernus. Samuel Stryk über die Regel „Der Ältere teilt, der Jüngere wählt", S. 6f.; Stryk, Specimen usus moderni pandectarum, S. 223 ff.

1956 Rüfner, Römische und deutsche Rechtsquellen im Usus modernus. Samuel Stryk über die Regel „Der Ältere teilt, der Jüngere wählt", S. 6, Fn. 19.

1957 Ius Statutarium Reipublicae Mindensis, S. 245: *"In divisione hereditatis ex inveterata observantia Civitatis Mindensis, major dividit, minor eligit."*

1958 Ius Statutarium Reipublicae Mindensis, S. 245: *„morem illum in Germania circa divisionem"*.

als zwei Kinder vorhanden sind und bei Uneinigkeit das Los[1959] über die Verteilung der Teile entscheiden soll, so bleibt doch eine ganz praktische Frage unbeantwortet: Der Rechtstext besagt sinngemäß, dass das Los die jeweils gleichen Teile zuteilt. Wer aber ist zuvor berechtigt, in diese gleichen Teile einzuteilen? Ist es (wieder) der Älteste? Oder das Gericht? Es kann nur vermutet werden, dass die Beantwortung dieser Frage für die Mindener so selbstverständlich war, dass sie keiner Niederschrift bedurfte.[1960]

b) Enkel

Wie dargelegt sind Kinder als erstes zur Erbschaft berufen. Gibt es allerdings nicht nur Kinder, sondern auch Enkel oder noch weiter entfernte Nachkommen in absteigender Linie, also z. B. als nächstes Urenkel, so greift ein Erbrecht nach Stämmen, dass in Liber II, Tit. 2, Art. 3 vorgeschrieben ist: „*Wären aber nicht alleine Kinder, sondern auch Kindes-Kinder, und sonsten in recht niedersteigender Linien Erben verhanden, so wird die Erbschafft in die Stämme vertheilet, also daß ein Kindes-Kind nicht mehr an Erbtheil nimbt, als sein Vatter oder Mutter, wann sie gelebet, mit deren überlebenden Bruder oder Schwester genommen hätten.*"

Dass Enkel des Erblassers, deren Eltern vorverstorben sind, an die Stelle ihrer verstorbenen Eltern treten und neben ihren Tanten und Onkeln erbberechtigt sind, ist ein Gedanke des ius commune (sogenanntes ius repraesentationis).[1961] Als gesetzliche Grundlage dient die justinianische Nov. 118, 1.[1962] Die Bestimmung wurde reichsrechtlich aufgegriffen und findet sich in den Reichsabschieden von 1498, 1500 und 1521.[1963] Im Reichsabschied von 1521 wird das

1959 Das römische Recht erkannte den Losentscheid bei Teilungen nur in Einzelfällen an, siehe Coing, Frankfurter Reformation, S. 96, mit Verweis auf Gaius D. 10, 2, 5 und Justinian in C. 6, 43, 1.

1960 Das Teilungsverfahren bei mehr als zwei Miterben war im Sachsenrecht sehr umstritten, siehe Kümper, Sachsenrecht, S. 525.

1961 Coing, Europäisches Privatrecht I, S. 603; Dorn, Das Verhältnis zwischen Reichs- und Landesgesetzen im Alten Reich, S. 117.

1962 Schoell, Rudolfus / Kroll, Guilelmus (Hrsg.): Corpus Iuris Civilis. Volumen Tertium. Novellae, Zürich 1972, S. 568: „*[...] In hoc enim ordine gradum quaeri non volumus, sed cum filiis et filiabus ex praemortuo filio aut filia nepotes vocari sancimus [...].*" Demzufolge wird nicht nach dem Grad der Blutsverwandtschaft gefragt, sondern die Enkel werden zur Erbfolge berufen.

1963 Siehe zur gesamten Thematik Mertens, Die Erbfolgegesetzgebung der Reichstage – zum Rechtsquellenverständnis in der frühen Neuzeit, in: ZRG, GA, Band 133 (2016), S. 147-190.

Repräsentationsprinzip auch auf Geschwisterkinder ausgedehnt, worauf noch zurückzukommen sein wird. Die Einführung dieses Repräsentationsprinzips jedenfalls widersprach dem althergebrachten Recht.[1964] Das Eintrittsrecht war schon in früher fränkischer Zeit streitig und grundsätzlich stand das germanische Recht ihm ablehnend gegenüber.[1965] Der Sachsenspiegel kannte ein begrenztes Eintrittsrecht.[1966] Für das Dortmunder Recht ist mehrfach belegt, dass Enkel des Verstorbenen als Erben den Geschwistern des Verstorbenen vorgehen.[1967] Das Eintrittsrecht war jedoch insgesamt auch noch am Ausgang des Mittelalters heftig umstritten.[1968] KÜMPER betont allerdings: „Es entstünde aber ein falscher Eindruck, nähme man eine geschlossene Gegnerschaft zwischen innovativem, von den gelehrten Rechten beeinflusstem Reichsrecht und betontem Konservativismus des Sachsenrechts an. Vielmehr existierte schon vor den Erlässen der 1520er Jahre eine große Vielfalt an Rechtsübungen, was das Repräsentationsrecht der Enkel und der Seitenlinien angeht – vor allem in den Städten."[1969]

In dem Artikel der Mindener Stadtrechtsreformation mit seiner Entscheidung für ein Erbrecht nach Stämmen wird nicht weniger als eine der strittigsten Erbrechtsfragen des Mittelalters und der frühen Neuzeit behandelt.[1970] MERTENS beschreibt die sich durch die Rechtsgeschichte ziehende erbrechtliche

---

1964 Dorn, Das Verhältnis zwischen Reichs- und Landesgesetzen im Alten Reich, S. 119.

1965 Lipp, HRG 1, 2. Aufl., Sp. 1363.

1966 Ssp. Ldr. I, 5, § 1 (Ebel, Sachsenspiegel, S. 33): „*Nimt der son wip bi des vater libe, de im ebenbortig iz, unde gewinnet her son bi ir unde stirbit her dar nach er sime vater unbeteilet von deme erbe, sine sone nehmen teil an ihres eldirvater erbe geliche iren vetteren an des vater stat, abir alle nemen si eines mannes teil. Des en mogen die tochterkindere nicht getun, daz si gelichen teil nemen der tochter in des eldirvater adir eldermutir erbe.*" Mit „vetteren" sind hier gemäß Ebel, Sachsenspiegel, S. 33, Fn. 30 die Vaterbrüder gemeint. Ssp. Ldr. I, 17 (Ebel, Sachsenspiegel, S. 40): „*[...] Doch nimt sones unde tochter kint erbe vor vater unde vor muter unde vor bruder unde vor swester [...].*"

1967 Frensdorff, II. Dt. Statuten, S. 52, Nr. 18: „*War en man efte en vrowe hebbet agter gelaten dogther kindere efte sones kindere, de sont erme erve nar dan er brödere efte er sustere.*" Frensdorff, IV. Urtheilsbuch, S. 135, Nr. 115: „*Storve eyne vrowe, dey dochter kindere unde ene suster achter leite, echt unde recht, dey dochterkindere sint dem erve unde gerade naer dan de suster.*" Frensdorff, IV. Urtheilsbuch, S. 179 f., Nr. 44.9: „*Myr dochter kynder nemet erve vor mynen broder.*"

1968 Mitteis, Deutsches Privatrecht, S. 168.

1969 Kümper, Sachsenrecht, S. 273.

1970 Kümper, Sachsenrecht, S. 523, nennt das Repräsentationsrecht der Enkel und Seitenlinien eine strittige Frage, die sich durch die gesamte sächsische Rechtsgeschichte zieht.

Problematik wie folgt: „Dogmatisch gesprochen traten hierbei die erbrechtlichen Anschauungen zu einer Erbfolge nach Stämmen (Parentelsystem) und einer Bevorzugung der gradnäheren Blutsverwandten (Gradualsystem) in Konflikt zueinander. Sollten die Enkel des Erblassers, deren an sich erbberechtigter und sie von der Erbfolge verdrängender Elternteil vorverstorben war, an die Stelle dieses Elternteils neben den überlebenden gradnäheren Kindern des Erblassers in die Erbfolge eintreten?“[1971] Die Mindener Stadtrechtsreformation hat sich klar für die Lösung entschieden, auch den Enkeln und weiter entfernten Nachkommen ein Erbrecht nach Stämmen zuzusprechen und das Erbrecht in absteigender Linie zu bevorzugen. Diese Lösungsentscheidung scheint sich schon im Stadtbuch von 1318 herauszukristallisieren, denn dort heißt es: „*Weren brodere, de vorscheden weren van eren elderen, storue darna der brodere en, sine kindere solden treden in des vader stad vnde gan to likeme dele mit eren vedderen to eres elderuader vnde eldermoder gude, vnde mit semender hant der elderen schult betalen.*“[1972]

c) Ehepartner bei kinderloser Ehe

Hinterlässt der Erblasser keine Nachkommen (sogenannte unbeerbte Ehe[1973]), so erbt nach Liber II, Tit. 2, Art. 4 sein überlebender Ehepartner: „*Wann keine Erben in absteigender Linien verhanden, und liesse ein Mann seine echte Fraue, oder die Ehefraue ihren echten Mann hinter sich, so erbet der Mann die Frau, oder die Frau den Mann, es wäre dann, daß sie auff solche Fälle sonderliche pacta und Verträge auffgerichtet hätten.*“ Eine mögliche Deutung dieser Regelung ist, dass bei kinderloser Ehe der überlebende Ehegatte vor allen Blutsverwandten des Erblassers, also vor Eltern, Geschwistern usw. zur Erbfolge berufen ist.[1974] Der überlebende Ehegatte könnte demzufolge über die Erbmasse frei verfügen, sie mit in eine neue Ehe nehmen und letztlich dorthin vererben. Eine entsprechende

---

1971 Mertens, Die Erbfolgegesetzgebung der Reichstage, S. 148.

1972 Stadtbuch 1318, II, 31, nach Schroeder, Stadtrecht, S. 63 [um 1340]. Diese Regelung gilt nach dem eindeutigen Wortlaut (entgegen der o.g. Regelung im Sachsenspiegel) für abgesonderte Söhne.

1973 Isenmann, Die deutsche Stadt im Mittelalter, S. 785/2. Schroeder, Geschichte des ehelichen Güterrechts in Deutschland, 2. Theil. Das Mittelalter. Dritte Abtheilung. Das sächsische und friesische Recht, S. 1-102, differenziert in seiner Abhandlung zwischen fünf verschiedenen Erbsystemen bei unbeerbter Ehe.

1974 Siehe zum Ausschluss aller Aszendenten und Seitenverwandten nach Mindener Recht auch Wigand, Die Provinzialrechte des Fürstenthums Minden, [...], Erster Band, S. 41-43.

Rechtsbelehrung zum Alleinerbrecht des überlebenden Ehegatten von Minden an Hannover ist bereits im mittelalterlichen Hannoverschen Statutenbuch überliefert.[1975]

Es verwundert allerdings nicht, dass sich im letzten Halbsatz des Mindener Artikels eine deutliche Einschränkung findet. Ein solches Erbrecht des überlebenden Ehegatten gilt nämlich nur dann, wenn nicht *„auff solche Fälle sonderliche pacta und Verträge auffgerichtet"* worden sind. Es ist zu vermuten, dass von diesem Recht auf einen vertraglichen Ausschluss des alleinigen Ehegattenerbrechts rege Gebrauch gemacht wurde. Eheverträge werden jedenfalls auch an anderen Stellen in der Mindener Stadtrechtsreformation erwähnt.[1976] Genannt werden muss vor allem Liber I, Tit. 4, Art. 6: *„Wehre eine Heurath zwischen zween Persohnen gedediget und der Mann der Frawen oder die Frawe dem Mann einen gewissen Theil ihres Gutes auff den Fall Sie keine Kinder zusambt erzeugeten oder die Frawe vor dem Manne oder der Mann vor der Frawen abstürbe, bescheideten, alsdann mügte der Mann der Frawen oder die Frawe dem Mann in stehender Ehe nicht mehr geben, ohn der Nechsten Erben Volborth und Bewilligung."* Diese Regelung bezieht sich folglich auf den Abschluss eines Ehevertrages und seine beschränkenden Wirkungen. Der Artikel findet sich sinngemäß bereits im Mindener Stadtbuch von 1318.[1977] Ein Ehevertrag war vonnöten, wenn von dem althergebrachten Mindener Institut der Gütergemeinschaft abgewichen werden sollte.[1978] Dies könnte erforderlich gewesen sein, um Stammgut für die Herkunftsfamilie zu sichern. WIGAND führt zur Situation in Minden aus: „Solange

---

1975 Grote/Broennenberg, Das hanöverische Stadtrecht, S. 409: *„[…] alse gi uns ghe screven hebbet van twen broderen de vorscheden weren in oreme ghude, unde de ene broder si ghe storven unde hebbe naghelaten sine echten vrowen. were des ghelik mit uns ghe schen, so helde wy vor recht, dat de vrowe were de nagheste erve to alle ores mannes nalatenen ghude to alsodanen ghude alse uppe vrowen erven mach […]."*

1976 Liber I, Tit. 4, Art. 4 und 6; Liber I, Tit. 13, Art. 6

1977 Stadtbuch 1318, I, 121, nach Schroeder, Stadtrecht, S. 35 [etwa 1360]: *„Vortmer en recht is in vser stad: Worde en brůtlacht ghedeghedinghet mit vorwarden alzo, dat de man beschede, were, dat dat wyf nyne kindere van eme ene hedde, storue de man er dan dat wyf, wo vele se sines gůdes hebben scolde vnde dat nomde, de man ene mach deme wyue dar na sines gůdes nicht mer gheuen, it ene were mit vulbord des mannes rechten eruen."*

1978 In Liber I, Tit. 13, Art. 6, wird die *„Gemeinschafft der Güter"* bezeichnet als *„dieser Stadt uhraltes Herkommen und Gebrauch"*. Liber I, Tit. 10, Art. 11 formuliert: *„[…] dieweil aber von undencklichen Jahren hero alhie dero Eheleute Güter Ihnen beiderseits gemein […]"*.

das Erbgut noch prävalirte, schloß man selten Ehen, ohne einen Contract zu errichten."[1979]

Wirft man zeitlich den Blick zurück, so ist zunächst festzustellen, dass der Sachsenspiegel nach der Person des Vorverstorbenen differenzierte. War die Frau vorverstorben, erhielt ihr Mann alles, was nicht in die Kategorie der Gerade fiel.[1980] Dabei war unerheblich, ob die Gegenstände vor der Ehe dem Mann oder der Frau gehört hatten oder während der Ehe erworben wurden.[1981] Was hingegen der Frau zustand, wenn sie der überlebende Part war, ist umstritten.[1982] Im mittelalterlichen Dortmund dann wurde wohl zum Schutz der Interessen der Herkunftsfamilie eine Erbteilung angeordnet, die vorsah, dass der Ehegatte lediglich die Hälfte des Erbes bekam und die Familie des Verstorbenen die andere Hälfte.[1983]

Eine andere denkbare Variante ist aber auch, dass in Liber II, Tit. 2, Art. 4 gar nicht die gesamte Erbschaft gemeint ist, sondern nur Fahrnis und selbsterworbene Liegenschaften.[1984] Dies würde die Regelung deutlich entschärfen, weil damit das Familienstammgut eben in der Familie bleiben würde. Ein solches alleiniges Erbrecht des überlebenden Ehegatten bei unbeerbter Ehe allein an Fahrnis und den Liegenschaften, bei denen es sich nicht um Stammtgut handelt, weist beispielsweise COING auch für Frankfurt nach.[1985]

1979 Wigand, Die Provinzialrechte des Fürstenthums Minden, [...], Erster Band, S. 9 f.

1980 Ssp. Ldr. I, 31, § 1 (Ebel, Sachsenspiegel, S. 49): „*[...] Stirbit abir daz wip bi des mannes libe, sie en erbit keine varende habe, wenne gerade unde eigen, ab si daz hat, in den nesten. [...]*"; sowie Ssp. Ldr. III, 76, § 2 (S. 159): „*[...] unde stirbit denne daz wip, der man behelt al des wibes recht in der varenden habe sunder daz gebuw unde de gerade.*"

1981 Schroeder, Geschichte des ehelichen Güterrechts in Deutschland, 2. Theil. Das Mittelalter. Dritte Abtheilung. Das sächsische und friesische Recht, S. 7.

1982 Schroeder, Geschichte des ehelichen Güterrechts in Deutschland, 2. Theil. Das Mittelalter. Dritte Abtheilung. Das sächsische und friesische Recht, S. 7-9.

1983 Frensdorff, IV. Urtheilsbuch, S. 125, Nr. 67; Schroeder, Geschichte des ehelichen Güterrechts in Deutschland, 2. Theil. Das Mittelalter. Dritte Abtheilung. Das sächsische und friesische Recht, S. 43 f. Etwas anderes galt aber wiederum dann, wenn die Eheleute ein gemeinsames Kind gehabt hatten, dieses aber vorverstorben war, siehe vorgenannter Schroeder, S. 37; der überlebende Ehegatte war dann Alleinerbe.

1984 Zur ehelichen Gütergemeinschaft führt Wigand, Die Provinzialrechte des Fürstenthums Minden, [...], Erster Band, S. 18, aus: „Von der Gütergemeinschaft sind jedoch [...] Stammgüter ganz ausgeschlossen."

1985 Coing, Die Frankfurter Reformation von 1578, S. 70.

d) Eltern und Geschwister

Nächste Berechtigte in der Rangfolge der Erben, wenn also weder Nachkommen noch Ehegatten vorhanden sind, sind danach die Eltern des Verstorbenen. Hierzu heißt es in Liber II, Tit. 2, Art. 6: „*Wann ein Mann keine Kinder oder seine Ehefrauen, oder die Fraue keinen Mann verlässet, so erben die in auffsteigender Linien, als zufoderst Vater und Mutter.*" Die Eltern erben auch gemäß Liber II, Tit. 2, Art. 7 vorrangig vor Brüdern und Schwestern des Verstorbenen; sind allerdings die Eltern vorverstorbenen, erben Geschwister und Großeltern des Verstorbenen zu gleichen Teilen.[1986]

Diese Regelung gilt jedoch nur dann, wenn der Verstorbene noch nicht vom elterlichen Vermögen abgesondert war. Der Begriff der Absonderung, auch bekannt als Abschichtung oder Abscheid, bezeichnet eine innerfamiliäre Vermögenstrennung im Sinne einer vorzeitigen Abfindung mit einem Erbteil. Es handelt sich um ein altes sächsisches Rechtsinstitut, das bereits der Sachsenspiegel in mehreren Fällen thematisiert,[1987] und das auch im Mindener Stadtbuch von 1318 mehrmals Erwähnung findet.[1988] Ein Eintrag um 1400 beispielsweise nennt das Rechtsinstitut „*schichtynge*" und grenzt es damit zur „*samende*", dem ungeteilten Erbe, ab.[1989] War der Verstorbene bereits vom elterlichen Vermögen abgesondert, dann galt gemäß Liber II, Tit. 2, Art. 8 - statt eines Elternerbrechts wie nach Liber II, Tit. 2, Art. 7 - ein Erbrecht der ebenfalls bereits abgesonderten Geschwister.[1990] Der Rechtssatz entstammt bereits dem Mindener Stadtbuch von 1318.[1991] Liber II, Tit. 2, Art. 9 führt den Gedanken der besonderen Erbfolge bei

---

1986 Liber II, Tit. 2, Art. 7: „*Wären nebens denen Eltern auch volburtige Brüder und Schwester deß verstorbenen verhanden, ob sie gleich außgesteuret oder nicht außgesteuret seyn, so seyndt nicht desto weniger die Elteren näher zu deß verstorbenen Sohns Erbschafft, als die Brüder oder Schwester, waren aber keine Elteren, sondern allein die Groß-Elteren, und zugleich vollbortige Brüder und Schwestere verhanden, so nehmen sie das Erbe zu gleichem Theile in die Stämme.*"

1987 Ssp. Ldr. I, 10 und 11 (Ebel, Sachsenspiegel, S. 37), Ssp. Ldr. I, 13 (S. 38), sowie Ssp. Ldr. III, 76 (S. 158 f.).

1988 I, 108; I, 132; I, 149; I, 170; I, 176.

1989 I, 170.

1990 Liber II, Tit. 2, Art. 8: „*Volle Brüder und volle Schwestere echt und recht gebohren, wann die von ihren Väter- und Müterlichen Gütern abgesondert und dissortiiret seyn, nehmen vor ihren Eltern, davon sie abgescheiden seyn, ihres mitabgesonderten Bruders oder Schwesters Erbe.*" Siehe auch Wigand, Die Provinzialrechte des Fürstenthums Minden, [...], Erster Band, S. 56-58.

1991 Stadtbuch 1318, I, 132, nach Schroeder, Stadtrecht, S. 37 [etwa 1360]: „*Vortmer en recht is in vser stad: Weren tve brodere echt vnde recht, de vnvorscheden weren van*

abgesonderten Personen fort: Ist ein ebenfalls absondertes Geschwisterteil vorverstorben, treten an dessen Stelle seine Kinder.[1992] Auch dieser Rechtsgedanke findet sich bereits im Stadtbuch von 1318.[1993]

Hinterlässt ein Verstorbener weder Erben in absteigender Linie (Kinder, Enkel,...) noch in aufsteigender Linie (Eltern, Großeltern, ...), dann erben gemäß Liber II, Tit. 2, Art. 10 seine Geschwister zu gleichen Teilen: *„Verliesse der verstorbener in auff- oder absteigender Linien keine Erben, sondern Brüdere oder Schwestere, so nehmen die sein Erbe zu gleichen theilen, jedoch werden die vollbortige Halb-Bruderen und Halb-Schwestere vorgezogen, inmassen dann die Halb-Brüdere und Halb-Schwestere ein Grad zurück springen.“* Vollbortige Brüder und Schwestern sind diejenigen, mit denen man Vater und Mutter teilt. Diesen ist der Erblasser verwandtschaftlich am nächsten und sie schließen daher Halbgeschwister aus.[1994] Diese Entscheidung kannte sowohl das sächsische als auch das

---

erme gûde, storue de brodere en, dat gûd velle vp sinen vnvordeleden broder, vnde nicht vp de moder, dar se van vorscheden weren.“, sowie wiederholend: Stadtbuch 1318, I, 149, nach Schroeder, Stadtrecht, S. 40 [um 1400]: *„Item en recht is: Weren twe brodere echt vnde recht, de vnvorscheden weren vanyrem gude, storue der brodere eyn, dat gûd velle uppe synen vnverdeleden broder vnde nicht vp yre moder, dar se van vorscheden weren.“* Siehe auch Stadtbuch von 1318, I, 108, nach Schroeder, Stadtrecht, S. 31 [um 1400]: *„Eyn recht is: Storue hyr eyn man, de twe brodere vnde twe sustere echte unde rechte van vader vnde moder achter lete, dar he van vorscheden were, de sint syme ghude allike na, et ne were, dat he naer eruen hedde.“*, beruhend auf Frensdorff, IV. Urtheilsbuch, S. 131, Nr. 91: *„Storve hiir eyn man, de twey brodere unde twey sustere, echte unde recht van vader unde moder, achter leyte, dar hey van vorscheiden were, dey sint syme ghude allike na, et ene were dat hey naer erven hedde.“*

1992 Liber II, Tit. 2, Art. 9: *„Wären auch Brüder oder Schwester von ihren Eltern abgeschieden, sterbe darnach der Bruder oder Schwester ein, dessen Kindere treten in deß Vaters oder Mutter Stelle, und nehmen zugleich mit ihren Vettern deß Elter-Vatters oder Elter-Mutter Erbe.“*

1993 Stadtbuch von 1318, II, 52, nach Schroeder, Stadtrecht, S. 67 [um 1380]: *„Eyn recht ys in vnser stat: Were eyn wedewe, de twe dochter hedde, de se beyde van sik beraden hedde, storue der dochter en, de echte kindere achter lete, de kindere sint so na dem ghode, dat ere alermoder achter let, alzo de leyuendighe dochter.“*, beruhend auf Frensdorff, IV. Urtheilsbuch, S. 126, Nr. 70: *„Were eyn wedewe, dey twe dochtere hedde, dey sey beide van sick beraden hedde, storve der dochtere eyn, dey echte kindere achter leite, dey kindere sin so na deme gude, dat er aldermoder achter leit, alz de levendige dochter.“*

1994 Siehe dazu auch Rüfner, Intestate Succession, S. 30 f.

römische Recht.[1995] Auch Crusius sieht den Grad der Nähe als entscheidend für das Erbrecht an *(„[...] dependens a proximitate gradus [...]")* und betont dabei, dass zwei Gründe (wohl im Sinne von zwei Elternteilen) mehr binden als ein Grund *(„[...] duaeque rationes vincant unam [...]").*[1996]

e) Geschwisterkinder

In der weiteren Folge des Mindener Titels zum Intestatrecht finden sich die Regelungen zum Erbrecht von Geschwisterkindern. Liber II, Tit. 2, Art. 11 bestimmt zunächst: *„Verliesse der Verstorbener hinter sich Bruder und Schwester, und eins oder mehr Bruder und Schwester Kindere, so nehmen die Brüder und Schwestere das Erbe, und schliessen Bruder und Schwester Kinder auß."* Geschwister schließen folglich Nichten und Neffen von der Erbschaft aus. Anders als beim Repräsentationsrecht der Enkel gemäß Liber II, Tit. 2, Art. 3, das mit den vorangegangenen reichsrechtlichen Regelungen übereinstimmt, hat sich das Mindener Recht an diesem Punkt klar gegen das im Reichsabschied von 1521 vorgeschriebene Erbrecht und damit Repräsentationsprinzip der Geschwisterkinder entschieden. Minden stellt jedoch insofern keine Ausnahme dar. Den reichsrechtlichen Bestimmungen ist keinesfalls immer gefolgt worden. Die Einführung des Erbrechts der Geschwisterkinder war schon auf und nach dem Reichstag 1521 auf deutlichen Widerstand gestoßen;[1997] schließlich entstammte das auf Nov. 118, 3[1998] basierende Geschwisterkindererbrecht dem ius commune, war aber dem

---

1995 Ssp. Ldr. II, 20, § 1 (Ebel, Sachsenspiegel, S. 85): *„Bruder unde swester nemen ires ungezwiten bruder unde swester erbe vor den bruder unde die swester, de gezweiet von vader ader von muter sin."* Rabe, Lüneburger Stadtrechtsreformation, S. 93, mit Verweis auf die justinianische Nov. 118, 3.

1996 Ius Statutarium Reipublicae Mindensis, S. 231.

1997 Sowohl der sächsische Herzog Georg der Bärtige als auch der Herzog Friedrich von Bayern hatten eine Protestatio eingelegt, siehe Dorn, Das Verhältnis zwischen Reichs- und Landesgesetzen im Alten Reich, S. 119 mit Fn. 32. Für weitere „widerspenstige" Territorien siehe Kümper, Sachsenrecht, S. 272, mit Fn. 321 f.

1998 Schoell, Rudolfus / Kroll, Guilelmus (Hrsg.): Corpus Iuris Civilis. Volumen Tertium. Novellae, Zürich 1972, S. 569 f.: *„[...] Si autem defuncto fratres fuerint et alterius fratris aut sororis praemortuorum filii, vocabuntur ad hereditatem isti cum de patre et matre thiss masculis et feminis, et quanticumque fuerint, tantam ex hereditate portionem percipicut, quantam eorum parens futurus esset accipere si superstes esset. [...]"* Dies bedeutet ein Eintrittsrecht für Geschwisterkinder nach Stämmen.

sächsischen Recht unbekannt.[1999] Es ist davon auszugehen, dass in Minden vor Erlass der Stadtrechtsreformation für andere Familienangehörige als Enkel das Repräsentationsrecht grundsätzlich nicht anerkannt war. So findet sich in einer Rechtsweisung an Hannover des 15. Jahrhunderts folgender Text: „*Item recht is in vnser stad: Vorvelle eyn van dodes wegen, de nalete siner moder suster vnde ok siner moder broder kindere, dar were sinder moder suster negher, dat erue to nemende, wen siner moder broder kindere.*“[2000] Dies bedeutet, dass eine Tante die Kinder des Onkels, also Cousins und Cousinen ausschließt.

Crusius verweist in seiner Kommentierung zu Liber II, Tit. 2, Art. 11 zwar auf das aus Nov. 118, 3 abgeleitete Repräsentationsrecht, aber auch darauf, dass in der Mindener Stadtrechtsreformation dennoch an dem anderslautenden sächsischen Recht festgehalten wird.[2001] Entsprechend wurde auch geurteilt, wie die im Kommentar überlieferte Decisio 1[2002] beweist. Dort heißt es: „*Fratres & sorores ex usu Fori Mindensis in succeßione ab intestato praeferuntur fratrum & sororum liberis.*“[2003], Brüder und Schwestern werden also in der Rechtsprechung des Mindener Gerichts den Geschwisterkindern in der Erbfolge vorgezogen. Argumentiert wird damit, dass die Mindener Statuten weder dem göttlichen Recht noch dem Naturrecht oder den Instituten gesitteter Völker widersprechen,[2004] und dass das lange in Übung befindliche Gewohnheitsrecht wie geschriebenes Recht zu achten ist.[2005] Zudem wird auf eine kurfürstliche Bestätigung dieser Rechtspraxis

---

1999 Siehe Mertens, Die Erbfolgegesetzgebung der Reichstage, S. 151, demzufolge der Sachsenspiegel ein Eintrittsrecht für Kinder von Geschwistern des Erblassers nicht kannte.

2000 Schroeder, Stadtrecht, S. 163 unten.

2001 Ius Statutarium Reipublicae Mindensis, S. 232: „*[…] attamen constat in jure Saxonico, ex quo hic Articulus desumtus, jus repraesentationis in linea collaterali prorsus non observari, sed proximiorem graduremotiorem excludere.*“ Dies bedeutet frei übersetzt: Es ist jedoch klar, dass im sächsischen Recht, dem dieser Artikel entnommen ist, das Vertretungsrecht in der Seitenlinie überhaupt nicht gewahrt wird, sondern der nähere Grad der Blutsverwandtschaft den entfernteren Grad ausschließt.

2002 Ius Statutarium Reipublicae Mindensis, S. 240 f.

2003 Ius Statutarium Reipublicae Mindensis, S. 240.

2004 Ius Statutarium Reipublicae Mindensis, S. 240: „*[…] tum quod illa neqve juri divino, neqve naturali ac institutis moratiorum gentium repugnet […].*“

2005 Ius Statutarium Reipublicae Mindensis, S. 241: „*[…] ac ea, quae longa consuetudine comprobata sunt, ac per annos plurimos observata, velut tacita civium conventio, non minus quam ea, quae scripta sunt jura, servantur […].*“

verwiesen.[2006]

Sind allerdings Brüder und Schwestern des Erblassers ebenfalls alle verstorben, dann kommen die Nichten und Neffen zum Zuge. Liber II, Tit. 2, Art. 12 statuiert für diesen Fall ein Erbrecht der Geschwisterkinder: „*Waren keine Brüdere und Schwestere verhanden, sondern allein deren Kindere, so nehmen sie ihres Vettern oder Basen Erbe, und theilen solches in die Stämme, und nicht in die Häupter, nemblich also: Bleibe ein Kind von der Schwester, und drey Kinder von einer andern Schwester, so nimbt das eine Kind der einen Schwester so viel, als die drey Kinder von der andern Schwester.*"[2007] Die Verteilung der Erbmasse soll ausdrücklich in die „*Stämme, und nicht in die Häupter*" erfolgen. Diese Regelung in der Mindener Stadtrechtsreformation geht bereits auf das Stadtbuch von 1318 zurück,[2008] und findet sich auch im Dortmunder Recht.[2009]

2006 Ius Statutarium Reipublicae Mindensis, S. 241: „ […] so lassen wir es auch in diesem Fall dabey bewenden / seynd euch mit Ganden gewogen / Cölln den 24. Julij Ann. 1665. Friederich Wilhelm."

2007 Siehe auch Liber II, Tit. 2, Art. 21: „*Noch ist ein Recht in unser Stadt: wenn allhie eine Witwe gestorben wäre, ohn Kinder von ihr gebohren, und hätee hinterlassen von ihrer Mutter Schwester eine Tochter als ein einig Kind auff einer Seiten und hätte auch nachgelassen von ihres Vaters Bruders Kinder viele Kindere auff einer Seiten, und der Kinder Elteren an beyden Seiten verstorben wären biß auff die vorgeschriebener beyder Parteyen Kinder, so gebühret dem einigen Kinde von der einen Seiten so viel von dem nachgelassenem Gute, als denen anderen sämptlichen Kinderen von der andern Seiten, wie in Articulo 12. gesetzet ist.*"

2008 Stadtbuch 1318, I, 118, nach Schroeder, Stadtrecht, S. 34 [etwa 1360]: „*En recht is: Storue we in vnser stad vnde lethe achter en kind van ener suster vnde dre kindere van ener anderen suster, vnde de kindere weren rechte eruen des doden, dat ene kind der enen suster boret alzo vele vp, alze der kindere der anderen suster.*" Siehe auch Stadtbuch 1318, I, 172, nach Schroeder, Stadtrecht, S. 46 [um 1400]: „*Item recht ys in vnssir stad: Dat myt vns eyn wedewe vorstoruen were sunder kyndere van or geboren vnde hedde nagelaten van orer moder sustern dochter eyn eynich kynd vppe eyne sijde, vnde hedde ok nagelaten van ores vaders broder kynderen vele kyndere vppe andere sijden, vnde der kyndere olderen an beyden sijden vorstoruen weren bijd vppe der vorscreuenen beyder partyen kyndere, so gebort deme eynen enyghen | kynde van der eynen sijden so vele van deme nagelatenen gude, alse den anderen samentliken kynderen van der anderen sijden.*"

2009 Frensdorff, IV. Urtheilbuch, S. 135 f., Nr. 117: „*Hedde eyn vrowe veir dochtere, de sey beraden hedde by rade erer vrende, dey alle veire kindere hedden, storven der dochtere drey unde kindere achter leyten, unde der dochter eyn dey moder vorlevede, der doden dochtere kindere treden in erer môdere stad unde solen mit der levendigen dochter to der delinge ghaen to deme ghude, dat ere aldermoder achter ghelaten hevet.*"

In der entsprechenden Erbkonstellation musste eine Entscheidung getroffen werden, wie die Verteilung erfolgen soll, wenn die vorverstorbenen Geschwister Kinder in unterschiedlicher Anzahl hinterließen, d. h. sollten dann alle Kinder den gleichen Anteil erhalten und damit nach Häuptern bzw. Köpfen erben oder sollten sie bedacht werden nach Maßgabe des Erbteils ihres vorverstorbenen Elternteils und damit nach Stämmen. Schon die Glossatoren Accursius (Teilung nach Stämmen) und Azo (Teilung nach Köpfen) waren hierüber uneins gewesen, und auf Reichsebene wurde die umstrittene Frage erst im Reichsabschied von 1529 entschieden.[2010] Geschwisterkinder sollten fortan bei Vorversterben aller Geschwister nach Häuptern erben. Schon zuvor war diese Kopfteilung unter Geschwisterkindern bereits in einigen Stadtrechten vorgeschrieben worden.[2011] Die Mindener Stadtrechtsreformation hingegen hat sich für die Aufteilung in Stämme entschieden. Dies ist eine Bewahrung der alten Mindener Tradition, aber zugleich sowohl eine Entscheidung gegen das Reichsrecht als auch gegen ältere deutsche Rechtsvorstellungen zur Teilung nach Köpfen („soviel Mund, soviel Pfund"[2012]).

f) Ehepartner bei bekindeter Ehe

Wie ein Ehepartner erbt,[2013] wenn - anders als in Liber II, Tit. 2, Art. 4 zum Erbrecht bei kinderloser Ehe vorausgesetzt - aus der Ehe auch Kinder hervorgegangen sind (sogenannte beerbte Ehe[2014]), regelt Liber II, Tit. 2, Art. 16. Zwar hat Liber II, Tit. 2, Art. 2 das grundsätzliche Erbrecht der Kinder normiert. Liber II, Tit. 2, Art. 16 begrenzt dieses Recht aber durch folgenden Anspruch des überlebenden Ehegatten: *„So ist auch ein Recht in unser Stadt, sässe eine Frau in unser Stadt mit Kinderen, deren ihr Ehemann abgestorben wäre, oder ein Mann mit Kinderen, dem seine Ehefraue abgestorben wäre, wurde die Frau oder der Mann entschlossen, daß sie sich von denen Kinderen absonderen und abscheiden wolte, deß möchten die Kinder keine Verweigerung thun, die Frau oder der Mann möchte nehmen die Helffte alles deß Gutes, das verhanden wäre in erben und redem Gute,*

2010 Coing, Europäisches Privatrecht I, S. 605; Mertens, Die Erbfolgegesetzgebung der Reichstage, S. 156-158.

2011 Mertens, Die Erbfolgegesetzgebung der Reichstage, S. 158 mit Fn. 42-44, nennt das Freiburger Stadtrecht (1520), die Nürnberger Reformation (1479) und die Frankfurter Reformation (1509).

2012 Siehe hierzu Mitteis, Deutsches Privatrecht, S. 177.

2013 Zur heutigen Regelung des Ehegattenerbrechts siehe §§ 1931, 1371 BGB.

2014 Isenmann, Die deutsche Stadt im Mittelalter, S. 785/2.

oder an Bahrschafften und sonsten in fahrendem Haabe, und liesse die andere Helffte denen Kinderen." Dieses hälftige Absonderungs- und Güterteilungsrecht entstammt bereits dem Stadtbuch von 1318.[2015] Ein Recht zur Halbteilung gegenüber den Kindern (oder zum Anspruch auf ein Drittel) ist im Übrigen auch in vielen anderen Stadtrechten des Mittelalters überliefert.[2016]

Wie dargelegt war dies im noch älteren Recht anders: Weil ein Ehegatte kein Blutsverwandter des Erblassers war, hatte ein Erbanspruch zu seinen Gunsten in einem rein auf Blutsverwandtschaft beruhenden System keinen Platz.[2017] Es war daher als Versorgung des längerlebenden Ehegatten üblich, jedenfalls ein lebenslanges Nutzungsrecht an Liegenschaften, aber auch an anderen Ertrag abwerfenden Objekten, einzuräumen (Leibzucht oder Leibgeding).[2018] Die Leibzucht war zweifach beschränkt: einerseits ist dem Berechtigten kein Eigentum, sondern nur ein Nutzungsrecht eingeräumt, und andererseits ist dieses Recht zeitlich begrenzt.[2019] Auch das Mindener Stadtbuch von 1318 kennt das Institut der Leibzucht *(„liftucht")* zur Witwenversorgung,[2020] ebenso wie der

2015 Stadtbuch 1318, I, 128, nach Schroeder, Stadtrecht, S. 36 f. [etwa 1360]: *„Vortmer en recht is in vser stad: Sethe in vnser stad en vrowe mit kinderen, der ere echte man doet were, ofte en man mit kinderen, deme sin echte vrowe doet were, worde de vrowe ofte de man des tho rade, dat se sick scheden wolden van den kinderen, des ene mochten de kindere nyne vorweygheringhe don; de vrowe ofte de man ene mochte nemen de helfte al des gůdes, dat dar were in ervetale, in redeme gůde vnde in varender haue, vnde laten de anderen helfte den kinderen, it ene breke andere vorworde.*" Ob sich ein Anspruch auf den halben Teil sowohl für Witwe als auch Witwer auch im mittelalterlichen Hannover nachweisen lässt, ist unsicher, es könnte für die überlebende Frau auch nur ein Kinderteil sein, so Schroeder, Geschichte des ehelichen Güterrechts in Deutschland, 2. Theil. Das Mittelalter. Dritte Abtheilung. Das sächsische und friesische Recht, S. 125 f. Auslegungsgrundlage ist Grote/Broennenberg, Das hanöverische Stadtrecht, S. 295 f.: *„Enes Borgheres echte wif nimt na sineme dode liken del sines. godes mit sinen echten kinderen.*" Fälschlicherweise schlussfolgert der vorgenannte Schroeder, S. 352, auch für Minden daraus eine Halbteilung zugunsten des Mannes, aber nur einen Kinderteil zugunsten der Frau.

2016 Schöne, Soester Stadtrecht, S. 216 f. m. w. N.; siehe auch Schroeder, Geschichte des ehelichen Güterrechts in Deutschland, 2. Theil. Das Mittelalter. Dritte Abtheilung. Das sächsische und friesische Recht, S. 119 ff. m. w. N.

2017 Brauneder, Enzyklopädie der Neuzeit 3, Sp. 414.

2018 Siehe hierzu Ogris, Lexikon des Mittelalters 5, Sp. 1848; sowie Rüfner, Customary Mechanisms of Family Protection. Late Medieval and Early-Modern Law, S. 57.

2019 Brauneder, HRG 3, 2. Aufl., Sp. 800.

2020 Stadtbuch 1318, II, 33 und 34, nach Schroeder, Stadtrecht, S. 63 [um 1340].

Sachsenspiegel.[2021] SCHLINKER betont die Ähnlichkeit der deutschrechtlichen Leibzucht zum römischen Nießbrauchsrecht (ususfructus).[2022] Die Mindener Stadtrechtsreformation regelt in ähnlicher Weise in Liber II, Tit. 2, Art. 13 und 22, dass Eltern eines erbenden Kindes an dem Erbe kein Eigentum zusteht, sie aber die Nutzungen daraus ziehen dürfen (Nießbrauchsrecht), solange sie für den Unterhalt des Kindes aufkommen *(„so lange die Kinder in der Eltern Brod seyn“)*.[2023] Nach Crusius entstammt diese Regelung dem ius commune.[2024] Sie kann sich aber gleichwohl aus dem alten Leibzucht-Recht entwickelt haben.

Das römische Recht kannte keine Halbteilung zugunsten des überlebenden Ehegatten. Im römischen Recht war die Stellung des Ehegatten durchaus ungünstig.[2025] Zwar wurde unter Justinian durch die Nov. 118 und Nov. 127 die gesetzliche Verwandtenerbfolge neu geregelt, mögliche Rechte eines überlebenden Ehegatten wurden aber nicht normiert, sodass es bei der alten Rechtslage blieb:[2026] Die Witwe war damit lediglich abgesichert durch die ihr im Rahmen des Ehegüterrechts zustehende Mitgift und Eheschenkung,[2027] ein weiteres Ehegattenerbrecht stand ihr grundsätzlich nicht zu. Das römische Recht kannte allerdings einen Erbanspruch des überlebenden Ehegatten in Fällen drohender Existenzgefährdung: Einer Witwe, die weder über eine Eheschenkung noch Mitgift verfügte, stand neben den Kindern zunächst ein Viertel der Erbschaft zu (sogenanntes Quart der armen Witwe).[2028] Dieser Anteil wurde jedoch durch

2021 Ssp. Ldr. I, 21 (Ebel, Sachsenspiegel, S. 43), Ssp. Ldr. I, 32 (S. 50), Ssp. Ldr. II, 44 (S. 100) und Ssp. Ldr. III, 75 (S. 158).

2022 Schlinker, Privatrechtsgeschichte, S. 260, Rn. 9. Zum römischen Nießbrauchsrecht auch Kaser / Knütel / Lohsse, Römisches Privatrecht, S. 174-179.

2023 Siehe in diesem Zusammenhang auch Liber II, Tit. 2, Art. 18 zur Unterhaltspflicht der Stiefeltern und zum Auszahlungszeitpunkt des Abscheides.

2024 Ius Statutarium Reipublicae Mindensis, S. 239 zu Art. 22: *„Articulus desumtus ex jure civili nostro, […] ususfructus patri quidem acquiritur, dominium vero apud filium remanet.“*

2025 Rüfner, Intestate Succession in Roman Law, S. 28: „According to the classical system, the surviving spouse was entitled to take possession of the estate […], but only in the relatively unlikely event that the deceased left behind no blood relatives. This left the surviving spouse in a relatively weak position.“

2026 Wesener, Pflichtteilsrecht und Unterhaltsanspruch des überlebenden Ehegatten in historischer Sicht, S. 96.

2027 Zum Ehegüterrecht siehe Kaser / Knütel / Lohsse, Römisches Privatrecht, S. 357-364.

2028 Kaser / Knütel / Lohsse, Römisches Privatrecht, S. 396, Rn. 22, mit Verweis auf die justinianische Nov. 53. Ebenso Wesener, Pflichtteilsrecht und Unterhaltsanspruch des überlebenden Ehegatten in historischer Sicht, S. 96-99, der auch auf die

spätere Gesetzgebung weiter reduziert. Hatte eine Witwe mehr als drei Kinder, erhielt sie nicht mehr ein Viertel der Erbschaft, sondern nur einen Kindeskopfteil.[2029] Zusammenfassend lässt sich sagen, dass das reguläre Halbteilungsrecht – unabhängig von der Bedürftigkeit der Witwe - eine deutsche Entwicklung war und nicht dem römischen Recht entstammte.

Abgesehen von der Frage nach dem Erbanteil des überlebenden Ehegatten enthält Liber II, Tit. 2, Art. 16 zudem noch die bedeutende Regelung zum Teilungszeitpunkt. Die Erbteilung soll nicht bereits mit dem Todesfall erfolgen, sondern erst auf Verlangen des längerlebenden Ehegatten gegenüber den Kindern („*[…] wurde die Frau oder der Mann entschlossen, daß sie sich von denen Kinderen absonderen und abscheiden wolte, deß möchten die Kinder keine Verweigerung thun […].*“).[2030] WIGAND bezeichnet die Konstellation zwischen dem Tod eines Ehepartners und dem Teilungsverlangen des Längerlebenden gegenüber den Kindern als *„fortgesetzte eheliche Gütergemeinschaft“*, in der die Eigentums- und Verwaltungsrechte am Gesamtgut allein dem überlebenden Ehegatten zustehen.[2031] Dieses sehr umfassende Recht des überlebenden Ehegatten bestätigt auch ein Attest der Stadt Minden aus dem Jahre 1666, das der Witwe die volle Gewalt über das Stammgut zuspricht.[2032] In bestimmten Fällen war aber zum

---

Veränderungen durch Nov. 117 von Kaiser Justinian hinweist, wonach einer Witwe neben mehr als drei Kindern nicht mehr ein Viertel der Erbschaft, sondern nur ein Kindeskopfteil zusteht.

2029 Wesener, Pflichtteilsrecht und Unterhaltsanspruch des überlebenden Ehegatten in historischer Sicht, S. 96-99, mit Verweis auf Nov. 117. Siehe auch Rüfner, Intestate Succession in Roman Law, S. 28, der zudem auf eine Beschränkung der Höhe und das reine Nießbrauchsrecht der Witwe hinweist.

2030 Siehe hierzu auch Wigand, Die Provinzialrechte des Fürstenthums Minden, […], Erster Band, S. 62 f.

2031 Wigand, Die Provinzialrechte des Fürstenthums Minden, […], Erster Band, S. 45.

2032 Wigand, Ueber die Gemeinschaft der Güter unter Eheleuten im Fürstenthum Minden und der Grafschaft Ravensberg, S. 130 f., Attest des Magistrats zu Minden vom 05.03.1666: *„Wir nicht anders wissen noch attestieren kønnen, daß jemalen ein anders in dieser Stadt Minden hergebracht: Als daß eine Wittwe (Wittwer) in wåhrendem Wittwenstande die vøllige Verwaltung tam quoad proprietatem, quam quoad usumfructum privative behalte, und die durante viduitate gemachte Schulden aus den gemeinen Gůtern bezahlt werden můßen, auch denen Kindern keine legitima eher, als wenn die Mutter (der Vater) zu anderweitiger Ehe geschritten […], gebůhre, allermaßen solches nicht allein unsern statutis nach ihrem gesunden Wortverstande gemåß, sondern auch je und alle Wege allhie in dieser Stadt Minden ab immemoriali tempore bis in heutigen Tag also in praxi wie mit unzåhligen Pråjudizien zu bewåhren, observiret und hergebracht worden.“*

Schutz der Kinder eine Vormundschaftsbestellung und Inventarerstellung zum Nachlass vorgeschrieben, siehe Liber II, Tit. 3, Art. 8 („unzuverlässige" ledige Witwe) und Liber II, Tit. 2, Art. 17 (Wiederheirat).

g) Absonderungsrechte und erbrechtliche Konsequenzen

In Liber II, Tit. 2 sind im Übrigen gleich in mehreren Artikeln Regelungen enthalten, in denen es um konkrete Fallkonstellationen mit Absonderungsrechten und deren erbrechtliche Folgen geht; wiederum ein Teil dieser Artikel wurde dem Stadtbuch von 1318 entnommen. Es stellt sich insbesondere die Frage, ob der vorzeitige Empfang von Gütern ein späteres Anrecht auf einen Erbteil ausschließen konnte. Hierzu haben sich im deutschen Reich ganz unterschiedliche Lösungen ausgebildet, nach lübischem Recht beispielsweise bedeutete die Absonderung von den Eltern ein endgültiges Ausscheiden aus der Vermögensgemeinschaft, wohingegen es nach sächsischem Recht möglich war, bereits Erhaltenes vom Erbteil abzuziehen.[2033]

Liber II, Tit. 2, Art. 14 regelt den Erbanspruch der mit einem Brautschatz ausgesteuerten und auf weiteres Erbe verzichtenden Schwester,[2034] und findet sich bereits im Stadtbuch von 1318.[2035] Entscheidendes Element bei dieser Regelung

---

2033 Dusil, Mittelalterliche Privatrechtsgeschichte, quo vadis?, S. 198 mit Fn. 29 und 30.

2034 Liber II, Tit. 2, Art. 14: *„Weiters ist bey uns ein Recht, sässe ein Bruder, der unmündig wäre, mit etzlichen seiner rechten Schwesteren in ungetheiletem Gute, nach ihres Vaters und Mutter Tode, und der Bruder die Schwester, so da mündig wäre, mit einem gewissen Brautschatze mit ihrem Wissen und Willen nach Billigkeit außgesteuret, und sie darauff wegen deß übrigen Guts beständige Verzicht vor dem Raht oder Gerichte thäte, der Bruder oder die Schwester, die in denen übrigen ungetheileten Gütern sitzen bleiben, die seynd ihrer außgesteureten Schwester von solchen Güteren weiters nicht zu geben schuldig, es wäre denn Sache, daß ihnen anderswoher ein Gut ansterben möchte, daran kan sie ihr Recht nicht verlieren."*

2035 Stadtbuch 1318, I, 107, nach Schroeder, Stadtrecht, S. 30 [um 1400]: *„Guden vrende, eyn recht is [in] vnser stad: Zete eyn broder, de můndlich were, mit twen sinen echten zustern in vnvordelden gude, na ores vader vnde moder dode, berede de brodere der zustere eyne, de můndlich were, mit eyme benomeden brutschatte, mit eren willen, de broder vnde zuster, de in vnvordelden gute sitten bliuen, de en sin orer beradene suster nicht vorder schuldich, ti en were, dat de beradene suster vorder wat wissen konde, alse recht is."* Siehe auch Frensdorff, IV. Urtheile, S. 130, Nr. 89: *„Sete eyn broder, dey mundich were, mit twen sinen echten susteren in unverdeilden ghůde na eres vader unde moder dode, bereyde dey broder der suster eyn, dey můndlich were, mit eyme benomeden brutschatte mit eren willen, dey broder unde suster, dey in unverdeylden gute sittende blyven, dey en syn ere beradenen suster nicht vorder schuldich, it en were dat dey beradene suster vorder wat wissen kunde as recht is; storve ok dey unberadene*

ist der offizielle Verzicht vor dem Rat oder dem Gericht. Anderenfalls steht ihr weiterhin ein Anspruch zu, wie dies bereits im Sachsenrecht der Fall war.[2036] Beim Tod einer nicht ausgesteuerten Schwester bevorzugt der sich anschließende Liber II, Tit. 2, Art. 15 einen nicht abgesonderten Bruder im Erbfall vor einer ausgesteuerten Schwester.[2037] Liber II, Tit. 2, Art. 20 statuiert einen Absonderungsanspruch gegen die Stiefmutter,[2038] und entstammt ebenfalls dem Mindener Stadtbuch von 1318.[2039]

Liber II, Tit. 2, Art. 17 regelt dann das Vorgehen in Bezug auf erbrechtliche Fragen im Falle einer Wiederheirat eines Elternteils.[2040] Eine entsprechende

---

suster, dat vellet op eren unverdeilden broder, yd en were dat dey beradene suster wat wissen kunde as recht were."

2036 Ssp. Ldr. I, 5, § 2 (Ebel, Sachsenspiegel, S. 33): „*Die tochter in deme huse unvergeben en teilet nicht irer muter rade mit der tochter die uzgeradet iz. Waz si abir erbis anerstirbit, daz muz si mit der swester teilen.*"

2037 Liber II, Tit. 2, Art. 15: „*Sterbe auch eine unberathene Schwester, so fället ihr Gut auff ihren unvertheileten Bruder, und nicht auff ihre außgesteurete Schwester, woferne dieselbe gantz abgesonderet, oder dem Succession Fall ihrer unaußgesteureten Schwester verziehen hätte.*"

2038 Liber II, Tit. 2, Art. 20: „*Noch ein Recht ist in unser Stadt, spreche ein echt und rechter Sohn nach seines Vaters Todt seine Stieff-Mutter an, daß er mit seinem Vater Seel. in ungetheileten Güteren gesessen, dann ihm sein sehl. Vater seinen kindlichen Abscheid nicht vermachet, so ist die Stieffmutter dem Sohn Schichtung zu thun, und ihm das halbe Gut, wie es bey Zeiten ihrer Heurath gewesen, vermittelt Aides zu geben schuldig, sie konte dann dem Sohne Schichtung weisen, recht ist.*"

2039 Stadtbuch 1318, I, 170, nach Schroeder, Stadtrecht, S. 45 f. [um 1400]: „*Item eyn recht ys in vnssir stad: Spreke eyn echte rechte sone na dode synes vaders syne steffmoder an, dat he in enem samende sete myt synem vader wente in synes vaders doet, so solde de steffmoder deme sone schichtynge don, se enkonde deme sonen schichtynge wysen, alse recht ys.*" Siehe auch Frensdorff, IV. Urtheilsbuch, S. 115, Nr. 29: „*Spreke eyn echte sone sin steyfmoder an na dode sines vaders ume ene schichtincge sines vaderliken gudes, hevet dey vader neyne schichtinge gedaen mit sime sone, so is de Steyfmoder erme steyfsone ene schichtinghe schuldicht to done van deme, dat er man hadde des dages, er hey sey to echte nam, sey en kůnne eme dat breken mit eme beteren rechte.*"

2040 Liber II, Tit. 2, Art. 17: „*Wann ein Mann oder Fraue in die andere Ehe treten will, sol der oder dieselbe denen Kinderen, es seyn derselben ein oder mehr verhanden, zuvoren Vormundere erkiesen, und wann dieselbige beeidiget, sollen sie nebst dem Manne oder der Frauen für dem Rathe erscheinen, und die Theilung vermeiden, und soll der Mann oder die Fraue bey ihrem Aide erhalten, daß sie die Helffte ihres Gutes denen Kinderen verordnet habe, und dann solchen Abscheid denen Kinderen durch einen Rahts-Brieff in die Güter versicheren.*" Siehe auch Liber II, Tit. 2, Art. 19 zur Verzinsung.

Regelung findet sich auch im Dortmunder Recht.[2041] Den Kindern werden in diesem Fall Vormünder bestellt und ihnen steht die Hälfte der theoretischen Erbmasse zu.[2042] Diese Fragen waren auch Gegenstand gerichtlicher Auseinandersetzungen, wie Decisio 2[2043] und Decisio 4[2044] belegen. In Decisio 4 wird sehr deutlich, dass eine Wiederheirat erbrechtlich einem fiktiven Tod gleichzustellen ist („*ad secunda vota conjunx superstes per fictionem juris mori dicatur*“[2045]). Ein Attest aus dem Jahre 1698 belegt zudem, dass die Kinder sich bei Schichtung wegen Wiederheirat bereits Erhaltenes anrechnen lassen müssen.[2046]

2041 Frensdorff, IV. Urtheilsbuch, S. 129, Nr. 84: „*Man unde wiif, dey eyn of mer kinder to samene hedden, storve dey man unde dey kinder bleven mit der moder sittende in unverdeilden gude, neme dat wiif enen anderen man, so sal sey al alsodane gud, alse sey hadde, do sey sich verandersatede, schichten unde gheven dat den unvordeilden kinde of kinderen half of den rechten vormunderen to des kindes ofte der kindere behof.*“

2042 Zur Wiederheirat auch Wigand, Die Provinzialrechte des Fürstenthums Minden, [...], Erster Band, S. 67-70.

2043 Ius Statutarium Reipublicae Mindensis, S. 242-245: „*Statutum Mindense, quo transeunte conjuge superstite ad secunda vota, aut intercedente segregatione, liberis prioris matrimonii dimidia bonorum relinquitur, nec iniquum est, sed in Civitate totoque Ducatu potius usu approbatum [...].*“ Dies bedeutet sinngemäß, dass das Statut von Minden, demzufolge der Wiederheiratende die Hälfte des Vermögens den Kindern der ersten Ehe überlässt, nicht ungerecht ist, sondern von Stadt und Fürstentum anerkannt.

2044 Ius Statutarium Reipublicae Mindensis, S. 246 f.: „*Parentes ad secunda vota transeuntes a tempore non praestitorum liberis prioris matrimonij alimentorum, dimidiam bonorum vigore Statutorum aut extradere, aut usuras ejusdem exsolvere tenentur.*“ Dies bedeutet sinngemäß, dass der wiederheiratende Elternteil verpflichtet ist, entweder die Hälfte der Güter auszuliefern oder die Zinsen dafür zu zahlen.

2045 Ius Statutarium Reipublicae Mindensis, S. 246.

2046 Wigand, Ueber die Gemeinschaft der Güter im Fürstenthum Minden und der Grafschaft Ravensberg, S. 134, Attest des Magistrats zu Minden vom 30.12.1698: „*[...] daß da dergleichen casus bei uns zum öfteren vorgefallen, durch die bisherige Observantz bewährt sei; weilen bei Abschichtungen der Kinder erster Ehe die massa bonorum communis gleichsam ut ficta hereditas bei uns getheilet und considerirt wird, also hierbei die ausgesteureten Kinder weder den vorhin empfangenen Brautschatz, noch was sonst dem gemeinen Rechten nach collatione obnoxium ist, als praecipuum behalten mögen, sondern dieselbe schuldig seyen, solche Dinge ad massam dividendam zu conferiren, wie bißhero jedesmal erkannt worden [...].*“

h) Schlick-Dissertation

Es ist bereits in der Einleitung zum Erbrecht darauf hingewiesen worden, dass es eine juristische Dissertation aus dem Jahre 1688 gibt, die sich genau mit der Frage beschäftigt, inwiefern sich das gesetzliche Erbrecht der Mindener Stadtrechtsreformation und das ius commune gleichen. Rudolf Friedrich SCHLICK betont in dieser Abhandlung, wie sehr sich das Erbrecht der Mindener Stadtrechtsreformation vom ius commune unterscheidet.[2047] Seine Feststellungen decken sich exakt mit den vorangegangenen Ausführungen zum Erbrecht und werden daher kurz zusammengefasst. SCHLICK führt aus, dass, wenn der Verstorbene keine Kinder hinterlässt, im römischen Recht die Aszendenten, d. h. die Verwandten in aufsteigender Linie, zur Erbschaft berufen sind und dem Ehegatten kein Erbrecht zusteht.[2048] Etwas anderes gilt nur bei Armut der Witwe/des Witwers.[2049] Hierzu diskutiert SCHLICK die Frage, welchem Anteil dem verarmten, überlebenden Ehegatten dann zusteht.[2050] SCHLICK betont aber, dass dem überlebenden Ehegatten nach ius commune kein Erbe zusteht, solange es Verwandte gibt und wenn kein Armutsfall vorliegt.[2051] Ganz anders aber regele das Mindener Recht den Erbfall: Bei kinderloser Ehe schließt der überlebende Ehegatte die Verwandten von der Erbfolge aus.[2052] Im anderen Fall, wenn der Verstorbene Kinder hatte, schließen diese nach ius commune den überlebenden Elternteil vom Erbrecht aus, es sei denn, auch hier ist der Elternteil verarmt.[2053] Im Mindener Recht hingegen führt der überlebende Ehegatte mit den Kindern die eheliche Gütergemeinschaft bis zur Wiederheirat fort; erst dann sind die

---

2047 Schlick, Disputatio Iuridica Inauguralis, S. 5: „*[…] in quamtum ius statutarium mindense a jure communi differat […].*“

2048 Schlick, Disputatio Iuridica Inauguralis, S. 4: „*Si defunctus non relinquit liberos, ad hereditatem Jure Civili vocantur ascendentes […]; Uxor vero & maritus penitus excluduntur.*“ mit Verweis auf die justinianische Nov. 118.

2049 Schlick, Disputatio Iuridica Inauguralis, S. 4: „*Exceptio est, si uxor sit pauper […].*“

2050 Schlick, Disputatio Iuridica Inauguralis, S. 4: „*Quantam igitur partem capit uxor?*“

2051 Schlick, Disputatio Iuridica Inauguralis, S. 4: „*Igitur extra hunc paupertatis casum nec uxor de mariti, nec maritus de uxoris bonis quicquam participat, quamdiu adsunt ascendentes vel collaterales, etiamsi liberi deficiant.*“

2052 Schlick, Disputatio Iuridica Inauguralis, S. 4 f.: „*Jure vero statutoario mindensi deficientibus liberis conjux superstes succedit conjugi defuncto ex asse, omnesque alios tam defuncti parentes, quam cognatos collaterales penitus excludit […].*“

2053 Schlick, Disputatio Iuridica Inauguralis, S. 5: „*Breviter dico, conjugem per liberos penitus excludi de Jure Civili […] nisi sit pauper […].*“ mit Verweis auf die justinianischen Nov. 53, 6 und Nov. 117, 5.

Güter so zu teilen, dass der überlebende Ehegatte die Hälfte erhält.[2054] Hinterlässt der Verstorbene Kinder und Enkel, so gilt ein Erbrecht nach Stämmen.[2055] Hierin gibt es keinen Unterschied zwischen dem Mindener Recht und dem ius commune.[2056] Die Erbteilung unter den Kindern erfolgt nach dem sächsischen Grundsatz: Der Ältere teilt, der Jüngere wählt. Diese Regelung hält SCHLICK für so gerecht, dass sie in weiten Teilen Deutschlands übernommen wurde.[2057] Des Weiteren gibt SCHLICK die Regelungen zum Erbrecht der Aszendenten und Seitenverwandten wider.[2058] Dabei betont er die unterschiedliche Behandlung des Geschwisterkindererbrechts. Es folgen Ausführungen zu den Instituten Heergewäte und Gerade,[2059] bevor SCHLICK abschließend einige zusammenfassende Feststellungen trifft und dabei auch seine Meinung kundtut, so beispielsweise dass die gesetzliche Erbfolge der testamentarischen vorzuziehen ist.[2060]

4. *Zwischenfazit zum gesetzlichen Erbrecht*

Von 23 Artikeln zum gesetzlichen Erbrecht in der Stadtrechtsreformation entstammen acht nachweislich bereits dem Stadtbuch von 1318. Es handelt sich somit zu fast einem Drittel um altes, überliefertes Mindener Recht, was eine beachtliche Feststellung ist. Zugleich ist aber auch darauf hinzuweisen, dass dieses alte Mindener Recht keinesfalls immer mit älterem sächsischem Recht identisch war. Auf der anderen Seite ist deutlich geworden, dass in der Stadtrechtsreformation Entscheidungen des auf dem römischen Recht beruhenden

---

2054 Schlick, Disputatio Iuridica Inauguralis, S. 6: „*De jure statutario Mindensi, cum inter conjuges universitarum fortunarum vigeat societas relicitis liberis ejusdem matrimonii mortuo superstes communionem bonorum continuat eaque administrat, donec ad secunda transit vota, tunc enim omnia bona mediante jure jurando indicare & dividere cenetur, ita, ut liberi unum omnium bonorum semissem accipiant ipse superstes conjux vero, sive virsit sive uxor, alterum semissem retineat pleno iure.*“ Dieser Feststellung schließen sich weitere Ausführungen zu Vormundschaft, Wiederheirat, Ehevertrag und Nießbrauchsrecht an, siehe S. 6-10.

2055 Schlick, Disputatio Iuridica Inauguralis, S. 10 f.

2056 Schlick, Disputatio Iuridica Inauguralis, S. 11: „*Et hac in re nulla inter commune & statutarium Mindense est differentia.*“ Dieser Feststellung schließen sich Ausführungen zur Anrechnung von zuvor erhaltenen Gütern an, siehe S. 11 f.

2057 Schlick, Disputatio Iuridica Inauguralis, S. 11: “*Haecque Juris Saxonici dispositio adeo aequa est, ut in plerisque Germaniae locis usu sit recepta […].*”

2058 Schlick, Disputatio Iuridica Inauguralis, S. 13-16.

2059 Schlick, Disputatio Iuridica Inauguralis, S. 16-18.

2060 Schlick, Disputatio Iuridica Inauguralis, S. 18: “*Successione ab intestato magis quam testamentaria favendum.*”

ius commune nicht zwangsläufig übernommen wurden, selbst wenn sie Reichsrecht geworden waren. So hat das Mindener Recht beispielsweise zwar das Erbrecht der Enkelkinder anerkannt, nicht aber ein Geschwisterkindererbrecht, solange noch Geschwister lebten.

Ins Auge sticht die schon relativ gute Stellung der Frau in der Stadt Minden. Die Töchter waren in Bezug auf ihren Erbanspruch den Söhnen gleichgestellt. Hierin ist wohl weniger ein Rückgriff auf das römische Recht als vielmehr eine zeitgemäße Entwicklung des städtischen Lebens zu erkennen. Darüber hinaus gibt es ein gut ausgebautes Ehegattenerbrecht ebenfalls zugunsten beider Geschlechter. Diese fortschrittliche Entwicklung steht zugleich jedoch im Gegensatz zur traditionellen Bewahrung der alten Sondererbmassen Stammgut, Heergewäte und Gerade. Insgesamt macht das Erbrecht der Mindener Stadtrechtsreformation den Eindruck, als hätte Minden in der Tat von der eigenen Rechtssetzungs-, Rechtsdeutungs- und Rechtsprechungsautonomie Gebrauch gemacht und autark eigenes Recht geschaffen und bewahrt. Dies kann als Zeugnis für das Selbstbewusstsein und das Autonomieverständnis des Mindener Rates und der dahinter stehenden Bürgerschaft bewertet werden.

VII. Fazit zum Privatrecht

Es wurden in den vorangegangenen Abschnitten unterschiedlichste Aspekte des Privatrechts der Mindener Stadtrechtsreformation zur Analyse herausgegriffen. Dabei hat sich gezeigt, dass sich einige Rechtsinstitute klar dem althergebrachten Recht zuordnen lassen (wie beispielsweise das Heergewäte und die Gerade). Andere wiederum entstammen nachweislich dem römischen Recht (wie beispielsweise das Interzessionsverbot gemäß SC Velleianum oder der Darlehensausschluss gemäß SC Macedonianum). Am häufigsten war jedoch zu beobachten, dass sich ein Mischrecht gebildet hat und/oder ein Ursprung nicht eindeutig bestimmt werden konnte. Es kann daher im Ergebnis nicht von einer umfassenden Romanisierung des Mindener Stadtrechts gesprochen werden. Vielmehr hat die Mindener Stadtrechtsreformation neue und alte Elemente aufgenommen und kombiniert. Die Stadtrechtsreformation liefert mithin im Privatrecht eine zwar in Teilen beeinflusste, jedoch trotzdem durch die Verknüpfungsleistung eigenständige rechtsschöpferische Leistung. Die Erarbeitung der Stadtrechtsreformation war also weit mehr als eine reine Revision des Rechts der Vorfahren, wie das Proömium glauben machen wollte.

B. Strafrecht

I. Entwicklung des deutschen Straf- und Strafprozessrechtes

Das Strafrecht wurde lange Zeit eher als Randphänomen des Zivilrechts betrachtet,[2061] und daher in der Wissenschaft stiefkindlich behandelt.

SCHLOSSER äußert sich auch heute noch sehr kritisch zum bisherigen Forschungsstand und den daraus gezogenen Schlussfolgerungen zu den Einflüssen des Ius criminale auf das deutsche Strafrecht. Er moniert insbesondere, dass die Fixierung der rezeptionsgeschichtlichen Forschung auf das Privatrecht kriminalrechtliche Forschungsfragen in den Hintergrund gedrängt habe.[2062] LANGE / KRIECHBAUM führen allerdings sehr überzeugend und als Wegweiser für weitere Forschung aus: „Die Quellen, die das justinianische Recht über das Strafverfahren enthält, hauptsächlich die „libri terribiles" 47 und 48 in den Digesten und das 9. Buch des Codex, sind mit den zivilrechtlichen Quellen weder quantitativ noch qualitativ zu vergleichen. [...] Wenn die Legisten des Mittelalters ein für ihre Zeit brauchbares Recht schaffen wollten, so waren sie stärker noch als im Zivilrecht auf eigene Gedankenarbeit und auf eine Verschmelzung der antiken Quellen mit kanonischem Recht, mit Moralvorstellungen der Kirche, langobardischem Recht, mit Gewohnheiten und mit Regelungen in den Statutarrechten angewiesen. [...] Es ist kein Zufall, daß die bedeutendsten und am meisten verbreiteten Arbeiten von Verfassern stammen, die entweder nur oder doch in hohem Maße praktisch tätig gewesen sind."[2063]

Schon in Rom hatte die wissenschaftliche Beschäftigung mit dem Strafrecht spät eingesetzt.[2064] MOMMSEN bringt dies wie folgt auf den Punkt: „Wissenschaftlicher Behandlung hat das römische Strafrecht in seiner Gesammtheit nicht unterlegen, wie es denn überhaupt nicht einheitlich auftritt."[2065] Der Beginn einer erneuten wissenschaftlichen Auseinandersetzung mit der Materie lässt sich erst etwa in der Mitte des 12. Jahrhunderts in italienischen Stadtkommunen verorten.[2066] In deutschen Territorien allerdings basierte das Strafrecht noch bis ins 15. Jahrhundert in weiten Teilen auf Gewohnheitsrecht und Gerichtsgebrauch.[2067] Dies änderte sich grundlegend im 16. Jahrhundert, das als die

2061 Schlosser, Neuere Europäische Rechtsgeschichte, S. 84, Rn. 10.
2062 Schlosser, Neuere Europäische Rechtsgeschichte, S. 6 f., Rn. 15-17.
2063 Lange / Kriechbaum, Römische Recht im Mittelalter, Band 2, S. 932.
2064 Mommsen, Römisches Strafrecht, S. 534 f.
2065 Mommsen, Römisches Strafrecht, S. 533.
2066 Schlosser, Neuere Europäische Rechtsgeschichte, S. 84, Rn. 10.
2067 Schlosser, Neuere Europäische Rechtsgeschichte, S. 88, Rn. 19.

Auftaktepoche der deutschen Strafrechtswissenschaft, als Beginn des Zeitalters des gemeinen Strafrechts bezeichnet werden kann.[2068] In der Anfangsphase allerdings ist die „deutsche Strafrechtswissenschaft inhaltlich und methodisch völlig von der ausländischen, vor allem der italienischen Strafrechtsdoktrin abhängig, die sich auf der Grundlage des im Mittelalter wiederentdeckten und wiederbelebten römischen Rechts entwickelt hatte".[2069] Diese Abhängigkeit beruht maßgeblich auf zwei Faktoren. Erstens hatten die gelehrten Juristen jener Zeit in den meisten Fällen an italienischen Universitäten studiert und orientierten sich an dem dort Gelernten.[2070] Zweitens wurde im Jahre 1532 die Constitutio Criminalis Carolina (sogenannte Carolina) erlassen, die als das „bedeutendste Gesetzgebungswerk, das der Reichstag im Alten Reich verabschiedet hat", als „richtungsweisende Gerichtsordnung" und „Markstein in der Entwicklung des Strafverfahrensrechts" bezeichnet wird.[2071] Diese Carolina war weitgehend vom römisch-italienischen Straf- und Strafverfahrensrecht dominiert; sie sollte allerdings keineswegs einheimische Rechtsvorstellungen verdrängen, sondern diese einbinden.[2072] Einer der entscheidenden Gründe für die stärkere wissenschaftliche Bearbeitung und Durchdringung des Strafrechts war die Regelung, demzufolge in Zweifelsfällen Rechtsrat bei „Rechtsverständigen" einzuholen war, anstatt die Entscheidung den mit ungelehrten Laien besetzten Gerichten allein zu überlassen; dies führte zu einer regen Spruch- und Gutachtertätigkeit der juristischen Fakultäten an den deutschen Universitäten.[2073]

2068 Dorn, Zur Entwicklung der Strafrechtswissenschaft in Deutschland, S. 168; Schlosser, Neuere Europäische Rechtsgeschichte, S. 86, Rn. 14. Nach Dorn lässt sich das Zeitalter des gemeinen Strafrechts in drei Epochen unterteilen, siehe dazu auch Schmidt, Einführung in die Geschichte der deutschen Strafrechtspflege, S. 148.

2069 Dorn, Zur Entwicklung der Strafrechtswissenschaft in Deutschland, S. 168.

2070 Dorn, Zur Entwicklung der Strafrechtswissenschaft in Deutschland, S. 168.

2071 Steffen, Straftaten und ihre Ahndung in der niederen Gerichtsbarkeit des Fürstbistums Minden um 1600, S. 261. Einen kurzen Überblick zur Entstehung der Carolina, ihren Quellen und Verfassern liefert Schroeder, Die Peinliche Halsgerichtsordnung Kaiser Karls V., S. 131-140.

2072 Dorn, Zur Entwicklung der Strafrechtswissenschaft in Deutschland, S. 168 f.; Schmidt, Einführung in die Geschichte der deutschen Strafrechtspflege, S. 148-150.

2073 Eisenhardt, Deutsche Rechtsgeschichte, S. 209, Rn. 453 f.; Dorn, Zur Entwicklung der Strafrechtswissenschaft in Deutschland, S. 169. Siehe hierzu Art. 219 CCC (Schroeder, Die Peinliche Halsgerichtsordnung Kaiser Karls V., S. 127 f.).

Mit der Carolina begann also eine neue Epoche der Strafrechtspflege.[2074] Will man eine Entwicklungslinie bis hin zu diesem Punkt ziehen, so kann vereinfacht gesagt werden: Die Carolina beruhte in weiten Teilen auf der Constitutio Criminalis Bambergensis (Bambergensis) von 1507, und die Bambergensis wiederum beruhte in weiten Teilen auf der gelehrten italienischen Rechtsliteratur.[2075] Inhaltlich erweist sich die Carolina als eine Mischung aus Strafgesetzbuch und Strafprozessordnung.[2076] Ihre prozessualen Regelungen bilden die „zentrale normative Quelle für das Strafprozessrecht bis weit in die Aufklärungszeit hinein."[2077] Die Carolina unterschied zwei Arten des schriftlichen Strafprozesses:[2078] Der Akkusationsprozess gemäß Art. 11 CCC war ein durch Privatklage eingeleitetes Strafverfahren; der Inquisitionsprozess gemäß Art. 6-10 CCC hingegen wurde von Amts wegen eingeleitet. Die Verfahren unterschieden sich grundsätzlich von dem mündlichen Verfahren nach Sachsenspiegelrecht, bei dem keine Unterscheidung zwischen Zivil- und Strafrecht stattfand und die Parteien grundsätzlich persönlich mit ihren Fürsprechern erscheinen

---

2074 Schlosser, Neuere Europäische Rechtsgeschichte, S. 92, Rn. 23; Schmidt, Einführung in die Geschichte der deutschen Strafrechtspflege, S. 147. Insgesamt zur Entwicklung des Prozessrechtes siehe auch Ignor, Alexander: Geschichte des Strafprozesses in Deutschland 1532-1846. Von der Carolina Karls V. bis zu den Reformen des Vormärz, Paderborn 2002; beachte allerdings die Einwände in der Rezension von Schmoeckel, Mathias, in: ZRG, GA, Band 120/1 (2003), S. 713-715, der anmerkt, das Buch erleichtere zwar die Einarbeitung in das Themenfeld, sei aber nicht auf dem neuesten Forschungsstand und fremdsprachige Literatur fehle fast vollständig.

2075 Sehr lesenswert zur Carolina als ein Kollektivwerk mehrerer Reichstagsausschüsse und zu dem zu relativierenden Anteil des Johann Freiherr von Schwarzenberg siehe Mertens, Bernd: Gesetzgeber und Verfasser der Carolina, in: ZRG, GA, Band 138 (2021), S. 120-154.

2076 Oestmann, Wege zur Rechtsgeschichte: Gerichtsbarkeit und Verfahren, S. 209.

2077 Oestmann, Wege zur Rechtsgeschichte: Gerichtsbarkeit und Verfahren, S. 209.

2078 Oestmann, Wege zur Rechtsgeschichte: Gerichtsbarkeit und Verfahren, S. 210; Schlosser, Neuere Europäische Rechtsgeschichte, S. 93; Eisenhardt, Deutsche Rechtsgeschichte, S. 216-218, Rn. 468-472; sowie Schmidt, Einführung in die Geschichte der deutschen Strafrechtspflege, S. 76 ff. Nach Schlosser, Neuere Europäische Rechtsgeschichte, S. 90, Rn. 22, setzte sich in der Praxis der Inquisitionsprozess durch, denn die „Richtung wies die Maxime des kanonischen Rechts: „Es liegt im Interesse des gemeinen Nutzens, dass Verbrechen nicht ungestraft bleiben" (publicae utilitatis interest, ut crimina non remaneat impunita, Liber Extra 5.39.35)." Zu Art. 6 und 11 CCC siehe Edition von Schroeder, Die Peinliche Halsgerichtsordnung Kaiser Karls V., S. 26 f.

mussten.[2079] Der überkommene deutsche Strafprozess war ein reiner Akkusationsprozess gewesen, dessen Beweisrecht auf Eid, Zweikampf und Gottesurteil beruhte.[2080] Der Prozess wird als schwerfällig und unbeholfen beschrieben und war auf vielfache Weise dem Willen und Agieren der Parteien unterworfen.[2081]

Mit SCHMIDT sei aber darauf hingewiesen, dass es sich sowohl bei der Idee, die Verbrechensbekämpfung sei eine hoheitliche Aufgabe und damit bei der Entwicklung eines Inquisitionsprozesses, als auch bei der Einführung eines peinlichen Strafsystems keinesfalls um rein rezipiertes Gedankengut handelt; vielmehr hatten sich diese Grundsätze in den deutschen Territorien im Spätmittelalter bereits selbst herausgebildet.[2082] Der rezipierte Anteil bleibt trotz dieser Einschränkung natürlich groß; rezipiert sind die vielen prozessualen Einzelregelungen, das einheitliche peinliche Strafensystem, die differenzierte Ausgestaltung von Tatbeständen sowie die Einbringung allgemeiner Lehren (beispielsweise das Schuldprinzip in Art. 146 CCC, sowie Täterschaft und Teilnahme in Art. 177 CCC, und die Strafbarkeit des Versuchs in Art. 178 CCC).[2083] Die Carolina jedenfalls brachte in vielen Bereichen vor allem Rechtssicherheit.[2084]

Die Carolina verschriftlichte diejenigen Veränderungen in Prozess und Strafe, die sich in den Jahren zuvor ergeben hatten; revolutioniert wurden dabei insbesondere die Aspekte von Schuld, Beweis und Strafe. Statt an der Erfolgshaftung des alten Rechts festzuhalten, wurde nun nach der individuellen Verantwortlichkeit des Täters für die Tat gefragt.[2085] Im Beweisrecht wurde, weil häufig die ansonsten erforderlichen zwei Zeugen nicht aufgeboten werden konnten, verstärkt auf das Geständnis als „Königin der Beweise" gesetzt,

---

2079 Oestmann, Wege zur Rechtsgeschichte: Gerichtsbarkeit und Verfahren, S. 70.

2080 Schroeder, Die Peinliche Halsgerichtsordnung Kaiser Karls V., S. 131.

2081 Schroeder, Die Peinliche Halsgerichtsordnung Kaiser Karls V., S. 131 nennt als Beispiele die Ausübung von Druck auf den Geschädigten, das Abkaufen der Klagemöglichkeit oder die missbräuchliche Nutzung eines Reinigungseides.

2082 Schmidt, Einführung in die Geschichte der deutschen Strafrechtspflege, S. 114.

2083 Schmidt, Einführung in die Geschichte der deutschen Strafrechtspflege, S. 115-122.

2084 Schroeder, Die Peinliche Halsgerichtsordnung Kaiser Karls V., S. 131, der auch darauf hinweist, dass zuvor neben das zu wirkungslose alte deutsche Verfahren ein zu rücksichtsloses neues Verfahren getreten war.

2085 Schlosser, Neuere Europäische Rechtsgeschichte, S. 89 f., Rn. 21a mit folgendem Verweis: „Das römische Recht hatte die (subjektive) Zurechenbarkeit in der Rechtsregel kodifiziert: „Bei Verbrechen ist auf den Willen, nicht auf den Erfolg zu achten" (in maleficiis voluntas spectetur non exitus, D. 48.8.14)."

wobei dieses Geständnis oft durch Folter erlangt wurde.[2086] Was die Strafen anbelangt, so war das frühe Mittelalter regional noch vom Bußenstrafrecht der Sühnezahlung geprägt gewesen: Bußen und das sogenannte Wergeld, das bei Tötung einer Person gezahlt werden musste, bildeten ein ausgleichendes Kompositionensystem.[2087] Im Laufe des Mittelalters verschwand dieses System weitgehend; es setzten sich peinliche Strafen (und obrigkeitliche Geldstrafen, sogenannte Brüchen) durch.[2088] Es gab auch verschiedene Arten der Todesstrafe,[2089] Verstümmelungsstrafen,[2090] sonstige Körperstrafen,[2091] Schand- bzw. Ehrenstrafen,[2092] Freiheitsstrafen,[2093] sowie Stadtverweisung bzw. Acht und

---

2086 Oestmann, Wege zur Rechtsgeschichte: Gerichtsbarkeit und Verfahren, S. 210. Zu den umstrittenen Ursprüngen der mittelalterlichen deutschen Folter siehe Schmidt, Einführung in die Geschichte der deutschen Strafrechtspflege, S. 92-95.

2087 Eisenhardt, Deutsche Rechtsgeschichte, S. 201, Rn. 433.

2088 Schmidt, Einführung in die Geschichte der deutschen Strafrechtspflege, S. 56 f., der auch auf die für diese Veränderungen ursächlichen Gottes- und Landfrieden verweist. Siehe auch Eisenhardt, Deutsche Rechtsgeschichte, S. 201 f., Rn. 435. Isenmann, Die deutsche Stadt im Mittelalter, S. 512, schreibt zu den peinlichen Strafen: „Grausame Härte und Erfindungsreichtum kennzeichnen das Spektrum der mittelalterlichen Strafen […].Unter dem Einfluss alttestamentarischer Vorstellungen kam der Vergeltungsgedanke der Strafe vielfach im Talionsgedanken zur Geltung, wonach die Strafe dem Täter das gleiche Übel zufügen sollte, das dieser dem Verletzten angetan hatte, bei günstiger Auslegung des Gedankens aber auch nicht mehr. Für den Strafzweck war auch der Gedanke bedeutsam, das die sündhafte Missetat die göttliche Ordnung verletzte und der dadurch beleidigte und zornige Gott durch die Bestrafung des versöhnt werden musste, damit Unheil durch göttliche Strafen – Hungersnöte, Unwetter und Krankheiten – abgewendet wurde. Vor allem aber sollte die Strafe der Abschreckung dienen und den Verbrecher unschädlich machen.“

2089 Isenmann, Die deutsche Stadt im Mittelalter, S. 512; Schmidt, Einführung in die Geschichte der deutschen Strafrechtspflege, S. 61 f.; Eisenhardt, Deutsche Rechtsgeschichte, S. 202 f., Rn. 437. Siehe dort auch zu den todeswürdigen Verbrechen.

2090 Isenmann, Die deutsche Stadt im Mittelalter, S. 512 f.; Schmidt, Einführung in die Geschichte der deutschen Strafrechtspflege, S. 62 f.; Eisenhardt, Deutsche Rechtsgeschichte, S. 203, Rn. 439.

2091 Schmidt, Einführung in die Geschichte der deutschen Strafrechtspflege, S. 62.

2092 Isenmann, Die deutsche Stadt im Mittelalter, S. 513; Schmidt, Einführung in die Geschichte der deutschen Strafrechtspflege, S. 64; Eisenhardt, Deutsche Rechtsgeschichte, S. 203, Rn. 440.

2093 Isenmann, Die deutsche Stadt im Mittelalter, S. 514; Schmidt, Einführung in die Geschichte der deutschen Strafrechtspflege, S. 64 f.; Eisenhardt, Deutsche Rechtsgeschichte, S. 203 f., Rn. 441. Aufgrund der Behandlung der Gefangenen (wie Ankettung und Speisung nur mit Wasser und Brot) ist die Gefängnisstrafe zu verstehen als eine

Verbannung.[2094] Eine solche Strafvielfalt war auch bereits dem römischen Recht bekannt gewesen.[2095] Dabei war die Todesstrafe sowohl in den Anfängen als dann auch wieder in der späteren Kaiserzeit häufig anzutreffen.[2096]

Eine Bewertung der prozessrechtlichen Regelungen der Carolina muss auch fast 500 Jahre nach ihrem Erlass gemischt ausfallen.[2097] Die Beibehaltung der Folter und die Personenidentität von Ankläger und Richter widersprechen dem Gedanken eines fortschrittlichen Strafprozessrechts, und die Carolina ist im negativen Sinne insbesondere bekannt als Grundlage für zahlreiche Hexenprozesse. Auf der anderen Seite trug sie doch zu einer Rationalisierung der Gerichtspraxis bei, sowie zur Fortbildung des Strafrechts und der Einschränkung von Willkür durch die Hinzuziehung von Rechtsverständigen.

Was den materiellrechtlichen Anteil der Carolina anbelangt, so wurden die Straftatbestände einiger Delikte (Mord, Totschlag, Diebstahl, Münzfälschung) konkret normiert; und zudem Regelungen geschaffen, die zum Bereich der später sog. Allgemeinen Lehren gehören.[2098] Die Carolina ist aber keineswegs eine abschließende Kodifikation gewesen – so fehlen beispielsweise umfassende Regelungen zu den Delikten der Körperverletzung oder Beleidigung. Auch blieb gemäß Art. 105 CCC indirekt der Rückgriff sowohl auf Grundsätze des römisch-kanonischen Rechts, als auch auf lokale Rechtsgewohnheiten erlaubt.[2099] Aufgrund einer salvatorischen Klausel konnte die Carolina zudem

---

„mit Freiheitsentziehung verbundene Leibesstrafe", siehe Schmidt, Einführung in die Geschichte der deutschen Strafrechtspflege, S. 194.

2094 Isenmann, Die deutsche Stadt im Mittelalter, S. 514; Schmidt, Einführung in die Geschichte der deutschen Strafrechtspflege, S. 63 f.

2095 Mommsen, Römisches Strafrecht, S. 897-1049, berichtet ausführlich über Todesstrafe, Verlust der Freiheit, Zwangsarbeit, Verlust des Bürgerrechts, Gefängnis, Verbannung, Körperstrafen, „bürgerliche Zurücksetzung" (z. B. Intestabilität und Ämterausschluss), Vermögenseinziehung, und Bußen.

2096 Mommsen, Römisches Strafrecht, S. 939-944, zur Geschichte der römischen Todesstrafe.

2097 Maetschke, Matthias: Die Peinliche Gerichtsordnung Kaiser Karls V. von 1532, S. 32.

2098 Schlosser, Neuere Europäische Rechtsgeschichte, S. 94, Rn. 28, spricht insofern gar in Bezug auf die Straftatbestände von einer „Berücksichtigung des Bestimmtheitsgebotes" und in Bezug auf Vorsatz, Fahrlässigkeit und Versuch von einem „Allgemeinen Teil", wobei er diese Bezeichnung aber in Anführungszeichen setzt. Die Verwendung derartiger Terminologie erscheint jedoch für die Carolina noch nicht passend, weil sie dem heutigen rechtsstaatlichen Standard und Verständnis entspringt.

2099 Oestmann, Wege zur Rechtsgeschichte: Gerichtsbarkeit und Verfahren, S. 209. Art. 105 CCC (Schroeder, Die Peinliche Halsgerichtsordnung Kaiser Karls V., S. 71):

durch abweichendes einheimisches Recht der Territorien verdrängt werden.[2100] So enthält auch die Mindener Stadtrechtsreformation in Liber III zehn Titel mit insgesamt 67 Artikeln mit strafrechtlichen Regelungen; zudem wurden 1600 und 1643 eigene Halsgerichtsordnungen erlassen.[2101] Die Niederschrift vieler dieser Regelungen wäre aufgrund der Existenz der Carolina eigentlich nicht nötig gewesen. Hier kamen jedoch mehrere Motivationen zum Tragen: der Bereich des Strafrechts war für den Gesetzgeber prestigeträchtig, konnte er doch dort seine Herrschaftsmacht deutlich machen als diejenige Instanz, die Sicherheit garantierte und Verfehlungen ahndete; außerdem war es das Verständnis einer Rechtsreform, dass diese alle Rechtsbereiche umfassen musste, wenn sie eine „richtige" Reform sein sollte.[2102] So verwundert es nicht, dass das frühneuzeitliche Strafrecht in den deutschen Territorien gerade gekennzeichnet ist durch eine starke Normenpluralität: neben das alte einheimische Gewohnheitsrecht in Statuten und Weistümern tritt das römisch-kanonische, rezipierte Recht, und letztlich eine Vielzahl neuer Strafgesetze (Malefiz-, Halsgerichts-, Kriminal-, und Policeyordnungen).[2103]

„Item ferner ist zuuermercken, inn war peinlichen fellen oder verklagungen, die peinlichen straff inn disen nachuolgenden artickeln nit gesetzt oder gnugsam erklert oder verstendig wer, sollen Richter vnd vrtheyler (so es zu schulden kompt) radts pflegen, wie in solchen zufelligen oder vnuerstendtlichen fellen, vnsern Keyserlichen rechten, vnd dieser vnser ordnung am gemessigsten gehandelt vnnd geurtheylt werden soll, vnd alßdann jre erkantnuß danach thun […].“

2100 Oestmann, Wege zur Rechtsgeschichte: Gerichtsbarkeit und Verfahren, S. 209. Die salvatorische Klausel befindet sich am Ende der Vorrede, siehe Edition von Schroeder, Die Peinliche Halsgerichtsordnung Kaiser Karls V., S. 10: *„Doch wollen wir durch diese gnedige erinnerung Churfürsten Fürsten und Stenden, an jren alten wohlherbrachten rechtmessigen vnnd billichen gebreuchen nichts benommen haben.“*

2101 Nachlass Schroeder, Berlin. Bedauerlicherweise gibt Schroeder keine Fundstellen/Signaturen für diese Halsgerichtsordnungen an. Hingewiesen werden kann aber auf die Notizen von Schlicke in LAV NRW W, Ms VII, 2902b zum Halsgericht (Digitalisatblatt 66-68, sowie 75-77).

2102 Lebkücher, Die Grafschaft Tecklenburg und die Justizreform von 1613, S. 207.

2103 Härter, Strafrechts- und Kriminalitätsgeschichte der Frühen Neuzeit, S. 41, der aber auf S. 65 auch anmerkt: „Freilich waren auch die einzelnen Ordnungen und Gesetze oft durch fehlende Systematik und normative Unbestimmtheit gekennzeichnet: Weder waren alle Delikte noch die dafür jeweils angedrohten Strafen strafrechtlich abschließend festgeschrieben. Gleiches gilt für die oft unvollständigen und teils mit materiellrechtlichen Bestimmungen vermischten Normen zu Strafverfahren […].“

Die Mindener Stadtrechtsreformation wurde 1613 erlassen und damit im 17. Jahrhundert, das SCHMIDT als das Jahrhundert bezeichnet, in dem die „Mündigwerdung und Verselbstständigung der deutschen Strafrechtswissenschaft" stattfand.[2104] Großen Anteil an der Entwicklung dieser eigenständigen deutschen Strafrechtswissenschaft hatte der Leipziger Jurist Benedict Carpzov (1595-1666), dessen Werk „Practica nova imperialis Saxonica rerum criminalium" die Strafrechtswissenschaft über Jahrzehnte mit „nahezu gesetzlicher Autorität" prägte.[2105] Carpzov unternahm den Versuch, das gemeine Recht mit dem sächsischen Recht samt sächsischem Gerichtsgebrauch zu verschmelzen.[2106] Allerdings wurde das einflussreiche Werk erst 1635 veröffentlicht und war damit 22 Jahre jünger als die Mindener Stadtrechtsreformation von 1613. Averberg konnte folglich das Carpzovsche Gedankengut und die wissenschaflichen Durchdringungs- und Kombinationsleistungen nicht kennen und in seine Arbeit einbringen.

II. Mindener Straf- und Strafprozessrecht

Richten wir nun den Blick genauer auf das Mindener Straf- und Strafprozessrecht, so fällt zunächst auf, dass es wieder einmal der bereits bekannte KRIEG war, der sich als Erster mit diesem Aspekt der Mindener Stadtrechtsreformation beschäftigt hat, wenn auch seine Ausführungen zum Strafrecht in weiten Teilen auf dem Niveau eines zusammenfassenden Überblickes verbleiben.[2107] Wie bereits im Inhaltsüberblick zur Stadtrechtsreformation ausführlicher dargestellt, enthält der Liber III zehn Titel: (1) Glücksspiel, (2) Körperverletzung und Beleidigung, (3) Schadensersatz (Lex Aquilia), (4) Mandatsverachtung, (5) Aufstands- und Verschwörungsverbot, (6) Ehebruch und Prostitution, (7) Diebstahl, (8) Totschlag, (9) Geleit.

Ältere Mindener Rechtsaufzeichnungen, die in größerem Umfang strafrechtliche Regelungen enthalten, sind nicht überliefert und können daher nicht mit diesen Titeln verglichen werden. In Ermangelung einer Mindener Überlieferung

---

2104 Schmidt, Einführung in die Geschichte der deutschen Strafrechtspflege, S. 147.

2105 Dorn, Zur Entwicklung der Strafrechtswissenschaft in Deutschland, S. 169 f.

2106 Dorn, Zur Entwicklung der Strafrechtswissenschaft in Deutschland, S. 170; Eisenhardt, Deutsche Rechtsgeschichte, S. 210, Rn. 455.

2107 Krieg, Verbrechen und ihre Strafen im alten Minden, in: Der Ravensberger, Jahrgang 4 (1929), S. 69-71. (In weiten Teilen identisch mit Krieg, Strafbare Handlungen und ihre Sühne im alten Minden, in: Mindener Heimatblätter, Jahrgang 7 (1929), Nr. 10, S. 1 f. und Jahrgang 7 (1929), Nr. 11, S.1, aber etwas ausführlicher.)

wurde daher die sogenannte Lübbecker Stadttafel vom 23.04.1501 bereits für einen ersten, allerdings nicht sonderlich ergiebigen Vergleich herangezogen. Es ist davon auszugehen, dass das Mindener Strafrecht von der Carolina (1532) in weiten Teilen verdrängt wurde. So findet sich auch in der Stadtrechtsreformation von 1613 in Liber III, Tit. 8, Art. 3 zum Totschlag eine direkte Bezugnahme auf die Anwendbarkeit der Carolina (*„nach Außweisung deß hochlöblichen Kaysers Caroli V. peinlicher Halsgerichts-Ordnung“*). Aufschlussreich könnte es allerdings sein, die Artikel der Carolina mit denen der Mindener Stadtrechtsreformation zu vergleichen. Wollten also die Mindener Ratsherren eigenes Straf- und Strafprozessrecht lediglich setzen, um ihren strafrechtlichen Hoheitsanspruch nach außen deutlich zu machen oder gibt es tatsächlich inhaltliche Differenzen zwischen den beiden Rechtsordnungen? Bei Vergleichen des Mindener Rechts mit der Carolina können zudem die Mindener Bruchrollen jener Zeit hinzugezogen werden (1566,[2108] 1604,[2109] 1638,[2110] und 1673[2111]).

Zunächst ist festzuhalten, dass die Carolina in weiten Teilen abstrakte Regelungen für den Strafprozess enthält. Die Mindener Stadtrechtsreformation kennt dieses Maß an Abstraktion nicht. Innerhalb der einzelnen Titel zu den jeweiligen Verbrechen finden sich zwar teilweise prozessuale Regelungen, beziehen sich aber eben ausschließlich auf das entsprechende Delikt.[2112] Für weiteres Prozessrecht waren die Mindener Halsgerichtsordnungen einschlägig. Die Mindener Stadtrechtsreformation enthält auch keinen „Allgemeinen Teil“ zum materiellen Strafrecht, der nach heutiger Auffassung Regelungen zu Schuld, Notwehr, Täterschaft und Teilnahme, Versuch und Vollendung sowie Konkurrenzen enthalten müsste. Die Carolina zeichnet sich aber gerade durch solches rezipiertes Gedankengut aus. Bei einem weiteren Vergleich der Artikel der Mindener Stadtrechtsreformation mit der Carolina fällt auf, dass die Stadtrechtsreformation einige Delikte geregelt hat, die in der Carolina nicht vorkommen. Besonders auffällig ist dies bezüglich Glücksspiel, Körperverletzung und Beleidigung.

2108 KA Minden, Stadt Minden B, Nr. 396, Blatt 1-8 vom 18.02.1566 und KA Minden, Stadt Minden B, Nr. 368, Blatt 10-18 vom 18.02.1566.
2109 KA Minden, Stadt Minden B, Nr. 368, Blatt 19-25 vom 16.07.1604.
2110 KA Minden, Stadt Minden B, Nr. 268, Blatt 17-35.
2111 KA Minden, Stadt Minden B, Nr. 268 (alt).
2112 Exemplarisch zum Prozess bei verbalen Injurien siehe Liber III, Tit. 2, Art. 2-7.

1. Glücksspiel

Das unerlaubte Glücksspiel[2113] scheint ein in Minden „stark verbreitetes Laster" gewesen zu sein, die Stadtrechtsreformation stellt es sogar an den Anfang ihres Strafkataloges.[2114] Schon um 1400 benötigte man in Minden eine Sondererlaubnis des Rates zum Würfelspiel.[2115] Die Mindener Bruchrollen verbieten das Würfel- und Kartenspiel mit Gewinnabsicht durchgehend und belegen es mit einer Strafe von 5 Mark.[2116] Dieses Verbot findet sich mit gleichbleibender Strafe in allen vier Bruchrollen der Jahre 1566, 1604, 1638 und 1673.[2117]

Bereits im 13./14. Jahrhundert hatten sich in vielen deutschen Territorien sowohl eine Einschränkung der Rechtswirksamkeit von Spielverträgen als auch mit Strafandrohungen versehene polizeiliche Verbote gegen bestimmte Spielarten etabliert.[2118] Nach römischem Recht hatte es nur fünf zulässige Spiele gegeben, wobei es sich um gymnastische Spiele mit geringem Einsatz gehandelt hat; alle anderen Spiele waren verboten und daraus resultierende Spielschulden konnten zurückverlangt werden.[2119] Insgesamt wurde gegen das Glücksspiel mit Strenge eingeschritten und die Strafe lautete möglicherweise sogar auf Verbannung.[2120] Dieses umfassende

---

2113 Einen rechtshistorischen Überblick zu Spiel und Wette liefert: Dorn, §§ 762-764, 656, 814, 2. Fall. Unvollkommene Verbindlichkeiten, in: HKK, Band 3, Schuldrecht: Besonderer Teil, §§ 433-853, 2. Teilband: §§ 657-853, S. 2170 ff.

2114 Krieg, Verbrechen und ihre Strafen im alten Minden, in: Der Ravensberger, Jahrgang 4 (1929), S. 69.

2115 Stadtbuch 1318, II, 76, nach Schroeder, Stadtrecht, S. 76.

2116 Pahl, Obrigkeit und Ordnungspolitik, S. 110. Art. 39 der Bruchrolle 1566 (Linnemeier, Städtische Obrigkeit als ordnungsstiftende Instanz, S. 247): *„Nach deme uth und von dem spile mit worpelen und karten umb geldt tho budell mordt und doitslach, ock sunst allerhandt ungelucke offt sich begibt, ist derselbigen bei pëen vingg marck zu jeder zeit vorboden [späterer Zusatz: nemblich wan etzliche uf gewinst und sonst[en] uf spizbubeey spielen, und soll sonst damit nicht gemeint sein, wan erliche leuthe zur ergezlichkeit und nicht zum gewinst mit der charten sich belustigen].*"

2117 Pahl, Obrigkeit und Ordnungspolitik, S. 110.

2118 Gierke, Schuldrecht, S. 808 f.

2119 Gierke, Schuldrecht, S. 809, mit Fn. 13, mit Verweis auf D. 11, 5 und Justinian in C. 3, 43. Zum verbotenen Glücksspiel siehe auch Mommsen, Römisches Strafrecht, S. 860 f., der auf die Ausnahme des erlaubten Wetteinsatzes bei Kampfspielen hinweist; sowie Rabe, Lüneburger Stadtrechtsreformation, S. 124, mit Fn. 656.

2120 Mommsen, Römisches Strafrecht, S. 861.

römische Recht konnte sich dann in der Praxis der Rezeptionszeit aber nicht durchsetzen.[2121]

2. *Injurien*

Liber III, Tit. 2 ist tituliert mit *„De Injuriis. Von Injurien, Schelten, Schlagen und Verwunden"*. Der Titel enthält Regelungen zu den unterschiedlichen Verletzungsklagen, dies sind einerseits verbale Ehrverletzungen in Wort oder Schrift sowie andererseits tätliche Körperverletzungen. Die enthaltende Dreiteilung der Delikte findet sich so zwar nicht im römischen Recht, entspricht aber der theoretischen Einteilung der Rezeptionszeit.[2122] Das römische Recht hatte *iniuria*, also Unrecht, als Gegensatz zu *ius*, also Recht, verstanden, und auf dieser Grundlage eine Zweiteilung vorgenommen: Es gab die rechtswidrige Personalverletzung und die rechtswidrige Sachbeschädigung.[2123] Iniuria wurde dabei verstanden als „absichtliche und widerrechtliche Verletzung der Persönlichkeit eines Dritten."[2124] Die Persönlichkeit konnte in dreierlei Hinsicht verletzt werden: am Körper, an der Rechtsstellung oder an der Ehre.[2125] Als Rechtsfolge war die Zahlung einer Buße mit Genugtuungsfunktion im Sinne auch eines Schmerzensgeldes vorgeschrieben. Wenn die Mindener Stadtrechtsreformation mithin unter dem Titel *„De Injuriis"* sowohl Beleidigung als auch Körperverletzungen ahndet, steht sie damit klar in der Tradition des römischen *iniuria*-Verständnisses.

a) *Beleidigung*

Beleidigungsklagen scheinen sehr häufig vor den Mindener Rat gebracht worden zu sein.[2126] So ist in der Stadtrechtsreformation selbst zu lesen, dass *„das*

2121 Gierke, Schuldrecht, S. 809: „Indessen setzte sich im Leben die römische Auffassung nicht durch, da sich im deutschen Rechtsbewusstsein die Anschauung behauptete, dass Spielschulden „Ehrenschulden" sind."

2122 Coing, Frankfurter Reformation von 1578, S. 59 f. mit Verweis auf die römischrechtlichen Regelungen zur Beleidigung in Ulpian D. 47, 10, 1, 1 und Ulpian D. 47, 10, 15, 29. Des Weiteren sei verwiesen auf C. 9, 35 (De iniuriis) sowie C. 9, 36 (De famosis libellis).

2123 Mommsen, Römisches Strafrecht, S. 784.

2124 Mommsen, Römisches Strafrecht, S. 785.

2125 Mommsen, Römisches Strafrecht, S. 787.

2126 Krieg, Verbrechen und ihre Strafen im alten Minden, S. 69. Krieg ist der Meinung, die „edle Weiblichkeit hat nicht geringen Anteil an solchen Vergehen […]." Siehe aber Steffen, Straftaten und ihre Ahndung in der niederen Gerichtsbarkeit des Fürstbistums Minden um 1600, S. 267, zum Amt Petershagen 1596/1597: „Erstaunlicherweise war das Delikt der Beleidigung ganz überwiegend eine Männerangelegenheit;

Schelten und Schmehen groß überhand an allen Orten nimmt [...]".[2127] Dies führt zu der erstaunlichen Forderung: „*schildt und schmehet einer den anderen aus böslichem Vorsatze an seinem Glimpff und Ehren gröblich, der soll ihm umb solcher Schmahe gebührliche Antwort thun.*" Die Häufigkeit des Klageverfahrens bei Ehrverletzungen erklärt sich durch die besondere Bedeutung der Ehre in der frühneuzeitlichen Gesellschaft. Wer es unterließ, gegen Ehrverletzungen vorzugehen, der riskierte, dass sein sozialer Rang in der ständischen Gesellschaft dauerhaft erheblich geschmälert wurde.[2128]

Die Mindener Regelungen zu den Beleidigungen enthalten zunächst in weiten Teilen Prozessrecht,[2129] bevor auf die einzelnen Beleidigungsvarianten und die angedrohten Strafen eingegangen wird. Schmähungen werden nach der Mindener Stadtrechtsreformation grundsätzlich mit zehn Reichstalern bestraft.[2130] Ist der Täter zahlungsunfähig, drohen ihm 14 Tage Gefängnis.[2131] Strafschärfend werden drei Varianten eingeführt. Schmäht einer den anderen „*in Angesicht der Obrigkeit*", drohen ihm zwei Nächte in der Veste und die Strafe von zehn Reichstalern.[2132] Schmäht einer den anderen „*mit famös Schrifften, Schmehekarten, Reimen oder Catilenen*", steht sogar eine „*wilkührliche Straffe an Leib und Gut*" im Raum.[2133] Wer der „*Obrigkeit und Regenten dieser Stadt übel nachredet, dieselbe schmehet und verachtet*", dem droht ebenfalls Gefängnis, wobei die Stadtrechtsreformation hierzu keine zeitliche Vorgabe vornimmt.[2134] Aufgrund eines Urteilsspruches des Rates ist aber anzunehmen, dass stattdessen auch zur Auspeitschung oder Verbannung verurteilt wurde, weil der Rat ihm gegenüber ausgesprochene Beleidigungen als die abscheulichsten Beleidungen

---

Frauen waren als Täter nur zu 10% und als Geschädigte nur zu 15% beteiligt." Für die Reichsebene siehe Fuchs, Ralf-Peter: Um die Ehre. Westfälische Beleidigungsprozesse vor dem Reichskammergericht (1525-1805), Paderborn 1999.

2127 Liber III, Tit. 2, Art. 1.

2128 Preuße, „Von verschiedenen bösen Discursen". Ehre, Unzucht und Ehebruch im frühneuzeitlichen Minden, S. 34. Preuße weist überdies auf Folgendes hin: „Dabei war Ehre kein exklusives Oberschichtenphänomen, sondern wurde in allen Gesellschaftsschichten als höchst wichtig empfunden, zumal vormoderne Unterschichten selten mehr als ihre Ehre zu verlieren hatten."

2129 Liber III, Tit. 2, Art. 2-7.

2130 Liber III, Tit. 2, Art. 5.

2131 Liber III, Tit. 2, Art. 8.

2132 Liber III, Tit. 2, Art. 9.

2133 Liber III, Tit. 2, Art. 11.

2134 Liber III, Tit. 2, Art. 12.

wertete.[2135] Beleidigungen mit einer Buße zu strafen, war bereits im römischen Recht üblich.[2136] Schmählieder und Schmähschriften konnten aber auch dort durchaus schärfer bestraft werden, weil nicht die persönliche Beleidigung, sondern die als Gefährdung des Gemeinwesens verstandene Veröffentlichung und Weitergabe entscheidend waren.[2137]

Im Mindener Stadtbuch von 1318 ist eine Dortmunder Rechtsweisung zu bußbewährten Beleidigungen aus der Zeit um 1400 überliefert, die Averberg tituliert hat mit „*Informatio Tremoniensium in causa iniuriarum*".[2138] Die Rechtsweisung ist relativ umfangreich, weil sie zunächst den von Minden zuvor geschilderten Sachverhalt wiedergibt, wonach sich zwei junge Bürger gegenseitig mit ehrverletzenden Aussagen überzogen haben.[2139] Letztlich, wohl weil auch die Ratsehre in gewisser Weise angegriffen war, lautet die rechtliche Weisung der Dortmunder: „*Were sulks in vnssir stad gheschen, so hed de antworder deme rade ghebroken vnsses stades hogheste koer, dat ys teyn marck vnde eyn voder wyns.*" Die Mindener Bruchrolle von 1566 enthält in Art. 20 ebenfalls Verbote von Schmähschriften, Läster- und Scheltworten und belegt sie mit einer Strafe von zehn Goldgulden.[2140] Dieses Verbot mit gleichbleibender Strafe findet sich in allen vier Bruchrollen der Jahre 1566, 1604, 1638 und 1673.[2141]

2135 Ius Statutarium Reipublicae Mindensis, S. 279, Decisio 2: „*Injuria Senatui illata pro atrocißima habetur, unde & injurians poena fustigationis vel relegationis afficiendus.*" Diese Decisio besagt übersetzt: Dem Senat zugefügte Beleidigungen gelten als die abscheulichsten, und daher wird der Beleidiger mit Auspeitschung oder Verbannung bestraft.

2136 Coing, Frankfurter Reformation von 1578, S. 60; Mommsen, Römisches Strafrecht, S. 802-806.

2137 Mommsen, Römisches Strafrecht, S. 795, 800-801.

2138 Stadtbuch 1318, I, 180, nach Schroeder, Stadtrecht, S. 47 f., mit Fn. w.

2139 Auszug aus dem Stadtbuch 1318, I, 180, nach Schroeder, Stadtrecht, S. 48: „*Dyn vader sat yo in deme radstole vor enen wanbordighen man.*" Der Ausdruck „wanbordig" als Form von „wahnbürtig" steht nach Grimm, Deutsches Wörterbuch, Band 27, Sp. 648 für „unehelich". In der Beleidigung wird folglich ein Ratsitz in Verbindung gebracht mit einer unehelichen Geburt.

2140 Art. 20 der Bruchrolle 1566 (Linnemeier, Städtische Obrigkeit als ordnungsstiftende Instanz, S. 245): „*Schmewort oder lasterschrifft. Sindt all schmeschriften, laster und scheltword thom hoigestesn bei vorlust teien goltgulden, so offt ehr betreden, verboden und der mit dem andern thodonde, schall seine sache mit rechte und nit mit schelden außrichten.*"

2141 Pahl, Obrigkeit und Ordnungspolitik, S. 110.

Die Klagefrist für Beleidigungsklagen betrug nach der Mindener Stadtrechtsreformation „*Jahr und Tag*",[2142] belief sich also auf ein Jahr, sechs Wochen und einen Tag.[2143] Diese sächsische Frist ist sehr ähnlich der römischen Frist bei einfachen Beleidigungsdelikten, die sich auf ein Jahr belief.[2144]

Zwei weitere beachtliche Feststellungen zum Beleidigungsprozess ergeben sich nicht aus der Stadtrechtsreformation selbst, sondern aus den ihr von Crusius beigefügten Decisiones. So war erstens gegen eine Beleidigungsklage ein Reinigungseid des Beklagten zulässig,[2145] und zudem war anscheinend eine Form des gerichtlichen Widerrufes anerkannt.[2146]

b) Körperverletzung

Abzugrenzen von den verbalen Injurien sind die tätlichen Injurien, die in Liber III, Tit. 2, Art. 14-17 geregelt wurden. Zur Einordnung dieser Straftatbestände ist zunächst ein Blick auf die Geschichte der Strafbarkeit von Körperverletzungen zu werfen. Bei dieser Thematik gilt, wie bei so vielen anderen strafrechtlichen Materien ebenfalls, dass sich „Verbrechen bei allen Völkern und zu allen Zeiten bis zu einem gewissen Gerade gleichen".[2147] So wurde beispielsweise in Rom die Körperverletzung als Hauptausprägung der *iniuria* schon im Zwölftafelrecht (um 450 v. Chr.) mit Strafe belegt.[2148]

Der Sachsenspiegel unterscheidet bei Körperverletzungen zwischen Wunden und Schlägen.[2149] Die Bestrafung für das Zufügen einer Fleischwunde war das Abschlagen der Hand;[2150] wohingegen bei Schlägen eine Buße zu zahlen

2142 Liber III, Tit. 2, Art. 13.

2143 Liber I, Tit. 16, Art. 9.

2144 Coing, Frankfurter Reformation von 1578, S. 60 mit Verweis auf C. 9, 35, 5 von Kaiser Diocletian und Maximian.

2145 Ius Statutarium Reipublicae Mindensis, S. 283, Decisio 7: „*Iniurians, qui negat se verba iniuriosa animo injuriandi protulasse, consideratis personis, & injuriae circumstantiis, qvandoque ad juramentum purgations admittitur.*", was frei übersetzt bedeutet: Einem Beleidiger, der bestreitet, beleidigende Worte in beleidigender Absicht geäußert zu haben, wird unter Berücksichtigung der Person und der Umstände der Verletzung erlaubt, sich mit dem Eid zu säubern.

2146 Ius Statutarium Reipublicae Mindensis, S. 283 f., Decisio 8 zur Revocatio.

2147 Mommsen, Römisches Strafrecht, S. 530, allgemein zu strafrechtlichen Delikten.

2148 Mommsen, Römisches Strafrecht, S. 790, mit Verweisen auf die späteren D. 47, 10.

2149 His, Die Körperverletzungen im Strafrecht des Mittelalters, S. 76 f. Siehe zu den Körperverletzungen auch Scheele, Di sal man alle radebrechen, S. 153 ff.

2150 Ssp. Ldr. II, 16, § 2 (Ebel, Sachsenspiegel, S. 83): „*Wer den anderen lemet adir wundet, wirt her des verweunden, man slet im de hant abe.*"

war.[2151] Die älteren Stadtrechte im engrischen und westfälischen Raum entwickeln verschiedene Differenzierungskriterien innerhalb des Wundbegriffes, wie die Verwendung einer scharfen Waffe oder das Wundausmaß, und hiernach richtete sich dann auch die Strafe.[2152] Für Minden ist eine Eintragung im Stadtbuch von 1318 überliefert, die eine Klage aufgrund einer „*blotrennynyghe*" zum Gegenstand hat.[2153] Hierbei handelt es sich um die sogenannte Blutrunst, zu verstehen als eine blutige Verletzung.[2154] In dieser Eintragung aus den Jahren um 1360 tritt uns das Akkusationsprinzip jener Zeit deutlich entgegen, denn „*de, deme wunde gheschen is, mach claghen vmme de blotrennynghe, vnde dar scal men en tho antworden. War ouer nyn cleghere es ist, dar ene is nyn rychte.*" Aus zwei Rechtsweisungen der Stadt Dortmund an Minden aus den Jahren um 1400 wird zudem deutlich, dass bereits zu dieser Zeit ein Geldstrafensystem für Körperverletzungen etabliert war.[2155]

2151 Ssp. Ldr. II, 16, § 8 (Ebel, Sachsenspiegel, S. 84): „*Wen man ane vleschwunden slet adir beschilt lugenere, deme sal man buze geben nach siner geburt.*" Ssp. Ldr. III, 37, § 1 (S. 133): „*Wer den anderen slet ane vleschwunden adir roufet, wirt her gevangen mit gerochte unde vor gerichte bracht, ez en get im an den halz noch an sin gesunt, sunder gewette unde buze verboret her dar an.*"

2152 His, Die Körperverletzungen im Strafrecht des Mittelalters, S. 81-85 m. w. N. u.a. zum Recht in Hannover und Dortmund.

2153 Stadtbuch 1318, I, 142, nach Schroeder, Stadtrecht, S. 39: „*Vortmer eyn recht is: Schůt en en blotrennynge in enem vnses | borgeres hus, de borghere mach claghen vmme de vnuoghe, de em gheschen is in sime hus; vnde de, dem wunde gheschen is, mach claghen vmme de blotrennynge, vnde dar scal men en tho antworden. War ouer nyn cleghere es ist, dar ene is nyn rychte.*"

2154 DRW, Band II, Sp. 385.

2155 Stadtbuch 1318, I, 142, nach Schroeder, Stadtrecht, S. 39: „*Item eyn recht ys in vnssir stad: De den anderen to synem vnwillen antastet, de breket der stad kore, dat ys XIII Schillinge; vnde heylde he one to gheuende, dat were na vnssir stad rechte eyn gewalt, dat ys V marck; vnde sulke schult, alse de bekent vnde ghepouet hefft th gheuende, der bekenntnisse vnde loffte heylde wy van geynem werde.*" Hinzuweisen ist allerdings darauf, dass diese Eintragung von Averberg mit einem „non ex[tractum]" versehen wurde, vgl. Stadtbuch 1318, I, 142, nach Schroeder, Stadtrecht, S. 39, Fn. o. Des Weiteren Stadtbuch 1318, I, 178, nach Schroeder, Stadtrecht, S. 47: „*Recht ys in vnssir stad: Vnwilligheden seck twe vnssir borgheren sone, sot dat orer eyn den anderen buten vnssir stad vnde gherichte in nachtijden myt enem messede in syn houet gewndet hedde, so vere alse de wůnde nicht kamporodich were, so were dat eyn gewalt, vnde de broke were vijff marck, vnde den suluen broke were wij mechtich to manende effte wuit to schelden.*

Die Mindener Bruchrolle enthält in Art. 22 ebenfalls ein Verbot körperlicher Gewalt („*blodich oder blauw slaen*") mit Strafe von zehn Mark.[2156] Dieses Verbot findet sich mit gleichbleibender Strafe in allen vier Bruchrollen der Jahre 1566, 1604, 1638 und 1673.[2157] Für Minden lässt sich auch im Lübecker Rezess von 1572 diese Buße und daneben eine Buße an den Wichgrafen ausmachen: „*[…] daß der Weichgraeffe die alt gewontliche Fünff Marck und der Rhaedt auch nicht mehr dan Zehen Marck zum Bludtrunst-Bruche zu fürderhn, […]*".[2158] Bruche sind in diesem Zusammenhang die zu zahlenden Geldstrafen.[2159]

In der Mindener Stadtrechtsreformation ist eine Klage wegen Körperverletzung innerhalb einer Frist von fünf Jahren möglich.[2160] Erfasst sind alle „*tädtlichen Injurien […], als da einer den anderen gestochen, geschlagen, verwundet und verlehmet*".[2161] Bezüglich der Strafzumessung wird nicht nach dem Ausmaß der Verletzung oder der benutzten Waffe differenziert, sondern nach dem Ort der Tat; als Strafe kommen Ausweisung und Geldbuße in Betracht.[2162] Ein Überfall im Haus des Verletzten wird als besonders verwerflich bewertet und mit Verweisung aus der Stadt für ein Jahr bestraft.[2163] Hintergrund für diese Vorschrift ist sicherlich, dass die eigene Wohnstätte als besonders schützenswerter Raum betrachtet wird.[2164]

2156 Art. 22 der Bruchrolle 1566 (Linnemeier, Städtische Obrigkeit als ordnungsstiftende Instanz, S. 246): „*Von vorwunden offt slaen. Ist vorboden, dat nemant dem andern blodich oder blauw slaën oder vorwunden schall bei peen zehen marck unschedtlich dem gesatz eines erbaren rades, hiebeuor uthgangen und up des rades boke verzeichnet [Statt dessen später: den bruchhern zu geben, des rades wilkurlicher straffe wegen solcher schlegerey entweder es officio oder uff clag des verwundeten dieselb zu furdern, vorbeheltlich.]*"

2157 Pahl, Obrigkeit und Ordnungspolitik, S. 110. Die Bruchrolle räumt jedoch die Möglichkeit einer höheren Strafe ein je nach Schwere des Verbrechens.

2158 Culemann, Sammlung derer Vornehmsten Landes-Verträge, Nr. 18, S. 92.

2159 DRW, Band II, Sp. 525.

2160 Liber III, Tit. 2, Art. 14.

2161 Liber III, Tit. 2, Art. 14.

2162 Liber III, Tit. 2, Art. 15-17.

2163 Liber III, Tit. 2, Art. 15.

2164 Crusius betont, dass das eigene Zuhause der sicherste Zufluchtsort („*tutissimum refugium*") sein soll, siehe Ius Statutarium Reipublicae Mindensis, S. 277.

3. *Sittlichkeitsverbrechen*

In vielen Fällen regelt die Mindener Stadtrechtsreformation aber auch die strafrechtliche Behandlung von Taten, die bereits nach der Carolina ahndungswürdig waren. So enthält Liber III, Titel 6 der Mindener Stadtrechtsreformation 8 Artikel zu Ehebruch und Prostitution. Einleitend wird dabei auf das weitere Ordnungsrecht der Stadt verwiesen.[2165] KRIEG mutmaßt hierzu: „Sittlichkeitsverbrechen müssen in früheren Jahrhunderten recht häufig gewesen sein. Davon zeugen nicht nur zahlreiche Gerichtsakten, sondern auch die Tatsache, daß die „Stadt-Rolle" der Bruchherren feststehende Strafen für eine Reihe von bestimmten Fällen aufwies, die dann im Stadtrechtsbuch wiederholt und ergänzt werden."[2166]

Im römischen Recht hatte die *Lex Julia de Adulteriis coercendis* (Ulpian D. 48, 5) Strafvorschriften für Unzucht und Ehebruch eingeführt.[2167] Sie hatte insbesondere geregelt, dass der Ehebruch einer verheirateten Frau als Kapitalverbrechen zu werten war.[2168] MOMMSEN nennt die römische Strafbarkeit von Unzucht und Ehebruch eine „energische staatliche Sittlichkeitspflege".[2169] Von den Strafgesetzen zu unterscheiden sind die *Lex Julia de maritandis ordinibus* und die *Lex Papia Poppea*, die eine allgemeine Ehepflicht einführten und auf der anderen Seite bestimmte Eheverbote aussprachen.[2170] Im Sachsenspiegel dann wurde der Ehebruch klar mit dem Tode bestraft,[2171] und auch die Carolina stellt

2165 Liber III, Tit. 4, Art. 1.

2166 Krieg, Verbrechen und ihre Strafen im alten Minden, S. 70.

2167 Kaser / Knütel / Lohsse, Römisches Privatrecht, S. 350, Rn. 25. Siehe auch C. 9, 9 (Ad legem iuliam de adulteriis et de stupro). Ausführlich zu den „geschlechtlichen Delikten" siehe Mommsen, Römisches Strafrecht, S. 682-704.

2168 Babusiaux, Wege zur Rechtsgeschichte: Römisches Erbrecht, S. 111. Nach Kaser / Knütel / Lohsse, Römisches Privatrecht, S. 353, Rn. 40, band die eheliche Treuepflicht hauptsächlich die Frau und der Ehemann konnte die beim Ehebruch ertappte Ehefrau sogar straflos töten. Siehe zu Tötungsrechten auch Mommsen, Römisches Strafrecht, S. 624 f.

2169 Mommsen, Römisches Strafrecht, S. 529.

2170 Babusiaux, Wege zur Rechtsgeschichte: Römisches Erbrecht, S. 111; Kaser / Knütel / Lohsse, Römisches Privatrecht, S. 350 f., Rn. 25-31; Rüfner, HRP, S. 1290-1301, § 23-53. Die Ehepflicht bestand für Männer im Alter von 25 bis 60 Jahren und für Frauen im Alter von 20 bis 50 Jahren. Ehen mit als anrüchig geltenden Frauen waren verboten.

2171 Ssp. Ldr. II, 13, § 5 (Ebel, Sachsenspiegel, S. 81): „*[...] unde der in obirhure begrifen wirt, den sal man die houbte abeslan.*" Zur Notzucht (Vergewaltigung) siehe Ssp. Ldr. III, 1 (Ebel, Sachsenspiegel, S. 117) und Ssp. Ldr. III, 46, § 1 (S. 141). Siehe zur Notzucht und zum Ehebruch auch Scheele, Di sal man alle radebrechen, S. 170 ff.

den Ehebruch in Art. 120 CCC unter Strafe.[2172] Letztlich kann die Tat die Täterin oder den Täter auch hier das Leben kosten.[2173] Darüber hinaus kennen auch Sachsenspiegel und Carolina noch zahlreiche weitere Sittlichkeitsverbrechen.[2174]

Die Mindener Bruchrolle von 1566 stellt sowohl „*unelich beiwonen*" mit fünf Talern, also den nichtehelichen Geschlechtsverkehr, als auch den Ehebruch unter Strafe.[2175] Den Ehebrecher erwartet eine Strafe von 20 Talern, Wiederholungstaten werden schärfer vom Rat bestraft. Entsprechende Bestimmungen zur Sexualdisziplin entsprechen den Moralvorstellungen der Zeit und könnten konkret der Reichsordnung von 1530 entlehnt sein.[2176] Die überlieferten Mindener Bruchrollen aus der einschlägigen Zeit (1566,[2177] 1604,[2178] 1638,[2179] und

---

2172 Art. 120 CCC (Schroeder, Die Peinliche Halsgerichtsordnung Kaiser Karls V., S. 77): „*Item so eyn ehemann eynen andern vmb des ehebruches willen, den er mit seinem ehebweib verbracht hat, peinlich beklagt vnd des überwindet, der selbig ehebrecher samt der ehebrecherin sollen nach sage vnser vorfarn, vnd vnser Keyserlichen rechten gestrafft werden. Item daß es auch gleicherweiß in dem fall, so eyn eheweib jren mann, oder die person, damit der ehebruch volnbracht hett, beklagen will, gehalten werden soll.*"

2173 Schroeder, Die Peinliche Halsgerichtsordnung Kaiser Karls V., S. 173, verweist bezüglich der „*vnser vorfarn, vnd vnser Keyserlichen rechten*" auf das Tötungsrecht des Ehemannes in Art. 142 und 150 CCC.

2174 Exemplarisch zur Notzucht (Vergewaltigung) siehe Ssp. Ldr. III, 1 (Ebel, Sachsenspiegel, S. 117) und Ssp. Ldr. III, 46, § 1 (S. 141), sowie Art. 119 CCC (Schroeder, Die Peinliche Halsgerichtsordnung Kaiser Karls V., S. 77). Allgemein zu Sittlichkeitsverbrechen siehe Art. 116-123 CCC.

2175 Art. 3 der Bruchrolle 1566 (Linnemeier, Städtische Obrigkeit als ordnungsstiftende Instanz, S. 243): „*Unelich beiwonen verbotten. Ist all uneliche beiwonung ihn der stadt Minden ernstlich vorboten, und so jemandt, was wirden oder standes der sein muchte, darinne botreden, soll gestrafft werden mit vinff dalern so offt er befunden.*" Art. 4 der Bruchrolle 1566 (Linnemeier, Städtische Obrigkeit als ordnungsstiftende Instanz, S. 243): „*Dieweil der ehebruch von Godt [dem] almechtigen und beiderseitz rechten thom allerhoigesten verboden, will ein raidt auch denselbigen ganß ernstlich vorboten haben, und so jemant darinne botreden, sall durch die bruchhēren mit allem fleiß udtgefroschet und zur vormanung gebracht und soll der eëbrecher, ock die ebrekerinne, thom erstem maëll ein jeder geven twintig daler, und so sie thom drudden maëll bekunten (ß), scholen sie des rades straff erwarten.*"

2176 Linnemeier, Städtische Obrigkeit als ordnungsstiftende Instanz, S. 216.

2177 KA Minden, Stadt Minden B, Nr. 396, Blatt 1-8 vom 18.02.1566 und KA Minden, Stadt Minden B, Nr. 368, Blatt 10-18 vom 18.02.1566.

2178 KA Minden, Stadt Minden B, Nr. 368, Blatt 19-25 vom 16.07.1604.

2179 KA Minden, Stadt Minden B, Nr. 268, Blatt 17-35.

1673[2180]) sind im Übrigen inhaltlich relativ konstant; so übernimmt die Bruchrolle von 1604 beispielsweise 27 der 46 Artikel.[2181] Es fällt allerdings auf, dass Verstöße gegen den gesellschaftlichen Wertekanon im Sinne eines allgemeinen Sittlichkeitsmaßstabes, immer schärfer und ausführlicher formuliert wurden.[2182] Nach der Bruchrolle von 1604 wird bei dem ersten unehelichen Geschlechtsverkehr mit 5 Talern gestraft (wie noch in der Bruchrolle von 1566), bei der zweiten Tat mit 10 Talern und bei der dritten Tat droht „*wilkührliche straffe*".[2183] Die Bruchrolle 1673 schreibt vor, dass die Strafe bei vermögenden Tätern höher ausfallen soll und dass sie bei mittellosen Tätern auf Gefängnis lauten soll.[2184]

Die Mindener Stadtrechtsreformation nun untergliedert die Straftatbestände des Ehebruchs nach den beteiligten Personen und nach der Anzahl der Taten. Hierbei drohen Verheirateten und Wiederholungstätern besonders hohe Strafen. Es wird unterschieden zwischen der Zusammenkunft zweier lediger Personen,[2185] einer ledigen und einer verheirateten Person,[2186] sowie zwei verheirateter Personen.[2187] Des Weiteren wird unterschieden zwischen der Anzahl der Taten. Ledige müssen nach der ersten Tat fünf Reichstaler Strafe zahlen,[2188] und nach der zweiten Tat zehn Reichstaler Strafe.[2189] Nach der dritten Tat werden sie für ein Jahr aus der Stadt ausgewiesen; nach der vierten Tat werden sie an den Pranger gestellt, ausgepeitscht und für immer aus der Stadt ausgewiesen.[2190]

2180 KA Minden, Stadt Minden B, Nr. 268 (alt).

2181 Pahl, Obrigkeit und Ordnungspolitik, S. 27 mit Tabelle 1 auf S. 106-112; Linnemeier, Städtische Obrigkeit als ordnungsstiftende Instanz, S. 229.

2182 Linnemeier, Städtische Obrigkeit als ordnungsstiftende Instanz, S. 230, der auch darauf hinweist, dass das Verbot des Ehebruches zwar völlig aus der Bruchrolle verschwindet, aber in der Stadtrechtsreformation Aufnahme findet.

2183 Pahl, Obrigkeit und Ordnungspolitik, S. 108.

2184 Pahl, Obrigkeit und Ordnungspolitik, S. 108.

2185 Liber III, Tit. 6, Art. 2-4.

2186 Liber III, Tit. 6, Art. 5.

2187 Liber III, Tit. 6, Art. 6-8.

2188 Liber III, Tit. 4, Art. 2. Crusius verweist aber darauf, dass die Strafe sich heute nach der Bruchrolle richtet, siehe Ius Statutarium Reipublicae Mindensis, S. 296: „*Articulum hodienum observari nemini non notissimum, quâ de re specialis extat Articulus in der also genannten Bruch-verordneten Rolle.*"

2189 Liber III, Tit. 4, Art. 3.

2190 Liber III, Tit. 4, Art. 4. Crusius betont, dass ein Wiederholungstäter auch eine höhere Strafe verdient, siehe Ius Statutarium Reipublicae Mindensis, S. 296: „*Ratio est, quod ejusmodi assuefactio & consuetudo nimia tale crimen committentis poenam regularem omnino adaugeat.*"

Begeht eine ledige Person den Ehebruch mit einer verheirateten Person, *„sollen sie beyde in deß Rathes willkürliche Geld-Straffe stehen, nach Gelegenheit ihrer Person, Standes und Vermügens.“*[2191] Verheiratete hingegen werden gleich nach der ersten Tat mit einer Geldstrafe von 50 Talern belegt oder (bei Zahlungsunfähigkeit) mit einem Monat Haft.[2192] Es folgt die Ausweisung aus der Stadt für fünf Jahre.[2193] Nach der dritten Tat *„sollen beyde an Leben gestraffet werden“*.[2194]

Im Rahmen der Sittlichkeitsverbrechen begegnet bei Crusius in Decisio 1 auch der ausdrückliche Hinweis, dass zur Wahrheitsfindung Folter eingesetzt werden darf.[2195] Ingesamt wird deutlich, dass zwar nicht mehr wie in früheren Rechten gleich bei der ersten Tat die Todesstrafe drohte, Verbrechen gegen die Keuschheit und Ehe aber weiterhin hart geahndet wurden. Im Rahmen der sogenannten Sittlichkeitsverbrechen zeigt sich dabei eindrücklich, wie sehr die Strafbarkeit einer Handlung von den moralischen Vorstellungen der Zeit geprägt ist.[2196]

4. Diebstahl

Liber III, Titel 7 der Mindener Stadtrechtsreformation liefert sechs Artikel zum Diebstahl und lautet entsprechend *„De Furtis. Von Diebstallen“*. Die ersten beiden Artikel regeln den Rückgabeanspruch des Eigentümers bezüglich des Diebesgutes. Die entsprechenden Vorschriften sind dem Stadtbuch von 1318 entnommen.[2197] KRIEG erläutert hierzu: „Für Diebstahl hatte man zwar, wie

---

2191 Liber III, Tit. 6, Art. 5.

2192 Liber III, Tit. 4, Art. 6.

2193 Liber III, Tit. 4, Art. 7.

2194 Liber III, Tit. 4, Art. 8.

2195 Ius Statutarium Reipublicae Mindensis, S. 300, Decisio 1: *„[…] ad torturam pro inquirenda veritate procedi possit […]“*.

2196 Mommsen, Römisches Strafrecht, S. 65, konstatiert sogar: „Strafordnung ist das verstaatlichte Sittengesetz.“

2197 Liber III, Tit. 7, Art. 1 beruht auf Stadtbuch 1318, I, 104 Abschnitt 12, nach Schroeder, Stadtrecht, S. 29 [14. Jahrhundert]: *„[…] Schude, dat en borghere begrepe enen def often enen rouere vnde ene mit claghe brachte vor den wichgreuen vnde vorwunne ene, alze en recht were, wanne he hat ghedan hadde, so mach he de haue tho sick nehmen weder, vnde dar ene heft de wichgreue nicht an […].“* Liber III, Tit. 7, Art. 2 beruht auf Stadtbuch 1318, II, 38, nach Schroeder, Stadtrecht, S. 64 [um 1350]: *„Oc hebbe wi vor en recht: Welic man med vs wonet, den wi vordegedinget vor vsen borgere, he were jode eder kerstene, worde eme wat vorstolen, vnde worde de def begrepen vnde worde mit gerichte gedodet, deghene, deme dat gestolen is, de mach de haue wedernemen ane scaden vnde ane broke, went dat richte ne heft dar nicht an.“*

wir noch sehen werden, sehr harte Strafen, aber zunächst überwog doch das privatrechtliche Interesse an der Wiedererstattung des gestohlenen Gutes. So ist – was in der heutigen Zeit gewiß sonderbar berührt – in den ersten beiden Artikeln des Mindener Stadtrechts, die vom Diebstahl handeln, von Strafe überhaupt keine Rede."[2198] Auch die Carolina regelt in beachtlicher Ausführlichkeit das Rückgabeverfahren.[2199]

Es folgen in der Stadtrechtsreformation auf diese Eigentumsfragen vier besondere Fälle des Diebstahls und die dazugehörende Rechtsfolge nach Mindener Recht. Der Fischdieb wird mit Ruthenschlägen bestraft.[2200] Den Garten- und Feld-Dieb erwartet bei der ersten Tat der Schandkorb, bei der zweiten Tat der Pranger mit Auspeitschen, bei der dritten Tat der Galgen.[2201] Die gleiche Strafe erwartet denjenigen, der junge Bäume und Zäune zerstört oder entfernt.[2202] Veruntreut ein Müller Maltzise[2203], wird dies auch als Diebstahl gewertet.[2204] Mithin erwarten einen Dieb in Minden Körperstrafen (und Ehrstrafen) bis hin zur Todesstrafe.

Ähnlich war dies schon nach Sachsenrecht. In der Rechtsfolge soll nach Sachsenspiegelrecht ein Dieb gehängt werden; beim Diebstahl geringwertiger Sachen ist das Strafmaß gemildert auf Geld- oder Körperstrafe und der Dieb wird ehrlos.[2205] Das Sachsenrecht unterschied allerdings im ersten Schritt zunächst

---

2198 Krieg, Verbrechen und ihre Strafen im alten Minden, S. 71.

2199 Art. 207-214 und 218 CCC (Schroeder, Die Peinliche Halsgerichtsordnung Kaiser Karls V., S. 120-124, 125 f.).

2200 Liber III, Tit. 7, Art. 3. „Steupen" bedeutet mit Ruthen züchtigen (Grimm, Deutsches Wörterbuch, Band 17, Sp. 1203).

2201 Liber III, Tit. 7, Art. 5. Crusius relativiert aber, dass der Artikel heute nicht mehr streng befolgt wird. Vielmehr sei nach den Umständen und dem Schaden zunächst mit Gefängnis zu strafen, dann mit Auspeitschung und letztlich doch mit dem Galgen. Siehe Ius Statutarium Reipublicae Mindensis, S. 307: „*Articulus hodiernis moribus non ita stricte observantur, sed ponderato damno illato, & confideratis circumstantiis fures hortorum prima vice carcere, deinde poena fustigationis, tandem & poena laquei afficiuntur.*"

2202 Liber III, Tit. 7, Art. 6. Heister ist junges Laubholz (DRW, Band V, Sp. 690). Auch bei Poten handelt es sich wohl um junge Bäume, denn bei der Tätigkeit „pot(t)en" handelt es sich um das Einpflanzen insbesondere von jungen Bäumen (Schütte, Wörter und Sachen aus Westfalen, S. 596).

2203 Maltzise ist eine Steuer auf gemälztes Getreide (Schütte, Wörter und Sachen aus Westfalen, S. 493 und 811).

2204 Liber III, Tit. 7, Art. 4.

2205 Ssp. Ldr. II, 8, § 1 (Ebel, Sachsenspiegel, S. 81): „*[...] Den diep sal man hengen. Geschit abir in deme dorfe des tages ein dube, die minre den dri schillinge wert iz, daz muz der*

einmal zwischen handhafter und nicht handhafter Tat. Entscheidend dabei war, dass der Täter bei der handhaften Tat entweder direkt bei der Tat oder auf der Flucht gestellt wurde oder gestohlene Sachen bei sich hatte.[2206] „Dann haftete ihm die Tat gleichsam an den Händen."[2207] Es folgte das strafprozessuale Handhaftverfahren. Lag allerdings keine handhafte Tat vor, war der Geschädigte zunächst auf das sogenannte Anefangverfahren verwiesen. In diesem Verfahren musste er die gestohlene Sache „rechtsförmlich anfassen" und damit sein besseres Recht geltend machen.[2208] Das römische Recht kannte interessanterweise bereits ebenfalls einen handhaften Diebstahl (*furtum manifestum*).[2209]

Die Carolina nun enthält zahlreiche differenzierende Artikel zum Diebstahl.[2210] Sie unterscheidet dabei zwischen dem Erst- und dem Wiederholungstäter ebenso wie zwischen gering- und hochwertigem Diebesgut. Das Strafmaß reicht von Geldbuße bis Todesstrafe. Die Todesstrafe droht insbesondere dem Täter, der das dritte Mal einen Diebstahl begeht.[2211] In Bezug auf die vielfältigen

---

burmeister wol richten des selben tages zu hut unde zu hare, adir mit dren schillingen to losene. So blibit iener erlos unde rechtelos." Siehe zum Diebstahl im Sachsenspiegel auch Scheele, Di sal man alle radebrechen, S. 192 ff.

2206 Ssp. Ldr. II, 35 (Ebel, Sachsenspiegel, S. 94): „*Waz handhafte that si. Die hanthafte tat iz daz, wor man einen man mit der tat begrifet adir in der vlucht der tat, adir dube adir roube in sinnen geweren hat, […].*" Siehe auch Oestmann, Wege zur Rechtsgeschichte: Gerichtsbarkeit und Verfahren, S. 74 f.

2207 Oestmann, Wege zur Rechtsgeschichte: Gerichtsbarkeit und Verfahren, S. 74.

2208 Zum Anefangverfahren siehe Oestmann, Wege zur Rechtsgeschichte: Gerichtsbarkeit und Verfahren, S. 78-82.

2209 Mommsen, Römisches Strafrecht, S. 750 m. w. N. in Fn. 5-7: „Als schwerere Form des Delicts, nach der technischen Bezeichnung als `handhafter Diebstahl`, furtum manifestum gilt derselbe, wenn der Dieb vor Hinbringung der gestohlenen Sache an ihren Bestimmungsort und im Besitz derselben gefasst und festgenommen wird; gesetzlich dem gleichgestellt wird derjenige, in dessen Behausung bei angestellter förmlicher Haussuchung […] die gestohlene Sache gefunden wird (furtum conceptum)." Auswirkungen hatte der handhafte Diebstahl vor allem im Bereich der Strafhöhe: neben der Rückgabe des Diebesgutes war beim handhaften Diebstahl statt des sonst zu zahlenden doppelten Sachwertes der vierfache Sachwert zu zahlen.

2210 Art. 157-175 CCC (Schroeder, Die Peinliche Halsgerichtsordnung Kaiser Karls V., S. 98-106).

2211 Art. 162 CCC (Schroeder, Die Peinliche Halsgerichtsordnung Kaiser Karls V., S. 101 f.): „*Vom stelen zum dritten mal. Item wird aber jemandts betretten, der zum dritten mal gestolen hat, vnd solcher dreifachtiger diebstal, mit gutem grundt als vor von erfarung der warheyt gesatzt ist, erfunden würd, das ist eyn merer verleumbter dieb, vnd auch eynem vergewaltiger gleich geacht, vnd soll darumb, nemlih der mann*

Strafmöglichkeiten insgesamt gleicht die Carolina sehr dem römischen Recht, dessen Diebstahlsstrafen durchaus als arbiträr[2212] bezeichnet werden können.

In dem carolinischen Diebstahlskatalog finden sich wie in der Mindener Stadtrechtsreformation auch gesonderte Regelungen zum Fischdiebstahl,[2213] und zum Felddiebstahl.[2214] Die Carolina enthält zudem eine Regelung zum Holzdiebstahl, die Crusius mit der Mindener Vorschrift zum Zerstören junger Bäume und Zäune gleichsetzen möchte.[2215] Die entsprechenden Regelungen in der Stadtrechtsreformation wären also nicht zwingend erforderlich gewesen, weil auf die Carolina hätte zurückgegriffen werden können, aber sie bekräftigen die Strafwürdigkeit des Verbrechens und den Strafanspruch des Rates.

Im Rahmen des Diebstahlsdeliktes ist jedoch erneut auffällig, dass die Stadtrechtsreformation zwar einerseits um machtdemonstrierende und abschreckende Regelungen bemüht ist, andererseits aber sehr lückenhaft bleibt. So fehlt nicht nur eine abstrakte Regelung des Diebstahls und des Strafmaßes bei Wiederholungstaten,[2216] sondern es fehlen auch beispielsweise strafmildernde Regelungen zum Diebstahl geringwertiger Sachen oder zum Notdiebstahl.[2217]

---

mit dem strang, vnnd die fraw mit dem wasser oder sunst inn andere weg, nach jedes landts gebrauch vom leben zum todt gestraft werden.“

2212 Mommsen, Römisches Strafrecht, S. 774. Insgesamt zur römischrechtlichen Entwicklung von Prozess und Strafe in Bezug auf Diebstahl siehe Mommsen, Römisches Strafrecht, S. 750-754. Zu den Delikten siehe insbesondere D. 47, 2 (De furtis), sowie die qualifizierten Diebstahlsdelikte u. a. in D. 47, 17 f.

2213 Art. 169 CCC „*Straff der jhenen die fisch stelen*“ (Schroeder, Die Peinliche Halsgerichtsordnung Kaiser Karls V., S. 104).

2214 Art. 167 CCC „*Von früchten vnd nutzen auff dem feld, wie vnnd wann darmit diebstall gebraucht werde*“ (Schroeder, Die Peinliche Halsgerichtsordnung Kaiser Karls V., S. 103).

2215 Ius Statutarium Reipublicae Mindensis, S. 308, zu Liber III, Tit. 7, Art. 6 mit Verweis auf Art. 168 CCC. Auch der Sachsenspiegel enthält im Übrigen eine gesonderte Regelung zum Holzdiebstahl, siehe Ssp. Ldr. II, 38, § 3 (Ebel, Sachsenspiegel, S. 91). Möglicherweise besteht aber viel eher eine Ähnlichkeit mit alten römischen Klage wegen umgehauener Fruchtbäume (arborum furtim caesarum, D. 47, 7), siehe hierzu Mommsen, Römisches Strafrecht, S. 835.

2216 Eine Strafschärfung kennt die Stadtrechtsreformation diesbezüglich nur bei Garten- und Feld-Dieb in Liber III, Tit. 7, Art. 5.

2217 Zum Notdiebstahl siehe Dorn, Franz: »Not kennt kein Gebot«. Der Notdiebstahl (›Stehlen in rechter Hungersnot‹) in der frühneuzeitlichen Strafrechtsdogmatik, in: Arme und ihre Lebensperspektiven in der Frühen Neuzeit, hrsg. von Sebastian Schmidt, Frankfurt am Main 2008, S. 207-236. Dorn geht in der Praxis allenfalls von einem Strafmilderungsgrund, keinesfalls von Straffreiheit aus (S. 233 f.). In der

5. *Totschlag*

Die Mindener Stadtrechtsreformation liefert in Liber III, Titel 8 acht Artikel zum Totschlag und lautet entsprechend *„De Homicidio. Von Todtschlage“*. Hierbei wird klar unterschieden zwischen Bürgern, Fremden und Ausländischen. Wenn ein Bürger oder ein *„Außländischer“* in der Stadt einen Totschlag an einem Bürger begeht, ist eine Klageerhebung nicht notwendig, sondern *„solche That die Obrigkeit Ampts-wegen zu straffen schuldig ist“*.[2218] Wird die Tat allerdings außerhalb der Stadt begangen, bedarf es in Bezug auf den ausländischen Täter einer privaten Anklage, wohingegen der bürgerliche Täter auch in diesem Fall von Amts wegen verfolgt wird.[2219] Bei einem ausländischen Täter und einem Tatort außerhalb der Stadt begründet Crusius das Erfordernis einer privaten Anklage damit, dass ansonsten das Gericht die Tat wegen Unzuständigkeit nicht zur Kenntnis nehmen kann.[2220] In diesen Fällen haben dann die Kläger gemäß den Vorschriften der Carolina also den Weg über das Akkusationsverfahren zu wählen und es ist die sogenannte caution zu bestellen.[2221]

Des Weiteren ist geregelt, wie die Stadt mit einem fremden Totschläger verfährt, d. h. mit einer fremden Person, die wiederum eine andere fremde Person außerhalb der Stadt getötet hat.[2222] Kommen in einem solchen Fall die Kläger in die Stadt, wird dem Täter das Geleit aufgekündigt und er hat noch drei Tage Zeit, ungestraft durch den Mindener Rat die Stadt zu verlassen. Erst wenn er in diesem Zeitraum die Stadt nicht verlässt, kann es im Rahmen eines Akkusationsprozesses zum Verfahren gegen ihn kommen. Diese vermeintliche Milde des Rates begründet sich wohl in dem Umstand, dass es eben weder um einen seiner Bürger noch um eine Tat innerhalb der Stadt geht, mithin sein originärer Machtbereich nicht betroffen ist. Außerdem konnte sich so der Mindener Rat einem vor allem auf Beweisebene sehr schwierigen Verfahren entziehen und

---

Carolina wird der Notdiebstahl in den Art. 166, 175 CCC (*„Stelen in rechter hungers not“*) behandelt.

2218 Liber III, Tit. 8, Art. 1 f.

2219 Liber III, Tit. 8, Art. 2 und 3.

2220 Ius Statutarium Reipublicae Mindensis, S. 312, zu Liber III, Tit. 8, Art. 2: *„[...] delicto alio in loco a homicida non cive comisso ob defectum jurisdictionis [...] nulla Senatui cognitio competere poterit [...].“*

2221 Liber III, Tit. 8, Art. 3: *„[...] mit ordentlicher peinlicher Klage, da sie wollen verfahren, und gebürliche caution bestellen, nach Außweisung deß hochlöblichen Kaysers Caroli V. peinlicher Halsgerichts-Ordnung [...].“* Zur Caution siehe Art. 12 f. CCC (Schroeder, Die Peinliche Halsgerichtsordnung Kaiser Karls V., S. 28 f.).

2222 Liber III, Tit. 8, Art. 4 f.

damit Arbeit ersparen. Der Titel zum Totschlag schließt dann mit Regelungen dazu, wie ein Täter nach Flucht zu behandeln ist.[2223]

Der Prozess soll durchgeführt werden *„wie allhie löblich und üblich hergebracht“*.[2224] Der Totschläger wird mit Tod durch das Schwert, also Enthauptung, bestraft.[2225] Mit der Anordnung dieser Art der Todesstrafe ist die Stadtrechtsreformation auf einer Linie mit dem Sachsenspiegel und der Carolina.[2226] An dieser Stelle ist aber das Schweigen der Stadtrechtsreformation besonders laut: Warum wird nicht ein Wort zum Tatbestand des Mordes und seiner Rechtsfolge verloren, sondern nur der Straftatbestand des Totschlags thematisiert? Der Sachsenspiegel hatte bereits eine Unterscheidung vorgenommen, ebenso die Carolina. Der Sachsenspiegel bestraft den Mörder mit Rädern,[2227] ebenso in den meisten Fällen die Carolina.[2228] In der Carolina wird dabei zudem betont, dass

---

2223 Liber III, Tit. 8, Art. 6-8.

2224 Liber III, Tit. 8, Art. 1. Krieg, Verbrechen und ihre Strafen im alten Minden, S. 71, liest in Liber III, Tit. 8, Art. 1 fälschlicherweise Reste des Akkusationsprozesses hinein, S. 71: „In der fränkischen Zeit vor Karl dem Großen kannte man ein öffentliches Strafverfahren im allgemeinen nicht. Hatte jemand einen anderen totgeschlagen, so war es Sache der Anverwandten des Getöteten, die Tat zu sühnen und sich durch das Wergeld, für das es je nach Rang des Toten bestimmte Sätze gab, entschädigen zu lassen. Der Satz „Wo kein Kläger ist, soll kein Richter sein“ galt noch in das spätere Mittelalter hinein [...]. Dieser Auffassung gegenüber bedeutet die Rechtsversammlung des Crusius schon einen wesentlichen Fortschritt. Daß aber doch die frühere Anschauung noch nicht völlig vergessen und überwunden war, kommt in dem ersten Artikel über den Totschlag zu Ausdruck.“ Richtigerweise wird aber aus Liber III, Tit. 8, Art. 1 gerade deutlich, dass der Prozess von Amts wegen zu führen ist; nur die eigentlichen Verfahrensabläufe können sich nach überliefertem Recht richten.

2225 Liber III, Tit. 8, Art. 1.

2226 Ssp. Ldr. II, 13, § 5 (Ebel, Sachsenspiegel, S. 81): *„Wer einen man slet adir vehet, roubit adir burnet sine mortbrand, [...] den sal man die houbte abeslan.“* Siehe auch Scheele, Di sal man alle radebrechen, S. 138 ff. Zur Totschlagsstrafe siehe Art. 137 CCC (Schroeder, Die Peinliche Halsgerichtsordnung Kaiser Karls V., S. 85), wonach diejenigen, die einen Totschlag begangen haben, *„mit dem schwert vom leben zum todt gestrafft werden sollen“*.

2227 Ssp. Ldr. II, 13, § 4 (Ebel, Sachsenspiegel, S. 81): *„Alle morder [...] die sal man alle radebrechen.* Siehe auch Scheele, Di sal man alle radebrechen, S. 146 ff.

2228 Gemäß Art. 137 CCC (Schroeder, Die Peinliche Halsgerichtsordnung Kaiser Karls V., S. 85), wonach *„ein fürsetzlicher mörder mit dem rade“* zu strafen ist.

ein Unterschied zwischen dem Totschläger und dem Mörder zu machen ist.[2229] Einem Mörder darf die „ehrliche Strafe“ des Enthauptens nicht zuteil werden.[2230]

Die Carolina regelt sowohl Totschlag als auch Mord sehr ausführlich,[2231] so gibt es beispielsweise Regeln zum Giftmord,[2232] zur Kindstötung und Abtreibung,[2233] zum Selbstmord,[2234] zu Nächstenmord,[2235] und zur Notwehr.[2236] Die grausame Kreativität der weiteren Arten der Todesstrafen der Carolina[2237] kennt dabei keine Grenzen, weil für manche Verbrechen der Tod als Strafe allein nicht genug erschien. Es ist davon auszugehen, dass Mord in Minden nach den Vorschriften der Carolina abgeurteilt wurde. Keinen Unterschied zwischen Mord und Totschlag zu machen, das passt nicht zum Unrechts- und Strafverständnis jener Zeit und auch nicht zur bis dahin erfolgten geschichtlichen Entwicklung. Bereits im Mittelalter hatte sich eine Unterscheidung zwischen Totschlag und Mord etabliert; wobei die Heimlichkeit des Verbrechens, die „niedrige Gesinnung“ des Täters oder eine Tötung „mit Vorbedacht“ für Mord sprachen.[2238]

2229 Art. 137 CCC (Schroeder, Die Peinliche Halsgerichtsordnung Kaiser Karls V., S. 85): *„Item eyn jeder mörder oder todtschläger wo er deßhalb nit rechtmessig entschuldigung außfüren kann, hat das leben verwürckt. Aber nach gewonheyt etlicher gegent, werden die fürsetzlichen mörder vnd die todtschläger eynander gleich mit dem rade gericht, darinnen soll vnderscheydt gehalten werden, Vnd also der gewonheyt nach, ein fürsetzlicher mutwilliger mörder mit dem rade, vnnd eynander der eyn todtschlag, [...] mit dem schwert von lebem zum tode gestrafft werden sollen [...].“*

2230 Eisenhardt, Deutsche Rechtsgeschichte, S. 200, Rn. 430.

2231 Art. 130-156 CCC *„Hernach volgen etlich böse tödtung, vnd von straff der selben thätter“* (Schroeder, Die Peinliche Halsgerichtsordnung Kaiser Karls V., S. 81-98).

2232 Art. 130 CCC *„Erstlich von straff der, die mit gifft oder venen heylich vergeben“* (Schroeder, Die Peinliche Halsgerichtsordnung Kaiser Karls V., S. 81).

2233 Art. 131-133 CCC (Schroeder, Die Peinliche Halsgerichtsordnung Kaiser Karls V., S. 82-84).

2234 Art. 135 CCC *„Straff eygner tödtung“* (Edition von Schroeder, Die Peinliche Halsgerichtsordnung Kaiser Karls V., S. 84).

2235 Art. 137 CCC (Schroeder, Die Peinliche Halsgerichtsordnung Kaiser Karls V., S. 85 f.).

2236 Art. 139-145 CCC (Schroeder, Die Peinliche Halsgerichtsordnung Kaiser Karls V., S. 86-90).

2237 Art. 192-198 CCC (Schroeder, Die Peinliche Halsgerichtsordnung Kaiser Karls V., S. 112-117).

2238 Eisenhardt, Deutsche Rechtsgeschichte, S. 200, Rn. 430. Zur allgemeinen Strafbarkeit des Mordes und zum Nächstenmord im römischen Recht siehe Mommsen, Römisches Strafrecht, S. 535, 643-646 und 650, mit Verweis auf D. 48, 8 (Ad legem corneliam de siccariis et veneficis) und D. 48,9 (De lege pompeia de parricidiis). Das

Wahrscheinlich hat der Mindener Rat mit den wenigen Artikeln zum Totschlag einerseits den eigenen Strafanspruch und andererseits vor allem die prozessrechtlichen Regelungen betonen wollen.

6. *Straftaten gegen die Hoheitsträger oder die allgemeine Sicherheit und Ordnung*

Unter dem Oberbegriff der Straftaten gegen die Hoheitsträger oder die allgemeine Sicherheit und Ordnung lassen sich die Titel zur Mandatverachtung (Liber III, Tit. 4), zum Aufruhr (Liber III, Tit. 5), sowie zum Geleit, zum Schutz von städtischen Bediensteten und zur prozess- bzw. strafentziehenden Flucht eines Täters (Liber III, Tit. 9) zusammenfassen. Der Mindener Rat scheint sehr um den Verlust seines Ansehens und seiner Macht besorgt gewesen zu sein, denn auch in diesen Fällen drohen wie bei der Ratsbeleidigung erhebliche Strafen: Verlust des Bürgerrechtes,[2239] Stadtverweisung,[2240] Gefängnis,[2241] Leib- und Lebensstrafen,[2242] sowie sonstige willkürliche ernste Strafen.[2243] Mit Verweis auf die Unruhen in der Stadt im Rahmen der sogenannten Mindener Schicht führt KRIEG aus: „An innerem Kampf und Aufruhr hat es also in der so fried- und ehrsamen Stadt Minden nicht gefehlt und die Stadtväter wußten wohl, warum sie strenge Bestimmungen gegen die „Uffwiegler“ in ihr Stadtrecht aufnahmen.“[2244] In der Praxis scheinen sich aber teilweise mildere Strafen in Form von Geld- oder Gefängnisstrafen eingebürgert zu haben.[2245]

Der Kampf gegen innere Konflikte ist nichts Neues, schon im alten Rom war dies ein wichtiges Thema.[2246] Auch die Carolina widmet den Aufrührern

---

römische Recht der Kaiserzeit kannte je nach Stand der Person als Strafe die Deportation oder den Tod.

2239 Liber III, Tit. 4, Art. 2; Liber III, Tit. 9, Art. 4.

2240 Liber III, Tit. 4, Art. 2; Liber III, Tit. 9, Art. 5.

2241 Liber III, Tit. 4, Art. 3; Liber III, Tit. 9, Art. 1 und 3.

2242 Liber III, Tit. 5, Art. 1 und 2.

2243 Liber III, Tit. 9, Art. 1-3.

2244 Krieg, Verbrechen und ihre Strafen im alten Minden, S. 70.

2245 Ius Statutarium Reipublicae Mindensis, S. 292, zu Liber III, Tit. 4, Art. 2: „*Articulus ex moderno usu fori non adeo stricte observantur, sed contra refractarios ejusmodi pro ratione circumstantiarum vel poena carceris aut pecuniaria locum sibi vindicare solet.*“ Nach heutigem Gerichtsgebrauch wird der Artikel nicht streng eingehalten, sondern gegen solche Widerspenstigen wird je nach den Umständen meist entweder Gefängnis- oder Geldstrafe verhängt.

2246 Zum Aufstand bzw. zur Aufruhr siehe C. 9, 30 (De seditiosis et his qui plebem audent contra publicam quietem colligere), sowie die Ausführungen bei Mommsen,

einen eigenen Artikel und straft sie mit Enthauptung oder mit Auspeitschung und Ausweisung.[2247] Zu Recht verweist Crusius daher in seiner entsprechenden Kommentierung auf das ius commune und die Carolina hin.[2248] Auch an anderer Stelle treten Parallelen zwischen der Stadtrechtsreformation und der Carolina hervor: Die Carolina kennt das schutzwürdige Geleit ebenfalls,[2249] genauso wie das Verbot mutwilliger Fehde.[2250]

7. *Schadensersatz gemäß Lex Aquilia*

Liber III, Titel 3 liefert in 16 Artikeln Schadensersatzrecht. Der Titel ist überschrieben mit: „*De Damno ex L. Aquilia. Von zugefügtem Schaden, so ausserhalb boßhafften Vorsatz geschicht.*" Bei der Lex Aquilia (um 286 v. Chr.)[2251] handelt es sich um eine grundlegende römisch-rechtliche Regelung für die Fälle der Schädigung, die eine Person durch die widerrechtliche Tötung von Sklaven oder Vieh oder jede sonstige widerrechtliche Sachbeschädigung erleidet.[2252]

Die römische Klage nach der Lex Aquilia war zu unterscheiden von der Klage wegen Verletzung der Persönlichkeit, mithin auch der Körperverletzung (actio

Römisches Strafrecht, S. 562-565, sowie S. 657-659. Zur Strafbarkeit der Verletzung von Beamten siehe Mommsen, Römisches Strafrecht, S. 580-582.

2247 Art. 127 CCC (Schroeder, Die Peinliche Halsgerichtsordnung Kaiser Karls V., S. 79 f.): „*Item so eyner inn eym land, statt, oberkeyt, oder gepiet geuerliche fürsetzliche vnd boßhafftige auffruren des gemeynen vlks wider die oberkeyt macht, vnd das also auff jn erfunden würde, der soll nach groß vnd gelegenheyt seiner mißhandlung je zu zeitten mit abschlahung seines haupts gestrafft oder mit ruten gestrichen, vnd auß dem land, gegendt, gericht, statt, flecken oder gepiet, darinnen er die auffruren erweckt, verweist werden […].*"

2248 Ius Statutarium Reipublicae Mindensis, S. 292, zu Liber III, Tit. 5, Art. 1.

2249 Art. 76 und 156 CCC (Schroeder, Die Peinliche Halsgerichtsordnung Kaiser Karls V., S. 59 und 98).

2250 Art. 129 CCC (Schroeder, Die Peinliche Halsgerichtsordnung Kaiser Karls V., S. 81).

2251 Zur vorsichtigeren Datierung ins 3. Jh. v. Chr. siehe Wallinga, Actio legis Aquiliae – Buße oder Schadensersatz?, S. 1386, mit Fn. 4; sowie Nörr, Zur Formel der actio legis Aquiliae, S. 840, mit Fn. 46.

2252 Schlinker, Privatrechtsgeschichte, S. 171, Rn. 8, mit Verweis auf Gaius D. 9, 2, 2 pr., Ulpian D. 9, 2, 27, 5 und insbesondere Inst. 4, 3; Kaser / Knütel / Lohsse, Römisches Privatrecht, S. 313 f., Rn. 10; Rüfner, Substance of Medieval Roman Law, The Developement of Private Law, S. 327 f. Die Klageformel für die actio legis Aquiliae ist nicht überliefert, es wurden jedoch Rekonstruierungsversuche vorgenommen, siehe dazu Nörr, Dieter: Zur Formel der actio legis Aquiliae, in: Festschrift für Rolf Knütel zum 70. Geburtstag, hrsg. von Holger Altmeppen u.a., Heidelberg 2009, S. 833-848.

iniuriarum), der Klage wegen Diebstahls (actio furti), der Klage wegen arglistiger Handlung (actio de dolo), und natürlich auch allen vertraglichen Klagen.[2253] Das römische Deliktsrecht präzisierte im Rahmen der Entwicklung und Ausprägung der Lex Aquilia das Tatbestandsmerkmal der subjektiven Vorwerfbarkeit einer Tat; entscheidendes Kriterium war, ob der Täter durch Verschulden irgendeines Grades (Vorsatz bis leichte Fahrlässigkeit) für die Tat verantwortlich war.[2254] Mithin entwickelte das römische Recht das sogenannte Verschuldensprinzip.[2255] MOMMSEN formuliert zum aquillischen Verschulden, der Schädiger sei „nicht bloss für die böse Absicht, sondern auch für den Mangel an Vorsicht" verantwortlich.[2256] Als Rechtsfolge war der Ersatz des Sachwertes vorgeschrieben,[2257] wobei dieser Wert rückwirkend bestimmt wurde (bei Tötung Höchstwert innerhalb eines Jahres, bei Beschädigung eines Monats).[2258] Dies konnte dazu führen, dass dem Geschädigten mehr zugesprochen wurde, als die Sache im Zeitpunkt der Schädigung noch wert gewesen war.[2259] Dieser Umstand liegt sicherlich auch darin begründet, dass die actio legis Aquiliae wohl zunächst eine Strafklage war, ihr Anwendungsbereich aber ständig erweitert wurde.[2260] Jedenfalls war zudem der Schädiger zur Zahlung des doppelten Betrages zu verurteilen, wenn er zunächst die Tat bestritten und damit ein Verfahren erforderlich gemacht hatte.[2261] WALLINGA nimmt daher an, dass die Klage nach der Lex Aquilia, wenn sie auch letztlich als rein sachverfolgende Klage anzusehen ist, doch ihre strafenden Aspekte beibehalten hat und die Strafe wichtiger war als der Schadensersatz: „Anlass für die Klage ist, auch im justinianischen Recht, eher der böse Täter als der arme Geschädigte."[2262]

Bei der Betrachtung der deutschrechtlichen Ahndung einer widerrechtlichen Schädigung ist zunächst auf das alte Kompositionensystem mit festgelegten

---

2253 Schlinker, Privatrechtsgeschichte, S. 171, Rn. 8.
2254 Schlinker, Privatrechtsgeschichte, S. 172, Rn. 9.
2255 Kaser / Knütel / Lohsse, Römisches Privatrecht, S. 218, Rn. 1.
2256 Mommsen, Römisches Strafrecht, S. 829.
2257 Mommsen, Römisches Strafrecht, S. 832, mit Hinweisen zu weiteren ersatzpflichtigen Punkten wie entgangenen Früchten und aufgewandten Kosten.
2258 Mommsen, Römisches Strafrecht, S. 832 f.; Coing, Europäisches Privatrecht I, S. 510.
2259 Mommsen, Römisches Strafrecht, S. 833. Schlinker, Privatrechtsgeschichte, S. 174, Rn. 12.
2260 Coing, Europäisches Privatrecht I, S. 509.
2261 Kaser / Knütel / Lohsse, Römisches Privatrecht, S. 314, Rn. 13; Schlinker, Privatrechtsgeschichte, S. 173, Rn. 12.
2262 Wallinga, Actio legis Aquiliae – Buße oder Schadensersatz?, S. 1399.

Bußen zu verweisen.[2263] Die Buße, in der Strafe und Schadensersatz im Grunde genommen verschmolzen waren, war pauschal und unabhängig vom eingetretenen Schaden.[2264] Anders als das römische Recht, dass eine schuldhafte Verursachung erforderte, begnügte sich das deutsche Recht zunächst auch grundsätzlich mit der reinen Verursachung der widerrechtlichen Schädigung.[2265] Für die Strafbarkeit genügte demnach die objektive Verursachung, ohne dass auf subjektive Aspekte abgestellt wurde. Erst allmählich entwickelte sich eine Unterscheidung in Strafe für vorsätzliche Tat und Ersatzleistung für ungewollte Taten, mithin eine Differenzierung in Strafrecht und Privatrecht.[2266] Sicherlich ist es in Teilen auch dem Einfluss des Kirchenrechts zu verdanken, dass sich der Blick verstärkt auf die subjektive Einstellung und Motivation des Täters richtete, denn die Kanonisten entwickelten bereits im 12. Jahrhundert eine differenzierte Willens- und Schuldlehre.[2267] Zudem war es aber im Sinne der mittelalterlichen Restitutionslehre aus der Moraltheologie folgerichtig, dem Geschädigten einen Anspruch gegen den Schädiger zu gewähren, auch wenn die Schädigung absichtslos erfolgt war.[2268] Auch der Sachsenspiegel schreibt vor, dass ein aus Unachtsamkeit verursachter Schaden zu ersetzen ist.[2269] Zudem kennt er die Möglichkeit, Schadensersatz zuzätzlich zu einer Strafzahlung zu gewähren.[2270] Mit der Rezeption setzte sich dann endgültig wieder der römische Grundsatz durch, dass Verantwortlichkeit für eine Tat ein gewisses Maß an Verschulden

---

2263 Schlinker, Privatrechtsgeschichte, S. 176, Rn. 17.

2264 Schlinker, Privatrechtsgeschichte, S. 177, Rn. 18; Gierke, Schuldrecht, S. 76 f.

2265 Gierke, Schuldrecht, S. 884 und 905.

2266 Gierke, Schuldrecht, S. 905 und 880 f. Dem Geschädigten stand aber im Falle einer vorsätzlichen Tat durchaus Ersatz für den erlittenen Schaden zu, wobei dieser Schadensersatz zusätzlich zur öffentlichen Strafe verhängt wurde, siehe Gierke, Schuldrecht, S. 958.

2267 Schlinker, Privatrechtsgeschichte, S. 182, Rn. 24.

2268 Wallinga, Actio legis Aquiliae – Buße oder Schadensersatz?, S. 1387; Coing, Europäisches Privatrecht I, S. 510 mit Fn. 6.

2269 Ssp. Ldr. II, 38, § 1 (Ebel, Sachsenspiegel, S. 96): „*Ein man sal gelden den schaden, der von siner verwarlosunge geschit anderen luten […].*" Unter „verwarlosunge" ist in diesem Zusammenhang Unachtsamkeit zu verstehen, siehe Ebel, Sachsenspiegel, S. 263.

2270 Ssp. Ldr. II, 28, § 1 (Ebel, Sachsenspiegel, S. 91): „*Wer holtz howt adir gras snit ader vischet eines anderen mannes wazzere en wilder wage, sin wandil sint dri schillinge. Den schaden gildit her uf recht.*" Unter „wandil" ist die Strafe zu verstehen, siehe Ebel, Sachsenspiegel, S. 264.

voraussetzt.[2271] Diesen Grundsatz trägt auch Art. 136 CCC in sich, der anhand zweier sehr bildhafter Beispiele deutlich macht, wann die Tat eines Täters entschuldigt wird, weil er sie nicht willentlich verantwortet hat.[2272] Im usus modernus letztlich wird die aquilische Klage verstanden als allgemeine Klage auf Ersatz bei rechtswidrig und schuldhaft verursachten Vermögensschäden.[2273] COING geht davon aus, dass der Klage in jener Zeit erhebliche Bedeutung zugekommen ist, und sie ihren pönalen Charakter verloren hatte.[2274] Statt der rückblickenden Wertbestimmung wie im römischen Recht wurde der Wert der Sache nun konkret im Schädigungszeitpunkt bestimmt.[2275]

Liber III, Tit. 3, Art. 1 der Mindener Stadtrechtsreformation nun schreibt fest, dass alle Schäden zu erstatten sind, unabhängig davon, ob sie entstanden sind *„aus Vorsatz oder Boßheit, aus Unnachsamigkeit und Unerfahrenheit"*.[2276] Auch bei leicht fahrlässigem Verhalten ist demach ein entstandener Schaden zu ersetzen. Zur Höhe des Ersatzes heißt es allerdings zunächst nur allgemein: *„Alle Schaden [...] sollen dem Beschädigten erstattet werden."*[2277] Konkrete Angaben zur Berechnung und dem Zeitpunkt der Wertbestimmung macht die Stadtrechtsreformation nur bei einigen Tatbeständen.[2278] Sie schreibt aber vor, dass

---

2271 Gierke, Schuldrecht, S. 905 f.

2272 Art. 136 CCC (Schroeder, Die Peinliche Halsgerichtsordnung Kaiser Karls V., S. 85): *„Item so eyner eyn zimlich vnuerbotten werck an eynem end oder ort da solch werck zu üben, zimlich ist thut, vnd dardurch von vngeschichten gantz vngeuerlich weiß, wider des thätters willen jemandt entleibt, der selbig würd inn vil weg, die nit müglich zu bennen sein entschuldigt [...]."* Zum in den folgenden Sätzen des Art. 136 CCC enthaltenen Beispiel des Barbiers (am Sportplatz) siehe schon im römischen Recht Ulpian D. 9, 2, 11 pr. Zur Ausweitung der Lex Aquilia auf die Verletzung oder Tötung einer freien Person siehe zudem Rüfner, Substance of Medieval Roman Law, The Developement of Private Law, S. 327 f.; sowie Coing, Europäisches Privatrecht I, S. 511.

2273 Schlinker, Privatrechtsgeschichte, S. 184, Rn. 27; Zimmermann, Law of Obligations, S. 1017 ff.; Kaser / Knütel / Lohsse, Römisches Privatrecht, S. 316, Rn. 18, bezeichnet die aquilische Klage als „Nukleus des modernen Deliktsrechts".

2274 Coing, Europäisches Privatrecht I, S. 509.

2275 Coing, Europäisches Privatrecht I, S. 510.

2276 Unter Unnachsamigkeit ist wohl Unachtsamkeit zu verstehen.

2277 Liber III, Tit. 3, Art. 1.

2278 Hat der Hufschmied ein Pferd „vernagelt", so muss er ab dem Zeitpunkt der Schädigung bis zur vollständigen Genesung das Pferd unterhalten und die Heilkosten tragen, siehe Liber III, Tit. 3, Art. 8. Hat jemand ein anderes Tier beschädigt oder getötet, muss er soviel zahlen, *„als es äuff das theureste hätte können verkauffet werden"*, siehe Liber III, Tit. 3, Art. 10.

vor der Schadensbewertung eine Inaugenscheinnahme stattzufinden hat,[2279] und die Schadensbewertung, jedenfalls bei einer Verursachung durch ein Tier, *„auff billigmässige taxation"* erfolgen soll.[2280] Crusius kommentiert, bei der Schätzung des Wertes sei auf den Schadenstag abzustellen.[2281]

Gemäß Liber III, Tit. 3 können Schäden eintreten an Grund und Boden,[2282] oder durch baufällige Gebäude,[2283] allgemein während der Arbeit,[2284] oder während der Arbeit eines beauftragten Handwerkers,[2285] durch einen Fuhrmann,[2286] und insbesondere auch durch Vieh oder an Vieh.[2287] Schon die Mindener Bruchrolle von 1566 normiert für die Fälle der Schädigung sowohl eine Schadensersatz- als auch eine Strafzahlungspflicht.[2288] Zudem sind nachweislich drei Artikel der Stadtrechtsreformation aus dem Stadtbuch von 1318 übernommen; dies betrifft den unrechtmäßigen Bodenabbau,[2289] die Haftungsfreistellung bei Bauarbeiten

---

2279 Liber III, Tit. 3, Art. 11.

2280 Liber III, Tit. 3, Art. 12.

2281 Ius Statutarium Reipublicae Mindensis, S. 275.

2282 Liber III, Tit. 3, Art. 2.

2283 Liber III, Tit. 3, Art. 6.

2284 Liber III, Tit. 3, Art. 3.

2285 Liber III, Tit. 3, Art. 7 (Schneider), 8 (Hufschmied), 9 (Goldschmied).

2286 Liber III, Tit. 3, Art. 4 f.

2287 Liber III, Tit. 3, Art. 10-16. Zu Schäden an Vieh siehe - allerdings wohl etwas über das Ziel hinausschießend - auch Krieg, Verbrechen und ihre Strafen im alten Minden, S. 70: „Auch in den meisten Hexenprozessen spielt die Vergiftung von Vieh eine große Rolle. Und wenn manche Dinge in den Hexenverfahren undurchsichtig und unwahrscheinlich sind: diesem Klagepunkt der Schädigung des Viehs mag in vielen Fällen ein wahrer Tatbestand zugrunde liegen, indem es sich vielfach um Racheakte handelte. Deshalb fanden Bestimmungen für diesen Fall Aufnahme in das Mindener Recht."

2288 Art. 18 der Bruchrolle 1566 (Linnemeier, Städtische Obrigkeit als ordnungsstiftende Instanz, S. 245): *„Von thogefugten Schaden. Ist verboden, dat nemandt dem andern bi[n]nen oder buten Minden schaden [später überschrieben: schall(?)] up seinem lande, wischen, garden und kempen [später eingefügt: schaden] thofogen soll, der sich darinne vorbreche, soll dem boschedigten den schaden [ent]gelden, und in teien marck brake vorfallen sein."*

2289 Liber III, Tit. 3, Art. 2 zu Stadtbuch 1318, I, 140, nach Schroeder, Stadtrecht, S. 39 [etwa 1360] (aufgrund von Wiederholung somit auch I, 153): *„Ouer en ander recht is in vser stad: Queme en wetene eder vnwethene vp enes anderen wo^e^rd of erue, dat vnbewracht were, vnde groue darvppe lemen ane sinen willen, de doet ene ghewelde deme gherichte. Spreket he ene vordere an vmme scaden, den mach de betalen mit gelde of mit rechte."*

nach erfolgter Warnung,[2290] sowie die Haftungsfreistellung des Wagenfahrers nach erfolgtem Warnruf.[2291] An dieser Haftungsfreistellung des Wagenfahrers lässt sich einmal mehr deutlich machen, dass Crusius ein Kind seiner Zeit war und anhand seines Bildungshorizontes kommentierte: Anstatt auf den Eintrag im Stadtbuch von 1318 zu verweisen, den er wahrscheinlich gar nicht kannte, nennt er eine Stelle der justinianischen Institutionen als seiner Meinung nach gesicherte Grundlage für den Artikel des Mindener Stadtrechtsreformation.[2292]

Besonders breiten Raum in der Stadtrechtsreformation nimmt mit sieben Artikeln die Haftung für Tiere ein.[2293] Schon in ihrem frühen Zwölftafelgesetz hatten die Römer eine Haftung des Tierhalters für Schäden, die Tiere verursacht hatten, angeordnet.[2294] Dabei wurde zwischen Haustieren und wilden Tieren unterschieden: ein schädigendes Haustier konnte der Eigentümer entweder überlassen oder Wiedergutmachung in Geld leisten, wohingegen bei einem schädigenden wilden Tier, das der Eigentümer auf seinem Grundstück hielt, auf jeden Fall Schadensersatz zu leisten war, unter Umständen sogar die doppelte Summe.[2295] Ersatzpflichtig war auch nach dem Sachsenspiegel derjenige, der ein

---

2290 Liber III, Tit. 3, Art. 3 zu Stadtbuch 1318, I, 119, nach Schroeder, Stadtrecht, S. 34 [etwa 1360] (aufgrund von Wiederholung somit auch I, 146): „*Vortmer en recht is in vser stad: Hedde en man ghetimmeret in vser stad vppe sin hus eder an sin hus, dat scaden dede, dar ene wyse wy nynen broke vp, yt ene were sake, dat he vore ghewarnet wåre, alze recht is. Men wolde ene we sculdighen vmme vorsathe eder vmme argelist, dar moste hee eme vor don alzo vele, alze recht is.*“

2291 Liber III, Tit. 3, Art. 4 zu Stadtbuch 1318, II, 27, nach Schroeder, Stadtrecht, S. 62 [1336]: „*Item de casu: Schude, dat en queme mit eme waghene efte mit eme thůwe varende mangc lude vnde repe he: wik! wik! vnde warnde se, vnde de ghene, de dat horde vnde nicht wiken wolden, schude eme schade, de ghene, des de wagen eder dat towe were, ne drochte eme nicht beteren, it ne were, dat it kindere were eder kranke lude eder vntwitich, de irer suluen nicht weldich weren, dar scol dith vnbegan, als ene recht were.*“

2292 Ius Statutarium Reipublicae Mindensis, S. 287: „*Distinctio in Articulo approbata desumpta ex. l. 2 si putator ex arbore*“, womit wohl Paulus 10 ad Sab. D. 9, 2, 31 gemeint ist.

2293 Liber III, Tit. 3, Art. 10-16. Allgemein zur Entwicklung der Tierhalterhaftung siehe Gierke, Schuldrecht, S. 936-940; zum römischen Recht der actio de pauperie siehe Kaser / Knütel / Lohsse, Römisches Privatrecht, S. 310, Rn. 14. Die Tierhalterhaftung stellt im heutigen Recht eine der wenigen Fälle der verschuldensunabhängigen Gefährdungshaftung dar, siehe § 833 BGB.

2294 Schlinker, Privatrechtsgeschichte, S. 175, Rn. 15.

2295 Schlinker, Privatrechtsgeschichte, S. 175, Rn. 15, mit Verweis auf Ulpian D. 9, 1, 1, pr. und Inst. 4, 9, 1.

gezähmtes wildes Tier oder einen bekanntermaßen gefährlichen Hund hielt.[2296] Bei Haustieren und Nutzvieh traf die Ersatzpflicht ebenfalls zu, konnte aber auch durch die Übergabe des Tieres abgegolten werden.[2297] Diese Auslieferung des Tieres zielte wohl ursprünglich darauf ab, dem Geschädigten die Rache am Tier zu ermöglichen, wandelte sich aber mit der Zeit in die Abgeltung des Schadens durch den Wert des Tieres.[2298] Derjenige, der ein ihn angreifendes Tier tötet, blieb zudem straffrei.[2299]

GIERKE schlussfolgert aus diesen Parallen, dass das römische Recht nach der Rezeption in Deutschland umso leichter durchdringen konnte, „weil es dem deutschen Recht urverwandt war."[2300] Wenn die Entwicklungen nun aber so parallel waren, warum muss man dann davon ausgehen, es habe eine Romanisierung stattgefunden? Ebenso vertretbar ist es doch, in der Entwicklung der deutschen Tierhalterhaftung (abgesehen von den Diskussionen zur subjektiven Vorwerfbarkeit) eine weitestgehend autarke Entwicklung zu sehen. In Minden jedenfalls setzte sich die Idee durch, dass auch bei Schädigung durch ein Tier sowohl eine Strafe als auch Schadensersatz fällig waren.[2301] Die entsprechende

---

2296 Ssp. Ldr. II, 62, § 1 (Ebel, Sachsenspiegel, S. 110): *„Wer heldit einen glumenen hunt adir einen zamen wolf adir hirtz, beren adir affen, waz die zu schaden ton, daz sal her gelden. […]"*

2297 Ssp. Ldr. II, 40, § 1 und 2 (Ebel, Sachsenspiegel, S. 97): *„Wes hunt adir ber adir phert adir ochse ader welcherhande vie ez si, einen man totit ader lemet ader ein ander vi, sin herre sal den schaden nach rechtem wergelde ader nach sime werde bezzeren ab herz wider an sine gewere nimt, nach dem daz her die tat ervreischit. Slet herz abir uz[…], so ist er unschuldig an deme schaden. So undirwinde sichz iener vor sinen schaden ab her wil."* Der Ausdruck „undirwinde" bedeutet, sich einer Sache zu bemächtigen, siehe Ebel, Sachsenspiegel, S. 261. Die verschiedenen Aspekte des Auslieferungsrechtes thematisiert Gierke, Schuldrecht, S. 938. Zur primären Haftung des Hirten siehe Ssp. Ldr. III, 49 (Ebel, Sachsenspiegel, S. 143): *„Welch hunt zu velde geht, den sal man in banden halden, durch daz her nimande en schade. Tut her abir schaden, den sal der gelden, deme der hunt volget zu velde, adir sin herre, da herz nicht gegelden mag."* Unter „gelden" ist zahlen oder erstatten zu verstehen, siehe Ebel, Sachsenspiegel, S. 252.

2298 Gierke, Schuldrecht, S. 938.

2299 Ssp. Ldr. II, 62, § 2 (Ebel, Sachsenspiegel, S. 110): *„Slet ein man des veiz icht tot binnen des, daz es im schaden will, her blibit ez ane schaden ab herz tar geweren uffe den heiligen, daz in not dar zu brachte."*

2300 Gierke, Schuldrecht, S. 939.

2301 Art. 32 der Bruchrolle 1566 (Linnemeier, Städtische Obrigkeit als ordnungsstiftende Instanz, S. 247): *„Kein scheitlich dier zu holden. Ist verboten, das kemandt kein scheitlich dier hebben noch holden schall, bei pëen vinff marck, und dar datselbige schaden dede, den schaden schall der hër des dertes bezahlen."* Zur Strafe siehe auch Art. 136

Vorschrift findet sich konstant in den Bruchrollen der Jahre 1566, 1604, 1638 und 1673.[2302] Zudem wurde in der Stadtrechtsreformation ein Tötungsrecht des Angegriffenen gegenüber dem Tier normiert,[2303] wie es bereits der Sachsenspiegel gekannt hatte.[2304]

Schweine scheinen (neben Fischen) im Übrigen in Minden von besonderer Bedeutung gewesen zu sein. Die Mindener Bruchrolle widmet ihnen von ihren 46 Artikeln gleich 3 und auch die Stadtrechtsreformation erwähnt sie explizit. Nach der Stadtrechtsreformation dürfen *„keine Schweine noch anderes Vieh auff denen Kirchhöfen und gemeinen Strassen geduldet werden"*,[2305] was direkt auf zwei Eintragungen in der Bruchrolle beruht.[2306] Auch das Verbot von Ställen an bestimmten Orten beruht auf der Bruchrolle.[2307] Die Stadtrechtsreformation normiert in Bezug auf Tiere aber nicht nur die Haftung bei Schädigung, sondern auch ganz allgemeine Haltungsvorschriften, um mögliche Schäden zu

---

CCC (Schroeder, Die Peinliche Halsgerichtsordnung Kaiser Karls V., S. 85): *„Item hat eyner eyn thier, das sich dermassen erzeygt, oder sunst, der art vnd eygenschafft ist, dardurch zu besorgen ist, daß es den leuten an leib oder leben schaden thun möchte, soll der herr des selben thiers solch thier von jm thun, dann wo solch thier jemandt schaden thett oder entleibt, Soll der herr des thiers darumb nach gelegenheyt vnd gestalt der sachen vnd radt der rechtuerstendigen, oder an enden als hernach vermeldet gestrafft werden. Vnd souil destermer so er zuuor von dem Richter oder ander oberkeyt des zuuor vermandt oder gewarnet würd."*

2302 Pahl, Obrigkeit und Ordnungspolitik, S. 110.

2303 Liber III, Tit. 3, Art. 15.

2304 Ssp. Ldr. II, 62, § 2 (Ebel, Sachsenspiegel, S. 110).

2305 Liber III, Tit. 3, Art. 16.

2306 Art. 33 der Bruchrolle 1566 (Linnemeier, Städtische Obrigkeit als ordnungsstiftende Instanz, S. 247): *„Dat keien svine up dem kirchhove gehen. Schall ein jeder burger seine svine und vehe holden und vorwarnen, dat idt up keinen kirchhoven oder closterhoven de doden grever tho schorende und umbthowolen befunden werde, bei pëen vinff marck."* Art. 31 der Bruchrolle 1566 (Linnemeier, Städtische Obrigkeit als ordnungsstiftende Instanz, S. 247): *„Das keine svine umeher gehen sollen. Scholen ock keine svine tho stediger tidt nachtes oder dages up der straten herumb ghaen, mennichlichen zu nachdeil, besundern scholen vor dem svene und ihn die stelle gedreven werden bei pëen vinff marck."*

2307 Vgl. Liber I, Tit. 15, Art. 6 zu Art. 34 der Bruchrolle 1566 (Linnemeier, Städtische Obrigkeit als ordnungsstiftende Instanz, S. 247): *„Keine svinstelle to hebben. Scholen keine svine stelle binnen Minden an der gemeinen herstrate bei peen vinff marck gehadt werden."*

vermeiden; so sind gefährliche Tiere in Gewahrsam zu halten und dürfen nicht auf öffentliche Straßen und Bereiche gelassen werden.[2308]

Als Fazit zu diesem Titel der Stadtrechtsreformation lässt sich konstatieren, dass das rezipierte Recht der Lex Aquilia mit den Ansprüchen, die sich ab dem 14. Jahrhundert in Minden nachweisen lassen, in gewisser Weise verwoben wurde. KRIEG sieht gerade in der Überschrift des Titels einen Beweis dafür „wie seit dem 16. Jahrhundert auch das römische Recht, besonders durch die Rechtsgelehrten, zu denen ja auch Crusius gehört, Einfluß gewonnen hat."[2309] Im Gegensatz dazu sieht man in diesem Titel meines Erachtens nach stattdessen eher die Mindener Kombinationsleistung beider Rechtsmassen.

C. Prozessrecht

I. Prozessrechtlicher Regelungsgehalt der Stadtrechtsreformation

Der Liber IV der Mindener Stadtrechtsreformation enthält die Regelungen zum Gerichtsprozess.[2310] Diese Regelungen sind durch die bereits im Überblick zur Stadtrechtsreformation dargestellten einschlägigen Artikel aus Liber I, Tit. 1 zu ergänzen, in denen es um den Verhaltenskodex des Rates,[2311] die Zuständigkeitsregelungen,[2312] und die Rechtsgrundlage[2313] der Entscheidungen geht.

1. Vorbild: Kameralprozess

Die Mindener Stadtrechtsreformation orientiert sich bezüglich des Prozessrechtes an der Reichskammergerichtsordnung (RKGO) von 1555 und ist somit in weiten Teilen als Rezeptionsergebnis zu bewerten. In den meisten nördlichen Regionen des Reiches, insbesondere in Westfalen, erfolgte die Rezeption

---

2308 Liber III, Tit. 3, Art. 13 und 14.

2309 Krieg, Verbrechen und ihre Strafen im alten Minden, S. 69.

2310 Eine erste kurze Zusammenfassung des prozessrechtlichen Regelungsgehaltes liefert Krieg, Mindener Rechtsbücher, S. 91 f.

2311 Unparteilichkeit und Unbestechlichkeit (Liber I, Tit. 1, Art. 1), Aufmerksamkeit (Liber I, Tit. 1, Art. 8), Verschwiegenheit (Liber I, Tit. 1, Art. 12), Einigkeit (Liber I, Tit. 1, Art. 11 und 13), Unbefangenheit (Liber I, Tit. 1, Art. 14 und 15), sowie in der Entscheidung Einstimmigkeit (Liber I, Tit. 1, Art. 1 und Art. 6).

2312 Liber IV, Tit. 1, Art. 10 (Wert des Streitgegenstandes); Liber IV, Tit. 1, Art. 11 (Appellation).

2313 Es gilt das Recht der Stadtrechtsreformation und subsidiär das Recht des Heiligen Römischen Reiches, siehe Liber I, Tit. 1, Art. 1 und 2.

des römischen Prozessrechts maßgeblich nach dem Vorbild dieser RKGO.[2314] Die Ausstrahlungswirkung des Prozesses vor dem Reichskammergericht, auch Kameralprozess genannt, bezieht sich dabei insbesondere auf die engmaschige Normierung des Rechtsganges.[2315] Dies bedeutet aber nicht, dass sich nicht je nach Region verschiedene, gerichtliche Besonderheiten erhielten. Diese Besonderheiten des sogenannten *stilus curiae* sind von den Zeitgenossen nicht als störende Abweichungen vom ius commune verstanden worden; vielmehr war „das gelehrte und geschriebene romanisch-kanonische Prozessrecht als eine Art Grundmuster anzusehen, von dem es dann in der praktischen Durchführung die zahlreichsten Modifikationen geben konnte und gegeben hat."[2316] Bei einem Blick auf die territorialen Prozessordnungen ist folglich stets mit Abweichungen vom Reichsrecht zu rechnen, sodass das Quellenmaterial nicht einfach in ein vorgegebenes Deutungsschema gepresst werden kann.[2317] Trotz aller Besonderheiten bleibt aber festzuhalten, dass der Kameralprozess als Vorbild für zahlreiche territoriale Gerichtsordnungen fungiert hat.[2318] Der Kameralprozess als Verfahren vor dem 1495 gegründeten Reichskammergericht war eine spezielle Form des gelehrten Gerichtsverfahrens.[2319] Er war stark vom römisch-kanonischen Prozessrecht geprägt,[2320] wie es die Kirche bereits im Mittelalter angewendet hat. Nach der Gründung des Gerichts im Jahre 1495 ergingen bis 1555 in schneller Folge zehn Gerichtsordnungen und auch der Jüngste Reichsabschied von 1654 liefert einen umfangreichen Regelungskatalog zum kammergerichtlichen Verfahren.[2321]

Die RKGO unterscheidet zwischen ordentlichen Sachen,[2322] die einen normalen Prozess erforderten (sogenannter Zitationsprozess), und den extra

2314 Lebkücher, Die Grafschaft Tecklenburg und die Justizreform von 1613, S. 66 mit Fn. 286.
2315 Oestmann, Wege zur Rechtsgeschichte: Gerichtsbarkeit und Verfahren, S. 170.
2316 Nörr, Romanisch-kanonisches Prozessrecht, S. 3 f.
2317 Süß, Partikularer Zivilprozess und territoriale Gerichtsverfassung, S. 42 f., der zudem zu Bedenken gibt, dass reichsrechtliche Regelungen „[…] noch nicht so weit erforscht sind, dass eine Grundlage für einen bedenkenlosen Vergleich geschaffen wäre."
2318 Oestmann, Enzyklopädie der Neuzeit 6, Sp. 301.
2319 Oestmann, Wege zur Rechtsgeschichte: Gerichtsbarkeit und Verfahren, S. 170. Für die Grundlagen siehe zum römischen (Straf-)Prozessrecht insbesondere Mommsen, Römisches Strafrecht, S. 339-520.
2320 Oestmann, Enzyklopädie der Neuzeit 6, Sp. 300.
2321 Oestmann, Wege zur Rechtsgeschichte: Gerichtsbarkeit und Verfahren, S. 170.
2322 Zu den Ordinaria siehe RKGO 1555, Dritter Teil, § 3, IV (S. 221).

aufgeführten dreißig außerordentlichen Sachen (Extraordinaria), bei denen das nicht der Fall war, sondern ein summarischer Prozess erfolgen konnte.[2323] Des Weiteren kennt die RKGO den einstweiligen Rechtsschutz in Form des Mandatsprozesses; in diesem Verfahren konnte das Gericht bei Gefahr in Verzug vorläufige Anordnungen ohne Anhörung der Gegenpartei erlassen.[2324] Auch die Mindener Stadtrechtsreformation kennt diese drei Varianten, ohne sie jedoch näher zu definieren.[2325] Es ist davon auszugehen, dass die Prozessvarianten in Minden mit denen vor dem Reichskammergericht identisch waren. Ausdrücklich normiert hat die Stadtrechtsreformation die Anwendbarkeit der reichskammergerichtlichen Regelungen für das Verfahren in ordentlichen schriftlichen Sachen.[2326] Auf die RKGO wird im Übrigen in der Stadtrechtsreformation auch noch bei der Zeugenbefragung[2327] und beim Ablauf des letzten Verhandlungstermines[2328] Bezug genommen.

Das ordentliche Verfahren vor dem Reichskammergericht[2329] begann mit der aus dem römischen Recht bekannten förmlichen Streitbefestigung (sogenannte litis contestatio[2330]). In vorgeschriebener Reihenfolge reichten anschließend die Prozessvertreter ihre Schriftsätze ein. Diesen Schriftsatzwechsel bezeichnet OESTMANN treffend als einen Schlagabtausch nach einem festen Muster.[2331] Die Schriftsätze trugen vorgeschriebene Bezeichnungen und mussten bestimmte Prozesshandlungen enthalten. Der Tatsachenvortrag war dabei in einzelne

2323 Zu den Extraordinaria siehe RKGO 1555, Dritter Teil, § 3, III (S. 220 f.).

2324 Oestmann, Enzyklopädie der Neuzeit 6, Sp. 300. Zu Alter und Ursprüngen des Mandatsprozesses siehe Lebkücher, Die Grafschaft Tecklenburg und die Justizreform von 1613, S. 162 m. w. N.: „Zudem gibt es Auffassungen in der Forschung, die davon ausgehen, dass der Mandatsprozess selbst noch relativ jung war. Andere meinen, im Gegensatz zur überholten Rückführung des Mandatsprozesses auf Lex Salica, Edictus Rothari und Sachsenspiegel, die Ursprünge des Mandatsprozesses seinem im römisch-kanonischen Recht zu finden."

2325 Liber IV, Tit. 1, Art. 4, 12 und 29.

2326 Liber IV, Tit. 1, Art. 12: *„und darein vermüge der beschriebenen Rechten und des Heiligen Römischen Reichs Cammergerichts-Ordnung und dieser unserer Ordnung [...] verfahren werden."*

2327 Liber IV, Tit. 2, Art. 6.

2328 Liber IV, Tit. 2, Art. 13.

2329 Siehe hierzu Oestmann, Enzyklopädie der Neuzeit 6, Sp. 300 f.

2330 Rabe, Lüneburger Stadtrechtsreformation, S. 27, beschreibt die litis contestatio als „Aufnahme des Rechtstreits von Seiten des Beklagten; er erkennt nicht an, sondern er will eine richterliche Entscheidung."

2331 Oestmann, Wege zur Rechtsgeschichte: Gerichtsbarkeit und Verfahren, S. 118.

Artikel aufzugliedern, und der Prozessgegner gehalten, auf die jeweiligen Artikel zu antworten (sogenannte Positionalverfahren bzw. Artikelprozess). Auf diese Weise wurde der streitige Sachverhalt, über den noch Beweis zu erheben war, eingegrenzt. Die Mindener Stadtrechtsreformation schreibt diese artikelgegliederte Aufschlüsselung ebenfalls vor.[2332]

Das einheimische mittelalterliche Gerichtsverfahren und das römisch-kanonische Gerichtsverfahren, das dem Kameralprozess zugrunde liegt, weisen zwei grundlegende Unterschiede auf: erstens spielte die Schrift im ungelehrten Prozess eine wesentlich geringere Rolle und zweitens war das Beweisrecht anders konzipiert.[2333] Zwar gibt es in der Forschung neuere Ansätze, die die Gegensätzlichkeit des gelehrten zum einheimischen Prozessrecht jedenfalls punktuell relativieren; die grundsätzliche Gegensätzlichkeit wird jedoch auch dort nicht in Frage gestellt.[2334]

Hauptmerkmal des Kameralprozesses jedenfalls war die Schriftlichkeit,[2335] wohingegen das einheimische mittelalterliche Verfahren von Mündlichkeit geprägt war.[2336] Die immer stärkere Verschriftlichung hat ihre Anfänge im römisch-kanonischen Prozess, denn bereits das Laterankonzil im Jahre 1215 hatte die Vorgabe erlassen, Prozesshandlungen zu protokollieren.[2337] Das Schriftlichkeitsprinzip ist auch unter der Parömie „*Quod non est in actis non est in mundo.*" (Was nicht in den Akten steht, ist nicht in der Welt.) bekannt.[2338]

2332 Liber IV, Tit. 1, Art. 14 („*articulim*").

2333 Oestmann, Wege zur Rechtsgeschichte: Gerichtsbarkeit und Verfahren, S. 71.

2334 Lebkücher, Die Grafschaft Tecklenburg und die Justizreform von 1613, S. 56 f. m. w. N. Als Beispiele nennt Lebkücher, S. 61, die Waffenlosigkeit vor Gericht und die Gerichtswürde. Siehe auch Oestmann, Symbolik und Formalismus im ungelehrten mittelalterlichen Gerichtsverfahren, S. 108: „Der Blick auf die symbolische Dimension des gerichtlichen Wortwechsels ermöglicht damit eine Annäherung des gelehrten und rechtsgewohnheitlichen Gerichtsverfahrens. Die traditionelle Literatur zur deutschrechtlichen mittelalterlichen Formstrenge hat solche Gemeinsamkeiten, Parallelentwicklungen, womöglich gar Abhängigkeiten nicht beachtet, vielleicht auch nicht sehen wollen."

2335 Oestmann, Enzyklopädie der Neuzeit 6, Sp. 300.

2336 Oestmann, Wege zur Rechtsgeschichte: Gerichtsbarkeit und Verfahren, S. 70 f.

2337 Nörr, Romanisch-kanonisches Prozessrecht, S. 46; Oestmann, Wege zur Rechtsgeschichte: Gerichtsbarkeit und Verfahren, S. 117 f.

2338 Nörr, Romanisch-kanonisches Prozessrecht, S. 47 f. nimmt allerdings eine Feinjustierung vor: „Mit der Schriftlichkeit des Verfahrens wird allenthalben die Parömie *quod non est in actis non est in mundo* in Verbindung gebracht. Aber unter *acta* wurden in erster Linie die Prozesshandlungen als solche, unabhängig in welcher Form, verstanden […]. Daher besagt die Parömie zunächst, dass in der Entscheidung eines

Die zweite grundlegende Unterscheidung findet sich im Beweisrecht. Das einheimische ungelehrte Verfahren stütze sich auf Leumundszeugen, Reinigungseide und Gottesurteile.[2339] Die Leumundszeugen bzw. Eideshelfer waren keine Tatsachenzeugen, sondern beschworen die Redlichkeit des Beklagten und der Beklagte bedurfte je nach Tatvorwurf der Unterstützung durch drei bis zwölf solcher Zeugen.[2340] Das gelehrte Recht hingegen stütze sich auf Wahrnehmungszeugen und Urkunden, den richterlichen Augenschein und Sachverständige.[2341]

Von besonderer Bedeutung waren und blieben verschiedene Eide. Die Reichskammergerichtsordnung kennt nicht weniger als 30 unterschiedliche Eide,[2342] und auch die Mindener Stadtrechtsreformation ist durchzogen von Verweisen auf verschiedene Eidesleistungen. Im Rahmen eines laufenden Verfahrens[2343] nennt die Stadtrechtsreformation den Zeugeneid,[2344] den Sachverständigeneid,[2345] den Prokuratoreneid,[2346] den Appellationseid,[2347] sowie den Kalumnieneid.[2348] Zudem gibt es die Sonderfälle des Beweiseides der Kaufmannswitwe,[2349] und des Eides des unbefriedigten Gläubigers im Zwangsvollstreckungsverfahren[2350].

Rechtsstreites nur berücksichtigt werden darf, was im Kleide einer Prozesshandlung in das Verfahren eingeführt worden ist. Die Parömie spricht also das Thema „Verhandlungsmaxime" und das Verbot der Verwendung privaten Wissens durch den Richter an; erst in zweiter Linie kommt die Schriftform (die „Akten" nach deutschem Sprachgebrauch) ins Spiel."

2339 Oestmann, Wege zur Rechtsgeschichte: Gerichtsbarkeit und Verfahren, S. 74 und 120.

2340 Oestmann, Wege zur Rechtsgeschichte: Gerichtsbarkeit und Verfahren, S. 72.

2341 Oestmann, Wege zur Rechtsgeschichte: Gerichtsbarkeit und Verfahren, S. 120.

2342 RKGO, Erster Teil, Tit. 57-86 (S. 151-162). Besonders hervorzuheben ist der Zeugeneid gemäß RKGO, Erster Teil, Tit. 77 (S. 159).

2343 Siehe auch die Notizen von Schlicke in LAV NRW W, Ms VII, 2902b (Digitalisatblatt 141) zu gerichtlichen Eidesformeln.

2344 Liber III, Tit. 2, Art. 4.

2345 Liber I, Tit. 10, Art. 17.

2346 Liber IV, Tit. 1, Art. 20.

2347 Liber IV, Tit. 2, Art. 19.

2348 Liber IV, Tit. 2, Art. 5. Oestmann, Wege zur Rechtsgeschichte: Gerichtsbarkeit und Verfahren, S. 119: „Ebenfalls charakteristisch für den mittelalterlichen gelehrten Prozess war der Kalumnieneid der Parteien. Beide Parteien sollten schwören, an die eigene gute Sache zu glauben und den Gegner nicht mit unnötigen Finten um sein Recht zu bringen."

2349 Liber I, Tit. 6, Art. 1.

2350 Liber I, Tit. 10, Art. 7.

Natürlich setzt der Rechtstext zudem verschiedene andere allgemeine (Verpflichtungs-)Eide voraus: den Bürgereid,[2351] den Ratsherreneid,[2352] sowie den Eid eines Vormunds[2353]. Bei einer Eidesleistung wurde nach frühneuzeitlichem Verständnis Gott als Zeuge des Eidgebers angerufen, sodass gemäß PREUSSE ein solcher Eid einem Menschen damals nicht leicht von den Lippen ging, sondern ein geeignetes Mittel, um den Menschen in einer auf Gott hin ausgerichteten Gesellschaft auf die Wahrheit zu verpflichten.[2354]

Der Kameralprozess litt insbesondere durch das Schriftlichkeitsprinzip und die Vielzahl der Termine unter einer gewissen „Schwerfälligkeit"[2355]. NÖRR hat das zugrunde liegende, generelle Problem treffend beschrieben: „Ein unauflösliches Dilemma, in das jedes Prozesssystem getrieben wird, stellt bekanntlich die doppelte Forderung nach Gründlichkeit und nach Zügigkeit des Verfahrens dar: je gründlicher in einem Rechtsstreit nach der Wahrheit geforscht wird, desto mehr Zeit nehmen regelmäßig die Verhandlungen in Anspruch; und je zügiger das Verfahren vorangeht, desto größer wird die Gefahr eines den wahren Verhältnissen nicht entsprechenden, eines Fehlurteils."[2356] Es gab beim Reichskammergericht durchaus Bestrebungen, den Prozess zu beschleunigen. Schon 1570 wurde die Eventualmaxime eingeführt, derzufolge die Parteien alle Angriffs- und Verteidigungsmittel gleichzeitig vorlegen mussten; und 1654 wurde der Artikelprozess abgeschafft.[2357] EISENHARDT erblickt in den prozessrechtlichen Regelungen des Jüngsten Reichsabschiedes von 1654 eine Anlehnung an das sächsische Verfahrensrecht und letztlich den Grundstein des sogenannten gemeinen Zivilprozesses der Neuzeit; allerdings trug auch dieser die Gefahr der Prozessverschleppung in sich.[2358]

2351 Proömium sowie Liber I, Tit. 2, Art. 21.

2352 Liber I, Tit. 1, Art. 12.

2353 Liber I, Tit. 9, Art. 6; Liber II, Tit. 2, Art. 17.

2354 Preuße, „Von verschiedenen bösen Discursen", S. 35.

2355 Oestmann, Enzyklopädie der Neuzeit 6, Sp. 301, gibt den interessanten Hinweis, dass die neuere Forschung in der Schwerfälligkeit des Prozesses „freilich sogar Vorteile erblickt. Die lange Verfahrensdauer bot ausreichende Möglichkeiten für außergerichtliche Vergleiche und somit für die konsensuale Herstellung von Rechtsfrieden."

2356 Nörr, Romanisch-kanonisches Prozessrecht, S. 223.

2357 Oestmann, Enzyklopädie der Neuzeit 6, Sp. 301.

2358 Eisenhardt, Deutsche Rechtsgeschichte, S. 195, Rn. 420 f. Eisenhardt, Deutsche Rechtsgeschichte, S. 195, Rn. 419: „Auf der Grundlage des älteren sächsischen Rechts entwickelte sich der sogenannte sächsische Prozess, der sich in mancherlei Hinsicht vom Kameralprozess unterschied. [...] Ein Hauptunterschied zum Kameralprozess bestand darin, dass nach sächsischem Recht bereits in der Klage alles vorgetragen

2. Mindener Verfahren gemäß Liber IV, Tit. 1

Gemäß der Mindener Stadtrechtsreformation werden die Verfahren vor dem Ratsgericht nach Tagen gegliedert. Am Montag wurden nur gemeine Stadtsachen beratschlagt; neben den Ratsmännern waren dann auch die Vierziger zugegegen.[2359] Bei Bedarf waren zudem der alte Rat, die sechs Ämter und die Gemeinheit anwesend.[2360] Am Mittwoch und Freitag als eigentliche Prozesstage wurde von 09:00 Uhr bis 12:00 Uhr in Anwesenheit der Parteien verhandelt.[2361] Für jede Streitsache waren dabei mindestens 30 Minuten angesetzt.[2362] Diese Regelung ist in Teilen mit der Reichskammergerichtsordnung identisch, denn dort wird montags-, mittwochs- und freitagnachmittags öffentlich verhandelt.[2363]

Blieb eine Partei aus, griffen die Regelungen zum Versäumnis.[2364] Ein ergangenes Versäumnisurteil konnte nur abgewendet werden durch das Vorbringen einer „ehehafftigen" Entschuldigung, d. h. durch rechtmäßige Entschuldigungsgründe, um einer gerichtlichen Vorladung nicht Folge zu leisten, beispielsweise wegen Krankheit, feudaler Dienste oder Tod eines Verwandten.[2365]

Der Mittwoch diente der Anhörung der Parteien im summarischen Verfahren und bei extraordinären Sachen.[2366] Trägt ein Kläger bei der Anhörung seine Klage mündlich vor, hat der Beklagte zwei Reaktionsmöglichkeiten: Er kann entweder direkt antworten, was dazu führt, dass bereits am Freitag ein Ratsbescheid ergeht. Oder er kann eine Niederschrift der Klage vom Stadtsekretär fordern und

---

werden musste, was für den Prozess von Bedeutung sein konnte, und auch der Beklagte alle Einwendungen, die ihm bekannt waren, gleichzeitig vorbringen musste. Damit wurde das Ziel verfolgt, die Prozesse zu beschleunigen."

2359 Liber I, Tit. 1, Art. 3. Bei dem Gremium der Vierziger handelt es sich um den Mindener Wahlmännerausschuss, vgl. Abbildung 10 bei Schulte, Macht auf Zeit, S. 94.

2360 Liber I, Tit. 1, Art. 3. Die sechs Ämter erfassten die größten Gilden/Zünfte, u.a. die einflussreiche Kaufmannsgilde. Unter Gemeinheit versteht man die gesamte wahlberechtigte Bürgerschaft.

2361 Liber I, Tit. 1, Art. 3-5 sowie Liber IV, Tit. 1, Art. 1-3.

2362 Liber I, Tit. 1, Art. 5 a.E. Der Rat tagt drei Stunden und es sollen für diese Zeitspanne maximal 6 Prozessparteien geladen werden.

2363 RKGO, Dritter Teil, Tit. 1, § 1 (S. 219): *„Wir ordnen, setzen und wöllen, daß vor cammerrichtern und beisitzern drey tag in der wochen, nemlich Montag, mitwoch und Freitag, jedes tags nachmittag in der angesetzten stundt mit geöffneter thür gericht und audientz gehalten werden."*

2364 Liber IV, Tit. 1, Art. 5, 6, 13 und 15, sowie Liber I, Tit. 1, Art. 10.

2365 Zur Wortbedeutung vgl. auch Grimm, Deutsches Wörterbuch, Band 3, Leipzig 1862, Sp. 43.

2366 Liber IV, Tit. 1, Art. 4.

innerhalb von 14 Tagen auf die Klagevorwürfe mündlich antworten.[2367] Dies löst einen 14-Tage-Rhythmus aus, in dem Kläger und Beklagter immer abwechselnd zu hören sind, bis der Rat nach Bericht durch den Stadtsekretär und Verlesung des Protokolls ein Urteil spricht.[2368] Dem Rat steht das Recht zu, einen mündlich begonnenen Prozess auf einen schriftlichen Fortgang zu verweisen, wenn dies wegen der Natur der Sache oder der Wichtigkeit geboten ist.[2369]

Verhandlungstag für schriftliche und ordinäre Verfahren ist Freitag.[2370] Das Verfahren richtet sich nach der Mindener Stadtrechtsreformation und der Reichskammergerichtsordnung.[2371] Auch in der Reichskammergerichtsordnung werden ordinäre und extraordinäre Verfahren an getrennten Tagen behandelt.[2372] Das Verfahren wird eingeleitet durch die Einreichung der Klageschrift. Diese ist in zweifacher Ausfertigung vorzulegen: ein Exemplar für den Rat und ein Exemplar für den Beklagten.[2373] Dies löst einen 4-Wochen-Rhythmus aus; in dieser Frist können Kläger und Beklagter nun immer abwechselnd Schriftsätze einreichen,[2374] wobei die Übergabe der Schriftsätze genau geregelt ist.[2375] Wenn das Ratsgericht letztlich zu einer Entscheidung gekommen ist, werden die Parteien zur Urteilsfindung vorgeladen.[2376]

Bevor weitere Einzelheiten des schriftlichen Verfahrens geregelt werden, folgen in der Stadtrechtsreformation dann detaillierte Regelungen zu den Pflichten der Prozessvertreter.[2377] Am Verfahren sind außer dem Rat (mit Stadtsekretär und Stadtsyndicus) und den Parteien auch Prokuratoren und Advokaten beteiligt. Den Parteien stand im Verfahren immer ein Prokurator zur Seite. Nach Beschaffenheit und Wichtigkeit der Sache konnten die Parteien zudem einen

2367 Liber IV, Tit.1, Art. 7.
2368 Liber IV, Tit. 1, Art. 7 und 8.
2369 Liber IV, Tit. 1, Art. 9.
2370 Liber IV, Tit. 1, Art. 12.
2371 Liber IV, Tit. 1, Art. 12: *„und darein vermüge der beschriebenen Rechten und des Heiligen Römischen Reichs Cammergerichts-Ordnung und dieser unserer Ordnung […] verfahren werden.“*
2372 RKGO, Dritter Teil, Tit. 2, § 1 (S. 220): *„[…] ordnen und setzen wir, daß hinfürther mit den audientzen in ordinariis und extraordinariis abgewechselt und diselbigen je eynen tag umd den andern gehalten werden.“*
2373 Liber IV, Tit. 1, Art. 14.
2374 Liber IV, Tit. 1, Art. 15.
2375 Liber IV, Tit. 1, Art. 17 und 18.
2376 Liber IV, Tit. 1, Art. 19.
2377 Liber IV, Tit. 1, Art. 20-28.

Advokaten beauftragen.[2378] Die Begriffe des Prokurators und des Advokaten gehen auf das römische Recht zurück; [2379] in Deutschland ist diese Zweiteilung der Prozessvertreter mit der Rezeption übernommen worden. Es war Aufgabe des Prokurators, alle prozessualen Handlungen (Antragsstellung und Einreichung von Schriftsätzen) formgerecht bei Gericht vorzunehmen; demgegenüber war es Aufgabe des Advokaten, seine Mandanten rechtlich zu beraten und Schriftsätze zu fertigen.[2380]

Die Prokuratoren wurden in ihrer Anzahl auf vier beschränkt; sie waren per Eid dem Rat verpflichtet und unter Strafandrohung dazu angehalten, die Prozessordnung zu befolgen.[2381] Sie mussten in wichtigen Sachen den Rechtsrat eines Advokaten einholen, um ordnungsgemäß vortragen und zu Protokoll diktieren zu können.[2382] Die Prokuratoren wurden dazu angehalten, ihrer Partei während der gesamten Prozessdauer zur Seite zu stehen,[2383] und konnten die Partei in Abwesenheit der Partei dank Vollmacht wirksam vertreten.[2384] Sie waren zu Verschwiegenheit und Loyalität gegenüber ihrer Partei verpflichtet,[2385] ebenso wie zur gewissenhaften Prozessführung, d. h. zur Kenntnisnahme des aktuellen Verhandlungsstandes, um Nachteile für die Partei zu vermeiden.[2386]

Es erscheint notwendig gewesen zu sein, auch den Prokuratoren einen Verhaltenskodex an die Hand zu geben. Die Prokuratoren werden in der Stadtrechtsreform angehalten, ihre Vorträge bei Gericht kurz zu halten: „*Sie sollen sich überflüssiger Wörte bei denen dictatis müssigen und per brevia handelen, damit es dem Rathe nicht verdrießlich und dem Secretario mit prothocolliren nicht beschwerlich sey.*“[2387] Zudem sollen sie sich in ihren Schriftsätzen „*allen Scheltens und Schmehens*“ enthalten.[2388] Auf ein nicht spannungsfreies Verhältnis des Rates zum Amt der Prokuratoren könnte auch folgender Auszug aus der Einleitung zu Liber IV, Tit. 1 hinweisen, indem die Notwendigkeit der neuen Prozessordnung dargelegt wird: „*Dieweil biß dahero eine grosse Unordnung und confusio*

2378 Liber IV, Tit. 1, Art. 24.
2379 Sellert, HRG 3, Sp. 2032-2034.
2380 Oestmann, Wege zur Rechtsgeschichte: Gerichtsbarkeit und Verfahren, S. 120 f.
2381 Liber IV, vor Tit. 1, Einleitung.
2382 Liber IV, Tit. 1, Art. 20.
2383 Liber IV, Tit. 1, Art. 25.
2384 Liber IV, Tit. 1, Art. 26.
2385 Liber IV, Tit. 1, Art. 28.
2386 Liber IV, Tit. 1, Art. 27.
2387 Liber IV, Tit. 1, Art. 21.
2388 Liber IV, Tit. 1, Art. 23.

dero Parteysachen im Rath gespüret worden, dadurch dieselbe zu grosser Weitleufftigkeit gerahten, gleichwol dem Rahte beigemessen werden wil, als wann derselbe dazu Ursache gegeben, eintzig und allein aber durch die Partheien selbst und ihre Advocaten und Procuratoren verursacht wird." Zugleich sollte diese Passage aber auch nicht überbewertet werden; weil es „ein übliches Vorgehen im Zusammenhang mit sämtlicher Normgebungstätigkeit war, zunächst die schlechten Zustände zu beschreiben, um diesen dann als guter Herrscher mit voller Legitimation entgegenzutreten."[2389]

Liber IV, Tit. 1 endet mit zwei gesetzlichen Regelungen für besondere Verfahren: Art. 29 schreibt den Ablauf für Mandatssachen fest; Art. 30 für Schuldsachen. Bei einer Mandatssache handelt es sich um einen zulässigerweise abgekürzten Prozess, der durch Mandat eingeleitet wird; Mandat bezeichnet dabei „den auf Antrag des Klägers zugleich mit der Ladung an den Beklagten ergehenden richterlichen Befehl, auf den Klaganspruch zwecks Beschleunigung des Verfahrens in vorgeschriebener, die Verteidigungsmöglichkeit zunächst einschränkender Weise zu reagieren".[2390] Der Mindener Mandatsprozess geschieht unter Mitwirkung des Bürgermeisters und „cum clausula",[2391] was bedeutet, dass sich der Mandatsempfänger im Mandatstermin mit allen ihm zur Verfügung stehenden Einwendungen verteidigen kann.[2392] Auch das Verfahren in Schuldsachen dient der Prozessverkürzung:[2393] Bei „*bekandtlichen Schuldsachen*" wird das Verfahren auf drei Termine im Abstand von vierzehn Tagen beschränkt, innerhalb derer der Schuldner zu zahlen oder die Unbegründetheit der Klage darzulegen hat. Gelingt ihm dies innerhalb der angegebenen sechs Wochen nicht, drohen Zwangsmittel.

3. *Mindener Verfahren gemäß Liber IV, Tit. 2*

Liber IV, Tit. 2, Art. 1-22 enthält dann weitere Regelungen zum Prozess in schriftlichen Sachen. Ein Prozess in schriftlichen Sachen soll in 13 Terminen abgehandelt werden.[2394] Hinzu kommen ein Termin für die Ratsentscheidung

2389 Lebkücher, Die Grafschaft Tecklenburg und die Justizreform von 1613, S. 61.

2390 DRW, Band IX, Sp. 102. Siehe auch Oestmann, HRG 3, 2. Aufl., Sp. 1227-1234.

2391 Liber IV, Tit. 1, Art. 29. Bürgermeister ist der erste Ratsherr, vgl. Schulte, Macht auf Zeit, S. 174-176.

2392 In einem Mandatsprozess sine clausula hingegen waren nur Einwendungen die rechtlichen Grundlagen des Mandats betreffend zugelassen, siehe dazu Lebkücher, Die Grafschaft Tecklenburg und die Justizreform von 1613, S. 157 f.

2393 Liber IV, Tit. 1, Art. 30. Siehe hierzu auch Liber I, Tit. 7, Art. 1 „*umb geliehenes Geld und andere beweißliche Schulden*".

2394 Liber IV, Tit. 2, Art. 1.

sowie ein Termin für die Urteilsverkündung,[2395] mithin also mindestens 15 (!) Termine. Tatsächlich konnte sich das Verfahren theoretisch durch Termine für Zeugenvernehmungen aber noch deutlich länger hinziehen. Die Unterteilung in zahlreiche Termine sollte das Verfahren in geordnete Bahnen lenken und folgte dem logischen Prinzip einer strikten Reihen- bzw. Abfolge.[2396] Es kann allerdings die Frage gestellt werden, ob es in der gerichtlichen Praxis tatsächlich immer zu dieser Mindestanzahl von 15 Terminen gekommen ist. Möglicherweise konnten auch verschiedene Prozesshandlungen in einem Termin zusammen gezogen werden.[2397] Erst anhand der Analyse zahlreicher überlieferter Mindener Gerichtsakten lässt sich letztlich belastbar zu der Frage Stellung beziehen, inwiefern in Minden sowohl das geschriebene materielle Recht der Statuten als auch das geschriebene Prozessrecht mit dem Recht der umsetzenden Gerichtspraxis identisch war. Erst wenn in weiteren Forschungsarbeiten mithin der Schritt von der Normexegese hin zur Analyse zahlreicher Einzelprozesse gegangen wird, lässt sich beispielsweise klären, ob das schriftliche Verfahren vor dem Mindener Ratsgericht in der Tat bis zu 15 Termine umfasste. Die zugrunde liegende Frage nach der Diskrepanz zwischen Theorie und Praxis wird häufig gestellt und kann nur nach umfangreichem Aktenstudium einer ersten vorsichtigen Antwort zugeführt werden.[2398]

2395 Liber IV, Tit. 2, Art. 14 und Art. 15.

2396 Siehe dazu Nörr, Romanisch-kanonisches Prozessrecht, S. 37.

2397 Dies bestätigt für den romanisch-kanonischen Prozess jedenfalls Nörr, Romanisch-kanonisches Prozessrecht, S. 39. Nörr, Romanisch-kanonisches Prozessrecht, S. 226 f. m. w. N., weist für kirchliche Gerichte zudem darauf hin, man habe aus der „Gründlichkeit des Verfahrens und aus konkreten Beispielen von Jahre und Jahrzehnten dauernden Prozessen […] in der historiographischen und rechtsvergleichenden Literatur den Schluss auf Verzögerung und Verschleppung der Verfahrens als einem Wesenszug des romanisch-kanonischen Prozesses gezogen. Dieser Schluss, obwohl von den meinsten Autoren geteilt, lässt sich jedoch in seiner Allgemeinheit so nicht halten. […] Ohne nach Streitobjekten zu unterscheiden, betrug die normaleVerfahrensdauer in Köln im 15. Jahrhundert vier bis fünf, in Trier zehn bis zwölf Monate. […] Bedenkt man, diese Daten vor Augen, auch die Verkehrs- und Nachrichtenverhältnisse der Zeit, dann kann von langer Dauer der Prozesse in einem systematischen Sinne nicht die Rede sein […].“

2398 Zur Diskrepanz zwischen Theorie und Praxis, d. h. zwischen Gesetzesrecht und Rechtswirklichkeit siehe exemplarisch die Arbeiten von Wend, Hagen: Die Anwendung des Trierer Landrechts von 1668/1713 im rechtsrheinischen Teil des Kurstaates und in benachbarten Gebieten. Zugleich eine Studie zum Verhältnis zwischen Gesetzesrecht und der Rechtswirklichkeit im ausgehenden 17. und im 18. Jh., Frankfurt am Main 1973; Kaune, Daniel: Rechtsnorm und Rechtspraxis im spätmittelalterlichen

Die Reichskammergerichtsordnung untergliedert das Verfahren erster Instanz in elf Termine,[2399] wobei jedem Termin ein eigener Titel mit mehreren Artikeln gewidmet ist. Im Gegensatz dazu mutet die knappe Darstellung in der Mindener Stadtrechtsreformation lückenhaft an und lässt viele prozessrechtliche Fragen offen. Wie bereits dargelegt, ist nach der Stadtrechtsreformation der Kläger dazu aufgefordert, im ersten Termin die Klageschrift in zweifacher Ausfertigung einzureichen, woraufhin der Beklagte innerhalb einer Frist von 4 Wochen nach Übergabe/Zustellung zur Klageerwiderung und damit Geltendmachung seiner Einreden und einer möglichen Widerklage im zweiten Termin aufgefordert ist.[2400] Gleiches gilt für den schriftlichen Prozess des Mindener Rechts. Das

---

Basel, Dissertation Hannover 2022; sowie Nassall, Wendt: Das Freiburger Stadtrecht von 1520. Durchsetzung und Bewährung. Dargestellt anhand der Rechtsprechung des Freiburger Stadtgerichts im 16. Jahrhundert zu den ersten beiden Tractaten, Berlin 1989. Siehe hierzu auch die lesenswerten Ausführungen von Süß, Partikularer Zivilprozess und territoriale Gerichtsverfassung, S. 44, der darauf hinweist, dass Gesetze eben nur ein „Sollen und kein Sein" beschreiben. Für die Divergenz von Rechtsnormen und Rechtspraxis im Strafrecht siehe Härter, Karl: Strafrechts- und Kriminalitätsgeschichte der Frühen Neuzeit, Berlin 2018, S. 158 f. Bei Forschungen nicht zum Prozessrecht selbst, sondern zur Häufigkeit von Verurteilungen in Bezug auf bestimmte Deliktgruppen, sei noch auf Steffen, Straftaten und ihre Ahndung in der niederen Gerichtsbarkeit des Fürstbistums Minden um 1600, S. 261-268, verwiesen. Ihm standen keine Gerichtsakten zur Analyse zur Verfügung; er machte sich aber eine andere Idee zunutze: in überlieferten Einnahme- und Ausgaberegistern finden sich Hinweise auf Strafverfahren, denn einerseits wird der Scharfrichter für seine Tätigkeiten (Hinrichtungen, Folter) entlohnt und diese Ausgaben werden notiert, andererseits werden Geldstrafen als Einnahmen verbucht.

2399 RKGO, Dritter Teil, Tit. 12-22 (S. 228-241).

2400 Liber IV, Tit. 2, Art. 1 und 2. Die Widerklage ist ein typisches Beispiel, um Prozessunterschiede aufzuzeigen: Eine Widerklage war nach Sachsenspiegelrecht erst zulässig gewesen, wenn zuvor abschließend über die Klage entschieden worden war, und beide in einem Zusammenhang standen; im Gegensatz dazu wurde im römischen Recht über Klage und Gegenklage zugleich und ohne Konnexitätserfordernis verhandelt, siehe hierzu Rabe, Lüneburger Stadtrechtsreformation, S. 30, bezüglich des Sachsenrechts mit Verweis auf Landrecht, Dritter Teil, 12 (1). Für das Reichskammergericht galt letztlich gemäß RKGO, Dritter Teil, Tit. 30 (S. 246 f.), folgende Regelung: „*So der beclagt den cleger will in das widerrecht verfassen, soll er söllich sein gegenclag vor der kriegßbevestigung oder hernach ad proximam oder secundam fürbringen und darauf zugleich procedirt und eyn termin um die ander gehalten werden. So aber solch gegenclag her[247]nach und doch vor beschluß der sachen fürbracht würde, alßdann sollen beyde sachen der clag und gegenclag vertheylt, underschiedlich und ein jede für sich selbst alleyn vermög dieser ordnung gehandelt werden.*"

Mindener Recht versteht dies als förmliche Streitbefestigung (sogenannte litis contestatio).[2401] Im dritten Termin kann der Kläger seine Replik bringen,[2402] im vierten Termin der Beklagte wiederum seine Duplik.[2403] Der fünfte Termin ist der Eidesleistung vorbehalten.[2404] Im sechsten Termin erfolgt die Zeugenbenennung durch die Parteien.[2405]

Das Verfahren zur Zeugenvernehmung ist im Anschluss ausführlich geregelt.[2406] Zur Besetzung schreibt Liber IV, Tit. 2, Art. 6 fest: *„Zu dem Zeugen-Verhör werden regulariter wie hergebracht der Syndicus nebst denen Richteherrn und Secretario pro Commissariis genommen, […].“* Bei der Zeugenvernehmung tagte der Rat also nicht in voller Besetzung, sondern die Vernehmung erfolgte durch eine Kommission,[2407] bestehend aus dem Stadtsyndicus, den sogenannten Richteherrn und dem Stadtsekretär. „Richtherr“ ist die Bezeichnung für entweder einen Richter, der stellvertretend für den Inhaber der Gerichtsgewalt den Vorsitz im Gericht führt, oder für einen Ratsherrn, der Beisitzer oder Vorsitzender des städtischen Gerichts ist.[2408] Daraus lässt sich schlussfolgern, dass es sich bei Mindener Richteherren um Ratsherren handelt, die aus dem Kreis des gesamten Rates für die Zeugenvernehmung besonders bestimmt waren. GROSS hat nach Sichtung zahlreicher Ratsprotokolle zu den Hexenprozessen aus dem Zeitraum 1584-1684 die Vermutung aufgestellt, dass das Amt des Mindener Richteherrn „immer den beiden zuletzt in den Rat Gewählten übertragen wurde, denn in einigen Fällen sind in den nach Anciennitätsprinzip geordneten Ratsherrenlisten, die den Ratsprotokollen eines jeden Jahres vorangestellt

---

2401 Liber IV, Tit. 2, Art. 2 und 3 (*„litem (pure) contestiren“*).

2402 Liber IV, Tit. 2, Art. 2 und 3. Dieses abwechselnde Be- und Entkräftigungsrecht kennt das Mindener Recht schon lange, vgl. Schroeder, Stadtrecht, S. 175 f., Nr. 160 [20.02.1517] (vgl. auch Nr. 194b), Rechtsweisung von Minden an Hannover: *„[…] Wor twe vnßer borger vor vns tho clage vnde to anthworde komen, dar de beclagede des klegers ansprake beneneth, der ansprake mach sick de beclagede mith sinen rechten entledigen, id en were, dat ome des de cleger enthweren konde. so recht is.“*

2403 Liber IV, Tit. 2, Art. 2 und 4.

2404 Liber IV, Tit. 2, Art. 5.

2405 Liber IV, Tit. 2, Art. 6.

2406 Liber IV, Tit. 2, Art. 6.

2407 Oestmann, Enzyklopädie der Neuzeit 6, Sp. 300 f., bezeichnet die mittelbare Beweisaufnahme durch kommissarische Zeugenbefragung als typisches Element eines Kameralprozesses.

2408 DRW, Band XI, Sp. 1044.

sind, die Namen am Ende der Liste mit dem Zusatz *Gerichtshern* versehen."[2409] GROSS verweist jedoch darauf, dass die Zuständigkeit dann in der Praxis doch „nicht ganz so eindeutig verteilt" war: häufig nahmen an den Verhören und Zeugenvernehmungen noch andere Ratsherren teil, teils als Unterstützung für die Richteherrn, teils als Ersatz.[2410] Sie äußert auch eine Vermutung für diese veränderte Besetzung: „Dass man die Durchführung der Verhöre gern den juristisch gebildeten Ratherren überließ, [...],und zudem statt der zwei im Stadtrecht vorgeschriebenen Gerichtsherrenregelmäßig drei, wenn nicht sogar vier Ratsherren für die Verhöre abstellte, hängt vermutlich mit der häufigen Abwesenheit des [juristisch gebildeten] Syndicus zusammen. Dieser unternahm - vor allem in den Jahren des Dreißigjährigen Krieges - zahlreiche, oft mehrwöchige Reisen im Auftrag des Rates [...]."[2411]

Die Beeidigung und Examination der Zeugen hat sich nach der Kammergerichtsordnung zu richten.[2412] Im siebten Termin sollen die Parteien, nachdem die Zeugenvernehmung beendet, die Gerichtsakte fertiggestellt und dem Rat vorgelegt worden ist, Niederschrift der Zeugenvernehmnung erbitten und weitere rechtliche Ausführungen und Beweismittel schriftlich einreichen.[2413] Im achten Termin müssen die Parteien erneut Schriftsätze sowie ggf. briefliche Urkunden abgeben.[2414] Im neunten Termin hat dann die jeweilige Gegenseite Gelegenheit, Einwände gegen die Person und die Aussagen des Zeugen sowie gegen die schriftlichen Beweisstücke geltend zu machen.[2415] Im zehnten Termin besteht die Möglichkeit, auf die Einwände aus dem neunten Termin zu reagieren, d.h der Kläger kann in seiner Replik auf die Erwiderung des Beklagten reagieren.[2416] Im elften Termin kann der Beklagte wiederum seine Duplik einreichen.[2417] Im zwölften Termin hält der Kläger seinen Schlussvortrag oder reicht

2409 Groß, Hexerei in Minden, S. 83. In der Stadt Minden gab es keinen jährlichen kompletten Ratswechsel, sondern den regelmäßigen partiellen Austausch einzelner Ratsherren, vgl. Schulte, Macht auf Zeit, S. 356 f.

2410 Groß, Hexerei in Minden, S. 83.

2411 Groß, Hexerei in Minden, S. 83 f.

2412 Liber IV, Tit. 2, Art. 6.

2413 Liber IV, Tit. 2, Art. 7 („*jura, documenta & instrumenta*").

2414 Liber IV, Tit. 2, Art. 8 („*probation und deduction-Schrifften*"). An diesem Punkt des Verfahrens beginnt gewissermaßen der Ablauf „Klage – Klageerwiderung – Replik – Duplik" erneut.

2415 Liber IV, Tit. 2, Art. 9.

2416 Liber IV, Tit. 2, Art. 10.

2417 Liber IV, Tit. 2, Art. 11.

seine abschließende Stellungnahme schriftlich ein;[2418] im dreizehnten Termin tut dies der Beklagte.[2419] Dabei ist der Beklagte dazu angehalten, dass in seinem Schlussvortrag nichts Neues vorgebracht werden soll, es sei denn, der Beklagte habe es selbst „*allererst*" erfahren.

Liber IV, Tit. 2, Art. 13 a.E. führt das Verfahren dem Ende zu: „*[...] alsdann die conclusio von Ambtswegen soll rescindiret und damit, wie die Cammer-Gerichts-Ordnung vermag, gehalten werden; in summa: in diesem termino soll ad invicem von beyden Theilen mündlich gehandelet und die Sach zu Erkentnüß gestellet und dem Beklagten, wie recht ist, daß letzte Wort gelassen werden.*" Innerhalb von vier Wochen hat dann der Stadtsyndicus dem Rat nach Aktenlage Bericht zu erstatten, woraufhin der Rat einstimmig eine Entscheidung treffen soll.[2420] Daraufhin hat der Stadtsyndicus alsbald oder zum nächsten Gerichtstermin das Urteil auszufertigen und die Parteien haben zur Urteilsverkündung zu erscheinen.[2421]

Während des noch laufenden Verfahrens besteht die Möglichkeit der Aktenversendung[2422]. Die Stadtrechtsreformation nennt zwei Fälle, in denen die Akten und Protokolle während eines Verfahrens an eine „*unverdächtige JuristenSchule*", d. h. an eine Universität mit juristischer Fakultät, versandt werden: dies kann einmal der Rat selbst veranlassen, wenn er dies aufgrund der Wichtigkeit der Sache für geboten hält, und andererseits kann dieses Vorgehen durch Parteibegehren eingeleitet werden.[2423] Dabei ist den Parteien nicht bekannt, an welche

2418 Liber IV, Tit. 2, Art. 12.

2419 Liber IV, Tit. 2, Art. 13.

2420 Liber IV, Tit. 2, Art. 14.

2421 Liber IV, Tit. 2, Art. 15.

2422 Oestmann, Wege zur Rechtsgeschichte: Gerichtsbarkeit und Verfahren, S. 190, sieht in der frühneuzeitlichen Aktenversendung eine zeitgemäße Lösung für das Spannungsfeld von gelehrtem Recht auf der einen Seite und ungelehrtem Personal (Ratsmitglieder aus den Reihen der Patrizier, Kaufleute und Handwerker als erstinstanzliches Gericht) auf der anderen Seite. Siehe auch Oestmann, Wege zur Rechtsgeschichte: Gerichtsbarkeit und Verfahren, S. 191, zu den „Wurzeln der Aktenversendung". Rabe, Lüneburger Stadtrechtsreformation, S. 36, führt aus: „Die Aktenversendung wurde durch den Abschied des Reichstages zu Speyer 1570 in § 85 zugelassen als eine Ergänzung der K.G.O. von 1555."

2423 Liber IV, Tit. 2, Art. 16. Exemplarisch sei hier nur auf zwei Gutachtenerteilungen hingewiesen. KA Minden, Stadt Minden, A I, Nr. 830, enthält ein Gutachten der juristischen Fakultät der Universität Helmstedt bzgl. Liquidation vom 18.09.1663. KA Minden, Stadt Minden, A I, Nr. 771, enthält ein Rechtsgutachten der juristischen Fakultät der Universität Marburg bzgl. Zauberei vom 15.02.1604. Zweitgenanntes

Universität die Verfahrensakte versandt wird, sie tragen jedoch die entstehenden Kosten. Wenn die Verfahrensakte mitsamt Gutachten der universitären Rechtsgelehrten wieder in Minden eingetroffen ist, wird sie bei der nächsten Gerichtsverhandlung erst im Beisein der Parteien geöffnet und „*die information oder responsum in modum sententiae für dem Rath publiret* [sic]".[2424] Dies bedeutet, dass das Rechtsgutachten einem Ratsurteil gleichgestellt wird. Die Stadt Minden holte nachweislich Gutachten ein bei den Juristenfakultäten der Universitäten Marburg, Rinteln, Leipzig, Helmstedt und Gießen.[2425] Es kam aber - neben den universitären Gutachten - auch vor, dass einzelne Osnabrücker und Herforder Rechtsgelehrte als Schöffenstühle, d. h. offiziell bestellte Spruchkollegien außerhalb der Universität, um Stellungnahmen gebeten wurden.[2426]

Sowohl gegen ein Ratsurteil als auch gegen einen Bescheid der Juristenfakultät kann eine Partei mündlich vor dem Gericht oder vor Notar und Zeugen appellieren.[2427] War die Appellation nicht vor Gericht, sondern vor dem Notar vorgetragen worden, muss diese innerhalb von 14 Tagen beim Rat eingereicht werden.[2428] Die Appellation richtet sich an die hohe Landesobrigkeit als höhere Instanz. Berufungen wiederum gegen Urteile der Landesobrigkeit waren beim Reichskammergericht in Speyer einzulegen. Dies galt nur während der Schwedenzeit nicht; zu dieser Zeit mussten die Prozessakten an drei Juristenfakultäten versandt werden und der Spruch der Mehrheit der Fakultäten stand einem Urteil gleich.[2429]

In der Stadtrechtsreformation wird auf zweifache Weise der Versuch unternommen, die Zahl der Appellationen gering zu halten. Zunächst muss die appellierende Partei mit ihrem Prokurator einen leiblichen Eid zu Gott und auf das Evangelium schwören, dass sie nicht boshaft wider besseres Wissen das Verfahren fortführt.[2430] Des Weiteren muss die appellierende Partei im Falle ihres

---

Gutachten wurde vor dem Erlass der Stadtrechtsreformation erstellt und belegt damit, dass auch vor 1613 universitäre Gutachten angefordert wurden.

2424 Liber IV, Tit. 2, Art. 17.

2425 Groß, Hexerei in Minden, S. 305 f., mit zahlreichen Quellenbelegen.

2426 Groß, Hexerei in Minden, S. 306 m. w. N. sowie Rügge, Hexenverfolgung in personalen Strukturen, S. 200 mit Fn. 49.

2427 Liber IV, Tit. 2, Art. 18. Das Appellationsverfahren ist insgesamt geregelt in den Art. 18-22.

2428 Liber IV, Tit. 2, Art. 20.

2429 Modéer, Gerichtsbarkeiten der schwedischen Krone im deutschen Reichsterritorium, I. Voraussetzungen und Aufbau 1630-1657, S. 211; Nordsiek, Vom Fürstbistum zum Fürstentum Minden, S. 266; Nordsiek; Die schwedische Herrschaft, S. 36.

2430 Liber IV, Tit. 2, Art. 19.

Unterliegens im Appellationsverfahren eine Strafe an den Rat zahlen,[2431] konkret „*den altgewöhnlichen Bruch dero zwo Fuder Habern dem Rathe erlegen und bezahlen oder sonsten in andere schwere Straffen genommen werden.*“ Hieran wird deutlich, dass der Rat eine Appellation wie ausdrücklich niedergeschrieben als Vermessenheit und Mutwillen betrachtet.

4. Mindener Strafverfahren aus dem Jahre 1666

Als gutes Beispiel für das soeben beschriebene Prozessrecht kann ein Mindener Strafverfahren aus dem Jahre 1666 dienen,[2432] dass PREUSSE umfassend aufgearbeitet hat.[2433] Der Prozess des Johann Heinrich Eilendorff gegen Ilsche Lilien ist „der am umfangreichsten und am geschlossensten dokumentierte frühneuzeitliche Mindener Ehrverletzungsprozess“.[2434] Nach PREUSSE „handelt es sich dabei gerade nicht um einen besonders spektakulären, sondern um einen durchschnittlichen Kriminalfall, der aber gerade deswegen für einen alltagsgeschichtlichen Zugriff zur Illustrierung frühneuzeitlicher Lebenswelten besonders geeignet scheint.“[2435] Die Überlieferung setzt am 12. März 1666 ein und der Prozess vor dem Mindener Ratsgericht endet mit Urteil am 22. August 1666.[2436] Verhandelt wurde nach dem Recht der Mindener Stadtrechtsreformation und der Carolina.[2437]

Die Magd Ilsche Lilien erhob gegen Johann Heinrich Eilendorff, ihren ehemaligen Dienstherren, den Vorwurf, er habe sie zu einer sexuellen Beziehung genötigt. Der Beschuldigte bestritt dies uns setzte sich gegen die seiner Meinung nach unwahre und ehrverletzende Behauptung zur Wehr.

Nachdem das Gericht von den Bruchherren über das mögliche Vorliegen eines Sexualdelikts in Kenntnis gesetzt wurde, erfolgte zunächst eine Vorladung und Gegenüberstellung beider Parteien.[2438] Weil beide Seiten an ihrer Aussage festhielten, kam es nicht zu einer Streitbeilegung. Dies führte dazu, dass es am

---

2431 Liber IV, Tit. 2, Art. 22.

2432 KA Minden, Stadt Minden, B, Nr. 259 (alt) (Gerichtsakte); sowie KA Minden, Stadt Minden, B, Nr. 308 (Ratsprotokolle).

2433 Preuße, Christian: „Von verschiedenen bösen Discursen“. Ehre, Unzucht und Ehebruch im frühneuzeitlichen Minden, in: Mitteilungen des Mindener Geschichtsvereins, Jahrgang 81 (2009), S. 31-55.

2434 Preuße, „Von verschiedenen bösen Discursen“, S. 34.

2435 Preuße, „Von verschiedenen bösen Discursen“, S. 34.

2436 Preuße, „Von verschiedenen bösen Discursen“, S. 34 und 46.

2437 Preuße, „Von verschiedenen bösen Discursen“, S. 34 und 46.

2438 Preuße, „Von verschiedenen bösen Discursen“, S. 36.

14. März 1666 zum eigentlichen Prozessauftakt kam.[2439] Aus den weiteren Verfahrensakten ergibt sich, wie die Parteien nun Klage und Widerklage einreichten und gegenseitig Fragenkataloge für die Vernehmungen vorlegten.[2440] Es folgte die Vernehmung zahlreicher Zeugen.[2441] Nach den Plädoyers wurden die Gerichtsakten an die Universität Helmstedt versandt, bevor letztlich das Urteil erging.[2442] Insgesamt scheint sich das Verfahren über neunzehn Termine mit zahlreichem Schriftsatzwechsel hingezogen zu haben.[2443] Dabei wird die Anzahl der Schrifstücke und Termine maßgeblich durch die sich immer abwechselnden Parteivorträge bestimmt. Anhand dieser kurzen Übersicht wird deutlich, welche Elemente des Mindener Prozesses in diesem Verfahren zum Einsatz kamen: Klage und Widerklage, Partei- und Zeugenvernehmung, sowie Aktenversendung. Ob es in dem Verfahren zum Einsatz der Folter kam, lässt sich den Unterlagen nicht entnehmen, wohl aber, dass dies mehrmals eingefordert wurde.[2444]

5. *Fazit*

Wie ist das Mindener Prozessrecht nun zu bewerten? Allgemein kann für den gelehrten Prozess gesagt werden, dass er sich durch eine immer stärkere Verschriftlichung sowie ein neues Beweisrecht, das auf Urkunden und Wahrnehmungszeugen statt auf Leumundszeugen und Reinigungseiden beruhte, auszeichnete.[2445] Die Protokollierung des mündlichen Verfahrens,[2446] der Übergang vom mündlichen ins schriftliche Verfahren,[2447] das gesamte schriftliche Verfahren selbst,[2448] die Art der Beweisführung,[2449] der sehr hohe Anteil lateinischer

2439 Preuße, „Von verschiedenen bösen Discursen", S. 36.
2440 Preuße, „Von verschiedenen bösen Discursen", S. 39 f.
2441 Preuße, „Von verschiedenen bösen Discursen", S. 40-44.
2442 Preuße, „Von verschiedenen bösen Discursen", S. 46.
2443 An einigen Stellen kann allerdings nicht mit Sicherheit nachvollzogen werden, ob es sich nur um die Einreichung von Schriftsätzen oder um damit zusammenhängende Gerichtstermine handelt.
2444 Preuße, „Von verschiedenen bösen Discursen", S. 38 f., 45.
2445 Oestmann, Wege zur Rechtsgeschichte: Gerichtsbarkeit und Verfahren, S. 118 und 120.
2446 Liber IV, Tit. 1, Art. 6-8.
2447 Auf Parteibegehren gemäß Liber IV, Tit. 1, Art. 7, oder nach Ratsentscheidung gemäß Liber IV, Tit. 1, Art. 9.
2448 Liber IV, Tit. 2.
2449 Insbesondere Liber IV, Tit. 2, Art. 6 und Art. 7.

Rechtsbegriffe und auch der ausgeprägte Formalismus mit mindestens 15 Verfahrensterminen weisen für Minden aus, wie romanisiert das gesamte Verfahren war. Der prozessrechtliche Teil der Mindener Stadtrechtsordnung ist klar nach dem Vorbild der RKGO normiert, was auch Crusius in seiner Kommentierung durch vielfache Verweise unterstreicht.[2450] KRIEG spricht in diesem Zusammenhang daher von der „Schwerfälligkeit des unter römisch-rechtlichen Einfluß geratenen Stadtrechts".[2451]

§ 13 Ergebnis der rechtshistorischen Einordnung

Die Arbeitshypothese im Rahmen der rechtshistorischen Einordnung lautete, dass der Einfluss des ius commune und damit die Aufgabe eigenen anderslautenden Rechts je nach Rechtsmaterie in sehr unterschiedlichem Ausmaß nachweisbar sind. Die erkenntnisleitende Frage der rechtshistorischen Einordnung war daher: Welche Wurzeln hatte die Mindener Stadtrechtsreformation von 1613? Die Antwort kann nun nur lauten: Viele!

Einleitend wurden zur Beantwortung dieser Frage der rechtshistorischen Einordnung drei Begleittexte (Proömium zum Gesetzestext sowie Vorwort und Präliminarien zum Kommentar) einer historisch-kritischen Exegese unterzogen, wobei die zur Verfügung stehenden Informationen zur Verfasserpersönlichkeit dabei jeweils Berücksichtigung fanden. Während der Verfasser Averberg vehement die Beibehaltung des guten alten Rechts betont, verweist der Kommentator Crusius vorrangig auf den Einklang mit dem römischen Recht. Crusius gibt in seinen Präliminarien jedoch darüber hinaus eine Vermutung zu den gesamten Quellen des Mindener Rechts, die sich sehr viel detaillreicher präsentiert; er verweist dort nicht nur auf das ius commune, sondern auch das sächsische Recht und lokale Rechtsinstitute, auf Gewohnheitsrecht sowie Lübische, Hamburger und Bremer Statuten.

Die Begutachtung der sprachlichen Ausgestaltung der Stadtrechtsreformation lieferte ein differenziertes Bild. Es handelt sich um einen frühneuhochdeutschen Rechtstext, der einerseits schon mit lateinischen Termini durchzogen ist, vor allem mit lateinischen Verben und dies wiederum vor allem im Prozessrecht,

---

2450 Ius Statutarium Reipublicae Mindensis, S. 329 (RKGO, Erster Teil, Tit. 57 zu Liber IV, Tit. 1, Art. 12), S. 345 (RKGO, Dritter Teil, Tit. 24 zu Liber IV, Tit. 2, Art. 2), S. 345 (RKGO, Dritter Teil, Tit. 39 zu Liber IV, Tit. 2, Art. 3), S. 354 (RKGO, Zweiter Teil, Tit. 29 zu Liber IV, Tit. 2, Art. 18), S. 356 (RKGO, Zweiter Teil, Tit. 29 zu Liber IV, Tit. 2, Art. 21).

2451 Krieg, Mindener Rechtsbücher, S. 91.

andererseits aber teilweise an althergebrachten Einleitungsformeln festhält. Bei der anschließenden Betrachtung der Systematik der Stadtrechtsreformation und ihrer Aufteilung in vier Bücher wurde deutlich, dass eine thematische Sortierung erfolgt ist, jedoch ohne Schaffung eines abstrakten Teils und ohne den prozessrechtlichen Teil wirklich komplett vom materiellrechtlichen Teil zu trennen. Eine komplette wissenschaftliche Durchdringung der einzelnen Rechtsmaterien ist nicht zustande gekommen, ebenso wenig wie ein abgeschlossener Kodex, der alle anfallenden Materien erfasst. Dennoch ist die innerhalb nur eines Jahres erbrachte Leistung beachtlich; es ist in den meisten Fällen eine relativ knappe, gesetzestechnisch solide Fassung der Rechtstexte entstanden.

Als äußere Einflüsse, die auf die Stadtrechtsreformation eingewirkt haben könnten, konnten die machtpolitische Situation gegenüber dem Landesherrn und die Auswirkungen der religiösen Reformation identifiziert werden. Anschließend wurden die vier Bücher der Stadtrechtsreformation auf wörtliche Übereinstimmungen und inhaltliche Ähnlichkeiten mit den alten Stadtbüchern und anderen relevanten Rechtsstexten untersucht. Dabei ergab der Abgleich mit dem Recht des Mindener Stadtbuchs von 1318 eine beachtliche Anzahl an Übernahmen des alten Rechts in die Stadtrechtsreformation, mithin fand ein Viertel der Rechtssätze des Stadtbuchs von 1318 seinen Weg in den Reformationstext. Insgesamt hatte auch das Recht der Dortmunder Stadtrechtsfamilie über diesen Weg deutlichen Einfluss. Für zahlreiche andere Rechtstexte konnte eine erste Einschätzung gegeben werden (Lübbecker Recht, Hannoversches Recht, Lübisches Recht, Sachsenspiegel, Kursächsische Konstitutionen). Minden war in vielerlei Hinsicht vernetzt und daher sicherlich auch in vielerlei Hinsicht beeinflusst. Im Rahmen der rechtshistorischen Einordnung ist sehr deutlich geworden, dass Recht immer auch Entwicklungs- und Austauschprozessen unterworfen ist. Es kann weder dauerhaft statisch noch isoliert betrachtet und gedacht werden.

Die Ursprungsanalyse einiger ausgewählter Rechtsinstitute hat dann ergeben, dass das Prozessrecht als stark romanisiert gelten kann, wohingegen sich althergebrachtes Recht vor allem im Bereich des Erbrechts erhalten hat. In diesem Abschnitt der Arbeit wurde besonders deutlich, dass die Frage nicht mehr nur darauf gerichtet sein konnte, welches Recht sich durchgesetzt hat, sondern warum sich ein bestimmter Rechtsgedanke in einer Rechtsmaterie durchsetzen konnte. Hier traf die Diskrepanz zwischen Wahrung der Tradition auf der einen und notwendiger Modernisierung auf der anderen Seite schlicht zudem auf den Aspekt der Praktikabilität.

KRIEG hat konstatiert, dass das älteste Mindener Recht auf alten deutschen Rechtsanschauungen beruhte, wohingegen im 16. Jahrhundert das römische

Recht an Einfluss gewann.[2452] Nun konnte gezeigt werden, dass die Stadtrechtsreformation sowohl althergebrachtes Recht als auch römische Einflüsse in sich vereint. Vor diesem Hintergrund stellt sich die Frage, ob für Stadtrechtsreformationen im Allgemeinen und die Mindener Stadtrechtsreformation im Besonderen der Begriff der „Mischrechtsordnung" verwendet werden könnte. Unter einer Mischrechtsordnung im weitesten Sinne kann eine Rechtsordnung verstanden werden, die von unterschiedlichen Traditionen und Einflüssen geprägt worden ist.[2453] Die Terminologie „Mischrechtsordnung" findet jedoch bereits Verwendung im aktuellen internationalen Privatrecht und bezeichnet dort bei einem engeren Verständnis eine Rechtsordnung mit signifikanten Anteilen von civil law oder common law.[2454] Die Terminologien für moderne Rezeptionen im internationalen Privatrecht sind zudem vielfältig; gesprochen wird von Rechtstransplantation, Verbreitung, Rechtstransfer, Beeinflussung, Inspiration, Export oder gegenseitiger Befruchtung. Als mögliche terminologische Alternative zum Begriff der Mischrechtsordnung bietet es sich an, von einer Kombinationsrechtsordnung zu sprechen, denn in einer Stadtrechtsreformation wurden Elemente unterschiedlichen Ursprungs kombiniert, indem neue und alte Rechtsmassen einer Selektion nach tauglichen Rechtsnormen für den städtischen Alltag unterzogen wurden. Dabei ist zu betonen, dass jede Kombinationsrechtsordnung ihre ganz eigene Geschichte und Zusammensetzung hat.

SCHULTZE VON LASAULX formulierte zu dieser Originalität überaus treffend: „Jede Stadt, jedes Territorium hat seine eigene Rezeptionsgeschichte, die sowohl im Verlauf wie in Art und Umfang der Durchdringung einheimischen Rechts mit fremdem Rechtsgut ein durchaus eigenes Gepräge aufweist. Diese Mannigfaltigkeit der Rezeption wird durch die verschiedene Widerstandskraft des deutschen Gewohnheitsrechts, die unterschiedliche Form und Güte der deutschrechtlichen Überlieferung, die Qualität des lokalen Laienrichtertums, die Bestrebungen von Fürsten, Adel und Ständen bestimmt. Nicht selten ist diese lokale Besonderheit aber auch bedingt durch den Einfluß eines einzelnen Mannes, der mit der Reformierung des heimischen Rechts betraut worden war und je

2452 Krieg, Martin: Strafbare Handlungen und ihre Sühne im alten Minden, in: Mindener Heimatblätter, Jahrgang 7 (1929), Nr. 10, S. 1 f. und Jahrgang 7 (1929), Nr. 11, S. 1, konkret: Jahrgang 7, Nr. 10, S. 1.

2453 Zimmermann, Reinhard: Mischrechtsordnungen, Handwörterbuch zum Europäischen Privatrecht, unter https://hwb-eup2009.mpipriv.de, abgerufen am 28.01.2021.

2454 Zimmermann, Reinhard: Mischrechtsordnungen, Handwörterbuch zum Europäischen Privatrecht, unter https://hwb-eup2009.mpipriv.de, abgerufen am 28.01.2021.

nach eigener rechtsdogmatischer Überzeugung und allgemeiner Geisteshaltung gegenüber den Fragen seiner Zeit dem römischen Recht zu vollem Durchbruch verhalf oder aber mehr den alten Rechtsgewohnheiten den Vorzug gab."[2455]

Der Mindener Rat hatte Averberg mit der Rechtsrevision beauftragt und damit lag es in seiner Hand, Rechtssätze auszusortieren oder aufzunehmen oder umzuformulieren. Dass er dabei zu einer relativ ausgewogenen Berücksichtigung von altem und neuem Recht kam, ist durchaus als anerkennenswerte Leistung zu bezeichnen. Es drängt sich aber der Eindruck auf, dass Minden ein wenig die Zeichen der Zeit verschlafen hatte und erst sehr spät eine Stadtrechtsreformation in Auftrag gegeben hat. Die besonders bekannten Stadtrechtsreformationen sind etwa einhundert Jahre älter (Nürnberg 1479/1484, Worms 1498/1499, Frankfurt am Main 1509/1578 und Freiburg im Breisgau 1520),[2456] und selbst die „späten" norddeutschen Reformationen waren meist früher (Braunschweig 1532, Celle 1537, Lüneburg 1583, Lübeck 1586, Hamburg 1603/05, Bremen 1606, Husum 1608, Friedrichstadt 1633)[2457]. Es wäre interessant, die etwa zeitgleiche Gesetzgebungstätigkeit in den benachbarten westfälischen, münsterländischen und schaumburgischen Regionen zu untersuchen. Hier fehlen aber noch viele Puzzleteile, um die frühneuzeitliche stadtrechtliche Entwicklung wirklich vergleichen und beurteilen zu können. Für weitere Forschungsvorhaben kann jedenfalls bereits hingewiesen werden auf die aktuellen Werke zu Holstein-Schaumburg,[2458] Tecklenburg,[2459] sowie Bielefeld.[2460]

2455 Schultze von Lasaulx, Die Krise des Gemeinen Rechts, S. 52 f.

2456 Schlosser, Neuere Europäische Rechtsgeschichte, S. 143, Rn. 27.

2457 Landwehr, Rechtspraxis und Rechtswissenschaft im Lübischen Recht vom 16. bis zum 19. Jahrhundert, S. 23 in Fn. 15, und Breustedt, Die „späten Stadtrechtsreformationen" im Hanseraum, S. 573.

2458 Brüdermann, Stefan (Hrsg.): 1615 – Recht und Ordnung in Schaumburg, Bielefeld 2018.

2459 Lebkücher, Florian: Die Grafschaft Tecklenburg und die Justizreform von 1613, Münster 2019.

2460 Stockmeier, Mechthild: Die Bürgersprache der Stadt Bielefeld in der Zeit von 1578-1747. Eine rechtsgeschichtliche Abhandlung über ihre Inhalte und Bedeutungen sowie ein Vergleich mit dem Stadtrecht von 1214, Hamburg 2022.

Achtes Kapitel: Resümee

„... welche Krümel liegen dann noch herum,

um sie an dieser Stelle zusammenzufegen?“

Oestmann[2461]

Diese Arbeit hat zur Rezeptionsgeschichte eine lokales Puzzleteil geliefert. Der Grad der Romanisierung in der Mindener Stadtrechtsreformation hat sich je nach Rechtsmaterie als sehr unterschiedlich erwiesen, es wurde eine Synthese aus mehreren Quellen festgestellt. Daher entstand der Vorschlag, derartige Stadtrechtsreformationen künftig als Kombinationsrechtsordnungen zu kennzeichnen.

Des Weiteren bleibt die Erkenntnis, dass es kein von äußeren Einflüssen völlig unbeeinflusstes Recht geben kann. Ein Rechtstext entsteht nicht im „luftleeren“ Raum, quasi „aus heiterem Himmel“, sondern beruht auf langjährigen Entwicklungen und ist in seiner Entstehung durch äußere Einflüsse mitbestimmt oder gar nachhaltig geprägt. Entscheidend ist dabei der Faktor Mensch. Der jeweilige Gesetzesverfasser und Gesetzgeber erlebt Sozialisierung und Bildung, er macht Erfahrungen. Er sucht nach Vorbildern und Mustern, er stellt Vergleiche an, er nimmt Bekanntes auf und denkt es weiter. Die Entwicklung des Mindener Rechts bildet insofern keine Ausnahme.

Des Weiteren liefert die Mindener Stadtrechtsreformation ein schönes Beispiel dafür, dass bei dem Erlass neuer Stadtrechtsreformationen „durchaus Bestandteile des einheimischen Rechts erhalten [blieben], wenn sie brauchbar und vorzugswürdig erschienen“.[2462] Das Postulat einer zwingenden und umfassenden Romanisierung durch die Stadtrechtsreformationen ist damit nachweislich nicht haltbar. Auch wenn „die Stadtrechtsreformationen in der Regel von am römischen Recht geschulten Juristen ausformuliert wurden, enthalten sie oft weniger römisches Recht als auch in Anbetracht ihrer Entstehungszeit zu erwarten wäre; dies lässt sich damit erklären, dass man mit den Reformationen darauf abzielte, die Besonderheiten des hergebrachten

2461 Diese schöne bildhafte Formulierung stammt von Oestmann, Geistliche und weltliche Gerichte im Alten Reich, Zuständigkeitsstreitigkeiten und Instanzenzüge, S. 718.

2462 Schlinker, Enzyklopädie der Neuzeit 11, Sp. 207.

städtischen Rechts mit dem vordringenden römischen Recht in Einklang zu bringen."[2463]

Dennoch hatte jedes deutsche Stadtrecht aber natürlich gegenüber dem universalen römischen Recht nur die Stellung einer lokalen Besonderheit.[2464] Entscheidend im Rahmen der Rezeptionsgeschichte ist letztlich, „daß auch die Materien des deutschen Rechts, die sich erhalten haben, der rezipierten Methode unterworfen wurden und nach heimischen Recht begründete Rechte verfahrensrechtlich im gemeinen Prozeß geltend zu machen waren."[2465] Auch der deutschrechtlich orientierte Historiker wird einräumen, dass bei allem zugestandenen nationalen Pathos und auch den durchaus erbrachten Existenznachweisen originär sächsischer Rechtsinstitute und der Beibehaltung lokaler Rechtsbesonderheiten, das „römische Privatrecht [...] die abendländische Kultur doch in entscheidender Weise geprägt"[2466] hat. RÜFNER bezeichnet das römische Recht und seine Fortbildung durch die mittelalterlichen Juristen somit auch zutreffend als „cornerstone of European law and legal culture".[2467] In manchen Fällen aber mag diese prägende Beeinflussung nicht erst im Rahmen der Rezeption stattgefunden haben, sondern mag sich römisches Recht auch in deutschen Territorien auf dem einen oder anderen Weg erhalten und fortgebildet haben.[2468] Vor diesem Hintergrund ist ein Bearbeiter bei jeder rechtsvergleichenden Arbeit in der Rechtsgeschichte angehalten, stets selbst zu hinterfragen, ob vermeintliche Abhängigkeiten noch im Rahmen einer tragfähigen Interpretation des Rechtstextes gefunden wurden, oder ob damit bereits der schmale Grad hin zur Spekulation überschritten wurde.

2463 Deutsch, Andreas: Res publica als mater populi. Rechtsikonographische Anmerkungen zum Allegorien-Holzschnitt der Nürnberger Stadtrechtsreformation von 1564, zu seinen Vorläufern und seiner Nachwirkung, in: Festschrift für Gernot Kocher zum 80. Geburtstag. Für den Interpreten der Bildersprache, Graz 2022, S. 28-59, konkret S. 29.

2464 Coing, Die Frankfurter Reformation von 1578, S. 103.

2465 Kiefner, HRG 4, Sp. 982.

2466 Kaser / Knütel / Lohsse, Römisches Privatrecht, 21. Auflage, S. XI, Vorwort zur 16. Auflage von Kaser.

2467 Rüfner, Substance of Medieval Roman Law. The Development of Private Law, S. 330.

2468 Oestmann, Wege zur Rechtsgeschichte: Gerichtsbarkeit und Verfahren, S. 117: „Gänzlich erloschen war das alte römische Recht nie. In langobardischen Rechtsschulen waren Texte des römischen Rechts bekannt, selbst am Hofe Ludwigs des Frommen sind im 9. Jahrhundert Quellen nachweisbar."

Abschließend möchte ich das Bild des Baumes und seiner Wurzel erneut in Erinnerung rufen. Ein starker Baum braucht viele kräftige Wurzeln. Das Mindener Recht der Stadtrechtsreformation in seiner vollen Blätterpracht hatte tatsächlich eben diese zahlreichen Wurzeln: Das alte lokale Mindener Stadtrecht und städtische Statuten, die Rechtsprechung in Urteilen des Mindener Rates, das auf dem römischen und kanonischen Recht beruhende ius commune, das Recht der Stadtrechtsfamilie in Rechtsauskünften und -weisungen, sowie das sächsische Recht; und auch Einflüsse des lübischen Rechts sind wahrscheinlich.

Quellenverzeichnis

Handschriftliche / Ungedruckte Quellen

Berlin – Geheimes Staatsarchiv Preußischer Kulturbesitz
I. HA, Rep. 32, Nr. 309, Nr. 313, Nr. 316, Nr. 625

Berlin – Vereinsarchiv Herold
Nachlass Johann Karl von Schroeder

Gießen – Handschriftenabteilung der Universitätsbibliothek
Hs 1055

Hannover – Niedersächsisches Landesarchiv
Dep. 11, Dep. 85

Hannover – Niedersächsische Landesbibliothek (Gottfried Wilhelm Leibniz Bibliothek)
Ms XXII 1379

Hannover – Stadtarchiv
B 8063m, B 8069m, B 8234 m, B 8292 k

Lübbecke – Stadtarchiv
A 18, A 32, A 32a, A 657, A 889

Minden – Kommunalarchiv
Bestände A, B, C, H, I, J, LP, X
Nachlass Johann Karl von Schroeder

Münster – Landesarchiv NRW, Abteilung Westfalen
Ms VII 2402, 2432, 2814, 2901, 2902b, 2904b, 2910
Reichskammergericht M Nr. 1176, M Nr. 1186
W 601 Nr. 1383

Soest – Stadtarchiv
A Hs 109

Gedruckte Quellen

Behrends, Okko u.a. (Hrsg.): Corpus Iuris Civilis. Text und Übersetzung. Band 1. Institutionen, 2. Auflage, Heidelberg 1997.

Behrends, Okko u.a. (Hrsg.): Corpus Iuris Civilis. Text und Übersetzung. Band 2. Digesten 1-10, Heidelberg 1995.

Behrends, Okko u.a. (Hrsg.): Corpus Iuris Civilis. Text und Übersetzung. Band 3. Digesten 11-20, Heidelberg 1999.

Brilling, Bernhard / Richtering, Helmut: Westfalica Judaica. Urkunden und Regesten zur Geschichte der Juden in Westfalen und Lippe. Band I: 1005-1350, Stuttgart 1967.

Bunge, F.G. v. / Madai, C. O. (Hrsg.): Sammlung der Rechtsquellen Liv-, Esth- und Curlands. Erste Abtheilung: Quellen des Revaler Stadtrechts. Erste Lieferung: Das alte und neuere Lübische Recht, 1842.

Crusius, Jacob Andreas: Ius Statutarium Reipublicae Mindensis, Minden 1674.

Culemann, Ernst Albrecht Friedrich: Sammlung derer Vornehmsten Landes-Verträge des Fürstenthums Minden, Minden 1748.

Doebner, Richard: Urkundenbuch der Stadt Hildesheim, 1347-1400, Band 2, Neudruck der Ausgabe 1886.

Eilers, Johann Georg: Strophiolum Jehovae Paracleticum, Oder/ das himmlische Trosttüchlein Gottes, Minden 1680 [Leichpredigt Jacob Andreas Crusius].

Frensdorff, Ferdinand: Dortmunder Statuten und Urtheile. Hansische Geschichtsquellen, Halle a.S. 1882.

Frensdorff, Ferdinand: Die Stadtverfassung Hannovers in alter und neuer Zeit, in: Hansische Geschichtsblätter, Jahrgang 11 (1882), S. 1-38.

Gaupp, Ernst Theodor: Deutsche Stadtrechte des Mittelalters. Mit rechtsgeschichtlichen Erläuterungen herausgegeben. Neudruck der Ausgabe Breslau 1851-52, Aalen 1966.

Grote zu Schauen, Julius Reichsfreiherr/ Broennenberg, Adolph (Hrsg.): Das hanöverische Stadtrecht, in: Vaterländisches Archiv des Historischen Vereins für Niedersachsen, Band 10 (1844), Heft 2-4, Hannover 1846, S. 117-558.

Grotefend, Carl Ludwig / Fiedeler, G.F. (Hrsg.): Urkundenbuch der Stadt Hannover, Neudruck der Ausgabe Hannover 1860-1871, Aalen 1975.

Hergemöller, Bernd-Ulrich: Quellen zur Verfassungsgeschichte der deutschen Stadt im Mittelalter, Darmstadt 2000.

Historische Commission bei der Königlichen Akademie der Wissenschaften (Hrsg.): Hanserecesse: die Recesse und andere Acten der Hansetage 1256 – 1430. Band VI. Nachdruck der Ausgabe Leipzig 1889, 1975.

Höhlbaum, Konstantin (Bearb.): Hansisches Urkundenbuch, 11 Bände, Halle / Leipzig / Weimar 1876-1916.

Hoffmann, Gottfried August: Statuta Localia Von Ober- und Nieder-Sachßen, auch anderen Orten und Städten mehr, so von der Gerade und dem Heer-Geräthe [...], Anderer Theil, Franckfurt 1733.

Hoogeweg, Hermann (Bearb.): Westfälisches Urkundenbuch. Band 6. Die Urkunden des Bisthums Minden vom Jahre 1201-1300, Münster 1898; zitiert: WUB VI.

Knütel Rolf u.a. (Hrsg.): Corpus Iuris Civilis. Text und Übersetzung. Band 4. Digesten 21-27, Heidelberg 2005.

Knütel Rolf u.a. (Hrsg.): Corpus Iuris Civilis. Text und Übersetzung. Band 5. Digesten 28-34, Heidelberg 2012.

Krieg, Martin (Hrsg.): Das Chronicon domesticum et gentile des Heinrich Piel. Veröffentlichungen der Historischen Kommission für Westfalen XIII. Geschichtsquellen des Fürstentums Minden. Band IV, Münster 1981.

Krieg, Martin: Des Domherrn Heinrich Tribbe Beschreibung von Stadt und Stift Minden (um 1460). Abschnittsweise aus dem mittelalterlichen Latein in Deutsche übersetzt, in: Mindener Heimatblätter, Jahrgang 13 (1935), Nr. 8, S. 3, Jahrgang 13 (1935), Nr. 10, S. 1f., Jahrgang 13 (1935), Nr. 11, S. 1f., Jahrgang 13 (1935), Nr. 12, S. 1f., Jahrgang 14 (1936), Nr. 1, S. 1f., Jahrgang 14 (1936), Nr. 2, S. 1-3, Jahrgang 14 (1936), Nr. 3, S. 1f., Jahrgang 14 (1936), Nr. 4, S. 1f., Jahrgang 14 (1936), Nr. 5, S. 3f., Jahrgang 14 (1936), Nr. 7, S. 1f., Jahrgang 14 (1936), Nr. 8, S. 1f., Jahrgang 14 (1936), Nr. 9/10, S. 1f., Jahrgang 14 (1936), Nr. 11/12, S. 1f., Jahrgang 15 (1937), Nr. 1, S. 3f., Jahrgang 16 (1938), Nr. 2, S. 2f., Jahrgang 16 (1938), Nr. 3, S. 2f., Jahrgang 16 (1938), Nr. 4, S. 3f., Jahrgang 16 (1938), Nr. 5, S. 1f., Jahrgang 16 (1938), Nr. 6, S. 2f., Jahrgang 16 (1938), Nr. 7, S. 3, Jahrgang 16 (1938), Nr. 9, S. 4, Jahrgang 16 (1938), Nr. 11, S. 1f., Jahrgang 16 (1938), Nr. 12, S. 1, Jahrgang 17 (1939), Nr. 1, S. 1f., Jahrgang 17 (1939), Nr. 2, S. 1f., Jahrgang 17 (1939), Nr. 3, S. 1f., Jahrgang 17 (1939), Nr. 4, S. 1f., Jahrgang 17 (1939), Nr. 5, S. 1f., Jahrgang 17 (1939), Nr. 6, S. 1f., Jahrgang 17 (1939), Nr. 8, S. 1, Jahrgang 17 (1939), Nr. 9/12, S. 1f.; zitiert: Krieg, Tribbe.

Krieg, Martin (Bearb.): Das Mindener Stadtbuch 1318. Veröffentlichungen der Historischen Kommission des Provinzialinstitutes für Westfälische Landes- und Volkskunde. Mindener Geschichtsquellen. Band III, Münster 1931; zitiert: Krieg, Stadtbuch 1318.

Krueger, Paulus / Mommsen, Theodorus (Hrsg.): Corpus Iuris Civilis. Volumen Primum. Institutiones. Digesta, Zürich 1973.

Krueger, Paulus (Hrsg.): Corpus Iuris Civilis. Volumen Secundum. Codex Iustinianus, Zürich 1967.

Löffler, Klemens (Hrsg.): Die Bischofschroniken des Mittelalters (Hermann v. Lerbeck Catalogus episcoporum Mindensium und seine Ableitungen). Veröffentlichungen der Historischen Kommission für Westfalen XIII. Geschichtsquellen des Fürstentums Minden. Band I, Münster 1917.

Löffler, Klemens (Hrsg.): Des Domherrn Heinrich Tribbe Beschreibung von Stadt und Stift Minden (um 1460). Veröffentlichungen der Historischen Kommission des Provinzialinstitutes für Westfälische Landes- und Volkskunde. Mindener Geschichtsquellen. Band II, Münster 1932; zitiert: Löffler, Tribbe.

Lund, Allan A. (Hrsg.): P. Cornelius Tacitus. Germania. Heidelberg 1988.

Meinardus, Otto (Hrsg.): Urkundenbuch des Stiftes und der Stadt Hameln bis zum Jahre 1407. Teil 1. Hannover 1887. Nachdruck Osnabrück 1977.

Niebaum, Hermann (Bearb.): Christlike Ordeninge der Erlyken Stadt Mynden von Nicolaus Krage (1530). Faksimile-Nachdruck der Ausgabe Lübeck 1530. Mit neuhochdeutscher Übersetzung. Minden 1980.

Prinz, Joseph (Bearb.): Westfälisches Urkundenbuch. Band 10. Die Urkunden des Bistums Minden 1301/1325, 2. Aufl., Münster 1977; zitiert: WUB X.

Reichskammergerichtsordnung 1555, Druck Mainz 1555.

Rübel, Karl (Bearb.): Dortmunder Urkundenbuch. Band I und II. Neudruck der Ausgabe Dortmund 1881/1890, Osnabrück 1975.

Schlichthaber, Anton Gottfried (Bearb.): Copen Bischofen Frantzen von Braunschweig über die Stadt-Tafel. Anno 1501, in: Mindische Kirchengeschichte. Vierter Theil. Neudruck der Ausgabe Minden 1754. Osnabrück 1979.

Schlick, Johann Bernhard: Differentias quae circa materiam testamentorum in jure communi et Statutario Reipublicae Mindensis, Rinteln 1692.

Schlick, Rudolf Friedrich: Disputatio Iuridica Inauguralis exhibens praecipuas Iuris Communis Et Iuris Statutarii Reipublicae Mindensis Circa Delationem Hereditatis Ab Intestato, Rinteln 1688.

Schoell, Rudolfus / Kroll, Guilelmus (Hrsg.): Corpus Iuris Civilis. Volumen Tertium. Novellae, Zürich 1972.

Schoppmeyer, Heinrich: Städte in Westfalen. Geschichte vom Mittelalter bis zum Ende des alten Reiches, Paderborn 2021.

Schroeder, Friedrich Christian: Die Peinliche Halsgerichtsordnung Kaiser Karls V. und des Heiligen Römischen Reiches von 1532 (Carolina), Stuttgart 2000.

Schroeder, Johann Karl von: Die Lübbecker Stadt-Tafel vom 23. April 1501, in: Westfalen. Hefte für Geschichte, Kunst und Volkskunde, Band 51 (1973), S. 190-196; zitiert: Schroeder, Lübbecker Stadt-Tafel.

Schroeder, Johann Karl von (Bearb.): Das Mindener Stadtbuch von 1376, in: Zwischen Dom und Rathaus, hrsg. von Hans Nordsiek, Minden 1977, S. 169-180; zitiert: Schroeder, Stadtbuch 1376.

Schroeder, Johann Karl von (Bearb.): Mindener Stadtrecht. 12. Jahrhundert bis 1540. Veröffentlichungen der Historischen Kommission für Westfalen VIII. Rechtsquellen. A. Westfälische Stadtrechte. Band II, Münster 1997; zitiert: Schroeder, Stadtrecht.

Schroeder, Richard: Geschichte des ehelichen Güterrechts in Deutschland, 2. Theil. Das Mittelalter. Dritte Abtheilung. Das sächsische und friesische Recht, Stettin 1874.

Senckenberg, Heinrich Christian /Schmauß, Johann Jacob: Neue und vollständigere Sammlung der Reichs-Abschiede, Theil 3 (1552-1654), Frankfurt am Main 1747.

Stoob, Heinz (Hrsg.): Urkunden zur Geschichte des Städtewesens in Mittel- und Niederdeutschland. Band 1, Köln 1985.

Sudendorf, Hans Friedrich Georg Julius (Hrsg.): Urkundenbuch zur Geschichte der Herzöge von Braunschweig und Lüneburg und ihrer Lande, Teil 1: Bis zum Jahre 1341, Hannover 1859.

Würdtwein, Stephan Alexander (Hrsg.): Subsidia diplomatica ad selecta juris ecclesiastici Germaniae et historiarum capita elucidanda, Band 11, Frankfurt a.M. 1777.

Zimmermann, Paul: Album Academiae Helmstadiensis. Band 1, Abt. 1. Studenten, Professoren etc. der Universität Helmstedt von 1574-1636, Hannover 1926.

Literaturverzeichnis

Adrian, J. Valentino: Catalogus Codicum Manuscriptorum Bibliothecae Academicae Gissensis, Frankfurt am Main 1840.

Amend-Traut, Anja: Kaufmännische Sonderinteressen und ihr Einfluss auf die Frankfurter Stadtrechtsreformationen von 1509 und 1578, in: Stadtrechte und Stadtrechtsreformationen, hrsg. von Andreas Deutsch, Heidelberg 2021, S. 475-518.

Andermann, Ulrich: Bürgersprachen, Statuten und Brüchten im mittelalterlichen und frühneuzeitlichen Bielefeld, in: Jahresbericht des historischen Vereins für die Grafschaft Ravensberg, Band 106 (2021), S. 7-32.

Arend, Sabine: Die Mindener Kirchenordnung von 1530. Ein wegweisendes Dokument für Kirche und Schule in der Stadt, in: Mitteilungen des Mindener Geschichtsvereins, Jahrgang 88 (2016), S. 77-96.

Aubin, Hermann: Die deutschen Stadtrechtslandschaften des Ostens, in: Vom deutschen Osten. Max Friedrichsen zum 60. Geburtstag, hrsg. von Herbert Knothe, Breslau 1934, S. 27-52.

Auler, Jost (Hrsg.): Richstättenarchäologie. Band 3, Dormagen 2012; zitiert: Auler, Band 3.

Babusiaux, Ulrike: Wege zur Rechtsgeschichte: Römisches Erbrecht, Köln 2015.

Back, Jessica: Erfassung der nordrhein-westfälischen Stadtbücher bis 1800 im ILC, in: Archivpflege in Westfalen-Lippe, Band 91 (2019), S. 56-57.

Bader, Karl Siegfried / Dilcher, Gerhard: Deutsche Rechtsgeschichte. Land und Stadt – Bürger und Bauer im Alten Europa, Berlin 1999.

Baedeker, Paul: Richter und Gericht im alten Dortmund, in: Beiträge zur Geschichte Dortmunds und der Grafschaft Mark, Band 17 (1909), S. 217-276.

Bahne, Cornelia: Prozess der Entstehung einer kommunalen Selbstverwaltung. Vorgeführt am Beispiel der Emanzipation der Mindener Bürgerschaft gegenüber ihrem geistlichen Stadtherrn (1200-1405), Magisterarbeit Freiburg 1985.

Balzer, Manfred: Ergebnisse und Probleme der Pfalzenforschung in Westfalen, in: Blätter für die deutsche Landesgeschichte, 120 (1984), S. 105-134.

Barth, Gottfried: Ausführlicher Bericht von der Gerade [...] Dann ferner noch von Heer-Geräthe, Leipzig 1721.

Bast, Eva-Maria: Schwarze Linie, in: Mindener Geheimnisse. 50 spannende Geschichten aus der Stadt an der Weser, Überlingen 2017, S. 157-159.

Battenberg, J. Friedrich: Die Wormser Reformation von 1498/99, in: Stadtrechte und Stadtrechtsreformationen, hrsg. von Andreas Deutsch, Heidelberg 2021, S. 333-356.

Bauer, Martin: Periculum emptoris. Eine dogmengeschichtliche Untersuchung zur Gefahrtragung beim Kauf, Berlin 1998.

Bayerle, Katrin: Erbrecht, in: Examinatorium Rechtsgeschichte, hrsg. von Mathias Schmoeckel und Stefan Stolte, Köln 2008, S. 75-78.

Bedenbender, Almuth: Quellen der Stadtrechtsreformationen. Eine Spurensuche, in: Stadtrechte und Stadtrechtsreformationen, hrsg. von Andreas Deutsch, Heidelberg 2021, S. 291-317.

Bedenbender, Almuth: Wörtliche Übereinstimmungen und Übernahmen in frühneuhochdeutschen Rechtstexten. Erkennung und Auswertung, Dissertation Köln 2016, abrufbar unter: http://kups.ub.uni-koeln.de/id/eprint/7696 (17.04.2019).

Beck, Friedrich / Henning, Eckart (Hrsg.): Die archivalischen Quellen. Mit einer Einführung in die Historischen Hilfswissenschaften. 4. Aufl., Köln 2004.

Behr, Hans-Joachim: Das Ende des Mindener Stapels, in: Zwischen Dom und Rathaus, hrsg. von Hans Nordsiek, Minden 1977, S. 233-247.

Behr, Hans-Joachim: Freiheit der Schiffahrt und Stapelzwang. Die Ausbildung des Stapelrechts an der Weser, in: Schiffahrt – Handel – Häfen. Beiträge zur Geschichte der Schiffahrt auf Weser und Mittellandkanal, hrsg. von Jutta Bachmann und Helmut Hartmann, Minden 1987, S. 51-73.

Behr, Hans-Joachim: Die Streitigkeiten der Stadt Minden mit der Landesherrschaft um die Schiffmühlen auf der Weser, in: An Weser und Wiehen. Beiträge zur Geschichte und Kultur einer Landschaft. Festschrift für Wilhelm Brepohl, Minden 1983, S. 143-152.

Bertelsmeier-Kierst, Christa: Kommunikation und Herrschaft. Zum volkssprachlichen Verschriftlichungsprozeß des Rechts im 13. Jahrhundert, Stuttgart 2008.

Beyer, Burkhard: Praktische Tipps für die Edition landesgeschichtlicher Quellen. Materialien der Historischen Kommission für Westfalen. Band 15. Online-Publikation Münster 2018, abrufbar unter: https://www.historische-kommission.lwl.org/de/publikationen/digitale-schriftenreihe/.

Beyerle, Franz: Weinkauf und Gottespfennig an Hand westdeutscher Quellen, Weimar 1934.

Blattmann, Marita: Die Freiburger Stadtrechte zur Zeit der Zähringer. Rekonstruktion der verlorenen Urkunden und Aufzeichnungen des 12. und 13. Jahrhunderts. Band 1: Untersuchung, Würzburg 1991.

Blattmann, Marita: Über die `Materialität` von Rechtstexten, in: Frühmittelalterliche Studien, Band 28 (1994), S. 333-354.

Blotevogel, Heinrich: Studien zur territorialen Entwicklung des ehemaligen Fürstentums Minden und zur Entstehung seiner Ämter- und Gerichtsverfassung, Bad Oeynhausen 1939.

Bodemann, Eduard: Die Handschriften der Koeniglichen Öffentlichen Bibliothek zu Hannover, Hannover 1867.

Bölsche, Karl Andreas Leonard: Skizzen aus Mindens Vergangenheit. Die Zeit des dreißigjährigen Krieges, Minden 1897.

Boosfeld, Kristin: Die beiden Statutenlehren. Geschichte eines rechtshistorischen Missverständnisses, in: ZRG; GA, Band 136 (2019), S. 76-93.

Boosfeld, Kristin: Die Lehren von der Statutenkollision. Eine Deutungsgeschichte aus Raum und Recht, Tübingen 2023.

Boosfeld, Kristin: Zu den Arten von Kollisionsnormen in der Lehre von der Statutenkollision, in: ZRG, GA, Band 138 (2021), S. 276-282.

Borchling, Conrad: Mittelniederdeutsche Handschriften in den Rheinlanden und in einigen anderen Sammlungen. Vierter Reisebericht, Göttingen 1913.

Brandhorst, Hans Eberhard / Nordsiek, Hans / Winter-Kabusch, Gisela (Bearb.): Die Bestände des Kommunalarchivs Minden, in: Kommunalarchiv Minden. Archiv der Stadt Minden und des Kreises Minden-Lübbecke. Geschichte, Bestände, Sammlungen, hrsg. von Hans Nordsiek, Minden 1993, S. 183-266.

Brandhorst, Dirk: Untersuchungen zur Geschichte des Hochstifts Minden im Spätmittelalter. Magisterarbeit Göttingen 1993.

Breustedt, Sonja: Die „späten Stadtrechtsreformationen" im Hanseraum. Ein Forschungsbegriff auf dem Prüfstand, in: Stadtrechte und Stadtrechtsreformationen, hrsg. von Andreas Deutsch, Heidelberg 2021, S. 571-592.

Brüdermann, Stefan (Hrsg.): 1615 – Recht und Ordnung in Schaumburg, Bielefeld 2018.

Bünemann, August Rudolph Jesaias: Assertio de rusticorum libertate et operis contra Reineccium, Hannover 1750.

Bungenstock, Wilfrid: Heergewäte und Gerade. Zur Geschichte des bäuerlichen Erbrechts in Nordwestdeutschland, Göttingen 1966.

Carls, Wieland: Rezension zu: „Wüsthof, Lucas: Schwabenspiegel und Augsburger Stadtrecht", Wiesbaden 2017, in: ZRG, GA, Band 136 (2019), S. 651-653.

Cohausz, Otto: Das Heergewäte der Unfreien in Westfalen, Leipzig 1926.

Coing, Helmut: Europäisches Privatrecht, Band I, Älteres Gemeines Recht (1500 bis 1800), München 1985.

Coing, Helmut: Die Frankfurter Reformation von 1578 und das Gemeine Recht ihrer Zeit. Eine Studie zum Privatrecht der Rezeptionszeit, Weimar 1935.

Coing, Helmut: Zur romanistischen Auslegung von Rezeptionsgesetzen, in: ZRG, RA, Band 56 (1936), S. 264-277.

Conrad, Hermann: Deutsche Rechtsgeschichte. Band 2. Neuzeit bis 1806. Unveränderter Nachdruck der 1966 erschienenen 1. Auflage, Heidelberg 2011.

Cordes, Albrecht: Rezension zu: „Mindener Stadtrecht. 12. Jahrhundert bis 1540, bearb. von Johann Karl von Schroeder", in: ZRG, GA, Band 119 (2002), S. 575f.

Culemann, Ernst Albrecht Friedrich: Mindische Geschichte, Abtheilung 1 – 5, Minden 1747/1748.

Deutsch, Andreas: Res publica als mater populi. Rechtsikonographische Anmerkungen zum Allegorien-Holzschnitt der Nürnberger Stadtrechtsreformation von 1564, zu seinen Vorläufern und seiner Nachwirkung, in: Festschrift für Gernot Kocher zum 80. Geburtstag. Für den Interpreten der Bildersprache, Graz 2022, S. 28-59.

Deutsch, Andreas: Vom Stadtrecht zur Stadtrechtsreformation, in: Stadtrechte und Stadtrechtsreformationen, hrsg. von Andreas Deutsch, Heidelberg 2021, S. 11-130.

Diestelkamp, Bernd: Die Städteprivilegien Herzog Ottos des Kindes, ersten Herzogs von Braunschweig-Lüneburg (1204-1252), Hildesheim 1961.

Dilcher, Gerhard: „Hell, verständig, für Gegenwart sorgend, die Zukunft bedenkend". Zur Stellung und Rolle der mittelalterlichen deutschen Stadtrechte in einer europäischen Rechtsgeschichte, in: ZRG, GA, Band 106 (1989), S. 12-45.

Dilcher, Gerhard: Die mittelalterliche deutsche Stadt in ihrer Heraushebung aus der grundherrschaftlich-agrarischen Welt des Hochmittelalters, in: Sozialwissenschaften im Studium des Rechts. Band IV. Rechtsgeschichte, hrsg. von Gerhard Dilcher und Norbert Horn, München 1978, S. 95-107.

Dilcher, Gerhard: Das mittelalterliche Stadtrecht als Forschungsproblem, in: Kultur- und rechtshistorische Wurzeln Europas. Arbeitsbuch, hrsg. von Jörg Wolff, Mönchengladbach 2005, S. 227-242.

Dilcher, Gerhard: Oralität, Verschriftlichung und Wandlungen der Normstruktur in den Stadtrechten des 12. und 13. Jahrhunderts, in: Pragmatische Schriftlichkeit im Mittelalter, hrsg. von Hagen Keller u.a., München 1992, S. 9-19.

Dilcher, Gerhard: Paarformeln in der Rechtssprache des frühen Mittelalters, Frankfurt a.M. 1961.

Ditt, Hildegard: Stadteinzugsbereich von Minden und Kulturraumgrenzen des Wesergebietes in der frühen Neuzeit, in: Niederlande und Nordwestdeutschland. Studien zur Regional- und Stadtgeschichte Nordwestkontinentaleuropas im Mittelalter und in der Neuzeit, hrsg. von Wilfried Ehbrecht und Heinz Schilling, Köln 1983, S. 180-218.

Doebner, Richard: Die Städteprivilegien Herzog Otto des Kindes in den ältesten Statuten der Stadt Hannover, Hannover 1882.

Dollinger, Philippe: Die Hanse. Neu bearbeitet von Volker Henn und Nils Jörn, 6. Auflage, Stuttgart 2012.

Dorn, Franz: Zur Entwicklung der Strafrechtwissenschaft in Deutschland, in: Unrecht und Recht. Kriminalität und Gesellschaft im Wandel von 1500-2000, hrsg. von Heinz-Günther Borck, Koblenz 2022, S. 168-209.

Dorn, Franz: »Not kennt kein Gebot«. Der Notdiebstahl (>Stehlen in rechter Hungersnot<) in der frühneuzeitlichen Strafrechtsdogmatik, in: Arme und ihre Lebensperspektiven in der Frühen Neuzeit, hrsg. von Sebastian Schmidt, Frankfurt am Main 2008, S. 207-236.

Dorn, Franz: „Der Tote erbt den Lebenden" - Eine deutschrechtliche Exegese zu Sachsenspiegel, Lehnrecht 6, in: ZJS 2012, S. 491-497.

Dorn, Franz: Das Verhältnis zwischen Reichs- und Landesgesetzen im Alten Reich, in: Staat – Religion – Recht. Festschrift für Gerhard Robbers zum 70. Geburtstag, hrsg. von Kerstin von der Decken, Baden-Baden 2020.

Dorn, Franz: §§ 246-248. Zinsen, in: Historisch-kritischer Kommentar zum BGB, Band 2, Schuldrecht: Allgemeiner Teil, §§ 241-432, 1. Teilband: vor §§ 241-304, hrsg. von Reinhard Zimmermann u.a., Tübingen 2007, S. 484-516.

Dorn, Franz: §§ 762-764, 656, 814, 2. Fall. Unvollkommene Verbindlichkeiten, in: Historisch-kritischer Kommentar zum BGB, Band 3, Schuldrecht: Besonderer Teil, §§ 433-853, 2. Teilband: §§ 657-853, hrsg. von Mathias Schmoeckel u.a., Tübingen 2013, S. 2133-2244.

Drüppel, Hubert: Iudex civitatis. Zur Stellung des Richters in der hoch- und spätmittelalterlichen Stadt deutschen Rechts, Köln 1981.

Dudenredaktion: Duden, Band 5, Fremdwörterbuch, 7. Auflage, Mannheim 2001.

Düring, Marten / Eumann, Ulrich / Stark, Martin / Keyserlingk, Linda von (Hrsg.): Handbuch Historische Netzwerkforschung. Grundlagen und Anwendungen, Berlin 2016.

Dusil, Stephan: Die Leuvener Costuymen von 1622: Statuten im Spannungsfeld von städtischer Autonomie und herrschaftlicher Kontrolle sowie von Gewohnheitsrecht und gelehrtem Recht, in: Stadtrechte und Stadtrechtsreformationen, hrsg. von Andreas Deutsch, Heidelberg 2021, S. 625-655.

Dusil, Stephan: Mittelalterliche Privatrechtsgeschichte, quo vadis?, in: ZRG, GA, Band 135 (2018), S. 190-221.

Dusil, Stephan: Die Soester Stadtrechtsfamilie. Mittelalterliche Quellen und neuzeitliche Historiographie, Köln 2007.

Dusil, Stephan: Stadtrechtsfamilien, Rechtsräume und die Verbreitung des Magdeburger Rechts. Überlegungen zu Begriffen und Konzepten, in: Kulturelle Vernetzung in Europa. Das Magdeburger Recht und seine Städte, hrsg. von Gabriele Köster, Christina Link und Heiner Lück, Dresden 2018.

Duve, Thomas: Von der Europäischen Rechtsgeschichte zu einer Rechtsgeschichte Europas in globalhistorischer Perspektive, in: Rechtsgeschichte, Band 20 (2012), S. 18-71.

Duve, Thomas: Was ist >Multinormativität<? Einführende Bemerkungen. Die vielfalt der Rechtspluralismen, in: Rechtsgeschichte – Legal History, Band 25 (2017), S. 88-101.

Dvorský, V. u.a.: Selected Aspects of Crises and Their Solutions in Roman Law and Politics, in: Law, Pandemics and Ownership Restrictions, hrsg. von Vladimír Sharp u.a., Berlin 22, S. 13-70.

Ebel, Friedrich: Statutum und ius fori im deutschen Spätmittelalter, in: ZRG, GA, Band 93 (1976), S. 100-153.

Ebel, Wilhelm: Der Bürgereid als Geltungsgrund und Gestaltungsprinzip des deutschen mittelalterlichen Stadtrechts, Weimar 1958.

Ebel, Wilhelm: Erbe, Erbgut und wohlgewonnen Gut im lübischen Recht, in: ZRG, GA, Band 97 (1980), S. 1-42.

Ebel, Wilhelm: Lübisches Recht, Band I, Lübeck 1971.

Ebel, Wilhelm: Über die rechtsschöpferische Leistung des mittelalterlichen Bürgertums, in: Untersuchungen zur gesellschaftlichen Struktur der mittelalterlichen Städte in Europa, hrsg. vom Konstanzer Arbeitskreis für mittelalterliche Geschichte, 2. Aufl., Sigmaringen 1974, S. 241-258.

Eckhardt, Albrecht: Rezension zu „Pischke, Gudrun: Die Entstehung der niedersächsischen Städte: Stadtrechtsfiliationen in Niedersachsen", in: Niedersächsisches Jahrbuch für Landesgeschichte, Band 58 (1986), S. 375-360.

Ehbrecht, Wilfried: Form und Bedeutung innerstädtischer Kämpfe am Übergang vom Mittelalter zur Neuzeit: Minden 1405-1535, in: Städtische Führungsgruppen und Gemeinde in der werdenden Neuzeit, hrsg. von ebendiesem, Köln 1980, S. 115-152.

Ehbrecht, Wilfried: Stadtrechte und Geschichtslandschaft in Westfalen, in: Der Raum Westfalen. Band VI. Fortschritte der Forschung und Schlussbilanz. Einleitung in den Schlußband VI. Erster Teil, hrsg. von Franz Petri und Alfred Hartlieb von Wallthor, Münster 1989, S. 215-250.

Eisenhardt, Ulrich: Deutsche Rechtsgeschichte, 7. Auflage, München 2019.

Emmerich, Volker: § 566. Kauf bricht nicht Miete, in: J. von Staudingers Kommentar zum Bürgerlichen Gesetzbuch mit Einführungsgesetz und Nebengesetzen, Buch 2, Recht der Schuldverhältnisse, §§ 563-580a, hrsg. von Christian Rolfs u.a., Berlin 2006, S. 57-91.

Engel, Gustav: Geistiges Leben in Minden, Ravensberg und Herford während des 17. und 18. Jahrhunderts. Teil I: Die Geschichtsschreibung, in: LII. Jahresbericht des Historischen Vereins für die Grafschaft Ravensberg zu Bielefeld, Bielefeld 1938, S. 1-158.

Ennen, Edith: Die europäische Stadt des Mittelalters, 4. Aufl., Göttingen 1987.

Ernst, Wolfgang: Interzession. Vom Verbot der Fraueninterzession über die Sittenwidrigkeit von Angehörigenbürgschaften zum Schutz des Verbrauchers als Interzendenten, in: Rechtsgeschichte und Privatrechtsdogmatik, hrsg. Reinhard Zimmermann u.a., Heidelberg 1999, S. 395-430.

Ernst, Wolfgang: §§ 434-445. Sach- und Rechtsmängelhaftung, in: Historisch-kritischer Kommentar zum BGB, Band 3, Schuldrecht: Besonderer Teil, §§ 433-853, 1. Teilband: vor §§ 433-656, hrsg. von Mathias Schmoeckel u.a., Tübingen 2013, S. 75-128.

Fahne, Anton: Die Grafschaft und Freie Reichsstadt Dortmund. Band 3. Statutarrecht und Rechtsalterthümer der freien Reichsstadt Dortmund, Neudruck der Ausgabe Köln 1855, Aalen 1974.

Falkson, Katharina / Lemberg, Ingrid / Ptashnyk, Setfaniya: Tagungsbericht zur Heidelberger Tagung „Stadtrechte und Stadtrechtsreformationen“ (03.04.-05.04.2019), abrufbar unter: https://www.hsozkult.de/conferencereport/id/fdkn-126851?title=stadtrechte-und-stadtrechtsreformationen&recno=13&q=stadtrecht&sort=newestPublished&fq=&total=59 (Stand: 15.11.2023).

Fesche, Klaus: Geschichte Wunstorfs. Die Stadt, der Flecken und die Dörfer, Springe 2010.

Freitag, Werner: Reformation und innerstädtischer Frieden am Beispiel Westfalens, in: Frühneuzeitliche Friedensstiftung in landesgeschichtlicher Perspektive, hrsg. von Michael Rohrschneider, Köln 2020, S. 65-74.

Freitag, Werner: Westfalen. Geschichte eines Landes, seiner Städte und Regionen in Mittelalter und früher Neuzeit, Münster 2023.

Freise, Eckhard: Die Sachsenmission Karls des Großen und die Anfänge des Bistums Minden, in: An Weser und Wiehen. Beiträge zur Geschichte und Kultur einer Landschaft. Festschrift für Wilhelm Brepohl, Minden 1983, S. 57-100.

Frenz, Barbara: Frieden, Rechtsbruch und Sanktion in deutschen Städten vor 1300. Mit einer tabellarischen Übersicht nach Delikten und Deliktgruppen, Köln 2003.

Fricke, Eberhard: Die westfälische Veme im Bild. Geschichte, Verbreitung und Einfluss der westfälischen Vemegerichtsbarkeit, Münster 2002.

Fricke, Wilhelm: Das mittelalterliche Westfalen oder die alten Sitten, Gesetze, Gerichte, Zustände und Gewohnheiten der Roten Erde, Minden 1890.

Fuchs, Ralf-Peter: Um die Ehre. Westfälische Beleidigungsprozesse vor dem Reichskammergericht (1525-1805), Paderborn 1999.

Füssel, Marian: Multinormativität in der Gelehrtenkultur? Versuche der Normierung „guter gelehrter Praxis“ im 17. und 18. Jahrhundert, in: Rechtsgeschichte - Legal History, Band 25 (2017), S. 127-136.

Fuhrmann, Jochen: Verfassung und Verwaltung im Stift Minden des Mittelalters, Göttingen 1951.

Ganina, Natalija / Cordes, Albrecht (Hrsg.) / Lokers, Jan: Der Bardewiksche Codex des Lübischen Rechts von 1294. Band I: Faksimilie und Erläuterungen, Oppenheim 2021. Ein diesbezüglicher rechtshistorischer Kommentar ist als Band II angekündigt für Juni 2022.

Gengler, Heinrich Gottfried Philipp: Deutsche Stadtrechts-Altertümer. Neudruck der Ausgabe Erlangen 1882, Aalen 1964.

Gengler, Heinrich Gottfried Philipp: Deutsche Stadtrechte des Mittelalters. Teils verzeichnet, teils vollständig oder in Probeauszügen mitgeteilt. Neudruck der neuen Ausgabe Nürnberg 1866, Aalen 1964.

Genius, Klaus: Der Bestandsschutz des Mietverhältnisses in seiner historischen Entwicklung bis zu den Naturrechtskodifikationen, Stuttgart 1972.

Germer, Andrea: Die Geschichte der Stadt Hildesheim bis 1945, in: Hildesheim - Stadt und Raum zwischen Börde und Bergland, Schriftenreihe der Niedersächsischen Landeszentrale für Politische Bildung - Niedersachsen - Vom Grenzland zum Land der Mitte, Folge 5, hrsg. von der Landeszentrale für politische Bildung Hannover, S. 70-95.

Gierke, Otto: Deutsches Privatrecht. Erster Band. Allgemeiner Teil und Personenrecht, Leipzig 1895.

Gierke, Otto: Deutsches Privatrecht. Zweiter Band. Sachenrecht, Leipzig 1905.

Gierke, Otto: Deutsches Privatrecht. Dritter Band. Schuldrecht, München und Leipzig 1917.

Gmür, Rudolf / Roth, Andreas: Grundriss der deutschen Rechtsgeschichte, 15. Auflage, München 2018.

Goetz, Hans-Werner: Proseminar Geschichte: Mittelalter, 4. Aufl., Köln 2014.

Goldbeck, Andreas: Tractatus de Jure Geradae, Berlin 1622.

Graf, Eduard / Dietherr, Mathias: Deutsche Rechtssprichwörter, Nördlingen 1869.

Grimm, Jacob: Deutsche Rechtsaltertümer. Erster Band. Nachdruck der 4. Auflage Leipzig 1899, Darmstadt 1989.

Grimm, Jacob / Grimm, Wolfgang, Deutsches Wörterbuch, Band 1-16, Leipzig 1854-1954.

Groß, Barbara: Hexerei in Minden. Zur sozialen Logik von Hexenverdächtigungen und Hexenprozessen (1584-1684), Münster 2009.

Großmann: Die Gemeindeordnung von Petershagen aus dem 16. Jahrhundert, in: Mindener Heimatblätter, Jahrgang 34 (1962), Nr. 1/3, S. 182-184.

Grossmann, Karl: Katalog der Mindener Leichenpredigtsammlung. Mindener Beiträge 14, Minden 1972.

Groth, Carsten: Hanse und Recht. Eine Forschungsgeschichte, Berlin 2016.

Haase, Carl: Die Entstehung der westfälischen Städte, 2. Aufl., Münster 1965.

Haase, Carl: Gegenwärtiger Stand und neue Probleme der Stadtrechtsforschung, in: Westfälische Forschungen. Zeitschrift des Instituts für Regionalgeschichte des Landschaftsverbandes Westfalen-Lippe, Nr. 6, 1943/1952, S. 129-144.

Härter, Karl: Strafrechts- und Kriminalitätsgeschichte der Frühen Neuzeit, Berlin 2018.

Haferkamp, Hans-Peter: §§ 138. Sittenwidriges Rechtsgeschäft; Wucher, in: Historisch-kritischer Kommentar zum BGB, Band 1, Allgemeiner Teil, §§ 1-240, hrsg. von Mathias Schmoeckel u.a., Tübingen 2003, S. 708-752.

Handbuch des Römischen Privatrechts, hrsg. von Ulrike Babusiaux u.a., Tübingen 2023; zitiert: Bearbeiter, HRP.

Handwörterbuch zur deutschen Rechtsgeschichte (HRG). Band I- V, hrsg. von Adalbert Erler u.a., Berlin 1971-1998; zitiert: Bearbeiter, HRG.

Handwörterbuch zur deutschen Rechtsgeschichte (HRG). Band I-III, hrsg. von Albrecht Cordes u.a., 2. Aufl., Berlin 2008-2016; zitiert: Bearbeiter, in: HRG, 2. Aufl.

Heckel, Martin: Martins Luthers Reformation und das Recht, Tübingen 2016.

Heine, Heinrich: Deutschland, ein Wintermärchen, Berlin 2010.

Hellwege, Phillip: Allgemeines Landrecht für die Preußischen Staaten, in: Handwörterbuch des Europäischen Privatrechts 2009, (https.//hwb-eup2009.mpipriv.de, abgerufen am 09.12.2022).

Hemann, Friedrich-Wilhelm: Das Rietberger Stadtbuch. Edition, Einleitung, Typologie. Ein Beitrag zur Erforschung von Klein- und Residenzstädten sowie zur Frage der Schriftlichkeit in frühneuzeitlichen Städten Westfalens, Warendorf 1994.

Hemann, Friedrich-Wilhelm: Zur Entwicklung von Lübbecke im Mittelalter, in: Beiträge zur westfälischen Stadtgeschichte, hrsg. von Friedrich Bernward Fahlbusch, Warendorf 1992, S. 59-134.

Hermann, Hans-Georg: §§ 194-225. Verjährung, in: Historisch-kritischer Kommentar zum BGB, Band 1, Allgemeiner Teil, §§ 1-240, hrsg. von Mathias Schmoeckel u.a., Tübingen 2003, S. 991-1032.

His, Rudolf: Die Körperverletzungen im Strafrecht des Mittelalters, in: ZRG, GA, Band 41 (1920), S. 75-126.

Historischen Section der Westphäl. Gesellschaft für vaterl. Cultur in Minden (Hrsg.): Westphälische Provinzial-Blätter. Verhandlungen der Westphälischen Gesellschaft für vaterländische Cultur, Band 1, Minden 1828/1830.

Hoffmann, Benjamin: Recht und Religion im Verfassungsrecht der Frühen Neuzeit. Die elf Mühlhäuser Artikel, Baden-Baden 2022.

Hoffmann, Gottfried August: Statuta Localia Von Ober- und Nieder-Sachsen [...], Erster Theil, Franckfurt 1733.

Holbach, Rudolf: „Die Stadt Minden, so die in der Hanse sein will." Interessen, Zusammenwirken und Probleme in der Gemeinschaft der Kaufleute und Städte im Mittelalter. Mit Anmerkungen versehene und etwas erweiterte Fassung eines Vortrages am 16.05.2009 im Mindener Museum zum Tag der Hanse. Oldenburger Online Publikationsserver der Carl von Ossietzky Universität Oldenburg, abrufbar unter: http://oops.uni-oldenburg.de/1052/1/HolbachHanseMinden.pdf.

Holfeld, Raphael: Tagungsbericht zu „Stadtrechte und Stadtrechtsreformationen. Interdisziplinäre Tagung der Forschungsstelle Deutsches Rechtswörterbuch. Heidelberg, 03.4.2019-5.4.2019", in: ZRG, GA, Band 137 (2020), S. 742-745.

Horstmann, Peter: Die Feme, in: Westfälische Erinnerungsorte. Beiträge zum kollektiven Gedächtnis einer Region, hrsg. von Lena Krull, Paderborn 2017, S. 261-271.

Hüffmann, Helmut: 1200 Jahre Lübbecke, 2. Aufl., Hüllhorst 1975.

Hufschmidt, Anke: Adelige Frauen im Weserraum zwischen 1570 und 1700. Status – Rollen – Lebenspraxis, Münster 2001.

Hüpper, Dagmar: Auftraggeber, Schreiber und Besitzer von Sachsenspiegel-Handschriften, in: Der Sachsenspiegel als Buch, hrsg. von Ruth Schmidt-Wiegand und Dagmar Hüpper, Frankfurt am Main 1991, S. 57-104.

Hyldgaard-Jensen, Karl: Rechtswortgeographische Studien. I. Zur Verbreitung einiger Termini der westlichen und nördlichen mittelniederdeutschen Stadtrechte vor 1350, Uppsala 1964.

Ignor, Alexander: Geschichte des Strafprozesses in Deutschland 1532-1846. Von der Carolina Karls V. bis zu den Reformen des Vormärz, Paderborn 2002.

Isenmann, Eberhard: Die deutsche Stadt im Mittelalter. 1150-1550. Stadtgestalt, Recht, Verfassung, Stadtregiment, Kirche, Gesellschaft, Wirtschaft, 2. Aufl., Köln 2014.

Isola, Lisa: Rezension zu „Krupa, Michal Stefan: Blutige Hand nimmt kein Erbe. Eine rechtshistorische und -vergleichende Studie zum Rezeptionsweg der römischen indignitas in den französischen, österreichischen und deutschen Privatrechtskodifikationen, Berlin 2019", in: ZRG, RA, Band 138 (2021), S. 725-736.

Jaeger, Friedrich (Hrsg.): Enzyklopädie der Neuzeit, Band 1- 16, Stuttgart 2005 - 2012.

Jahnke, Carsten: Hansisch oder nicht-hansisch? Die kleinen und die großen Hansestädte, in: „Hansisch" oder „nicht-hansisch", das Beispiel der kleinen Städte und Livlands in der Hanse, hrsg. von Juhan Kreem und Jürgen Sarnowsky, Wismar 2019, S. 1-22.

Jahnke, Carsten: Moderne Netzwerkforschung in der regionalen Hansegeschichte: Möglichkeiten, Gefahren und Perspektiven, in: Hansegeschichte als Regionalgeschichte. Beiträge einer internationalen und interdisziplinären Winterschule in Greifswald vom 20. bis 24. Februar 2012, hrsg. von Oliver Auge, Frankfurt am Main 2014. S. 47-58.

Jansen, Nils: Testamentary Formalities in Early Modern Europe, in: Comparative Succession Law, Volume I, hrsg. von Kenneth G. C. Reid u.a., Oxford 2011, S. 27-50.

Janssen, Wilhelm: A. K. Hömbergs Deutung von Ursprung und Entwicklung der Veme in Westfalen, in: Der Raum Westfalen. Fortschritte der Forschung und Schlussbilanz. Einleitung in den Schlußband VI. Erster Teil, hrsg. von Franz Petri und Alfred Hartlieb von Wallthor, Münster 1989, S. 188-214.

Jellinghaus, Hermann: Die Rechtsaufzeichnungen in niederdeutscher Sprache; in: Niederdeutsches Jahrbuch, Band 18 (1892), S. 71-78.

Jöcher, Christian Gottlieb / Adelung, Johann Christoph / Rotermund, Heinrich Wilhelm: Allgemeines Gelehrten-Lexicon, Erster Theil, Leipzig 1750.

Johanek, Peter / Post, Franz-Joseph (Hrsg.): Vielerlei Städte. Der Stadtbegriff, Köln 2004.

Kahsnitz, Rainer: Das Mindener Stadtsiegel des 13. Jahrhunderts. Hinweise und Probleme, in: Zwischen Dom und Rathaus, hrsg. von Hans Nordsiek, Minden 1977, S. 147-156.

Kalepki, Friedrich / Marowsky, Klaus: Dr. Martin Krieg zum 70. Geburtstag, in: Mindener Heimatblätter, Jahrgang 34 (1962), Nr. 1/3, S. 171-178.

Kamptz, Karl Albert von: Geschichte des Wechsels der Gesetzgebung in den Königlichen Provinzen zwischen der Elbe und dem Rhein, in: Jahrbücher für die Preußische Gesetzgebung, Rechtswissenschaft und Rechtsverwaltung, 17. Band, Berlin 1821, S. 357-389.

Kamptz, Karl Albert von: Die Provinzial- und statutarischen Rechte in der preußischen Monarchie. Zweiter Theil. Die Provinzen: Pommern und Westphalen, Berlin 1827.

Kannowski, Bernd / Dusil, Stephan: Der Hallensische Schöffenbrief für Neumarkt von 1235 und der Sachsenspiegel, in: ZRG, GA, Band 120 (2003), S. 61-90.

Kappen, Olav Moorman van: Stadtrechtsreformationen des 16. Jahrhunderts in den Niederlanden, in: Recht, Verfassung und Verwaltung in der frühneuzeitlichen Stadt, hrsg. von Michael Stolleis, Köln 1991.

Kaser, Max / Knütel, Rolf / Lohsse, Sebastian: Römisches Privatrecht, 21. Aufl., München 2017.

Kaspar, Fred / Barthold, Peter: Bau- und Kunstdenkmäler von Westfalen. Band 50. Teil 4. Stadt Minden. Altstadt. Die Profanbauten. Teilband 1+2, Essen 2000.

Kaspar, Fred: Bau- und Kunstdenkmäler von Westfalen. Band 50. Teil 5. Stadt Minden. Minden außerhalb der Stadtmauern. Teilband 1+2, Essen 1998.

Kaspar, Fred: Geschichte des Profanbaus in Minden – Beiträge zur Bau-, Raum- und Funktionsstruktur von Wohn-, Wirtschafts- und Verwaltungsbauten, in: Bau- und Kunstdenkmäler von Westfalen. Band 50. Teil 1. Stadt Minden. Einführungen und Darstellung der prägenden Strukturen. Teilband 1, bearb. von Fred Kaspar und Ulf-Dietrich Korn, Essen 2003, S. 300-622.

Kaspar, Fred: Das komplexe Funktionsgeflecht eines mittelalterlichen Marktes: Das Beispiel Minden an der Weser, in: Zeitschrift für Archäologie des Mittelalters, Band 34 (2006), S. 191-202.

Kaspar, Fred: Stadtbau und Siedlungsgeschichte, in: Bau- und Kunstdenkmäler von Westfalen. Band 50. Teil 1. Stadt Minden. Einführungen und Darstellung der prägenden Strukturen. Teilband 1, bearb. von Fred Kaspar und Ulf-Dietrich Korn, Essen 2003, S. 166-210.

Kaspar, Fred / Schulte, Monika (Bearb.): Westfälischer Städteatlas. Band VI. Nr. 3. Minden. Altenbeken 1999.

Kaune, Daniel: Rechtsnorm und Rechtspraxis im spätmittelalterlichen Basel, Dissertation Hannover 2022.

Keber: Letzte Winterveranstaltung des Geschichtsvereins, in: Mindener Heimatblätter, Jahrgang 16 (1938), Nr. 5, S. 3.

Kittel, Erich: Siegel des Wesergebietes, in: Lippische Mitteilungen 35, 1966, S. 169-214.

Knoche, Hansjürgen: Ulrich Zasius und das Freiburger Stadtrecht von 1520, Karlsruhe 1957.

Köbler, Gerhard: Juristisches Wörterbuch. Für Studium und Ausbildung, 12. Auflage, München 2003.

Köbler, Gerhard: Stadt, Stadtrecht und Stadtrechtsreformation, in: Stadtrechte und Stadtrechtsreformationen, hrsg. von Andreas Deutsch, Heidelberg 2021, S. 131-158.

Köbler, Gerhard: Zur Entstehung des mittelalterlichen Stadtrechts, in: ZRG, GA, Band 86 (1969), S. 177-198.

Köbler, Ulrike: Werden, Wandel und Wesen des deutschen Privatrechtswortschatzes, Frankfurt am Main 2010.

Korte, Andrea: Anwendung und Verbreitung des Rechtssatzes „Hand wahre Hand" im mittelalterlichen deutschen Privatrecht, Würzburg 1981.

Kram, Benjamin / Michaelis, Andree: Die Reise der Enkeln zu den Vätern, in: Rechtsgeschichte – Legal History, Band 9 (2006), S. 36-44.

Kreter, Karljosef: Stadtbücher und Register 1289-1533. Inventar der mittelalterlichen gebundenen Handschriften im Stadtarchiv Hannover. Bestand: Neue Abteilung B, in: Hannoversche Geschichtsblätter, Band 48 (1994), S. 47-168.

Krey, Alexander: Die Praxis der spätmittelalterlichen Laiengerichtsbarkeit: Gerichts- und Rechtslandschaften des Rhein-Main-Gebietes im 15. Jahrhundert im Vergleich, Köln 2015.

Krieg, Margrit: Vom Mindener Henker, in: Mindener Heimatblätter, Jahrgang 31 (1959), Nr. 1/2, S. 10-16.

Krieg, Margrit: Vom Mindener Hudewesen, in: Mitteilungen des Mindener Geschichts- und Museumsvereins, Jahrgang 38 (1966), S. 112-134.

Krieg, Martin: Die alte Fischerstadt von Minden, in: Mindener Heimatblätter, Jahrgang 24 (1952), Nr. 1/2, S. 1- 6, Jahrgang 24 (1952), Nr. 3/4, S. 21-24 und Jahrgang 24 (1952), Nr. 5/6, S. 45-47.

Krieg, Martin: Alte Mindener Rechtsdenkmäler. Stätten, Gebäude und Werkzeuge der Gerichtsbarkeit, in: Mindener Heimatblätter, Jahrgang 19 (1942), Nr. 1/2, S. 1-3 und Jahrgang 19 (1942), Nr. 3/4, S. 1-3.

Krieg, Martin: Domburg und Kaufmannswik, in: Mindener Heimatblätter, Jahrgang 25 (1953), Nr. 6/8, S. 58-62.

Krieg, Martin: Der Fischerstadt Gerechtigkeit Buch von anno 1564, in: Mindener Heimatblätter, Jahrgang 23 (1951), S. 69-71.

Krieg, Martin: Das Gericht auf der Weserbrücke, in: Mindener Heimatblätter, Jahrgang 2 (1924), Nr. 7, S. 2 und Jahrgang 2 (1924), Nr. 8, S. 2-3.

Krieg, Martin: Geschichte des Bistums, des Fürstentums und der Stadt Minden, in: Der Minden-Ravensberg: ein Heimatbuch, hrsg. von Eduard Schoneweg, 2. Aufl., Bielefeld 1929, S. 43-65.

Krieg, Martin: Handschriften der Mindener Chronistik im 16. und 17. Jahrhundert, in: Westfälische Zeitschrift, Band 107 (1957), S. 107-134.

Krieg, Martin: Kleine Chronik der Stadt Minden, 2. Aufl., Minden 1950.

Krieg, Martin: Minden, in: Westfälisches Städtebuch, hrsg. von Erich Keyser, Stuttgart 1954, S. 246-251.

Krieg, Martin: Die Mindener Chronik des Stadtkämmerers Heinrich Piel, in: Mindener Heimatblätter, Jahrgang 27 (1955), Nr. 4/5, S. 49-58.

Krieg, Martin: Mindener Rechtsbücher aus der Zeit der sächsischen Autonomie (14. - 17. Jahrhundert), in: Mindener Heimatblätter, Jahrgang 28 (1956), Nr. 8/9, S. 85-92.

Krieg, Martin: Mindener Rechtsdenkmäler unter freiem Himmel, in: Der Ravensberger, Jahrgang 25 (1953), S. 76-78.

Krieg, Martin: Die Mindener Schicht von 1405-1408 vor dem Hansetag in Lübeck 1407, Mindener Heimatblätter, Jahrgang 13 (1935), Nr. 6, S. 1-3.

Krieg, Martin: Strafbare Handlungen und ihre Sühne im alten Minden, in: Mindener Heimatblätter, Jahrgang 7 (1929), Nr. 10, S. 1f. und Jahrgang 7 (1929), Nr. 11, S.1.

Krieg, Martin: Streit um die Priggenhagenmühle vor 500 Jahren, in: Mindener Heimatblätter, Jahrgang 7 (1929), Nr. 21, S. 1f.

Krieg, Martin: Verbrechen und ihre Strafen im alten Minden, in: Der Ravensberger, Jahrgang 4 (1929), S. 69-71. (In weiten Teilen identisch mit Krieg, Martin: Strafbare Handlungen und ihre Sühne im alten Minden, in: Mindener Heimatblätter, Jahrgang 7 (1929), Nr. 10, S. 1f. und Jahrgang 7 (1929), Nr. 11, S.1, aber etwas ausführlicher.)

Krieg, Martin: Zur Entwicklung der Mindener Stadtgerichte, in: Mindener Heimatblätter, Jahrgang 32 (1960), Nr. 1/2, S. 1-4 und Jahrgang 32 (1960), Nr. 3/4, S. 24-26.

Krieg, Martin: Zur Geschichte der Mindener Schicht, der Stadtfehde von 1405-1408, Mindener Heimatblätter, Jahrgang 8 (1930), Nr. 12, S. 1-3.

Kroeschell, Karl / Cordes, Albrecht / Nehlsen-von Stryk, Karin: Deutsche Rechtsgeschichte, Band 2: 1250-1650, 9. Auflage, Köln 2008.

Kroeschell, Karl: recht unde unrecht der sassen. Rechtsgeschichte Niedersachsens, Göttingen 2005.

Kroeschell, Karl: Rechtsaufzeichnungen und Rechtswirklichkeit. Das Beispiel des Sachsenspiegels, in: Recht und Schrift im Mittelalter, hrsg. von Peter Classen, Simaringen 1977, S. 349-380.

Kroeschell, Karl: „Rechtsgewohnheiten“ – und wie es dazu kam, in: Rechtsgeschichte, Band 17 (2010), S. 58-61.

Kroeschell, Karl: Stadtgründung und Weichbildrecht in Westfalen, Münster 1960.

Krumbholtz, Robert: Das rathäusliche Reglement König Friedrich Wilhelms I. von Preußen für die Stadt Lübbecke i.W. von 1727, in: Aus Vergangenheit und Gegenwart. Festgabe Friedrich Philippi zum 14. Juli 1923, hrsg. von Alois Bömer u.a., Münster 1923.

Krupa, Michal Stefan: Blutige Hand nimmt kein Erbe. Eine rechtshistorische und –vergleichende Studie zum Rezeptionsweg der römischen indignitas in den französischen, österreichischen und deutschen Privatrechtskodifikationen, Berlin 2019.

Kruppa, Nathalie: Emanzipation vom Bischof. Zum Verhältnis zwischen Bischof und Stadt am Beispiel Mindens, in: Bischof und Bürger. Herrschaftsbeziehungen in den Kathedralstädten des Hoch- und Spätmittelalters, hrsg. von Uwe Grieme u.a., Göttingen 2004, S. 67-87.

Kuck, Matthias: Burg und bischöfliche Herrschaft im Stift Minden, Münster 2001.

Kümper, Hiram: Sachsenrecht. Studien zur Geschichte des sächsischen Landrechts in Mittelalter und früher Neuzeit, Berlin 2009.

Kulke, Leopold: Zur Geschichte des Mindener Marktwesens, in: Mitteilungen des Mindener Geschichtsvereins, Jahrgang 47 (1975), S. 69-129.

Kunkel, Wolfgang: Quellen zur Neueren Privatrechtsgeschichte Deutschlands. Erster Halbband. Ältere Stadtrechtsreformationen, Weimar 1936.

Kuster, Trond: Die Hanse in Ostwestfalen im 16. Jahrhundert, in: Mitteilungen des Mindener Geschichtsvereins, Jahrgang 85 (2013), S. 55-74.

Laag, Otto Kurt: Stadtarchivar Dr. Martin Krieg 36 Jahre treu im Dienste Mindens, in Mindener Heimatblätter, Jahrgang 35 (1963), Nr. 1/2, S. 1-7.

Lampmann, Th.: Die Stadt Minden in ihrem Verhältnis zum brandenburgisch-preußischen Staate 1648 bis 1723. Besonders die Regulierung des rathäuslichen Wesens unter Friedrich I. und Friedrich Wilhelm I., in: Mindener Jahrbuch. Band III (1927), S. 3-83.

Landau, Manfred: Die Entwicklung der weltlichen Gerichtsbarkeit in der Stadt Minden bis 1807, in: Mitteilungen des Mindener Geschichtsvereins, Jahrgang 84 (2012), S. 35-71.

Landau, Peter: Die Gesetzgebungsgeschichte des § 247 BGB. Zugleich ein Beitrag zur Geschichte der Einführung der Zinsfreiheit in Deutschland, in: Beiträge zur Rechtsgeschichte. Gedächtnisschrift für Hermann Conrad, hrsg. von Gerd Kleinheyer und Paul Mikat, Paderborn 1979.

Landau, Peter: Die Testierfreiheit in der Geschichte des Deutschen Rechts im späten Mittelalter und in der frühen Neuzeit, in: ZRG, GA, Band 114 (1997), S. 56-72.

Landwehr, Götz: Rechtspraxis und Rechtswissenschaft im Lübischen Recht vom 16. bis zum 19. Jahrhundert, in: Zeitschrift des Vereins für Lübeckische Geschichte und Altertumskunde, Band 60 (1980), S. 21-65.

Lange, Hermann / Kriechbaum, Maximiliane: Römisches Recht im Mittelalter. Band II: Die Kommentatoren, München 2007.

Lasch, Agathe: Das Mindener Stadtbuch von 1318, in: Westfälische Zeitschrift, Band 83 (1925), S. 176-178.

Lasch, Agathe: Aus alten niederdeutschen Stadtbüchern. Ein mittelniederdeutsches Lesebuch, Dortmund 1925.

Lebkücher, Florian: Die Grafschaft Tecklenburg und die Justizreform von 1613, Münster 2019.

Lexer, Matthias: Mittelhochdeutsches Taschenwörterbuch, 38. Aufl., Stuttgart 1992.

Lexikon des Mittelalters (LexMA). Band I-IX, München 1980-1998.

Linnemeier, Bernd-Wilhelm: Obrigkeitliche Mäßigkeitsverordnungen sowie Edikte zum religiös-sittlichen Leben in Stadt und Fürstentum Minden zur Zeit des Dreißigjährigen Krieges, in: Rheinisch-Westfälische Zeitschrift für Volkskunde, Band 42 (1997), S. 51-83.

Linnemeier, Bernd-Wilhelm: Städtische Obrigkeit als ordnungsstiftende Instanz. Die Mindener Polizeiordnungen von 1566 und 1604, in: Vom Heerlager zur Hansestadt. Untersuchungen zur Mindener Geschichte (798-1648), hrsg. von Hans Nordsiek, Minden 1998, S. 205-248 (entspricht dem Beitrag in: Mitteilungen des Mindener Geschichtsvereins, Jahrgang 69 (1997), S. 205-248).

Lockert, Martin C.: Die niedersächsischen Stadtrechte zwischen Aller und Weser. Vorkommen und Verflechtungen. Eine Bestandsaufnahme, Frankfurt a.M. 1979.

Lövinson, Hermann: Beiträge zur Verfassungsgeschichte der westfälischen Reichsstiftstädte, Paderborn 1889.

Lokers, Jan: Die Hanse – Von der Kaufmannslust zum Städtebund, in: Die Macht der Städte. Von der Antike bis zur Gegenwart, hrsg. von Michael Gehler, Hildesheim 2011, S. 79-100.

Lück, Heiner: Der Sachsenspiegel. Das berühmteste deutsche Rechtsbuch des Mittelalters, Darmstadt 2017.

Luntowski, Gustav: Kleine Geschichte des Rates der Stadt Dortmund, Dortmund 1970.

Luntowski, Gustav: Zur Geschichte des Stadtarchivs Dortmund, in: Beiträge zur Geschichte Dortmunds und der Grafschaft Mark, Band 67 (1971), S. 53-72.

Maetschke, Matthias: Die Peinliche Gerichtsordnung Kaiser Karls V. von 1532, in: Examinatorium Rechtsgeschichte, hrsg. von Matthias Schmoeckel und Stefan Stolte, Köln 2008, S. 31-33.

Malouin, Paul Jacques: Ausführliche Beschreibung der Müller, Nudelmacher- und Beckerkunst, übersetzt von Daniel Gottfried Schreber, Leipzig 1769.

Marowsky: Die heilige Feme in Minden-Ravensberg, in: Mindener Heimatblätter, Jahrgang 6 (1928), Nr. 20, S. 3.

Meeder, Markus: Dortmund im Mittelalter. 55 Highlights aus der Stadtgeschichte. Eine reich illustrierte Zeitreise in die spannende Vergangenheit der einstigen Reichs- und Hansestadt, Erfurt 2022.

Meibom, Heinrich: Saxoniae inferioris imprimis historiam introductio, Helmestad 1687.

Meiern, Johann Gottfried von (Hrsg.): Acta Pacis Westphalicae Publica. Oder Westphälische Friedens-Handlungen und Geschichte. Teil 2. 1645-1646, Hannover 1734.

Meinhardt, Volkmar Ulrich: Die Festung Minden: Gestalt, Struktur und Geschichte einer Stadtfestung; Minden 1958.

Meininghaus, August: Die Feme – Appellationsverhandlung am Dortmunder Freistuhl auf dem Königshofe im Jahre 1434, in: Beiträge zur Geschichte Dortmunds und der Grafschaft Mark, Band 39 (1931), S. 93-132.

Mersiowsky, Mark: Städtisches Urkundenwesen und Schriftgut in Westfalen vor 1500, in: Prevenier / Hemptinne (Hrsg.): La diplomatique urbaine en Europe, 2000, S. 321-356, abrufbar unter: http://elec.enc.sorbonne.fr/cid/cid1998/art_18.

Mertens, Bernd: Die Erbfolgegesetzgebung der Reichstage – zum Rechtsquellenverständnis in der frühen Neuzeit, in: ZRG, GA, Band 133 (2016), S. 147-190.

Mertens, Bernd: Gesetzgeber und Verfasser der Carolina, in: ZRG, GA, Band 138 (2021), S. 120-154.

Meyer, Birgit: Die Wichgrafenvillikation als Begründung des Wichgrafenamtes in Minden, in: Mitteilungen des Mindener Geschichtsvereins, Jahrgang 54 (1982), S. 53-69.

Mihm, Arend: Funktion der Schriftlichkeit in der städtischen Gesetzgebung des Mittelalters, in: Zeitschrift für germanistische Linguistik, Band 27 (1999), S. 13-37.

Mihm, Arend: Das Kölner Stadtrecht von 1437: Zwischen Mündlichkeit und modernem Schriftrecht, in: Stadtrechte und Stadtrechtsreformationen, hrsg. von Andreas Deutsch, Heidelberg 2021, S. 209-251.

Mitteis, Heinrich / Lieberich, Heinz: Deutsches Privatrecht, 9. Auflage, München 1981.

Modéer, Kjell Å.: Gerichtsbarkeiten der schwedischen Krone im deutschen Reichsterritorium. I. Voraussetzugnen und Aufbau 1630-1657, Stockholm 1975.

Mönnich, Ulrike: Frauenschutz vor riskanten Geschäften. Interzessionsverbote nach dem Velleianischen Senatsbeschluss, Köln 1999.

Mohnhaupt, Heinz: Formen und Konkurrenzen juristischer Normativitäten im „Ius Commune" und in der Differentienliteratur (17./18. Jh.)", in: Rechtsgeschichte – Legal History, Band 25 (2017), S. 115-126.

Mommsen, Theodor: Römisches Strafrecht, Darmstadt 1991, Reprint der Ausgabe Leipzig 1899.

Müller, Gunter: Der Name der Stadt Minden, in: Zwischen Dom und Rathaus, hrsg. von Hans Nordsiek, Minden 1977, S. 17-20.

Müller, Gunter / Niebaum, Hermann: Sprachliche Gliederungen und Schichtungen Westfalens, in: Der Raum Westfalen. Fortschritte der Forschung und Schlussbilanz. Einleitung in den Schlußband VI. Erster Teil, hrsg. von Franz Petri und Alfred Hartlieb von Wallthor, Münster 1989, S. 1-92.

Müller, Josef: Rheinisches Wörterbuch, Erster Band, Bonn 1928.

Nassall, Wendt: Das Freiburger Stadtrecht des Ulrich Zasius von 1520 und seine praktische Anwendung, in: Stadtrechte und Stadtrechtsreformationen, hrsg. von Andreas Deutsch, Heidelberg 2021, S. 399-422.

Nassall, Wendt: Das Freiburger Stadtrecht von 1520. Durchsetzung und Bewährung. Dargestellt anhand der Rechtsprechung des Freiburger Stadtgerichts im 16. Jahrhundert zu den ersten beiden Tractaten, Berlin 1989.

Nellner, Werner: Die natürlichen Grundlagen der Besiedlung des Mindener Landes. Mindener Beiträge zur Geschichte, Landes- und Volkskunde des ehemaligen Fürstentums Minden. Mindener Jahrbuch. Neue Folge. Heft 1, Minden 1953.

Nörr, Dieter: Zur Formel der actio legis Aquiliae, in: Festschrift für Rolf Knütel zum 70. Geburtstag, hrsg. von Holger Altmeppen u.a., Heidelberg 2009, S. 833-848.

Nörr, Knut Wolfgang: Romanisch-kanonisches Prozessrecht. Erkenntnisverfahren erster Instanz 'in civilibus', Berlin 2012.

Nordsiek, Hans: Geschichte des Stadtarchivs und des Kommunalarchivs Minden, in: Kommunalarchiv Minden. Archiv der Stadt Minden und des Kreises

Minden-Lübbecke. Geschichte, Bestände, Sammlungen, hrsg. von Hans Nordsiek, Minden 1993, S. 11-181; zitiert als: Nordsiek, Geschichte des Archivs.

Nordsiek, Hans: Minden, in: Nordrhein-Westfalen. Handbuch der Historischen Stätten Deutschlands, hrsg. von Manfred Groten u.a., 3. Aufl., Stuttgart 2006.

Nordsiek, Hans: Luther, Minden und die Folgen, in: Mitteilungen des Mindener Geschichtsvereins, Jahrgang 88 (2016), S. 55-76.

Nordsiek, Hans: Minden an der Weser. Stadtentwicklung, Stadtautonomie und Stadtherrschaft von den Anfängen bis 1806, in: Mitteilungen des Mindener Geschichtsvereins, Jahrgang 89 (2017).

Nordsiek, Hans (Hrsg.): Minden und seine historische Identität, Minden 2000, S. 34-53.

Nordsiek, Hans: Reichsacht und Kaiserprivileg. Minden und die deutschen Herrscher. 977 bis 1648. Veröffentlichungen des Kommunalarchivs. Band III, Minden 1998.

Nordsiek, Hans: Die schwedische Herrschaft in Stadt und Stift Minden (1634-1650), in: Mitteilungen des Mindener Geschichtsvereins, Jahrgang 56 (1984).

Nordsiek, Hans: Vom Fürstbistum zum Fürstentum Minden. Verfassungsrechtliche, politische und konfessionelle Veränderungen von 1550-1650, in: Westfälische Zeitschrift, Band 140 (1990), S. 251-274.

Nordsiek, Hans: Zur Einführung: Die historische Dimension und die Identität der Stadt, in: Minden und seine historische Identität, hrsg. von Hans Nordsiek, Minden 2000, S. 6-10.

Nordsiek, Marianne: Brühl und Fischerstadt. Untersuchungen zur mittelalterlichen Siedlungsgeschichte der Stadt Minden, in: Vom Heerlager zur Hansestadt. Untersuchungen zur Mindener Geschichte 798-1648, hrsg. von Hans Nordsiek, Minden 1998, S. 149-184.

Nordsiek, Marianne: Minda oder „min unde din". Die Gründungslegende Mindens im historischen Kontext, in: Mitteilungen des Mindener Geschichtsvereins, Jahrgang 68 (1996), S. 7-30.

Oestmann, §§ 535-580a. Mietvertrag, in: Historisch-kritischer Kommentar zum BGB, Band 3, Schuldrecht: Besonderer Teil, §§ 433-853, 1. Teilband: vor §§ 433-656.

Oestmann, Peter: Die Frührezeption des gelehrten Rechts, in: Islamische und westliche Jurisprudenz des Mittelalters im Vergleich, hrsg. von Christian Lange u.a., Tübingen 2018, S. 123-145.

Oestmann, Peter: Geistliche und weltliche Gerichte im Alten Reich. Zuständigkeitsstreitigkeiten und Instanzenzüge, Köln 2012.

Oestmann, Peter: Lübecker Rechtspraxis um 1700: Der Streit um die Entführung der Catharina Lefever, in: Zeitschrift des Vereins für Lübeckische Geschichte und Altertumskunde, Band 80 (2000), S. 259-293.

Oestmann, Peter: Lübisches und sächsisch-magdeburgisches Recht in der Rechtspraxis des spätmittelalterlichen Reiches, in: Grundlagen für ein neues Europa. Das Magdeburger und Lübecker Recht in Spätmittelalter und Früher Neuzeit, hrsg. von Heiner Lück u.a., Köln 2009, S. 183-222.

Oestmann, Peter: Normengeschichte, Wissenschaftsgeschichte und Praxisgeschichte. Drei Blickwinkel auf das Recht der Vergangenheit. Max Planck Institute for European Legal History. Research Paper Series No. 2014-06, abrufbar unter: http://ssrn.com/abstract=2526811.

Oestmann, Peter: Rechtsvielfalt vor Gericht. Rechtsanwendung und Partikularrecht im Alten Reich, Frankfurt 2002.

Oestmann, Peter: Rezension zu „Lebkücher, Florian: Die Grafschaft Tecklenburg und die Justizreform von 1613, Münster 2019“, in: ZRG, GA, Band 137 (2020), S. 614 f.

Oestmann, Peter: Symbolik und Formalismus im ungelehrten mittelalterlichen Gerichtsverfahren, in: Alles nur symbolisch? Bilanz und Perspektiven der Erforschung symbolischer Kommunikation, hrsg. von Barbara Stollberg-Rilinger u.a., Köln 2013, S. 95-108.

Oestmann, Peter: Wege zur Rechtsgeschichte: Gerichtsbarkeit und Verfahren, Köln 2015.

Opitz, Johann Carl: Incunabula atque incrementa typographiae Seac. XV. In usum studiosae inventutis breviter delineat typographos Mindenses strictim recenset, Minden 1740.

Opll, Ferdinand: Das Werden der mittelalterliche Stadt, in: Historische Zeitschrift, Band 280 Heft 3 (Juni 2005), S. 561-589.

Oppitz, Ulrich-Dieter: Deutsche Rechtsbücher des Mittelalters. Band I. Beschreibung der Rechtsbücher, Köln 1990, zzgl. Oppitz, Ulrich-Dieter: Ergänzungen zu „Deutsche Rechtsbücher des Mittelalters und ihre Handschriften“, in: ZRG, GA, Band 113 (1996), S. 345-361, Band 114 (1997), S. 444-453, Band 117 (2000), S. 640-651, Band 131 (2014), S. 400-417, Band 132 (2015), S. 463-478, Band 133 (2016), S. 484-487 und Band 136 (2019), S. 338-367, Band 139 (2022), S. 253-263.

Ortmann, Bernhard: Vororte Westfalens seit germanischer Zeit. Paderborn, Warburg, Minden, Dortmund, Münster, Soest. Studien zur Geschichte der „gewordenen“ Stadt, Paderborn 1949.

Pahl, Horst Henning: Obrigkeit und Ordnungspolitik in der Stadt Minden zwischen 1550 und 1650, Magisterarbeit Bielefeld 1999.

Pennitz, Martin: Zu Ursprung und Zweck der sog. laesio enormis, in: ZRG, RA, Band 138 (2021), S. 379-445.

Peters, Robert / Fischer, Christian / Nagel, Norbert: Atlas spätmittelalterlicher Schreibsprachen des niederdeutschen Altlandes und angrenzender Gebiete (ASnA). Band I-III, Berlin 2017.

Petter, Andreas: Schriftorganisation, Kulturtransfer und Überformung – drei Gesichtspunkte zur Entstehung, Funktion und Struktur städtischer Amtsbuchüberlieferung aus dem Mittelalter, in: Verwaltung und Schriftlichkeit in den Hansestädten, hrsg. von Jürgen Sarnowsky, Trier 2006, S. 17-63.

Philippi, Friedrich: Zur Verfassungsgeschichte der Westfälischen Bischofsstädte, Osnabrück 1894.

Piepenbring-Thomas, Carola: Recht in der Stadt Hannover. Dokumentierte Normdurchsetzung. Das Brücheregister des Stadtschreibers Joh. Halßbandt (1552-1566), Hannover 2010.

Pilch, Martin: Der Rahmen der Rechtsgewohnheiten. Kritik des Normensystemdenkens entwickelt am Rechtsbegriff der mittelalterlichen Rechtsgeschichte, Wien 2009.

Pilkmann-Pohl, Reinhard: Mittelniederdeutsch in Minden. Zur Schreibsprache Mindens im 14. und 15. Jahrhundert, in: Mitteilungen des Mindener Geschichtsvereins, Jahrgang 70 (1998), S. 107-146.

Pilkmann-Pohl, Reinhard: „was nicht ghebore(n) en is dat kann nicht weder leue(n)dich werde(n)". Zur Anwendung des Sachsenspiegels in einem Mindener Rechtsstreit des 15. Jahrhunderts, in: Niederdeutsches Wort, Band 37 (1997), S. 55-64.

Pischke, Gudrun: Die Entstehung der niedersächsischen Städte: Stadtrechtsfiliationen in Niedersachsen, Hildesheim 1984.

Planitz, Hans: Die Deutsche Stadt im Mittelalter, 5. Auflage, Wiesbaden 1996.

Plessow, Oliver: Die Stadt im Mittelalter, Stuttgart 2013.

Polley, Rainer: Die Bedeutung der Land- und Polizeiordnung von 1615 des Fürsten Ernst zu Holstein-Schaumburg im Rahmen der deutschen Verfassungs- und Rechtsgeschichte, im Besonderen des Strafrechts, mit Nachbetrachtungen zu ihrer Geltungsdauer, in: 1615 - Recht und Ordnung in Schaumburg, hrsg. von Stefan Brüdermann, Bielefeld 2018, S. 118-151.

Pötschke, Dieter: Zum Wechsel von Stadtrechten am Vorabend der Rezeption - am Beispiel Halberstadt-Goslar, Stadtrechte und Stadtrechtsreformationen, hrsg. von Andreas Deutsch, Heidelberg 2021, S. 277-289.

Preuße, Christian: „Von verschiedenen bösen Discursen". Ehre, Unzucht und Ehebruch im frühneuzeitlichen Minden, in: Mitteilungen des Mindener Geschichtsvereins, Jahrgang 81 (2009), S. 31-55.

Rabe, Dorothee-Margarete: Die Lüneburger Stadtrechtsreformation 1577-1583, Freiburg 1956.

Ranieri, Filippo (Hrsg.): Biographisches Repertorium der Juristen im Alten Reich. 16.-18. Jahrhundert. Band A, Frankfurt am Main 1989.

Ranieri, Filippo (Hrsg.): Biographisches Repertorium der Juristen im Alten Reich. 16.-18. Jahrhundert. Band C, Frankfurt am Main 1991.

Reallexikon der Germanischen Altertumskunde (RGA). Band 1-35, hrsg. von Heinrich Beck u.a., 2. Aufl., Berlin 1968-2007.

Rehm, Gebhard: Rezeption, in: Handwörterbuch des Europäischen Privatrechts (https.//hwb-eup2009.mpipriv.de, abgerufen am 14.09.2021).

Rehme, Paul: Rezension zu „Das Mindener Stadtbuch von 1318, bearbeitet von Dr. Martin Krieg“, in ZRG, GA, Band 52 (1932), S. 418-421.

Reichard, Hans: Die deutschen Stadtrechte des Mittelalters in ihrer geographischen, politischen und wirtschaftlichen Begründung. Umrisse einer geojuristischen Stadtrechtsgeschichte, Berlin 1930.

Reininghaus, Wilfried: Territorialarchive von Minden, Ravensberg, Tecklenburg, Lingen und Herford. Das Staatsarchiv Münster und seine Bestände. Münster 2000.

Reinhardt, Uwe: Stadtrechtsfamilien in Niedersachsen, in: Neues Archiv für Niedersachsen, Band 11 (1963), Heft 3, S. 209-219 und Heft 4, S. 304-315.

Rogge, Jörg: Miteinander und Gegeneinander. Die Städte Rinteln, Hameln, Minden und ihre Landesherren von der Reformation bis zum Dreißigjährigen Krieg, in: Der Weserraum zwischen 1500 und 1650: Gesellschaft, Wirtschaft und Kultur in der Frühen Neuzeit, hrsg. von Petra Krutisch und G. Ulrich Großmann, Marburg 1992, S. 15-40.

Rohlfing, Gerd: Krämer, Kaufleute, Konzerne. Handel in Minden, Hamburg 2017.

Rüfner, Thomas: Customary Mechanisms of Family Protection. Late Medieval and Early-Modern Law, in: Comparative Succession Law, Volume III, Mandatory Family Protection, hrsg. von Kenneth G. C. Reid u.a., Oxford 2020, S. 39-77.

Rüfner, Thomas: Intestate Succession in Roman Law, in: Comparative Succession Law, Volume II, Intestate Succession, hrsg. von Kenneth G. C. Reid u.a., Oxford 2015, S. 1-32.

Rüfner, Thomas: Money in the Roman Law Texts, in: Money in the Western legal tradition: Middle Ages to Bretton, hrsg. von David Fox und Wolfgang Ernst, Oxford 2016, S. 93-109.

Rüfner, Thomas: Römische und deutsche Rechtsquellen im Usus modernus. Samuel Stryk über die Regel „Der Ältere teilt, der Jüngere wählt“ abrufbar unter: https://www.uni-trier.de/fileadmin/fb5/prof/ZIV008/PNG08/PNG-Skript-4.pdf (Stand: 15.11.2023).

Rüfner, Thomas: The Roman Concept of Ownership and the Medieval Doctrine of Dominium Utile, in: The Creation oft he Ius Commune. From Casus to Regula, hrsg. von John W. Cairns und Paul J. du Plessis, Edinburgh 2010, S. 127-142.

Rüfner, Thomas: Substance of medieval Roman Law. The Developement of Private Law, in: The Oxford Handbook of European Legal History, hrsg. von Heikki Pihlajamäki u.a., Oxford 2018, S.309-331.

Rüfner, Thomas: Testamentary Formalities in Roman Law, in: Comparative Succession Law, Volume I, hrsg. von Kenneth G. C. Reid u.a., Oxford 2011, S. 1-26.

Rüfner, Thomas: Tipping the Scales of Justice: Roman Law as a Resource in Medieval Legal Discourse, in: Strategies, Dispositions and Resources of Social Resilience. A Dialogue between Medieval Studies and Sociology, hrsg. von Martin Endreß u.a., Wiesbaden 2020, S. 219-229.

Rüfner, Thomas: Traditio und Kaufpreiszahlung in Ius Commune und Common Law, in: Kaufen nach römischem Recht. Antikes Erbe in den europäischen Kaufrechtsordnungen, hrsg. von Eva Jakab und Wolfgang Ernst, Berlin 2008, S. 233-252.

Rügge, Nicolas: Hexenverfolgung in personalen Strukturen. Vergleichende und überregionale Perspektiven auf die Grafschaft Schaumburg im 17. Jahrhundert, in: 1615 - Recht und Ordnung in Schaumburg, hrsg. von Stefan Brüdermann, Bielefeld 2018, S. 189-209.

Sarnowsky, Jürgen: Mittelalterliche Stadtbücher in Preußen, in: Hansische Geschichtsblätter 137 (2019), S. 43-63.

Schäfer, Frank L.: „Alles das man thun und lassen soll“: Die Freiburger Stadtrechtsreformation des Ulrich Zasius von 1520, in: Momente. Staatsanzeiger für Baden-Württemberg, Jahrgang 2020, S. 2-5.

Schartl, Reinhard: Rezension zu „Köbler, Ulrike: Werden, Wandel und Wesen des deutschen Privatrechtswortschatzes, Frankfurt am Main 2010.“, in: ZRG, GA, Band 130 (2013), S. 583-586.

Scheele, Friedrich: Di sal man alle radebrechen: todeswürdige Delikte und ihre Bestrafung in Text und Bild der Codices picturati des Sachsenspiegels, Band 1: Textband, Oldenburg 1992.

Schiller, Karl Christian / Lübben, August: Mittelniederdeutsches Wörterbuch. Band I-VI. Neudruck der Ausgaben Bremen 1875-1881, Wiesbaden 1969.

Schilp, Thomas (Hrsg.): Stadtführer Dortmund im Mittelalter, Bielefeld 2006.

Schlinker, Steffen / Ludyga, Hannes / Bergmann, Andreas: Privatrechtsgeschichte. Ein Studienbuch, München 2019.

Schlosser, Hans: Die deutschrechtliche Exegese, in: Die rechtsgeschichtliche Exegese, hrsg. von Schlosser / Sturm / Weber, 2. Auflage, München 1993, S. 75-90.

Schlosser, Hans: Neuere Europäische Rechtsgeschichte, 2. Auflage, München 2017.

Schmeken, Ewald: Die sächsische Gogerichtsbarkeit im Raum zwischen Rhein und Weser, Münster 1961.

Schmidt, Eberhard: Einführung in die Geschichte der deutschen Strafrechtspflege, 3. Aufl., Göttingen 1965.

Schmidt-Wiegand, Ruth: Deutsche Rechtsregeln und Rechtssprichwörter. Ein Lexikon, München 2002.

Schmidt-Wiegand, Ruth: Deutsche Sprachgeschichte und Rechtsgeschichte bis zum Ende des Mittelalters, in: Handbücher zur Sprach- und Kommunikationswissenschaft, hrsg. von Hugo Steger und Herbert Ernst Wiegand, Band 2.1, 2. Auflage, Berlin 1998, S. 87-98.

Schmidt-Wiegand, Ruth: Deutsche Sprachgeschichte und Rechtsgeschichte seit dem Ausgang des Mittelalters, in: Handbücher zur Sprach- und Kommunikationswissenschaft, hrsg. von Hugo Steger und Herbert Ernst Wiegand, Band 2.1, 2. Auflage, Berlin 1998, S. 72-87.

Schmidt-Wiegand, Ruth: Das geschriebene Recht in der mittelalterlichen Stadt, in: Bremisches Jahrbuch, Band 83 (2004), S. 18-32.

Schmidt-Wiegand, Ruth: Sprache, Recht, Rechtssprache bei Franken und Alemannen vom 6. bis zum 8. Jahrhundert, in: Leges – Gentes – Regna. Zur Rolle von germanischen Rechtsgewohnheiten und lateinischer Schrifttradition bei der Ausbildung der frühmittelalterlichen Rechtskultur, hrsg. von Gerhard Dilcher und Eva-Marie Distler, Berlin 2006, S. 141-158.

Schmitt, Michael (Bearb.): Westfalia Picta. Band VII. Minden-Ravensberg, Münster 2002.

Schmitz, Michaela: Die Fristberechnung nach römischem Recht. Zugleich ein Beitrag zu den Grundlagen der §§ 187-193 BGB, Hamburg 2002.

Schmoeckel, Mathias: Auf der Suche nach der verlorenen Ordnung. 2000 Jahre Recht in Europa. Ein Überblick, Köln 2005.

Schmoeckel, Mathias: Rezension zu „Ignor, Alexander: Geschichte des Strafprozesses in Deutschland 1532-1846. Von der Carolina Karls V. bis zu den Reformen des Vormärz, Paderborn 2002.“, in: ZRG, GA, Band 120/1 (2003), S. 713-715.

Schnack, Frederieke Maria: Handlungsspielräume geistlicher Herrschaft im Mittelalter. Das Beispiel der Bischöfe von Minden, in: Mitteilungen der Residenzen-Kommission der Akademie der Wissenschaften zu Göttingen. Neue Folge. Stadt und Hof, Jahrgang 5 (2016), S. 41-48.

Schnack, Frederieke Maria: 40 Jahre Übergang. Das Bistum Minden im Investiturstreit, in: Revue Belge de Philologie et d'Histoire, Band 97 (2019), S. 339-358.

Schnack, Frederieke Maria: Zwischen geistlichen Aufgaben und weltlichen Herausforderungen. Die Handlungsspielräume der Mindener Bischöfe von 1250 bis 1500, Ostfildern 2022.

Schöne, Thomas: Das Soester Stadtrecht vom 12. bis zur Mitte des 15. Jahrhunderts. Zugleich ein Beitrag zur Entwicklung deutsche Stadtrechte im hohen und späten Mittelalter, Paderborn 1998.

Schoppmeyer, Heinrich: Die Ausformung der Landstände im Fürstbistum Minden, in: Mitteilungen des Mindener Geschichtsvereins, Jahrgang 65 (1993), S. 7-47.

Schoppmeyer, Heinrich: Untersuchungen zur hansischen Geschichte Mindens, in: Mitteilungen des Mindener Geschichtsvereins, Jahrgang 69 (1997), S. 57-83.

Schrage, Eltjo J. H.: Zur mittelalterlichen Geschichte des Grundsatzes „Kauf bricht nicht Miete", in: Das Römische Recht im Mittelalter, hrsg. von Eltjo J. H. Schrage, Darmstadt 1987, S. 281-297.

Schröder, August: Westfälische Bürgerrechtsquellen. Bedeutung und Nachweis veröffentlichter und unveröffentlichter Bürgeraufnahmeverzeichnisse, in: Beiträge zur westfälischen Familienforschung, Band 17 (1959), S. 1-56.

Schroeder, Johann Karl von: 700 Jahre Mindener Bürgermeister, in: Mindener Heimatblätter, Jahrgang 35 (1963), S. 19-25.

Schroeder, Johann Karl von: Mindener Buchgewerbe, in: Mitteilungen des Mindener Geschichtsvereins, Jahrgang 38 (1966), S. 3-80.

Schroeder, Klaus-Peter: „Und solche alle Ordnung in einem Büchlein zusamen gesetzt": Die Wimpfener Stadtrechtsreformation des Jahres 1544, in: Stadtrechte und Stadtrechtsreformationen, hrsg. von Andreas Deutsch, Heidelberg 2021, S. 423-442.

Schröder, Sebastian: Tod im Taubenturm. Ein Streit um die Ausübung adliger Straf- und Gerichtsgewalt im frühneuzeitlichen Fürstentum Minden, in: Die Kleinen unter den Großen. Ministerialität und Niederadel in spätem Mittelalter und früher Neuzeit, hrsg. von Katrin Jaspers und Stefan Pätzold, Münster 2022, S. 315-357.

Schroeder, Wilhelm: Die älteste Verfassung der Stadt Minden, in: Jahresbericht des Königlichen Evangelischen Gymnasiums und Realgymnasiums zu Minden, Minden 1890, S. 3-33.

Schroeder, Wilhelm: Chronik des Bistums und der Stadt Minden, Minden 1886.

Schütte, Leopold: Wörter und Sachen aus Westfalen. 800 bis 1800, 2. Aufl., Duisburg 2014.

Schulte, Monika Maria: Macht auf Zeit. Ratsherrschaft im mittelalterlichen Minden. Beiträge und Quellen zur Stadtgeschichte Niederdeutschlands. Band IV, Warendorf 1997.

Schulte, Monika Maria: Mindener Urkundenüberlieferung, in: Bau- und Kunstdenkmäler von Westfalen. Band 50. Teil 1. Stadt Minden. Einführungen und Darstellung der prägenden Strukturen. Teilband 1, bearb. von Fred Kaspar und Ulf-Dietrich Korn, Essen 2003, S. 14-45.

Schulte, Monika Maria: Sterben ohne Erben. Das Testament der Mindener Bürgermeisterswitwe Margarethe van Lethelen (1527), in: Jahrbuch für Westfälische Kirchengeschichte, Band 99 (2004), S. 33-68.

Schultze von Lasaulx, Hermann-Arnold: Die Krise des Gemeinen Sachsenrechts, in: Festschrift für Justus Wilhelm Hedemann zum 60. Geburtstag, hrsg. von Roland Freisler u.a., Jena 1938, S. 51 ff.

Schwerdtfeger-Klaus, Alexander u.a.: Digitale Erschließung von Stadtbüchern – der `Index Librorum Civitatum`, in: Digitale Mediävisitik. Das Mittelalter. Band 24/1, Berlin 2019, S. 241-243.

Scriverius, Dieter: Die Entmachtung des Mindener Wichgrafen, in: Zwischen Dom und Rathaus, hrsg. von Hans Nordsiek, Minden 1977, S. 157-167.

Scriverius, Dieter: Die weltliche Regierung des Mindener Stiftes von 1140-1397, Band I, Hamburg 1968.

Seelbach, Ulrich: Katalog der deutschsprachigen Handschriften der Universitätsbibliothek Gießen, Stand: 30.08.2007, abrufbar unter: http://geb.uni-giessen.de/geb/volltexte/2007/4997 (Stand: 15.11.2023).

Seif, Ulrike: Römisch-kanonisches Erbrecht in den mittelalterlichen deutschen Rechtsaufzeichnungen, in: ZRG, GA, Band 122 (2005), S. 87-112.

Seinecke, Ralf: Rechtspluralismus in der Rechtsgeschichte, in: Rechtsgeschichte – Legal History, Band 25 (2017), S. 215-228.

Sellert, Wolfgang: Zur Rezeption des roemischen und kanonischen Rechts in Deutschland von den Anfaengen bis zum Beginn der fruehen Neuzeit: Ueberblick, Diskussionsstand und Ergebnisse, in: Abhandlungen –Akademie der Wissenschaften in Göttingen, Philologische Klasse, 228 (1998), S. 115-166.

Sollbach, Gerhard E.: Gerichtsorganisation und Rechtspflege in Grafschaft und Stadt Dortmund während der Mittelalters und der Frühneuzeit, in: Beiträge zur Geschichte Dortmunds und der Grafschaft Mark, Band 70 (1976), S. 203-297.

Spannhoff, Christof: Minden, in: Die deutschen Königspfalzen. Band 6, Teilband 3: Westfalen, hrsg. von Manfred Balzer u.a., Göttingen 2022, S. 256-287.

Speer, Christian: Der Index Librorum Civitatum als Instrument der historischen Grundlagenforschung, in: Amtsbücher als Quellen der landesgeschichtlichen Forschung, hrsg. von Wilfried Reininghaus und Marcus Stumpf, Münster 2012, S. 107-124.

Stange, Ewald: Geld- und Münzgeschichte des Bistums Minden, Münster 1913.

Steffen, Otto: Straftaten und ihre Ahndung in der niederen Gerichtsbarkeit des Fürstbistums Minden um 1600, in: An Weser und Wiehen. Beiträge zur Geschichte und Kultur einer Landschaft. Festschrift für Wilhelm Brepohl, Minden 1983, S. 261-268.

Stobbe, Otto: Geschichte der deutschen Rechtsquellen, Braunschweig 1860.

Stobbe, Otto: Handbuch des deutschen Privatrechts. Dritter Band, Zweite Auflage, Berlin 1885.

Stobbe, Otto: Handbuch des deutschen Privatrechts. Fünfter Band, Zweite Auflage, Berlin 1885.

Stockmeier, Mechthild: Die Bürgersprache der Stadt Bielefeld in der Zeit von 1578-1747. Eine rechtsgeschichtliche Abhandlung über ihre Inhalte und Bedeutungen sowie ein Vergleich mit dem Stadtrecht von 1214, Hamburg 2022.

Stolleis, Michael (Hrsg.): Recht, Verfassung und Verwaltung in der frühneuzeitlichen Stadt, Köln 1991, S. VII-XIV.

Stolleis, Michael: Reformation und Verrechtlichung am Beispiel der Reichspublizistik, in: Strohm, Christoph (Hrsg.): Reformation und Recht, Tübingen 2017, S. 53-72.

Stoob, Heinz / Ehbrecht, Wilfried / Schröder, Brigitte (Hrsg.): Bibliographie zur deutschen historischen Städteforschung, Teil 2, Köln 1996, S. 120-124.

Stowasser, J.M. / Petschenig, M. / Skutsch, F. (Bearb.): Stowasser. Lateinisch – deutsches Schulwörterbuch, München 1994.

Strauss, Gerald: Law, resistance and the state, Princeton 1986.

Ströhmer, Michael: Jurisdiktionsökonomie - Oder: Was kostet die Ordnung des Rechts im frühneuzeitlichen Staat?, in: 1615 - Recht und Ordnung in Schaumburg, hrsg. von Stefan Brüdermann, Bielefeld 2018, S. 152-188.

Strohm, Christoph: Die produktive Kraft konfessioneller Konkurrenz für die Rechtsentwicklung, in: Strohm, Christoph (Hrsg.): Reformation und Recht, Tübingen 2017, S. 131-171.

Stryk, Samuel: Specimen usus moderni pandectarum, Halle 1717.

Süß, Thorsten: Partikularer Zivilprozess und territoriale Gerichtsverfassung. Das weltliche Hofgericht in Paderborn und seine Ordnungen 1587-1720, Köln 2017.

Swart, Tina: Westfalens Fehmgericht im 15. Jahrhundert, in: Mindener Heimatblätter, Jahrgang 9 (1931), Nr. 6.

Theisen, Frank: Die Bedeutung des SC Velleianum in der Rechtspraxis des Mittelalters, in: ZRG, RA, Band 122 (2005), S. 103-137.

Thielert, Frauke: Paarformeln in mittelalterlichen Rechtstexten, Frankfurt a.M. 2016.

Ulbricht, Johannes: Die Rezeption der laesio enormis in den Stadt- und Landrechten: Vertragsgerechtigkeit im Spätmittelalter und in der Frühen Neuzeit, Köln 2022.

Vogtherr, Thomas: Die Stadt und ihr Recht – Stadtrecht in Nordwestdeutschland, in: Die Macht der Städte. Von der Antike bis zur Gegenwart, hrsg. von Michael Gehler, Hildesheim 2011, S. 125-143.

Wacke, Andreas: Das Verbot der Dalehnsgewährung an Hauskinder und die Gebote wirtschaftlicher Vernunft, in: ZRG, RA, Band 112 (1995), S. 239-329.

Wagner, Stephan: Interzession naher Angehöriger. Eine Untersuchung in historischer und vergleichender Perspektive, Tübingen 2018.

Wähler, Bernd: Der Fischerstadt Gerechtigkeit Buch: Untersuchungen zu einer frühneuzeitlichen Quelle der Fischerstadt Minden. Hausarbeit Staatsprüfung Lehramt, Minden 1997.

Wallinga, Tammo: Actio legis Aquiliae – Buße oder Schadensersatz?, in: Festschrift für Rolf Knütel zum 70. Geburtstag, hrsg. von Holger Altmeppen u.a., Heidelberg 2009, S. 1385-1399.

Wallmeier, Nadine: Sprachliche Muster in der mittelniederdeutschen Rechtssprache. Zum Sachsenspiegel und zu Stadtrechtsaufzeichnungen des 13. bis 16. Jahrhunderts. Niederdeutsche Studien. Band 55, Köln 2013.

Weber, Max: Wirtschaft und Gesellschaft. Grundriß der verstehenden Soziologie, 5. Aufl., Tübingen 1980.

Weitzel, Jürgen: Über Oberhöfe, Recht und Rechtszug. Eine Skizze, Göttingen 1981.

Wend, Hagen: Die Anwendung des Trierer Landrechts von 1668/1713 im rechtsrheinischen Teil des Kurstaates und in benachbarten Gebieten. Zugleich eine

Studie zum Verhältnis zwischen Gesetzesrecht und der Rechtswirklichkeit im ausgehenden 17. und im 18. Jh., Frankfurt am Main 1973.

Wesener, Gunter: Pflichtteilsrecht und Unterhaltsanspruch des überlebenden Ehegatten in historischer Sicht, in: Reformen des Rechts. Festschrift zur 200-Jahr-Feier der Rechtswissenschaftlichen Fakultät der Universität Graz, Graz 1979, S. 95-120.

Westfälisches Wörterbuch, herausgegeben von der Kommission für Mundart- und Namensforschung des Landschaftsverbandes Westfalen-Lippe, bearbeitet von Robert Damme, Hermann Niebaum, Hans Taubken, Paul Teepe und Felix Wortmann, Band I-V, Neumünster 2015-2021.

Westphal, Siegrid: Frieden durch Policey. Die Reichspoliceyordnungen als Vorbild für die territoriale Friedenssicherung, in: 1615 - Recht und Ordnung in Schaumburg, hrsg. von Stefan Brüdermann, Bielefeld 2018, S. 152-188.

Wieacker, Franz: Privatrechtsgeschichte der Neuzeit unter besonderer Berücksichtigung der deutschen Entwicklung, 2. Auflage, Göttingen 1967.

Wiegand, Wolfgang: Studien zur Rechtsanwendungslehre der Rezeptionszeit, Ebelsbach 1977.

Wigand, Paul: Die Provinzialrechte des Fürstenthums Minden, […], Erster Band, Leipzig 1834.

Wigand, Paul: Die Provinzialrechte des Fürstenthums Minden, […], Zweiter Band, Leipzig 1834.

Wi(e)gand, Paul: Ueber die Gemeinschaft der Güter unter Eheleuten im Fürstenthum Minden und der Grafschaft Ravensberg, Berlin 1832.

Wilbertz, Gisela: Auf der Suche nach dem Detmolder Galgen. Ein Beitrag zum Verhältnis von Richtstätte und Abdeckereiplatz, in: Richtstättenarchäologie. Band 1, hrsg. von Jost Auler, Dormagen 2008, S. 46-68.

Wilbertz, Gisela: „… ein ehrlich Mann und Meister…“. Scharfrichter in Minden in der Vormoderne, in: Mitteilungen des Mindener Geschichtsvereins, Jahrgang 86 (2014), S. 7-116.

Willems, Constantin: Zwischen Infektionsschutz und Schutz des Erblasserwillens: Das sogenannte testamentum tempore pestis conditum in C. 6,23,8 (290), in: ZRG, RA, Band 138 (2021), S. 616-634.

Winterfeld, Luise von: Geschichte der Freien Reichs- und Hansestadt Dortmund, 7. Aufl., Dortmund 1981.

Winterfeld, Luise von: Jahresberichte 1940-1948, in: Beiträge zur Geschichte Dortmunds und der Grafschaft Mark, Band 47 (1948), S. 139-151.

Winterfeld, Luise von: Die stadtrechtlichen Verflechtungen in Westfalen, in: Der Raum Westfalen. Band II. Untersuchungen zu seiner Geschichte und Kultur.

Erster Teil, hrsg. von Hermann Aubin und Franz Petri, Münster 1955, S. 172-254.

Witte, John Jr.: Law and the Protestant Reformation, in: The Oxford Handbook of European Legal History, edited by Heikki Pihlajamäki, Markus D. Dubber und Mark Godfrey, Oxford 2018, S. 583-610.

Wüsthof, Lucas: Schwabenspiegel und Augsburger Stadtrecht, Wiesbaden 2017.

Wurm, Johann Peter: Veme, Landfriede und westfälische Herzogswürde in der 2. Hälfte des 14. Jahrhunderts, in: Westfälische Zeitschrift, Band 141 (1991), S. 25-91.

Zedler, Johann Heinrich: Grosses vollständiges Universal-Lexicon der Wissenschafften und Künste, Halle, 1732-1754, abrufbar unter: https://www.zedler-lexikon.de.

Zettwitz, Hartmut: Schenken und Gedenken. Das Testament des Mindener Bürgermeisters Heinrich Schmitting (1664) mit Edition im Anhang, in: Mitteilungen des Mindener Geschichtsvereins 73, 2001, S. 9-40.

Zimmermann, Reinhard: The Law of Obligations. Roman Foundations of the Civilian Tradition, Oxford 1990.

Zimmermann, Reinhard: Mischrechtsordnungen, in: Handwörterbuch des Europäischen Privatrechts (https.//hwb-eup2009.mpipriv.de, abgerufen am 14.09.2021).

Zwirlein, Susanne: Versprechen und Zufall. Eine historisch-vergleichende Studie zur Gefahrtragung beim Kauf beweglicher Sachen im englischen und deutschen Recht, Tübingen 2017.

Abkürzungsverzeichnis

Anm.	Anmerkung
Art.	Artikel
Aufl.	Auflage
bearb.	bearbeitet
Bearb.	Bearbeiter
BGB	Bürgerliches Gesetzbuch
bzgl.	bezüglich
bzw.	beziehungsweise
C.	Codex
Carolina	Constitutio Criminalis Carolina
CCC	Constitutio Criminalis Carolina
C.I.C.	Corpus Iuris Civilis
D.	Digesten
d. h.	das heißt
f.	folgende
ff.	fortfolgende, die folgenden
Fn.	Fußnote
GA	Germanistische Abteilung
GStA PK	Geheimes Staatsarchiv Preußischer Kulturbesitz, Berlin
ggf.	gegebenenfalls
HRG	Handwörterbuch zur deutschen Rechtsgeschichte
hrsg.	herausgegeben
Hrsg.	Herausgeber
Inst.	Institutionen
Jh.	Jahrhundert
KA	Kommunalarchiv
LAV	Landesarchiv
LBibl.	Landesbibliothek
Ldr.	Landrecht
m. w. N.	mit weiteren Nachweisen
Ms	Manuskript
n. Chr.	nach Christus

Nov.	Novellen
Nr.	Nummer
RA	Romanistische Abteilung
RKGO	Reichskammergerichtsordnung
Rn.	Randnummer
S.	Seite
Sp.	Spalte
Ssp.	Sachsenspiegel
StadtA	Stadtarchiv
u.a.	und andere
Übers. d. Verf.	Übersetzung der Verfasserin
v. Chr.	vor Christus
vgl.	vergleiche
W	Westfalen
WUB	Westfälisches Urkundenbuch
z. B.	zum Beispiel
ZPO	Zivilprozessordnung
ZRG	Zeitschrift der Savigny-Stiftung für Rechtsgeschichte
zzgl.	zuzüglich